NAVIGATING WORLD HISTORY: Historians Create a Global Past

世界史をナビゲートする

地球大の歴史を求めて

Patrick Manning
パトリック・マニング

Translated by Shingo Minamizuka and Akiko Watanabe
南塚信吾・渡邊昭子
［監訳］

彩流社

Navigating World History: Historians Create a Global Past
by Patrick Manning

First published in English by Palgrave Macmillan, a division of Macmillan
Publishers Limited under the title Navigating World History by PatrickManning.
This edition has been translated and published under licence from Palgrave Macmillan.

Japanese translation rights arranged with
Palgrave Macmillan, a division of Macmillan Publishers Limited
through Japan UNI Agency, Inc., Tokyo

Published in Japan in 2016 by SAIRYUSHA

日本語版によせて

第二次世界大戦の後、世界の各地で、世界史の研究が拡大しはじめた。日本では、多数巻にわたる集成を編むという強い伝統が育った。ユネスコは二〇年にわたって、国際的に協力して世界史を評価しようと努力してきた。合衆国では、世界史の研究が徐々に広がり、そして、中学校および高校と大学学部レベルでの研究と教育が組み合わさるかたちで、この伝統がとても活発に育っていった。一九九〇年代までに、合衆国では、新しい組織や、より広い研究と教育によって、世界史に注目が集まるようになり、また、合衆国、ヨーロッパ、そしてアジアで、地球大の歴史についての先駆的な活動が、重なり合いながら広がっていった。二〇〇四年には東京で世界史研究所（ＲＩＷＨ）が設立され、日本の世界史研究者とアメリカの世界史研究者の間に結びつきが開かれた。

二〇〇三年に英語で出版したこの『世界史をナビゲートする』は、世界史という分野を概観した最初の本である。それは、でこぼこの多い道ではあるが、次の十年間の世界史研究を広げることができた。この本は、一九九四年から二〇〇四年まで、ノースイースタン大学世界史センターで私が指導した博士課程を基礎にしたものである。この組織は、最初の公式な世界史博士課程だった。この期間の研究活動を基にして、一五人ほどの学生が博士課程を修了し、ほとんどの学生は今も世界史を教える仕事に就いている。世界史センターは二〇〇四年に閉鎖されたが、世界史ネットワークという独立した非営利団体が取って代わった。このネットワークは、おもに『近代世界史のなかの移住』ＣＤ‐ＲＯＭ（ワズワース、二〇〇〇）の印税から運営資金を得ている。

私が二〇〇六年にピッツバーグ大学に移った後、二〇〇八年に、以前のものより多くの組織的支援を受けた第二の世界史センターが設立された。世界史ネットワークとピッツバーグ大学の世界史センターの組み合わせから生まれた資源は、世界史の四つの国際組織が成立するのを支援した。新たな組織の第一のものはアジア世界史学会（ＡＡＷＨ）であり、二〇〇八年五月に天津の会合で創設された。第二はグローバル史・世界史研究組織ネットワーク（ＮＯＧＷＨＩＳＴＯ）であり、二〇〇八年七月に、ドレスデンにおいて、ライプツィヒ大学グローバル研究およびヨーロッパ研究センターが主催して開かれた会合で創設された。ＮＯＧＷＨＩＳＴＯは、世界史学会（北米）、普遍史・グローバル史の欧州ネットワーク（ＥＮＩＵＧＨ）、アジア世界史学会、そして、アフリカとラテンアメリカの諸グループの組織委員会の代表者たちによる連合として形成された。さらに、世界史センターと世界史ネットワークからの支援を受けて、グローバル史のアフリカネットワークが二〇〇九年にイロリンの会合で創設され、グローバル史のラテンアメリカネットワークが、二〇一三年八月のブエノスアイレスの会合で創設された。さらにもう一つ、二〇一〇年アムステルダムでの国際歴史学委員会（ＣＩＳＨ）の会議も、創設の会合だった。これらの新組織のうち、ＡＡＷＨはとくに成功した。なぜなら、三〇〇人の参加者が、大阪（二〇〇九年）、ソウル（二〇一二年）、シンガポール（二〇一五年）の会合に集ったからである。ＡＡＷＨの参加者は、東京の世界史研究所、グローバル史世界史研究所ならびに比較史世界史研究所（どちらもソウル）、そして、大阪大学の歴史学科にあるグローバル・ヒストリーの部門を発展させた。

一九九〇年代から、世界史の研究は広さと深さを増し、広範囲にわたる概説も、特定のトピックでの研究も増えた。解釈においては、環境史、経済史、帝国史、海事史、科学史、健康史などが、世界史の下位分野としてかたちを現した。世界史のなかで地域に絞ったものでは、太平洋の歴史の研究が広がった。各国民の間で次々と世界史教育が始まり、世界史教育についての国際的対話がもたらされた。このため、新たに日本語で登場する世界史のこの教科書は、日本の学校にとって重要なだけでなく、他国での世界史教育とつながるためにも重要である。

『世界史をナビゲートする』の初版は、このように、重要な時期に出版された。世界史ならびに地球大の歴史のなかで、さらに進んだ研究が居場所を見つけ、大きな進展を準備していたときだったのである。『世界史をナビゲートする』の五つの部分は、組織や社会的文脈や世界史の分析を概観して地球大の過去を解釈するだけのものではない。第一部では、世界史記述について、最初期から始めて、二〇世紀の一続きの諸局面を簡略にたどっている。第二部の「歴史研究における革命」では、学問の諸分野、地域研究、そしてグローバル・スタディーズのなかでの劇的な変容を再検討する。第三部は、二〇〇三年までの世界史研究の成果を見渡し、世界史での議論の性質を扱って終えている。第四部と第五部は、とくに世界史研究に取り組もうとする大学院生に向けたものである。第四部では、スケールと枠組み、そして、世界史解釈の検証という問題を通して、地球規模の分析の論理を探究する。結末の部分では、世界史で高度の学習をするプログラムをどう構想して実施するかについて、提案をしてみた。

今では、世界史という分野を概観する著作が数多く現れ、『世界史をナビゲートする』は、そのなかの一冊となった。このような本はたいていが共著であるが、ノースロップ、ベントレー、クロスリー、そして、ヒューズ＝ウォリントンなどのものがある。[1] だが、『世界史をナビゲートする』は、ある時点での包括的な一巻にわたる探究として、まだ価値をもっている。たとえば文献目録は、年代順にまとめられていて、世界史のなかでのトピックや分析のアプローチについて、時間にそった進化を読者に示してくれる。

つまるところ、私はこの本が日本の学問的伝統のなかに現れることに、大変喜んでいる。翻訳を準備してくれた南塚信吾氏、渡邊昭子氏、そして他の方々に深い感謝を表したい。これによって、世界史をめぐる国民横断的な議論がさらに進んで、私たち皆が共有できる世界史の成果がもたらされることを願っている。

パトリック・マニング

ピッツバーグ、二〇一五年一二月

序文

本書は、研究と教育の一分野としての世界史を概観し、それを批判的に見直すことを目的とする。本書のなかで、私は、地球の形成から今日に至るまでの過去について、大きな過程や結びつきに焦点をあてる歴史家たちが、どのような語りと分析をおこなってきたかを、調べ直してみたい。研究者や教師や一般読者のために、私は世界史に関する文献を検索するための糸口を提供し、地球規模の歴史的諸問題について研究するための指針を提案しようと思う。私は、現在や将来の大学院生のために、また、世界史について、自身の知識を広め深めたいと思っている現場の教師や学者のために、そして、他の学問分野にいて自身の分野の見識を広げたいと思っている研究者のために、いくつかの研究の道筋を推薦してみたい。

私は、世界史という分野とその要素を規定することに力を注いだとはいえ、決して何か権威のある世界史というものを提示するつもりではない。そうではなくて、次々と展開される世界史研究のパターンを見直して、世界史の可能性の範囲を提示してみたいのである。私は、この本を五つのおもな目的にそって編成し、その一つ一つを第一部から第五部に当てた。

第一の目的は、世界史を、今日急速に展開するそのパターンと、これまでの著作で固められてきたその基盤との両方から、規定することである。この議論は、世界史の概念形成と研究が長期の連続性をもっていることを示し、同時に、世界史研究者の考えと世界史研究の諸機関が、どのように今日の世界史の教育と研究の拡大に影響を与えてきたのかを明らかにすることになる。

第二の目的は、今日の世界史研究の拡大が、歴史研究における幅広い変革の一部分であると示すことである。社会科学や人文学や自然科学の学問分野での、新しい理論の発展や新しいデータの登場は、歴史研究一般における境界というものを後景に押しやり、刺激的な「世界中心的」洞察を生み出した。同時に、地域研究や各種の地球規模の研究によって、世界史の分野は大いに拡大したのである。

第三に、世界史のいくつかの下位分野を取り上げ、それらのなかでの最近の進展を要約するとともに、世界史研究者の間で近年交わされたおもな議論を再検討してみたい。このような検討のなかで、私は、地球規模の政治史や経済史（歴史的には最も強力な下位分野である）の進展を、最近の社会史の発展や、科学技術、生態系、そして健康の歴史の間の相互作用や、文化史の様々な面と対比してみたい。

第四には、世界史において論理的な分析をおこなうために指針となるルールを明示してみたい。この仕事は、歴史家が、地理的スケールや時代や中心的トピックをどのように選ぶかという問題、地球規模の過去をどのように研究し解釈するかという戦略の概観、そして様々な解釈を検証するための技術を詳しく述べることを含んでいる。総じて、証拠を集め、次いでそれらのデータを用いて過去を性格づけ解釈する、文芸、技能、科学としての歴史学という分野を、このような指針によって、世界史的な文脈のなかに位置づけ直すことになるのである。

最後に、私は、世界史の学習と研究をうまく進めるために構想されたプログラムとカリキュラムを紹介したい。この指針は、とくに、学部や大学院での組織的な世界史プログラムや、教員の専門性向上のための研修会に参加する者たちの必要を満たすものである。だが、もちろん、それは、世界史を個々人で学ぼうという読者のためにも役に立つはずである。


私がこの本を書いたのは、この分野を見直すためであり、また、世界史をナビゲートする技術を高めようとしている人への案内書としてである。このような努力を支援するために、私は読者に、世界史の文献や資源を探索するための信頼できる技術を提供しようと思う。世界史をナビゲートするということは、野心的だが、限定的なゴールでもある。というのは、それは、世界史を「マスターする」といった到達不可能な目的とは明確に区別されたものだからである。誰も世界史のすべてを知ることはできない。そのような目標を追いかける人は必ずや道に迷うであろう。例えて言えば、世界を征服しようとした者はすべて、敗北したのである。しかし、地球を旅して回った者の多くは、喜びを得て、理解を広げたのである。同じように、私の目的は、世界史理解に向けての航海において、読者がある場所から次の場所に向けての航路を探す手助けとなる技術を明らかにすることなのである。

この本を熟読してくれる研究者のなかには、個別研究を書くような専門家もいれば、博士課程修了試験に備えている大学院生もいれば、知識と経験を増やそうとする上級の学部学生もいることであろう。教師のなかには、高等学校や中等学校の授業の準備をしている人や、学部や大学院の授業に備えている人もいることだろう。彼らの第一の関心事は、教室で世界史の授業をどのように進めるかということである。世界史の入門書を求めている一般読者には、国民史を学んでいるがより広い結びつきを探ろうとする人もいるであろうし、経済学や生物学の専門家でその仕事を時間的変化のなかで見ようとする人もいるであろう。

このような人々は、地球規模の過去について自らの特定の問題に答える著作を探し、批判的な見方で世界史の著作を読む技術を学ぶ必要がある。世界史の概観を求める人はたくさんいる。また、なかには研究を構想し実行する手助けを求める人もいる。たとえ、それが本を書くという大仕事であっても、また、一時間の授業の教材を準備するという限定的な場合であっても、である。世界史の教師は、実際に教育をしている人も、あるいは教育しようと考えている人も、重い責任に直面する。なぜならば、彼らは、地球規模の過去を、世界のあらゆる地域を扱うような仕方で、二千年以上に広がるような仕方で、そして、人間の行動と思想のすべての分野を検討するような仕方で、伝えなければならないからである。

本書の読者は、以上の重複するグループに属しており、私はそれぞれのグループに向けて、世界史における重要課題を究明するための助言を提供したい。研究者に対しては、論理的な分析を進める方法を推奨したい。それは、研究を規定し遂行するための手続きを含むものである。私はまた、図書館や歴史学科や各種基金の重要性を示すつもりである。これらの機関が、研究のためにどのように資源を提供し方向を定めるのかが重要であることは、とくに強調したい。教師のみなさんには、様々な資源が利用できることを指摘し、世界史における連続性と革新の間のバランスをとるヒントを与え、さらに、結びつき、比較、時代、そして学問分野へのアプローチについて、論じる機会を見つけたり決定をするための技術を提供する。また、教師のみなさんには、世界史の研究の発展を追いかけ続けて、ご自身や学生の質問を研究者にぶつけるように勧めたい。他分野の読者のみなさんには、知識のたくさんの分野を、世界史の過程やパターンと関連づける実例を示し、このような歴史上の結びつきを作り出す方法を示唆してみたい。

先に挙げた五つのおもな目的に加えて、それ以外にいくつかのテーマを本書のなかに編み込んでみた。その第一のものは、すでに紹介している。つまり、世界史を学ぶ者は、世界史の決定的理解とはいかないけれども、この分野について一つの有用な理解を提供するような「ナビゲーション」の技術を展開することができるということである。第二に、これまでの世界史の著作は、単に過去を要約してきただけではない。注目すべき諸々のパターンを発見してきたのである。そこには、比較人口史に関するパターンも含まれるし、主要な文明や、地球規模の経済における初期の結びつき、地球の生態系の変容、そして世界の主要な宗教間のおもな交流と変化の場に関するパターンなどが含まれる。

第三に、世界史研究は大きな困難やジレンマに直面している。教師は、二千年以上にわたる七大陸について、そして、ジェンダーから生態学に至るまでのトピックを扱いながら、過去に対する何らかの感覚を学生に伝えようと努力するなかで、計り知れない障害に立ち向かっている。また、研究者にとって、たとえば一二世紀と一八世紀の交易を比較するようなトピックのために資料を見つけることは容易ではない。

第四に、本書では世界史を描くときにアフリカの例をとくに多く用いている。このアプローチは、アフリカ史研究という私自身の専門のためでもある。だが、より正確には、世界史における支配ではなくて相互連関を際立たせるものだからこそ、アフリカの例を強調するのである。アフリカは、人口および人類史における優勢な立場を数千年前に失ったとはいえ、それ以後も世界の人口のかなりの割合を抱え、革新の重要な中心であり続け、さらに、世界のほとんどの地域と結びついている。私の思うところ、アフリカを除外した世界史解釈は、疑わしいものである。指導的な勢力を探すことに主眼をおいたり、競合する列強間の（一八世紀の英仏や二〇世紀半ばの米ソのような）闘いに焦点をあてたりする世界史の物語は、世界史のシステムではなく、支配に焦点をあてている。私にとっては、もっと複雑な相互作用についての話の方が、より興味深く、より象徴的な例であるように思える。今世紀の民衆文化の話をする場合ですら、合衆国に基盤を置く強力なＭＴＶが向かうところ敵なしのように見えても、むしろ、カリブや中央アフリカや南アジアの音楽家と、パリやロンドンやロサンゼルスの音楽家との相互作用を重視する話の方が好きである。すべての地域が世界史への参加資格を平等にもつと提唱するつもりはないが、世界史研究者は、支配だけでなく、そこからさらに進んで、相互作用に焦点をあてるべきだと提唱したい。

第五に、世界史研究は、個々人の努力が積み重なったことによって大きく進展しているといえ、大きなボトルネックにさしかかっている。世界史研究者がその研究のためにしっかりした財源や組織的な支援を得られなければ、教育および研究において近年現れている非常に有望な仕事を続けることができなくなるだろう。これまでの成果や進展にもかかわらず、世界史はアマチュアの活動領域のままであり続けている。研究および大学院教育の堅固な中心を作るために必要な支援を引きつけられるようになって初めて、それは専門的研究の領域となることができるだろう。

この本の各章は広範な問題を扱っている。そのため、読者によっては、異なる順序で読もうとするかもしれないし、何章かを飛ばして読むかもしれないし、また、後の参考のためにとくに注目する章があるかもしれない。部と章の導入部は、章を順番に読み進めたい読者や、抜粋して読みたい読者のために書かれている。しかしながら、ここで、本全体の内容と構成を俯瞰しておく方が、本書の視野についての当初の考えと、それがどのように進展したのかを読者に示すために、役立つだろう。ゆえにここでそれを披露しておこう。

巻末の文献目録には、本書で言及した、世界史に含まれる研究と世界史に関連する研究が、千以上挙がっている。それらは、第2章から第5章のなかで分析する四つの期間に分けられ、著者名順に並んでいる。これらの著作の半分以上は一九八九年以降に公刊された。本の脚注においては、初出の際に文献に関する全情報を記し、次からは略記している。

第一部「世界史の展開」では、古代における世界史の起源を探り、今日までの展開を跡づけている。第1章では、今日の世界史を定義し、研究と教育におけるこの分野の方向について評価する。第2章は、ルネサンスから一九〇〇年までの世界史研究を再検討しており、まずはヨーロッパの著述者に、次に世界の他地域における歴史の伝統に目を向ける。第3章では二〇世紀に入り、オスヴァルト・シュペングラー、アーノルド・J・トインビー、ウィリアム・H・マクニールなどのマクロ史的な総合が中心となる。第4章は一九六五年から一九九〇年までを扱い、テーマ別の分析に主眼が移る。第一に注目するのはフィリップ・D・カーティン、イマニュエル・ウォーラーステイン、そしてアルフレッド・W・クロスビーの著作である。第5章では、世界史研究の雑誌や、大学院での研究プログラムなど、新たな制度的基盤を、そして、それに伴って増加している研究成果を探索する。第6章では、世界史解釈の変化についての語りを通して、地球規模の歴史叙述を見直してみる。

第二部「歴史研究における革命」では、歴史研究の劇的な変容について、この分野内の各領域における変化を通して描く。第7章は、社会科学、人文学、自然科学などの学問分野での新たな理論と方法に焦点をあてる。第8章は地域研究という学問の興隆をたどり、その学際的アプローチを強調する。第9章では、その少し後に現れるグローバル・スタディーズを取り上げ、環境研究および経済分析の次元や、とくに地理学者によって促進されたグローバル・スタディーズ教育のための運動という次元を扱う。それは、グローバル・スタディーズにおける世界史の位置についてのジレンマを提起することになる。

第三部「近年の研究成果」では、方法の革命的変化が世界史の研究成果に与えた衝撃を検討する。そのため、章の構成は、世界史研究を学問分野ごとに下位区分したものとなる。第10章では政治史と経済史における新たな研究を探索し、第11章では社会史を考察する。第12章は、科学技術、生態系、そして健康の歴史を組み合わせて取り上げる。第13章は文化史を検討する。第14章では、この部の結論として、世界史で現在進行中の議論を扱う。

第四部「世界史における分析の論理」では、方法の革命的変化が、世界史における研究の分析と技術に与えた衝撃を探究する。第15章では、様々な研究で扱われる地理的範囲、時間の枠組み、そしてテーマの幅を取り上げ、世界史のスケールを探索する。第16章は、歴史分析における研究計画、枠組み、戦略、モデルなどを含む研究構想のいくつもの面を取り上げ、指針を提供する。研究成果の検証と提示は第17章の主題であり、第18章では、世界史分析の方法を要約してこの部を締めくくる。

第五部「世界史の学習と研究」では、世界史研究者のために、大学院における学習と、個人による学習のプログラムを見直して提案する。第19章では大学院での学習の展開を扱い、第20章は、大学院の学習のうち、集中の度合いが異なる三つのレベルについて、学習プログラムを提案する。世界史研究の資源については第21章で扱い、第22章では、世界史の研究プロジェクトを実行するための補助的なヒントを提示する。第23章では、世界史の学習と研究のための基本方針を示して、この本を締めくくることにする。

世界史は長い道のりを歩んできた。だが世界史研究者は、国民史を扱う歴史研究者と、いまだに効果的に議論できていない。それは地球規模の研究をする組織体が欠けているためである。一方で、若い研究者による研究が少ないのは、大学院の学習プログラムが欠けていることや、合衆国の社会科学研究評議会のような、優先事項を定めるセンター組織が、世界史研究者にはないことと関係している。私は、過去における大きなスケールのパターンや相互作用の研究を、より多くの歴史研究者が専門として取り上げることを願っている。さらに、大学や、研究を支援する機関が、過去のよりよい解釈や新たな発見をする世界史研究の可能性を認識して、世界史研究者による研究を支援するために、資源とエネルギーを提供することを切に願っている。

目次

第三部　近年の研究成果

第四部　世界史における分析の論理

凡例

一、本書は、Patrick Manning, *Navigating World History : Historians Create a Global Past* (Palgrave Macmillan, 2003) の全訳である。翻訳に際して、日本語版への序文を加え、原書で冒頭にある謝辞は本文の後に置いた。

一、〔 〕内は訳者による注である。

一、引用文中の原著者による注は〈 〉で示した。また、原書の本文中で、原著者が強調等のために用いている斜体の部分も〈 〉で示した。

一、本と雑誌名は『 』で示し、論文名には「 」を用いた。本および論文の原書での表記は、巻末の文献目録で確認できる。雑誌名の原書での表記は、事項索引の冒頭に示した。

一、原書での脚註は、巻末に一括して掲載した。

一、原書での文献目録は巻末に掲載し、翻訳のあるものについてはその情報も記した。

一、索引の項目は原書のものではなく、訳者が新たに選んで掲載した。

一、原書の脚註に記載されているＵＲＬのうち、翻訳作業中に閲覧不能だったものは省略したが、変更先を記したものもある。

第一部　世界史の展開

過去は終わったものでありもう変化しない。しかし、すでに過ぎ去ったものの描写と解釈という意味での歴史は、世代ごとに移り変わる。そのような見直しがおこなわれるのは、歴史家とその読者が新しい見通しを打ち出してくるからであり、また過去についての新しい違った情報が手に入るようになるからである。そういう意味で、現代の歴史家は、これまでのいかなる時代の歴史家よりも、世界史に関心をもち、また世界史を好むようになっている。

第一部では、六つの章において、世界史に対して最近向けられている関心について検討する。さらにまた、歴史の研究分野の一つとしての世界史が、長い間にどのように進化してきたのかを跡づける。これらの章では、世界史についての対話を要約する。つまり、歴史家によって収集され解釈され記録された、世界に関する知識や世界について信じられていることを要約するつもりである。

はじめに、現在、世界史がどのような構造をとっているのか、そしてそこに生じている変化がどのようなものであるのかを概観する。世界史は、はっきりと違った、しかし相互に補強し合う二つの道を急速に進みつつあるように思われる。それは、歴史家の道と、科学的・文化的な道である。世界史の定義を考えるためには、この両方の道を簡潔に検討することが必要である。そこで、世界史の考え方を、以下の四つの時期に分けて見直してみたい。それは、古代から一九世紀末までの歴史哲学、一九〇〇年から一九六四年までの地球大での総合、一九六五年から一九八九年までのテーマ的な世界史分析、一九九〇年以後の専門的研究の組織化を伴う世界史分析の四つである。二千年を概観して世界史の語りの変化を概観すれば、世界についての情報が徐々に増加してきていること、また地球規模の過去についての社会的および哲学的な見方が進化してきていることが際立って見えてくるだろう。

第一部の各章では、全体として、史学史に重点を置いて、歴史の解釈を要約し批判する。ここでは、世界史の著作を、世界史のなかでの様々な結びつきや幅広いパターンを直接に取り上げるものか、それに間接的に触れているものとして定義し、そのような著作について、世界に関する知識の発展、展望の時代的変化、そして、時間的な広がりと深さとのどちらを強調するかという対立に焦点をあてることにする。

このように史学史を広く見ていくなかで、三つの比較的特殊な論点に焦点をあてようと思う。いずれもが、世界史に関する著作における変化の方向と程度を示すものである。一つは、世界史に至る道を歴史家がどのように進み、またさらに切り開いていったかという問題である。政治、交易、社会闘争、文字文化など、すでに確立した歴史研究の分野において、文明の性質、地球規模の経済パターン、革命的騒乱、ハイ・カルチャーの美学などについての諸観念が発展し、今も発展しつつある。二つ目は、一九世紀における、世界史への科学的・文化的な道の出現である。この道は、地理学、植物学、言語学、人類学、そして他の分野の専門家が取り組んだ集合的な結果として現れたものであり、歴史の視野を変化させ、歴史の解釈に影響を与えるようになった（この第二の道について、本書の第二部で詳細に論じる。そこでは、方法を説明しながら、二つの道の発展と相互作用を探索する）。第三の主題は、世界史の解釈におけるおもな論点とジレンマが繰り返されることである。地球規模の歴史には新しい考えがあふれているが、学問分野として見れば試行を経たなじみ深い概念も豊富にある。これまでの歴史家は、大国の力学や、主たる宗教の発展や、人間集団間の遭遇や、諸事件の決定要因における人間の営為、神の摂理、運命の役割について多くのことを書いてきた。こうして世界史は、既成のトピックにおいて、また新しいトピックを求めて、急速に発展してきている。しかし、世界史に携わる歴史家は、これまで議論されてきた論点を、あらためて考え直していることが多いのである。

第1章　世界史を定義する

簡単に言えば、世界史とは、人間の地球規模の共同体のなかでの、結びつきの物語である。世界史研究者の仕事は、人間の過去における諸々の境界の越え方を描き、諸々のシステムのつながりを描くことである。その源となる材料は、個々の家族の物語から人間集団の移動にまで、そしてすべての人類にまたがる語りまで、広範囲に広がっている。世界史は、すべての歴史を集めた全体に比べると、はるかに少ない。しかしながら、世界史は、歴史上の諸々の場所、時代、研究テーマ間の結びつきに焦点をあてることによって、私たちが過去について蓄積してきた知識を増やしてくれるのである。

世界史はほとんどの歴史家にとっては新しいものである。それは決して小さい領域でも、単純な領域でもないので、「世界史とは何か」という問いが繰り返し発せられる。疑念ないしは敵意からそういう問いを発する人もいるが、大多数の人は、それが膨大な広がりをもつ時間と空間を扱う分野であるという漠然とした感覚以上のことを知りたいから、そう尋ねるのである。そういう人は、また、大きなトピックを扱うためのもっと明示的な方法があるのを、きちんとしたかたちで知りたいと思っている。世界史を定義するには、〈結びつき〉とか人間の〈共同体〉といった用語を明確にする必要があり、そうすることで過去を分析するときの深さと広がりについてのジレンマに対する答えが見つかるはずである。(1)

世界史への二つの道

世界史の研究は、政治、交易、文化をはじめとする、これまでに確立された歴史の素材を見直すことから、部分的には出てきている。一六世紀に世界各地でほとんど同時に大きな帝国が興隆したことや、一六世紀と一七世紀に銀が地球規模で流通していたことは、すでに数百年も前から歴史家の間で知られていた。しかし、ハプスブルク家のスペインや、インドのムガール帝国や、ロシア帝国の膨張が、相互に関係づけて理解されるようになったのは、ごく最近のことである。また、歴史家が、ペルーやメキシコや日本の銀が、ヨーロッパ、南アジア、そしてとりわけ中国へと流れていくのを体系的に跡づけようとしたのも、ごく最近のことなのである。(2) こういう作業のなかで、歴史家は、地域的な事例研究よりも地球規模のつながりを通して見た方が理解しやすい歴史のパターンもあるのだ、ということを知ることになった。分析のスケールを拡大することによって、地域的な相互連関がわかり、それによってパターンが説明しやすくなったのである。このような流れは、世界史への「内的な」道と言うことができる。

もう一つの道は、世界史への「外的な」道である。これは、時間的変化についての大量の新たな情報が、伝統的な歴史学の外側から現れてくることによるものである。たとえば、ここ数十年の間に、環境の変化について、病気の歴史について、そして人間の進化の諸段階について多くのことがわかってきた。言語学、考古学、化学が、歴史にかかわる重要な情報を明らかにしてきた。これらは深く歴史にかかわる情報であったので、歴史研究の境界は広がった。環境科学者は自分たちの発見に歴史的解釈を与えはじめ、歴史家のなかにはこれに応えて環境の変化を研究する者が現れた。様々な分野の専門家が時間的変化について地球規模の研究を進めたので、その成果は、これまで対象とならなかった研究分野を歴史研究に組み込む役割を果たした。(3)

世界史への二つの道、つまり、内的な歴史家の道と科学的・文化的な道の二つが広がり、それぞれに関係する出来事や思想によって、世界史研究の成長が促され、その性格が定義されるようになった。いまや、歴史家たちは、過去の新しいパターンの多くを解明するための新旧のアプローチを用いながら、古いトピックや新しいトピックを再検討しはじめた。その結果、「歴史」は、いまや、これまでより広い範囲の場所、より長い期間、より広い範囲のトピックを扱うようになった。同時に、過去から掘り起こされたいろいろなパターンによって、私たちは膨大な量の新しい証拠を理解できるようになった。

内的な道にそって、つまり、伝統的な歴史研究の舞台上で見れば、大西洋世界での奴隷、自由、人種差別が、世界的な歴史の関連性を示唆的に例示してくれている。長きにわたって、合衆国の歴史家は、奴隷制の経験についての国民史を展開してきた。ブラジル、英領西インド、その他の地域の歴史家もそうであった。いずれの場合も、歴史家は、奴隷制やその廃止や人種的差別を、一国民あるいは帝国システムの範囲のなかで説明しようとしていた。(4) しかし、世界史的視点から、とくに、奴隷貿易の量や分配から奴隷制を見ようとすると、一連の新しい教訓が出てくることになる。(5) 合衆国の場合、そこでの奴隷制の重要さにもかかわらず、大西洋を越えて連れてこられた奴隷のわずか五パーセントあまりを受け取ったにすぎなかった。人種差別も、たった一つの場所と時間において起こったわけではない。環大西洋的な相互作用のなかから展開したものである。ジム・クロウ法がアメリカ南北戦争の結果生まれたまさにそのときに、奴隷が自由を獲得した他の社会においては人種的両極化が生じていた。たとえば、ジャマイカでは、旧奴隷が土地を購入しようとしたために、一八六五年にモラント湾事件というひどい反発が起き、その後イギリスは代議制議会を廃止し、その代わりに王国植民条例を敷いたのであった。(6) このように、合衆国とイギリスの経験は、みごとに対照的なものであった。

同じように世界史における結びつきという論理を使うと、奴隷制の研究をする歴史家は、世界的規模の奴隷制におけるアフリカ社会の位置と、それがもたらした結果を検討せざるをえなくなる。実際、一九世紀末における南北アメリカでの人種的両極化は、アフリカでもまた見られた。たとえば、サミュエル・クローサーというナイジェリア生まれの奴隷で、やがて西アフリカで最初の国教会牧師になった人物は、若い白人聖職者たちの活動によって、一八九〇年にその地位を失ったのだった。アンゴラも、ポルトガルによって三〇〇年以上も支配されたあと、一九世紀末に突発的に変化を経験することになる。すなわち、首都ルアンダで居住地の隔離が始まり、植民地行政の重要な職から黒人が排除されたのだった。フランスが支配したセネガルでは、二〇世紀への転換期に腺ペストが勃発して、成長しつつあったダカール港において居住地の分離が促進されたのである。(7)

要するに、一見すると別個の状況のなかで、環大西洋地域のあらゆるところで一八九〇年代に人種差別と人種隔離が始まったことは、何か底にある共通の原因がこれらすべての事態に影響を与えたのではないかと考えさせるのである。地域的な、あるいは国民的な語りでは、諸事件が起こる地球規模の時間的関係を説明できない。

同じように、産業革命についてのおなじみの物語も、このテーマを世界史として眺めると変わったものになってくる。イギリスの毛糸紡績工や綿紡績工、あるいは毛織物工や綿織物工の位置は変わらないし、初期のピン工場で分業を組織した企業家たちのそれも変わらない。しかし、彼らは、工業化の歴史のなかで、南北アメリカにおいて砂糖生産を工業化した企業家や労働者、あるいは、合衆国やインドやブラジルやエジプトでの綿花の生産者と同じページに出てこなくてはならない。ヨーロッパの社会構造が、賃金労働者階級の登場によって転換していくという定説は、国外での労働力や産業革命についての新たな物語に道を譲らねばならない。南北アメリカでは、自由な労働力も奴隷の労働力もともに増大した。アフリカでは、人口は減少したが、奴隷労働は拡大した。そしてインドでは、手織り業が機械化によって破滅させられたのである。(8) 今でならばわかることであるが、工業化はその当初から地球規模の現象だったのである。

世界史はまた、歴史家の仕事にとってこれまで未知であった新しい領域のなかでの結びつきに注意を向ける。世界史へのこの第二の科学的・文化的な道にそった変化の一例として、農業と病気の歴史がある。生理学の教育を受けたジャレド・ダイアモンドは、そのつながりを明らかにすることに貢献した。ダイアモンドは、農業の革新が起こったおもな中心地についての考古学と植物学の情報を手に入る限り集め、まとめた。その中心地とは、肥沃な三日月地帯、中国、南北アメリカ、西アフリカ、エチオピア、ニューギニアである。これらの農業的拡大は数万年前に始まり、そのいずれも人口の増大をもたらしたが、同時に新たな伝染病の流行ももたらした。ダイアモンドはまた、ユーラシアでは、大型動物を家畜化したために、病気が人間と家畜の両方に広がったということも指摘した。その結果、ユーラシア（およびアフリカ）の人口は稠密になっただけでなく、そのことによって、様々な病気の原因となる細菌やそれに対する免疫も広がった。これに対して、南北アメリカやオーストラリアや太平洋では、一万年から六万年前に、大多数の大型動物がホモ・サピエンスの突然の登場によって絶滅してしまい、そのために、家畜となる動物はほとんど残らなかった（リャマがわずかな例外である）。一六世紀からは、ユーラシアの人々と他の地の人々の接触が生じて、その結果、それまで大型動物がいなくなっていた地域での死亡率が猛烈に上昇した。[9]

いずれの場合においても、自国史を超えてものを見ようとする世界史研究者は、別の物語に焦点をあてることになった。言い換えれば、世界史は、歴史における伝統的なトピックの研究を拡張させている。同時に、世界史は、はじめは別の学問分野に属していたような過去の諸問題をも含むように、歴史研究の範囲を拡大した。[10] いまや世界史はこれまで以上に評価され実践されるようになった。その理由は、歴史上のデータが非常に拡大したこと、問うべき問題の範囲が拡大したこと、歴史過程における相互連関に大きな注意が払われるようになったことである。少し誇張して言えば、いまやすべての歴史研究は世界史になったのだと言ってもいいと思う。なぜならば、すべての歴史家は学際的アプローチと歴史上の結びつきに注意を払うことが求められているからである。しかしながら、少し控えめに実用的なレベルで考えて、また、この章のはじめの立場に戻って、世界史研究というものを次のように定義しておきたい。世界史研究とは、しばしば別個のものと考えられがちな単位やシステムの間の歴史上の結びつきに焦点をあてる研究分野なのである。

歴史家の道の始まりと展開

歴史家は共同体についての知識を集める人間である。歴史家は、大小を問わず、ほとんどあらゆる社会において活動してきた。長い実践の結果ということもあろうし、生活のためということもあろうが、歴史家は情報を集めてそれを聴衆に役立つように巧みに仕立てたかたちで提示するよう、腕を磨いてきた。何世紀にもわたって、よき歴史家の作品は読まれ続けている。それは、人間の共同体が共通の行動パターンを再生産するものだからである。たとえば、ヘロドトス、トゥキュディデス、司馬遷といった、歴史叙述の初期の大御所たちは、今日でもあてはまる個人の特性と社会状況の分析を書いたのである。(11) 一般的に言って、個人の野心と集団的相互作用の物語は、長年にわたって類似のものをたくさん保ち続けている。そうではあっても、なかには特定の聴衆にのみ関係する明確な歴史のジャンルがあったし、また、歴史が新しい知識や、知識の組織化と優先化の新しい方法に反応して変化した時期もあった。事実、そういうジャンルと聴衆をまとめると長い一覧になる。

家族からは〈系図学〉が出てきた。それは、聖書中の系統関係から、身分の上下を問わぬ家系図にまで至る。村からは、〈地方史〉が出てきて、地方の傑出した人物の伝記を含むその土地の重要な出来事を物語る。旅行家と編纂者からは〈地理学〉が出てきて、遠くの土地や人々のことを説明した。王朝からは歴代の支配者とその偉業についての〈王朝年代記〉が出てきた。軍人から〈戦争史〉が出てきて、勝ち負けを問わず英雄的行為を詳しく物語った。聖職者の〈普遍史〉は、長きにわたる人間と神の関係を説明した。そして、これらのグループから歴史における様々なテーマが登場した。王朝は宮廷詩人や彫刻家の仕事を基礎にして〈文化史〉を作り出したが、同じように民衆も村の歌や踊りを基礎にした文化史を生み出した。哲学者は、世界がどこから来てどこへ向かっているのかという問題と取り組む、〈理論的世界史〉を生み出した。(12) これらすべてのタイプの歴史は様々な社会的背景のなかから生まれてきており、これらの現場がそれぞれの読者に新しい歴史を提供し続けている。系図学や地方史は狭い範囲の歴史を扱うが、地理学や普遍史はコスモポリタンなものであった。すべては世界について語っていたが、より重要なことは、そのすべてが世界の様々な一部分について語っていたということである。

これらの歴史はそれぞれ別個の性格を保持していた。それらはまた、優れた語り手によって巧みに編み合わされて、系図学、伝記、王朝史、地理学、普遍史といった要素を結合する神話へと作り上げられた。オーラル・ヒストリーは、数世代にわたって細部に至るまで生き残り、その後消滅するか変形するが、その基礎にある社会的メッセージ（たとえば、寓話やたとえ話の背後にある自明の理）は、その後も長く生き残ることが多かった。記録された歴史ははるかに正確に伝わることができた。中国語、ギリシア語、ラテン語、ペルシア語、アラビア語、サンスクリット語は歴史解釈の長い伝統を維持し、これらの記録の伝統からそれぞれの〈文明の〉歴史が生まれたのである。[13]

世界史もこれらの時代を通して生き延びてきた。それは、過去と現在についての知識の限界に対して精力的に抵抗してきた、少数の人々のうちに生き延びてきたのである。世界史は、預言者や将軍や皇帝や、それにおそらく発明家も含めた人々の夢から出現してきたのだ。というのは、これらの人々は、その環境の一番遠い次元とその環境内で働いている諸力を探索し支配しようとしたからである。世界やその意味、そしてその運命に関心をもった人はたくさんいただろうが、世界史に関心をもった人はきわめて少なかった。それにもかかわらず、ひと握りの世界史家がわずかな結びつきを保ちつつ生き残って、その解釈を一歩一歩発展させたのである。

主要な書き言葉はどれをとっても、世界史の理解に資するようなものを残しているが、それでも、近代ヨーロッパの言語で書かれたものが、世界史の近代的な見方を作り出すうえで先頭に立っていた。[14]ヨーロッパの歴史家の間では、ルネサンス期に始まりその後も生き延びた古典研究の伝統から、古代世界の歴史に関する研究が発展した。そして、キリスト教の歴史と中世ヨーロッパ史の研究が、次第にこの古典研究に取り入れられ、政治やエリート文化や理念の分析に含み込まれることになった。考古学、言語学、オリエント学、そして中国研究といった新しい研究分野が一九世紀に登場してくるにつれ、古い時代の世界史の研究が、根本的に拡充された。(15)一八世紀および一九世紀にも、学者たちによるこのような枠組みと問題提起は、古代世界史の研究を支配し続けていた。その研究は「文明」をめぐっておこなわれ、文明の登場、文明の歴史的経緯、文明間の相互作用といったものがテーマであった。このように大きな国家や世界宗教に焦点があてられたということは、古代世界史についての文献が、「文明」の外にある人々を無視しがちであったということを意味した。(16)

同時代的な世界史の分析枠組みは、一五〇〇年頃から、それぞれの時代の社会分析を基に形成されるようになった。啓蒙期の学者は、ルネサンスや宗教改革は近代社会の登場を解く鍵になるのだろうかと議論した。政治史で中心となったのは、覇権をめぐる国家間の競争であり、また、プラトンにまで戻りながらも主としてロックやモンテスキューに焦点をあてた政治理論の発展であった。経済史では、世界貿易や工業化の研究を通して、近代の世界史に対するいくつかの見方が展開された。(17)たとえば、近代世界史の解釈では、多くの場合、地球規模の共同体を作り出したヨーロッパの役割や、様々な地域がこの共同体に組み込まれていく過程や、最終的には、西洋文明による地球規模の覇権に、焦点があてられていたのである。これらすべての世界史的な思考のパターンが、一九世紀に、つまり、シュペングラー、ウェルズ、トインビーらの大いなる総合が現れる前、そして世界史が広範に関心をもたれるようになるずっと前に、定着したのである。(18)

次いで、一九世紀には、国民が到来した。一九世紀から二〇世紀にかけて政治・社会組織の主要な形態として国民が優位になり勢いをもったことによって、歴史の性格は変わってしまった。これは新たな共同体の定義にとくに明確に現れている。登場してきた国民という共同体の指導者や、その政治組織体の指導者は、政治史の優越性を再定義し再確認して、歴史家たちに、それぞれの国民の出現について物語り、その運命の正当性を主張するように指示した。歴史家は、国家文書の研究に専心し、他の情報源をほとんど用いなかった。彼らは、国民に特化した研究と博士号のプログラムを発展させた。彼らはまた、アメリカ歴史学会（ＡＨＡ、一八八四年設立）のような専門家組織を形成した。これらの国民的な歴史家たちは、大学の外にいる歴史家を非難し、大学の外での学問をアマチュア的と非難した。彼らは、地方史家を地域的ショーヴィニストとし、世界史家をうるさ型の哲学者とみなした。同時に、これらの歴史家は、発展する地球規模の共同体のなかにそれぞれの国民を明確に位置づけることによって、国民的運命の正当性を立証しようとした。

二〇世紀に入ると、国民のなかでの強調点が変化して、〈社会史〉の必要性が出てきた。これによって、国民社会のなかで勢力争いをする集団の物語を書き換えようというのであった。社会史は、社会的平和をもたらす助けになった。社会史が加わったことで、国民史は拡大して、様々な民族集団や宗教集団、労働者や企業家、女性と男性を含み込むようになった。しかし、このように相互作用の範囲が広がったとはいえ、それでもなお、その範囲は、国民の範囲内にしっかりとおさまり続けていた。ここでもまた、歴史家は社会史を研究する際に、政府の文書にどっかりと依拠していたのである（この社会史は、間接的なかたちで、しばらく時間をおいてから、世界史の拡大に結びつくことになった[19]）。

このようにして、一八五〇年から二〇〇〇年までの大部分において、最も権威のある歴史は、国民国家の歴史研究であった。古代史の研究は、「古典」ないしは「考古学」とのレッテルを貼られ、歴史の外に置かれた。中世史の研究は、無視されるか、近代の国民の前提として扱われた。国民史の研究者はかつてない技術水準と厳密性を達成したのだが、それは、歴史の分野をきわめて縮小し、他のタイプの歴史をほとんど無視してしまうという犠牲を伴っていた。

世界史は一九世紀と二〇世紀の初めにも発展はしていたが、周縁的な分野として育っていった。専門的な歴史学の分野として、拡大する大学のなかで発展していったが、教授のポストも、専門雑誌も、研究プログラムも、各種の賞も、世界史にはやってこなかった。世界史は、依然として、アマチュアのやることと考えられていたのである。しかし、地球大の結びつきについての議論や解釈は、それまでの世紀にそうであったように、静かに続いていた。その結果、世界史が二〇世紀の後半に大きな発展をしたときに、それは新たに作られたのではなく、それまでの発展のラインにそって拡大し続けたのである。

科学的・文化的な道の登場

台頭する専門的歴史学を国民史が支配しはじめるようになるのと同じ頃、人類が自身の世界を研究し考察する方法が変化したことによって、ついに世界史の拡大が始まることになる。すでに一八世紀に、トマス・マルサスは、人類の人口の規模の変化について考えはじめており、ウィリアム・ジョーンズは、イギリス諸島のケルト語から古代インドのサンスクリット語までの諸語を包含する共通言語グループを考案していた。一九世紀に入ると、チャールズ・ダーウィンが、私たちの最も近い祖先の地アフリカにおける人類の起源について考察しており、ヘンリー・メインとルイス・ヘンリー・モーガンは、初期の血族関係のシステムを研究していた。二〇世紀への転換期には、アルフレート・ヴェーゲナーが、地質学的類型の研究をして、大陸移動説について思いをめぐらせていた。この間に、カール・マルクスとフリードリヒ・エンゲルスは、これらすべての新しい知識を総合して、経済的機構に焦点をあてながら、人間社会の転換について壮大な像を描こうとしていた。[20]

二〇世紀の中頃までに、これらの思索のいくつかのものは確認された。古生物学者の発掘の結果、人類の進化のパターンが確立され、放射性炭素とカリウム・アルゴン法による年代測定の実験によって、社会的および地質学的な時間の長さが確定され、野外地質学が大陸移動説の概略を確定することになった。社会変化の長期的なパターンは、そう簡単には実証できなかったが、あまりにも単純化した人間社会に関する解釈のいくつかは誤っていることが明らかになった。これらをはじめとする研究によって、歴史学は大きく変化し、拡大することになった。

歴史研究における「革命」について話すことができるだろうか。歴史学は長い間つまらない無味乾燥な分野であると考えられてきたので、そのような威勢のいい言葉をあてはめることは奇妙に思われるかもしれない。しかし、ここで述べることはまさにそういうことである。すなわち、歴史研究は実際に革命を経験しており、そのなかで世界史は今のところ先頭を行っている。二一世紀に向けての転換期において、過去に対する私たちの理解と、私たちの分析道具は劇的に発展している。それは、拠り所となる材料が、科学的・文化的な道にそって増大していることにも、少なからず負っている。歴史の「資料」は、もはや、外交文書やセンサスの記録などに限られてはいない。いまや、それには、口頭伝承や、言語パターンや、血液型や、地質学的・考古学的遺物や、楽譜や、年輪や、天文学的観測などが含まれるのである。そしていま、これらの情報の宝庫には、伝統的な紙の文書群と並んで、電子化されたデータベースも含まれるようになった。歴史の「分析」が、依然として紙の資料の読解と評価に依存している一方で、そこには、生物学や、人口学や、文学研究から得られた理論を応用したり、計量的・統計的技術を利用することも、含まれているのである。

相互に影響する二つの道

歴史研究に革命的な変化が生じて、その結果、世界史の意味が明確になり、世界史が「認知」されるようになったことをさらに示すために、私はこの変化を推し進めた二つの動因に立ち返ってみたい。それは、過去に関するデータと展望の、内的変化と外的変化というべきものである。内的変化としては、歴史家によって伝統的に研究されてきた分野に新しい知識が現れてきたということが指摘できる。二〇世紀後半、歴史家たちは、その分析と解釈の技術を、社会的にも地理的にも拡大してきた。経済学者たちは、経済史に積極的に取り組むようになり、解釈を検証する試みと分析によって、過去の経済についての描写を補足するようになった。社会史の分野では、歴史家は、家族や共同体の研究を、より体系的におこなうことを学んで、これまでは無視されていた女性や民族集団にまで拡大するようになった。現代の人口についての新しい調査データが集積され、また、センサスその他の記録から過去のデータを分析する計量的方法が発達したことから、広大な研究分野が作り出された。ジェンダー、階級、人種、民族を強調する分析枠組みのおかげで、労働者階級の歴史や、民族の歴史や、移住や、民衆文化の研究において新しい分野が切り開かれた。これは、国民史のなかで国家に焦点をあてていた段階を超えて、より広い範囲の社会的相互作用へと向かう動きを示すものであった。地域研究においては歴史の専門家が、アジアやアフリカやラテンアメリカの様々な地域に、欧米の研究と同じように歴史学の技術を適用し、その結果、これらの地域について膨大な歴史研究を生み出すようになった。このような地域研究の発展によって、否応なく諸地域間の比較、そして地球規模の歴史の探究が促されることになった(21)。以上は、新しく入手できるようになったデータや、新しい分析方法や、社会への展望の転換によって、既存の歴史学の諸分野において革新的な仕事が促進されたことの数例にすぎない。

外的変化としては、歴史以外の学問分野の研究者たちが、次第にデータを歴史的な観点から見るようになったことが挙げられる。環境科学の登場によって、環境科学者のなかには歴史の研究に向かう者も現れた。言語の研究は、言語学者のなかに歴史の分析へと向かう者を生み出した。地質学者、動物学者、植物生理学者も歴史研究に協同するようになった。文学理論や文化人類学の研究者は、その新しい理論的洞察を時間的変化に適用し、民俗や民衆文化の研究者は、歴史研究のための新しいトピックを導入した。また極端なところでは、物理学者や天文学者が時間の歴史について議論し論文を発表するようになった。これらすべての研究者たちは歴史学のアマチュアではあるが、それぞれの分野では専門家なのである。

新しい知識が氾濫している自然科学と社会科学において、〈学際性〉という用語が登場してきた。それは様々な専門において訓練を受けた学者たちが、その研究対象を説明するためにおこなうようになった共同作業を指している。〈相互作用〉や〈結びつき〉という用語も広く用いられるようになった。それらの用語は、研究者間や、その学問分野間、そして扱われる問題それぞれの諸要素間の相互作用をすべてまとめて指すものである。そして、単一の現象も、見方を変えれば違って見えるということが明らかになったので、相互作用を強調することは「相対性」を強調することにもなった。知識が拡大するにつれ、学際的研究者の哲学的・方法論的前提が変化した。その考えにおいて、研究者は一九世紀的な実証主義的分析を用い、異なるカテゴリーを用いて個々に分析を続けたが、同時に、理論および実践で結びつきと相対性を強調した。たとえば、マダガスカルの特徴ある動物相を説明するのに、今では大陸移動説が取り入れられている。マダガスカルがアフリカから分離したので、マダガスカルのキツネザルとアフリカのサルは別々に発達することができた。時代をさらに遡れば、詳細はなお不明ではあるものの、顕花植物と有翅昆虫とは対になって発達してきたと科学者は論じる。(22)

過去についての新しい情報のほとんどは、社会科学者、物理学者、生物学者、医学研究者、技術者の努力から来たものであり、政府の役人からのものもある。(23)しかし、歴史家というのは何でも食べてしまう集団で、他のすべての研究集団が生み出したデータや方法を結局は吸収してしまうものなのである。たとえば、イェール大学の歴史専攻の大学院生であったウィリアム・クロノンは、いくつもの学問の成果を吸収して取りまとめて、ちょっとした魅力的な書物に仕立て、歴史の範囲を環境分析にまで拡大した。その本は『変貌する大地』であり、クロノンは人間の活動がニューイングランドの景観に与えた影響を文献的に調査して、先住アメリカ人と次々に来る移民とが、生存をかけて互いに争い、そして自然と闘うなかでも、植物の種と土地の使用法には驚くほどの連続が見られたことを示した。(24)この本は、新しい科学的情報がいかに新しい歴史的情報になるか、そしてその結果、いかに歴史の方法が転換され拡大されるのかを示した一つのモデルなのである。

歴史家は、外的変化を自分の分野に取り込むことはできたが、歴史の知識の構造については大いに苦労することになった。これは歴史の見方の問題だったのである。二〇世紀の中頃に世界が経験したいくつかの未曾有の衝撃によって、私たちが自身の共同体をいかに規定すべきなのかを考え直さざるをえなくなった。世界戦争の経験、核兵器による破壊の脅威、脱植民地化の到来、人種差別への世界的な批判、一九七〇年代の石油危機、国際機関の台頭、国際的な移住の再開、多文化主義の拡大など、これらの経験が古い観念をひっくり返したのである。これらの問題をめぐる論争の結果、多くの人は、自身の共同体を従来よりも広い視野から規定するようになった。女性や人種および宗教集団が国民のなかで異なる法的地位に置かれることへの異議申し立てや、汎アラブないしは汎アフリカのアイデンティティの創造や、「西」や「第三世界」といったカテゴリーの登場は、決して歴史のスムーズな転換でも歴史へのスムーズな追加でもなかった。むしろ、それは怒りに満ちた非難や苦悶に満ちた再検討の結果なのであった。

これまでに挙げてきた知識や分析の変化のすべては、何らかのかたちで、世界史の拡大に貢献している。世界史の発展のための様々な原因を分類し順位づけるためには、社会科学の用語法を採用して、直近の原因と究極の原因とを区別するのが、有益だと思われる。つまり、ある変化に最も近接する要素と、変化の最も基礎的で根底的な原因に分けるということである。私の信ずるところでは、世界史の拡大の究極的原因は、外的な変化であり、世界史への科学的・文化的アプローチにそった新しい研究の蓄積であった。この研究は、人間の過去の様々な側面について爆発的に増大している情報を分析したのであり、今も分析し続けている。(25) いまや、自然科学についての情報は増大し、さらに、人間の文化についての新しい情報と理論によって、補足されている。最終的には、現在の歴史家がその努力に参加しようがしまいが、こうした新しい情報は、歴史の分析から利益を受けることになるだろう。そしてまた、情報の拡大は、なぜ学校や大学での学習・研究分野として世界史が急速に伸びているのかを説明してくれる。どのような政治的、社会的立場の人であれ、人類の過去についてより広い知識を理解する必要があるということを、次第に認識するようになっている。

しかしながら、世界史の拡大の直接的な原因は、人々がその共同体の規定の仕方を変化させてきたということである。様々な分野で大量の新しい知識が蓄積されてきているにもかかわらず、「世界史」はどうあるべきか、いつになったらそれは真剣に扱われるのか、ということは、伝統的な歴史学の枠内での議論によって決められてきた。これらの議論は、国民、文明、人種、ジェンダー、階級についての、また歴史における国民および地球規模の枠組みをめぐる闘争を特徴づけていた。知識や概念が大きく転換するときにはいつもそうであるが、新しい枠組みに引きつけられる者もいれば、古い知識と枠組みに固執することを選ぶ者もいる。国民史は、世界史や様々な地方史と対話をするようになっているのだが、相変わらず強固であり、多くの人に受け入れられている。上述の地球規模の衝撃はいっそうコスモポリタンな見方を促進する一方で、自分たちをいっそう特別なものとみなす人々や、地域に基づく愛郷心を強固にする人々を生み出している。[26] 世界史を批判する人々のなかには、地球といった大きな分野についてしかるべき研究ができるのか、疑う者もいる。また、世界の片隅のそれぞれを研究するのでは、本当に重要な歴史の発展に注意が向けられないだろうと考える者もいる。

結論：人間の共同体のなかに結びつきを探る

世界史の定義については、まだ議論の余地がある。もし、過去がいくらかの指針となるならば、将来の世代は、それぞれに世界史を定義し直し、書き換えていくであろう。しかし、私は、世界史という厄介者の基本的な性質を、いくらか自信をもって述べることができる。それは、人間の共同体のなかに過去に存在した結びつきの物語である。世界史は人類の共同体というものを受け入れることを前提とする。それは、ときには、分断と憎悪によって引き裂かれたかもしれないが、それにもかかわらず、私たちの種の性質と共通の経験によって結びつけられた共同体なのである。世界史は、共同体相互の結びつきや、共同体と環境との結びつきの研究である。結びついた共通の人類というこのような見方は、決して新しいものではない。もっとも、過去においては、今よりも、ずっと漠然と共有されていたものではあるのだが。しかしながら、私たちはいまや、アフリカ、東アジア、ヨーロッパの人々の間の結びつきを見分け、比べることができる。地方史は依然として重要である。しかし、私たちは、世界史の概念と実践のおかげで、地方史を新しい方法で組み合わせて、日々明らかになっていく地球規模の歴史像を作り出していくことができるのである。

第2章　一九〇〇年までの歴史哲学

二〇世紀になるまで、歴史の専門家といえる人の数はきわめて限られていた。世界史の大きなパターンや結びつきに焦点をあてるような歴史学者は、ほとんど見られなかった。実際、専門的な世界史研究は、一九世紀に近代的な大学が創設されてから、一〇〇年ほどしてようやく始まったのである。しかし、二〇世紀になる前にも、多くの思想家が人間の歴史に大きなパターンを探し求めていて、彼らの考えや用語法がのちの人々に影響を与え続けている。このような地球規模の歴史の思考を再検討する上で、ここでは、まず、ヨーロッパのルネサンスから始めて、その時から二〇世紀の始まりに至るまでの歴史思想をたどっていく。次に、史学史の枠をもっと広げて、ヨーロッパ外の地域からの、またさらに昔の時代からの歴史分析が、最近の世界史理解にいかに適合するかを検討してみたい。(1)

ここでは、〈歴史哲学〉という言葉を使うことによって、昔の世界史解釈を描き出すことにしたい。というのは、今日の図書館のようなもののない時代の思想家たちは、資料による裏づけよりも、むしろ哲学的推定に依拠する度合いが強かったからである。彼らの仕事は思索的であった。しかし、読んだり、経験したり、論理力を働かせたりすることによって、過去の地球規模のパターンを考えるための鍵となるような諸問題の多くを指摘することに成功したのである。世界史について解釈した初期の者たちの成果は、普通は十分な情報がないままに得られたものであるが、その成果は、歴史叙述にとって、過去を文献的に裏づけることと、それを整理する解釈の枠組みが、ともに必要だということを気づかせてくれる。それらは、互いに補い合うのである。時が過ぎるにつれ、歴史の証拠がよりよく入手できるようになり、歴史研究における重要性も増してきたが、歴史叙述の哲学と論理構造は等しい重要性を維持しているのである。

ルネサンスと啓蒙

ヨーロッパ人がアメリカを発見したというのは自分勝手な話なのだが、地球規模の歴史がいかに描かれてきたかを再検討するという観点からすると、それでも興味深い瞬間である。それは、ルネサンスの思想家たちに、世界を考えるための枠組みが互いに矛盾するかたちでいくつも存在することを明らかにした。その枠組みは今日にまで残っている。そのよい例が、フィレンツェのルネサンスの二人の重要な人物の見解である。一人は、政治顧問であったニッコロ・マキャヴェッリであり、いま一人は、歴史家のフランチェスコ・グィッチャルディーニであった。グィッチャルディーニは、アメリカへの航海によって、赤道以南や南極と北極付近にも人が住んでいる可能性があることが証明されたと言った。また、この航海によって、使徒から福音を聞いたこともない人々が存在することも示されたのだと。彼にとって、アメリカへの航海は、世界についての重要な知識を新たに示してくれるものであった。[2]これに対して、マキャヴェッリにとって、世界の歴史は、地理的な広がりを超えるよりも、時間を昔に引き伸ばして見るものであって、古典期の論点と価値をめぐるものであった。彼は、新しいカテゴリーを開拓するよりも、人間社会の既存の知識を再考することに専念した。アメリゴ・ヴェスプッチと同じ町に住んでいたが、マキャヴェッリは、アメリカに注意を向けることはなかった。人文主義者として、個人の性格と古代とに関心をもっていたのである。異なる種類の人文主義者であったグィッチャルディーニにとって、アメリカとの接触は、未来に大きな変化をもたらす可能性を含んでいたが、過去の再解釈を促すものでもあった。

この高い教養のある二人の著述家は、よく似た環境に育ちながらも、世界を理解する際の鍵となる問題について、きわめて異なる展望をもっていた。上に述べた通り、二人の違いは、とくに南北アメリカに関して現れている。ある意味では、マキャヴェッリは、世界への西洋文明的なアプローチをとっており、グィッチャルディーニは、世界史研究者のアプローチをとっていた。一九世紀スイスの歴史家ヤーコプ・ブルクハルトは、『イタリア・ルネサンスの文化』を著し、ルネサンスの歴史的な見方の核を作り上げた（同時に近代文化史の正典ともなった）が、それはマキャヴェッリ的な人文主義の見方を採用したものであった。言いかえれば、彼が吹聴しようとしていたルネサンスの見方は、イタリアの文化的繁栄の歴史を、現代と新世界にではなく、古典期との対話と旧世界とに結びつけるものであった。したがって、一六世紀トスカーナの郷党心がその時の現実だったのか、あるいは三世紀後のブルクハルトの想像の産物だったのかは、十分に検討しなければならないのである。[3]

さらに、マキャヴェッリとグィッチャルディーニが直面していた選択は、人間的条件の普遍性を探究するのに、時代を遡るべきか、地域を広げるべきかという問題でもある。一世代後になって、フランスの歴史家ジャン・ボダンは、一五六六年に書いた歴史の導入部で、この両方を試みている。ボダンは、この方法を用いて、先の五千年の歴史を分けることを提唱した。最初の二千年間は、地中海の南と東の国家によって支配されていて、そこでは宗教に重きが置かれていた。その後、地中海（地球の「中央」）の人々は、その実践的で鋭敏な能力によって、二千年間にわたって指導的立場に立った。そして今度は、北の住民がローマを占領して、戦闘技術と発明の才によって、新しい時代を切り開いた。ボダンは、こうした見方を地球の空間に適用して、世界の市民は、それぞれの多様性をもって、全体の善のために貢献するような才能を発展させてきているのだと考えた。[4]進歩の観念を研究した有名な歴史家J・B・ビュアリの解釈によれば、過去に対するボダンの見方は、人類が過去の黄金時代から堕落してきていると信じていた中世の一般的な信念に挑戦するものだったという。ボダンの歴史理解は人文主義的であった。つまり、変化を積極的にもたらすものとして、人間の自由意思に焦点をあてたのである。しかしながら、彼は、人間の歴史を世界に対する星の運行の影響という大きな物語のなかに位置づけようともした。[5] 広大で折衷的な普遍史を考えていて、そこでは摂理と神の計画が、相互に作用し合う諸現象を広く支配していると考えたのである。

一世紀後、普遍史を唱える者は、摂理を人間の歴史の中心的な力として維持するために、より狭小なアプローチをとらねばならなくなった。いまや、南北アメリカの発見に加えて、知識の拡大を目指すフランシス・ベーコンや、演繹的論理の力を証明するルネ・デカルトを考えなければならなくなったのである。このような「新しい科学」の発見によって、世界は、摂理と同じように自然法則によって動いているのかもしれないと考えられるようになった。これに対応して、ジャック＝ベニーニュ・ボシュエは、一六八一年に、摂理が歴史の中心であるということを再確認する概説を述べ、それは広く読まれる手引書となった。カトリックの司教であったボシュエは、フランスのルイ一四世に仕えていた人物であるが、地理的な広がりや社会的な広がりよりも、むしろ歴史の深さに焦点をあてていた。彼の普遍史は、暗に当時の哲学的な議論に反応したものであって、千年前に聖アウグスティヌスによって展開された摂理的解釈を再び述べたものであった。それはまた、フランスの支配体制の弁明という役割も果たした。[6] ボシュエは、とくに、バールーフ・スピノザの哲学と、聖職者リチャード・シモンによる聖書史についての異説を反駁することに専心していた。ボシュエは、シモンに譲歩して、聖書の歴史性は認めた。つまり、彼は聖書を、神から霊感を得たものではあるが、歴史的に構築された一組の資料であると考えた。だが、シモンの立場を受け入れることによって、彼は新たな利点を得ることになった。つまり、教義の解釈において教会に至上権を与えるヴァティカンの立場から、距離を置くことができたのである。ヴァティカンからこのように距離を置くことによって、ボシュエはガリア教会の正統性を強調することができ、そうすることによって、フランス王国内の司教を任命する権力が、教皇ではなく国王にあるということを再確認することができた。この本の詳細は、ローマ時代と初期キリスト教期に限られていて、ボシュエは、彼の書く歴史が神の意志や聖書と矛盾しないよう、ひたすら尽力した。つまり、彼は一七世紀を通して、自分自身の時代を語る方法として過去の歴史を用いるという、それまでの習慣を維持し続けたのである。[7] ボシュエの用語法によれば、「普遍史」とは、旧約聖書と新約聖書の聖書の時代を意味し、その時代が後の時代に対してもつ含意のことを指しているのであった。

ボシュエが書くところによれば、人間の歴史や自然の歴史や芸術といった様々な分野を関連づける議論は、このときに頂点に達したのであった。この議論は、「古代人と現代人についての論争」として知られていた[8]。世界は古典期と初期キリスト教期におけるその頂点から退化してきているという、中世とルネサンス期の合意に対しては、数世紀にわたって、ためらいがちに異議が唱えられただけだった。この論争は、一七世紀になると、古代の文学作品と近代のそれとの比較というかたちで激しく燃え上がった[9]。そしてついに、自然はその生命力を失ってしまったのではないかと問う著者が現れて、この論争は自然科学と結びつくことになった。この問題の分かれ目は、いまや人間がその祖先がもっていた知的な力をなくしたのかどうかにあったのである。

近代派の最も有力な主唱者は、ベルナール・ル・ボヴィエ・ド・フォントネルであった。一六八八年に、若きフォントネルは、『古代人と現代人についての論争』と題する小冊子を出版し、そこで、知識は進んでいると明確に述べ、歴史の進歩は必然的であると暗示した[10]。フォントネルは、まず、古代の木は今よりも大きかったかという疑問から出発する。そして、結論としては、自然の業は時間が過ぎても普遍なのだと述べた（もちろん気候によって変化はするが）。また、時間の経過によって、間違った理論が排除されていくとも結論した。人間の集団的な精神が老化し退化していくのかどうかという問題については、個人の生活サイクルにおける老化は、人類全般には一般化できず、人類は決して退化しないであろうと主張した。文献上の論争はしばらくの間続くことになったが、他の人々がフォントネルの論点を確認しているように、人間の知識が累積的に進歩するという考えは確認されたように見える。しかしながら、このような成果はあったものの、時間とともに人間の社会的状態が前進するかどうかという問題は、依然として残っていた。論争はこの後者の論点をめぐって続くのである。

フランシス・ベーコンが新しい知識の蓄積を求めたことへの反響は、自然科学だけでなく人文学にも響き渡った。

一六世紀と一七世紀のポルトガルやオランダの旅行者や編纂者たちの「叙述」に代わって、新たに〈普遍史〉という用語が用いられるようになり、それが、一八世紀には一般的になった。これが最もはっきりと生じたのはイギリスにおいてであり、そこでは、〈普遍史〉なるものは、ありとあらゆる時と場所から集めうる歴史と物語の蓄積を意味していた。そのような集積のなかで最も膨大なものは、一七三六年から一七六五年の間に出版された六五巻に及ぶものであった。航海記や物語といった他のコレクションも、同じ枠組みにあてはまる。[11] その著者や編集者は、新しい情報を区分することよりも、単に収集することに関心があり、自分たちの祖先を人間の状態の本質として規定するよりも、人間の状態の限界を探ることに興味があったのだった。

イギリスでは、普遍史を考える者が、折衷的で、実証的で、多くは同時代的なアプローチをとったのに対して、同じ時代のイタリアの研究者は、人間の過去に対して、論理的に厳格なアプローチをとろうとした。一八世紀の初めに現れたナポリの学者であるジャンバッティスタ・ヴィーコは、複雑で難解な著作を著して、一八世紀後半と一九世紀の社会理論家に刺激を与えた。ヴィーコの「新科学」は、自然科学と人文学とをまたいで通用するような方法を確立しようとするものであった。その分析により、彼は古代から同時代に至るまでの歴史について熟考するようになった。彼は、変化と発展の過程について、文献学と言語における変化の論理を中心に研究した。そして、言語の変化が社会を変化させたという信念が、社会変化に関する広範な、しかししばしば不思議に思える著作の基本にあったのである。[12]

一八世紀中頃から始まる、いわゆる啓蒙の時代になると、歴史研究に新しい息吹がもたらされた。それは他の知的分野でも同じであった。精力的なヴォルテールは、科学者というよりも文筆家であったが、歴史や文学や倫理の分野で執筆した。彼は、皮肉や冷笑を強調し、偏見を暴露したが、変化を証明し、変化を引き起こそうとしたのだった。最も広く読まれた著作である『カンディード』の物語は、一八世紀中頃の地中海と大西洋の同時代史的な歴史であった。[13] そのなかで、ヴォルテールは、様々な方面で自身が推し進めていた宗教的寛容のための啓蒙活動を明示した。また、複数巻にわたる地球規模の歴史も書いた。それは、中国とムスリム世界についての簡単な章からはじまり、シャルルマーニュからルイ一四世までのヨーロッパの物語へと続いた。彼の解釈のまとめでは、世界を征服するための大虐殺と、そのために費やされた無駄な努力に焦点をあてている。ヴォルテールは、この世界史のシリーズに続いて、『歴史哲学』を著した。それは、歴史をヨーロッパの政治の物語で語るだけでなく、それを超えて、人種や宗教や社会生活についての思索を含み、ボシュエへの鋭い批判をいくつも含むものであった。[14]こうして、ヴォルテールは、人文主義の伝統のなかにとどまったが、そうできたのは、広範な人間社会への熱心な関心があったからであった。

他のフランスの啓蒙思想家は、ヴォルテールよりも社会過程の広い範囲に関心をもっていた。デニス・ディドロは、折衷的でありながら同時に影響力のある哲学者であったが、美術史から機械技術に至るまでの諸問題に取り組んだ。彼は数多くの著述家の先頭に立って、『百科全書』というかたちで彼らの知識を集約した。それは、あらゆる知識を歴史と哲学と詩（この分類は記憶、理性、想像と言ってもいい）に区分することを提起したが、実際には、それは次々とアルファベット順に項目を出版していったので、システムよりも経験主義を優遇することになった。この努力は広範なものであったけれども、執筆者たちは国王の検閲を心配しなければならず、その結果、記述は、科学技術とヨーロッパに偏ったものとなってしまった。よって、二一世紀の世界史研究者が読むと、歴史についての記事が非常に限られた性格であることに落胆しそうになる。[15]この間、百科全書派のレーナル師は、東インドと西インドを扱う地球規模の歴史を著して、フランスの植民地政策を批判した。[16]

エドワード・ギボンの『ローマ帝国興亡史』は、大変な総合力と文学力の産物であり、世界史という概念をはっきりと喚起した。[17]その本は、イギリスがその力のピークに達しつつあり、同時にまた、アメリカ植民地を失って、イギリスの支配が脅かされつつあるときに世に出たのだった。ギボンは、聖アウグスティヌスによって一三世紀も前に築かれた土台を調べ直し、対立する見解をもって現れたのだった。アウグスティヌスは、『神の国』のなかで、蛮族がローマを略奪し、帝国崩壊の脅威となったのは、キリスト教の普及のせいだという意見に反駁した。また、同じ著作において、運命予定説の神学を展開し、人間がただ一つ自由意思でなしうる行為は、神にそむくことではないかと述べた。ギボンによる、諸個人についての詳細で想像豊かな叙述は、彼ら個人の意思の力と影響力を強調した。そして彼は、キリスト教の聖職者やキリスト教を信じる支配者たちの諸決定が、ローマ帝国を倒壊させたのだと主張した。彼の議論は一八世紀の理神論者のためになされたものであった。しかし、ギボンの根拠と語りはその後もずっと影響力をもち続けている。ギボンは、ローマについての知識という点では百科全書的ではあったが、世界の見方という点では、広がりというよりも深さを選んだのであった。しかし、彼はローマを素材にして、最近の時代を見るための比喩を作り出し、それが一八世紀以来今なお使われてきているのである。

一八世紀が進むにつれ、ヨーロッパの哲学者たちは歴史の分析をもっと明確かつ詳細におこなうようになった。ドイツの学者であるJ・G・フォン・ヘルダーは、環境の差異がもたらす効果に対して、人間が遺伝的に一体であることを強調した。しかし、環境の差異の影響からは、歴史上の変化の直接原因として「国民的特質」を重視するきっかけを得ることになったのである。(18) 彼は、近代ヨーロッパの起源を中世の発展、つまり、通商と騎士と理性の発展に求めたのである。彼は、カトリックをその当時においてはヨーロッパの発展にとっては益あるものと考えた。しかし、その後のプロテスタントの宗教改革こそが、ヨーロッパの諸国民が偉大になる可能性を真に解放した力であると考えた。全体として、ヘルダーは目の前で形成されつつある国民国家を説明しようとし、それを、歴史的な一般原理と、人間の発展の特別な転換点とに焦点をあてて説明したのである。

ヘルダーと同時代人であったフランスのコンドルセ侯爵は、人間の精神の発展に焦点をあてるという点で、もっとはっきりとしていた。彼は間もなく自分の命を奪ってしまうことになるフランス革命に刺激を受けて、科学と哲学の進化の十段階構想を提起した。ヘルダーやカントやヘーゲルよりもはっきりと、彼は、ヨーロッパと、ヨーロッパが取り入れた古典期の祖先たちに分析を限定した（同時に、コンドルセは、有名な奴隷廃止論者であり、「黒人友の会」の会員でもあった）。三〇年前にはヴォルテールが『カンディード』において嘲り笑った進歩の教義が、いまや強い言葉で確認されたのである。(19)

さらに三〇年が過ぎると、Ｇ・Ｗ・Ｆ・ヘーゲルが、歴史哲学についての講義を始め、それが一八三〇年に出版されて、広く読まれることになった。この講義録に記録されたヘーゲルの一般的歴史原理は、彼の哲学的観念論を強く表明したものの一つであった。彼は歴史の著作を分類して、根源的歴史（トゥキュディデスの語りのような源泉）、反省的歴史（解釈的歴史であり、下位分類として普遍史を含む）、哲学的歴史に分けた。ヘーゲルは、この最後のカテゴリーである、網羅的なカテゴリーにおいて、世界史とは自由意思の意識が進歩する過程であると主張したのである。その考えでは、当時台頭していた国民精神は、普遍的な人間精神の発展に向けての道の中間駅でしかなかった。[20]しかしながら、近代に関してもっと実践的な議論をした部分では、国民的偏見に深く引き込まれていた。彼は、宗教改革を自由の発展の上での必要な一歩であるとみなしていた。またフランス革命も世界史的な出来事であるとみなしていた。しかし、結局のところ、ドイツ国民こそ、それらの前進の中心的な受益者になるだろうと考えたのである。[21]

実証主義と唯物論

ヘーゲルの哲学はロマン主義時代の精神を掴んだものだった。この時代、知識人や活動家は世界を変えようとした。しかし、結局のところヘーゲル哲学は、継続的な思考様式を作り出すことよりも、時代の精神に逆らう返答を生み出したことに意義があった。彼の仕事は、一八世紀の百科全書派から一九世紀の体系的思想家への移行過程を際立たせるものである。自由に関する考え方が世界を決定するという彼の観念論は、まもなく、自然と社会の諸法則が人間の歴史を動かすという哲学的体系に取って代わられた。この体系のなかから、実証主義が、すべてのものの科学的研究と、社会の論理的整序の方法として登場し、唯物論が、社会秩序の批判の方法として登場した。どちらかといえば、実証主義はミクロなレベルの分析に適していて、唯物論はマクロなレベルの分析に適していた。

ヘーゲルがその講義人生を終えた頃、若きレオポルト・フォン・ランケが哲学的観念論を近代史研究に適用しはじめ、一九世紀の大部分に及ぶその経歴の幕が開いた。一八三三年に、ランケは、ルイ一四世以来のヨーロッパ列強に関する総論を書いたが、一八八六年にランケが逝去したとき、多巻にわたる世界史は道半ばであった。その仕事の範囲、とくに晩年のプロジェクトの範囲から見ると、ランケの精神は少なくとも三つの明確な枠組みを維持していたように思われる。それは、国民という枠組み、大陸的な枠組み、文明的な枠組みであった。ランケは、何よりもまず、外交関係の歴史家であった。フランス革命を論ずるときにも、主として、革命の外交的な因果関係に焦点をあてていた。その作品は過去についての科学ではなく、過去のそれぞれの時代の本質を復活させる取り組みであった。それを入手可能な資料の几帳面な分析を通しておこなおうとしたのである。外交文書を信じそれを愛したがゆえに、歴史家の義務は歴史を「それが本来あったように」再構築することだという考えを展開したのである。(22)

ランケを究極的な実践模範として、職業としての歴史学は、一九世紀ドイツの諸大学で形成された。それまでの世代の歴史家が主として哲学的に考えていたのとはまったく対照的に、議論を裏づける必要性を認識して、これらの歴史家は、専門的知識を展開する土俵を選択していった。その結果、編集者や出版者の助力を得ながら、大きな概史のシリーズがいくつも出版された。それは、地域的歴史と文明史を要約しつつ、世界史の諸要素を描いた多巻にわたる歴史集成であった。(23)このようにして、ランケによる歴史へのアプローチは、原理的にはヘーゲルの思想に類似していたが、実践されるなかで、より実用的な考えにつながることになった。つまり、政治的要素を、経済的および社会的要素から切り離して、実際に見ることができたばらばらの資料を考慮しながら、政治的要素をさらに分類していくという分析方法をとった。その結果、ランケの仕事はやがて、フランスの哲学者オーギュスト・コントの主唱した「実証主義」の教義につながることになった。

コントは、一八三〇年から一八四二年の間に六巻の『実証主義哲学講義』を出版した。(24)そのなかで、あらゆる科学的および知的な活動を共通の基準によって再検討しようとした。そして、結論として、数学から歴史に至るすべての研究分野において、分析は三つの哲学的段階ないしは方法を経過するとした。それは、神学的、形而上学的、実証的論法による解釈であった。最初、事物の本質は超自然的な影響のなかに求められた。次いで、形而上学的段階では、事物の本質と原因は抽象的な力に求められる。そして、実証的段階では、絶対的な知の追及は、諸現象の法則の科学的研究に取って代わられることになるという。コントの実証主義は、質的な知識よりも量的な知識を重視した。彼は進歩というものを固く信じていた。その進歩というのは、人間の知識だけでなく、人間の社会的状況の進歩でもあった。コントは、数学における演繹、天文学における観測、化学と物理学における実験、生物学における比較という方法の発展をたどったのである。

第四巻から第六巻までは、「社会物理学」に焦点をあてていた。社会学に関する第四巻は、社会静学と社会動学の間の区別を強調していた。残りの二巻は、歴史の三段階に焦点をあてていた。コントは、歴史研究の第二段階つまり形而上学的段階を、カトリック的な解釈が過去についてのプロテスタント的見解と理神論的見解によって挑戦を受けた時期として描き、その後に、実証的段階がやってきて、歴史の実証的方法が産業社会の発展を補うことになろうと考えた。そして、社会の再編成が必要であり、そのような再編成は科学的知識をもつエリートによってのみ成し遂げられるべきであると結論づけたのであった。

コントは、その生涯の長い間、イギリスの哲学者ジョン・スチュアート・ミルと親交があった。ミルは、コントの分析が秩序だってわかりやすいことを称賛し、実用的で、分析的で、エリート的な方法を共有した。二人の間の相違点は、一八四〇年代以後に現れてきた。このときコントの思想はもう一度転回して、複数巻にわたる研究を再び著し、実証主義を神のいない宗教として再定式化したのであった。(25)

コントがヘーゲルの歴史哲学に直面することを避けた一方で、若きカール・マルクスは、ヘーゲルを「逆立ちさせる」ことを提案した。マルクスの著作について、また、二〇世紀の社会変化や世界史の概念に対するその影響については、たくさんの文献があり、議論も盛んである。(26) マルクスの思想は、当時非常に影響力の強かった実証主義とヨーロッパ中心主義の流れによって構成されていた。しかし同時に、のちに相互作用とかシステムと呼ばれるようになるものを強調していた点においては、特異であった。伝統的に、マルクスの思想訓練をカテゴリー分けして並べる作業はおこなわれてきている。実際、こういうカテゴリーのリストは彼の思想を一定の文脈のなかに据えるのに役に立っている。マルクスは、ヘルダーからシュペングラーに至るドイツの知識人と同様に、古典と哲学の訓練を受けていた。彼自身も述べるように、この基礎の上に、イギリスの政治経済学とフランスの社会主義を加えたのである。その総合が、マルクスの思想の独創性を反映しているのであり、同時に、その独創性を生み出したのであった。一九世紀の思想家として、連続する発展段階という体系を提案し、社会的諸階級の利害対立と、富の蓄積を求めるシステムに内在する矛盾に焦点をあてた。マルクスの世界史の見方は、近代つまり資本主義の時代に集中していた。世界史を論ずる他の歴史家と同じように、未来について思索し、未来について影響を与えようとしたのだった。

一八四八年に出された『共産党宣言』は、地球規模の広がりをもった著作で、マルクスとエンゲルスが探究しようとした問題の範囲を示していた[27]。この短くて強力な声明は、二人がその数年前から研究し、分析してきたことを精緻化したものであった。『共産党宣言』から四年もしないうちに、マルクスは、『ルイ・ボナパルトのブリュメール一八日』という、厳密な論証を加えた小冊子を出版した。この小冊子は、フランスにおける一八四八年から一八五一年という時期に焦点をあてたものであり、短い期間に対して、いかに地球規模的かつ多主題的にアプローチすべきかを示すものであった。この著作において、マルクスは、経済的利害と政治行動との関係を明らかにし、同時に、様々な社会的・政治的党派がいかに行動の舞台に現れたり去ったりするのかを示してくれた。歴史過程とタイミングへの鋭い感覚をもっていることを示し（所与の状況がときには何世代も続くパターンを設定すると論じている）、政治経済学も包み込むような相争う圧力から発する偶発事件を強調した[28]。その後、社会的相互作用の大きなパターンから、経済生活の特質に研究対象を移した。そして、一八五七年から一八五八年にかけて、政治経済の力学に関する見解を一組のノートに要約した。それは、彼の経済研究の計画全体を記したものであった。このノートは、ほぼ一世紀後に『経済学・哲学草稿』として出版された。[29]

マルクスの主たる努力は『資本論』に向けられていた。これは、一九世紀世界の経済と社会のシステムを研究した三巻の研究であった。そこでは、資本蓄積の論理、その結果として起こる、労働、資本、生産および国家の構造の変化の論理についてきわめて詳細に論じられた。彼の著作の強みは、長期的な変化を探り、次いでその変化の方向を予測することに力点を置いたところにある。もちろん、この予測という努力自体が、支持者からも批判者からも注目され、マルクスの論理と予測についての議論を呼び起こすことになったのである。[30]

マルクスの著作のうち、はっきりと歴史を扱ったものはほんのわずかである。しかし、数少ない歴史の著作のなかでも、また歴史哲学をもう少し詳しく論じているなかでも、さらに政治経済学を批判するなかでも、近代の世界史を解釈するうえでの重要な問題を数多く指摘しており、研究上大きな足跡を残したのである。フリードリヒ・エンゲルスの方は、もう一つ影響力の大きな小冊子を書いて、過去の社会構造についての当時の理解を要約し、さらに発展させようとした。すなわち、その『家族、私有財産、および国家の起源』は、社会階級の闘争が始まる前の時代について、唯物論的な概念をあてはめようという試みであった。一般に当時の研究がそうであったように、この研究も調査というよりも思索に基づいて書かれていた。そして、基礎にあった原始共産制から家父長制と君主制がいかに単線的に発展するかを示そうとしたのだった。[31]

マルクスとエンゲルスは、労働者や急進的政治活動家に対して、国際主義的な展望を示そうとしたのだが、一連の歴史家は、台頭しつつある愛国的な大衆に対して、国民的な展望をはっきりと提示しようとした。この後者こそ、次第に数を増している読書層で、新しい国民国家に利益を見出す勢力であった。当初国民史に貢献した歴史家の多くは、学術機関の外で仕事をしていた人々で、国民を称賛したり批判したりする発言を、他の歴史家に向けてではなく、直接読書大衆に向けて発していた。こうした歴史家には、フランスではジュール・ミシュレ、イギリスではトマス・バビントン・マコーリー、合衆国ではジョージ・バンクロフトなどがいた。二〇世紀への転換期のロシアの歴史家ヴァシーリー・クリュチェフスキーもまた、広範な読者層に迎えられた。[32]これらの国民的な歴史家はどれも、啓発的な語りの技術を身につけていた。それは、国民アイデンティティを再確認し、今日への教訓を与えるような過去の物語であった。様々なかたちのこのような物語が、過去の出来事や過去の過程や個人について集中して語られた。彼らが分析家としてまた解釈者として成功したので、それは、歴史における国民史の優越が確立することに貢献し、また、職業的歴史家に道を切り開くことになった。この職業的歴史家は、科学的であると同時に国民的でもある歴史の方法を発展させようとしたのである。[33]

イギリスの社会学者であったハーバート・スペンサーは、コントやマルクスやその他の一九世紀の社会科学者と同じように、当時の物理学や生物学の発展に注目して、それを人間社会の研究に活かせないかと考えた。しかしながら、スペンサーは、他の人々よりも異常なほどに熱心に、生物的方法を社会にあてはめようとした。彼の『社会学の原理』は、社会を有機体として扱っていた。しかも、それは、一般的で比喩的なレベルで有機的というだけではなく、個々の器官の機能と相互作用という詳細に至るまで有機的に考えるというレベルにおいてそうなのであった。そのように詳細なモデル化により、スペンサーのやり方は、社会ダーウィニズムとして知られるようになり、同様に、スペンサーは〈適者生存〉の用語を人間社会にあてはめるようになった。この方法を支持した人々の多くは、その全体としての誤りを理解することができなかった。なぜなら、必要なあらゆる手段をとって権力を獲得したあるエリートが、次の世代においても自らを再生産するであろうと想定するとき、スペンサーは、獲得した形質の遺伝性を想定することになっているのだから。こうして、その社会進化論は、ダーウィン的というよりも、むしろラマルク的なのであった。[34]

一九世紀の後半になると、ドイツの大学で、歴史学、とくに社会科学に多くの優れた研究者が現れた。それはとりわけ、社会学として発展していく分野において見られた。[35]このなかで、最も広範囲にわたって傑出していたのはマックス・ヴェーバーであった。彼は、中国における宗教と資本主義勃興期における宗教の研究において、すでにヘルダーやヘーゲルなどによって議論されていた諸問題に立ち返った。また、資本主義の発生の転換点に関するマルクスの見解を批判することによって、今日まで世代ごとに繰り返される議論を提起した。

ヴェーバーの最初の研究は、古代ローマとゲルマンの経済制度についてのものであった。しかし、その後の研究においては、歴史状況の広範な分野を詳細に研究する力を発揮した。一九〇四年の『プロテスタンティズムの倫理と資本主義の精神』は広い注目を集めた。一九一六年と一九一七年には、中国とインドの宗教に関する本を出版し、その後、ユダヤ教の研究を出版した。[36] 官僚制度への関心は、この時期に高まった。この制度の出現に関する命題は、二〇世紀の変化に取り巻かれた人々の見解を反映していた。[37] そして生涯にわたって、マルクスの方法と解釈を批判し続けた。より広い範囲の要素を取り入れてマルクスとは明確に違った資本主義解釈を提示しようとしたのだった。[38]

一九一一年頃から、ヴェーバーは、『経済と社会』に結実する仕事に取りかかった。この最高傑作は、理論的かつ解釈的な概要であり、多くの研究の単なる集合ではなかった。彼はこの仕事が完成する以前に亡くなった。妻が、一九二一年と一九二六年に一部分を出版した。しかし、その三〇年後、一九五六年になってようやく、ヨハン・ヴィンケルマンの忍耐強い仕事のおかげで、ヴェーバーの研究の包括的で一貫したものが世に出て、それはドイツ語第四版として知られている。英語版の編者の言葉によれば、それは、「世界史の深みにおける社会構造と規範的秩序とを初めて厳密に実証的に比較したもの」であり、三つの巻を包括的に提示した結果、ヴェーバーの強調点が「支配の社会学」であることが明らかになった。[39] 一九五〇年代にこの主著が世に出て、ヴェーバー的な分析に新たに多くの関心が寄せられた。偶然の一致であるが、この同じときに、『草稿』の出版がマルクスの分析に新たな関心を呼んだのでもあった。要するに、マルクスと同じようにヴェーバーも、依然として、世界史に関するテーゼの豊かな源なのである。

歴史哲学におけるこうした変化は、知識や、歴史研究の機関、また工業化する社会の構造におけるより一般的な変化と同時に進んだ。一九世紀の間に、地球上の生命と人間社会の歴史について得られる知識は劇的に増大し、科学的研究は次第に大学に集中するようになり、大学は急速に拡大した。たとえば、古代史は、依然として古典研究が支配的ではあったが、考古学と言語学の発達によって、その地理的な境界と学問的境界が拡大した。動植物の進化に関する発見と並んで、地質学の研究からは、初期の人間社会を位置づけるための広範な文脈が提供された。近代史においては、文書の体系的な収集と目録化（ヨーロッパ言語にせよ、非ヨーロッパ言語にせよ）や、人類学の初期の発達によって、詳細な語りと解釈的要約の両方のための基礎が据えられた。とくにドイツの大学が古代史と近代史の研究の最も強力な中心となったが、他の西洋諸国でも確固たる伝統が築かれており、また非西洋諸国でも歴史研究への重要な貢献が進んだ。

この同じ世紀に、ナショナリズムのイデオロギー、国民国家、国民教育システムが、選挙政策と並んで重要さを増し、そしてこれらのいずれの発展も歴史の分野に重くのしかかった。歴史の研究は、もちろん依然として政治的な語りの蓄積であり、哲学の表現ではあったが、いまや、知識の分野として、また同時に政治的動員の舞台として、発展することになった。一九世紀の合衆国においては、高等学校が新たに発展したのであるが、そこでは、愛国的な衝動にかられて、合衆国の歴史を通覧するコースが拡大した。それと同時に、高等学校からさらに先へ進む学生を増やそうという衝動にかられて、合衆国よりも広い範囲の基盤をもつ歴史のコースが、「総合史」という共通の名で、設置されることになった。これらのコースは、大体一八七〇年頃から現れ、聖書史と古代地中海史を含み、次いでヨーロッパ史を含み、それ以外の世界についてはほんの短く触れているだけという構成であった。総合史は、えり抜きの若者に彼ら自身の社会を超えた知見を提供したが、実際には、それは、社会の理論を考える人々による社会的変化の解釈であるよりは、政治的な歴史家による歴史の寄せ集めという面を強く反映していた。

合衆国の教育制度において公立の高等学校が最初にその役割を拡大したとき、歴史のカリキュラムも同様に拡大した。一八九二年と一八九九年におこなわれた大学教授の委員会報告によると、高等学校での四年間の歴史カリキュラムが重要であるということが確認されていた。それは、第九学年で、ギリシア史、ローマ史、初期中世史、それにいくらかの「オリエント」史を教え、第一〇学年では、ヨーロッパ中世史と近代史、第一一学年ではイギリス史、第一二学年では合衆国の歴史と政治史を教えるというものであった。これらのコースが世界史をどう扱うかというと、それはイギリス帝国史を通じて扱うということになっていた。このようなやり方は、デヴィド・マッゼイによって書かれた、コスモポリタン的で鮮やかな叙述の教科書シリーズに支えられて、第一次世界大戦前夜にその最盛期を迎えた。だが、その時期以後、高等学校での教育が例外ではなく義務となるにつれ、歴史教育は収縮してしまった。戦時中の国民感情、現代的問題への関心、職業教育の進展、他の社会科学からの歴史への挑戦によって、高等学校での歴史のカリキュラムが大幅に削減されたのである。[40] 歴史についての知識の拡大も、高等学校生や学部生には、希薄なかたちでしか伝わらなかなった。

国民アイデンティティが再肯定されるのと同時に、学術的な解釈のレベルでは、世界史的な考えに対する制約が、同時並行して現れた。一九世紀初期の壮大な哲学的議論は、二〇世紀への転換期に工業化する世界のなかでおこなわれると、還元主義や単純化に陥りやすいことが示された。ヘーゲルの観念論は、会社組織の膨張や帝国の膨張を、勝利者の側から精神論的に正当化するためのものとして簡素化された。ランケの歴史学は、その広がりと理想主義を奪われて、合衆国において、「科学的」歴史学としてラベルを付け替えられた。そして、それは、おもに外交の専門研究を生み出すのに役立つようになり、最も狭い意味での解釈を重視し、国民的な枠組みでのみ展開されたのである。たしかに実証主義者は、依然として進歩を生み出すためのエリートによる統制ということにこだわってはいたものの、社会的には自由主義的で、進歩というものを信じていた。しかし、彼らはほとんどコントに触れなくなっており、実証主義そのものも、ミクロなレベルにおいて、社会過程を機械的にモデル化するといった仕事に矮小化されてしまって、社会的影響に関心を向けなくなった。それは、アルフレッド・マーシャルの価格理論に見られる通りである。[41] 唯物論の方は、まだマルクスの独創的な仕事と密接な関係を保てたとはいえ、しかし、これもマクロなレベルでの経済決定論に堕してしまった。だが、唯物論者は社会的には急進的であった。彼らは、進歩を信じ、その進歩が社会闘争を通して実現すると考え、相互作用と変化を強調した。そして、その考えをとくにマクロなレベルでの分析に適用したのだった。帝国、国民、植民地という階層構造が立ち現れるなかで、〈文明〉という用語が、あらゆる哲学の分野で用いられるようになった。しかし、この用語は、世界秩序のなかでのヨーロッパ〈のちには北アメリカ〉の諸国民の優越性を確認するには両刃の剣となった。前近代について、〈文明〉は指導的な帝国と社会の継承を意味し、それらが互いに対比されたり、その境界外にあって時代を超越している蛮族と対比されたりした。近代について、〈文明〉は〈文明化された世界〉を意味し、指導的な諸国民と帝国本国を指して、植民地は指さない概念であった。

このような遺産によって、二〇世紀の世界史研究者は、当然のことながら、その分析のなかで文明パラダイムに頼ることになった。これによって、第一に、以前からの思考とからみ合って、キリスト教世界、古典世界、そして他の文明を区別し続けることになった。第二にこれが意味するのは、人種理論家との妥協である。「文明」は二〇世紀初頭の知識人たちが「人種」と考えていたものにぴったりと合致したのである。それは、コーカサス（ノルディック、地中海）人であり、モンゴル人であり、マラヤ人であり、南北アメリカの人々であり、さらには文明をもたない人種と考えられていたアフリカ人であった。しかしながら、第三の最も重要な意味で、文明パラダイムの定式化は、歴史研究における国民パラダイムの強化に対する反発を映し出していた。

ルネサンスから二〇世紀に至るまで、西洋的な伝統のなかで地球規模の視点を求めた歴史家を見ると、関心事や、優先事項や、論法や、さらには経験的な関心という点で、かなりの連続性が存在し続けた。たしかにそれぞれの時代には、それ自身の関心事とスタイルがあったが、関心事の連続性は明らかであるため、同じような論点と方法が後の世代で繰り返されるのを見ても驚くにはあたらないのである。

近代ヨーロッパ以外での歴史の伝統

現在、ヨーロッパのモデルに基づいた大学が、地球の知的生活を支配している。医学や天文学の研究のように、歴史の研究においても、西洋的な学問モデルと学問的実践が最も信望がある。たしかに、知的生活の領域においてこそ、西洋的秩序の地球規模での征服が最も完全なものになったように見える。インドや中国における、セネガルやブラジルにおける、またオランダにおける解釈上の討論を解決するために、プラトン、アリストテレス、ガリレイ、ヘーゲルの理念と実例が頼りにされているのである。しかし、歴史解釈に関して何らかの統合された西洋的伝統のみが大成功を収めてきたと信じ込むのは誤りであろう。この章の前半では、西洋の伝統のなかで、多様な見解を伴いながらも、諸々の展望が継続してきたことを強調した。西洋の学問的伝統の外にある歴史解釈のなかでも、同じように、競合する展望と、解釈の継続性を見出すことができると期待せずにはいられないのである。

歴史解釈について社会的特性が出てくるのは、どの社会でもある程度、歴史家の解釈が、定式化された学問的訓練以上のものによっているからである。狭義の技術分野とは異なり、歴史は、歴史家が社会内部の複雑な関係や読者の関心において、何を優先し、どう判断するかということにかかっている。歴史の解釈は、より深いレベルでのアイデンティティや自己心から、また、社会的慣行に深く組み込まれた基礎的な哲学的前提から出てくるものなのである。このように歴史的思考が社会的生活を構築する暗黙の優先順位や価値観に依存しているということは、どの社会状況も、現在や過去についてのそれ自身の解釈を作り続けるのだということを意味している。西洋的な歴史概念とは異なるものが生き続け、あらゆる機会に自己主張することだろう。

以下に述べることは、近代ヨーロッパ以外における地球規模の歴史的思考の発展を、予備的に素描したものである。[42]世界の文学的伝統が、歴史についての昔からの観念の主要な宝庫である。それには、ラテン語や西欧に発する土着語に加え、中国語、アラビア語、ヒンディー語、サンスクリット語、ペルシア語、日本語、ギリシア語での著作が含まれる。これらはすべて、長きにわたる文学、哲学、歴史学の伝統であり、それぞれに議論や内部対立を含むものであり、そしてこのリストは、他の書き言葉を加えることによって著しく拡大しうるであろう。これらのテクストの各々に織り込まれた歴史についての優先事項は、それらを読む者たちによって再確認されるだろう。[43]それらはまた更新され、二千年前にギリシア語やラテン語で書かれた考えの定期的な再導入に似たやり方で、現在の歴史の議論にもたらされるかもしれない。

前章でも述べたように、古代ギリシアの歴史家であるヘロドトスやトゥキュディデスは、歴史家の間の優先事項に関する議論に着手し、それはその後もたびたび練り直されることとなった。ヘロドトスは、ペルシア旅行の間に見聞きしたことを組み込みながら、広範囲に及ぶ歴史を記述した。他方、トゥキュディデスは、より狭くはあるが、中心を定めて、一連の出来事（ペロポネソス戦争）の注意深い資料収集に重きを置いたのである。

中国の歴史叙述の伝統は、古代の資料の偉大な編纂者かつ総合者である司馬遷によって定着した(44)。司馬遷は、初期においては、漢王朝公認の歴史家として、古い時代や遠く離れた地域からの資料を収集し、評価した。また、後年には、漢の宮廷の人物の伝記を中心に扱った。彼の報告書の最も特筆すべき面の一つは、書類の末尾につけられたそれぞれの人物に関する彼個人の評価であった。したがって、司馬遷は、人生の初期においては、ヘロドトスのやり方にそって歴史を記述し、後年はトゥキュディデスのやり方を採っていたのである。中国の歴史的思考におけるテクスト自体やその根底にある優先事項は、その頃からの影響を残している。後期の王朝は、唐の劉知幾（七二一年没）や宋の司馬光（一〇九六年没）のような、歴史分析での批判的評価で知られている優れた歴史家を生み出した。中国における最近の世界史研究は、中国の歴史研究の長い伝統にはっきりと結びつきながらも、マルクス主義的分析ともまた結びついているのである(45)。

七五〇年に権力を掌握し、バグダードに首都を構えたアッバース朝は、アラビア語への翻訳の活発な運動を支援し、そしてアル＝タバリー（九二三年没）やアル＝マスウーディー（九五六年没）のような、コスモポリタンで浩瀚な普遍史の土台を築いた。体系的な地理学者たちは、アル＝ヤクート（一二二九年没）の地理辞典のような、数多くの地図や記述を生み出していった。西アラブでは、イブン・ハルドゥーン（一四〇六年没）の輝かしい歴史分析が、彼の時代およびそれ以降、広く注目を集めた。一八世紀から一九世紀にかけて、歴史分析は、国民的構造を発展させるためのアラブ人の努力という文脈において、よりいっそう発展した。[46] イルハン朝のイランでは、イブン・アル＝アスィールが、アラーウッディーン・ジュヴァイニーによるモンゴル史に一部依拠しながら、一二三〇年までの世界史『完史』を書き上げた。オスマン帝国が勃興するにつれ、君主国は歴史叙述を奨励し、そしてムスタファ・アーリー（一五九九年没）は、アダムの時代以降の普遍史と地理を四巻本の『キュンヒュル・アフバール』で著し、後のエヴリヤ・チェレビー（一六八二年没）による『旅行記』は、広大なオスマン帝国の領土中をまわって旅行や外交について報告したもので、幅広く読まれた。[47] インドでは、歴史に比べ文学および哲学の著作はより膨大で、より傑出していたが、これらのテクストの調査は、二千年の議論の意義や、変化する社会的価値を伝えている。[48] 日本では、八世紀に漢語で書かれた報告書が帝国の正当性を強調し、一七世紀には、歴史家や神道の学者がこれらの資料に立ち戻り、再び漢語で、皇族の中心性を強調するための詳細な歴史を書いた。これらはやがて、一八世紀から一九世紀にかけて、幅広い日本の歴史に関する議論の一部となった。[49] 一五五二年のバルトロメ・デ・ラス・カサスによる『インディアスの歴史』の出版により、ラテンアメリカについての歴史叙述は、この地域の現実（先住民の大量殺害や奴隷化）に基づきながら伝統を形成していったが、なおもヨーロッパでの議論につなげられていた。一八世紀には、メキシコにおいて、権威ある知識人の共同体が現れたが、そのメンバーはいまだ、ヨーロッパに対しては受け身的であった。[50]

アフリカ大陸においても、歴史叙述の資料は充実している。エジプト語、フェニキア語、ギリシア語やラテン語で書かれたものは、北アフリカの古い時代のことを扱い、アフリカの角の辺りの歴史はギーズ語（古代エチオピア語）やアムハラ語の著作に記録されており、また、七世紀以降、大陸の成長していた部分で、アラビア語が書かれたり、話されたりするようになった。ここ数世紀においては、ハウサ語やスワヒリ語での重要な文学作品が増えており、最初はアラビア文字で記述され、後にラテン文字に置き換えられた。これらの記述をさらに増やすのは、あるものは来訪者によって、またあるものは現地の人々によって書かれたポルトガル語や英語、フランス語やその他のインド・ヨーロッパ諸語で書かれた著作である。[51]

もう一歩踏み込んだ議論をすると、記述資料がなくても、地方の人々の世界の見方は、数世紀にわたって伝わっているであろうと主張したい。アフリカの歴史解釈は、口頭伝承を通して何世代も伝えられており、アフリカの歴史家は、二〇世紀の後半期に、家族、地方、国家についての口頭伝承の記録と翻訳に全力を注いだ(52)。たとえば、スンディアタの叙事詩は、一三世紀のマリ帝国の創設者の青年時代と支配期の物語であり、アレクサンダー大王との比較をおこなったものであるが、西アフリカのサバンナのマンデ語の話される諸地域で、重なり合う数多くのバージョンが残り続けている。ギニアの歴史家であるD・T・ニアネはその集成をフランス語に翻訳し、これによって広く知られるようになった(53)。

結論：古い考えと新しい考え

本章で取り上げた研究は、二〇世紀よりも前に書かれ、歴史の広い輪郭を描いたものであり、その後の社会に引き継がれる歴史解釈のパターンと優先事項を作り出した。端的に言えば、一八世紀から一九世紀にかけての西洋の歴史哲学者は、世界史へのアプローチ、課題、議論、そして規範となる例さえも定めたのである。ヴィーコからヴェーバーにかけての文筆家は、ルネサンスの変革や宗教改革、人種の単一起源説や宗教的伝統の発展のような、鍵となる議論を洗練させた。彼らの議論や、資料の編集と比較からは、文明や、ヨーロッパによる支配といった概念が現れた。彼らは、社会における長期的な変化のパターンを見分け、その変化を「進歩」として扱うようになり、進歩の要因を探りはじめたのである。これらは西洋世界で現れた地球規模の歴史に関する優れた議論のいくつかであり、一八世紀末以前に現れ、論じられたものである。こうして、支配というテーマや、支配の根底や原因を探る努力は、知性のうえでの先人たちにより、世界史のなかでゆるぎない地位を確保した。ヘルダーとヘーゲルは、プロテスタンティズムが近代史における本質的な変化をもたらしたかどうかという問題を再検討し、その問題は後年にマックス・ヴェーバーによって取り上げられ、今日においても論じられている。これらに加え、一九世紀には、人類の起源と進化、階級闘争、工業化や官僚制などについても議論されるようになった[54]。

二〇世紀より前に、地球上のどの場所にいた著者にとっても、どのような物語を完成させるにしろ、世界史について書く場合、証拠の詳細に推測をめぐらし、論理と哲学に強く依拠せざるをえなかった。今日の世界史研究者の仕事は、過去の変容や結びつきについて、広く、解釈的で、十分に裏づけされた評価をすることを目的として、考察と論理と証拠を関連づけて、一貫した分析を作り出すことである。

あらゆる歴史の要素のなかで、哲学は歴史記述に多大な影響力をもっているため、哲学的仮説を難解な語りのなかに隠してしまうよりも、明確に述べる方がいいだろう。一般的なことから個別のことに至るような話の展開や、時代の移り変わりという話の展開など、すべての語りは、変化の性質と、出来事の結びつきや要因についての仮説を含んでいるのである。西洋やその他の知識人の伝統の遺産は、今日の歴史家に、一連の仮説や議論、優先事項といったものを遺産として残してくれたのであり、それは、私たちに新たな問題を開拓させ、同時に、古い問題への議論へと私たちを導き直すものなのである。

こうした理由から、世界史研究者は、定期的に、古い考えの根強い妥当性に直面するであろう。加えて、証拠を示し、分析してきた先人たちの能力に尊敬の念を深めるかもしれない。私たちは、新たな証拠や、以前は知られていなかった関係の発見に各自が努めつつも、先人たちによって残された考えや解釈を更新することに時間を割くのが正当だということを認識すべきである。

第3章　大いなる総合——一九〇〇～一九六五年

一九世紀の遺産は、歴史解釈に新たな可能性や必要性を開いた。大学の発達は、過去についての広範な研究をもたらした。工業化の進む国々では、新たな出版物や、より広い読者層に助けられて、大衆向けの歴史が生みだされた。より広範なコミュニケーション、移住の波、帝国による征服、産業と商業の変容、そしてとりわけ一九一四年から一九一八年までの大戦の惨事などが、重なり合って多様な変化を引き起こしたことから、人類の置かれている状況について、全般的に検討し直す必要が生じたのである。この二〇世紀初頭の複雑な環境において、三人のきわめて博識で洞察力のある著述家が、人類の歴史のすべてをまとめることに取り組んだ。彼らは、歴史の発展について、その相互のつながりや、過去の全体的パターンとのつながりを描いて総合する著作を上梓した。それは、一九世紀後半の先人が、世界史に対して百科事典的なアプローチをとり、個々別々の見出しで多くの問題を扱ったのとは対照的であった(1)。それらの総合的な仕事は何十年にもわたる反響をもたらし、影響を受けた四人目の著者が、ついに学界で正式の議論に加わることのできる解釈を著すことになった。また時を同じくして、他分野の知的先導者の多くが、歴史の幅広い解釈を生み出し、世界史研究者がその航跡をたどって研究計画を定めるのに大いに役立つことになった。

シュペングラー、ウェルズ、トインビー

第一次世界大戦は、いく人かのヨーロッパ人が浅慮にも平和の世紀と呼んだものを終わらせた大変動であり、それはまた、世界史を研究したり、著したり、読んだりすることに、大きな刺激を与えた。オスヴァルト・シュペングラーの記念碑的な研究は戦争の只中に現れた。シュペングラーは、どの機関にも属さない独立した学者であったが、ローマや、とくにギリシアの古典、そして哲学に明るかった。『西洋の没落』は、世界史の多くのテーマに関する独創的で広範囲にわたる博学な考察であった。シュペングラーは、そこで扱った多くの文明について、必ずしも徹底的に一次資料を読んだわけではない。むしろ、一九世紀後半にドイツの歴史家の諸集団が編纂した世界史についての事典的な集成をいくつも利用したのである。マギ的文明についての論では、キリスト教暦の開始から一五〇〇年の間、それとは異なる特有のアラブ文明が存在していたことを主張しており、それは、他の学者によって集められた素材をどのように使い、またそれらをどのように新たな枠組みのなかにまとめ直していったのかを、はっきりと示す実例となっている(2)。

シュペングラーは、世界史の研究とは哲学の訓練であると唱えた。彼は、歴史が古代、中世そして近代に区分されるようになった過程をたどり、それが、単純化された直線的な進歩という図式を過去に押しつけていると批判した。同様の論理によって、彼は歴史における「ヨーロッパ」の定義に反対した。彼は、これこそが、すべての過去が近代ヨーロッパ人を中心に回っているという歴史の「プトレマイオス体系」に結びついたのだと論じている。つまり、古いものと新しいものに（旧約聖書および新約聖書に見られるように）、さらに「近代」という時代が付け足され、それによって進歩という感覚が与えられたのである。シュペングラーは、歴史の専門家たちが、条虫のように節が次々につながったものとして過去を扱うことを軽蔑し、自身は一方で、歴史を終わることなき一連の変容だと見た。

彼は、「プトレマイオス体系」を、諸文明の間に特権的な位置のないことを認める「コペルニクス体系」へ転換するよう提案した。[3] 加えて、シュペングラーのコペルニクス体系は、有機的であり、機械的なものではなかった。彼の見解では、一つの文化とは、一つの種としての属性をもつ、一つの生命体である。したがって、その分析は伝記のように、各文明の成長、成熟、そして死を記すことになった。

シュペングラーの分析の主題は、エリート文化であった。そこで彼は、建築、文学、彫刻の質を通じて各文明の生涯を詳述した。この傾向はおそらく古典に通じた者には驚くことではないが、彼が文化的問題に第一義的重要性を与えたことは、その後に続く多くの世界史分析の焦点とは異なっている。後の分析は、文明の強さの基準として、政治的および軍事的な功績や交易のつながりを中心に据えたからである。

シュペングラーは、自身の題材に対して、実証主義的アプローチを避けた。自然分野と歴史分野とを区別して、因果関係の論理は、物質界の研究にふさわしいものであると主張した。そこでは、時間は単に一次元的な出来事の配列となる。しかし、人間社会の営みにおいて、因果関係の論理は、運命の論理へと置き換えねばならない。時間は多次元的である。つまり、暦という進行する時計の他に、各文明の生涯を計る時計や、その基盤をなす農民たちの一年周期の時計なども加えねばならない。ここには、シュペングラーの議論の他の重要な点におけるのと同様に、ゲーテが科学について記したことへの支持や、さらに言えば、ファウストへの支持が見られた。[4]

シュペングラーは、題名を入念に選んだが、そこには皮肉なねじれがある。[5] 第一次世界大戦の恐怖は、西欧による非西欧への勝利を高らかに叫んでいた多くの者に失望をもたらし、そして西欧の衰退についての浩瀚な研究は、彼らの不安を煽ることとなった。しかしながら、シュペングラーは、この衰退に対して控えめな態度をとっていた。その衰退を一八〇〇年にまで遡らせて、それが指導者の政策とは関係なく、文明の生涯に内在しているという。彼による文明の比較は、そうした転換点の規則性や不可避性を明示することを意図していた。人は、自身の運命に対して闘うのではなく、能力の限りを尽くして、歴史によって定められた役割を果たす方が望ましいと彼は考えていた。

シュペングラーの悲劇的、運命論的な歴史観とは対照的に、H・G・ウェルズは、戦争の惨禍のなかから、よりよい世界への希望を提供する主意主義的な視点とともに現れた。ウェルズは、小説家として最もよく知られているが、一九一一年から歴史の広範な研究のために読書を始めた。戦争によって、その努力はさらに強められ、その方向は変化した。しかし、シュペングラーが自分を歴史的叡知の源と公言したのとは異なり、ウェルズは知を伝える管という立場をとった。『世界史大系』は、一九二〇年までの優れた歴史研究者の研究を総合している。それは、ウェルズによれば、「一人の人間を通して」、一般読者のために書かれたものであった。それは、副題の示す通り、「平易な歴史」なのである。

ウェルズは、一九世紀の物理学や生物学の発展を、考古学や言語学、そして古代史や近代史の発展と統合しようと試みた。その本は、「私たちが暮らす地球は回転する球体である」から始まる。最後の数千年紀に入ると、ウェルズは政治的および軍事的関係に焦点をあてた。依拠した歴史家たちのアプローチに倣いながら、彼は、文明全体よりも個々の国家の盛衰を分析した。

ウェルズの著書は独創的でとっつきやすく、それはとくに、地図や図表、また卓上用大型豪華版での挿絵に表れている。エレガントな図解は、世界の様々な地域における同時代的発展を説明し、そして、弧を描く矢印は、時間と空間を通したそれらの結びつきを示した。巧みに描かれた地図は、文章のメッセージを増幅する。例えば、ある地図は唐の境界を示していて、そこにローマ帝国の最大版図の境界が重ねられている。ローマ帝国は、地中海水域を含めても、唐の領域と比べれば小さく見える。(6)

ウェルズによる現存の知識の要約は、いろいろな意味で思慮深いものであったが、彼の時代にあった先入観も混ざっている。たとえば、アフリカについてはほとんど言及していない。移住を論じる時にも、発見の航海〔大航海時代〕についてでも、奴隷貿易においても、またヨーロッパによる植民地化においてもそうである。これが見落としではなく、意図的な選択であったことは、最も重要な助言者の一人が、アフリカで帝国官僚として長年過ごし、アフリカやアフリカ人について多くの本を執筆したH・H・ジョンストン卿であったという事実により明らかである。[7]

過去についてのこのように広く共有された盲点にもかかわらず、ウェルズには、未来への明確な展望をもったアプローチをとる用意ができていた。彼は、戦争によって解き放たれた強い憎しみを解決するために、形式の整った地球規模の秩序を確立するべきだと信じていた。そのため、イラスト入り『大系』の結びの章で、読者は世界の植生図の起伏地図を目にすることになる。その地図には「世界合衆国」という名がつけられていた。世界史について書いてきた多くの著者同様、ウェルズは、狭小な専門主義の限界を超えて、人間社会の未来について希望と思索を示す方に引きつけられたのである。[8]

一九三三年、アーノルド・J・トインビーによる壮大な『歴史の研究』の第三巻までが現れた。[9] 続く三巻は一九三九年に、最後の四巻は一九四八年に、補足編が一九六一年に出版された。トインビーの研究は、文明の枠組みが一貫していたことから、世界史に関するそれまでの浩瀚な物語を超えるものになった。シュペングラーは、分析単位として文明が適切であると単に主張しただけだったが、トインビーは、この枠組みの正当性を細部にわたって論じた。彼は、「社会」（すなわち文明）を、「歴史研究で理解可能な最小の分野」と表現した。トインビーは、シュペングラーと同じくらいしっかりと、しかし異なる地点から見渡して、一九世紀の間に歴史研究が陥った、国民というかなり強固な境界を拒絶した。[10]

トインビーの研究は、文明の誕生、興隆、没落の説明を中心に据えた。トインビーは、シュペングラーのように、文明を有機体として捉えた。しかし、シュペングラーが文明の生涯を単一の伝記的な喩えによって極限まで説明してみせた一方で、トインビーはいくつもの喩えを代わる代わる使った。これらのなかには、例えば、文明と、急勾配の丘を登る人との対比も含まれる。ある者は岩棚で動けなくなり、またある者は精いっぱい山頂にたどり着こうとする、という具合である。[11]

トインビーは、凋落のパターンはどの文明も似通っており、文明の唯一性はその興隆にある、つまり、それらが立ち向かった挑戦に対する成功にある、と結論づけた。したがって、彼は、どの地域においても最初に発展した都市文明、すなわち、ナイル川流域、ティグリス・ユーフラテス川流域、黄河流域、クレタ、メキシコのユカタン、そしてアンデスの文明を最も高く評価する。衰退する文明は、衰退の時期に作られる世界宗教を媒体にして後継者を生み出すであろう。トインビーの見解によれば、すべての巨大な世界宗教は、文明が第二世代を迎えて荒廃するなかから台頭した。

トインビーとシュペングラーの両者とも、ゲーテから深い洞察力を得たと公言する。シュペングラーにとって、ゲーテは、方法論を導き出し、直感的に総合する感覚を発展させてくれた。トインビーがシュペングラーに共鳴した点は、歴史の専門家が人間の発展に対して狭く単純なアプローチをとっていると批判したことである。「人種と環境は、種々雑多の人間社会に現存する文化的不平等という問題を解決するために、科学的と自称する一九世紀西洋の歴史家によって提供された、二つの主要な対立する鍵であるが、どちらの鍵も、試してみると、固く閉ざされたドアを開けることができないことがわかった」。しかし、トインビーは、シュペングラーが文明の盛衰のジレンマを解決しようとした方法には不満であった。「彼によれば、諸々の文明は、決められた時刻表に一点の狂いもなく従って、勃興し、発展し、衰退し、沈んでいくのであって、いずれの場合にもそれに対して何の説明も与えない。シュペングラーが発見したのはただ自然の一法則であって、それをそのまま、師を信じて、〈子曰く〉と暗唱しなければいけないのだ」[12]。

トインビーは歴史の命題をゲーテに求め、そしてそれをメフィストフェレスの挑戦に対するファウストの応戦のなかに見出した。シュペングラーは、そびえ立つゴシック様式の塔によって象徴される西洋キリスト教世界を「ファウスト的」と呼んだが、トインビーは、ファウストの喩えを、あらゆる新たな文明の経験へと広げて使った[13]。

トインビーは、希釈しながらも、いろいろな意味でシュペングラーをまねたが、歴史についての哲学や感覚は、かなり異なっていた。シュペングラーが実証主義的な歴史分析を拒否した一方で、トインビーの明確な枠組みや整然とした要約は、世界史の社会学を発展させようという努力を際立たせている。トインビーの記述の様式は、シュペングラーのものより単純で直接的だった。それは、含みをもった直感的な印象を伝えるというよりも、論理的な形式による社会学的分類である。トインビーは文化的功績よりも、各社会の政治的な強さに重きを置いた。

さらにトインビーは、シュペングラーよりもはるかに、境界を越えて影響を与え合う、文明間の相互作用について考察した。初期に書いた数章では、文明の歴史が始まった時や進路が変わった時に未開人が果たした役割を考察した。後に書いた巻では、文明間の「邂逅」について扱った。彼の言う「時間的邂逅」は、ヨーロッパのルネサンスから始まり、さらに、ルネサンスの概念を革新的に一般化して、他のいくつかの歴史的状況へと話を続けた。彼の言う「空間的邂逅」は、近代において西洋が他の文明に与えた影響に焦点をあてた。その扱い方は、広範囲ではあったが、きわめて初歩的なものであった。つまり、トインビーは、より複雑な相互作用ではなく、強いと思われるものが弱いものへ与える一方的な衝撃のみを考察した[14]。それでもなお、トインビーは、「オイクメネ」〔人間の居住地域〕の概念を導入するところまで進んだ。それは、いくつかの文明の交流を結びつけていて、ときに拡大することもある接触の地域のことである。しかしながら、この概念は、彼の分析では重視されず、のちにマクニールによって〔エクメーネとして〕重視されることになる[15]。

トインビーは、研究を完成させるにあたって、世界史についてたくさんのコメントを残しており、それは同時に、第二次世界大戦終了時における生の様々な難問についても扱った。彼が議論したうち、三つの論点が特筆に値する。第一に、自伝的に語ったなかで、世界史の解釈における古代世界と現代世界の間の関係を取り上げた。文明間の哲学的同時代性という概念を何度も述べている。ペロポネソス戦争についてのトゥキュディデスの記述を用いて描写し、それを、第一次世界大戦の状況を予期させるものと見たのである[16]。

第二に、トインビーは、彼の文明の枠組みを近代世界に適用することが困難だと述べている。一五〇〇年以降の時期については、「世界を取り囲んでいる私たちの西洋文明」について述べながらも、一つ屋根の下にある全世界についても述べる。ひとたび文明の境界領域が重なり合ったならば、他の文明は自身の同一性を維持できるのであろうか。

加えて、トインビーは、「普遍的文明」について遠まわしに語ったこともある。しかし、この文明はいつ出現するのだろうか。「私たちの」過去は、どのようにして「彼らの」過去の一部となり、「彼らの」過去はどのようにして「私たちの」過去の一部となるのか。この問題は、すなわち、古代世界および近代世界の両方の「文明」という言葉が意味する内容の問題であり、それは歴史研究において未解決であり続けている。(17)

第三に、トインビーは時が経つにつれて、ある信念を明確に表現するようになった。それは、人類の未来への希望が、より広い精神性を作り出すこと、つまり、世界中の大宗教の伝統を何らかのかたちで総合し融合することにあるということだった。彼は、かつて戦争と階級が、文明とその上層部を終わらせることになったと論じた。そしていまや、戦争や階級は、人類それ自身を終焉に導く恐れがあるのだから、それらが廃絶される必要がある。不平等は、彼の観察によれば、いまや不公正と化した。彼以前も以後も、世界史研究者は、将来への希望や不安を表すことから逃れられないのである。例えば、トインビーにとって、進歩のために必要なものは、普遍宗教であった。道徳と精神性に焦点をあてることにより、トインビーが歴史分析の境界から外側へとはみ出たのかどうか、議論は今も続いている。

トインビーの最後の数巻が出版されると、著名なスペインの哲学者であるホセ・オルテガ・イ・ガセットは、それを研究する講座を開き、そしてすぐに講義録を出版した。トインビーに対して、多くの批評家は（以前のシュペングラーに対してのように）、細部を集中的に批判したが、オルテガは、トインビーによる議論の広範な輪郭に注目した。彼は、挑戦＝応戦の理論を表面的だと批判し、トインビーの普遍宗教の主張にはほとんど注意を向けなかった。オルテガは文明のパラダイムの有効性を認めたが、彼はまた、この枠組みでは、植民地世界についての議論が排除されるという短所も指摘した。(18)トインビーについてのまた別のコメントとして、イギリスの社会学者クリストファー・ドーソンが出版した一連の論考がある。そこでは、相互交流をもたらす文明間の接触、文化の力学、そして人類の宗教経験に焦点があてられた。(19)

テーマ、地域、時間への洞察

学問の領域の外でも、二〇世紀におけるその他の主要人物が、世界史の対話で重要となる発言をしている。ウッドロー・ウィルソンは、ナショナリスティックなかたちでアメリカ史を書き、歴史家として活発に活動した。大統領そして連合国の戦争指導者となってからは、新たな国際秩序の理論家となった。彼の一四カ条や、とりわけネイションの自決権の支持は、ヴェルサイユ条約である程度実現された。国際連盟についてのウィルソンの理念は、幾人かの頭のなかに、世界政府の考えをもたらした。[20]

時を同じくして、V・I・レーニンは、ボリシェヴィキ革命の準備と指揮をしている際に、ネイションの自決についてまた別の概念を提示し、それは実際のところ、ロシア帝国をソヴィエト連邦へ変える時に、憲法上は自発的な別々の共和国による同盟となるというかたちをとった。資本主義と帝国主義についての分析は（後者はイギリスの反帝国主義者Ｊ・Ａ・ホブスンにかなり刺激を受けたものである）、神聖な国民単位よりも資本移動に基盤を置いて、近代世界史の理論を提示した。[21] レーニンの著作は、過去および将来の歴史変化の源泉として、ヨーロッパの（そしていまやアメリカの）権力の中心にばかり注目するのではなく、世界の他の地域に注意を向けさせるものだった。

合衆国の読者に向けて、ヘンドリク・ウィレム・ヴァン・ルーンは、Ｈ・Ｇ・ウェルズがより充実した大系を出した直後に、簡略版の世界史を提示した。ヴァン・ルーンは、オランダ出身だが合衆国で執筆活動をし、歴史物語の語り手となった。彼の『人類の物語』は、個人の特徴と人格的価値を強調し、エピソードと逸話を集めることによって、人類史の発展という感覚を伝えようとした。ヴァン・ルーンは、自身の子供時代から物語を始める。すなわち、おじに連れられて、ロッテルダムの聖ローレンス教会に行き、多くの本で満ちている各階を通って鐘楼に登り、そこから街と水平線を眺めた。これが著者の展望を象徴しているのだろう。ヴァン・ルーンによる数多くの魅力あるスケッチは、肖像や地図や景観や、さらには、紀元前五〇万年から一九二〇年までの五頁に及ぶ「生き生きした年表」も含んでおり、語りの要点を抽出して強調する。この本は、アメリカ人が、新規に世界の指導力を発揮して、ヨーロッパ人よりも上手に機械時代の問題を解決するだろう、という期待の表現で締めくくられていた。[22]

ジャワーハルラール・ネルーの『世界史瞥見』は、形式や読者層は異なるものの、一般性をもつという性格では、ウェルズやヴァン・ルーンの仕事の類に含まれる。著者は、博識だが、歴史を学ぶアマチュアであり、現在の指針とするために、過去から教訓を引き出そうと試みた。ネルーが政治活動にかかわっていることは、すべてのページに現れている。というのも、各章は一九三〇年代前半に獄中からの手紙として書かれたのである。ネルーは、独立支持の活動のためにイギリスによって投獄されていて、これらの手紙のなかで、何年間にもわたる読書ノートを見直し、手紙を宛てた娘インディラに対して、教育のプログラムを提供した。[23]ネルーは、情報と方向についてはウェルズの『大系』に拠っていることを明らかにしているが、価値判断を示す語句の多くは、ネルー自身のものであった。その本はエピソードをつづって語るもので、ヨーロッパの視点とインドの視点から同時に書かれている。世界史のほぼすべての主要な問題についてインドからの視点を展開したことによって、ネルーは、暗黙のうちに歴史の相対主義のよい授業をおこなったのである。その本のコスモポリタンな論調は、ナショナリズムに固有の問題を明らかにするが、ネルーは、インド国民にとっての固有の運命が、より広い共存の道と矛盾しないよう望み、それを達成しようとした。

ジークムント・フロイトは、幻滅を感じさせる第一次世界大戦の出来事に対する返答を『文明とその不満』に記している。[24]簡潔で思弁的なこの本は、一つの種としての人類の段階的な成熟が、文明の発展に反映されているものと解釈した。そうして、人類の過去における進歩の規則性について論じながらも、現在の課題に取り組む際には悲惨な失敗をする可能性を認める。つまり、いまや強力な科学技術を手にしている人類が、紛争を解決しようと意識的に努力しても、潜在的には、暴力的な衝突に向かう基本的な傾向を抑えることができないということである。

考古学の調査によって、人類の長期にわたる発展への理解がますます進んだ。とりわけV・ゴードン・チャイルドの著作がそれに貢献した。チャイルドは、オーストラリア生まれであったが、スコットランドのエディンバラ大学に勤め、ヨーロッパの物質文化を専門とし、考古学の発掘成果を総合することに秀でていた。ヨーロッパにおける文明の発展について、詳細かつ地域的な特性を解釈して出版した後に、より広いスケールへと向かった。最もよく知られた著書である『人間は自分自身を作る』と『歴史で何が起きたのか』で、チャイルドは、広く流通することになる枠組みを作り出した。産業革命に先行した、人間社会における二つの文化的革命である。一つ目は新石器革命であり、ヒトが食糧の採集ではなく生産を発展させるようになったことである。二つ目は都市革命であり、そこで都市や国家が勃興したのである。チャイルドは、それぞれの場合において、技術的躍進の結果、人口の増大がもたらされたと推測した。彼は、固有の文化的所産と実践を豊かに描写することで、わかりやすい諸段階を描き出し、そのために彼の解釈は、考古学研究（とくにヨーロッパと中東を扱うもの）の総合と、考古学研究を大衆に広めることの両方に役立つこととなった[25]。

ルイス・マンフォードは、専門は建築士だが、科学技術や文化の歴史に趣味で取り組んだ博識なアマチュアであり、世界史についての三部作のなかに、フロイトの洞察をいくつか取り入れた。マンフォードの本は、トインビーの本とほとんど同時に出版され、そして彼もまた文明のパラダイムを使用した[26]。これらの本は前近代に焦点をあて、文化への志向をもっている。マンフォード、ならびにチャイルドは、シュペングラー以後、世界史におけるエリート文化にしっかりと取り組んだ数少ない主要著者の一人である。マンフォードは、シュペングラー以上に、西洋文明と、地中海地域に想定されるその祖先たちを研究の中心に据えた。晩年の本では、マンフォードは、建築に関する知見を用いて、歴史における都市を研究した。また、文明を通じた人間の精神の変容について、簡潔な解釈も記した[27]。

大戦間期には、他の学者も様々な学問領域から現れて、地球規模の歴史分析へ意義ある介入をおこなった。オーウェン・ラティモアは、中国と中央アジアの相互作用を分析し、境界領域を、両方の社会にかたちを与える相互作用の場として重視した。フレデリック・タガートは、ローマ帝国と漢王朝を分析し、両国の同時並行性と連関を強調した。[28]

合衆国を拠点とする社会学者たちも、戦間期に、地球規模の分析を発展させはじめた。ロバート・パークやシカゴ学派の社会学者たちは、都市に焦点をあて、地球規模の相互作用に適応しうる社会変化の視点を発展させた。タルコット・パーソンズは、優れた社会学の理論家として一九三〇年代に現れ、マックス・ヴェーバーの遺産を世に伝えようとしただけでなく、その作品に自身の刻印を残した。ヴェーバーのいくつかの作品を翻訳し、のちに自著『経済と社会』を出版した。ヴェーバーが使用したものと同じ題名である。ヴェーバーが複数の時代を見渡そうとしたのとは対照的に、パーソンズは、近代、すなわち工業の時代に特化し、そして、「近代化」として知られるようになるパラダイムを発展させた。それは、近代の社会機構が、それが形成された中心部から他地域へと伝播する過程に注目した。[29]

専門の歴史家たちは、戦間期にはおもに政治史に焦点をあてていた。世界史を論じる場に彼らがいなかったわけではない。しかしながら、議論への貢献は、とても特殊で、思い切って言うならば、狭小なものであった。アマチュアの歴史家による総合的著作について時折評論して、過度の一般化や事実の間違いを厳しく批判したことを別にすれば、歴史の専門家の作品は、精巧な年代記からなっていた。このような年代記のうち優れたものは、ウィリアム・L・レンジャーが編集し、一九四〇年に出版された『世界史事典』であった。[30] この本は、プレッツによる手引書の直系に当たるものだった。それは七〇年前にドイツで出版され、一八八三年に英語に翻訳されており、以後も増刷と再版を繰り返していた。このジャンルはシュペングラー的な一般化の対極に位置し、「次から次に忌まわしいことが続く」歴史というものにきわめて近い、歴史記述における何かなのである。証拠は単に事実として示された。つまり、これらの手引書では、一九世紀ドイツの偉大な集成と同様に、カテゴリーがどのようにして選ばれ、整理されるのかについて、議論されなかったのである。[31]

世界史のための基礎作りを研究者が進めたもう一つの研究領域は、帝国史であった。とくに、イギリス帝国についてのイギリス人の研究では、歴史家が個別研究や概説を書き、かなり深く分析して、遠く離れた帝国の領土を比較したり結びつけたりしたのだが、みな同様に、帝国支配者の立場に焦点をあてていた。W・キース・ハンコックの『英連邦諸事通覧』は、複数巻に及ぶ調査書で、非常に広い視野をもつきわめて優れた例である。この帝国史の伝統は、戦間期から世紀の終わりまで続くこととなった。[32]

合衆国では、世界史について、あるいは国民という視野を超えた何らかの歴史について教えることは、主要な著作の発展と異なるリズムで広がり、そして衰退した。大学のレベルでは、ジェームズ・ハーヴェイ・ロビンソンが第一次世界大戦中に戦争の問題を扱うコースを発展させたことから、コロンビア大学が主導するようになった。このコースは一九一九年に同時代文明と名づけられ、やがて多くの大学で、西洋文明についての入門コースの原型となった。このようなコースは、まずエリートの総合大学で広がり、次第に単科大学レベルで一般教養の定番となった。コロンビア大学のコースは、近代ヨーロッパに焦点をあてていたが、西洋文明のコースは、もっと前の時代や他の地域を徐々に取り込んでいった。[33]実際のところ、学生は、このような入門コースでのみ、国民を超えたレベルの歴史を学ぶ経験ができた。上級生用のコースは、個々の国民やより短い期間を対象としていたのである。

高校では、歴史についての以上の変化が、学問の諸分野および社会問題の幅広い変容とからみ合うことになった。第一次世界大戦の初期にナショナリスティックな感情が急激に盛り上がったことから、古い時代よりも最近の歴史に重点が置かれるようになり、「社会科学」すなわち政治学や経済学や社会学の分野に対する教育者の関心をいっそう高めることになった。高校教育がエリートに限られたものから必修のものとなっていくにつれ、職業教育プログラムの波が押し寄せた。全米教育協会の社会科学委員会による一九一六年の報告では、これらの傾向を教育者たちが追認した。つまり、社会科の学習は、高校での四年間の歴史教育を犠牲にしてでもカリキュラムに加えられるべきであり、そして歴史は古い時代よりも近現代を重要視するべきなのである。合衆国史よりも広い歴史は、やがて一年間の高校教育へと削減され、たいていは第一〇学年で学ばれた。「新しい歴史」を主導し、近現代史重視の支持者であるチャールズ・ビアードとジェームズ・ハーヴェイ・ロビンソンは、このカリキュラムの提案を後援した。[34]しかし実際のところ、彼らは、大学に基盤を置く歴史家が、高校での歴史教育から分離することに順応していた。一九二一年にアメリカ歴史学会と全米教育協会の支援により全米社会科学教育協議会が設立され、歴史および社会科学の教育において主要な影響力をもつようになった。それは、歴史の幅と深さを犠牲にして、部門横断的で現代の事項を中心に据えるカリキュラムを推進していった。以後、世界史教育は、専門組織のどんな調整努力よりも、個々の教師の努力によって、生きながらえることになったのである。

その後、ジョージ・F・カウンツとチャールズ・ビアードが率いる社会科学の委員会が、アメリカ歴史学会の支援を受けて、一九二〇年代に活動を開始し、一九三四年に報告書を出した。しかし、学校での歴史は他の社会科学によって着実に隅へと追いやられていき、歴史家は守勢に回った。進歩的なビアードを手本としていたハロルド・ラッグは、合衆国の歴史教科書の著者としてよく知られていたが、その著作が反愛国的であるとして、全米製造者協会の支持者によって攻撃を受けた(33)。歴史の専門家は次第に、学校の教師や一般の読者に対してよりも、自分たちの間で対話するようになった。その一方で、H・G・ウェルズやヘンドリク・ヴァン・ルーンによる概説書が、一般の読者に売れ続けたのである。

第二次世界大戦は、その只中にも直後にも、世界史に関する一連の出版物をもたらした。(これらの研究に含まれる省察は、第一次世界大戦に触発された省察と同様に、地球規模の紛争による衝撃によってもたらされたものである。その後、冷戦と脱植民地化を経験して初めて、世界史のより根本的な再検討が現れることになった。)一九四四年に出版されたカール・ポランニーの『大転換』は、近代社会の見方を提示した。そこでの本質的な変化は、マルクスが提起したような資本主義の社会的諸制度および技術に注目するのではなく、一九世紀に価格形成市場の経済的諸制度が出現したことへの注目にある。これらの諸制度は、ポランニーによれば、根本的に人間社会を乱し、二〇世紀に戦争やファシズムをもたらすこととなった。これは、市場を制御できるような新たな諸制度を作り出す方へと必然的に向かわせるだろう(36)。

同年に出版されたエリック・ウィリアムズの『資本主義と奴隷制』は、ヨーロッパで自律的に起こった過程として工業化を捉える概念に異議を唱えた。西インドの奴隷制がイギリス産業の台頭に重要な資本を提供し、そこで出現したイギリスの産業家が、賃金労働力を拡大させるために奴隷制を廃止に導いたと論じた。[37] 一九四六年には、イギリスの経済学者モーリス・ドッブが、ヨーロッパにおける資本主義の台頭を解釈する本を出版した。ともにマルクス主義者であるドッブとアメリカの経済学者ポール・スウィージーの間で続いていく議論は、封建制から資本主義への移行をめぐるカール・マルクスとマックス・ヴェーバーの議論を一部再現することとなった。つまり、ドッブがマルクスの役割を演じ、賃金労働の増加が資本主義確立において転換点を示すと論じ、一方でスウィージーはヴェーバー役を演じ、より以前に起こった営利目的の商業の拡大が資本主義の出現を示すと論じた。[38] 次の十年間には、ハンガリー〔ロシア〕生まれで、合衆国で教育を受け職についたポール・バランが、二〇世紀について『成長の政治経済学』で論じ、工業を率いる者たちがすでに工業世界で主導的地位を占領しているために、旧植民地国は、工業化への新たな道を開拓しなければならないであろうと主張した。[39] これらの研究のすべては、経済史において地球規模の研究が後に発展するために非常に重要なものとなる。

フェルナン・ブローデルは、第二次世界大戦時に獄中で『フェリペ二世時代の地中海と地中海世界』を書き上げ、それは、扱っている人類の経験がきわめて幅広いことから、歴史上の変化における相互作用という考えを世に広めることとなった。[40] ブローデルは、海域を分析の単位とし、国民や文化や文明などの推定上の境界を無視することを選んだ。彼のアプローチは、一方で人間社会の根底にある環境的な構造を重要視し、もう一方で、多くのレベルにおける人間の相互作用を考慮するものであった。このアプローチによって、彼は、多層的な要因として時間を捉えるようになり、さらに、この見方を三つに分けて定式化した。ブローデルは専門家であり、彼の研究は幅広い承認を得た。それはつまり、地球規模で歴史を扱うことを歴史の専門家たちがますます受け入れるようになったことを示していた。同じ時期に、チャールズ・R・ボクサーは数冊の本を出版した。それは、総合というより個別研究のレベルであったが、初期近代のポルトガル帝国やオランダ帝国と、世界のほとんどの地域の人々との結びつきについて、豊かな情報を伝えるものであった。(41)

やはり歴史の専門家であるジャック・ピレンヌも、ブローデルの『地中海』が世に出た同じ年に、世界史の解釈に関する二巻本を出版した。(42)この著作には、シュペングラー、ウェルズ、そしてトインビーの影響が明らかに見られ、文明の枠組みや時系列的構成を採用していたが、ピレンヌは普遍史と名づけた。ピレンヌは、世界史の潮流というような、海に関連する喩えを多く用い、また文明間の海上での接触と、大陸での接触を対比させた。大陸について言えば、一連のユーラシア大陸の地図からは、妨げられることなく主要な文明間で交流が続いていた時代に対する、ピレンヌの特別な関心がうかがえる。端的に言えば、ピレンヌの仕事は、多くの点においてウィリアム・マクニールのそれを予示するものであった。なお、その英語版は、『西洋の興隆』の前年に現れている。(43)

哲学者の貢献も世界史においていまだ重要であった。カール・ヤスパースは、社会哲学者で、初期にはマックス・ヴェーバーやニーチェ、デカルトについての研究を著した。ドイツでの第二次世界大戦の経験から登場し、一九四六年から一九五〇年の間に一ダースに及ぶ本を書き、そのなかで楽観的な見通しを示した。とくに『歴史の起源と目標』は広く注目を集めた。(44)ヤスパースは、イエス・キリストは世界史の軸であり、すべての出来事がそれを中心に回っている、という考えをヘーゲルから受け継いだが、その軸を五〇〇年以上前に移動した。彼は、知識や信仰での大躍進があった時期を、「枢軸時代」（紀元前五〇〇年頃を中心とし、前後三世紀も含む）と定義した。今日までこれを超える洞察は現れていない。それは、中国での孔子や老子の時代であり、インドのブッダやウパニシャッドの著者たち、イスラエルのエリヤやエレミヤ、ギリシアのホメロスやプラトン、トゥキュディデスの時代であった。ヤスパースは、この観察で見えてきた軸の契機を探し求めた。ユーラシア大陸に広がったインド・ヨーロッパ系の騎馬民の影響に起因する、というアルフレート・ヴェーバーの主張を退け、代わりに「多数の小国家と小都市の群立、絶え間ない闘争に明け暮れる政治的分裂の時代、……それまであった状態への懐疑」が原因であると結論づけた。(45)ヤスパースの見解では、後のキリスト教やイスラームという宗教や中国の王朝的伝統は、この枢軸の時代に生まれた洞察を進展させる役割を果たしただけだった。その一方で、現代の変化によってもたらされるはずの未来は、自由、社会主義、世界統一、そして信仰によって成り立つであろう。「枢軸時代」という考え方は世界史に関する多くの教科書に掲載されたけれども、ヤスパースによる現在と未来の見方はそこに添えられなかった。

国際連合は、国際連盟による戦後の和解の努力を模倣し拡大して、国際的な文化的協力の発展のために、一九四五年にユネスコ（国際連合教育科学文化機構）を創設した。シカゴ大学の歴史家ルイス・ゴットシャルクは、ユネスコが計画した世界史の共同研究で指導的役割を担った。このなかで、彼は、国民間の対立する展望を、共通の世界史解釈にして提示するために、歴史の専門家を組織するという、報われない仕事に取り組んだ。結局は、古代史の局面を扱った三冊だけが出版された。(46) より質素だが、より持続する努力として、ロバート・R・パーマーの不朽の教科書『近代世界の歴史』の初版が出版されたことが挙げられる。(47) この本は、近代ヨーロッパ史解釈の伝統（合衆国ではしっかりと築かれていた）に基づきながら、それを、植民地（とくに南北アメリカ）と、二〇世紀に増大する戦争および政治のグローバリゼーションへの言及も含むよう広げたものである。

人類学の研究における世界史への主要な取り組みでは、ジョージ・ピーター・マードックが一九五九年に『アフリカ：その人間集団と彼らの文化史』を出版した。(48) マードックが率いて、アフリカのほとんどの民族集団に関する民族誌の報告から巨大なデータベースが作成された。このデータベースは全世界へと広げられ、人間関係地域ファイルとして知られるようになった。民族誌のデータを集め、互いに結びつけていくことによって、マードックは自身が文化史と呼ぶものについて観察できたのである。おそらくこの本のなかで彼が発見した最も重要なことは、農業が少なくともアフリカの二つの地域で独自に始められたのを証明したことであった。

一九二〇年代から一九六〇年代に刊行された世界史研究のほとんどは、世界的な共同体の創造に焦点をあて、創造後の発展には目を向けなかった。前近代の場合、これは文明のパラダイムを強化した。発見の航海によって幕を開けた時代の場合、この時期のほとんどの著述家が文明のパラダイムをさらに推し進めた。例外は、資本主義の台頭に注目した者たち（レーニン、ポランニー、ブローデル、ドップ）であった。ここで論じたすべての作家のなかで、タガート、パーマー、ブローデル、ピレンヌ、そしてゴットシャルクのみが歴史の専門家であった。他は、独力で、あるいは歴史とは異なる学問分野から、しばしば一般的な読者に向けて執筆した。

それでもなお、もしも今日の世界史研究者がこれらの著述家を無視するならば、自身を危うくすることになるだろう。二〇世紀初頭の著者たちは、世界史の主要な問題のすべてを扱った。今では、彼らの仕事の多くが、要領を得ない、偏見を含む、情報不足の、間違ったものとして見られている。しかし、それが間違いだらけのカタログだとしても、それでもなお、それは優れた思索に富んだカタログである。それは、当時の合意や議論を反映しており、また、社会的な危機が繰り返し発生する時代に、教養ある著者たちが真剣に概念を作り出そうとした努力を反映しているのである。彼らの仕事の遺産は、私たちの図書館や精神のなかにあり、私たちはそれを明確に認識するよう努めるべきであろう。彼らの努力、洞察、そして失敗を理解することは、将来の世代が、世界史を理解するための独創的かつ適切な概念と総合を発展させていく仕事をするための前提条件である。

マクニール

ウィリアム・マクニールの『西洋の興隆』は、世界史の大いなる総合の時代の頂点を占めると同時に、世界史研究の新たな時代を開くものでもあった[49]。書かれていることの多くは新しいものでなかったが、それが熱狂的に受け入れられたことは、北アメリカにおいて世界史研究が公式に認知される第一歩となった[50]。

その本は、連続する四つのパラダイムを中心にして、時系列で構成されている。文明の創造と伝播についての都市パラダイム、文明間が相互交流する鍵となる時期についての世界的パラダイム、近代世界を創造したヨーロッパ拡大パラダイム、そして、二〇世紀の冷戦パラダイムである。これらの二つ目と三つ目は、最も多くの議論を呼び、最も多く模倣された。

一五〇〇年以前の時期について、マクニールとトインビーの分析の差異は次の点にある。つまり、マクニールは、トインビーに従って文明を分析単位としながらも、パラダイムをより広いレベルで設定した。したがって、パルティアやサカの諸国を通じたローマ帝国と漢帝国の間の交流は、単に文明の遭遇ではなく、一世紀ほどにわたって続く半球横断的な接触であった。マクニールによればエクメーネは周期的に閉塞するが、それはつまり、新たな動力が文明の成長の歴史に与えられることを示している。この現象は以前に言及されたこともあるが、これほど体系的に示されたことはなかった。このエクメーネ・パラダイムは、時が経つにつれ、多くの議論や新たな研究を鼓舞していった。[51]

しかしながら、さしあたり最も注目を集めたのは、ヨーロッパ拡大パラダイムであった。本のタイトルがこの話を中心に置いており、また、近代化論および平和部隊の時代において、どうやって西洋が世界を支配するに至ったのかについての説明は、広い関心の的であった。マクニールや彼の本の読者にとって、一五〇〇年以降の世界史は、ヨーロッパの行動による、新たな、そして恒久的に閉じられたエクメーネを創造する歴史であった。

マクニールは、ヨーロッパ史と世界史の間にある因果関係を想定し、それを自身の時系列史のなかに組み込んだ。そのため、一五〇〇年から一七〇〇年までの世界について議論するときに、彼はヨーロッパの発展を一六五〇年までにとどめている。そして、一七〇〇年から一八五〇年の議論（「よろめく世界の均衡」）の際には、一六五〇年から一八〇〇年までのヨーロッパの出来事について触れる。[52]これは、西洋とそれ以外の関係を取り扱うための一つのやり方である。それは非共時性を想定する。つまり、かなりの時間差を含む因果関係なのである。そのアプローチは、ヨーロッパの歴史で、一六世紀と一七世紀の科学的発展が、一八世紀の政治的および社会的変化を中心とする章に組み込まれることがあるのと似ており、そこでもまた何らかの因果関係や相当な時間差が想定されている。もしある者が、ヨーロッパから外部へ発する直接的な因果関係も、知識人から発して社会生活および政治生活に影響する直接的な関係も前提としないのであれば、異なる構成や異なる解釈が生じるであろう。

その後の研究は、ヨーロッパ拡大パラダイムを検証するのではなく、むしろそれを補完するか、ある意味では、新たなものに取って代えた。一九六〇年代に「ヨーロッパ拡大」の名を冠していた講義は、一九七〇年代には「近代世界」となった。これは、ある程度、ヨーロッパ拡大パラダイムの適用によってもたらされた新たな調査や、よりコスモポリタンな展望の結果なのである。

マクニールの四番目のパラダイムは、冷戦によって二〇世紀にアプローチし、本が書かれた時代のイデオロギーの両極化を反映していた。私は、独裁とデモクラシーの対比への注目が、この世紀の中心的な問題から外れると言うつもりはまったくない。しかし彼にとって、その差異を「自由な」社会と「共産主義」社会の相違の上に描くことは、ヨーロッパのファシズムだけでなく、他の大陸での植民地経験や軍閥や軍事独裁を軽視することになった。一九九〇年にこの本について議論した際、マクニールは、今なら同じようには論じないであろうと潔く書きとめている[53]。それよりも、マクニールは自身の大作を著した後、四〇年もの間を生き、執筆を続けてきたのであり、よって、彼の精神の働きだけではなく、時間にそったその変化も、私たちは見ることができるのである。彼の研究については後の章でも論じていく。

結論：文明と変容

大いなる総合を著した者たちは、世界史の解釈という旗を、かつてないほど高く掲げた。それまでの世紀では、数名の著述家が、世界史を分析し、諸段階と転換点を見つけ出し、そして世界史の主要問題を議論するために、枠組みを発展させてきた。一九世紀の歴史家たちは集成や年代記を著し、それは解釈を作り上げるための原材料として役立った。そして、教科書の第一波は、それらの集成から目立つ部分を集めて要約したものであった。しかし、二〇世紀になって初めて、著者たちは世界史の大部分にわたる詳細な語りや解釈を提示することができた。やがて、世界史の総合というジャンルが、歴史の専門的職業のなかでついに公認の地位を得てしまうと、そうした作品の創造は終わりを迎えた。この時代の後には、明らかに世界史的な視野をもちながらも、より深く、より短い期間に焦点を絞った研究が出てくるようになったのである。

偉大なる総合の時代と同じ頃に、小規模だが意義深い国民横断的な研究が次々に出版された。いくつかは歴史家によるものであったが、多くは別の分野に拠点を置いた著述家のものであり、なかでも、ジークムント・フロイト、V・I・レーニン、フレデリック・タガート、ジャック・ピレンヌ、カール・ポランニー、エリック・ウィリアムズ、オーウェン・ラティモア、そしてアルフレッド・クローバーを挙げることができる。彼らの研究は、当時はそれぞれが独特であり孤立しているように見えたが、今振り返ってみると、世界史の諸問題の間をつなぐ織物を作り出したと見ることができる。彼らは、世紀の終わり頃に発展することとなる世界史の個別研究の先駆者だったのである。

第4章　テーマと分析——一九六五〜一九九〇年

マクニールの総合研究は、職業的歴史家が地球規模の思考に加わるための扉を開いた。とくに北米では、『西洋の興隆』が画期となり、世界史について学術的な議論ができるようになった。つまり、これに続く数十年の間に、論争参加者が集まるようになったのである。マクニールの業績における二つの重要な要素は、（シュペングラーやトインビーとは異なり）テーマ的な枠組みよりも時系列による枠組みを用いたこと、そして（ウェルズとは異なり）自分の分析を学術的議論に結びつけたことである。歴史研究がテーマや地域の点で拡大していたときに、地球規模の総合研究を、時系列の枠組みで、かつ学術的見地からマクニールが表現し直したことによって、それは職業的歴史家の視角に結びつけられたのである。(1)

二〇世紀半ばには、同時に、相互作用を考えることにも革新がもたらされた。(2)この分析の視野が地球規模にまで広がることはなかったが、強者から弱者への影響力の伝播だけではない、複雑な相互作用のパターンを明らかにすることができた。アンドレ・グンダー・フランクの研究は、ラテンアメリカを近代世界史の対話のなかに組み込み、その論拠をイベリア半島諸国の植民活動の初期段階にまで遡って求めた。フランクはドイツで生まれ、合衆国で教育を受け、南アメリカで研究して、チリや他の南アメリカ諸国の貧困の原因を、資源不足によるものではなく、スペインの植民地体制が創設した新制度が植民地から富を奪ったと論じ、「低開発の発展」という言葉を作り出した。(3)フランクの研究は、接触をもつ諸大陸の歴史のなかに複雑な相互作用があることをはっきりと論拠づけた。彼はスペインとポルトガルがチリやブラジルから富を引き出してきたというそれまでの議論を再確認し、宗主国が社会的財政的システムを確立し、植民地における開発を妨げただけでなく、低開発を生み出したと付け加えた。(4)

地球規模の思考と相互作用的思考が歴史家の間で広まることができたのは、部分的には社会状況の変化が生じたためである。第二次世界大戦後は政治、経済、学術の変動の時代だった。世界政治と世界経済は二大衝突によって支配された。合衆国とソ連の両ブロックによる冷戦の対立と、アジア、アフリカ、南太平洋における新国家承認にまで至る一連の脱植民地化運動である。戦後経済成長時代の大学教育の拡大は、地球上のあらゆる地域に及ぶ地域研究の発展を含むものであり、より広い歴史的思考の知的空間を与えた。

より一般的には、二〇世紀最後の三〇年ほどにおける世界史研究の分析は、大いなる総合から、一連のテーマの分析や確認、大きな視野をもつが全体の概観ではない世界史の一側面へと移った。世界史の諸テーマの発展はこの形成期の間、学者の主要な強調点となった。(5)この章の大半を使って、私は、文献の増大に貢献した三人の重要な人物の著作を通じてこの学問を解釈し、最も耐久力のある彼らの貢献を確認しよう。この三人とはフィリプ・D・カーティン、イマニュエル・ウォーラーステイン、アルフレッド・W・クロスビーである。さらにこの章では、この時代の他の研究者のテーマ研究の議論を扱い、同時期の世界史教育と教科書の発達を概観する。

地球規模の個別研究：カーティン

フィリプ・D・カーティンは研究著作の多い、きわめて独創的な歴史家であり、一五〇〇年以降のアフリカと、世界のなかにおけるその位置について、一九五〇年代から一九九〇年代までを通して、精力的に研究発表してきた。間違いなく、彼はアフリカ史と世界史両分野で、今日の歴史研究の父である。アフリカ史研究分野は、形式的には一九五〇年代に組織され、以後カーティンをその指導的人物の一人として、一九六〇年代と一九七〇年代に劇的な速さで成長した。一九八〇年代以降、彼ははっきりと世界史研究に貢献しはじめた。アフリカ史と世界史両分野にとって、カーティンは、研究の趨勢を作り出す作品の著者として、かつ大学院研究の鍵となる諸組織の設計者として、重要な人物であった(6)。

カーティンの衝撃をここで評価する際、研究を通じて歴史家の世界史への道を広げた彼の重要性を私は強調する。第一に、彼の研究と教育はアフリカ史を世界史の一部にし、アフリカ史研究の可能性を強調し、アフリカを世界の他の地域と一緒の文脈に置き、それゆえアフリカと他の世界を結びつけた。第二に、アフリカ研究のみならず、ヨーロッパ拡大についての教育、そして比較史の大学院プログラムの指導を通じて、彼は、地域研究の視点から世界史の分析を発展させた。研究ではとくに経済史と社会史に焦点をあてたが、知性の歴史や医学史にも焦点をあてた。第三に、彼は一貫して研究構想と研究方法を重視し、世界史の個別研究の明確なパターンを作り上げた。少なくとも五冊、おそらくは八冊の著作が世界史の個別研究として考えられる(7)。

一九五〇年代、カーティンはウィスコンシン大学マディソン校の学部ならびに大学院で、アフリカ史を教えはじめた。アフリカ史を定義することが主要な問題だった。アフリカ人は重要な歴史も過去を分析するための資料ももたない、という既存の仮定を検討することを課題とした。一九六四年と一九七四年にカーティンが書いた、アフリカ史に関するアメリカ歴史学会の二つの小冊子は、アフリカ史概説コースを宣伝し定義づけるのに影響をもった(8)。そのなかで彼はアフリカ史を世界史の一部分として強調したのだ。たとえば、他の諸文明からのアフリカの「遅れ」というような唯一性さえも、カーティンの研究においては偏狭な地域的問題としてではなく、世界史の力学のなかの問題として扱われた。アフリカについての彼の最初の著作、『アフリカのイメージ』では、「植民地化される前の世紀」におけるアフリカへのイギリスの関与について、知性の歴史をたどった。自分が奴隷にされた話を書いたり口述したりしたアフリカ人による語りを集めて出版した後、カーティンは一七世紀から一九世紀のセネガンビアの経済史に関するアフリカ研究フィールド調査プロジェクトに向かった。このプロジェクトは文書館調査、フィールドワーク、口頭伝承を含み、一九七五年に公刊された[9]。カーティンの研究や他の歴史家のアフリカ研究によって、一九八〇年代末までにしっかりした個別研究をそろえた研究分野が築かれ、その研究は歴史研究者の間で認知されるようになった[10]。

カーティンによる大西洋奴隷貿易の研究は、アフリカ大陸と他の地域を結びつけることによってアフリカ史を表現する、また別の実践として始まった。概念的な研究「疫学と奴隷貿易」は一九六八年に発表された[11]。この論文は南大西洋システムの世界史的文脈を引き合いに出すことから始めて、困難な疾病環境にさらされていたおかげでアフリカ人は免疫をもっていたため、新世界において、アフリカ出身の成人はアメリカインディアンやヨーロッパ人よりも人口統計的な優位性をもっていたのだと論じている[12]。カーティンは、中間航路での乗組員と奴隷の死亡率についての証拠と、後述する軍隊での死亡率の比較によって、自分の主張を論拠づけた。つまり、疫学は、大西洋奴隷貿易の人口統計パターンを説明するのに大きく役立ったのである。

一九六九年に発表された『大西洋奴隷貿易』は、最も影響力の大きなカーティンの著作である。影響力はその成果にもよるのだが、より根本的には彼の研究構想によるところが大きい[13]。彼は、一人の研究者が、大西洋奴隷貿易の総数について国ごと地域ごとの文献をまとめ上げ、それぞれのデータに同じ問いを投げかけて、奴隷貿易の興隆と衰退ならびに地域的特性を包括的に描きうることを示した。巧みに表現された序文と第一章を別にすれば、同書は一連の表の解説のように読める。しかし、奴隷貿易の総数についての議論を再開させただけでなく、何年にもわたって北アメリカ、カリブ地域、南アメリカ、アフリカ、さらにもっと遠い地域についての文献を関連づけるのに貢献した。カーティンによれば、鎖に繋がれて大西洋を渡ったアフリカ人の数は、よく引用される数よりも少ない約一〇〇〇万人であり、奴隷の多くはブラジルとカリブ地域に送られた。序文でカーティンは「個別研究と総合研究のギャップ」の理由を示そうとし、彼の分析は「中間レベルの総合研究であり、……個別研究でも概観でもない暗黙の諸規範で書かれている」と述べた[14]。私は彼のネーミングに異を唱えるわけではないが、この章の目的のために、同書を世界史の個別研究と呼ぶことを提案する。

『大西洋奴隷貿易』は、優れた個別研究に対して普通なら差し控えられるような議論を経験した。カーティンは奴隷貿易の総数について論駁され、その結果、いくつかの重要な事項の見積もりを修正し、彼の推定数をおそらく一〇〇〇万人は上回る数で学術的合意が生まれた。この研究構想と環大西洋研究の波を引き起こした影響力は広く称賛された[15]。

カーティンはアフリカ研究者としての貢献を認められ、一九八三年にアメリカ歴史学会会長に選出された。しかし、彼の会長就任講演は世界史研究者としてのものであった。「深さ、長さ、そして関連性」と題する講演は、(狭い国民的な枠組みではなく) 広範で文化横断的な個別研究を求める声として見ることもできる[16]。深さと時間の長さのバランスを求めて、彼は歴史研究の過度の専門化傾向を批判し、アフリカ研究者はアメリカ研究者と同じくらい専門化し過ぎていると述べた。彼は新しい概説コースを作る努力に言及したが、西洋文明概説がかつて機能したほどには、世界史概説が今日うまく機能しないことは確実だと述べた。アーノルド・トインビーが歴史分析の適切な単位を見つけようとしたことはほめたたえたが、「社会」(あるいは「文明」) がその探究の答えであると満足したトインビーには賛同しなかった。そうではなく、カーティンは、歴史家がプロジェクトを立ち上げる際に、変数の「関連する集合」を探究すべきではないかと提案した。この場合、関連があるという用語は、公衆の意識における問題の関連性ではなく、研究者の分析にとっての歴史的諸要素の関連性を示した。

一九八四年の『異文化間交易』についての著作で、カーティンは初めてはっきりと世界史の議論に加わった。その著作はアメリカ歴史学会会長時代にほとんど完成していた[17]。提示の方法は、チベットのアルメニア人商人からニジェール川流域のマンデ商人までを含む一連の事例研究の比較であった。交易ディアスポラの体系的分析が、同書に個別研究的な次元を与えている。さらに、家族や民族的な結びつきを用いて遠距離交易を維持する交易ディアスポラの現象は、ある形態の広い社会組織のなかで適切なものであり、工業化とともに消滅した、と論じたように、同書には総合研究的要素もある。事例研究のアプローチを世界史研究の問題に応用するためには、歴史研究で基本的なすべてのカテゴリーを再考しなければならなかった。何が一次資料であり、何が重要な二次文献なのか。何が個別研究で、何が総合研究なのか。こうした諸問題に当面答えなかったとしても、同書は、広い意味においても特殊な意味においても、世界史とは何かを多くの読者の目に見えるかたちにしたのである。

カーティンはその後、一九世紀の軍事人口統計研究を発表した。『移動による死』として発表された研究は、より焦点を絞った研究構想を適用し、すばらしい成果を生んだ。この研究は、一九世紀に世界各地で従軍した英仏軍人の死亡率を跡づけ、「配置転換コスト」、すなわち、本国から離れて従軍することによる付加的な死亡率を検証した。カーティンは出生地と従軍地（特定の時期の）をペアにして、大きな分析グリッドのなかでの一つの事例として用いた。驚くべき結果は、医学知識が飛躍的に進歩する前の、一八六〇年代と一八七〇年代に、この死亡率が世界中で同時に激減するパターンが見られたことだ。このように、各地方の比較研究が、地球規模の結果を明らかにした。この研究は死亡率低下の諸原因を説明していないし、説明することができなかったが、ヨーロッパの軍人の健康状態がなぜ、いかにして突然改善されたのかという問いを提起したことは間違いない。[18]

『プランテーション複合体の興隆と衰亡』は、総合への試みであった。[19] 二次資料に基づくものであり、きわめて重要だが狭い問題に焦点をあてるのではなく、より広い全体的な解釈を提示している。その研究は五〇〇年を見渡し、ブラジルとカリブ地域のプランテーション、ならびに、それらのプランテーションをアフリカやヨーロッパとつなぐ交易と移住のネットワークを概観する。それはカーティン自身の個別研究と、いかにして個別研究を世界史の総合研究にまとめるかという彼の考えを拠り所としている。その成功によって、私たちは世界史研究の総合で一つの様式が発展することを期待できるだろう。その総合研究とは、相互作用的性質が濃いけれども、変化の基本的方向を描くことには堅実であり、カーティンが先駆者として多大な貢献をしてきた世界史個別研究に依拠したものである。[20]

フィリプ・カーティンの研究は、私たちに世界史の個別研究のあり方を示し、その力が歴史研究者の思考にどれほど影響を与えうるかを示した。彼の研究は、世界史という分野を、実践的で達成可能な歴史研究の分野へと変えたのだ。彼は職業歴史家の基礎的技能を強調した。それは分析をどこまで広げるか、どこでやめるかという実践感覚によって補強される。そして、それによって彼の学生や他の研究者は実践的手がかりを得たのである。しかし、世界史における個別研究と総合研究のバランスの問題は、カーティン自身の研究において示されているように、さらに議論が必要である。世界史において、私たちはなおも個別研究の適切な輪郭を考案し続けている。同時に、地球規模の一般化をおこなう危険を進んで冒す歴史研究者の果たす積極的役割もある。このアプローチについては、イマニュエル・ウォーラーステインの研究を見てみよう。

政治経済学：ウォーラーステイン

イマニュエル・ウォーラーステインは、分析を通して、世界史への歴史研究者の道を広げた。『近代世界システム』（一九七四年）の第一巻は世界史に新たなパラダイムを提供した。それはヨーロッパ拡大パラダイムに多くを負っていたけれども、マクニールの採用した近代化アプローチよりも、アンドレ・グンダー・フランクとポール・バランの従属論に影響を受けていた[21]。彼のテーゼは、ヨーロッパ経済が一六世紀に世界システムを作り出し、以後拡大と停滞の諸段階を経験したというものだった。彼は、多くの国にまたがるこの世界システムを、もう一つの選択肢だった世界帝国と対比した。後者については、とくにカール五世が全ヨーロッパとその植民地を支配しようとしたことに触れている。彼の論証では中心・周縁という用語法を採用し、システムの発展と変動にはマルクス主義的な焦点を用い、交易と官僚にはヴェーバー的に焦点をあて、さらにブローデルのように学際的な分析を強調した。

ウォーラーステインの分析単位は世界システムであった。それは単一の経済ネットワークによってつながっている地域全体であり、そして、中核、半周縁、周縁の下位地域に区分される。議論の多くは、たとえば、中核である西欧と周縁であるポーランドの諸関係をめぐるものである。このため、分析単位は異例のものとなった。つまり、それは唯一のもの（地球にただ一つの世界システム）であり、その境界線は、政治的境界領域ではなく経済的な境界であり、さらに、システムは、時間の経過とともに大きく成長するのである。

この構想は広い関心を引き起こし、地球規模の政治経済学に関して少なくとも三つの前線で活発な対話が続くことになった。第一はマルクス主義者との、第二は近代化論者との、第三は第三世界研究の専門家との議論であった。ヨーロッパ研究者のなかで、ロバート・ブレンナーは最も詳細な批判をおこなった。社会的および経済的変動における階級構造の重要性を強調する長文の論文を著したのである。ブレンナーは、主として商業発展に基礎を置く解釈が、主要な社会変化のタイミングと一致していないと論じた。[22] これはヨーロッパ資本主義の発展に関するマルクス主義専門家の見地からの批判であった。

もっと一般的に、第三世界地域を扱う研究者は、世界システムのパラダイムが中心に特権を与え、周縁を外部からの影響の受容者として扱う傾向があると批判した。にもかかわらず世界システム分析は、地域研究、政治学、社会学において成長してきた近代化パラダイムに対して、別の選択肢かつ返答として登場したのだ。近代化は、タルコット・パーソンズの研究に影響を受けた社会変化の見方であり、国民ごとの、あるいは事例研究的なアプローチを世界にあてはめる傾向があった。その世界では、地域の抵抗を世界が打ち負かしたときに、発展が起こるのであった。一方、ウォーラーステインの世界システムは、地域間の構造的諸関係を前提にしたのだった。[23]

ウォーラーステイン自身は、ヴェーバーの研究が人気を得ていた時代に社会学者として教育を受け、初期には独立時代のアフリカについて研究した。アフリカ史研究者のボゴミル・ジェウシエウィツキが述べてきたのは、一見するとウォーラーステインが二〇世紀アフリカから一六世紀ヨーロッパへと大きく対象を変えたように見えるが、その知的計画には強い連続性がある、ということである。『近代世界システム』の土台となっているもう一つの鍵は、ウォーラーステインがコロンビア大学において一九六八年の急進的学生抗議運動にかかわったことであり、同時に、パリやフランスの左翼と緊密な関係があった、ということである。ウォーラーステインはコロンビア大学を離れて、モントリオールのマクギル大学に移り、その地で『近代世界システム』を書いたのだった。[24]

コロンビア大学での同僚で同盟者のテレンス・ホプキンスはビンガムトンに移っていた。『近代世界システム』の成功によってウォーラーステインをビンガムトンに呼び寄せ、一九七六年にフェルナン・ブローデル・センター創設基金を大学から獲得できた。仕事の分担は、ウォーラーステインがセンター長を務め、雑誌『レヴュー』誌を編集し、一方ホプキンスは社会学科の博士課程長となった。ホプキンスとウォーラーステインは、彼らに加わった人々とともに、合意して取り決めたトピックに焦点をあてるワーキンググループ体制を整えた。トピックのなかには外部から資金を獲得できるものもあった。四半世紀以上の間、このセンターは合衆国における、そしてまず間違いなく世界における唯一の世界史研究のための研究センターだったのである。[25]

世界システムパラダイムの衝撃は、第三世界誕生を初めて詳細に語ったレフトン・スタヴリアノスの『地球規模の断層』に明確に表れた。[26]スタヴリアノスの言う第三世界はウォーラーステインの解釈では周縁であった。結果として、それは時間とともに移り変わり、拡大する。一四〇〇年から一七七〇年の間、第三世界は東欧やラテンアメリカを包含し、一七七〇年以降中東とインドが第三世界に組み入れられ、一八七〇年以降はアフリカ、中国、ロシアがそれに加えられることになった。一九一四年以後、その動力の性質は変化し、第三世界地域は中心から独立しようと苦闘する。このような枠組みはいくつかの顕著な弱点をもっている。この枠組みは諸地域が第三世界へと統合されていく過程を跡づけるが、それが半周縁ないしは中心へ移行する過程は描かない。分析の中心はヨーロッパが支配する交易に置かれ、周縁ないしはシステム外の諸地域内部の出来事は重視しない。

ウォーラーステインの指導を受けて育った社会学者による歴史研究は一九七〇年代に現れはじめ、とくに世界システム的思考を植民地地域に適用することに集中した。地域研究者の書評に見られる反応では、これらの研究が、在地の行為者に行動する余地をほとんど残していないと批判された。こうした批判への世界システム分析者からの返答の一つは、家を世界システムに結びつける研究に取りかかることだった[27]。

一九八〇年と一九八九年に、『近代世界システム』の残りの二巻が出版されたとき、両書は第一巻ほど関心を呼ばなかった。パラダイム全体の論理は当時すでに広く認識されており、両書の詳細は、おもに世界システムパラダイムのなかで研究している学者に関心をもたれた。二巻目はオランダの覇権の時代と、中核地域の覇権をめぐるフランスとイギリスの闘争に焦点をあてている。三巻目は、まずフランスとイギリスの間の覇権獲得闘争に焦点をあて、次にヨーロッパが支配下に置く地域の拡大と、南北アメリカにおける「移民たちによる脱植民地化」に議論を集中させた[28]。

フェルナン・ブローデル・センターは、世界システムパラダイムの枠内での博士課程ならびに博士課程修了者による研究を維持し、機関誌の『レヴュー』は、そのアプローチの批判者と実践者のどちらをも、進行中の対話に引き入れることができた。センターの長期的プロジェクトのなかには、オスマン帝国経済史の分析、経済活動におけるコンドラチェフの波や長期波動の研究、そして世界システム分析における計量研究が含まれていた。ウィリアム・マクニールとアンドレ・グンダー・フランクは折にふれて論考を寄せ、ジョヴァンニ・アリギとサミール・アミーンは定期的に寄稿した。一九八九年には、サンジャイ・スブラフマニヤムとラビ・アルビンド・パラットの間で、世界システム分析を南アジアに効果的に適用できるのかどうかをめぐる議論が交わされた[29]。こうしてセンターと雑誌はパラダイムを肯定し発展させてきただけでなく、再考と変化も可能にしてきたのである。

ウォーラーステインの研究は、歴史学の隣接専門領域である社会学に中心を置いたけれども、世界史研究に大きな進展をもたらした。彼の研究は、ヨーロッパが主導する経済が地球規模の支配の近代システムを作り出したという、少なくとも二世紀にわたり論争されてきたトピックを中心に置くが、この古い論争に関する新しい展望を発展させた。近代世界システム論は、歴史解釈の国民的枠組みを乗り越える闘いの主要な戦線を切り開いた。それは世界史と近代ヨーロッパ史を交錯させた論争の展望に、大きな変化をもたらしたのだ。ウォーラーステインは歴史研究者に、世界システム分析の論理を研究させた。彼と彼の同盟者は、ヨーロッパ中心の資本主義世界システムとして彼が定義したものの発展と変容という、ただ一つの実証的問題に焦点をあてるこの分析によって、歴史研究者にマルクスやヴェーバー、さらに、より新しい理論家の著作を読ませ、長期的サイクルと覇権の移動に焦点をあてさせ、社会科学の諸理論の相互作用を考慮させたのである。(30) 世界システムの枠組みは、実際に、歴史における多くの論争点を指し示すことになった。しかしながら、同じ時期に、世界史研究にとって複数の新しい場が現れ続けていたのである。

生態系の歴史：クロスビー

アルフレッド・クロスビーは一九七二年に『コロンブスの交換』を出版して、世界史への科学的・文化的な道を切り開く大きな一歩を踏み出した。同書は広く読者を獲得し、歴史研究の専門家ではない読者にも、地球規模の歴史的アプローチを届けたのである。彼の地理的枠組みは大西洋のすべての沿岸部に及び、彼の研究は、生物学的かつ生態学的現象が国民や文明の境界をかなり容易に越えていくことを描いた。彼の著作は、一四九二年以降大西洋の東西双方向に病気、植物、動物が移動したことを跡づけ、その諸結果を探究した。(31) 最初の章では、南北アメリカに人類が入ってくる初期の歴史と、馬とラクダが最初に進化したまさにこの地域で、人類の移住と同時に起こった大型哺乳動物の絶滅の歴史が、学際的に描かれている。いかにして環境に関する諸問題を歴史学の用語で、そして地域を超えたスケールで表現するのか、そのやり方を彼は示したのである。この研究によってクロスビーは、生態系史と地球規模の歴史の基礎をつくる父となった。

クロスビーの情報は新しいものばかりではなかった。しかし大発見時代の歴史の中心的な面としてこれらの情報を集めて提示する作業は新しいものだったのである。彼は序章で専門研究の境界を越えることについて、次のようにつつましく述べている。「私は、歴史研究者、地質学者、人類学者、動物学者、植物学者、人口統計学者が、それぞれの分野において私のことをアマチュアとみなすであろうことを理解する最初の者である」。クロスビーは自分の研究を世界史とは呼ばなかったが、「ルネサンスは遠い過去だけれども、地球上の生命について私たちが知っていることを学ぶために専門家の諸発見をまとめるルネサンス的な試みの必要性は大きい」と論じている。(32)

同書は〈コロンブスの交換〉という用語を研究文献や教育語彙のなかに定着させた。同書は、いったん大西洋両岸の接触が始まってしまうと、病気、作物、雑草、動物が双方向に移動したことを示してみせた。その分析は、意図の問題を扱いながらも、一方で人為的な力を超えたところにまで及び、人類史における無意識の生物学的な力の重要性を示したのだ。他方、クロスビーの同書の副題は一四九二年の生物学的諸結果だけでなく文化的諸結果を強調している。実際、彼の文化分析は、物質文化と、利用可能な植物と動物によって条件づけられた生活形態に焦点をあてていた。クロスビーの分析は諸々の複雑な相互作用にではなく、予想を超える広範な諸要因の単純な関連づけに集中し、一つの特色ある歴史の語りになっているのだ。

合衆国における一九一八年のインフルエンザ流行を分析した次の著作は、前著ほど関心を呼ばなかった。しかし後のインフルエンザ流行とエイズの世界的流行によって、このトピックに対する関心は高まり、クロスビーの著作は一九八九年に再版された。だがそのときでさえ、同書の言及はおもに合衆国に限られているため、世界史研究者はほとんど関心を示さなかったのである。(33)

その後クロスビーは、いくつかの点でより地球規模といえる生態系史研究へと向かった。それは一九八六年に『生態学的帝国主義』のタイトルで発表された。(34)同書は世界の温帯地域間の結びつきが増大していくことに焦点をあてた。クロスビーは、ヨーロッパとの生態学的な類似性から、そして、最終的にヨーロッパに支配されたことから、温帯地域を「新ヨーロッパ」と名づけた。ヨーロッパは温帯地域のなかで最も人口密度が高く結びつきの強い地域だったために、病気や動植物は海外へと広がりやすく、逆に海外から入ってくることは少なかったのだ。千年以上のこの現象を跡づけてから、最後に、ニュージーランドを事例研究として、そしていくつもの新ヨーロッパの一つの喩えとして用い、短時間のうちに小さな地域に起こったあらゆる現象を示してみせ、クロスビーは派手にこの著作を終えている。この研究の洞察は、形式的な分析対象の期間である数千年を大きく超えているのだ。一億八千万年前にパンゲア大陸が分裂を始めて以来の大陸移動と植物や哺乳動物の進化について再検討しなければ、この物語を語ることはできなかっただろう(35)。

現代の気候変動、水質汚染、森林面積減少にかかわってくる諸々の理由によって、一九七〇年代から一九八〇年代に、生態学的問題に対する意識は、合衆国やほぼ世界の全域において拡大した。ある意味では生態学へのこうした関心が拡大したことによって、クロスビーの分析に対する広い関心が生まれたのである。そして、長期的な時間の枠と広い地理的範囲に及ぶ生態学的変動を効果的に表現し、人を引きつける文章によって、クロスビーはこの結びつきをさらに強めたのだ。他方、クロスビーの諸研究における主題と分析スタイルは、政治史や社会史が普通力説する諸点とは全く違っていた。そして、生態系史で、とくに世界規模での生態系史の分野において、研究者の数は非常に少なかった。その結果、クロスビーの解釈は教科書に実質的に反映されることもなかったし、カーティン、マクニール、ウォーラーステインのように、クロスビーが専門家の機関から認められることもなかった(36)。

にもかかわらず、クロスビーが描いたとても個性的な歴史のパターンは、世界史への科学的・文化的な道の可能性を明らかにするのに貢献した。歴史学からは一般に程遠い学問分野の研究によって実証された新しいトピック、新しい力学によって、歴史研究者は自分たちが扱っている時間、地域的枠組み、分析の優先順位について徐々に再考するようになったのだ。クロスビーにとって、それは、際立った地球規模の環境プロセスを効果的な語りとして表現することであり、それによって、史料を新しいやり方で見て、過去についての本質的に異なる展望が開けるのではないかと考えついたのである。この意味で、ウィリアム・マクニールが、一般読者にも専門の歴史研究者にも魅力的な世界史の全体的語りを作り出すことによって、歴史研究者が世界史に向かう道を広げた業績と、クロスビーの業績は並ぶものである。クロスビーは世界の生態系史を包括的に語ろうとはしなかったけれども、十分に幅広い研究をいくつも発表し、このような語りをさらに発展させることができることを示した。おそらくもっと重要なことは、生態学的な諸問題に関して、どうやって地球規模の研究を遂行できるのか、彼が説得力のある手本を示してくれたことではないだろうか。

その後のマクニールと他の研究者

ウィリアム・マクニールは『西欧の勃興』（一九六三）によって、歴史の専門家によるテーマ的で地球規模の研究を発進させた。ある意味で彼は、自身が作り出した台座の上にあり続け、総合研究を教科書のかたちで定期的に言い換えてきたのだ。彼の世界史教科書執筆の仕事については本章の最後に議論することになる。

より生産的な活動では、彼は自分が影響を与えてきた学者とともに、多くのテーマ的な世界史研究を書いた。そのなかで諸々の新しい問題を探究し新しい考えを練り上げた。『疫病と人間集団』（一九七八）において彼は、病気と文明の相互作用を探究した。すなわち、人口密度の高い地域の人々の間に病気が集中しており、人口密度が低い地域や病気の少ない地域の人々と出会ったときには、彼らが比較的有利な立場にあったのだ。[37]『力の追求』（一九八二）は西暦一〇〇〇年以降の支配の問題をさらに探究し、まず中国の、次にヨーロッパの軍事技術の変遷を跡づけた。[38]三冊目の著作、『火薬帝国の時代』では、マクニールはより短い時期に絞って、地理的にはより広い時間に焦点をあてたのだ。[39]

その間、マクニールは一九八五年にアメリカ歴史学会会長となり、一九八六年には他の九本の論文とともに彼の会長就任講演が出版された。[40]講演のなかでマクニールは、歴史における神話の不可避性と社会的機能を、徐々に成功してきた歴史的真実の探究と和解させせようとした。彼は歴史研究者を説得して、危険を冒してより広い意味での研究を書かせようと試みたのだ。さらに二つの章では世界史研究と世界史教育を擁護した。最後の五つの章では、アクトン卿、トインビー、カール・ベッカー、フェルナン・ブローデルの四人の歴史家を扱っている。一九六一年から一九八五年の間に書かれたこれらの論考では、地球規模の分析を擁護するマクニールの姿勢とともに、歴史記述における連続性の感覚が明らかになっている。

マクニールが、大きな総合研究から、広範囲ではあるが焦点を絞った研究に移行した頃、他の研究者は一歩踏み出して、国民横断的な学問において、その世代の作品を作り出した。バリントン・ムーアの『独裁と民主政治の社会的起源』（一九六六）は、ヨーロッパ拡大の枠組みで経済に焦点をあてるよりも、西洋文明パラダイムに共通する社会的分析に多くを負っていた。ムーアは、一七世紀のヨーロッパから二〇世紀の中国までの事例において領主と農民間の諸関係を比較し、民主的政治秩序の必須の構成要素を探究した。シーダ・スコチポルは、同じように比較の枠組みを用いて、近代世界の最も著名な諸社会革命を考察したのである。(41)

この時代、アンドレ・グンダー・フランクの研究は初期近代における低開発と資本主義的蓄積に焦点をあてていた。(42)第三世界に重点を置く研究を世界史へのアプローチへと転換させていった研究者のなかで、経済学者のポール・ベロッホは、一九世紀と二〇世紀におけるアフリカ、アジア、ラテンアメリカ経済の地位の弱体化について一連の解釈を発表した。経済学者のサミール・アミーンは第三世界地域における生産様式の変遷を理論化し、歴史研究者のウォルター・ロドニーは低開発理論をアフリカ史に適用したのである。(43)

フェルナン・ブローデルは今でも名高い一六世紀地中海の解釈を拡大して、一九六七年に『資本主義と物質生活』を発表した。同書は彼が後年、一九七九年に三巻にして提示した議論の概略を描いたものだった。(44)全体のテーマは一六世紀から一八世紀までの資本主義の台頭であり、ブローデルはそれを、人口や食用作物から衣服の様式まで広範囲にわたる個別の問題を通して追究したのだった。枠組みは世界のすべての地域の相互作用を強調した。とはいえ、実際には事例の多くはヨーロッパのデータとヨーロッパが変化に与えた刺激に焦点をあてていた。

もっと伝統的なマルクス主義の視点から、そしてより古い時代について、ペリー・アンダーソンは一九七四年に二冊の際立った著作を発表した。一冊はヨーロッパの古代世界から封建秩序への移行を跡づけ、もう一冊は封建制から資本主義への移行の政治的次元を跡づけている[45]。この両研究は、ヨーロッパ中心ではあるけれども、政治的変化や経済的変化を地球規模のパターンに結びつけようと労を尽くしている。

シカゴ大学でウィリアム・マクニールの同僚だったマーシャル・ホジソンは、イスラーム世界の文明について三巻からなる研究を準備した。ホジソンは一九六八年に亡くなったが、同僚のルーベン・W・スミスの尽力によって彼の研究は一九七四年に出版された[46]。ホジソンのアプローチはイスラーム世界を単一の文明としてではなく、世界的な共同体として扱うものだった。それはイスラーム世界内部の文化的多様性のためでもあり、イスラーム世界の中心部を介して広範囲の諸文明が相互に結びついていたためでもあった。ホジソンの研究はイスラームの誕生から二〇世紀までの全時代を扱うが、彼の議論のうちで最も関心を引きつけたのは前近代についての議論であった。このように、彼は一九七〇年代において一五〇〇年以前の世界史に物申した数少ない研究者の一人だったのである。彼の議論の方向は、以来、他の研究者によって受け継がれてきている。

一九八二年、農民研究でよく知られた人類学者のエリック・ウルフは、近代世界について歴史的理論的解釈を発表した。『ヨーロッパと歴史なき人々』は、アフリカ、アジア、ラテンアメリカがヨーロッパ経済圏に統合される一九〇〇年までの過程を解釈してみせたのである[47]。同書は広く関心を集め、当初上々の評判を得た。が、長い時間を経た現在、このトピックについて首尾一貫した分析をおこなう難しさを実証することに、同書は最も成功しているようにみえる。ウルフは世界的な共同体に対する社会科学アプローチを全面的に批判し、世界中の相互作用を示すつもりだと宣言した。だが実際は、世界市場の語りおよび資本主義発展理論を、局地的な発展過程と関連づけることに焦点をあてた。つまり、強調されたのはヨーロッパ外部の世界に対するヨーロッパの衝撃である。ウルフの分析単位は社会階級と民族集団であるけれども、両者は相互作用する集団ではなく変化の受け手とされている。

同書は、テーマが以下のように入れ替わっていくために、読みにくくなっている。すなわち、総論的導入から始まり、一四〇〇年の世界概観（それ以前の数百年間も含む）、生産様式全般についての分析、ヨーロッパ拡大の前提の概観、そして他の地域へのヨーロッパの衝撃についての数章が続く。同書は資本主義秩序としての世界的な共同体の創造に焦点をあてているが、世界的な共同体の創造について明確な年表を与えてくれない。ウルフは、実際、注目せずにはいられないいくつかの経済的相互作用の事例、たとえば一九世紀における綿花繊維と綿織物の市場に関する事例を取り上げた。力のこもった結論部では、近代世界における文化史を検討する必要性を強調する。しかし、テクスト自体は、おもに経済学と、海外へのヨーロッパの影響とを考察したのである。

大西洋地域に関するいくつかの研究も発表された。それらは広大な地域を、汎アフリカ運動の政治から、アフリカ人ディアスポラ全般の歴史、一八世紀の帝国拡大の政治に至るまで、様々な展望から検討している。トピックの点でも地域の点でもより狭い研究において、エリザベス・フォクス＝ジェノヴェーゼとユージン・ジェノヴェーゼは、一八世紀と一九世紀のフランスと合衆国における商業資本を研究した[48]。この論文集では、地主の政治およびイデオロギー上の位置とともに、アメリカでの奴隷の所有関係、フランス農業と仏米貿易を扱っている。広範囲に及ぶ序文のなかで、二人は、資本主義の台頭におけるブルジョワ的所有の経済的法的理論について、基礎的研究を試みたのである。

ピーター・ワースレーは一九六八年の『第三世界』で、この用語を英語話者の間に広めることに貢献した（もとはフランス語）。一九八四年には『三つの世界』という著作とともに再び現れ、文化や世界の発展という現代の諸問題に取り組んだ[49]。同書は過去二世紀の世界史的諸問題を検討したが、それは社会学者的な部門横断的構成によってであった。ワースレーはマルクス主義の上部・下部構造分析を批判し文化的諸問題に焦点をあてようとする一方で、マルクス主義の他の要素は維持、適用しようとした。この目的のため彼は分析単位として階級（農民と労働者）と民族集団を採用した。実際には、彼のナショナリズム分析は、彼自身が目標に設定した文化的諸問題に深く立ち入ることはなかった。

社会学者でありまた歴史学者でもあるチャールズ・ティリーは、一九八四年に、大きなスケールでの歴史分析の方法について、ヨーロッパ史への適用に焦点を絞って、魅力的な評論を発表した。ティリーは一九世紀の社会理論批判から始めて、それが、進歩への推定される鍵として分化を重視してきたことを示した。次に彼は四つの解釈のレベル、つまり世界史レベル、世界システムレベル、マクロ史レベル、ミクロ史レベルを確認し、マクロ史レベルに焦点をあてることを宣言した。それはヨーロッパ大陸レベルの一般化を意味していた。彼はさらに、比較を、個別化、普遍化、変異形の探究、そして包括という四つのタイプに分けた。これは分析者の目的によって規定されるとしたうえで、自分自身は変異形の探究という比較を選択したのである。ティリーは、世界史的で包括的な一般化は今日の歴史研究者の能力を超えるものだと論じ、様々な分析者が当初取り組んだ大きな問題から離れ、実際にはより小さな問題に焦点をあてていることを示して、自分の主張を実証してみせた。彼は例を挙げて、非常に広範囲の分析が、際限のない変数や諸関係に囚われ埋没してしまいがちであることを示したのだ。(50)

エリック・ホブズボームは、ヨーロッパ史に基礎を置きつつも、世界史的含意をもつ研究を発表した。たとえば、『革命の時代』はフランス革命から一八四八年革命までの時代を中心に置くが、これらの出来事がより広範な意味をもっているのではないかと述べている。彼が編者を務め、アフリカ史研究者のテレンス・レンジャーと共同で準備した『伝統の創造』は、ヨーロッパと非ヨーロッパの経験を比較し、ナショナリズムに関する展望を広げてみせた。ホブズボームの『ネイションとナショナリズム』はこうしたアプローチをさらに進め、ナショナリズムに対して、ほとんど地球規模のレベルで総合的にアプローチした。こうしたナショナリズム解釈は、その広い視野の一部をベネディクト・アンダーソンの研究に負っている。ベネディクト・アンダーソンは、東南アジア研究を通して、国民を「想像の共同体」として思い描くようになったのである。アンダーソンが示唆し、ホブズボームが確認したように、このアプローチによって、ヨーロッパと非ヨーロッパのナショナリズムを、別々の種ではなく、単一のものの様々なかたちとして見ることが容易になったのである。[51]

経済、社会、文化の領域における西洋の覇権に焦点をあてた研究もある。ネイサン・ローゼンバーグとL・E・バーゼルは、経済史において西洋文明パラダイムが力を持ち続けていることを、広く読まれている著書において示した。同書は、初期近代とそれ以降のヨーロッパ成長の鍵として、革新に焦点をあてており、彼らの解釈のなかでは、ヨーロッパと他地域の相互作用は問題なく無視できると想定された。[52] シオドア・フォン・ラウエは、二〇世紀世界を解釈して、ヨーロッパとその影響の伝播を中心に書いた。フォン・ラウエの見解では、ヨーロッパの衝撃は突然に到来し、アフリカ、アジア、ラテンアメリカに破壊的な作用をもたらした。その結果は革命的であるが、まずもって悲劇的であるという。[53]

これとは鋭く対立する二〇世紀の解釈を、異なるパラダイムに基づいて、マイケル・ゲイヤーとチャールズ・ブライトが提案した。フォン・ラウエはヨーロッパ拡大パラダイムを用いたが（さらに、最大のヨーロッパ拡大は二〇世紀に起こりそれ以前ではないと考えたが）、ゲイヤーとブライトは、世界的な共同体というパラダイムを用いたのである。すなわち、様々な地域が地球規模の秩序に組み込まれるのは一九〇〇年以前であり、二〇世紀に起こった変化とは、そのシステムの制御と利益をめぐる交渉からなると考えた。彼らの見方において、一方では、経済秩序における中央集権化および均質化の傾向と、他方では、自治行使を求める人間集団や地域による新たな文化的差異の肯定とがあり、中心となる原動力は、この両者の間に存在する矛盾なのである。[54]

この時代に最も広く読まれた世界史に関する書物は、ポール・ケネディの『大国の興亡』である。[55] ケネディのパラダイムが中心に据えたのは、大国（つまり諸国民）、軍事力、そして、戦力を支える経済的土台である。同書の大半は明らかにヨーロッパ史に割かれていた。しかしその枠組みのおかげで、ケネディは二〇世紀を日本、中国、ソ連が主要な役割を果たす世界として苦もなく描くことができた。ケネディは、東西冷戦時代の両極に分断された世界の唯一性に注目し、将来、多極的な世界が見込まれると書いた。彼の話は単純明快であり、実に行き届いた上手な語り口だったため、ケネディは地球規模の語りを読者に伝えることができたのだ。一方では、詳細に踏み込み過ぎて読者を迷わせるか、もしくは物語のヒントを語るだけで読者を置き去りにしてしまう著者もいたのであるが。

一九八〇年代末になると、テーマ別の世界史研究に取り組んできた世代の仕事は、その前の時代において強調された大いなる総合をより広く応用するようになった。このテーマ別の研究のパターンは明確である。それは「ヨーロッパ拡大」の強調である。つまり、初期近代に焦点をあてて、資本主義経済システムの発展とヨーロッパの諸帝国の拡大を扱うとともに、一九世紀と二〇世紀の帝国と植民地主義にも焦点をあてることを意味していた。マクニールは『権力の追求』を書いてそれに貢献したが、しかし『疫病と人間集団』によって別の道も求めたのである。奴隷にされたアフリカ人についてのカーティンの研究はこの議論の余白にうまくはまったのだが、しかし交易ディアスポラと死亡率についての著作は、この議論の域を超えていた。ウォーラーステインの近代世界システムはこの議論の核にあった。クロスビーの著作は、拡大するヨーロッパの政治経済学にはっきりと結びついていたけれども、新しい技術と学問分野によって生態系史研究で新しい諸問題を探し出したのである。より広範に世界史を見通すための基礎が固められつつあった。しかし議論の中心は、ジェームズ・ハーヴェイ・ロビンソンとチャールズ・ビアードが焦点をあてるべきだと七〇年前に考えた点、つまり、北大西洋を中心とする世界の近代における政治と経済の展開に関するものであり続けたのだ。

ジャネット・アブー＝ルゴドは、一三世紀のイスラーム世界の中心地域と、それにつながっていた諸地域を、ウォーラーステインが後にヨーロッパ世界システムと呼んだものと全く同じ意味で、世界システムと呼びうるのではないかと提案した(56)。彼女の解釈が率直で、論旨が明確に表現されていることもあって、『ヨーロッパ覇権以前』は大きな影響を与えた。同書のおかげで歴史研究者はウォーラーステインのような広い地球規模の視野を維持し、そのうえさらに近代とヨーロッパ列強に対する焦点から自分自身を解き放つことができたのである。

世界史教育と世界史教科書

晴れやかな月曜の朝に、何千人もの学生と教員が世界史の勉強を始めるために登校する、などということはなかった。しかし、その前の金曜に、新しく印刷された教科書が教室で配られた、などということもなかった。しかし、もしもそんな日があったとすれば、それは一九七〇年代半ばのことであって、合衆国のほぼ全土で起こっていたかもしれない。この世界史研究のブームによって、かつてないほどに、地球規模の表現で過去を教え、議論し、研究し、書くことが実践された。世界史研究の劇的拡大は合衆国においてめざましく起こったのだ。世界史の社会的基盤は（合衆国で知られているように）「中産階級」にあり、エリートや労働者にあるわけではない。この幅広い層からなる人々は、しっかりとした教育を受けて正規雇用され、しばしば専門職に就いており、少数だが増大しつつあるアフリカ系アメリカ人やラテン系の人々を含んでいた。そして、世界史を興味深いと考える多くの人々を含むようになった。世界史はまず制度的基盤を州立大学の課程や教養課程によって獲得した。次に、公立学校やコミュニティカレッジに拡大した。しかしエリート校の中等教育や学部レベルが世界史に踏み出すのは遅かった。一九八二年に世界史学会（ＷＨＡ）が創設され、会報と、のちに雑誌を刊行するようになった。それによって新しい諸組織が設立され、学部や高校の世界史教員間の結びつきが可能になった。

だが、世界史の前に立ちはだかるものが存在していた。研究分野としての世界史が時宜を得て急激に発展したにもかかわらず、この新しい分野は、一連の古いパターンに縛られていた。この時代の知的な相互交流は、過去を地球規模で概念化することに強力な刺激を与えた。それに対して、ほとんど同じくらいに強力に、惰性と反動の入り交じったものが、世界史研究を統合するいかなる試みも繰り返し邪魔してきたのだ。この抗争の多くは、教室で繰り広げられた。

大学のレベルで、世界史研究を発展させる道は容易でなった。合衆国の大学で、専門職としての歴史学は、国民単位か、（それほどではないが）地域単位やテーマ別のカテゴリーに分けて組織されている。専門家による歴史学は、研究によって支配される。つまり、歴史研究者の雇用と昇進は、第一に個別研究に基づいている。世界史はこの構造に簡単にはあてはまらなかった。国民史や地域史の割り当てをなくして世界史の場を定めようとする学部はほとんどなかった。その結果、事実上、世界史研究によって昇進するということはなかったのである。その代わりに、各学部は世界史教育の課題を国民史研究者に割り当てたのである（とはいえ、合衆国を専門としている歴史研究者に割り当てられることは少なかった）。学部レベルで世界史を教えている者の多くは、このときまで、世界史の講義を受けたことはなかったし、大学院課程においても受けなかったことは確かである。このような理由から、国民史研究者が世界史を自分の研究と同等の知的営為として受け入れるのは難しいのである。

コミュニティカレッジはこの時代に飛躍的に増加した。そこでの任用は大学ほど組織的ではなかったので、需要があれば管理者は容易に世界史のクラスを開講できたのである。もちろん、教員は独学の徒で、普通非常勤であり、いくつもの機関で非常に低い賃金でコースをもった。カリキュラムが見直し可能だった高等学校では、この時代に世界史の授業が開設され、熱意のある教員は独力で修養を重ねた。高校教員の雇用は比較的安定していたので、彼らは年数をかけて教材やコースの配置を改善していくことができた。

一般読者向けの世界史を概観する書物は、H・G・ウェルズの『世界史大系』の前にも出版され、それ以降も長く出版され続けた。世界史に対する一般の関心が再び高まると、一九七九年イギリスのヒュー・トマスが世界の歴史を出版し、すぐ後にJ・M・ロバーツが近代世界の歴史を出版した[57]。どちらも西洋史をわずかに広げた著作で、ロバーツはおもに政治に焦点をあてていた。しかしいまや、それに加えて、学部生や高校生向けの世界史教科書が出版されはじめたのである。

ウィリアム・マクニールが一九六七年に発表した『ある世界史』はこの分野の初期のものである。[58] 同書は『西洋の興隆』を凝縮したものとみなすことができ、各章は世界の諸地域について扱い、紀元五〇〇年、一五〇〇年、一八〇〇年を境として四部構成に区分されている。レフトン・スタヴリアノスはマクニールの著作に続いて一九七一年に『人間の過去と現在：ある地球規模の歴史』を発表した。文明化以前の人間に三章を充て、紀元五〇〇年までのユーラシア文明に一四章を充てている。アフリカ、南北アメリカ、オーストラリアは一五〇〇年の直前から導入されている。マクニールと同様、スタヴリアノスにとって、西洋支配の問題が一五〇〇年以降の世界史の焦点であった。その語りは一九〇〇年までは地域的であり、二〇世紀においては地球規模であった。スタヴリアノスの整理の仕方と用語法は時とともに大きく変化した。それゆえ、一九八九年に『私たちの過去からのライフライン』を発表したときには、自分の語りを、親族社会、貢納社会、資本主義社会、そして人類の行く末を軸にして整理するようになった。[59]

ケヴィン・レイリーは世界史教科書編纂の初期の指導者の一人であり、テーマ別に編まれた『西洋と世界』という題の教科書を出版した。とくにコミュニティカレッジの聴衆向けに編まれた同書は、様々な時間と場所から広く素材を集め、世界史の主要な諸テーマを説明した点で異彩を放っていた。[60] レイリーは、教科書と、文章を集めた読本を発表したのに加えて、さらに、学部課程と高校課程のシラバスを広く集めて出版する仕事のまとめ役となった。[61] このシラバスはよく知られるようになり、この分野に進む者に世界史教育の方法を伝える主要な手段の一つになったのである。

世界史研究者による教科書は徐々に進歩した。それははじめ、政治史と大国に焦点をあてていたけれども、交易や民族についての情報を加え、主要な宗教的伝統の概観を通じて文化的諸問題を導入するようになった。エクメーネやヨーロッパ拡大という総合的概念に焦点をあて、さらに、地域間のもっと特殊な関係を認めはじめたのである。これらの教科書とその著者のすべては、それが増えていくにつれてはっきりと、地球規模の歴史理解を促す方向へと働いたのである。[62]

ギルバート・アラダイスは世界史課程の向上についての的確な概観において、この時期の教育に与えられた優先順位について力説した。「マクニールとスタヴリアノスの著作は、とくに世界史学会の設立に影響を与えた。同学会は一九八二年に若い歴史家たちによって設立され、より古い世代の人々から世界史の大義を受け継いだのである。この組織が歴史家たちに求めたのは、ここで学んだ人々の先端的な学識を、教室で教える技術を通して、有効な世界史コースへと転換していくことである。〈一言でいえば、彼らのメッセージはこうだ。世界史を可能にする道はそれを教えることである〉」と。(63)

この判断は正しいかもしれない。しかし、このアプローチを実行するには教育プログラム作成を優先させなければならず、ゆえに新しい研究を支えるための体系的な努力は全く払われなかったのである。まさしく世界史教育が成功したために、この分野は新たな圧力を受けやすくなったのだ。

マクニール、スタヴリアノス、そしてレイリーによる教科書が売り上げを伸ばしたことに注目して、いまや、西洋文明教科書の出版社たちが、世界史市場に参入した。西洋文明コースは多くの場合、古典古代から二〇世紀までの時間に及び、世界史教育に適用可能なモデルを提供するようにみえた。一九八〇年代初頭から、出版社はすでに確立された西洋文明教科書を選び、そこで伝統的だった地中海・西洋という中心の他に、さらに、世界の諸地域に関する部分を加えて、世界の諸歴史として出版しはじめたのである。(64)

西洋文明アプローチで世界史に向かう際に、講義やコースはそれまでの枠組みを踏襲した。諸国民はそれぞれ歴史をもち、それが交互に提示される。教科書はたいてい確立されたパターンにしがみついて離れない。初期の世界史教科書はかなりの独創性を示したが、大手の教科書出版社が世界史教科書に参入したことによって、この傾向は抑制された。(65) 出版社は、西洋文明課程の教科書の様式と実際に書かれている言葉に依存して、わずかの比較を加えながら、国民と文明の歴史にひどく依存した世界観を押しつけたのである。彼らはヨーロッパ社会を「われわれの遺産」として扱い、世界の残りを「他の諸文化」として扱った。教科書はどの時代の場合もヨーロッパに関する章で始まり、アフリカとラテンアメリカを合わせた章で終わっていた。各章のなかでは本文は政治的語りで始まり、文化に関する少しの所見で終わっていたのである。どちらの場合もメッセージは明らかであった。すなわち、アフリカとラテンアメリカは世界史の結果を吸収したが、しかし自分からは何ら影響を与えなかった。文化的パターンは、政治と交易の所産であり、ほとんど重要でなかったということだ。このような教科書の目次を見れば、結局、都市が優位で、ヨーロッパが優越しているというお話に行き着くことに、誰でも気づくだろう。

「まず教え、それから研究せよ」というのは、世界史へのこのアプローチのスローガンだったかもしれない。世界史コースに対する現下の需要に応えようという差し迫った判断は、暗黙のうちに、世界史は新しい思考を必要とせず、ただ世界の諸国民に関する既知の事実を集めればこと済むという前提をもたらした。「世界史」とは、教科書および入門的な概説であり、それ以上はほとんど何も意味しなかった。[66]

世界史は、教育が優位を占める分野として、研究者層が薄く、概念の形成も低レベルにとどまっていた。一方、同じ世界史拡大の波の一部として、個別研究と独創的な解釈は、多く出版された。しかしながら、実際、その著作のすべては、年長の学者によって書かれたものであり、彼らは世界史研究者としてではなく、いずれかの地方の歴史において訓練を重ねてきたのだった。[67]大学は入門的な概説を設置したが、世界史について上位の部門や大学院コースを設けることはほとんどなかったのである。[68]

もちろんこの時代の教育について批判的評価もあった。そして、組織されたプログラムではないにせよ、個々人の努力によって、世界史研究は少しずつ歩みはじめていた。[69]しかし、独創的なアプローチを使うためには、合衆国の外に出る方がよい場合もときにあった。ヴィクトル・ジュリアス・ンゴーは合衆国で教育を受けたが、祖国のカメルーンで教え執筆している。彼は二〇世紀の世界史を出版し、その本は国際機関にかなりの力点を置いている。国際機関は二〇世紀後半における世界史の最も重要なテーマの一つであり、他の教科書ではほとんど判で押したように軽視されてきたテーマであった。[70]

結論：推進力と制約

一九六〇年代から一九八〇年代までの世界史に対する私の評価は、結局は肯定的ではあるが、だとしても、間違いなく両義的な要素が混じっている。世界史研究と世界史教育はこの時代に飛躍的に拡大し大変貌を遂げた。しかし、取り組まねばならないいくつかの根本的弱点は残されたのである。

研究においては、研究者個人の努力によって、テーマ別の個別研究や分析的研究が広範囲に生まれた。そうした研究は、国民史よりは視野が広いが、地球規模の総合研究に比べれば特殊な研究であった。カーティンやウォーラーステインたちは、政治と経済、交易システム、帝国、そして植民地化を探究して、北大西洋以外の世界の諸地域への関心を高めた。これは世界史への歴史研究者の道であり、近代世界の形成と変化に焦点をあてたものだ。それは移住を検討したが、その一方で今日魅力的な社会史に深くあずかることはなかった。それらに比べるときわめて少数の研究が、生態系史に、それから文化史に焦点をあてて、世界史に向かう科学的・文化的な道を切り開いた。ほとんど例外なく、両方の道とも年長の研究者によって研究がおこなわれ、若い研究者や大学院生によるものではなかった。

世界史教育は、一九六〇年代から一九八〇年代まで劇的に拡大したが、それほど前進しなかった。この時代に教えられ書かれた世界史の内容と分析は、より広い読者に向けて、前世紀の世界史研究者の教えを要約したものである。とどのつまり、トインビーとウェルズの広い視野、ヴェーバーの精力的な比較、シュペングラーの喩えの技巧、マルクスの分析的洞察力、マクニールの時系列的な総合がいまや広まり、学生や一般読者に普及したのだ。しかし、世界史の大きな領域を単純化する必要が避けられなかったために、諸々のコースと教科書がおもに重視したのは、世界の主要な地域すべてについて、少しずつ触れることだった。かつて国民の境界に囚われていた学生にとって、かつて神秘的だった世界の諸地域と遭遇することは興奮に満ちたものだった。しかし、発見の快感が褪せたとき、その経験は、過去の諸過程について何らかのしっかりした学識を与えてくれるのだろうか。世界史は、旅行紀を超えて、論理を伝え論争を促すことができるのだろうか。

こうして、世界史への嘱望と世界史のジレンマは、いずれも明らかになった。それはちょうど二〇世紀の終わりが近づき、民主化運動という地球規模の変動が一九八九年に始まって、新しいレベルでの地球規模の認識が数百万の人々にもたらされたときに起こった。世界史は、良くも悪しくも、いまや学術的にも社会的にも重要な主題になろうとしていた。

第5章　世界史分野の組織化——一九九〇年以降

近年、世界史の文献は増え続け、活況を呈している。刺激的な新しい論考が絶えず現れている。世界史研究者は、地球規模の歴史のテーマやパターンについて信頼性の高い研究を続々と発表するだけでなく、自分たちが一つのグループであると自覚して、この分野の教育と研究のために、よりしっかりした支援を提供できる制度的基盤を作り出すようにさえなった。そのような変化のなかでもとりわけ決定的な徴候は、たとえまだ他の国々ではそこまで至っていないとしても、合衆国において、学界や教育の指導者たちが、中等教育と大学レベルの多くの機関で世界史教育が必要だと考え、世界史という分野を公式に認知する決定を下したことであった。

この章では近年の世界史研究について述べるが、はじめにまず世界史研究の制度的変化を検討する。因習的な学界の制度や、世界史研究に対する助成金獲得の困難に直面しながらも、世界史に熱意を傾ける者たちが、すみやかに研究と教育の制度を創設してきたことを、比べ合わせて考えてみたい。次いで、一九九〇年以降の世界史研究のおびただしい刊行物から選んだ文献を、四つのカテゴリーに分けて検討する。すなわち、地域研究から世界史へのアプローチ、テーマによる世界史研究、概念を重視する地球レベルの研究、そして最後に、膨大な数にのぼる合衆国史ならびにヨーロッパ史の文献と世界史研究との比較と関連づけという四つである。(1)

制度的基盤

高校や大学の教員、さらに世界史研究の熱心な支持者は、この分野の新しい制度的基盤を作ろうと、迅速に行動した。一九九〇年以降に設立された制度的基盤に含まれるものとしては、大学院課程、学術誌、討論用のメーリングリストとウェブサイト、会議、専門性の高い協会、州規模での世界史教育スタンダードの法制化、一連の書籍と冊子、教育研修会、そして研究と教育の素材に対する、私的また公的な助成金の交付などがあげられる。新しい制度はほとんどの場合脆弱で、時として短期間しか存続しなかったものの、全体として見ればそれらは、世界史が教育研究の学術的な一分野として確立されるであろうことを示すものであった。

大学院において世界史の諸問題に向けて研究を開始したのは、一九六〇年代から一九七〇年代のウィスコンシン大学マディソン校であり、フィリップ・カーティンが率いていた。一九七七年からは、ビンガムトン大学の社会学博士課程が、フェルナン・ブローデル・センターと共同で、歴史社会学者の養成に取り組んだ。一九八〇年代後半、世界史は、ハワイ大学、オハイオ州立大学、ラトガース大学の博士課程の大学院生にとって、さらにミネソタ大学の近世史専攻の学部生にとっても、教育科目ないし試験科目になった。一九九四年には、ノースイースタン大学が世界史で博士号を授与するようになり、ジョージア州立大学、ならびにカリフォルニア大学リヴァーサイド校、アーヴァイン校、サンタクルーズ校の各キャンパスでは、大学院で世界史課程が新たに加わった。また、フロリダ国際大学とテキサス大学アーリントン校では、大西洋史の博士課程が開設された(2)。

大学院教育の立ち上げに続く次のステップが、学術誌の創刊であった。一九九〇年には、ジェリー・ベントレーが編集し、ハワイ大学出版局が刊行する『世界史ジャーナル』が創刊された。隔年の雑誌ではあったが、それはアメリカ図書館協会の一九九〇年度最優秀新学術誌賞を受賞している(3)。

世界史学会は、最初の一〇年間、アメリカ歴史学会と連携して毎年会合を開いていた。[4] 一九九二年六月、世界史学会は初めての年次大会をフィラデルフィアのドレキセル大学で開いた。これと関連する発展が二つある。一つは、世界史学会を合衆国と国外とで交互に開くようになったことで、一九九五年のフィレンツェ会議と一九九七年のパンプローナ会議から始まった。もう一つは、世界史学会と連携する、世界史研究者の地域的な協会が発展したことである。このような地域的協会のほとんどは合衆国内にあるが、いくつかは海外にも及んでいる。[5]

また一方で、教員の専門性向上での先駆的な仕事も始まった。プリンストン大学において一九九一年から一九九三年にかけて、ウッドロー・ウィルソン基金が夏期コースを支援したのである。そのコースでは、全国から選抜された約五〇人の教員のグループが、幅広く文献を購読し、世界史の解釈と教育について意見を交換した。参加者の多くは、その後、世界史に関する様々な問題の場で活躍するようになった。彼らの一人であるヴァーモントのミシェル・フォアマンは、二〇〇一年度全米最優秀教員に選ばれている。[6] 同時期に、テンプル大学のハワード・スポデクは、フィラデルフィア地域の世界史の高校・大学教員に対して学期中の研修会を指導し、またポモナにあるカリフォルニア州立ポリテクニック大学のタラ・セーティヤーは、世界史における南アジアについてのコースを指導している。両者とも、全米人文科学基金の支援を得ていた。

一九九四年の秋には、世界史をめぐる議論が全米レベルで湧き起こった。ただし、その議論は何年もかけて準備されていたのものではあった。一九八〇年代後半、ジョージ・ブッシュ大統領の国家行政は、公教育の主要な分野で、具体的には数学、科学、英語、歴史学において全国的なスタンダード（教育指針を意味するが厳格な要請ではない）を設定するよう求めた。歴史については、合衆国史と世界史のスタンダードを準備するべく委員会が設置され、カリフォルニア大学ロサンゼルス校にゲイリー・B・ナッシュが率いる全米学校歴史センターが、スタンダードの調整をはかるために、全米人文科学基金からの助成金を受けて設置された。どちらについても、教師や学者を広く代表するグループによる包括的な議論から、合意文書が形成された。さらに、歴史教育の全国スタンダードについては、他の報告書でもすでに取り上げられていたし、補足されてもいる。歴史教育に関する一九八八年のブラッドリー委員会報告、社会研究カリキュラムに関する一九九四年の全米社会科学教育協議会報告、一九八九年のシャーロット・クラブツリーによる報告などがそれである。(7)

合衆国史と世界史に関する一九九四年九月の報告声明で、全米人文科学基金の前理事長であるリン・V・チェイニーは、アメリカの愛国心や西洋の伝統を蝕む政治的偏向があるとして、これらすべての報告書の信用性を疑う活発なキャンペーンを繰り広げた。(8)論争は六か月に及んだ。そして、合衆国議会は、これらの報告書に応じない姿勢を公式に示し、ようやく改訂版の全国スタンダードが準備された。そこでは、世界史への批判を汲んで、数多くの削除や譲歩が加えられていた。短期的に見れば、世界史は公的に拒否されたように見えた。それにもかかわらず、全米学校歴史センターは活動を続け、世界史の教育単元作成準備に取り組んだ。(9)そして、その後の三年間ほどのうちに、まったく異なる様相が、合衆国の学校における世界史教育の場に現れることとなったのである。

一九九〇年代はインターネット普及の一〇年間でもあった。世界史研究者は急速にネット上のコミュニケーションを信頼して使うようになった。最初の討論用のメーリングリストはカンザス大学のサーバを借りたものであり、セントラル・コネチカット州立大学のハイネス・ブラウンが管理する、議長が不在のＷＯＲＬＤ-Ｌであった。このリストは一九九四年に、当初はパトリック・マニングとダニエル・シーガルが編集した、議長が存在するＨ-ＷＯＲＬＤによって補完されることになった。Ｈ-ＷＯＲＬＤはたちまちのうちに登録者が六〇〇人に増え、一九九八年末には一一〇〇人を超え、二〇〇〇年末には一五〇〇人にのぼった。全国スタンダードをめぐる一九九四年から一九九五年の議論の多くはＨ-ＷＯＲＬＤ内で起こったか、そうでなければＨ-ＷＯＲＬＤに反映されている。討論用のメーリングリストに続いて発展したのが、世界史のウェブサイトである。まずハイネス・ブラウンが世界史研究ゲートウェイを立ち上げ、それにＨ-ＷＯＲＬＤ、ノースイースタン大学の世界史センター、世界史学会の地域ごとの関連協会、そして、個々人のウェブサイトがこれに続いた。(10)

世界史に対する読者の関心が増大するにつれて、出版社が、すでに刊行を始めていた教科書や資料集に加えて、個別研究のシリーズや世界史研究の叢書を手がけるようになった。ウェストヴュー、マーカス・ウィーナー、M・E・シャープ、ケンブリッジ大学出版局などが、それぞれ一九九五年までに世界史のシリーズを出しはじめ、もっと多くの出版社が、他の社会科学の領域でグローバリゼーションに関するシリーズを出すようにもなった。他方では、いくつもの出版社や書店が、ヨーロッパや合衆国の境界を越えて諸地域を扱う本を収める雑多な場として、「世界史」の見出しを使い続けていた。また一方では、世界史学会の会議に合わせて、初めての本格的な書籍展示会が二〇〇〇年にボストンで開かれている。

アメリカ歴史学会は一九九五年から、様々な冊子の刊行、世界史に関するCD-ROMプロジェクトの発表、さらに、地域研究に携わる歴史家間の交流を組織する試みなどを通じて、世界史研究に関与するようになった。CD-ROMプロジェクトは実現しなかったが、一連の冊子は幅広く用いられるようになり、続いて、アフリカ、ラテンアメリカ、中東、そしてアジアにおける女性史についての何巻もの著作が、アメリカ歴史学会支援によるプロジェクトとして刊行された(11)。

また、世界史研究において、歴史研究者と専門組織を結びつけようとする試みが、アメリカ歴史学会によって始められた。アメリカ歴史学会と地域研究の諸協会の間に協力関係を取りまとめようとするこの最初の試みは、実を結ばなかった。しかし、一時期「地域史のグローバル化」として知られたこの企画は、二度にわたっておこなわれて成功をおさめるに至る、コミュニティカレッジ教員のための研修会へと、そして、歴史における相互作用の研究を紹介するため、二七人の研究者が集う会議へとつながったのである(12)。

さらには、全国スタンダードをめぐる論争以来、いくつかの主要な州の立法府や教育部門が、公立学校における世界史教育を義務化しようと、新しいカリキュラムを整備する仕事に取り組むようになった。全国スタンダードをめぐる公の論争にもかかわらず、世界史は、スタンダードに準拠した教育を公立学校に導入しようという潮流、つまり、公式な、州全体の要綱の作成や、ときに州レベルでの試験の導入を求めるような、より広い枠での潮流からは、利益を得たのである。州の立法府や教育部門は、その要綱を作るにあたり、全国スタンダードについての報告、ブラッドリー報告、全米社会科学教育協議会報告などを織り交ぜて用いた。こうして、とくに妨げなく、一九九〇年代末までには、一年間から四年間の世界史を必修とする公式な要綱が、合衆国市民の大多数が住む諸州で、確立されたのだった。合衆国の公立学校では一世紀にわたって〈世界史〉という語が用いられてきたが、いまやその意味するところは異なるものになったのである。それは、すべての大陸、数千年の時間、そして広汎な諸問題に向けられる学習コースとなりつつあった。この変化の先頭を行った州は、カリフォルニア、テキサス、ヴァージニア、ニューヨーク、マサチューセッツである。[13] 学生には新カリキュラムが、教師には新しい学習トピックと授業計画が、そして、出版社には新しい教科書の作成販売が登場するようになった。

やや遅れて、大学審議会が、長い熟慮の果てに、高校で大学の初級レベルの内容を学ぶＡＰコースの世界史課程を設ける計画に着手した。このＡＰコースは、五月に生徒が全国試験を受けることになっているもので、合衆国史とヨーロッパ史の既存のＡＰコースに加えられる予定だった。大学審議会はその計画を数年間延期し、その後一九九九年四月に課程計画を認可して、二〇〇二年五月に最初の試験を実施する運びになった。推進委員会が採択した課程計画には、世界史の背景を学ぶ基礎セクションの五週間と、西暦一千年から現代までの時代を対象にした三一週間が含まれている。[14]

世界史課程の教材や試験問題が準備されるにつれて、一九九九年から二〇〇一年にかけて論争が湧き起こった。論争のなかで、世界史のＡＰを批判する者は、そのプロセスでは西暦一千年以前の「適切な歴史分析」に学生を導くことが不可能であり、それゆえ、もっと古い時代の不可欠な基礎を除外した近代史の課程にすぎないと論じた。一方同コースの計画者と支持者は、時代を限定すれば、この容易ではないコースを高校生に提示することがよりたやすくなるであろうし、歴史への地球規模のアプローチはどんな時代を選んでも教えられると論じた。二〇〇〇年末から二〇〇一年初めにかけて、対立するグループの代表者による何度かの会議を経て、最初の二年間（二〇〇二年と二〇〇三年の試験を含む）は変更を加えず、その後にコースの時間枠を延長し、より古い時代のためにもう一週間を加えるということで合意をみた。[15]こうして、世界史のＡＰコースをめぐる議論の第一ラウンドは収束したのである。

同時期に、他にも多くの制度上の変化が生じた。世界史学会は一九九九年に世界史ブック賞を設けて、前年度に出た最良の世界史研究に対して、毎年賞を授与することにした。[16]さらに、『アメリカ歴史評論』に「地球規模で、比較の視点をもつ」本の書評欄が設けられた。アメリカ歴史学会の『展望』とウェブのＨ‐Ｎｅｔの求人欄には、世界史教育とその関連職が掲載されるようになった。また、ニューイングランド地域世界史学会では、一連のネット会議を開催した。[17]長期的な枠組みのプロジェクトに含まれるものとしては、ロス・ダンによって主導され、国からの資金供与を受けた二つのカリキュラムプロジェクトと、世界史学会会長ハイディ・ループによって主導され、国から資金供与を受けた、教師養成と夏期教育制度のためのプロジェクトがある。[18]

全体として、一九九〇年代に創設された制度的基盤は、世界史研究者を専門的に支援する組織、ならびに世界史研究者の専門的な組織に、劇的な進歩をもたらした。しかし同時にまた、新しい諸制度は、世界史の個々の研究者や教員の取り組みを調整することに、ほぼ限られていた。世界史研究を支援するための政府、基金、大学による本質的な取り組みには欠けていたのである。世界史学会は、アメリカ歴史学会や全米社会科学教育協議会に匹敵する会員数へと拡大する潜在力を秘めながら、一四〇〇名の会員数に留まり、二〇〇〇年以後に始まった本部設立の動きも、厳しい財政状況のために鈍化した。ハイディ・ループは世界史学会の会長職にある際に、主要な基金との連携を精力的に求めて、全米人文科学基金から大きな支援を獲得した。しかし、世界史研究者は、アメリカ学術団体評議会や社会科学研究評議会のように、政策を左右する団体と恒常的な関係をもってはいなかった。

地域研究からのアプローチ

地域研究での歴史、すなわち西ヨーロッパと北米以外の地域の歴史学を学んだ研究者は、一九九〇年以降、世界史に関する文献の充実に、きわめて活発に貢献するようになった。その著作のほとんどは、政治、商業、文明の諸問題や社会史の諸相を探究しつつ、世界史に通じる歴史家の道をたどったのである。しかしまた、地域研究の仕事のあるものは、言語学や人類学、生態学における革新を世界史にもたらしながら、科学的・文化的な道をたどることになった。(19)

地域研究の歴史家は、世界史に対応するために様々な方法に依拠してきた。リンダ・シェイファーは事例研究のアプローチを用いて、中国、東南アジア、ミシシッピ川流域に関するいくつかの著作を著し、今取り組んでいる西アフリカについての仕事では、各地域の世界史的な結びつきを強調している。アフリカ研究者とラテンアメリカ研究者のグループは、批評的アプローチを用いて、『歴史パラダイムに立ち向かう』と題する本を上梓した。そこでは、一九世紀と二〇世紀におけるそれぞれの地域間のつながりと共通性を研究し、地域研究パラダイムがもつ制約に挑んでいる。ジョン・ウィルズは一六八八年の世界を地球規模で描き出すという統合的アプローチを用いて、読者を、地域から地域へと世界をめぐる旅に読者を導いている。ウィルズは、それぞれの事例において、事例間の結びつきを述べ、そして、それらの結びつきが、地域間の相似と対比を浮き彫りにする様を示している。(20)

地域研究者の仕事は、一般的には、一つの地域に焦点を合わせているが、そうしながらも地球規模の力学を明らかにしている。S・A・M・アドシードは、中国と中央アジアの両方について、地球規模の結びつきを示す本を著した。スタンリー・バーステインは古典時代における東地中海史の研究者としての学識に基づきながら、紅海、アフリカの角周辺の地域、そしてインドの結びつきを明らかにした。リチャード・ホヴァニシアンは世界史的な展望のなかにアルメニア人の共同体を位置づけ、またベン・フィンネイは太平洋史の輪郭を提示した。[21]

一九九〇年代、歴史に対する地球大のアプローチと地域研究の間で、最も強い結びつきが示されたのは、東アジア研究においてだった。中国史を学んだ研究者たちは、部分的には世界史研究者による介入への応答として、中国歴代王朝を、他の帝国と比較可能な帝国支配者として再解釈してみせた。[22] 初期近代の中国経済の人口統計学的、そして経済学的研究は、中国経済がダイナミックかつ革新的であり、成長を続けながら、他の諸地域とも密接に結びついていたことを明らかにしたのだった。R・ビン・ウォン（王国斌）とケネス・ポメランツは、中国とヨーロッパに焦点をあてた比較研究を出版し、その両方ともが広範な議論を呼び起こした。ジェームズ・リーによる中国の人口統計学に関する著述は、中国の枠を超えた比較はおこなっていないものの、地域間比較の基礎を提供した。同様にリチャード・フォン・グラーンによる通貨の長期的分析は、地球規模の通貨比較に基礎を提供するものだ。スチェタ・マジュムダールによる中国南部における砂糖生産の研究は、小規模農家がもつ力量と柔軟性に力点を置き、一方でロバート・マークスによる同地域の環境についての研究は、市場関係の力に焦点をあてている。一九九〇年代には、ジョゼフ・ニーダムによって始められた、中国の科学と技術に関する著述の刊行が継続し、そこでは多くの分野の研究者がG・ウィリアム・スキナーに依拠していた。一九九〇年代を通じて、日本に関する歴史研究は、中国についての研究ほど地球規模の影響を与えなかったが、入江昭は国際政治学の研究を通してこの二つの国民を巧みに比較している。[23] このような研究の進展と並んで、公表される資料や教育の資源も増えたことから、新たな学識が広く行き渡ることになった。[24]

南アジアについてのグローバル・スタディーズでは、インド洋地域をより精密に解釈することや、また、東アジアとイギリスの結びつきの強まりなどに、焦点をあてていた。地域経済を中心にしたものでは、サンジャイ・スブラフマニヤムによるインド洋の政治と貿易の分析、R・J・バレンツェによる西インド洋貿易の詳細な研究、パトリシア・リッソの商人と宗教の研究が優れている。これらの研究と並ぶが、大陸内でのつながりを協調したものでは、リチャード・フォルツがインドと中央アジアのつながりについて二冊の分析を刊行している。イギリスに対する比較やつながりに重点を置いたもののなかでは、プラサンナン・パルタサラティが、一八世紀インドの織物手工業はイギリスの工場よりも安い価格で綿織物を生産しただけでなく、生産性や労働者に支払われる賃金の水準においても、イギリスと肩を並べていたと論じる研究を出版した。クリストファー・ベイリーは、この研究と、南アジアにおけるイギリス帝国を分析する際に見受けられる他の展望とを総合してみせた。さらに、地球規模の分析で、かなり様相を異にする種類が、サバルタン研究とともに起こった。それはとりわけ、ベンガルに焦点をあてて、植民地状況を批判的に分析した。ランジット・グハは、サバルタン研究を組み立て作り出す仕事をして、それは、近年、ディペシュ・チャクラバルティが、歴史と知的生活におけるヨーロッパの位置を再検討した際に、基盤を提供することになった。[25]

上記のものに比べて一般の注目を引かなかったが、中央アジアは、世界史につながる地域として、一九九〇年代を通じて、優れた研究のトピックとなった。一九九二年のソヴィエト圏中央アジアの独立、ならびにアフガニスタンにおける長い戦争が、この地域に対する政治的関心を呼び、そのような研究のいくつかに刺激を与えたのかもしれない。中央アジアは二〇世紀の大部分を僻地として過ごしたが、それにもかかわらず何世紀にもわたって、ユーラシア諸地域のつながりにおいて、重要な役割を演じてきたのである。一九九〇年代に刊行されたかなりの数の本が、様々な方法でその点を強調していた。ヴィクター・メアによって率いられた学際的なチームの仕事は、数千年前のこの地域におけるインド・ヨーロッパ諸語を話す人々の活動を追跡している。リウ・シンル（劉欣如）は、シルクロードにそった交易と宗教の結びつきを、資料を用いて著し、ジョナサン・リップマンは、中国支配下のムスリム地域を分析し、アンドレ・グンダー・フランクも、中央アジアの「中央性」を主張したのだった。[26]

東南アジアについても同様に、地球規模の結びつきについて、かなりの数の文献が登場してきた。それらの著作のなかには、交易と政治に関するアンソニー・リードの重要な著作があり、それは初期近代における東南アジア地域が、東アジアとインド洋、そして大西洋とも結びついていたことを確認した。[27]地球規模の展望に基づく中東研究は、継続して現れていたけれども、九〇年代はそれに先立つ時代に比べて、とくに目立つほどではなかった[28]。

太平洋地域は、インド洋や大西洋地域（地中海地域は言うまでもないが）よりもはるかに面積が広いが、歴史分析にとって、同じように明らかに可能性をもつまとまりといえる。太平洋地域を展望する最近の研究には、初期の移住、キャプテン・クックの航海とその余波、この数世紀間における文化的かつ環境的変化、そして環太平洋地域の創造についてなどが含まれている[29]。

アフリカ史の研究者も、地域研究の展望から、グローバル・スタディーズに深く関係するいくつかの個性的な著作を加えてくれた。主として言語学的なデータに依拠したクリストファー・エーレトによる東アフリカの解釈は、この地域の社会を、技術変化における地球規模のパターンと関連づけ、さらに紀元前五〇〇年から紀元五〇〇年にかけての「古典」時代に拡大した商業ネットワークへと関連づけてみせた。ジョージ・ブルックスは、一千年代初期における西アフリカの環境史について幅広い概観を展開してみせた[30]。ドナルド・ライトは、地方と地球規模との明確なつながりを念頭において、ガンビア地方の変容を、三世紀間に及ぶ地球規模の結びつきから跡づけた。ポール・ラヴジョイとジャン・ホゲンドルンは、カリフ国ソコトの征服から英領北ナイジェリアが受け継いだ巨大な奴隷制度に関する詳細な著作を書いた。アイリス・バーガーとE・フランシス・ホワイトは、アフリカの女性史を再検討してみせた[31]。

ラテンアメリカの研究においては、奇妙なことに世界史的な扱い方がほとんど顧みられなかったが、それでも一九九〇年代にはいくつかの重要な地域横断的研究が生まれている。イダ・アルトマンは、初期スペイン植民地時代の社会史において、スペインのある町からメキシコのある町への移民の流れを追跡し、その過程で社会構造がどのように変化したかを観察した。ホルヘ・カニサレス＝エスゲッラは、スペイン植民地の知性史の意義を明らかにし、その際、アメリカインディアンによって書かれた史料の解釈に関する込み入った議論の道筋を通して、メキシコ知識人の間に見られる、彼の言葉によれば「愛国的認識論」の展開を追跡している。ルイス・フェリペ・アレンカストロは、アンゴラとの相互作用という視点からブラジル社会の形成について解釈した。ジェレミー・アデルマンは、初期国民形成期を扱いながら、大西洋地域の文脈から、アルゼンチン国民の創出をたどった。その際、とくに法理解の変化に焦点をあてている。パトリシア・シードは英領アメリカとスペイン領アメリカを比較し、双方の帝国文化における労働と土地の重要性に対する対照的な理解に力点を置きつつ、それらの相違が内包する意味を追究した。ジョン・ラッセル＝ウッドは、専門であるブラジルの知識を活かしながら、世界に広がるポルトガル帝国について概観した。[32]

一九九〇年代に入る頃、巨大な政治的混乱に見舞われたロシアと東欧については、例外主義的な学問解釈にはまり込んだままになっている。中東と同様に、長期間に及ぶ政治的闘争の遺産が、その遺産から発生してきた議論があるにもかかわらず、創造的で幅広い歴史研究へと結びついていない。しかしながら、ロバート・ストレイヤーは、ソヴィエト連邦崩壊について、地球規模の視野で一般向けに提示しようと模索した。[33]

テーマによるアプローチ

おそらく、世界史研究において、テーマによるアプローチの出現を告げる最も力強いメッセージとなったのは、『拡張する世界』という総合タイトルのもとに、一五〇〇年から一八〇〇年の時代を扱う三一巻の叢書を編集した、ヴァリオラム出版社の大掛かりな取り組みであったろう。各巻が、近代世界史における政治、経済、社会、宗教、科学技術、健康などテーマ別に焦点をあてており、個別研究を地球規模の枠組みに組み入れている。A・J・R・ラッセル＝ウッドの精力的な仕事を通して生み出されたその叢書は、初期近代の世界史的問題に関する学術研究の広がりを示すものであった。[34]

世界史におけるテーマ別の研究は、先行する数十年間に、世界史を学術研究の実践的な一領域にするにあたって力強い貢献を果たしてきたが、一九九〇年代にはいっそうの進展をみせた。地球規模の政治経済学や生態学の諸テーマは、かつての力強さを、たとえばジャネット・アブー＝ルゴドやK・N・チョウドリの著作のなかで保ち続けることになった。アブー＝ルゴドは、一五〇〇年以降の大西洋世界のために展開された世界システム論を、一四世紀のユーラシアとインド洋に対しても適用した。それによって、より長い期間にわたる世界史分析への幅広い関心を呼び起こした。また、以前の著作でインド洋の経済史に力を注いでいたチョウドリは、フェルナン・ブローデルのアナール学派から援用したパラダイムを明確に打ち出した。『ヨーロッパ以前のアジア』において、チョウドリは地球規模の解釈を前面に出し、集合論の観点からモデルを作り上げた。そのなかでは、日常生活の諸構造が東アフリカから日本までの地域を関連づけるように見えると述べられ、さらに、それらの構造の緩やかな変容の遠景に、君主国や帝国についての、より短期的な語りを据えている。[35]

他にも、一九九〇年代を通して、ジェンダー、科学技術、周期、文明の発展など、多くのテーマ別領域で研究が現れている。ジェリー・ベントレーの『古き世界の遭遇』は、紀元前一千年から紀元一千年代半ばまでの文化横断的な結びつきについて解釈を提示している。この分析のなかで、ベントレーは社会間の交流のタイプを特徴ごとに分類し、長期にわたる文化横断的な結びつきの変容をたどった。[36]この比較的平明な著作は、西暦一五〇〇年以前の世界史を概観したものであり、よく知られている諸文明の一覧を承認しながらも、諸文明の結びつきを強調することによって、それらを新しくてより広い語りに据え変えたのである。

アンドレ・グンダー・フランクは、長期的な周期に対する関心から、バリー・ギルズの協力を得て、論集の編纂へと向かい、世界システムの枠組みの時間的な境界を過去に遡らせることになった。そこで編者らは、単一の世界システムが、五千年間かけて周期的に広がってきたと論じている。この著作をめぐる議論は、世界史における古代期の重要性をさらに強調する効果をもたらした。スティーヴン・サンダーソンが監修した補巻のなかで、執筆者たちは、世界システム論ならびに文明論的アプローチが、古代史にとってより有益である、と論じている。[37]

近代に関して、帝国のテーマはいくつもの研究で注目を集めた。ビン・ウォン（王国斌）は中国の清帝国とヨーロッパ諸帝国の比較研究で先端を行っている。デヴィッド・アバネシーはヨーロッパの諸帝国を互いに比較検討している。またパトリシア・シードは、スペインとイギリスそれぞれが、南北アメリカの帝国に対して異なったアプローチをとったことがもつ、長期的意味を追究した。ローレン・ベントンは、初期近代の諸帝国によって架橋された諸文化が、重なり合い、そのなかで複雑になる法を探究するという一連の事例研究を通して、法研究の分野を世界史に組み入れた。知性の歴史では、デヴィッド・アーミテイジとアンソニー・パグデンが帝国のイデオロギーについて研究した。フレデリック・クーパーとアン・ローラ・ストーラーは、一九世紀と二〇世紀の帝国内部の社会的緊張に関して、いくつかの研究を発表した。二〇世紀末には、国際関係と帝国間関係の分析が、ノーム・チョムスキー、バリー・ブザン、入江昭から生まれた。(38)

歴史研究者が世界史の文献の充実にめざましい貢献をするようになった一方で、他の学問分野に足場を置く研究者たちもまた、重要な寄与を果たしてきた。文明研究での継続的な仕事は、国際比較文明学会が調整しており、政治学者、社会学者、歴史学者を結びつけた。社会学においては、ウォーラーステインに加えてクリストファー・チェイス＝ダンやトマス・ホールが先頭に立ち、文明のシステムにおける発達と周期、そして変容に焦点をあてながら、長期的分析ならびに比較分析を展開している。(39)

ジェイムズ・トレイシーが編集した初期近代の商人に関する二巻の本は、世界のほとんどすべての地域から題材を集めている。近代については、ジョヴァンニ・アリギの長い二〇世紀が、一四世紀以降の政治経済の解釈を提示し、またピーター・スターンズは世界規模での二段階による工業化という解釈を打ち出した。ウォーラーステインと彼の同僚は商品連鎖について研究を進め、一方でS・A・M・アドシードや他の研究者は、世界史における個々の商品について研究をおこなっている。(40)

東アジア、南アジア、ヨーロッパ、そして南北アメリカの資料を関連づけることによって、近代世界経済に関する重要な議論がもたらされた。アンドレ・グンダー・フランクは、『リオリエント』のなかで、そのような研究を要約し総合して、一六世紀以来ヨーロッパが世界権力の経済的中心であったという旧来の正論に対し、強力な反論を試みた。一連の議論の結果、一八世紀から一九世紀へ向かう時期に対する高い関心が喚起されることになった。フランクの見解によれば、その時期に、ヨーロッパ経済は、生産性において東アジアのそれを最終的に凌駕したのである。一方で、同じ一九九八年に、デヴィド・ランデスは、ヨーロッパの地球全体への覇権が発見の航海の時代から始まったという見方を再確認する本を出版し、ベストセラーとなった。二つの見解の主唱者は、一年にわたり、インターネット上で、または実際に顔を合わせて討論を繰り広げた。(41) 全体的に見れば、おそらくこの議論は、以前のどの歴史学の討論にもまして、幅広い地域とその相互交流に及ぶものであったと考えられる。

移住は、一九九〇年代、地球規模の社会史で最も注目を集めた分野であった。社会学の教育を受けたロビン・コーエンは、『ケンブリッジ版世界の移住研究』において多岐にわたる研究を編集し、想像力に富む独創的なディアスポラ研究を出版した。別の社会学者トマス・ソウェルは、代表的な文献に幅広く依拠しながら、おもに合衆国への移住史に焦点をあてて、視野の広い移住研究を著した。東南アジアを踏まえて研究を進めるワン・ガンウー（王賡武）は、移住研究の論集を編纂し、地球規模の見方に効果的な貢献を果たした。デヴィド・ノースラップは、一九世紀末の、主として中国人とインド人の年季契約労働者の移住に関して増えつつある文献に、信頼性の高い著作を加えた。アダム・マッキューエンは、太平洋地域と合衆国への中国人ディアスポラについて分析し、目的地もしくは出身地に力点を置く移住研究に対して批判を投げかけつつ、ネットワークの概念を展開している。移住のテーマ研究に関する私自身の貢献に触れさせてもらうならば、アフリカ、南北アメリカ、地中海沿岸地域、そしてインド洋地域を組み合わせた、奴隷貿易と奴隷制の人口統計学的分析、またCD-ROMで出版された、移住問題から見る近代世界史の解説がある。(42)

広い地域的あるいは時間的文脈において、その他の面から検討された社会史には、ウォーリー・セコンブによるイングランドの家族の長期的研究、世界全体と対象としたエイダン・サウスオールの都市分析、初期近代の遭遇の時代における翻訳者や仲介者を扱った、フランシス・カルトゥネンによる伝記的研究などがある。(43) またピーター・パートナーは、アッシリアから現在に至るまで、聖戦という観点から宗教論争を再考している。(44)

世界史におけるジェンダー研究は、数のうえではおびただしく現れるようになったけれども、ジェンダーの視点による世界史の全体的展望は、ゆっくりとしか進展していない。戦争における女性についてのリンダ・デ・パウによる幅広い語りは、武装衝突の兵士として、また犠牲者として、繰り返し現れる女性の重要性を示した。しかし、そのなかで著者は、ジェンダー分析を展開することからはっきりと距離を置いていた。地域研究は、歴史における女性について、ジュリア・クランシー＝スミスやマーガレット・シュトローベルの研究のように、世界史での女性研究に関する情報を増大させた。詳細な研究の中心を形成しているのは、ジェンダーと植民地主義の問題をめぐるものであり、シュトローベル、ヌプール・チョウドリ、アン・ローラ・ストーラーのような研究者によって主導されている。植民地状況がジェンダー関係を特別に強調する面があるためかもしれない。つまり、社会関係のなかでジェンダー化されている諸問題は、ふつう私的な領域で扱われたが、ある地域を支配するために外国の権力がやってくると、価値観の衝突や、また、帝国の権力がすべての社会領域で覇権を押しつけようとするせいで、公的領域へ持ち込まれたためである。たとえばサティの慣習、すなわち夫の死に際して未亡人が殉死することは、インドでは規範となっていたが、植民地化の過程で、論拠づけて議論されるべき、もっとずっと広い社会的、ジェンダー的関係として、研究者たちが見つけ出したのである。(45)

科学的・文化的な道にそっておこなわれてきた、世界史への重要な貢献のなかには、様々な学問分野での歴史研究があった。人類学や地理学から文学研究まで、諸分野の研究者は、長期的な変化に関心を抱くようになるにつれ、それぞれの分野の方法、解釈、制度的基盤などにおける変化にも批判的な眼差しを注ぐようになっていった。それらの研究のなかで、最も意義深くかつ読みやすいのは、人類学の発展に関するアダム・クーパーの二巻本であった。その成果は歴史学にとって多くの意味をもっている。(46) さらに、人類学のジーン・コマロフとジョン・コマロフ、文学理論のエドワード・サイードや、世界システム論のアンソニー・キングなどを含め、他の文化理論研究者も歴史解釈についての評論を著した[47]。

言語研究は、しばしば考古学的調査とも連携し、初期の移住の規模や方向を定めるのに重要な役割を果たした。インド・ヨーロッパ諸語の初期段階を追跡するなかで、言語の分岐と移住は議論の対象であり続けている。現在、拮抗する議論の主導者は、コリン・レンフルーおよびＪ・Ｐ・マロリーである。もっと広い立場からは、ジョゼフ・グリーンバーグとその同僚たちが、主要言語グループの多くに見られる結びつきと、それら言語グループの現在の分布をもたらした移住の解釈に取り組んでいる[48]。

世界史における科学技術の研究は、一九九〇年代に劇的な進展をみせたが、対象とする時代や学問の下位分野ごとに分かれたままである。ダニエル・ヘッドリクは、電信とラジオ（一八五〇〜一九四〇）、そして一九世紀に入る時期の情報伝達に関する研究を通して、帝国主義の科学技術について卓越した分析を続けてきた。ジョエル・モキアは、近代ヨーロッパにおける科学技術と、経済成長に対する科学技術の長期的貢献について、総合的な著作を著している[49]。農業技術のおもな研究としては、ゾハリによる植物の栽培化の研究、ヴェイシーによる農業史、ケネス・キプルによる食料百科、ならびにザッカーマンのジャガイモについての研究のような、個々の農作物の研究などがある[50]。アーノルド・パーシーの画期的な概括があったにもかかわらず、世界史における科学技術について最新の概観を取りまとめようとする動きは、事実上なかった[51]。

環境と健康に関する研究は、とくにフィリップ・Ｄ・カーティンやアルフレッド・Ｗ・クロスビーのような年長の研究者の著作を通じて、継続的に現れている[52]。ブライアン・フェイガンによる太平洋のエルニーニョ現象の分析は、一九九〇年代の研究として始まったのだが、問題を数世紀前まで遡り、エルニーニョが潮流の複合的混合によってもたらされる一つの結果であると捉え、太平洋、大西洋そしてインド洋のつながりを強調した。彼は同様の問題を別の方向から追究して、ヨーロッパの小氷期に関する研究もおこなった。さらに広範囲に及ぶ生態系史の研究を挙げれば、好評を博した『緑の地球史』をクライブ・ポンティングが刊行しているし、シェルドン・ワッツによる有名な伝染病史があり、ジョン・マクニールが著した二〇世紀の地球規模の環境史がある。[53]

古い時代の世界史研究となると、相変わらず、少なくとも歴史研究者の手になるものは比較的少ない。それでも、インドと中国の文書記録に基づいて研究を進めるリウ・シンルや、東アフリカの言語学的根拠に基づいて研究するクリストファー・エーレトが、それぞれ、東半球全体の文脈から、この二つの地域について、幅広くかつ詳細な総合をおこなった。[54]

過去に対する厳密なテーマ的アプローチに加えて、テーマと地域を同時に横断するような結びつきを強調する研究が、ますます多く現れてきている。それらのなかで注目すべきは、イギリスとインドにおけるジェンダー化されたイメージの結びつきに関するムリナーリニー・シンハーの著作と、一八世紀から二〇世紀の日本における葛藤と変化についてのテッサ・モーリス＝スズキの研究がある。シンハーは、イギリス人のインド支配者がベンガルにおいてジェンダー・アイデンティティを変容させていく過程と、さらに、同じ過程が、イギリスでのジェンダー・アイデンティティをも変えていったことを、資料で裏づけながら見事に叙述した。モーリス＝スズキは、日本人の生活における複数のテーマの相互作用を明らかにし、それによって、明治維新前後に日本が地球規模の過程に加わっていたことを確認したのである。[55]

広い範囲を扱う概念的な研究

世界史の文献が増えるにつれて、総合的研究の性質や位置は変化した。総合的研究は、一つの全体としてまとめた世界史を述べるのではなく、個別研究と影響を与え合いながら、むしろ、世界史のなかで広い範囲を扱う諸テーマの再検討へと移っていった。この新たな形態の総合的研究は、世界史をめぐる議論の重要な争点になった。『アメリカ歴史評論』は一九九六年に、時代区分に関する一つの対論を掲載して、世界史研究の発展を肯定的に宣言することになった。主論文において、ジェリー・ベントレーは、文化横断的相互作用に注目して、初期文明以降の世界の歴史を五つの主要な時期に分ける時代区分を提示した。それに対する応答として、私は、文化および相互作用の概念を、世界史のレベルにおいて問い直すことを試みた[56]。また、ブルース・マズリシュは、地球規模の歴史（グローバル・ヒストリー）と世界史（ワールド・ヒストリー）を区別しようと試み、『歴史と理論』誌は、世界史へのアプローチに焦点をあてた論点を提起した[57]。

世界政治の構造に関して、政治と関連する経済までも含めた全体的な記述については、ジョヴァンニ・アリギ、トールビョーン・クヌーツェン、デヴィド・グレスらが先鞭をつけた。エドマンド・バーク三世が指摘しているように、マーシャル・ホジソンによる世界史の見方は、地球規模の分析の先見性、ならびに世界史的な洞察とパターンの源泉としてのイスラーム世界の重要性をはっきりと示すものであった。グローバリゼーションを扱う社会学者のロランド・ロバートソンは、現在起こっているグローバリゼーションの波の唯一性を例証しようと試みながらも、ノルベルト・エリアスによる文明化の過程についての作品とも関連づけて分析を展開している[58]。

さらに一九九〇年代には、地球規模のレベルでの知性の歴史において、幅広い重要な仕事がいくつも現れた。地理学者のジェームズ・ブラウトは、伝播論に対して激しい論争を挑んでおり、最近の著作のなかで、八人の名高い歴史家がヨーロッパ中心主義という前提を軸に作品を著していると論じた。パウル・コステロは、世界史の優れた総合を残した研究者の仕事を再検討し、その際、彼らによる歴史の再構築ではなく、むしろ彼らの哲学的前提を問題にした。マガン・ケイタは、いくつかの点でそれと共通する構想を実行した。ケイタは、一九世紀と二〇世紀の著名なアフリカ系アメリカ人作家とアフリカ人作家の作品を取り上げ、彼らの世界観におけるエジプトの役割と人種の解釈について再考を施したのである[59]。マーティン・ルイスとカレン・ウィゲンは、メタ地理学による批評を展開しており、とくに、「大陸」概念の慣用法の変化を中心に検討し、地理学的な研究が地球規模のレベルで多くおこなわれるよう呼びかけた(60)。

これらの研究は刺激に満ちていたけれども、歴史家は、歴史学ですでに標準となっていた技をあれこれと用いることで、そこに参加することができた。しかしながら、広い総合的なレベルにおいて、世界史に対するいくつもの介入があり、それによって、歴史学の既存のトピックを超える知識と理論に注目する必要が生じた。最も画期的であったのは、デヴィド・クリスティアンによって始められ、フレッド・スピアがそれに続いた「大きな歴史」であり、それが依拠したのが、自然科学全般、そして、自然科学が地球の過去について提示した情報だったことである。クリスティアンは、ビッグバンから現在に至る歴史を学部課程で実際に教授してみせ、また、世界史に関するスピアの明晰な著作は、「レジーム」の概念に力点を置きつつ、このアプローチがもつ可能性を広く探究した(61)。

フェリペ・フェルナンデス＝アルメストは、幅広い読者を意図した著作である『諸文明』のなかで、慣習的であると同時に革新的でもある幅広い世界史の語りを展開した。ジャック・マケや他のアフリカ研究者が先鞭をつけたアプローチを用いて、「文明」とは、国家とか、あるいは政治的・宗教的伝統ではなく、生活スタイルなのだと定義した。フェルナンデス＝アルメストはさらに論を進めて、すべての文明は、人間が自然を特有のかたちで変えてきたことから発達したと強調する。こうして彼は、氷の文明、沖積土の文明、海洋周縁の文明などを描いた。この試みは、伝統的に国家中心的であった文明史と、生態系史での発見とを関連づけて、世界史への包括的なアプローチに新しい可能性を開いた(62)。

ウィリアム・ダラムは一九九一年に、共進化の概念について総説を著した。それは「遺伝学的な力学と文化の力学の関係」に着目しながら、文化変容の進化論を意図したものであった。それを語りのレベルにまで広げてはいないが、近親相姦の禁忌や相続制度の文化的進化のような事例を通して、共同体レベルの力学を探究したのである(63)。

ジャレド・ダイアモンドは『銃・病原菌・鉄』のなかで、技術についての情報を多量に含む世界史のアプローチへと、広く一般読者の関心を引きつけた[64]。ダイアモンドは、パプアニューギニアへ何度も実地調査に赴いた生理学者であり、長期的な世界史の解釈を展開するために、生物学と民族誌での経験を組み合わせた。ダイアモンドはまず、人間による家畜化や栽培に適した動植物を作り出す生態系の条件に着目し、次に、家畜化と栽培をおこなった人間集団の運命に注目した。彼の論旨は、ユーラシアで東西に大きく広がる温帯域が、多様な動植物を発達させ、それらがひとたび家畜化され栽培されると、その地域の社会に対して再生産し拡大する力を与え、他の社会に対して実質的に優位になるということである。その議論のなかでは、小麦、牛、馬が中心を占めている。たとえば、密接な接触のあった初期の人口増加こそが、種々の病気を発現させたのであるが、その結果として免疫力が発達したことにより、これらの共同体は、他のもっとまばらに住んでいる共同体と出会ったときに、有利に拡大することになるだろう。また、とても巧みに書かれたある章では、ウイルスやバクテリアが、宿主に取り付くけれどもそれを完全に殺さないように変異する多様なパターンを叙述する。

ダイアモンドの議論は、他の研究者によって異議を唱えられてきたが、世界史における一つの大きな問題を洗練されたかたちで簡略化したものであり、歴史の長期的な流れを効果的に描写している。しかしながら、最近の数世紀について、比較的短期間における帝国主義と人種主義の変化を、同じ理由で説明しようとしたところでは、きわめて不十分な結論にしか至っていない。

グレイム・スヌークスは、『ダイナミックな社会』のなかで、地球規模の歴史を、その概念に匹敵する広さで解釈してみせた。のちに彼が「地球規模の戦略移行モデル」として特徴づけることになる議論のなかで、スヌークスは、可能性の限界に至るまでの科学技術の発展に、五つの大きな局面を設けて考察した。彼がたどったのは、それぞれの局面において、世界のある戦略的地域で起こった科学技術面での躍進であり、この新しい科学技術が広く普及した後で、同様な循環が反復されることである[65]。

おそらく、こうした広範囲にわたる著作で探究されているトピックのすべてを、世界史研究者の誰しもが熟知するよう求められるわけではないだろう。しかし、拡大する世界史研究者の共同体のなかでは、居心地のよい専門性を展開して、他のトピックに無頓着なまま研究を続けることはもはや許されないだろう。諸問題、諸地域、さらに諸々の時間枠の間の結びつきは、いまや十分に論じられるようになっているので、歴史研究者が他の専門領域との結びつきを学ぶならば、自身の専門でよりよい仕事ができるだろうことは明らかなのである。

世界史、合衆国史、ヨーロッパ史

私は、ここまで、合衆国とヨーロッパの歴史を詳しく論じることを後回しにしてきた。それは、学問の専門領域が出会う場としての世界史、という見方を展開するためであった。歴史研究全体にとって、最も多くの文献（とくに英語の文献）を有する分野は、合衆国史とヨーロッパ史である。この分野は強力な伝統と巨大な勢力をもっており、世界史との遭遇を経たとしても、根本的に再編されるようなことはないだろう。しかし、同時にまた、合衆国史とヨーロッパ史の分野自体においても、歴史上の結びつきや国民横断的な相互作用について新たに強調されるようになり、また、再考が進んでいる。合衆国史、ヨーロッパ史、そして世界史の諸文献の間で対話が確立されることは、世界史研究者にとって、世界史という真に包括的な分野を作り出すために残されている、主要なステップの一つなのである。今までのところ、ヨーロッパと北アメリカについての解釈を、地球規模の文脈のなかに関連づけることは、ほとんどの研究においてうまくいっていない。ヨーロッパと北アメリカを世界史の流れに位置づけて、巧みに統合した一例としては、アルフレッド・クロスビーの『生態学的帝国主義』がある。(66)

ヨーロッパ史とアメリカ史を世界史と関連づける一つの方法は、前者を後者に投影することであり、一言でいえばヨーロッパ中心主義である。それは、「西洋」以外の歴史とは、故郷から離れた西洋人の物語であるか、もしくは、世界の他の地域に対する西洋の影響の歴史である、という考えである。教科書のなかではこのアプローチが相変わらずよく見受けられるとはいえ、歴史研究者の間では、このような類いの思考への反対が強まり、いまや、そのような偏狭性や、勝利を誇るような頑迷さは信用に値しないものとなった。結果として、世界史研究者は、ヨーロッパ史と北アメリカ史を自分たちの展望に統合することから距離を置き、また、ヨーロッパや北アメリカに関する研究を積んだ歴史研究者は、主として北大西洋の比較研究に限定して、ある種の地球規模の研究をおこなう傾向がある。(67)

ヨーロッパ・アメリカ中心の支配的な展望に対して、世界史研究者と第三世界の歴史研究者が抱く疎外感と反抗の段階を克服し、歴史研究の双方の分野の間に、対話を築く余地があるはずである。世界史研究者にとって、そのような対話から得られるものは多いはずだ。合衆国史やヨーロッパ史の文献には、過去について、きわめて詳細で洗練され、十分に考察の行き届いた分析が含まれており、その分野の研究、記述、そして教育の技術は、世界史の分析においても、試して利用する価値がある。さらに、合衆国史とヨーロッパ史のなかでも国民ごとに分かれた文献には、国民内の社会的、文化的、政治的な結びつきについて、膨大な数の優れた作品が含まれている。同様に、合衆国史と近代ヨーロッパ史の研究にとっても、世界史研究者との対話から得るものは多いだろう。なぜなら、一つには、ヨーロッパ史と合衆国史の研究は、二世紀からせいぜい五世紀程度のかなり短い時間枠に限定されているからである。世界史研究者も、今に近い世紀に偏って関心を示しがちであるが、それでも地球規模の枠組みのなかで、長期的な歴史変化への然るべき関心が存在している。この長期的な枠組みが与えられるならば、歴史研究者は、北大西洋地域における歴史の解釈に対して意義深い変化を与えるような力学を、明らかにできるかもしれない。

二〇世紀の大部分を通して、世界史研究におけるヨーロッパと北アメリカの位置は、次の二つの間で交互に入れ替わってきた。すなわち、一方の極では、ヨーロッパとその後の北アメリカが、世界史において中心的影響力をもつものと見られている。また他方の極では、ヨーロッパととくに北アメリカが、世界史の視野の外に置かれた。「西洋とその他」という言い回しは、この分離を皮肉に思い起こさせる。

これらの歴史研究分野の関係の基底には、多くの相反する問題が存在している。たとえば、世界史研究は、ヨーロッパと北アメリカの歴史を含むのだろうか。西洋の種々の歴史学と歴史叙述は、世界史研究を支配するものだろうか。世界史は、ヨーロッパおよび北アメリカの歴史と対立するものだろうか。それぞれの分野は、互いに補い合うものなのか。合衆国史やヨーロッパ史に基礎を置く歴史の作品は、世界史の理解に実質的な貢献をするのか。どのような作品を著せば、世界史のなかのヨーロッパや合衆国の位置を示せるのか。これらの問いかけの重要性を認識しつつも、私は本書において、あえて正面からそれらに取り組むことをしない。なぜなら、ヨーロッパや北アメリカの過去に対して、地域横断的かつテーマ的にアプローチをしている最近の著作について、より平易に、また直接的に、簡潔に論じることに焦点を定めたいからである。

ヨーロッパと北アメリカ史の歴史研究者は、少なくとも世界史研究者や地域研究の歴史研究者と同じくらい真剣に、自らの分野について再考を試みてきた。『歴史の真実を語る』のなかで、三人の優れた歴史学者が、合衆国とヨーロッパの歴史叙述の発展を振り返っている。[68] また、ゲイリー・B・ナッシュや、歴史に関する合衆国の全国スタンダードについて論じてきた人々が、その議論の考察と分析を著している。ロス・ダンが編集した「教師用手引書」は、世界史研究の主要なアプローチに解説を施した。[69] 二一世紀への転換期に、アメリカ歴史家協会は、コスモポリタンで結びつきを重視する歴史へのアプローチを推奨する報告書を出した。アメリカ歴史学会も、大学院教育について三年間かけて調査に取り組んだ。[70] だが、これまでの研究は、ヨーロッパと北アメリカについての解釈を、地球規模の文脈のなかにつなぎ合わせることに、あまり成功していない。

最近の研究のなかでは、ヨーロッパと北アメリカを直接に世界史のなかに位置づけて扱い、しかもかなりの成功を収めたものがある。ヨーロッパと中東の歴史を学んだピーター・グランは、『ヨーロッパ中心主義を超えて』において、世界史を扱う手段としてヨーロッパの力学を使った。グランは、社会史を世界的なスケールに適用しようとアプローチを構想し、構造主義の前提に基づいて、独創的な議論を展開した。それによれば、一九世紀と二〇世紀において、政治的優越と文化的覇権を維持しようとするエリート層は、自身にとっての全体的な問題を扱うのに、限られたモデルしかもたなかった。すなわち、地域、民族、階級、あるいはジェンダーによって、潜在的対抗者を分割することである。彼の議論によれば、論理的には他も可能なはずだが、しかし実際に使うことができたのはこれらだけだったのである。つまり、グランの語りは、いずれかのモデルを使って統治された国々の、様々な国民的経験についての語りであると同時に、諸モデルそのものの歴史的進化についての語りでもある。それは地球規模の議論なのである。(71)

ヨーロッパ研究者によるその他の幅広い解釈のなかには、ヨーロッパ政治における過去一千年をチャールズ・ティリーが分析研究したものがあり、都市、国家、戦争、そして資本の関連を強調する。(72)フェリペ・フェルナンデス＝アルメストは、これと同じ時代について、語りのアプローチを試みつつ、文明の覇権の移り変わりに焦点をあてた。(73)ジャック・ゴールドストーンによる革命と反乱に関するテーマ分析は、イングランドとフランスの革命と、オスマン帝国と中国での出来事を比較検討した。(74)

長い間、世界史における二〇世紀の研究は、結びつきや地球規模のパターンよりも、対立や権力の中心部に力点を置いていて、列強間関係の語りが優勢になりがちだった。国際関係史の分野は、外交史や国際関係論と密接につながっていたが、それでも、より解釈的で、より陰影に富んだアプローチが発展しはじめた。(75)

大西洋世界の分析は、アフリカ、ラテンアメリカ、そしてカリブ諸国に対する地域研究アプローチとつながりをもち、北大西洋の領域とより密接に関連づけるための仕事が続けられている。マイケル・ゴメスによる、アフリカ文化と、アフリカ系アメリカ人のなかでのその変容についての研究は、一八世紀と一九世紀を中心に置いた。一方、リチャード・パウエルによるアフリカ人ディアスポラの芸術や文化の研究は、二〇世紀が中心である。(76)また、北アメリカ大陸について、地域的、社会的相互連関の研究が、とくに植民地期に関して現れてきた。(77)

中世ヨーロッパ史の研究は、方法論においても解釈においても、長く専門的歴史学の強みが発揮されてきた分野であり、世界史研究に結びつく徴候が現れている。十字軍の歴史の研究者であるアルフレッド・J・アンドレアは、現代ヨーロッパの研究者であるジェームズ・オーヴァーフィールドと組んで、世界史研究においてすぐに最も広く用いられるようになった資料集の編纂を始めた。これは、一次資料の紹介としても分析としても、優れたものである。また、R・J・バレンツェとスティーヴン・モリロは、中世研究者がもつ技能を解釈上の議論に用いて、博学な知識に溢れた長大な議論を一九九九年にH-WORLDで繰り広げた。これはのちに、地球規模の封建制をめぐる論争として知られるようになる。そのなかでバレンツェは、一〇世紀から一一世紀にかけて、同時代的な変容が、東半球の多くの場所で生じたと主張した。彼によれば、農民層の従属、騎兵の発達、さらにはアレクサンダー大王崇拝さえも、封建制の広範な発展を意味していた。モリロはその主張に対して、そのような移行はあったけれども、もっとずっと緩慢な、そしてもっと非連続的な様相であったと反駁した。バレンツェの主張を支える論拠は、議論を十分に有意義なものにしたし、この論争自体も、中世ヨーロッパ史の研究者が育んできた技能と資料分析が、世界史の解釈においても意味をもつだろうことを示唆している。[78]

このような研究例から見ていくと、ヨーロッパ史、合衆国史、世界史を隔てる境界は、それほど堅固に守られているわけではなさそうである。

結論：世界史への期待とジレンマ

二一世紀を迎える転換期において、世界史という分野はいくつもの道を通って発展した。課程の学生数が増え、本や論文の執筆が盛んになり、研究教育の制度的基盤が拡大して強化され、歴史上の結びつきを追究する論理が、新しい研究分野へと広がった。

世界史の研究では、出版物の数が増えただけでなく、新しい問題を探索する方へも向かった。地域研究での個別研究は、個々の地域がもつ限界に達し、ヨーロッパとだけでなく、他の隣接する地域と結びつくようになった。テーマごとの研究は、数十年来続いてきた研究から大きく成長した。広い範囲を扱う概念的な研究は、かつてヨーロッパ研究を基盤にしていたが、いまや地域研究の文献に基づいて構想され、もっと広い世界に取り組むようになった。こうした進展は、歴史学者が長い間議論を重ねてきた諸問題についてのみ起こったわけではない。外的な道を通って、とくに、自然科学や文化研究の学者や歴史研究者が、歴史の議論のために新しい問いかけを展開した、その道筋にそっても起こってきたのである。

ヨーロッパ史と合衆国史の研究者は、同様の知的潮流に基づき、境界を越えた結びつきや、テーマ間の相互作用に対する関心を発展させた。また、主要な学術誌は、ヨーロッパ史研究者、アメリカ史研究者、地域研究の歴史家、そして世界史研究者の間に、歴史研究の方向を考えるうえで、最も展望あると思われる対話を開き、地球規模の諸問題に関する議論を促進したのである。

第6章　世界史を語る

現在の世代は、より包括的で新しい明瞭な世界史を作り出すという点では、ある意味で、大きな進歩を遂げている。過去二〇〇〇年かそれ以上にわたる、地球全体の人々の経験を関連づけるような概観が、たとえば教科書一冊のなかや、高校や大学で学ぶカリキュラムのなかにも見出されるようになったのは、確かに大きな変化である。そして、人類の生態系史と科学技術史を見渡すことを主題とする書物の出現も、新しいことである[1]。

同時に、世界史の土台にある要素と構造は、学問のある人々のために数百年にわたって存在してきたもののままである。見識の広い今日の世界史研究者は、精力的なジャーナリストで小説家のH・G・ウェルズが八〇年以上も前に書いた『世界史大系』を読んで、得るところがあるだろう。二五〇年前にヴォルテールが散文体で概念をまとめた『歴史哲学』は、今でも世界史研究と密接に結びついている[2]。

世界史のこれら二つの側面、すなわち、革新と連続性、新と旧、拡張と継続は、適切なバランスのうえに置かれる必要がある。この釣り合いをとるための道具は、ほぼ確実に、歴史の語りである。過去を語りという形式で提示することは、歴史学の分野だけに見られるものではないが、それにもかかわらず、歴史研究の最も特徴的な要素である。それゆえ問題は、世界史の語りを最もよく組み立てて伝える方法はどのようのものか、ということになる。

これまでの章では、革新よりも連続性を強調してきた。世界そのものが古いからというだけでなく、世界の解釈も同様に古いものだからである。しかし、ここで、地球大の歴史叙述への展望を締めくくるにあたっては、とても凝縮して書かねばならないことから、世界史解釈の革新と変容を強調していきたい。

革新を強調することによって、私は、世界史研究が、歴史研究の範囲内に加えられた単なる一つの下位分野ではないことを主張したい。そうではなく、世界史研究は、結びつきに焦点をあてることから、歴史研究にまるごと一つの次元を加えるのである。世界史の文脈で進められるだろう研究の幅は、これまでに実施されてきた全研究と同じくらい広い。この分野のための資源が少ないことから、実施する研究を注意深く選ぶことと、世界史の分析を相互に結びつける努力が、なおさら重要になる。

語りの性質

人々は何千年にわたって物語を語ってきたのであり、語りの技術が最近になって急に上達したということはないだろう。語り手は、聴衆の関心を保つために、説得力があって楽しめる話を提示して、興味深い問題とメッセージを提供しなければならない。単純な年表や事実の羅列ではだめである。物語は美しい言葉とイメージによって伝えられねばならない。それは聴衆を過去と結びつけ、物語のトピックや登場人物と結びつけねばならない。それは、秩序立っているが完全には予測できない重要な話でなければならないし、聴衆が理解できなければならない。苦痛や災害について語るかもしれないが、どこかに希望のメッセージを含まねばならない。語り手は、個人と社会諸力の相互作用も、人間の統制できない不思議なことも紹介せねばならない。様々な伏線は、それぞれに興味深くなければならないけれども、本筋となる語りが意味をなすように一つに収束せねばならない。要約すれば、語り手は、物語を作り直して聴衆を操りながらも、その同じ聴衆に対して、記憶に残る印象を与えて、貴重な経験をし損なったように感じさせる、という難題に直面しているのである。

私は、『移住』ＣＤ‐ＲＯＭを作る仕事をしながら、この古い教訓をあらためて思い起こすことになった。(3) 以前から多くの語りを読んで書いてきたのだが、自分が著してきたものがあまりにも技巧を弄し複雑だったために、最も単純で直接的な歴史の語りに書き直さねばならず、衝撃を受けたのである。このＣＤは「語り」と題された一三の部分からなり、それぞれの部分は、時間にそった一つのテーマにまとめられている。しかし、どの語りも単純な年表ではない。著者として、そして忠告と修正提案をくれた人々の助けを得て、私は読者のために道筋を作り出したが、これらの道筋は、種々の問題、視点、時間枠、そして分析モデルの間を繰り返し移動した。世界史のなかで家族を語る場合、なじみのない用語と状況の定義や、さらに移住、結婚、そして奴隷にされた時の描写を含まざるをえない。語りがこのように移動することがはっきりと示される時もあるが、言葉による説明がないまま内容に含まれている時もある。地域での生活と地球規模のパターンとの間の結びつきを読者に思い起こさせようとして書くときに、明確に表現する方がいいと思うこともあれば、謎に包まれた感覚を伝える方がいいと思うこともある。

世界史研究者は、国民を超えた結びつきについて自分たちが強調していることを説こうとするため、現在の歴史研究および歴史記述で支配的である国民枠での研究と、自身の仕事とを対比させることがよくある。だが、国民史と、地球規模の歴史の専門的な語りだけが、唯一の選択肢なのではない。歴史は、専門の分野となるずっと前から研究分野として存在しており、歴史学が専門化したからといって、歴史の他のかたちが消されたわけでもない。家族史は、年長の、もしくは自ら任じた記録者によって語られ、王朝の歴史は年代記筆者によって語られ、そして、ある地方や組織の歴史は後援者や批判者によって語られてきたのである。そのような地方的集団の歴史を組み立てて理解するのは容易である。資料はそれほど多くないし、展望を選ぶのは簡単なのだから（それでも議論の余地はあるが）。国民の歴史を書くことは、最近の一世紀か二世紀の間の壮大なプロジェクトであったが、そう簡単ではなかった。とても多くの抽象化が必要であり、莫大な量の資料を必要とするからである。それにもかかわらず、国民史は、単一の視点を強いられることによって、そして、国民の運命の道筋をたどる一つの大きな物語を作ることによって、危険といえるほどに単純なものになってしまった。世界の歴史を書くことは、それとは違うものだが、それほど難しくはない。境界はそのように人工的なものではない。資料はもっと複雑だが、資料を集めて分析する私たちの技術は向上している。最も難しい問題は、絶えず展望を替えていくという問題である。

それでは、世界史研究者はどうやって自分の物語を語ることができるのか。世界史の物語は他の物語と同じように語られるのか、それとも何か別の質をもつものなのか。以下では、語りに使いうる技術が千年以上もほとんど変わっていないことを前提として、ある特別な種類の語り、すなわち世界史の語りが、時とともにどのように変化してきたのかを考察しよう。(4)

世界についての語り

世界の歴史を把握しようとしてきたのは誰なのだろうか。その人たちは、なぜ、世界の多様な面が、互いに独立しているのではなく結びついていると想定したのか。彼らは、世界のなかでの自分の場所を理解したいと思う人々であり、また、世界を変えたいと思う人々である。後者のカテゴリーには、あらゆる人の身体と忠誠心を統制したいと強く望む征服者も含まれるし、すべての人の魂を慰め救おうと願う宗教的幻視者も含まれる。前者のカテゴリーには、物理的に天と地を理解しようとした科学者もいれば、人生のあらゆる面に意味を求める哲学者も、また、複雑な世界のなかで平和な場所を見つけようとする普通の人々もいる。そして最後に、歴史家は、この二つのカテゴリーの人々のうちわずかばかりの聴衆に対して、世界の過去の物語を話そうとしてきたのである。

おそらく、たいていの人は、人生のなかで、世界の歴史について不思議に思うことがあっただろうが、かなりの数の人間が、世界史を系統だてて理解しようとしたのは、最近のことである。今日、識字が広がり民主政への要望が広がった時代には、世界を理解したいという衝動と、それに対応して自分や世界を変えようとする衝動は、より広い基盤をもつようになった。政治指導者ですら、ためらいながらだとしても、世界の出来事を学ぶよう選挙区の若者に勧めている。

長期にわたって世界史研究者が扱ってきた問題に含まれるのは、世界の起源と範囲、ならびに世界の変化の力学、つまり、社会の推移や、自然の推移、そして超自然的な力の介入の変化の力学である。時が経つにつれて、世界についての知識は変化し、広がってきた。そして、世界を理解するための概念は、作り直され、拡大してきた。

最初に世界の話を語ろうとした人々は、世界がどれほど遡れるのか知らなかったし、世界がどれほど広いのかについても確かめる術をもっていなかった。起源の神話は世界の概念を形成したが、起源の神話を語る者は、大地と社会の実際の起源に思いをめぐらさざるをえなかった。神話は、過去を描くために入手できるいくつかの証拠に基づいていたが、普通は、歴史的起源よりも、むしろ、同時代の社会の価値観について、より多くの内容を含んでいた。

記述資料が現れると、多少、そのバランスが修正された。ヘロドトスと司馬遷は、記述資料と口述証言を混ぜて用い、自身の時代より数世紀前まで遡ったが、それより前に何があるのかはまったくわからなかったし、同様に、自分がいる土地から離れた場所については、簡単な知識しかなかった。世界が数千年前に作られたと主張する者と、世界はほとんど永遠に存在してきたと論じる者のどちらがいいのか、選びようがなかった。初期キリスト教司教エウセビオスは、時間枠だけでなく深さも強調して世界の歴史を著し、年代記を通して多くの異なる地域を関連づけようと試みた。また、旧約聖書にある年代を利用して、世界が作られた時期を推算した。(5) これらの作品や他の初期の著作のなかで、世界に関する著者の理解は全体として限られており欠陥もあるが、それらは、直に接している状況の歴史に対する文脈の感覚を伝えてくれる。

これらのことが初期に達成されて以降、世界史を理解するための基盤は大きく育った。一年が過ぎるたびに、人間が知っている時間的展望は広がった。広がる時間的展望のなかで、「他者」、すなわち自分の共同体の外側にある人々についての概念は、世界史の中心的問題であり続けた。地理的距離と社会的差異のせいで、著者は遠方の「他者」を鬼や悪魔として扱い、尻尾がついていて奇妙な習慣があると考えたり、政治的に敵対する近隣の「他者」に悪意を見出したりした。だが、すべての地方の歴史は、アイルランドの聖パトリックやスワヒリの間のオマーン人植民者のように、遠くからやって来てその地で影響を及ぼした人々の事例を含んでおり、世界史には当初から相互作用の概念がはめ込まれていた。このように「他者」の概念は初期からすぐに複雑なものになり、見知らぬ人々との出会いと、よく知っているが遠くにいる人々との交渉との両方を、同時に含むようになった。

定式化された宗教的伝統の発展は、疑いなく世界史の解釈に影響を与えたはずである。全人類の運命を考察する精神的指導者は、自分たちの生を支配している神と宇宙に照らして、世界史および人間たちの相互作用について問い、答えを示唆したであろう。このように地球規模で考えることは、仏教、キリスト教、そしてイスラームの理論には明確に表れているし、たいていの宗教的伝統にも明らかに認められる。紀元後千年紀の末までに、これらの宗教的伝統は、神と人間との関係という文脈によって、世界の見方を発展させてきた。おそらく、初期に世界史を書きはじめた者たちは、この伝統の影響下にあって、人間の行動パターンをまとめようと努めただけでなく、自然史のパターンを（自身の生をそれらと調和させるために）理解しようと努め、さらに、人間が、神の意志と、すなわち、人間の知識や理解を超えた力と自分たちの関係を調整できるよう努めたことだろう。

西暦一二〇〇年を過ぎてまもなく、人類が出会う二つの大きな波が起こり、それが五世紀にわたって続いた。ユーラシア大陸のほぼ全域にわたるモンゴル人の征服と、世界のほとんどの海岸に向かうヨーロッパ人の航海である。一三世紀のモンゴル人による征服は、アフリカとユーラシアのほとんどの人の間に、軍事的、政治的、そして経済的な直接の関係を強いることになった。乱暴に、そして効果的に、モンゴル人は巨大な政治共同体を作り出した。この共同体は二世紀のうちに崩壊し、後継国家に分かれていったが、遠く離れた地域が出会ったことの政治的効果は、歴史の記憶のなかに残り続けた。

社会的にはそれほど重要ではないが、概念上で重要なのが、マゼランによる地球一周航海の報である。それは世界が球形であることを証明し、その表面にある諸大陸の位置を示し、すべての人にとって新しい情報を与えた。世界が球形だと確認したのはヨーロッパ人だけではない。以後、読み書きができて学識のある、あらゆる背景をもつ人々が、この惑星の地理的な広がりと範囲を正確に述べることができるようになったのである。(6)

世界の出来事を統制し理解しようとする、この二つの大いなる努力は、世界史のなかでの支配という概念を映し出している。しかしながら、いずれの場合も、新たな出会いや新たな知識によって、行動戦略としても歴史解釈の概念としても、人間による支配の限界が示されることになった。モンゴル人は、軍事的に見れば、自身の前にあるすべてのものを一掃し、きわめて効率的に巨大な領域を統治した。だが、モンゴル帝国による征服の一世紀後に、モンゴルの平和の下で広がった社会的な相互交流によって腺ペストが爆発的に流行したため、政治支配は混乱し、政治が病気を統制できないことを証明した。同様に、地球周航によって、人間は、地球上の範囲をはっきりと認識し、世界の出来事を支配する可能性を得たが、その後すぐに、地球が巨大な太陽系内の小さな惑星の一つでしかないことが確認された。それは、支配の野望をもつ者にとって、屈辱的な認識であった。

支配と探検の努力は、新しく発見された現実によって制限を受けたとはいえ、チンギス・ハンの後五〇〇年ほどにわたって、人々が出会うという富をもたらした。人々は、旅に出たり、自分の住む地に外部からもたらされた影響を観察したりすることで、世界を学んだ。古くからの接触の道、すなわち、ユーラシア大陸、地中海、インド洋、南シナ海、またアフリカ大陸などを横切る道と、南北アメリカでいくつかの地点を結ぶ道は、主要な道であり続けた。だが、新しくできた海の道は、異なる方法で人々を接触させるようになった。たとえば、ヨーロッパの船に乗るアフリカの水夫は、ヨーロッパと南北アメリカへ旅しただけでなく、インド洋を横断して日本にまで渡り、アカプルコとマニラの間の太平洋を横断した。彼らが何を見て何を考えたかを私たちが知ることはまったくできないだろうが、その航海がもたらした帰結は、読書するだけでも、感じることができるだろう。

世界を知るという体験は、必ずしも愉快なものではなかった。この新しい結びつきは、最初、発展よりも災害を、啓蒙よりも抑圧を多くもたらした。とくに南北アメリカの人々が被った、病気の広がりによる人命の損失は、この話を最も語りやすい方法である。新たに出会った集団が、ときに最初の出会いで、またときに一世代の間やり取りした後に、戦ったり敵対したりすると、多くの人命が失われ、さらに新たな偏見を作り出すことになった。だが、人々はまた、境界を越えて個人的な結びつきや家族関係を作ることもある。穀物、思想、そして人の移動によって、最終的には、世界の地域間でより信頼できる相互作用が作り出され、最初の衝撃を乗り越えた後で、地球規模のシステムが広がりはじめることになる。

歴史家が地球を一つの社会単位として考えるようになるずっと以前から、地理学者は地球を一つの物質的単位として理解する方法を学びとっていた。それまでやり取りがなかった者たちが出会うという概念は、スペイン領アメリカの奴隷制についてのセプルベダとラス・カサスによる議論や、同時代のアフリカ沿岸での闘争で注目された。だが長期的に見てもっと重要なのは、すでに接触のあった者たちの間で、関係が交渉し直されたことである。一五世紀、中国の提督である鄭和のインド洋遠征で航海記を書いた馬歡は、新たな接触の開始よりも、人間集団の間に存在していた関係の再編成を多く伝えている。領主と農民、漢人とヴェトナム人、ムガール国内のヒンドゥーとムスリム、ソンガイの統治者とモロッコ、これらすべてやさらにその他の関係が、いずれも、拡大する地球規模の接触という文脈のなかで、再調整されたのである。(7)

一三世紀から一七世紀まで続いたこの時代には、社会関係だけでなく、自然界や超自然的なものに対する人間の理解においても、出会いと再交渉が起こった。人間は新しい地理空間と気候のなかを探検し、それに慣れていった。その間、動物と植物は、これまで決してなかったほどに場所を移動し、それぞれが生き残りをかけて闘い、成功したものもあれば失敗したものもあった。そして、変化していることが示された世界のなかで、また、変えることができると示された世界のなかで、この変化が超自然的なものの介入の結果なのかどうか、もしくは、世界が自身の法則で動くことを神が認めているのかどうか、人は問わざるをえなかった。人々は明らかにこれらのタイプの出会いに注目したものの、この時代の歴史記述はそれを個々別々に扱うことが多く、神の摂理や超自然的な意志が世界の出来事と成り行きを導いているという意味でのみ、それらを関連づけることができた。

世界の地理的な範囲についての問題が解決されると、社会をどう見るかが、世界史において最も難しい問題となった。著述家は、自身の展望から出発すると、他者の展望を認めにくくなることを理解した。このために、そして、資料が限られたために、世界のうち、ある断片に限って歴史を書くようになった。ほとんどの著述家は、自身の地域、言葉、宗教、そして社会的地位の内側に閉じこめられていた。ヴォルテールの記述は、魅力的な『カンディード』においてもよく表されているように、一八世紀の著述家が歴史への多様な展望を認めてそれを記す力を増やしてきたことを示している。だが展望をめぐる問題は、取り組まれるようになったといえ、解決されないままだった。(8)

一方で、一八世紀から一九世紀にかけて、世界の歴史を見る者は、時間にそった重要な変化をたどることができると考えるようになり、その歴史的変化を進歩と名づけた。これは、第一に自らの知識の進歩を指すが、社会秩序の進歩と、自然界の変容も指していた。生物学と地質学で進化が証明されていったことからは、何よりも人間社会の進歩という概念が発展することになった。

世界史における時間的枠組みの問題は、細部はさておき全体としては、一九世紀の間に解決した。哲学者と科学者の野心は、一八世紀と一九世紀にますます大きくなり、それにつれて、自然界と社会の問題を、より広く一般化し、同時に、より徹底的に細分化して分類する方に向かった。リンネによる動植物の種の分類は、分類学の規範を作り出した。一九世紀半ばには、動植物と地質学の分類によって、地球、その地質学的形態、植物、そして動物が、何百万年も前から存在することと、人類はおそらく百万年かそれより前から存在することが示された。だが、時間の幅という問題が解決された一方で、それをどう区分するかという問題は残された。コンドルセは、それまでのキリスト教の伝統を見直して、それぞれが独自の性格をもつ個別の時代区分を提案した。仏教哲学はもっと前に宇宙レベルでの循環を提起し、イブン・ハルドゥーンは王朝の循環を提起していた。だが、歴史家が、循環、変容、潮流、そしてエピソードを一度にまとめて扱い、それらを筋の通った語りに変える方法を学ぶには、もう少し時間がかかったようである。[9] 世界史における社会力学の問題は、より単純になったのではなく、より複雑になっていったように見える。ボシュエは、神の計画が次第に実現されていくことだと提起し、ヘーゲルは人間の精神を表現するための闘争だと考えた。カール・マルクスとフリードリヒ・エンゲルスは、本をむさぼり読んでいた若い哲学者だった頃に、あらゆる世界の要素が相互作用を通して変化しているという原則を、同時代の誰よりもはっきりと示した。この変化は、異なる比率で、そして様々な対立と相互作用によって引き起こされる。[10] しかしながら、世界史の力学は謎に包まれたままだった。

一九世紀に世界史を分析した人々は、第一に、自身の時代の社会問題を扱おうとした。その問題に含まれたのは、経済が変容するなかでの新たな社会階級の発達や、奴隷制の拡大と制限、戦争技術の変化と戦争規模の拡大、拡大する帝国のなかで重なり合う社会を調整するために発展した複雑な法制度、そして、商業と社会関係における規制と自由の問題などである。これらの問題を分析する際に、広い歴史解釈によって研究しようとする者は、啓蒙の社会哲学を頼みにしたが、それだけでなく、自然科学を、とりわけ、現れつつあった分類法の図式を参照した。一八世紀と一九世紀の分類法の著作からは、あらゆる目的に使える概念として、もしくは、世界史の分析単位として、〈文明〉の概念が受け入れられるようになった。また、〈国民〉は、均質だと推定される共同体として、一つの国家へと組織されるものとして、そして、さらなる人類の発展の基礎となるだろうものとして、より強く肯定された。〈階級〉、すなわち社会的および経済的な階層制を表す言葉は、エリートが階層制を必要だと肯定する際にも、富の特権をなくそうとする勤労大衆のスローガンとしても使われた。〈人種〉と〈宗教〉は、継承されるものと考える者もいたし、選び取れるものと考える者もいたが、人間の共同体のなかに大きな境界線を刻むものとして提示された。これらの用語はすべて、一九世紀の社会科学の遺産であり、二〇世紀の歴史家が、自身の世界史解釈のなかに採用するために、もしくは切り捨てるために伝えられてきたのである。〈ようやく二〇世紀末になって、社会科学者はこのリストに〈ジェンダー〉概念を付け加えた。）

一方で、一八世紀から一九世紀にかけて文化研究が発展したことにより、後の世界史分析の土台が据えられた。のちにオリエンタリズムとして知られるようになった研究で、ヨーロッパの研究者は、アジア社会の言語や記録を、とくにサンスクリット語、アラビア語、ペルシア語、中国語を研究した。ある意味で彼らは、もっと前の時代の文化的簒奪を再上演していた。以前は、アラビア語からラテン語へ、ギリシア語からアラビア語へ、サンスクリット語から中国語へ、そして、中国語から日本語へと、学者が著作を翻訳したのである。だが、一八世紀と一九世紀の文学、科学、そして宗教の研究に続いたのは、新しい型の分析でもあった。つまり、インド・ヨーロッパ諸語研究の発展や、考古学の学問的研究の開始であり、そして、世界中の民族集団と文化集団が植民地支配下に組み込まれるなかで、その集団を研究するための人類学という分野が成立したのである。これらの研究は、最終的に、エリート文化の研究や、とくに文学、絵画、そして音楽の研究と関連づけられることになり、また、民俗研究にも関連づけられて、それはさらに民衆文化の分野へと発展した。

二〇世紀初頭になると、著述家たちは、ついに、総合的な世界史記述を提示する準備を整えた。彼らはおもに、社会的展望と、文明の拡大と変容という語りを中心に置いた。H・G・ウェルズは、世界全体の地理と時間枠組みを包含する世界史の語りを提示した。オスヴァルト・シュペングラーの語りは、時間と空間についてはもっと限定されていたが、文明の興亡の原動力についての主張で満ちていた。これらの総合には一九世紀の遺産がはっきりと見て取れる。つまり、支配と伝播の概念に強く依拠しているのである。ダーウィンの著作と生物学の進展は、深い影響を与えていた。というのも、シュペングラーは、ダーウィニズムを批判したにもかかわらず、世界史における文明の原動力を解釈するために、有機体の喩えを採用したのである。シュペングラーは、第一次世界大戦に現れた危機が、成長、成熟、そして衰退という長期の過程における当然の曲がり角だと主張した。

一九二〇年代に、世界史を総合したこれらの著作が人気を博したことによって、世界史を形成する原動力が明らかになってきた。それは、以前から始まっていて、時とともに目立つようになってきたものである。第一に、世界史を知ろうという人が広い範囲で一挙に現れた。この時代には、戦争、社会革命、政治的崩壊、あるいは経済の変化のために、読書をする人々の間で世界情勢を学ぶ必要が感じられるようになったのである。第二に、何人かの著者は、関心の増大を予期していて、ちょうどタイミングよく著作を提供することができた。その分析は現在の関心を扱ったが、遠くまで時間を遡り、広い空間にわたる文脈を示して、その関心を探究したのである。第三に、これらの研究の源泉となったのは、前の時代に集められた歴史の情報であり、それは、哲学、自然科学、そして文化研究など、前の時代の分析枠組みにあてはめて整理されたものだった。結果として、どの研究の波も、以前は疑われなかったり、見過ごされたりしてきた世界史の力学を、資料とともに提示することになった。第四に、研究者の間でも公衆の間でも、ここで論じられた前近代や近代についての再解釈によって、研究と調査がさらに進むことになった。

世界史の発展と普及の原動力のなかで、注目すべき側面は、現代の問題と、遠く離れた過去の証拠が、繰り返し関連づけられたことである。新しい証拠は、世界史のパターンを明らかにするとともに、混乱も引き起こした。二〇世紀初頭、それまで推測もされていなかった都市が、ハラッパーとモヘンジョダロで発掘された。これらの古代社会の遺跡は、インドの多くの人にとって、誇りの源となった。インドにも、黄河、ナイル、メソポタミアと並んで、古代の河川文明が発展したのである。また、これらの初期社会でカースト制が現れていたことも明らかになった。それは、インド・ヨーロッパ諸語を話すアーリア人が到達する前のことだった。そのため、社会秩序の最上位にいるブラフマンは、自分たちのカーストの設立者がアーリア人でなかったことを知って落胆したのである(11)。同一の証拠が、ブラフマンのエリートの地位を揺るがした一方で、インド国民の連帯感覚を育てるのを助けたようである。

二〇世紀を通じて、この世界史解釈の原動力によって、次々と変化がもたらされた。相互作用と相対性の概念は、とくにアルバート・アインシュタインの魅力的な理論などの、科学の新しい成果から生まれてきた。このような思考によって、伝播と支配という原則の再考が求められるようになり、世界史が偶然性をより強調するよう促されることになった。フェルナン・ブローデルが名声を得たのは、かなりの部分、二〇世紀半ばに、世界史を語る技術を発展させたことによる。つまり、多様なテーマ、多様な力学、多様な時間枠組みの語りを集めてまとめたのである。[12] 断続的に起こる民主化の時期には社会闘争が繰り広げられ、それによって、冷戦、脱植民地化、そして人種差別批判で見られたように、競合する種々の展望を通して歴史が表現されるようになった。世紀も押し詰まってくると、生態学的変化が広範に浸透していることが明らかになり、世界史の語りに自然界が含まれるようになった。さらに、人類の進化が詳細に明かされ、アフリカでの人類の発展と他の地域への移住の波が証拠づけられるようになると、大陸間の位階が再編され、世界史の語りのなかで、以前は「先史」と呼ばれていた初期の時代の重要性が再確認された。世界のほとんどの地域で識字が普及し、加えて、電子的なコミュニケーションの媒体が発展したために、過去について論じる公衆の幅が格段と広がった。

コロンブスの航海の四〇〇周年である一九九二年に、大西洋を取り巻く各地の公論は、世界史の議論および競合する語りについての魅力的な実例であふれた。コロンブスのアメリカ到達記念について、初期の準備段階では、発見を祝うことに焦点があてられ、航海の再現も予定された。合衆国では、アメリカ先住民とアフリカ系アメリカ人から抗議の声が上がり、大西洋を越えた接触の結果が、最初の数世紀に彼らの共同体にもたらした被害について発言した。コロンブスとヨーロッパ拡大の擁護者がそれに応えた。その結果、スミソニアン協会での展示の視点は、率直な祝賀から多義的な議論へと変更された。同様な戦いは、他の大西洋沿岸地域でも見られた。スペイン政府は四〇〇周年の祝賀にユネスコの同意を得ており、コロンブスが祝福されるのを期待していた。議論が決着するまでの記念行事のやま場は、大西洋の真ん中にあるカボヴェルデ共和国で開かれた会議だった。そこでは、アフリカとラテンアメリカの諸国民の代表が優位を占め、コロンブスの交換に対して批判的な評価を与えた。スペイン代表の参加者は、帝国の勝利を誇ることを一切控えた。[13]

このように拡大した公衆の議論の場に、もう一つ、世界史解釈の動力の重要な要素が付け加わった。二つのレベルにおける世界史の専門化である。教師は、学校や大学で公的に世界史を教える責任が新たに拡大したことに直面した。そして、世界史研究者は、一つの研究分野として発展することが認められるようになり、別分野だが関連する諸分野の歴史家と公的に交流を始めたのである。二〇世紀になってようやく、歴史家は、競合する語りの問題と取り組みはじめた。すなわち、世界史の議論で、主題とスタイルはどうあるべきなのか。アーノルド・J・トインビーの大作をめぐっては、その全体の分析が論じられるのではなく、むしろ局地レベルでの細かいあら探しをされて、多くの議論が無駄に費やされた(14)。事実が正確であることはもちろん重要だが、世界史の語りは事実の羅列以上のものを含んでいる。世界史研究者は、地理的な範囲と区分、時間的な範囲と区分、テーマ、展望、力学、そして解釈など、地球規模の視野での語りや解釈のなかにある数多くの問題を、徐々に見つけるようになっている。たとえば、世界史の力学を見定めるためには、差異と相互依存の発展をたどるための語りと同じくらい、同一性と支配に対する承認をたどるための語りが必要である。多くの物語がまだ語られずに残されているのである。

結論：私たちの理解を広げる

世界史は、自律性よりも結びつきを前提とする過去の研究から成り立っている。どの時代にも、社会を分析する者は、自身の時代の問題から出発し、自身の時代の知識を基盤にして、利用可能な分析手続きを使って、仕事をしてきた。世界史研究者に独特なアプローチとは、時間と空間の文脈を打ち立て、ならびに、問題ごとに構成要素を突き止めることによって、自身の時代の問題を扱ってきたことである。このような作業のなかで、世界史研究者は、自身の研究対象を相対化していく傾向があった。時間について見ると、世界史研究者は、それぞれの過程に適した時間の区切りを見つけ出し、そしてそれらの区切りのなかで、時間にそった力学を見つけ出す。空間について見ると、世界史研究者は、どの歴史的問題に関しても、最も広い地理的空間を見つけ出し、そこから地域間の相互作用のカテゴリーと力学を探索する。世界史研究者は、政治、戦争、商業、そして国家の興亡に焦点をあてながら、社会的側面を非常に詳細に扱ってきた。自然界については、過去二世紀の間にとても多くのことが学ばれており、近年では世界史研究の重要な焦点となった。現在、文化の研究は驚くべき展開を示しており、その新しい知識はすでに影響を及ぼしはじめ、地球規模のレベルで文化の問題を扱う研究のなかに現れはじめている。人間と神、知られていないこととの間の関係は、人類の力と知識が拡大するにつれて、狭まった。だが、超自然的な力と人間の精神性という古くからある問題は、新たなかたちで再び現れている。つまり、コントは自身の時代において（そしてトインビーはその一世紀後に）包括的で実用的な世界の解釈を何巻も著したが、晩年には精神性を強調する方に変化し、意志の力によって歴史の進路を改善しようと望んだ。宗教と精神性の問題が世界史から消えることがないのは確かだと言えるだろう。

今日著される世界史の語りには、土台となる形式や技法において、一世紀前に著された語りと多くの共通点がある。だが、語りには新たな次元が現れてきたし、世界史研究の課題が発展して明確になるにつれて、さらに現れ続けるだろう。関連する新しい技法を見つけ出すために、歴史家は、可能性を求めて、私たちの社会のあらゆる場所をのぞき込まねばならない。たとえば、いまや多くの言語圏で人気のあるテレビの連続ドラマは、多くの語りと多くの展望を許容し、それらがすべて、一話か少なくとも一つのプログラムに含まれるという修辞の形式である。あれこれの工夫を凝らせば、歴史家は、多くの話を内に含み込む一つの話をどのように語れるか、学べるだろう。それは全体として一つの話だが、単純化された話ではない。なぜなら、土台となる多種の話が透けて見えるようにしてあるからである。加えて、世界史研究者は、自身の理論と分析における展望を、一つもしくは複数の話を語りながら伝えられるようにならねばならない。世界史は、著者と読者が、移り変わる複数の展望の選び方と使い方を学んで初めて、分析および語りの形式として発展することができる。また、科学技術の変化が現在のように続くならば、将来は、世界史の語りが多くのメディアを使って提示されることも期待できるだろう。

最後に、世界史の語りは、読者が応答できるような基盤を備えていなければならない。まさにその語りによって、読者や聴衆の一人一人が、世界について独自に述べることができるようになる必要がある。過去にもあった通り、歴史上の事実によって必然的に解釈の結論が導かれるという主張に基づいて、再び世界史を教養として教える試みがなされることは間違いないだろう。しかし、世界史の論理は、知られている通りの事実に依拠するけれども、必ず複数の解釈を導き出すことになる。たとえば、一世紀前の著者は、世界史の基本概念として「文明」に注目することを選び、この概念に焦点をあてて、大きな物語を書こうとした。だが、世界史の視野が広がり、生態学的変化、移住、科学技術、家族、そして表現文化などについての語りが発展すると、それらを含む概念として、「文明」はあまりに小さすぎることが明らかになった。二一世紀が始まる頃になると、文明は絶対的基準の座を降りることになった。文明は依然として重要であるが、世界史における他のすべてのものと同様に、相対化されねばならなかったのである。

第二部　歴史研究における革命

現在の歴史学は、昔の歴史学とは違う。過去に対する研究は、とくに二〇世紀の末に、劇的な変容を経て、その結果、大幅に拡大して一新するための態勢が整ったように思われる。第二部の各章では、新しい、あるいは変容した学問諸分野、地域研究の登場、そしてグローバル・スタディーズの登場という、三つの大きな変化の軸に焦点をあてる。それらの成果は、歴史研究の境界領域を拡大し、用いられる道具類をより強固にし、そして歴史家たちが協力し合う責務を広げた。このように歴史学の定義は拡大し、それに応じて歴史のどの分野でも変化が見られるようになったが、そのなかで世界史研究が最も変化しており、その恩恵を得ているのである。手法が広がったことによって新たに可能となった世界史は、より広範なトピックに取り組み、人間の経験領域のなかでこれまで軽視されてきた結びつきを詳細に記述し、過去の広範なパターンの跡をたどり、そして、別のスケールにある世界の出来事や過程の間の関係を明らかにするという点で、以前の歴史研究とは異なっている。

学問的な手法における、多様で複合的なこれらの変化を特徴づけるために、私は〈方法の革命〉という用語を用いている。その際、この革命がもつ刃の両面を強調しなければならない。まず、それぞれの学問分野のなかで変化が増大していくことによって、大規模な再編成が生じ、学問的な道具立てを強力に前進させることになる。同時に、この過程に伴う議論、衝突、破壊や憎しみといった、〈革命〉という用語がもつ第二の、より否定的な意味を忘れないことも重要だと考えている。とくに世界史は、重要性を増している新しい分野として方法の革命のなかから登場した一方で、昔の学問的議論のなかでは、天空にみなぎるエーテルのなかで総合を求めた皮相な思索であり、地域研究の進歩を掘り崩すものであり、そして、西洋の歴史と歴史叙述に敵意をもっているという汚名を着せられてきた。同様に、世界史に携わる者たちの間でも衝突が生じてきた。それは、文明研究の支持者と批判者の間の衝突だったり、「地球規模の」歴史と「世界の」歴史がもつ意味をめぐるものであったり、近代史研究者と前近代の歴史の研究者の間での衝突でもあった。方法の革命は、容易なものでも楽しいだけのものでもなかったが、それは、世界史研究者が研究成果を挙げるための大きな可能性を与えてくれる。

三つの各章では、歴史研究の視野を発展させ、そして歴史研究のなかに入ってきた、多種多彩な新しい情報、技術、展望、理論をたどる。歴史家の道と、私が「科学的・文化的な」道と名づけたその他の専門家の道という、世界史に至る二つの方法論的な道にそって作業をする学者たちは、新しい諸展開に対していくぶん異なる反応を示していて、その結果、異なるタイプの新しい成果を世界史にもたらしている。たとえば、科学的・文化的な道は、歴史の長期的過程の解釈に重大な変化を生じさせることになったが、短期の文化的なパターンについても、重要かつ思いもよらないような変化を生じさせたのである。

方法における新たな展開のうち、歴史家にとって最も簡単だったのは、とくにコンピュータにますます頼ることで、新しいデータと新しい技術の成果を活用したり、あるいは他から流用することであった。新しい展望はいくぶんゆっくりとしたペースで利益をもたらした。科学的・文化的な道を進む歴史家にとって、展望の転換とは、細胞生物学から、動物学、文化人類学、そして民族音楽学に至るまで、様々な学問領域の諸見解の間で立ち位置を移すことをとくに意味した。歴史家の道にそって作業する者にとって、展望の転換とは、主としてある社会的見解から別のものへ立ち位置を移すことであった。たとえば、ジェンダーのカテゴリーや、地域あるいは階級的な展望からみた歴史などである。国民という展望と国民史は、世界史研究者の間でも重要であり続けているが、現在では、「国民」を多くの社会的な展望の一つでしかないとみること、そして国民を検討する際に、様々な学問分野のいずれかの展望から考察することは、世界史研究者にとってほぼ自然なことになっている。

一方、方法の革命がもたらした恩恵のうち、流用することを歴史家がまだためらっているのは、理論の領域である。以前の何世代もの歴史家は、諸理論の実質的内容を学んだり、応用したり、あるいは修正しなくとも、（アインシュタインの理論にならった「相対性」のように）個々の新しい理論的な枠組みの用語を使って巧みに話すようになった。

歴史家たちは、いつもそうであるように、常に実証的なデータを重視し、理論を軽視するだろう。しかし、急速に変容している学問諸分野のなかでは、際立って多くの理論の定式化が進んでいるため、歴史家が、歴史研究の一環として利用できる理論を選択し、それらを学んで実行していくことが、明らかに必要とされているのである。

第7章　学問の諸分野

今日の合衆国の大学では、歴史学科はときに人文学に、またときに社会科学に含められる。歴史家は、ヤヌスのように、語りと分析の双方に対して、同時に特権を与えようとしてきた。歴史学科が人文学から社会科学に次第に移っていったのは、いくぶんは歴史家の好みが変わった結果でもあるが、大学の構造がより全般的に転換した結果でもある。しかし、もし歴史という学問分野に本質があるのなら、それは人間の経験のなかでどれか一つの領域に限定されるものではない。つまり、人文学が意識に焦点をあてたり、社会科学が制度的基盤に焦点をあてたり、あるいは、自然科学が人間の存在にとっての物理的な環境や生物学的な環境に焦点をあてたりするのとは、違うところにある(1)。歴史研究の本質は、主題の細部を超えたところにあり、時間の経過に伴う変化の問題を設定して分析するためのアプローチを中心に置くのである。

しかし歴史家だけが時間に対して関心をもっているのでは決してない。二〇世紀末にはさらにその傾向が強まった。人類学から、文学、動物学に至る分野で分析する者たちは、彼らの成果が、時間の経過に伴う変化の文脈で表現されると、より意味をなすことを理解するようになった。彼らは自らのアイデンティティを手放さないまま、歴史の場に群れをなして入り込みはじめた。その結果、時間の経過に伴う変化へのアプローチが重なり合うことになり、歴史研究のなかで混乱と断片化が進んでいるようにみえる一方で、過去における変化と結びつきを関連づけるための大きな好機が生じたのである。

歴史研究における一九六〇年頃からの革命

ピーター・ノヴィクは、『かの高貴な夢』と題した一九八八年の著作のなかで、文書史料をめくり読むという歴史家の伝統的な技法を、革新的に用いて、歴史研究の変化の思いがけないパターンを明らかにした。彼は、一八八四年のアメリカ歴史学会創設から一世紀以上の間に、合衆国で活動した、歴史家たちの手紙、演説、書評、そして注釈を研究した。そして歴史は客観的な科学であるのか、あるいは歴史を書く者たちの主観的な印象によって支配されているのか、という議論のなかに見られた紆余曲折を慎重に検討した。この研究の結論で、ノヴィクは、歴史家の間で表面上は存在していた合意、すなわち、政治史を主流として認めることで成り立ってきた合意が、一九六〇年代以降崩壊したと言う。その代わりに、「イスラエルに王はいない」という題の章で述べているように、女性史、黒人史、社会史における展望が競合することによって、歴史研究の断片化が印象づけられるようになったのである。[2]

しかしながら、私は、歴史研究におけるここ四〇年間を、合意が断片化したという文脈からではなく、歴史研究の（地理、テーマ、時間に関する）視野が急速に拡大したことと一緒に生じた、方法論的かつ理論的な革命として解釈したい。生物学はDNAコードの解読によって自らに革命を生じさせた。物理学と化学は、量子力学の発展によって、もっと早くに革命を迎えていた。経済学はマクロ経済学の発展によって革命を経験したのである。歴史学は、そのような革新を、一つだけではなく、いくつも同時に経験してきた。ここでの私の目的は、歴史学の方法における変化と、その変化が世界史および歴史研究一般にとってもつ意味に対して、注意を喚起することなのである。[3]

歴史研究における変化はあらゆる方向から生じてきており、複合的な原因に由来するように見える。変化が広く浸透したからこそ、歴史家は、この分野の性質が変化したことを記すために〈革命〉という語をほとんど用いてこなかったのだろう。それはある一つの領域における大規模な変化というよりも、むしろあらゆる領域で増加してきた変化なのである。(4) 以下の議論では、歴史研究に影響を及ぼすようになった新しい知識の認識論的カテゴリーやタイプを、すなわち、展望、技術、データ、理論、そして関連づけを、順番に扱っていきたい。

歴史学のなかで、大きな、新しい影響をもたらした展望のなかには、「下からの」歴史（民衆史と労働階級の歴史）、ジェンダー史（とくに女性史）、そして世界のなかの地域の歴史（実質的な地域研究の文献が歴史学のなかで大幅に発展したことに伴うものであり、各地域の視点から眺めた歴史）がある。これらに加えて新しい展望に含まれるのは、様々な時間枠に基づいた歴史（たとえば、ブローデルの長期持続に力点を置いたもの）や、哲学的な見地に基づく歴史（急進派、リベラル派、保守派の見方の間で明確な対照をなす）、そして歴史研究に環境への思考がますます広く取り込まれていることである。これらの場合、思想と議論の潮流が変化していることが、新しい解釈の展開にとって非常に重要であるように思われる。(5) 最後の事例だけは、思想の外的な決定要因、すなわち環境の危機という脅威によって、新しい展望が突如としてもたらされたということができる。

歴史学にとって最も重要な新技術は、データを電子的に保管することである。これによって、はるかに多くの質問票、調査、選挙結果、そして文献資料が、その集積されている場所で、利用者に注目されるのを待つだけになり、はるかに使いやすくなった。コンピュータは歴史における計量分析と統計を進展させたが、まさに同じ科学技術が、テクストの保管、注釈、批評にも進歩をもたらした。放射性炭素による年代測定の技術は、人間が残してきた物の年代測定の精度を上げたし、たんぱく質の分析技術の進展は、集団間で特性を関連づける一方で、人類の進化についての証拠さえも示唆している。これらの例では、新しい論理体系ではなくて、新しい科学技術や新しい職人的な技術が、歴史の知識の拡大をもたらしたのである。

新しいデータが資料の集積と分析から現れてきて、歴史の考え方が大きく変わった。現在私たちは、以前の世代の人たちには入手不可能であったデータをもっている。それは、歴史上の人口変化の速度についてや、国民アイデンティティを認めさせるための過去二世紀にわたる多くの運動、世界の森林面積がときに減少したこと、大西洋と旧世界での奴隷貿易の諸相、周期的に伝染病がもたらす住民の大量死、そして言語学的な証拠によって跡づけられる大規模な移住についてのデータなどである。新しい事実は、ひとたび検証されると、新しい仮説への刺激となり、さらに研究分野全体をも刺激する。とりわけこれらの展開によって、歴史上のデータが、単に過去から見つけ出されたものではなく、実際のところ、過去が残した材料を新しい技術で調べることによって作り出されている、という認識がますます大きくなっている。[6]新しい実証的な証拠は、どんな出所のものであれ、それ自身が、歴史についての思考を発展させるよう促してきたのである。

新しい理論は、様々な学問分野から次々に現れ、既存の理論は新たな方法で用いられるようになった。この章で詳しく取り上げる理論をいくつか手短に列挙すると、次のようになる。ミクロ経済学とマクロ経済学の理論はかなりの歴史文献を生み出し、社会学の理論（パーソンズ、ヴェーバー、マルクスから派生した）は多くの歴史研究をもたらし、言語学の二分野（言語哲学と歴史言語学）はそれぞれ歴史研究に大きな影響を与え、性役割の理論は歴史分析にまで達した。また、文学理論、プレート・テクトニクス理論、人類学における親族関係の理論、そして生物学での実証研究に影響を受けた進化の理論を挙げることもできよう。これらやその他の研究領域では、多くの新しい変数、力学、予測などによって、新たな解釈が刺激されてきたのである。

最後に、あまり知られていないことを挙げたい。歴史の手法における革命では、学問諸分野を新たに関連づけることが中心的な要素となっている。すなわち、生態学は、地理学、地質学、生物学、医学とその他の分野が合流して登場したし、ジェンダー研究は、言語学、精神医学、社会学、そして心理学が結びついて発達してきた。そして社会史は、社会学、経済学、人口統計学などに依拠しているのである。[7]

これらの学問分野の革新が起こるタイミングとその相互作用、すなわち、それぞれのアプローチが発見されたり優勢になったりする契機が継続してきたことについては、急ぎ足にここで再検討して提供するよりも、もっと綿密で、もっと微妙なニュアンスを表すことのできるような研究がふさわしい。その代わりに私は、過去に歴史学と最も密接に関連していた学問分野から始めて、最近になって歴史と結びつくようになったものに目を移しながら、学問分野ごとに革新の範囲を探索していきたい。

経済史と経済学

一九五〇年代以降、マクロ経済学理論ならびに国民所得の計算方法が進展したことから、ほとんどの国の国民所得と国民生産について、適切な統計が利用できる時代の歴史上の推計値を出すことに、大きな努力が向けられた。合衆国、スウェーデン、そしてイギリスといった国々については、国民所得は一八世紀まで遡って見積もることができた。国民所得に関するこれらの歴史研究は、理論においても実証としても経済成長を強調することの一環をなしている。(8) この研究の大部分は経済学者によってなされたものであり、経済史の分野は大いに成長した。

経済成長に関するこれらの研究の次に、経済学者はミクロ経済学理論に向かい、統計学による仮説検定の論理を歴史に用いはじめた。その規範となった論文は、アルフレッド・コンラッドとジョン・マイヤーが一九五八年に著した、アメリカ南部の奴隷制度の収益性と存続可能性についての研究である。そのなかでは歴史の諸問題が形式上数量化され、対立仮説が相互に対照されながら検証されている。計量的研究や理論的研究は難解で奥秘的だったのだが、それが効力をもったのは、歴史家が普通、自身が用いる変数を明記したり、自身の結論を系統的に検証したりしようとしなかったからである。元マルクス主義者であり新古典派の経済学者となったロバート・ウィリアム・フォーゲルは、二つの重要な研究によってこの分野の指導者となった。『鉄道とアメリカ経済の成長』では、鉄道が経済発展に与えた貢献を評価する方法として、一九世紀の実際の鉄道システムを、「反実仮想」と、すなわち、ありえたかもしれない運河システムと比較した。『苦難の時』でフォーゲルは、スタンリー・L・エンガマンと共に、南北戦争以前の合衆国における奴隷制度の経済的合理性と生産性を強調することを主眼に置いている。(9)

一九九三年のノーベル賞（アルフレッド・ノーベル記念経済学スウェーデン国立銀行賞）は、ロバート・フォーゲルとダグラス・ノースに贈られた。これは一九六〇年代と一九七〇年代におこなわれた、計量経済史のうち理論に基盤を置く研究に対するものであった。アンドレ・グンダー・フランクは、やはり一九六〇年代に、ラテンアメリカの低開発について論じ、近代の世界史における相互作用に関して重要な議論を引き起こした。そして、フォーゲルとノースがノーベル賞を得た後、この二人の研究が、合衆国あるいは西欧の範囲内に絞って狭く解釈していると批判した[10]。つまり、歴史研究上の多くの新展開について共通の含意を作り出すために、私たちがなすべきことはまだ多く残されているのである。

この新しい研究のすべてにおいて、仮説検定が中心となっていた。分析者は、研究における変数一式を定義し、それらの間の関係一式を仮定することが期待される。その際、一つかそれ以上を、従属変数あるいはそこから生じる変数とし、それ以外のものを、独立変数あるいは原因となる変数とする。そして、仮説は、利用できるデータとの一貫性に従って評価される。（実にしばしば、利用可能なデータは理論的な変数と正確には一致しない。したがって、分析者は利用できるデータを、必要なデータの「代理」として使うことになる。すなわち、宗教の信者数がわからない場合、教会員の数によってそれを推定できる。）しかし、仮説を評価する際には、それを評価するための基準が必要となる。この基準は、「対立仮説」、すなわち相反する解釈によって提供される。統計の分析では、一定の信頼できるレベルで、仮説と対立仮説のどちらがより支持されるのかわかる程度に、十分な量の個別事例の観察結果を見つけねばならない[11]。

合衆国で、この「新しい経済史」は、歴史学科よりも、むしろ経済学科において研究された。『経済史ジャーナル』および『企業家史研究』は、計量経済史の公刊と批評のための主要機関となった。対照的にイギリスでは、経済史の学科は理論よりもむしろ制度や組織を中心とした研究を続け、その作品は『経済史評論』に掲載された。

また、一九六〇年代と七〇年代には、合衆国およびその他の地域の経済学研究者たちの間で、急進的な展望とマルクス主義理論が広がり、それが確固たる地位を得た。この展望をもつ主要な雑誌として『ラディカル政治経済学評論』が現れた。この雑誌は、労働経済学とマクロ経済学の展望を中心に置いていた。

社会史と社会学

「新しい社会史」は、「新しい経済史」とほぼ同時期に発展した。ステファン・サーンストロムによる、マサチューセッツ州の都市ニューベリーポートおよびボストンの共同体研究は、センサスの記録に基づく、計量的な、そして民族、職業、宗教間の相違に焦点をあてるような研究の基礎を据えた。社会史研究のなかには、人口統計学、家族構造、ならびに出生率、死亡率、人口増加率を考察するものもあった[12]。

社会史では、急進的な批評が、経済史よりももっと早くから、もっと広く浸透するような影響力をもった。このなかには、「下からの歴史」の研究であるＥ・Ｐ・トムスンの一九六四年の著作『イングランド労働者階級の形成』によって鼓舞された研究が含まれている。同書はとくに職人や賃金労働者の視点を重視し、また他の著者の手によって、群衆と農民の視点も重視されるようになった[13]。アフリカ系アメリカ人の歴史に関する著作は、アメリカの公民権運動の時代に、より広く注目を集めるようになった。新しい社会史は、新しい経済史と並行して現れ、新しい経済史と同様に、計量的で、ときには理論的であった。フェミニズムは歴史に新しい批判をもたらし、女性史についての文献を増大させた。全体的に見れば、歴史の社会科学的な次元によって、歴史学に、しかるべき方法論（とくに計量技術）、しかるべき理論（新古典派経済学とマルクス経済学、パーソンズとマルクスの社会学、精神分析とフェミニズム）、そして立脚点の明確な自覚、すなわち、労働者階級の歴史、フェミニズムの見解、アフリカ系アメリカ人からの展望、第三世界からの見方などが、適用されるようになったのである。

経済史と社会史において、仮説検定の論理は類似している一方で、この二つの分野で扱われる実際のデータは非常に異なるものであり、実際の研究では巨大な溝が生じた。経済史研究者はほぼ間隔尺度のデータで仕事をする。つまり、追加や分割が可能である、価格や収入を扱う。このようなデータに対して、経済史研究者は、自身の仮説を検証するために線形回帰の統計手法を用いた。これとは対照的に、社会史研究者は、主として名義尺度の（あるいはカテゴリー）データと順序尺度のデータ、すなわち、男性と女性、あるいは民族集団への分類といった離散カテゴリー、あるいは学校の成績レベルといった順位カテゴリーを使って研究した。[14] このようなデータは、ときに順序づけることならできるが、追加することや分割することはできない。こうして社会史研究者は、自らの仮説を検証するために、自らのデータに適した一連の統計学的手法を用いた。（自らの技法に線形回帰を加えたが、経済史研究者がするほど深くは用いなかった。）こうして新しい経済史の研究者と社会史の研究者は、企画の一般的性格では結びついていたが、量的データの統計学的性格では隔絶していたのである。[15]

歴史学で計量的研究が進展するにつれて、その変化の道筋と速度は、変貌を遂げるコンピュータ技術から影響を受けるようになった。一九六〇年代、多くの研究は、卓上計算機と若干の大型コンピュータでなされていた。小規模の線形回帰と、最も単純な名目値の統計分析は、この方法で実施できた。一九七〇年代までに、大型コンピュータと統計分析プログラムによって、社会史のプロジェクトは大幅に規模を拡大できた。[16] 一九八〇年代と一九九〇年代になると、マイクロコンピュータによって、どの研究者でも大規模なデータ分析に手が出せるようになった。また、文化史では、関係データベースや、いくつかの主要大学で電子テクストセンターが発展し、新しい第一歩が現れた。計量分析による新しい研究を中心に発表する雑誌も登場するようになった。[17]

量的分析は、実証主義理論に基づいた仮説検定に焦点を合わせており、重要であるのだが、それにもかかわらず、社会科学と、歴史学のなかでの局地的もしくは国民単位の研究に大きく限られてきた。仮説検定は世界史にあまり影響を与えなかった。ただし経済の諸起源についてのフレデリック・プライヤーの研究や、奴隷制についてのオルランド・パターソンの研究のような、横断分析や歴史横断的な研究などはその例外である。この研究はともに、人類学者のジョージ・ピーター・マードックの努力によって生み出された大量の民族誌のデータベースである人間関係地域ファイルに依拠している。また両者は、変数間の相互関係を特定するために線形回帰の技法を用い、個々の社会を事例研究として扱い、歴史的仮説を提唱して検証しようとした。[18]

ネオ・マルクス主義による社会史は、ネオ・マルクス主義の政治経済学よりもアプローチの範囲が広かった。社会学者エリック・オリン・ライトによる、階級の数量化についての著作は、歴史研究において一定の影響力をもつことになった。他方、Ｅ・Ｐ・トムスンによる職人的かつ折衷的なアプローチはより大きな影響力をもつに至った。トムスンは人間の疎外の問題に焦点を合わせており、感情的には、社会の諸力を分析しようとした老年期のマルクスよりも、青年期のマルクスに近い。彼の研究は、イングランドの職人たちを主題として、職人たちが古いアイデンティティを維持しようとする闘争と、工業化の圧力により生活が再編成されるにつれて、新しいアイデンティティを獲得しようとする闘争を描いたものである[19]。トムスンが大きな成功を収めたのは、自身の生活が社会変化の只中にあった人々の声と活動を示して、多くの小さな断片を一つの広い語りのなかに組み込んだ点にあった。そしてトムスンの技法は、その後の数世代の間、多種の展望による研究に影響を与えることになった。

私がネオ・マルクス主義と名づけた研究では、たいてい、広範で論理的一貫性をもつ一組の理論的主張を発展させることと、それらを実証的な証拠と関連づけることに力点が置かれている。しかしながら、学問に対するこのアプローチは、新古典派のアプローチに比べて、調査結果を確認する仮説検定やその他の定式化された方法に対して、それほど多くの努力を向けていない。新しい計量史研究者が自身の領域内でとくに基本変数の測定に焦点をあてる一方、ニュー・レフトの歴史家は、経済、社会、政治、そして文化的要素を関連づけることに広く焦点を合わせる。彼らの分析はとくに、職業に基づいた社会階級の差異を明らかにすることと、この要素を社会科学の理論に含まれるその他の要素と関連づけることに集中する。さらに、新しいマルクス主義の歴史家は、階級を重視しながらも、とくに共同体に、すなわち近隣関係、民族、そして職業集団に目を向け、研究の手法としては、オーラル・ヒストリーと対話分析に着目する。一般的にその結論については、統計的な試験を介してというよりも、むしろ洞察によって検証がなされている。

政治経済学

一九六八年を中心とする激しい社会闘争は、政治経済学のなかで沸き起こった研究の波を示してくれる便利な里程標であり、ネオ・マルクス主義という呼び名は、そのアプローチをうまく示してくれる。とはいえ実際のところ、この学問体系は、イデオロギー的にはるかに広範なものであり、その出現はより段階的であった。二つの世紀にわたって用いられてきた政治経済学という用語を自分のものにしたのは、社会階級やその他の権力関係を、分析外の周縁的条件として扱う者でなく、それらを理論の一部として含むような経済史分析を強調する人々だった。

このような準拠枠のなかで最も広範に認められたのは、近代世界システムに関するイマニュエル・ウォーラーステインの見解であった。クリストファー・チェイス＝ダンとトマス・ホールは、計量的および質的比較の両方を発展させ、種々の世界システムについての研究を、はるかに長期の時間枠にまで拡大した。[20] 経済学の分野内では、ラディカル政治経済学連合とその機関誌『ラディカル政治経済学評論』が、同様に知的成果の発展を導いた。

政治史

政治史もまたより理論的に、そしてより計量的になった。ロナルド・フォルミサーノの著作は、歴史上のデータに統計学的技法を応用する点で先頭に立った。[21] 政治史は選挙研究などで計量的な仕事に取りかかるようになり、政治史研究者は、社会史および経済史における新しい研究を考慮しつつ、自らの分野を再考した。歴史学科では政治史の分析が中心にとどまり続け、そのなかで、ミクロ研究は、投票者の行動、政策決定、そして世論を探索し、マクロ研究は、憲法、帝国、革命を探索した。

社会学

歴史のトピックを社会学的に研究するという長い伝統は、この時期にも継続した。戦争直後の時期にはタルコット・パーソンズが近代化を強調したが、その後、マルクス、ヴェーバー、デュルケムへの関心が復活した。アンソニー・ギデンズは再三にわたって彼らの業績を再検討している。政治経済学におけるイマニュエル・ウォーラーステインの探究は、社会学の分野にその基礎を置き続けている。バリントン・ムーア、シーダ・スコチポル、そしてチャールズ・ティリーは、社会変化のマクロ社会学的分析を生み出している人々のなかで重要である。(22)

歴史と文学

歴史研究のなかで、歴史と文学の研究におけるいくつかの展開は、より広範な含みをもつようになっている。言語と言語学に関するヘイドン・ホワイトの見解は、意識の主たる表現として言語を探究したジャンバッティスタ・ヴィーコの過去の試みを研究したことから生み出されたものである。ホワイトは、一九世紀のヨーロッパで歴史を記述した人々を研究し、歴史記述における修辞を分析した。(23)一九六〇年代フランスの学界では、思想に関する数多くの学派が登場し、歴史学の文献に重要な影響を及ぼした。社会的逸脱に関するミシェル・フーコーの研究は、歴史の文書資料研究を超え、広範な社会変容の根源を探究しようとした。最も著名なものは性の歴史である。制度的基盤の変化についての歴史を非常に重視する一方で、最初の探究は社会関係の複雑性と不確定性、そして知と権力の個々の作用と相互作用に対するものであった。(24)

「言語論的転回」として知られるようになったところでは、いくつかの学問分野の学者たちが、言語と、社会勢力間を介在するその役割とを研究するようになった。(〈言語論的転回〉という用語には注意が必要である。この議論に言語学者が貢献しているとはいえ、言語学の分野に向かう転回について指すのではなく、言語の役割全般に対して焦点が当たるようになったことを指しているからである。)言語論的転回がもたらした最も重要な成果の一つは、「脱構築」概念に基づく、定式化された文学理論が登場したことである。(25)単に作品それ自体に焦点をあてるのではなく、今日の文学研究者は、むしろ作者と作者の視点を分析するようになった。脱構築は、文学を解剖するのではなくただ単に楽しもうとする人々には人気がないが、一方で、作者の視点を明示しようとする、このような定式化された手法の発展によって、学問的な矢筒に強力な矢が加えられることになった。一九七八年に出版されたエドワード・サイードの『オリエンタリズム』は、この方法論を中東研究の分野に適用したものである。(26) その後、文学における「新歴史主義」のなかで、文学者たちは、主要作品の著者に歴史が与えた影響を強調するようになった。

ジェンダー研究

一九六〇年代、新しいフェミニズム運動が登場すると、すぐに学界に衝撃を与えた。まず、フェミニズム理論の精緻化と、女性研究での綱領作成が、その後、ジェンダー研究の発展が見られた。また、フェミニズム理論は、精神医学と心理学、そして文学理論に大きく依拠していた。(27) この作業の結果、最も基本的なレベルで起こったのは、以前は女性の存在が無視されてきた過去に女性を位置づけようとして、学者と教師が広く努力するようになったことである。より洗練されたレベルでフェミニズム研究がもたらしたのは、社会および歴史上の変化のジェンダー化された諸概念を洗い出して批判することであり、そして、「大きな物語」の概念、すなわち、国民内の文脈だろうと地球規模の文脈だろうと、ある一つの語りが人間の歴史の本線を要約できるという考えを、明らかにしたうえで批判したことである。(28)

文化史

文化史では二〇世紀末にいくつかの研究要素が発展した。アメリカ研究は、歴史と文学を学際的につなげるものとして立ち現れた。イングランドでは、レイモンド・ウィリアムズが「カルチュラル・スタディーズ」として知られる運動の展開を率いた。そこでは、文学と民衆文化に対してマルクス主義的分析をおこない、文化と社会構造との間のつながりを探した。(29) これと同様だがより折衷的な方法で、民衆文化の研究が、新しい社会史によって強化された。それらは主として合衆国を対象としているが、次第に視野を他の地域にも拡大し、文化史研究が大きく進展するための基礎を敷きつつある。[30]

文学研究は、歴史研究の発展が電子技術の絶えざる進化に大きく依存していることをあらためて想起させる。テクストと図像がインターネットとウェブを通じて利用できることから、これらの資料の利用可能性は拡大した。マークアップ言語の発展とその他のソフトウェアの進歩は、関係データベースと電子テクストセンターを生み出すことになった。これは、手稿に入念な注釈をつけてオンラインに乗せることによって、文化史における進歩を維持することに役立った。[31]次にどのような詳細な展開が待ち受けているのかはわからないが、それでも、電子技術のおかげでより複雑なデータセットを作り出し分析できるようになること、そしてこれらの科学技術の可能性が世界史研究に進展をもたらすだろうことは確かである。

歴史研究の境界部分での革命

歴史学の対話でそれまでに確立されていたトピックを超えて、その外側にある分野から歴史学に変化がもたらされた。この変化が最も明らかに示すのは、歴史学が、単に古い問題について新しい展望を得たのみならず、新しい境界と、新たな概念という道具を獲得したことである。社会科学、人文学、そして自然科学の分野で生じた劇的な変化についての知識は、様々な方法で歴史家へと届いた。たとえば、個々の発見が発表されたり、傑出した分析者による文章の一部が流布したり、歴史学以外の研究者が歴史を著したり、そして歴史文献に新しい登場人物とトピックが加わったり、などである。短期的に見ると、これらの展開は、すでにコスモポリタン的な研究領域となっていたものに刺激を与えたようにも見える。しかしながら、長期的に見ると、その衝撃は歴史学の境界をかなりの程度広げ、歴史学の下位分野間の関係を作り直した。長期にわたって及ぶ同様の影響は、歴史学の制度的基盤および調査という基本構造を再編することになるかもしれない。歴史研究の境界にある学問分野の変化をここで概観するにあたって、社会科学から始め、その後で、人文学および自然科学へと移っていこう。

人類学

地域研究に携わる歴史家は、学際的な訓練の一環として、人類学の文献になじむようになった。人類学は、これらの歴史家に、個々の地域の社会的および文化的な詳細を伝えただけでなく、世界的な比較も与えるようになった。なぜなら、人類学という分野が、地域よりもテーマによって組織されているからである。このように、地域研究の歴史家は、人類学のパラダイムになじむことにより、社会的そして文化的事象に対して、欧米の歴史家とはかなり異なる見方を得た。欧米の歴史家の間では、社会学者による社会分析が支配的で、人類学者があまり見られなかったからである。しかしそれにもかかわらず、モロッコとインドネシアのフィールドワークに基づいた人類学者クリフォード・ギアツの研究は、欧米の歴史家の注目を集めた。なぜなら、複雑な社会的相互作用の強調と、複雑性を解明するための「厚い記述」の技法が、文化史への関心を広げたからである。[32]

一方、社会人類学と文化人類学の分野では、血縁関係の研究、ならびに文化発展についての議論に基づいて確立された研究方法が新たな批判に遭うにつれて、激しい論争が展開されるようになった。ネオ・マルクス主義的な分析の登場とともに脱植民地化の衝撃によって、社会統制を維持しようとする植民地支配者のための調査機関として人類学がどれほど役立っていたかが明らかになった。新しい学術誌、なかでも『弁証法的人類学』が刊行され、『現在の人類学』のような定評のある学術誌は議論を大きく扱った。とくに血縁関係の理論は深刻な問題を含むことが明らかになり、人類学者は分析における立脚点や展望をめぐる議論にとくに熟達した。そのなかで、「中立的観察者」と「参与観察者」というカテゴリーは、見かけほど単純でないことが明らかになったのである。[33]

人口統計学

長い間、人口統計学者は、最良の人口統計学的データを有する地域、したがってヨーロッパと北米に焦点をあててきた。同様に彼らは、移住の複雑なデータも抽出してきた。しかし一九七〇年代以降、社会的関心と技術の進歩とが結びついたことによって、人口統計学者は、世界の多くの地域についての精密な研究や、移住、そして人口統計学の分析における他の複雑な現象に取り組むようになった。飢饉と産児制限に対する関心から、アジアとラテンアメリカ諸国での長期にわたる人口統計が調査されるようになり、電子表計算の発展によって、人口統計学的な表計算が容易になり、そして、理論的な記号表記法の発展によって、移住や地位の変化を表現できるようになった。その結果、全世界の人口を研究すること、そして人口間のつながりをたどることがさらに容易になった。他方、ヨーロッパの人口統計学で続けられた研究によって、一五八一年から一八四一年までのイングランド全体の人口を推定したり、一九世紀にヨーロッパで出生率が減少した複雑な仕組みを全体として再考するなど、分析上の画期が訪れた[34]。この新しい研究の多くは、ケンブリッジ大学、フランスの社会科学高等研究院、プリンストン大学、ペンシルヴェニア大学、カリフォルニア大学バークレー校、そしてハーヴァード大学にある主要センターで実施された。

考古学

考古学の領域では、学際的な伝統が存続しており、人類生物学、放射性炭素年代測定法、植物生理学、美術史やその他を関連づけることによって、遺跡ごとに、初期の人類史の一部を再構築しようと、包括的に試みてきた。考古学者は、一方では発掘と分析の資金が不足しているために、他方では遺跡の盗掘のために絶えず活動を阻まれているが、それにもかかわらず世界中のあらゆるところで目覚しい発見をおこない、その結果、歴史研究に長期的な展望を加える基盤を拡大してきた。これらは、知られていた人間活動の最も初期の年代を多くの面でもっと前に遡らせた。すなわち、人類の進化の諸段階、オーストラリアと南北アメリカへの定住、中国諸王朝の始まり、アフリカでの鉄の使用、ナイル川流域におけるコスモポリタンな結びつきなどであり、他にも多くがある。

地理学

合衆国では、教育分野としての地理学はほぼ消滅したが、ナショナルジオグラフィック協会のおかげで、研究レベルと、一般公衆の視点に、地理学は影響力を持ち続けた。地理情報システム（ＧＩＳ）という大きな技術的発展によって、正確な位置と結びつけて情報を保存するための電子システムが生み出されたことから、地理分布に基づいて情報を関連づけたり、地図を作ったりすることに大きな進展が見られた。地理学も、歴史学と同様に、高度に学際的な分野であるが、これまで地理学と歴史学は偶発的に結びつくことしかなかった。環境の研究で、地理学者はずっと重要であり続けた。世界史ならびにグローバル・スタディーズの教育は拡大しており、そのためには学生にとって基本的な地理情報が必要であることから、学際的な研究と結びついてきた地理学者が教育と結びつく機会が提供されている。ナショナルジオグラフィック協会は、合衆国各地の大学にあるグローバル・スタディーズのセンターを支援している。またマーティン・ルイスとカレン・ウィゲンは、地球規模の地理学の一断片として大陸に依拠することを批判する本を著したため、歴史教師の間で騒動が生じることもあった(35)。

哲学

哲学の分野は、他の分野と非常に多く重なるため、複雑であり、逆流に満ちており、それ自身のなかで要約することが困難である。また実証主義、マルクス主義、そしてポストモダニズムといった広範なカテゴリーでは、二〇世紀末に哲学者たちが論じた種々の競い合う思想の範囲を十分に捉えることはできない。ここでは哲学から生じて影響力を及ぼした多くの議論のなかから二つを取り上げよう。マルクス主義哲学のなかでは、社会変革を強調する、アントニオ・グラムシの哲学が広範な影響力をもつに至った。イタリアの共産主義者であるグラムシは、一九二〇年代と三〇年代に著した獄中ノートによって、影響力の基盤を築いた。グラムシは、階級闘争における知識人の影響力に焦点をあて、「ヘゲモニー」と「有機的知識人」などの概念を発展させて、多くの社会史研究に影響を及ぼした。[36]その後、一九六〇年代になると、フランスを中心に批判的思想の結合によってポストモダン哲学が生み出された。ジャック・デリダとジャック・ラカンは、哲学、精神療法、そして文芸批評を混ぜ合わせて「脱構築」の考えを定式化した。この考えによると、人によって生み出されたいかなるものもテクストであり、分析者は、文化的生活の多くの交差するテクストを「読む」ことになるという。[37]しかしながら、「間テクスト性」が独自に生じるため、どのようなテクストの作者であれ読者とその意味を共有せざるをえなくなることから、分析者の仕事が決定的になることはない。[38]これらの考えは、より広範に用いられると大きく変容していったのだが、言語の重要性を大いに強調しており、文学、フェミニズム、そして他の分野における新しい理論に基盤を提供することになった。

歴史言語学

歴史言語学の分野で最初に力を得たのは、一九世紀における、インド・ヨーロッパ諸語についての研究であった。この分野での研究と論争のおかげで、文化史における長期的パターンと、インド・ヨーロッパ諸語を話す人々の起源と拡散について、新しい情報が加わり続けている。二〇世紀半ばになると、おもにアフリカの言語についての研究で成果が続いた。ジョゼフ・グリーンバーグは、インド・ヨーロッパ諸語におおまかに相当させるかたちで、アフリカの諸言語をそれぞれ四つのグループに分類し、さらに、最終的にアフリカ大陸南部の三分の一を覆うようになるバントゥー諸語の起源がナイジェリア南東部であることを示した。アフリカ諸語の研究はさらに発展して、一方では、移住の方向とタイミングに関する詳細な情報へと進み、他方で、借用語の詳細な研究へ、そしてそこからさらに、人々の間で伝達された考えや工芸品に関する詳細な研究へと進んだ。また、グリーンバーグは、アジアから北アメリカに向かって連続的に生じた移住を考慮しつつ、南北アメリカの言語を三つのグループに分類した。そして彼と他の人々はユーラシアの諸言語に焦点をあて、世界にあるすべての言語を分類するための準備作業を展開してきた。[39]

美術史

学問分野の革命における最近の段階では、文化研究のいくつかの分野が歴史研究に影響を及ぼすようになった。複雑なニュアンスや製作者と演技者の個人的能力に左右される視覚芸術および音楽という分野は、経済学のように理論的な用語で定式化することが難しい。しかしある分野について熟練技術者の用語で語れるのならば、専門家の熟練した手腕は、視覚芸術、音楽、民衆文化やエリート文化一般について解明することにも大きく役立つだろう。美術史の分野は、長い間、ルネサンスやヨーロッパ近世の絵画と彫刻に焦点をあてており、その分析は社会的文脈よりも美学をはるかに重視したが、二〇世紀末になると伝統的な基盤を超えて拡大し始めた。美術史家はヨーロッパ以外の異なる時代区分と地域を研究するために、実践と理論双方の基盤を発展させた。革新的で学際的なイニシアティヴの一つは、「ピジン」と「クレオール化」の概念が言語学から美術史に伝わり、世界の植民地化された地域における二〇世紀美術が研究されたことであった。[40]

音楽史

音楽研究の分野はとくに興味深い。なぜなら近年、伝統的な音楽学によるアプローチ（音楽作品それ自体を研究対象として扱う）と、民族音楽学のアプローチ（音楽の社会的文脈と、音楽家の展望の社会的文脈を、研究対象の一部として扱う）による共同プロジェクトが進展しているからである。音楽研究は、合衆国の主要雑誌『季刊音楽』に反映されているように、現在は地球規模かつ学際的なものとなっている。[41]

地質学

二〇世紀中頃に大陸移動説が受容され、プレート・テクトニクスのメカニズムについて詳細に分析されるようになると、地質学は、動植物に関する進化生物学と従来よりもさらに密接に関連づけられた。近年では、地質学者による海底と極氷冠の掘削によって、気候変動の歴史についての情報が提供されるようになった。

生物と環境の歴史

歴史研究における変化のもう一つの次元は、生物および環境の歴史とかかわっている。栄養や病気やその他の面の生物史では、大量の研究が始まっている。歴史家は、人類生物学以外に、環境における他の要素、すなわち植物、動物、土地、そして大気の研究にも取り組んでいる。(42)

医学

医学の歴史は、個々の病気ならびに広い社会的な病気のパターンとともに歩む医療行為と密接に関連して発展した。伝染病学からは伝染病の主要な流行についての研究が生み出され、それは現在、世界史分析における定番となっている。病気における遺伝学的要素の研究は、西アフリカでの鎌状赤血球形成傾向と風土病のマラリアとが関連づけられるパターンを明らかにした。公衆衛生の調査からは、飲料水とごみを取り扱う技術について重要な文献が生み出され、それは都市史の中心を占めるに至った。(43)

歴史分析における展望、理論、訓練

以上の新しい理論と専門家による実践はすべて、多種の展望のなかで生まれたものであり、歴史研究と歴史学の対話に非常に多く流れ込んできた。その衝撃は刺激的であると同時に苦悩をもたらしている。それは歴史にとっての可能性を広げるが、解釈をより難しくする。新しい手法とアプローチを適用することは言うまでもないが、単にそれらを分類するだけでも、歴史学の手法に関する今日の包括的な大学院教育が、四〇年前のものとは大きく違っていることを明らかにしてくれる。歴史学という分野は、最新の概念を使う必要がある。こうしてできる過去への新しい見解は、過去についての新しいレンズ、すなわち、私たちが歴史を見る際の展望と枠組みを説明し、私たちが過去の生の力学についてモデルを作るために用いる理論と喩えをも説明するのである。

歴史が多様な展望に基づいて記されることは、一般的に十分に確認されている。このため、歴史家が新しい展望を取り入れる際には、多くの場合、それぞれの見解の背景を理解するために十分なエネルギーを費やすことが重要となる。それにもかかわらず、近年、歴史家が自分自身の展望を明らかにし、また、多くの展望から過去を考察することが、かなり広範囲におこなわれるようになっている。なぜ多くの新しい展望が歴史学の対話に入り込んだのかという問題はあまりにも大きいので、詳述できない。しかし、学界の上層にまで様々な社会背景をもつ人々が参加するようになったことは間違いなく事実である。(44) 実現可能な課題は、それぞれの展望の妥当性を確認すること（ただし、必ずしもそれを肯定する必要はない）、そしてそれぞれの展望を認識し、明確に表現できるようになるために詳細を充分に学習することである。

新しい理論を扱うのは、より複雑である。つまり、それぞれの分析システムで定式化された構造を学ばねばならないからである。歴史家は、個々の理論を学ぶことに加えて、新しい理論を含めることによって歴史研究の性質がどのように変化するのかを考える必要がある。実際、その議論が系統だてて進められることはなかった。歴史家は理論的な議論に慣れていない。以前、経済史研究者は経済理論を、社会史研究者は社会学の理論を、そして文化史研究者は人類学の理論を無視していた。歴史家は、基本的な区分をおこなうために利用する学問分野のみを学べば十分だった。新しい分析の形態に人気が出ると、歴史家は新しい分析の概念について議論せず、単にそのキーワード（脱構築、

ジェンダー、生産性など）を適用するだけのことが多かった。(45)

歴史家は、理論についての議論を定式化して導くための技術を見出さなければならない。さもなければ、歴史研究のなかにこれほど多くの学問分野が集合したことによってもたらされた、過去を明らかにする機会を失うだけになるだろう。おそらく〈理論〉という用語の意味をめぐって、いくつかの合意は達成できる。自然科学と社会科学において定義されているように、ある理論とは、ひとまとまりの変数を互いに関連づける、ひとまとまりの仮定、そして論理の主張である。その理論は予測をもたらし、その予測は、観察されるパターンと対比されるだろう。その理論の枠組みのなかで、特定の変数に対して仮説が提案されるだろうし、観察されたデータに適合するかどうかによって、その仮説を検証できるだろう。より広範には、もし実証的なデータと理論がつねに食い違うなら、新しい理論が提案されるだろう。「理論」に関するこの包括的な見方は、計量的データ（たいていは間隔データ）に焦点を合わせた理論に対して最もよく機能するし、それに対しては、データを集めるために実験をおこなうこともできる。以上に基づくと、「理論」は、仮説、結論、解釈、モデル、喩えなどの用語とは区別されることになるだろう。

この「理論」という考えは、「変数」が量的ではなく質的になり（たとえば社会階級、宗教的信仰、政治権力）、研究対象のパターンが過去のもので再現できないとき、より問題の多いものとなる。(46)さらに、文学のような分野にとっては、なおさら問題が大きくなる。なぜなら文学では、実際に変数となる要素の数が莫大にあるため、文学理論のなかでの区分はおもに多様なカテゴリーの定義となり、それは、他の分野では「理論」よりもむしろ「類型化」と呼ばれるであろう分析レベルなのである。それにもかかわらず、歴史家にとって「理論」の統一した定義に手が届かないように見えるとはいえ、どの学問分野でも、この言葉が、諸関係についての最も定式化された言明に限られるべきであることは、おそらく合意できるであろう。(47)

新しい学問分野が歴史学のなかに大きく入り込み、それに付随する分析アプローチが歴史学内部で広がったことによって、歴史記述のなかで重要な位置を占めていた語りが、しばらくの間、それらに取って代わられたように見えた。

この傾向は、洗練された文学分析が歴史に持ち込まれたことによっても強化された。なぜなら、脱構築によって、語りが中立的でありえるという考えが打破されたからである。

実際のところ、歴史学が方法論的に強くなったことで、語りの意味をより明確にしてくれる道具を得ることになった。最も基本的なところでは、歴史家は、分析する方法と提示する方法との違いを忘れずにいる必要がある。語りは、提示するための方法である。それはいかなるかたちであれ、著者によってなされた一つの分析と、たった今、読者のために詳細に説き明かされるその分析を前提としている。語りとは、明らかに年表以上のものであり、全ての証拠を単に並べるだけで、資料が自ら語るようにしたものではない。歴史の語りとは、文学の語りと同様に、著者の展望から独立して存在することはできないのである。(48)

一九八〇年代になると、保守的な歴史家たちは、語りの復権を声高に要求しはじめた。彼らは分析に焦点を絞ることに反対だったからであり、分析によって、歴史家が一般公衆から疎外されることを恐れたからである。(49)いずれにせよ、歴史記述のなかで語りが再び目立つようになったが、もはや過去の直接的な物語としてではない。語りの脱構築が明らかにしたことは、ある場所でトピックをほのめかしたり、別の場所では問題を避けたり、マクロな分析からミクロな分析へ移行した後に元に戻ったりすることによって、著者が読者を導くための方法である。語りは、その物語全体なのではなく、むしろ、一つの芸術作品なのであり、そのなかで、著者は物語の述べるべき部分を選択して、どのように述べるか決めていくのである。歴史学の著作における語りを批判することとは、分析を批判することとは明らかに異なるプロジェクトである。世界史研究者にとってこのトピックが重要なのは、世界史の語りを提示するための、承認され受容された形式がまだないからである。

一方、歴史学では、研究と分析のそれぞれの分野で多くの新しい潮流が広がり、それにつれて、大学院での研究が危機に陥った。合衆国において、博士号をもつ歴史家の新規雇用は一九七五年にピークを迎え、一二〇〇人が採用されたが、その後は急激に減少して六〇〇人となった。そして一〇年後にようやく、より低いレベルから少しずつ上昇しはじめた。人口統計学的にみると、歴史研究は、大学が急速に設立された一九六〇年代にブームを迎えた。学部生の入学はだいたい一九七〇年にピークを迎え、その後減少する。これは、ベビーブーム世代が大学生の年齢を通り過ぎた時期だからでもあるが、カリキュラムが柔軟になったため、多くの大学教員を雇用していた合衆国史と西洋文明の講義で、従来の必要人員が緩和されたからでもある。一九六〇年代、多くの新しい博士課程が開設されるようになり、とくに新たな博士号取得者は社会史に集中した。しかし一九七五年以降は、新たに博士号を取得した者のうち、五〇パーセントかそれ以下しか歴史研究での就職ができなくなった(50)。

その後、皮肉にも、歴史研究で最も大きな創造性と進展が見られたときに、大学院教育では士気喪失が支配的になった。大学教員は、まったく就職できないかもしれない学生の教育を避けようとし、同僚が退職するたびに後任の選定のために二〇〇ものファイルを読む重圧によって疲労して、大学院のプログラムにほとんどエネルギーを費やさなかった。学部のカリキュラムはそれほど被害を受けていないが、出版社が、売り上げが見込めるぴかぴかの教科書を重視する時代には、産物の差異化の論理が支配するようになった。つまり、車のエンブレムだけを変更して売り出す方が、すべてを新しいデザインにしてマーケティングするよりも安全な戦術であり、フォードのエドセルのような失敗作に取り組むなどはもってのほかなのである。教育において強調され、中心に置かれていたのは、新しい研究成果の提示ではなく、むしろ既成の事実を総合することだった。このように、歴史研究が劇的に進展し変化を遂げていた一方、歴史研究と教育のための制度的基盤はほとんど変化しなかった。実際、研究のレベルでは、歴史研究の哲学が議論され、絶え間なく変化していたのだが、この興奮を、大学生、あるいは大学院生が感じとることはまれであった。

その結果、二〇世紀末の歴史系の大学院教育では、歴史研究における新しい調査手法および研究成果にほとんど触れなくなった。その代わりに、大学院での歴史家の養成は、以前の世代によるアプローチのバンカーにはまったたまま、低いレベルで進んできた。継承されてきたこのシステムの特徴は、学生が、ある地域と研究方法を選んで、それを専門的に研究するために、一つの学科のなかで、個々の指導教員と作業することである。このモデルに従えば、地域横断的で広範な研究が発展できる唯一の方法は、歴史家が、経歴の途中かもっと後で、複数の地方の研究で訓練を受け、より広い諸地域へと考察範囲を拡大していくことなのである。

学問の諸分野と世界史

学問分野の地図が描き直されたなかで、歴史学はどこに置かれるのだろうか。歴史という学問分野は固有の動力をもっている。それは、種々のコースの人気が上がったり下がったりすることや、歴史研究者以外による一般向けの歴史記述の増加、そして諸分野間での相互作用（たとえば計量的な社会史と民衆文化研究）など、近年の動きからも見て取れる[51]。しかし歴史学は同様に、社会科学と人文学の諸分野、そして環境と生物の研究など、密接に関連している学問分野の力学も反映する。これらのいずれもが示すのは、近年、調査方法が、より広く、相互により強く結びつくかたちで発展していることであり、それは、理論とデータベースの重要性が増すことによって、ますます目に付くようになっている。

かつてと同様に、歴史学は、その周りを取り囲んでいる学問分野の変容過程に飲み込まれるのではないかと危ぶまれている。しかしながら私は、歴史という学問分野が、現在進行している知的世界および学界の再編の航路をたどりつつ、明確なアプローチと性格を伴って再浮上するだろうと推察する。当然のことだが、私は自分の経験からそう主張する。すなわち、私は一九六〇年代に、アフリカ研究者、および計量経済史という新しい経済史の研究者として訓練を受けた。私は経済史の分野が歴史学科から経済学科に移っていくところを目にした。そのときには仮説検定が経済史研究における唯一の方法となるように思われた。実際、仮説検定はこの分野の中心であり続けている。しかし、この主題を扱い続けた経済史研究者が、次第に歴史家のようになっていくのを目にしたのである。つまり、彼らの記述スタイルが向上して、大胆かつ明確な分析に味付けを加えるようになり、ニュアンスや、それぞれの状況がもつ特殊性、そしてタイミングの皮肉について思案しはじめたのである。[52] もう一度、ダグラス・ノースの事例を検討してみよう。初期の経歴では、アメリカの資料を用いて計量分析をおこなった。その研究で、制度的基盤は、システムの末端における制約物でしかなかった。その後、ヨーロッパの発展を研究するようになった。そこでは制度的基盤が成長のための鍵となっていた。そしてその後で、まさに歴史哲学の研究に移ったのである。[53] 実際のところ、ノーベル賞は初期の研究に対して与えられたのだが、長期にわたる彼の思考の発展がもっと見事に例示していることがある。つまり、歴史学に社会科学の理論を革新的に導入することと、歴史学と隣接諸分野にそれが長期的に組み込まれていくことの、両者の間に期待できるだろう相互作用である。

学問分野の新しい境界領域は古いものとは異なるだろうし、より浸透可能なものになるであろう。私たちは、かつて学問分野の主軸だった専門誌を横断的に読むようになり、互いの研究手法を使うようになり、そして互いの理論を応用していくであろう。しかしこの特殊な一連の変容が落ち着くときにも、歴史研究は明らかに、過去の歴史研究がもたらした所産であり続けるだろうと私は考えている。

歴史家の課題は、一面では、伝統的な役割を引き継ぐことであるだろう。つまり、証拠を保護して総合する人であり、様々な陰影をつけて過去の物語を話す人である。語りによる歴史は今後も残っていくであろう。そして歴史家は、様々に異なるカテゴリーの証拠を組み合わせて、時の流れを重視して構築される物語を作る専門家であり続けるだろう。

歴史家の役割の新しい面は、方法論の統合者となることだろう。この新しい職務に取り組む歴史家は、自らのトピックを扱うときに、歴史の記録を解釈するなかで、理論と方法についての諸々の選択肢の間で折り合いをつけ、そして、それらを巧みに組み合わせたり、それらの間を巧みに行き来したりすることによって、過去への包括的な視点や、さらに望むらくは現実的な視点を提供するだろう。歴史家は、自身が用いようとする学術的な仕事で親方になることはないが、その多くの分野を渡り歩く熟練職人となるだろう。そして、かつての歴史学が従来の図書館と密接に結びついていたように、これからの歴史学は、多くの次元で変容する図書館と、そのマルチメディアの収集物と結びつくことになるであろう。

社会科学、人文学、芸術、そして自然科学から学問の手法が歴史研究に移り住むことによって、世界史認識の促進に途方もない可能性がもたらされることになる。現在までのところ、この可能性はほとんど実現されていない。一般に、世界史研究者は、自身の分野ですでに確立した道具を使って仕事をしてきたし、方法論的な革新によってではなく、むしろ自らの視野を拡大することによって成果を挙げてきた。世界史へと向かう内的な道において、世界史研究者は新しい展望を選択的に利用し、理論よりも展望によって変化を遂げてきた。世界史研究者は地域研究の展望と、ヨーロッパ中心主義に対する批判に大きく頼ってきた。世界史研究者は、宗教面での教会一致主義、政治上の脱植民地化、そして、地球規模の政治経済学で文献が増加したという二〇世紀末の状況を源泉にしてきた。社会科学において、階級、人種、ジェンダー、そして民族にかなりの注目が向けられるようになったことは、世界史研究よりも、むしろ国民史研究に多くの影響を及ぼしてきた。

世界史研究者は、新しい理論をより選択的に利用するようになった。世界史研究者は、マクロ経済学理論やミクロ経済学理論、あるいは社会史分析を手がけるのではなく、初期の革新に遡ることが可能な、商業と制度的基盤の歴史に集中するようになってきた。しかしながら、奴隷貿易とその他の移住に関する地球規模の研究では、新しい人口統計学理論と社会分析が多大な貢献をなしている。

世界史研究へと向かう外的な道からは、新しい展望だけでなく、新しいデータと新しい理論というかたちで、歴史学に革新がもたらされた。新しい展望のなかで最良の例は、おそらく人類学の分野において見出されよう。人類学という分野の脱植民地化によって、多くの人類学の文献が依拠してきた「他者」および「同時代にいる原始的な人」という概念が、根本的に批判されるようになった。人類学の展望におけるこの革命は、理論にも変化をもたらした。つまり、二〇世紀末になって親族および民族の概念が変化して、研究対象の人々の社会構造と諸決定を説明する際に、継承された伝統を以前ほど重視しないようになり、状況による選択を強調するようになったのである。

新しいデータと新しい理論は、考古学で顕著である。考古学では人類の進化が劇的に詳細に再構築されるようになり、その成果によって、人類の単一起源説が、予想されていなかったほど補強された。自然環境の研究では、岩石圏、大気圏、そして生物圏に対するシステムアプローチの展開によって、いまや、人類が存在するための長期にわたる枠組みが明らかになり、同時に、環境のすべての相に対する人間の影響が示されるようになった。

文化研究は多様に展開してきたが、世界史についての文献に大きな変化をもたらすには至っていない。文化における地球規模のパターンと変化は、活発に研究されている一方で、まだ世界史の解釈に鋭い変化をもたらすようにはまとめられていない。もし他分野のパターンに従うとするならば、歴史以外の学問分野の研究者が文化変容の歴史分析を提供しはじめ、その後になって、歴史家が議論に参加するのだろう。

利用可能な新しい分野は非常に多いが、展望、理論、モデルの扱い方や、多くの学問分野の詳細について、世界史研究者はどこで適切な訓練を受けられるのであろうか。環境の歴史に対するアルフレッド・クロスビーの研究は、励みになる例を示してくれる。クロスビーは、惑星レベルでの大胆な像を提示するために、いくつもの学問分野での新旧の発見を利用した。彼は学問研究のための休暇をとり、医学、生物学の研究者と密接に交流して多くの利益を得た。しかしそれにもかかわらず、彼は学際的なグループの一部としてではなく、むしろ個人の研究者として地球規模の研究をおこなったのである。[54] クロスビーの場合、個人の精力と想像力が十分にあったために、それを証拠とアイディアに幅広く活かすことができた。しかし、他の分野では、たった一人の研究者が材料を収集して消化することは容易ではないし、あるいはそうした進取的で精力的な個人が現れないかもしれない。世界史研究のなかで現れてくる幅広い結びつきに対応できる研究者の育成は、かなり困難な作業なのである。

この章では、他の研究分野から新しい思想を受容する者としての歴史家の役割を強調してきた。これは、内的な道では、歴史家と社会学者や文学分析者の間でよくある相互作用だったが、外的な道では、生物学者やカオス理論を研究する数学者と歴史家との、新たな、ときに不快な遭遇でもある。それにもかかわらず、私は、学問分野の相互作用の拡大によって、歴史家は、方法論の総合者という新しい地位に引き上げられるだろうと考えている。他者の構想を歴史上のデータに応用する職人という既存の役割に加えて、歴史学の視界が広がるにつれて、歴史家が枠組みと理論の創造者かつ輸出者となることを示してくれる証拠はあるだろうか。歴史家は、それだけで思考が刺激されるような新たな証拠を見つけ出す者のなかでは上位に位置するけれども、学問分野の専門を深く究めて理論的発見をすることはあまりないだろう。だが歴史家は、大規模なシステムの営みにとくに注意を向けてきたし、従来の研究に見られる矛盾や不完全さを指摘して、私たちのシステム理解を明快にしてきた。一例としては、奴隷制と奴隷貿易についての研究がある。そこでは、従来の挿話的で個々別々な国民史研究を、一九六〇年代以降、研究のネットワークが打ち壊して、その結果、一九世紀初頭に至るまで世界規模で強制労働が拡大してきたパターンと、のちの世紀に、それが次第に消滅し変容したことを明らかにした。かつて、奴隷制は、時代遅れで例外的な制度とみなされていたが、今日では、近代世界の展開において、中心的な、そして問題の多い支柱として現れている。もう一つの例は、環境の歴史についての研究である。そのなかで歴史家は、環境研究での個々の多くの発見を、地球規模の環境システムのモデルと関連づけて、地域ごとに、そして、遠い過去や最近における、人間による影響と他の環境的影響との間の相互作用を示してきた。歴史家が作り出す思想は、単純ではなく複雑だが、それにもかかわらず、彼らが取り組んでいる世界を理解するためには重要なのである。

結論：新しい道具

歴史家は、いまや多くの分野が生息するようになった学問の世界に生きている。それぞれの分野は、人間社会と自然界における魅惑的な諸問題と取り組んでいる。そして、学問分野の間では、結びつかざるをえず、その結びつきが有意義である場合がとても多い。こうした知的饗宴に直面して、歴史家は困難な選択をすることになるだろう。というのも、学問諸分野の深みに達し、学問分野間を結びつけ、学問諸分野を批判することを同時におこなうためには、かなりの精力が必要だからである。

歴史学は、時間的変化を重視することから一つの学問分野と認識されるけれども、他の学問分野に頼らないことは一度もなかった。当初、歴史学は政治と戦争の研究と最も密接に結びついていたが、その後は商業および文学の研究と結びつき、二〇世紀には社会学と結びついた。しかし、二〇世紀末に、すべての学問分野で知識と理論が進展すると、歴史学はその変化のすべてから影響を受けた。社会史研究者は社会史の新展開を評価するために結集した。また個々の研究者が、環境史や文化史の重要な可能性を見出すようになった。

重要な点が、現在ようやく明らかになりつつある。歴史研究の様々な領域で並行して変化が進んでいるという現象だけではない、それ以上のことが起こっているのである。つまり、歴史学の個々の部門における変化が、この分野全体を変えつつある。もはや歴史家は、一つの隣接分野で追加の専門を深めるだけではすまされない[55]。いまや、歴史家は、歴史にかかわるいくつもの学問分野の理論を学びつつ、それらの相互作用を研究している。ちなみに、私がともに研究している大学院生たちは、知性史、社会史、文化史、環境史、そして政治史が複雑にからみ合ったなかに浸されている。

このように、学問の諸分野における革命は、歴史家に二つの変化をもたらした。一つは、歴史家が専門とする分野の理論を学ばねばならないことであり、もう一つは、歴史家が諸理論を理解し、それらを組み合わせる方法を理解せねばならないことである。世界史研究者は、専門を研究し、総合し、そして、その二つの傾向の間でバランスを保つ必要がある。これに加えて、世界史研究者は、批評眼を養いつつ、各学問分野の研究を丹念に検討しなければならない。

さらに世界史研究者には、足るを知る時が必要である。以下の諸章において触れるように、世界史研究者は、多くの学問分野のなかで研究することに加えて、広大で多様な空間と長大な時間にわたる研究から生じる諸問題にも取り組まなければならない。歴史学の方法における革命によって、私たちはすばらしい道具と技法を得た。それは新たな、刺激的な見通しをくれる。このような方法論上の饗宴を目の当たりにすると、幅、すなわち地球規模の結びつきを犠牲にすることなしに、深く分析できる方法を見つけだすことが問題となる。だが、学際的研究がもたらすその幅こそが強みとなる。つまり、諸問題を異なる視点から眺めたり、様々な学問分野の間での類似や関連を見つけたりすることができる。世界の歴史のなかで地球規模のパターンを見つけ出すことができるように、学問分野間のつながりにも、発見可能な地球規模のパターンが存在するのである。

第8章　地域研究

地域研究という学問は、改良主義的な視点から見るならば、革命的といえる。それは、分析が他と根本的に異なるわけではなく、既存の学問研究を、既存の研究領域を超えて、諸地域へと適用するものである。しかしながら、世界のそれぞれの地域について、共通する学問的手法および同等の基準を確立しようとすると、帝国、植民地、そして人種という差別のうえで研究していた時代の不平等と、真っ向からぶつかることになる。こうして、地域研究という学問の興隆は、知の脱植民地化と民主化を並行して引き起こし、それはある程度、地球規模の政治のなかで同じ時代に起こった変容に対応していた。以上に加えて、そして、地域研究者は、方法論的な革新が進んでいた時期に自身の分野を組織したというまさにその理由から、ヨーロッパや北米を対象とする同僚たちよりも新たなアプローチを受け入れやすく、有効に使うことができた。そしてこのために、自身の弱点を埋め合わせることもできたのである。

同時に、地域研究の組織とアプローチは、特有の性格を保ち続けた。第一に、それは、学際的だった。つまり、政治学、経済学、地理学、社会学、人類学、そして言語学の専門家が相接して研究し、それぞれの洞察と方法を共有した。第二に、地域研究の試みでは、歴史が中心的役割を果たした。どの場合でも、それぞれの地域の研究者は、その地域が歴史をもち、深く根づいたアイデンティティをもっていることを強調する必要があった。これらの場合ですら、その特有の性格は、ヨーロッパや北米を対象とする社会科学に先んじて、地域研究に変化を引き起こすように働いたと考えられる。地域研究者は、宗主国の中心地でその分野を率いる者からときに反徒のように扱われたが、たいてい、それぞれの学問分野の枠に受け入れられることを目標として研究した。彼らは、社会革命家だったかもしれないが、学問での革命家ではなかった。

だが最終的に、地域研究がもたらした衝撃は、強い影響力によって、歴史学で革命を引き起こす一因となった。それはおもに二つの軸にそっている。第一に、技術的に練り上げられた社会科学的研究を、これまで無視されてきた世界各地に適用することによって、地域研究者は、局地的、国民的、そして地域的レベルでのパターンで、それまでの学問研究を試し、進展させた。第二に、各地域の学問研究が均質にならされていったことから、それまで見えなかった地球規模でのパターンが認識できるようになった。地域研究とその歴史学への衝撃について概観する本章では、地域研究の登場、地域研究という学問の性格、地域研究の学際的性格、新たな学問分野を発展させるモデルとしての地域研究、とりわけアフリカ研究から得られる洞察、そして、第三世界の歴史としての世界史を取り上げる。

地域研究の登場

第二次世界大戦後、大学は世界各地で拡大したが、合衆国ではとりわけ強力に広がった。アメリカの大学は、多くの人を教育して新たな学問分野へ送り込む責任を引き受けただけではなく、世界のあらゆる地域についての知識を広げようと試みたのである。連邦政府から強力に支えられて、とくに主要な大学で、戦後、当時地域として認識されていた世界の場所それぞれについて歴史研究が拡大し、知的レベルにおいて、それらの関係が再調整されることになった。その結果、歴史学の展望に革命が引き起こされた。すなわち、ラテンアメリカ史が再確認され、東アジア、中東、南アジア、スラヴ研究、そしてアフリカについて、歴史研究が組織されたのである。

合衆国でのイギリス史研究は、相対的に見ると、第二次世界大戦後に最高潮に達した。そして、イギリスの研究者のなかには、イギリス帝国に注目した者がいる。今度は、この人々が、初期の地域研究プログラムにおいて、鍵となる存在だった。というのも、帝国の視角を通して、インド、東南アジア、アフリカ、中東、ラテンアメリカなどの歴史に着目することができたからである。一方で、アメリカに基盤を置く地域研究アプローチは、イギリスでのアプローチよりも、むしろ初期のドイツでのアプローチに似ていた。つまり、合衆国での文献と教育プログラムを見ると、国の政治的結びつきが最も強いところだけに関心をもつのではなく、世界のあらゆる地域に関心を示していたのである(1)。

一九五〇年代の間に、合衆国の連邦政府は、種々の地域研究センターを財政支援しはじめた。これらのセンターは、新たに採用された大学教員、図書購入、運営、そして語学に支援を提供した。語学は、国家防衛教育法および国家防衛外国語法によって支援された。この法制は、自らの研究対象に関連するしっかりした言語知識をもつ学問の専門家を作り出すことが合衆国の防衛に利するという前提に立ち、地域研究の博士課程にいる多くの者へ語学の費用を負担した(2)。主要な地域研究プログラムによって、歴史学、人類学、政治学、社会学、経済学、そして言語学の分野で学際的に研究する学部が作られた。のちにいくつかのプログラムでは文学と芸術も加えられた。院生は、これらの学位に加えて、該当地域の研究という学際的な修了証も得た。さらに、地域研究の種々のプログラムに対して、連邦政府補助金は、それぞれの地域の新しい知識を、公立学校教師と公衆一般に対して伝えるプログラムを実施するよう求めた。

地域研究プログラムは、政府支援だけで拡大したのではなく、民間の財団からの大規模な助成も得ていた。フォード財団とカーネギー財団は地域研究奨励の先頭に立ち、とりわけ社会科学と歴史の分野で、新たな学際研究プログラムの開発を先導した。アメリカ学術団体評議会と社会科学研究評議会は、どちらも数十年の歴史を有しており、地域研究の調整団体という役割を果たした(3)。

地域研究の雑誌と協会が作られた時期を見ると、この学問研究の組織が登場したあらましがわかる。地域研究のおもな雑誌は、第二次世界大戦中もしくはその後に創刊された。たとえば、『スラヴ評論』（一九四一）、『アジア研究ジャーナル』（一九四二）、そして『中東ジャーナル』（一九四七）である。ラテンアメリカ史の中心的雑誌『ヒスパニック・アメリカン歴史評論』は第一次世界大戦終了時の一九二一年に創刊された一方で、『アフリカ史ジャーナル』の創刊は一九六〇年と比較的遅かった（しかもイギリスでだった）。ラテンアメリカ研究の雑誌が歴史を対象としているのは、地域研究が登場する前に作られたからである。アフリカ研究の雑誌が歴史を対象としているのは、アフリカ研究のなかで歴史の存在を肯定することが重要だったからである。

アフリカ学会は一九五八年に作られた。それは合衆国で設立されるべき主要な地域研究協会のうち、最も遅かった。その前にすでにアジア学会、中東学会、アメリカスラヴ研究振興協会、ラテンアメリカ学会が成立していた。これらの学際的組織は、その分野の歴史家にとって、専門的な重要性をもった。地域研究の歴史家が、アメリカ歴史学会ではなく、それぞれの地域研究組織の会合に参加したために、アメリカ歴史学会は、おもに西欧と合衆国を扱う歴史家の場であり続けた。このため、アジア、アフリカ、そして東欧を扱う歴史家の数が大きく増え、新たな研究を多く生み出した一方で、合衆国の歴史家の主要組織であるアメリカ歴史学会のレベルでは、これらの研究に対する反応が乏しかった。それゆえ、ヨーロッパと合衆国を扱う歴史家は、一九九〇年代になっても、地域研究の歴史家を、量においても質においてもきわめて過小評価していたようである。例外は、ラテンアメリカを扱う歴史家だった。ラテンアメリカ史は、地域研究プログラムが興隆するずっと前の、第一次世界大戦終了の時期に分野として組織され、両大戦間期には、アメリカ歴史学会の関連団体としてラテンアメリカ歴史家会議（ＣＬＡＨ）が作られ、自身の年間プログラムを組織した。ラテンアメリカ学会が盛んになっても、歴史家は、ラテンアメリカ歴史家会議を通じて、アメリカ歴史学会に活発に参加し続けた。一方で、アフリカやアジアを扱う歴史家に対して、アメリカ歴史学会にもっと多く参加してもらえるように、同様な会議を作り出そうという動きもあったが、それは成功しなかった。（対照的に、カナダでは、ほとんどの協会による共通の会合が毎年開かれていたために、ヨーロッパと北米を扱う歴史家は、地域研究の歴史家の活動をもっとよく認識していたようである。）

合衆国のおもな大学は、それぞれが、一つか二つの地域に専門を絞るようになった。とくにアフリカ研究に力を入れたのは、ウィスコンシン、ノースウェスタン、ＵＣＬＡ、そしてインディアナ大学だった。ラテンアメリカ研究では、おもにバークレーとテキサスが中心であり、ハーヴァードは東アジアおよびソ連東欧研究で強力な中核となった。シカゴは中東および南アジア研究の中心となった。(4)各地域が同等に取り扱われているわけではない。つまり、アメリカの学界は、南アジアと東南アジアをあまり重視していない。

地域研究での学問

競争意識が強かった当時の心理的枠組みのなかで、多くの地域研究者が目的として掲げたのは、「彼らの」地域の歴史的経験が、ヨーロッパと北米の歴史的経験と同価値であると証明することだった。とりわけ、地域研究者は、研究する地域のナショナリズムの運動を調べて正当化し、メキシコ、ナイジェリア、インド、そしてトルコの国民的経験が、フランスやドイツのそれと肩を並べることを示す方法を見つけた。こうして地域研究は、世界全地域での歴史研究に、国民と文明というパラダイムを転写していくことを助けた。ラテンアメリカ研究は、この地域の主要国であるメキシコとブラジルに焦点をあて、南アジア研究はインドに焦点をあてた。もしくは、この枠組みを別のかたちにひねって提示することもあった。合衆国では、フランス史を教えるのと同じ学期にアフリカ史を教えるという長い伝統があることから、学生はアフリカを、多くの国から構成される一つの大陸ではなく、むしろ、一つの国土として考えるようになった。

地域研究の枠組みのなかでは、比較分析が、国民横断的な研究方法の中心となった。その研究構想の論理というのは、諸事例の比較によって、歴史上のデータと変容の相違を知る方法が得られることから、それぞれの事例のなかでの最も重要な要素を研究者が特定できるということである。このような比較は、個々の事例を分析する場合にはしばしば効果的だが、より大きなシステムの作用を説明する方へはなかなか向かわない。第1章冒頭で挙げた例に戻るならば、人種主義のイデオロギーと人種隔離の興隆についての局地的な研究と比較研究から、なぜ二〇世紀が始まる頃に世界中であれだけ強力に人種的な隔離が広まったのかという問いが出てくるだろうが、ある答えを出すまでには至らないのである。(5)

地域研究による学問上の達成は、無視できないものである。つまり、地域研究という学問は、二世代にわたって歴史研究の新しい重要な技法を洗練させ、莫大な量の新たな証拠を集め、そして、歴史学の対話の地域間バランスを根本的に変えたのである。方法論では、口頭伝承の研究を定式化したことが注目できるだろう。それはとくにアフリカ研究で顕著だが、他のすべての地域についても言える。歴史研究でのフィールドワークを再肯定し、それがとても有効だったために、「図書館の学位」は不名誉なものとなり、また、「資料」の意味は、外交書簡から口頭の「テクスト」、考古学的な遺物、そして大衆音楽にまで広がった。地域研究が学際的な研究を重視したとはいえ、地域研究に取り組む歴史家の研究が、重要な文書資料を新たに明らかにしてきたのもまた事実である。(6)

地域研究内での議論は、独自の性格を帯びている。脱植民地化の過程によって、人類学という分野は、自身が植民地主義と共謀関係にあることを、あらゆる場所で認識することになり、この学問分野のなかで自己批判の波が起こった。中東研究では、同様な議論から広範なオリエンタリズム批判が広がって、アラビア語および他のイスラームのテクストについて文献学に基づく研究が進んだ。それらのテクストには、以前、キリスト教に基づくイスラーム批判が付随していたのである。もっと短い時間的展望のなかでは、東南アジア研究が、ヴェトナム戦争とともに盛り上がり、衰退した。ロシアと東欧の研究は多くの助成を得ていたが、冷戦の政治という泥沼にはまっていて、一九九〇年代には急激に衰えた。東アジア研究では、とくに一九世紀における西洋との邂逅が中心だった。アフリカ研究は、とりわけ植民地主義と人種主義の批判に重心を置いた。(7)いずれの地域についても、研究は、その地域をヨーロッパもしくは合衆国と関連づけており、世界全体と関連づけることは少ない。たとえばアフリカとラテンアメリカについて、奴隷制および奴隷貿易の研究は、結局のところ、合衆国とヨーロッパの文献を研究することにつながっていった。(8)

　地域研究の成果によって書棚が豊かになった歴史文献のトピックには、奴隷制（とくにアフリカと南北アメリカ）、農民（すべての地域で）、地域内での商業と地球規模の商業、経済革新と成長、家族と社会変化、帝国と植民地主義、植民地主義への抵抗、そしてナショナリズムと国民アイデンティティなどがある。(9)

　地域研究の展望が対象とする時間は、近代、とくに一九世紀と二〇世紀が中心となる。それでもなお、地域研究はもっと古い時代についての重要な発見とも関係する。考古学と言語学は地域研究の興隆から恩恵を得ており、古代についての新たな情報が多く得られるようになった。(10)

　このような地域研究の取り組みは、それぞれにかなりの勢いで拡大してきた。これが意味するのは、研究者が自身の対象とする地域に対して、熱心に力を注いできたことである。東南アジアを扱う研究者のなかでは、異なる学問分野の者で本格的な情報交換があったとしても、中東を扱う同様の研究者とはほとんど交流がなかった。一九八〇年代まで、地域研究の集まりは、互いに大きく隔離された状態にあったのである。

　それにもかかわらず、多様に発展してきた地域研究の伝統の間で受け渡された思考もある。近代化パラダイムの興隆と伝達は、地域研究者の間にある結びつきの力学を、印象的に示してくれる。社会分化の定式化、そして、伝統社会と近代社会という見方は、近代を普遍化することと、近代化へと向かう闘争の指導者を目的論的に神聖化することを伴いながら、はじめは、中東の社会変化における対立を説明するために発展した。このモデルはすぐにアフリカ研究者に取り入れられたが、数年のうちに、臨時に使われる場合を除いて、あらゆる面において放棄された。将来像としては元気づけられるものだったとしても、このパラダイムはあまりに単純化され過ぎたのである。すなわち、社会階級の分化、地球規模の経済関係、そして信仰の複雑な関係など、あまりにも多くの重要な要素を抽象的に扱いすぎたために、ほとんど何も予測しなかったのである。それにもかかわらず、ラテンアメリカと東および南アジアを扱う研究者は、先行する者たちが近代化のパラダイムを退けたにもかかわらず、取り入れたのである。ヨーロッパやアメリカを扱う研究者は、地域研究の同僚から学ぶことができたはずだったけれども、最後にこのパラダイムを試しはじめ、やはり適用と探究と拒絶という同じ段階を歩んだ。[11] 異なる地域を扱う研究者の間でもっとよく情報が交換されていたなら、これほど多くの無駄な分析をしなくてすんだことだろう。問題はおそらく、地域研究者が、自身の分野の文献を作り出すという実用的な問題に囚われていて、ヨーロッパ研究の同僚による知的そして理論的な指導力を認めやすかったことにある。

地域研究による歴史へのアプローチは、合衆国およびヨーロッパの歴史学とは対照的に、多国民的で分権的であり、言語および文化の多くの境界線を横断する傾向がある。これはアフリカ研究に関しては概ね真実であり続けた。研究者は、アフリカ諸国、西欧諸国、合衆国、ラテンアメリカとカリブ諸国などで職を得てきた。ラテンアメリカの場合、合衆国とヨーロッパに基盤を置く研究者と、ラテンアメリカ各国に基盤を置く研究者とは、相互に影響を与えている。中東の場合、この地域の様々な言語で研究する者たちは、中東を専門とするヨーロッパと北米の研究者と影響を与え合っている。東アジアと南アジアの場合、中国、日本、そしてインドの学問的伝統が強いために、視点の多様性は若干少なくなる。インドと南アジアについては全般に、ほとんどの研究が英語で生産される。中国については、人民共和国、台湾、香港、そして国外に基盤を置く研究者の間で視点が異なるが、それは、イデオロギー的対立から批判的対話へと徐々に変化した。東欧とソ連の研究は例外的であった。それは冷戦期を通して、政治的に分離されたどちらの側でも、高度にイデオロギー的であり、体制順応的な傾向があった。一般に、地域研究の各分野の研究者はイデオロギー的に多様であり、そうでないだろう場合に比べて、その議論はより広い範囲の仮定に疑いを投じる。加えて、地域研究の文献は、西洋がそれぞれの地域に与えた影響に単に関心が向けられたからだとしても、古代についても現代についても人間の営みの相互作用に注目する傾向があった。

これに加えて、興味ある点として強調できるのは、アフリカ、ラテンアメリカ、中東、そして東欧研究が、局地的な単位や国民的な単位を参照するだけでなく、一つのまとまりとしての地域全体も、そしてディアスポラの共同体も参照してきたことである。東南アジアが一つのまとまった地域として学問的に見られるのは、多少遅かった。東アジアと南アジアの規模の大きな国民は独自のものとして扱われる傾向があるが、中国人、インド人、そして日本人ディアスポラの研究は、地域研究に地球規模の次元を加えることになる。このように、それぞれの地域研究の伝統によって、各地の研究者は、より広い地域の共通性と相互作用を考察するために、国民レベルを超えて考える経験を得るのである。[12]

おそらく現在のところ、東アジアと南アジア研究を除いて、他の大陸よりも北米に拠点を置く研究者がより多くの研究を進めていることは確かだろう。地域研究の動きが頂点にあった頃には、政府の助成による大きな研究プログラムが、大部分の研究の場を提供した。たとえば、コロンビア大学は、アフリカ、ラテンアメリカ、中東、東アジア、東欧の研究プログラムを続けていた。時が経つにつれ、そして、おもな大学のプログラムから博士号学位取得者が輩出され就職するにつれて、とても多くの小規模なプログラムが現れて、北米での地域研究はいまやかなり広範な諸機関へと広がっている。その間に、世界中の大学が歴史研究のプログラムを拡大し発展させた。アフリカではとくにこの傾向が顕著である。植民地時代末期にはほんの少数の大学しか存在しなかったが、いまや一国に少なくとも一つの大学があり、ナイジェリアには三五以上の大学がある。だがアフリカでは、他の地域と同様に、政治的混乱からときに大学が閉鎖されることもある。周期的な不況による予算縮小や、世界銀行の構造調整プログラムなどによって外部から命じられる予算縮小のために、大学教員が研究を進めて出版する可能性が制限されてきたのである。

重要な点は、地域研究者が、広範囲にわたって地域を扱う文献を作り出すことに貢献し、また、ある地域についていくつもの言語で書かれたひとまとまりの文献を作り出すことに貢献していることである。地域研究者の間で、文化や国民による視点の相違は十分に印象的であり、全体としてもっている幅広い多様性はきわめて衝撃的である。この多様性は、合衆国、イギリス、フランス、あるいは日本の歴史学や社会科学の研究と対比させることができるだろう。

そこでは実質的にすべての主要な研究者が単一の国民的伝統から現れ、そしてときに一つか二つの大学が、研究と解釈の方向について支配的な力をもっている。

合衆国、イギリス、そしてカナダでは、様々な地域研究の分野で、ほとんどの学問分野の研究者が集まって、年次大会を開いている。フランスでは、フランス国立科学研究センター（ＣＮＲＳ）によって、学際的会議が定期的に開催され、地域研究者が一堂に会している。それぞれの地域の枠内では、様々な研究会が、研究者間の接触を維持している。アフリカでは、アフリカ社会科学研究発展評議会（ＣＯＤＥＳＲＩＡ）が、とくに英語話者とフランス語話者の伝統を関連づけることにより、研究と出版を支援する優れた仕事をしてきた。加えてユネスコは、アフリカ、カリブ地域、ラテンアメリカ、そして中東の研究者に対して、会議、研究、そして出版などで重要な支援をしてきた。これらの会議が扱う範囲が包括的だとはまったく言えないし、研究者の集団も、多くに分かれていたり、敵対的に分裂していることもある。それでもなお、地域研究の構造で顕著なのは、その排他性ではなくて包容力なのである。文献の評論は、実証的な研究でも分析的なアプローチでも、地域研究の包容力が再確認されるのを助けてきた。合衆国では、一九八〇年代に、社会科学研究評議会から、アフリカ研究について学問領域ごとに概観するよう依頼があった。これらの評論は、アフリカ大陸規模で文献を総合するという優れた仕事をなした[13]。

地域研究の歴史は、第二次世界大戦後に、政治史として始まった。そして社会史を含むようになり、さらに、社会史が優勢になっていった。これはヨーロッパと合衆国の歴史学で起こったのと同様である。しかし、地域研究では、この移行は容易だった。歴史家が、大学院での研究の一環として、他の学問分野での教育を正式に受けたからである。政治史の研究のなかにすら、地域研究は差異をもたらした。つまり、地域研究の歴史家は、政治学の分野に通じるようになり、当時の政治学で潮流となっていた概念の諸項目や発展の図式を、自身の語りのなかに加えたのである[14]。

地域研究者は人類学も学び、そのために、一九六〇年代と一九七〇年代の農民研究の波にも積極的に参加した。議論の余地はあるかもしれないが、ヨーロッパ研究の同僚たちよりももっと積極的だったろう[15]。地域研究者は、対象とする地域の言語と文献についてしっかりした訓練を受け、そして、多少は、言語学と心理学の教育も受けた。このために、ラテンアメリカについては従属論が、アフリカについては社会人類学ならびに文化人類学および歴史言語学が、東アジアについては地理学が、中東については政治学が強調されて解釈されるようになった。

しかし、変化は問題も含んでいる。経済史は、合衆国では経済学者が主導しているが、他の場所では歴史家が主導していて、しかも歴史家はほとんどもしくはまったく経済学の訓練を受けていないことがある。このように、ときに他の学問分野とつながることにより、地域研究の歴史家は、より広く学際的な訓練と思考を備えて、新しい精巧な作品を作り出さざるをえなかった。別の場合には、他の学問分野とのつながりによって歴史家は単に向こう見ずになり、政治史を超えて、訓練を受けていない領域で推測しようとすることもある。[16]

要するに、地域研究の学際的で地域横断的なアプローチによって、世界を構成する広い地域の歴史分析が、新たに大いに強化された。そしてそれは、世界史へのコスモポリタンなアプローチを展開するためにどうしても必要なことだった。だが、地域研究と世界史の差異と共通性のために、それぞれが重要であり続けている。たとえば、地域研究での歴史は人類学の文献に大きく頼っている一方で、世界史研究には実際のところ人類学がまったく欠けたままなのである。[17]

学問の業界を作るための地域研究モデル

地域研究の興隆は、歴史学の職業構造に大きな変化をもたらした。一九六五年まで、合衆国の歴史学科には、合衆国とヨーロッパ以外の地域を扱う者がほとんどいなかったが、一九八〇年までには、たいていの歴史学科が、地域研究の教員をそろえるようになった。同様に、他の学問分野でも、地域研究の専門家が多くの地位を得た。時が経つにつれ、地域研究者は職を得るだけでなく、学科長、研究委員会の長、学部長、学長にまで昇進した。地域研究者は、選出されたり任命されたりして、歴史学を専門とする職のなかで頂点に上ることもあり、社会科学研究評議会やアメリカ学術団体評議会などの影響力ある機関で認められるようになった(18)。

地域研究プロジェクトが達成したことの中心にあるのは、単に雇用を作り出しただけでなく、むしろ、知識を作り出したことである。数十年の間に、文書館を探索して情報を集積し、本と論文を公刊し、議論を方向づけて解決した。世界の多くの地域と人々を扱う学問研究のばらばらな要素が、よく組織された学問分野へと結合されていった。地域研究アプローチによって、包括的な大学教育プログラムを主導する研究者は、重要な資源を手に入れることができた。それは、活動の調整と研究計画の再検討を可能にする、効率的な協会に後援されていた。研究成果は、新しい研究が扱った地域の一般的なイメージや、公共政策、そして公教育に、重要な変化を引き起こした。

地域研究という学問のさらに強力な点は、国際性を内在していることと、多様な構造が組み込まれている点であり、その多様な構造によって、研究上の議論には、いくつもの国民やイデオロギー上の展望が当然含まれることになる。この点で、地域研究という学問は、たとえば一九五〇年代と一九六〇年代に合衆国で見られたような、合意に基づく学問研究よりも利点をもつ。そこでは、研究者たちの均質な社会的背景と、共通のイデオロギーによる視点のために、技術的には高度に向上していたにもかかわらず、多くの基本的な仮定を論じたり批判したりすることはなかった。対照的に、中東の歴史について、合衆国とヨーロッパの研究者は、同地域の各国の研究者や周辺諸国の研究者と、すなわち、イスラーム、キリスト教、そしてユダヤ教のなかの多様な宗教的もしくは世俗的背景をもつ研究者と、議論を続けねばならなかった。この場合、前提となっていることへの批判にあまりにも多くの時間が費やされるだろうが、何らかの正統とされる教説が無批判に受け入れられるような危険はほとんどないだろう。

これらの研究分野はいずれも、存在する枠組みのなかで新しい知識を増やすだけでなく、既存の枠組みを批判し、知識について、新たなパラダイムと新たなカテゴリーを作り出すことを必要とした。アフリカ研究では、データと解釈のなかにある人種主義的偏向と帝国的偏向を見極めることが分析の重要な一部をなした。中東研究では、オリエンタリストの研究にある反ムスリム的偏向を確認することが主要な問題だった。東アジア研究でも、研究者はステレオタイプを批判する仕事をした。スラヴ研究は、地域研究プロジェクトのなかで最も問題を含むものだった。つまり、それはまさに合衆国とソ連の冷戦対立の時代に発展したため、研究者は、研究対象に選んだ地域への忠誠と、その指導部を覆そうという政治的プロジェクトの間で二分されたのである。

この経験が示すのは、地球規模の歴史研究という分野を現実に作り出すために、地域研究という学問が、実証済みで成功が期待できるような、新分野設立のモデルを提供してくれることである。この教訓は、地域研究がかかわる領域の外にも及ぶ。学際的研究、集中的な語学の訓練、そして遠く離れた各地での研究を必要とするという条件下で、新しい研究分野の発展のために大きな努力を払うことにより、どのような成果を得られるのかを示すからである。ほんの少しだけ誇張して言うなら、私たちは、いくら費やすべきなのか、どれだけの学生を支援すべきなのか、そして、雑誌や会議をどう組織すべきかをすでに知っているのである。地球規模の歴史研究を確立するには、これまでの展開からすると多少異なるパターンをとらねばならないだろうことは確かである。だが、世界史研究者はゼロから始めなくてすむのである。

同時に、地域研究プロジェクトは限界と欠点も合わせもっているので、何らかの地球規模の歴史研究のプロジェクトを、地域研究から類推して考える際には、それらに気をつけるべきである。合衆国にある地域研究センターは広く散らばっている。それに比べて、イギリスやフランスでは、ケンブリッジ、オクスフォード、ロンドン、そしてパリが研究の大きな中心となっていて、資源配分の不均等が大きな問題となっている。地域研究者はこれらの大きな拠点で仕事を進めることができるが、そこから離れた機関にいる者たちには、参加の可能性が限られてしまう。

不均等な資源配分という問題は、合衆国のなかでも注目すべき現象だが、国際的なレベルではもっと深刻である。はじめのうち、地域研究者はみな、アフリカ、アジア、そしてラテンアメリカという本国の研究者と大学が、学問の指導的地位をすぐに引き受けることを期待していたが、これはほとんど実現しなかった。学界政治と地球規模の政治経済学の両方に関係する理由から、ヨーロッパと北米以外の大学は、資源がきわめて限られ、蔵書を充実させることもできず、大学院のプログラムを支援する力もなく、活発な出版プログラムを支援することもできない(19)。研究者は母国から逃げ出して合衆国で職を見つけ、そのおかげで合衆国での対話は広がるが、他の場所では狭まってしまう。大都市の大学に拠点を置くおもな学会誌は、著者が近年の文献を十分に読んでいないか、適切な資料を調べていないと主張して、国外からの投稿をほとんど受け付けない。ますます深くなるこの溝を埋める一時しのぎの策として、パキスタンやブラジルの研究者が合衆国で地域研究の会合に参加できるよう、旅費の基金が作られてきたが、これによってパキスタンやブラジルで研究が発展することはほとんどなかった。この溝は、地理的な溝であるのと同時に、言語と人種の溝でもある。英語で研究を書くよう促すならば、ウルドゥー語やポルトガル語での出版が犠牲にされるからであり、合衆国での研究会は、つねにコスモポリタンでありながらも、肌の色から見ると白人が優勢であり続けているのだから。

地域研究の限界の第二点は、グローバル・スタディーズの視点から見ると、地域研究が地域内の結束および地域内部での接触を再確認することに寄与するものの、他の地域との結びつきについてはそれが見られないことである。このように組織を強調することによる肯定的な面は、地域内でのコスモポリタンな結びつきと自覚の発展をもたらす。アフリカ研究という取り組みは、東アフリカと西アフリカ、そして、英語圏のアフリカとフランス語圏のアフリカのつながりを発展させてきた。けれども、国民単位を重視する傾向のために、ナイジェリア、南アフリカ、ケニア、そしてセネガルが不釣り合いに注意を引くことにもなった。しかしながら、この地域的結束が引き起こした知的側面での負の成果は、教区主義と例外主義である。教区主義とは、アフリカ研究者はアフリカについて知っているが、他の地域についてては知らず、また、アフリカ研究者が、自身が扱っているアフリカの一角を、全大陸の代表として考えがちであることを意味する。

地域研究における例外主義の問題は最も深刻である。これはとくに、冷戦後のロシア東欧研究のように、研究される地域が守勢に立たされたときに現れる。その地域内での研究を続けるために、研究者はその地域の唯一性を論じたくなるのかもしれない。ゆえに、ロシアの生活世界が特有の形態をとる理由を説明するために、世界の他地域の研究者を引き入れて研究するのではなく、むしろ、どのような比較も避け、そしておそらくどのような分析も避けて、ロシアや、あるいは日本が独特であると宣言したくなるのである。地域研究者は、互いに対して、そして、研究しているトピックに対して誠実であろうとすることから、ある程度の例外主義は、目に見えないように隠されてしまうだろうし、そのために、過去に関する地球規模での展望は、実質的に発展が遅れることになるだろう。

アフリカ世界と地球規模の分析

地域の例外主義を原則として批判してきたところなのだが、地域の歴史的経験がそれぞれに個性をもつことには異議を唱えられそうにない。例外主義（「あなたの地域を私の地域と比べることはできない」）と個性（「あなたの地域と私の地域の違いは……」）の間にある違いは小さいだろうが、根本的なものである。どの地域も特性をもっていて、まさにこの特性があるからこそ、そこから、分析者は、一つの全体としての世界に対する理解を得たいと思うのだろう。

私自身の専門地域であり、そこに役立つことを見出せるので、アフリカ史を世界史研究者のための有益なモデルとして提示してみよう。[20] アフリカは、世界の大きな一部である。地球上の陸地の二〇％を占め、現在の人口は世界総人口の一〇分の一に当たるが、以前はもっと多くを占めていた。アフリカの役割は、世界史で、しばしば無視されたり最小限に見られたりしてきた。この事実を利用して、上記の目的のために、やはりそれ自体が無視されてきた世界史研究と比較することができるだろう。アフリカ研究は、地球規模での考察に貢献してきたし、地球規模での考察から利益を得てきたのである。

第一に、アフリカ史は、大きな学問的取り組みを短期間で成功裏に作り出した例を示してくれる。一九五〇年、アフリカ史は、組織された研究分野としては存在していなかった。だが、二〇〇〇年までには、複数の主要な研究センターをもつようになり、印象的な個別研究が著され、世界中の大学の歴史学科に研究者が採用され、そして、歴史家の共同体のなかで場を占めるようになり、歴史家との対話が成立している。

アフリカ史研究者は、歴史家一般に対して、新たな概念、方法、そして解釈を示してきた。今日歴史家に使われているディアスポラという概念は、南北アメリカの研究者と協力して働くアフリカ研究者が精緻化したものである[21]。奴隷制についての文献は、アフリカ大陸の歴史を結び合わせ、他の地域との関連を示してきた。歴史言語学およびオーラル・ヒストリーの方法は、歴史学が社会人類学および文化人類学とつながりをもつにつれて、実質的にアフリカ研究者の仕事を通して発展してきた。近年では、アフリカ研究が主導して、帝国主義、植民地主義、そして国民という概念が根本から再考されるようになった。古代に関しては、アフリカ研究によって、人類の進化、植物の栽培化、動物の家畜化、そして冶金の歴史に大きな見直しがもたらされた[22]。アフリカ史研究者は、既存の歴史学の方法を、新たな問題や新たな証拠に適用する方法も示してきた。データを集めて保管し、文書資料を収集整理して、経済史、社会史、文化史、政治史、知性の歴史、そして環境史に、よくあるように下位分野を作り出してきた[23]。この大陸について大量の実証的な情報を集める必要があることと、それを加工するための適切な理論とパラダイムを採用することの間で、効果的にバランスをとってきた。アフリカ史研究者の間で交わされた、近代化、世界システム、ネオ・マルクス政治経済学、新しい社会史、そしてアフリカ中心主義のパラダイムをめぐる議論は、歴史の他分野の議論と同じくらい啓蒙的である（そして同じように尽きることがない）。

アフリカ史は国際的で、学際的で、他との結びつきが強い。国際的というのは、この研究分野が、アフリカの多くの国民と、ヨーロッパとアメリカのいくつもの国民に基盤を置くという意味であり、さらにまた、研究者が、どこで働いていようとも、多様な社会で生を受け、教育を受けてきたからである。このために、アフリカ史は広い範囲の展望をもつことができ、体制順応的な狭い研究分野にならずにすんでいる。[24]アフリカ史が学際的というのは、多くの研究者の教育と研究が、かなりのところ、人類学、社会学、言語学、政治学、経済学、考古学などの、社会科学および人文学の学問分野に依拠しているからである。[25]アフリカ史が他と強く結びついているのは、その専門家が、他地域を扱う歴史家と互いに影響を与え合いながら仕事をするからである。アフリカ史研究の形成期に、アフリカ研究者は、植民地のアフリカの歴史を再考するなかで、ヨーロッパおよびヨーロッパ諸帝国を扱う歴史家と緊密に連携して仕事をした。奴隷制研究の分野が広がると、アフリカ史研究者は、南北アメリカの奴隷制を研究する者たちと協力して仕事をした。アフリカ人ディアスポラの社会、政治、文化についての研究で、アフリカ研究者は、南北アメリカを扱う研究者とともに仕事をした。また別に、イスラーム圏のアフリカを扱う研究者は、中東と北アフリカを扱う研究者との結びつきを増やしている。[26]

アフリカ史研究は、いくつかの特徴的な力学を発展させてきた。第一に、その下位地域を参照しても、地域全体をたやすく要約できないことである。東アジアはしばしば中国を参照してまとめられ、南アジアはインドを参照してまとめられ、ヨーロッパについてはイギリスとフランスが、ラテンアメリカではメキシコとブラジルが参照される。しかし、アフリカは、ナイジェリアと南アフリカを見ただけで要約することはできない。第二の特徴は、アフリカ研究が、研究される単位の内側だけでなく、外側も探索することである。ヨーロッパは単独で研究対象とされることが多いが、アフリカは一般に、ヨーロッパ、南北アメリカ、もしくは中東を参照しつつ研究される。これら両方の理由により、アフリカ史の文献は、地域間の結びつきと相互作用にとくに注目を向ける。アフリカ研究の第三の特徴は、アフリカの歴史記録のなかにある、人種、人種差別、そして、人種観を基にした過去の解釈などの遺産に、研究者が組織だって立ち向かわざるをえなかったことである。

アフリカ史研究におけるこれらの発展は、いずれも、適切な組織的基盤をもたなければ、起こりえなかっただろう。

歴史学は今日、専門家による研究分野であり、組織のなかで作り出される。アフリカ史研究における多くの発展は、研究と教育のための、財源のある力強い組織が作られたからこそ生まれた。世界史研究は、これに匹敵するような組織が作られなければ、学界でしっかりした地位を得られないだろう。個々の研究者や著述家が独自の努力によって重要な貢献をなしているとはいえ、分野全体としては、研究センター、大学院教育、教師養成、図書館の発展などを抜きにして、発展しえないのである。

合衆国において、アフリカ史は、学際的な地域研究プログラムに加わることで力を得た。研究を主導したのは、アフリカ言語の研究センターを含む、いくつかの大規模なプログラムだった（ウィスコンシン、インディアナ、ミシガン州立、ＵＣＬＡなどの大学）。大きなプログラムは、冷戦後、地域研究に向けられる連邦基金が削減されたために、当初ほど優勢ではなくなった。そして、アフリカ史が専門分野として広く受け入れられるにつれて、より小さなプログラムが発展するようになった。ヨーロッパの大学は、かつてアフリカ研究の巨大な中心地だったが、そのプログラムがどんどん縮小するのを放置してきた。アフリカとカリブ地域の大学は、学生数を増やしているが、資源があまりに限られていて、研究はほとんど出版されない。ラテンアメリカの大学、なかでもとくにブラジルの大学は、アフリカ研究で重要である。全体として、アフリカ研究は、当初は中心地に集中しており（とくに合衆国）、のちに分散したのである。語学の奨学金は、国家防衛外国語プログラムによって連邦政府からもたらされ、博士論文のためのフィールドワークには、フォード財団や社会科学研究評議会の諸機関が助成を与えた。初期の一九五〇年代と一九六〇年代に雑誌創刊の波があり、その後さらに新たな雑誌が発行された。合衆国、カナダ、イギリス、そしてアフリカの協会が毎年会合を開き、研究者が一堂に会した[27]。アフリカに拠点を置く研究者が参加し続けるためにとくに重要だったのは、ユネスコである。ユネスコは、アフリカで多くの会議の開催を支援し、アフリカ人研究者の著作も含めて出版を支援した。

現在のところ、北アメリカに基盤を置く研究者が、他のどの地域よりも多くの研究を進めているのはおそらく確かだろう。ＵＣＬＡ、インディアナ、フロリダ、ウィスコンシン、そしてヨークで、いくつかの大きなプログラムが集中的に多くの研究をしているとはいえ、多くのアフリカ研究者が、より小規模な研究や独自の研究を進めていて、大規模なプログラムは以前ほど優勢ではない。一方で、アフリカの大学では、研究と教育のための印象的なプログラムが開発されてきた。ナイジェリアと南アフリカが顕著だが、セネガル、ザイール、ケニア、カメルーン、そしてベニンやボツワナなどの小国でもおこなわれている。ヨーロッパのプログラムは、アフリカ研究で以前のような優勢な地位を失ってしまった。とくにイギリスでは大学がかなり縮小されたが、それでもなお、イギリス、フランス、ドイツ、そして同様にオランダ、ベルギー、スウェーデン、ポルトガル、イタリアでも、アフリカ研究プログラムは重要であり続けている。ラテンアメリカとカリブ地域の大学にはアフリカ研究の重要なプログラムがある。たとえば、ハイチ、ジャマイカ、そしてブラジルである。日本のアフリカ研究者の仕事はとても奥行きがある。さらに、フィリピンやその他のアジア地域にも、アフリカ研究が存在する。

アフリカ研究者の分析は包括的であり、そこでは、小さな村や貧しい人々が、歴史の主題や、より大きな過程の喩えや、歴史の変化を起こす要因になる。これは地球規模の分析をする者に、重要な何かを与えてくれるだろう。ゆえに、私がある村、ある地域、ある国民、もしくはフランス語圏アフリカ全体を扱うとしても、私の研究は「アフリカ」史として受け入れられるのである。（これは惑星規模の研究の場合にはまったくあてはまらない。一つの村や一国民が、地球を意味づける助けになるとはみなされない。）汎アフリカ・アイデンティティの存在は、アフリカ研究の包括的な面を強めている。つまり、「文明化されていない」からといって歴史から除外されるアフリカ人は事実上いないのである。アフリカ・アイデンティティは、おもに、共同体の外から持ち込まれた奴隷制、植民地主義、そして人種主義という経験への対応から発展したために、アフリカ研究は、共同体内部での自律的な発展と同じくらい、共同体間の相互作用も強調する。加えて、共通のアフリカ・アイデンティティへの感覚は、アフリカの人々やディアスポラ内にある、とても大きな多様性を否定するものではない。このことから、多様性のなかの一体性という感覚が黒人の間で育てられ、そこでは、多様性における差異の幅広さこそが、土台にある一体性の指標として捉えられるのである。

フィリプ・カーティンは、歴史研究の完全かつ同等な分野としてアフリカ史を確立することに多大な貢献をなし、その研究では、一貫して、アフリカ史を世界史の一部として提示することによって、アフリカ史の正当性を示してきた。アフリカ研究はいまや実質的基盤を発展させて、この理由づけを逆転できるほどに認められるようになった。すなわち、アフリカ研究の成果は、いまや、世界史を説明し、正当化するために使いうるのである。最近の研究によるいくつかの例が示すのは、アフリカとディアスポラを扱う者たちが、全地球を研究するのに使えるかもしれない種類の、地球規模の解釈を展開していることである。ジョン・アイリフによる、アフリカの貧困に関する最近の作品は、この重要な問題について、個別研究としても総合としても、大陸規模での研究を著しうることを示した。貧困と地球についての歴史を研究するとしても、大きさの程度としてはこれ以上複雑になることはないだろう。他にも、個別研究と総合的研究を混ぜ合わせた、大陸規模の視点をもつ最近の著作がある。それはジョン・ソーントンによる、初期近代の大西洋世界全体におけるアフリカ人についての著作であり、また、アフリカ全体およびディアスポラのなかでの奴隷制および奴隷貿易についての私の研究である。模範となるような地球規模の資料収集プロジェクトには、マーカス・ガーヴェイとＵＮＩＡ文書のプロジェクトがある。それは、非常に広く資料を渉猟して、一個人や一組織だけでなく、四大陸の多くの次元のなかでのある社会運動を扱うのである。(28)

第三世界の歴史としての世界史

地域研究の拡大によって、世界史研究への主要な道の一つが切り開かれた。最も単純に言うなら、地域研究の文献が質量ともに向上するにつれて、研究者は、ある地域と他地域との比較や関連に興味を抱くようになった。研究者の結びつきが生じ、それは、第三世界の歴史として世界史を見るための枠組みへと発展した。[29] 地域研究の協会が共催して（たとえば、アフリカとラテンアメリカ、アフリカと中東など）時折開催された（そして普通は二度と開かれることがない）研究会は、おもな地域を互いに関連づけることへの探究に、ますます関心が向けられるようになったことを反映している。

第三世界を対象とする歴史家は、ますます活動を増すなかで、どちらの道を進もうとしたのか。彼らの仕事は、確立された歴史研究分野がさらに発展したものと特徴づけられるのか、それとも、歴史に新たなタイプの知識を導入したものと特徴づけられるのか。もちろんどちらもある程度はあったろう。Ｈ・Ｒ・トレヴァ＝ローパーによるアフリカ史への有名な批判や、この分野がオーラル・ヒストリーに頼っていることへの批判、そして、アフリカ研究者が人類学に依拠していることに対する歴史家の軽蔑は、この分野が歴史研究にあてはまらず、「他の専門家」の仕事として広く扱われてきたことを示唆するのかもしれない。[30] しかし、この分野にいる研究者は、自分たちが内的な道を歩んでいるのであり、一般的な歴史研究を新たな領域へ広げていると考えている。それが成功したことは、アフリカ研究者や他の地域の研究者が、歴史学科に次々に採用されてきたことを見ればわかる。地域研究の歴史家は、このような解釈を認めさせるようなトピックを重視することが多かった。つまり、彼らは、おもに、政治、交易、そしてエリート文化を扱ったのである。

このような考え方によって、世界史は、第三世界の歴史として見られるようになった。このような展望から解釈した世界史は、複数の地域史を一組にまとめたものであり、大陸ごとの事例研究の間で興味深い比較対照をもたらした。そのため、一九世紀と二〇世紀のメキシコ、ナイジェリア、そして中国などの地域間比較に注目するコースが、一般に、「世界」を含意することになりやすかった。[31] ヨーロッパは、議論の中心であると同時に、目に見えない参加者であった。つまり、分析では、ヨーロッパから発すると考えられる近代化の力に対する各地域の対応に焦点があてられた。[32] 次第に、とくに多文化主義の政治的重要性が増すにしたがって、このアプローチのなかに、合衆国との結びつきが徐々に含まれるようになった(33)。

思考のレベルおよび概念のレベルで、地域研究の著作は、世界史の解釈に証拠を与えるだけでなく、地域に特化した見方を与えてくれる。地域研究の枠組みによるならば、列強関係や富者と貧者の分裂に注目するのとは別の選択肢が、地球規模の分析に提供される。たとえば、アフリカ大陸は、その両方のタイプの地球規模の分析で、周縁的に取り扱われてきた。アフリカには大国がないため、世界を列強という視点から見ると、視野に入らなくなる。富者対貧者という世界の見方のなかで、貧者は均質の塊として現れることが多く、アフリカの例は、アジアやラテンアメリカの例で代用されることが普通である。

しかしながら、このようなかたちで単純化したり、アフリカを（もしくは「貧しい国々」を）地球規模の議論のなかで周縁に置き続けるのは賢明でない。まず、それが誤りなのは、社会的平等という近代の概念によれば、単に倫理的原則に基づくだけでも、アフリカ人は全面的に声を上げるべきだからである。また、それが馬鹿げているのは、アフリカの人々が貧しく弱いという理由でアフリカを無視することによって、アフリカ人にそのような状況をもたらした貧困と無力化のメカニズムを無視できると仮定することになるからである。このような論法が想定しがちなのは、狭く言うならば、人間の営みの相互作用が一つのシナリオと二つの段階だけからできていること、つまり、強者から弱者への影響の伝播と、弱者によるこの影響の受容もしくは拒絶だけからできているということである。世界のなかのアフリカに焦点を合わせると、分析者は支配に注目するようになるだけでなく、被支配者が、支配されているにもかかわらず、地球規模のシステムを一緒に動かしたり、そこに影響を与えたりする方法にも注目できるようになるだろう。

結論：新しい場

地域研究という学問は、ヨーロッパおよび北米研究に特権を与えること、そして、世界の他地域の分析から「西洋」研究を切り離すことという、研究における大きな不公平をはっきりと指摘してきた。加えて、地域研究という学問は、ヨーロッパおよび北米の社会科学と人文学研究の組織に倣うか、異なるアプローチを発展させるかという選択に直面してきた。第一に重視されたのは模倣（もしくは平等化）であり、そのため、東南アジアの歴史が、西欧の歴史と同水準で書かれるまでになった。しかし、地域研究の仕事は、三つのおもな理由から、特有の性格ももっている。第一に、ヨーロッパと北米の研究で重視されるのとは異なる比重で学問分野を混ぜて使ったことである（たとえば、人類学がより重視された）。第二に、各地域の知的伝統の影響を受けていることである。アフリカや中東の制度や思想は、その地域についての研究に影響を与え続けている。そして第三に、地域研究が各地の諸言語で研究されることである。この第三に挙げた地域研究の伝統のおかげで、知識が広まり、主要な諸言語で資料が広められ、資料へのアクセスもしやすくなり、また、共同体によっては自身の言語を維持し記録できるようになっている。つまり、研究上の対話でも一般での対話でも優勢であるように見える英語独占的なアプローチに対して、中心的な対抗勢力となっているである。要するに、地域研究の拡大は、歴史の記録と歴史解釈の範囲をきわめて豊かに広げてきたのである。研究におけるこの重要なカテゴリーで、今後もこの活力が保たれるよう期待したい。

しかしながら、地域研究という学問は、二〇世紀初頭に書かれた国民史の、内向的な本質主義と類似する教区主義をもたらした。とても多くの地域研究者が、自身の分野が継承してきた境界のなかでの結びつきと、境界を越えての結びつきを探究しはじめているが、一つの村の人類学的なフィールド研究に典型的な、分断したミクロレベルの分析を重視し続ける研究者の数はさらに多い。研究対象である村人は、しばしば仕事や学校のためにはるか遠い場所へと移住し、遠くの土地で作られた製品を買い、世界情勢を論じている。世界の周縁に自身が追いやられてしまうのではないかと村人たちが心配するように、グローバル・スタディーズで自身が周縁に追いやられるのではないかと、地域研究者は心配している。私は、もっと多くの地域研究者が、村人たちのアプローチを取り入れて、彼らが心配を巡らせている世界と出会うために、外に出ていくよう期待している。

第9章　グローバル・スタディーズ

グローバル・スタディーズは、一九九〇年代に、学術的分析の枠組みとして公式に認められはじめた。もちろん、グローバル・スタディーズという発想は、あるレベルではずいぶん前から存在していた。いくつもの大学に国際研究や国際関係のプログラムが置かれていたことがそれを示している。しかし二〇世紀末に、経済、政治、通信、移住、そして文化において、地球規模の相互連関がきわめて強くなったために、新たな地球大の思考に拍車がかかった。この急速かつコスモポリタンな経験をはるかに凌ぐかたちで、二〇世紀末には、分析の優先事項のなかで、より広い哲学的展開がもたらされた。つまり、多くの分野において、問題を細分化してそれぞれを個別に分析するのではなく、システム間の結びつきに焦点をあてて考えるようになったのである。

グローバリゼーションは革命的洞察をもたらした。すなわち、社会と文化の問題は、地域、時代、そしてテーマの境界を横切るような枠組みを使うことにより、うまく分析できるという認識である。しかし、まだ短い時間しかたっておらず、研究が十分に積み重ねられたわけでもないため、地球規模の洞察によって確実な地球規模の知識を作り出すには至っていない。これまでに構築され具象化された社会的境界の枠内で思考するという、社会科学者と人文学者が長く積み重ねてきた習慣が、いくつかの優れた文化横断的な観察の力によって追いやられてしまうことは、おそらくないだろう。

この章では、はじめに、一九八〇年代と一九九〇年代のグローバリゼーションの波を再考する。それは、地球全体に対する意識を一段と高め、グローバル・スタディーズでの教育と研究のプログラムを生み出したからである。次に、社会科学と歴史学のために、グローバル・スタディーズおよび地域研究のなかでの優先順位に関して、近年の諸問題を検討する。この問題をより一般的なレベルに広げることにより、グローバル・スタディーズの論理について、もしくはむしろ、地球規模のレベルで研究する際の、複数の競合する論理について再考する。そして最後に、世界史の特質に立ち戻って、この専門職をどう組織し、他のグローバル・スタディーズの領域とつなげるのがよいのかを考える。

グローバリゼーションの波

グローバリゼーションが多くのかたちをとって現れたために、地球全体に対する意識は、それぞれの変化に呼応して現れた。国際貿易は、ほとんどの国で国民生産の多くの部分を占め、さらに比重を増している。そして、ほとんどの消費者は、非常に遠いところで作られた商品を買うことがある。企業はもうずいぶん前から、いくつもの国にまたがる経営をしてきたが、いまやその経営陣も、そして労働力も、多国籍になっている。国際的な資本の流れは、どの大陸においても、株式市場と商品市場の展開に反映されている。大国は定期的に会合を開き、現在では工業大国を指すのにG7という言葉が使われる。それは第二次世界大戦直後につくられた関税および貿易に関する一般協定（GATT）に取って代わった。一方で、GATTが発展して成立した世界貿易機関は、巨大企業を批判する対抗勢力を引きつけている。小国もそれぞれが経済的グローバリゼーションを経験している。たとえば、石油輸出国機構のカルテルが影響力を持ち続けていることや、また、アジアの虎として知られるようになった地域経済や国民経済の影響、そして、貧しい国々が広く連携した国際経済会議である七七カ国グループなどの影響が強まっていることからも見て取れる。

政治において、二〇世紀の大半を特徴づけたのが、資本主義と共産主義（もしくは資本主義と社会主義）の地球規模での対立である。この対立は、諸国家とそれぞれの同盟国の間での対立として、そして、政党間、社会階級間の対立として表現された。広範な民主化運動の興隆、南アフリカでのアパルトヘイトの終焉、そしてソ連の崩壊は、世界中で政治的な地盤変化をもたらすことになった。

それよりも少し前から、地球規模の場では、国際組織が主要な要素となっていた。すでに一八五〇年代には赤十字が登場し、一八九〇年代にスタンダードオイルが、一九〇〇年のすこし後には国際司法裁判所が登場したけれども、公的、私的、そして非営利の各部門で、国際組織が世界の問題を新たに組み替えることになったのは、第二次世界大戦後のことである。すなわち、国際連合や世界銀行などの政府機関や、ネッスルやゼネラルモーターズなどの企業組織、そして、オックスファムなどの救援機関である。(1)このような国際組織はグローバリゼーションという現象の一部をなし、グローバル・スタディーズの研究対象であると同時に、研究を率いてもいる。

テレビとラジオの放送、とくに衛星中継によって、政府や企業は自身のメッセージを遠くまで伝えることができるようになり、また、ファクスや携帯電話のおかげで、個人の通信は新たな自律的要素を作り出した。インターネットとウェブはその混成物として現れ、放送と個人間の通信との両方に新たなレベルをもたらすことになった。生態学的な問題は、ゴミ処理や有毒化学物質などの局地的な問題が多くの地域で現れたことから、地球全体への意識に加わるようになった。これらの関心が全般的なものへと広がることによって、すべての地域の人々が、地球温暖化や、オゾン層の破壊、森林減少、そして、水陸のあらゆる場所での生物種の減少について危惧するようになった。音楽家とその音楽が地域間を移動して、音や踊りの形態を互いにやり取りしている通り、文化がグローバル化した。文化接触には、工業の中心部から輸出されるポップカルチャーの事物も含まれるし、資金的後ろ盾はあまりないが文化的には潜在力をもつ第三世界の文化習慣の普及や、大国や小国内での多文化主義の発展も含まれる。

合衆国におけるグローバリゼーションのもう一つの面は、あらゆるレベルの教室でグローバル・スタディーズが進展したことである。ナショナルジオグラフィック協会は、数十年前に消滅した地理学の基礎教育を復活させようと運動を続けていて、世界地理を含むグローバル・スタディーズのカリキュラム作成を支援している。教育スタンダードを基盤とする公立学校教育への公的な支援が広がり、多くの州で、何らかのかたちでグローバル・スタディーズや世界史を要請するスタンダードが設定されるようになった。教員たちは、カリキュラムが地球規模のものを多く含むようになるなかで、自身の仕事を強化するために研修の場を探すようになった。学部教育では、一九九〇年代に国際研究のプログラムが盛んになり、そこでの学部学生の専攻には、地域研究で提供される内容から汲み上げられた、折衷的なコースが置かれた。これらのコースでは社会科学に加えて語学が重視されたが、一般に、文化や生態学的な問題は含まれなかった。学生たちはときに国外で学ぶことができ、修了後はロースクールや政策研究へ進むことが多かった。

「グローバリゼーションは今日のキャッチコピーである」。A・G・ホプキンズは、歴史学におけるグローバリゼーションについてまとめた最近の論文集で、序文にこう書いている[(2)]。だが、ホプキンズがそこで論じている通り、これはグローバリゼーションの第一の波でもなければ、地球規模へと意識が向かう初の展開でもない。しかしながら、この波が異なっている点は、地球規模へ向かう意識が、戦争の影のなかで現れたのではなく、平時に開花したことである。一九九〇年代の〈グローバリゼーション〉という言葉がもつ意味と用法を、一九五〇年代の〈近代化〉と対比してみると興味深い[(3)]。どちらも同時にスローガンとしても学術的なモデルとしても使われた。どちらも短い期間に焦点をあてて、過去を、動かせない重荷として低く評価し、過去が未来に与える影響を捨て去る。だが両者には違いもある。近代化理論はパーソンズ社会学を土台にした一方で、グローバリゼーションは一般に、特定できない黙示録的な見方を基にしている[(4)]。そして、近代化のパラダイムが当初は地域研究で歓迎された（後に却下されたが）一方で、グローバル・スタディーズとグローバリゼーションという視点は、地域研究の先導者たちに疑いの目で迎えられたのである。

研究の優先順位：グローバル・スタディーズ対地域研究

社会科学のなかで、グローバル・スタディーズの拡大は、地域研究との衝突を引き起こした。地域研究の動きは、成果が頂点にあった時期の一九九〇年代に、二つの困難に突き当たった。とくに合衆国では、冷戦の終結によって、共産主義との戦いに向けられていた資金が減らされ、そのために地域研究の資金も減ることになった。第二に、「グローバリゼーション」の盛り上がりと命名のおかげで、地域的な研究はいまや時代遅れかもしれないと思う人が現れた。このようにして、地域研究は、特定の地域に集中することの妥当性に疑問が突きつけられ（最も深刻なのがロシアおよび東欧研究だった）、さらに、地球規模ではなく地域を研究する妥当性について全面的に疑問を突きつけられた。地域研究に対する二つの挑戦は、一九九〇年代に合衆国や他の地域で、学術組織の成長が全体として頭打ちになったこともあり、より深刻なものになった。

地域研究とグローバル・スタディーズがおもに戦った場は、社会科学研究評議会（ＳＳＲＣ）である。ＳＳＲＣは、社会科学系の大学院生や若手の大学教員に多くの研究助成をおこなっている機関である。（ＳＳＲＣはアメリカ学術団体評議会ＡＣＬＳの支援を得ており、財政面ではとくにフォード財団から支援を受けている。）一九九四年にＳＳＲＣは大学院生への研究助成の体系を見直し、多くの地域研究プログラムを、より広い範囲を扱う国際研究学位取得助成（ＩＤＲＦ）に統合した。ＩＤＲＦは、国際研究のうち、地球規模の研究にも地域的な研究にも助成を与えることになった。地域研究に取り組む者から見ると、自身にとっての独自の地域研究プログラムが、世界の他の地域についてや、とくにグローバル・スタディーズの研究プログラムとの競合にさらされたうえ、引き出せる元の資金も少なくなったのである。

それにもかかわらず、地域研究プログラムを率いる者たちは、自身を守ることができた。ＩＤＲＦの助成では、当初、地球規模の研究や比較研究に対する支援が広がったが、数年のうちに、一つの場所に絞るか二つの隣接する場所を比較する博士論文を支援する方向へと変わった。助成申請を評価する手続きは、国際研究を専門とする大学教員によって進められ、結果として、国民横断的研究を促すよりも、むしろ旧来の地域研究の優先性を再生産することになった(5)。

私の印象では、博士論文に向けた地球規模の歴史研究が、財政支援を受ける機会はほとんどない。グローバル・スタディーズを提唱する者たちは、グローバリゼーションの歴史的次元を軽視し、歴史家を同盟相手として求めていない。地域研究者は、地域的な語りを積み重ねることが世界史だと見ており、これまでの地域研究での研究パターンが、世界史研究の発展を促すと想定している。世界史研究者は、チームで研究するのではなくむしろ個々人で研究し、研究よりもむしろ教育を重視し、さらに、まだ発展の初期段階にある専門組織内で活動しているため、この論争に加わろうと試みることもなかった。結果として、世界史における研究の論理は、一九九〇年代を通じて社会科学の研究助成が再編されたときに、事実上なんの役割も果たさなかった。

世界史学会は、地域研究の協会とは対照的に小さいままであったし、会費は低レベルで、専属スタッフではなく研究者の時間外労働に頼って維持されてきた。地域研究の諸協会は（発足は三〇年早い）、専門化し、会費が高く、ＡＣＬＳやＳＳＲＣの会合で顔を合わせ、連邦政府に対してロビー活動をし、大規模な会議を開き、主要な大学に組織の基盤を置き、諸々の財団の支援を得て助成プログラムを選定してきた。世界史学会は草の根から精力的な支援を得ているが、強固で組織立った後援者を欠いていた(6)。資源がないために、他の専門機関や慈善財団や政府機関との交流やロビー活動は、ほとんど計画されていない。

この状況は特徴的であり、そしておそらく逆説的である。世界史の興隆は、現在の歴史研究のなかで最も大きく変化している領域を、明確に表している。そこには、時流に後れまいとして、多くの者が便乗しようとしている。だが、世界史研究者と世界史学会は、組織の面でも知的活動でも孤立している。世界史研究者が知的活動で他と異なる点は、次のように唱える主要な研究集団であることである。すなわち、地球レベルでの長期的連続性を認めるよう求め、また、今日のグローバリゼーションに対して、急激な断絶としてアプローチするのではなく、盛衰や段階的変容という地球規模でのパターンのなかに最近現れた一連の陰影としてアプローチすることを求めるのである。他の学問分野出身の個々の研究者は、世界史の連続性という視点に積極的に寄与してきた。だが、一般に、その学問分野は世界史にほとんど利用できない。結果として、世界史学会にはほとんど同盟者がいないのである。

社会科学のなかで地球規模の分析を支える者たちは、学界政治の面で取るに足らない組織しかなく、知識の内容についてもほとんど組織されていない。ここで学界政治が意味するのは、主要な財政支援機関と接触してロビー活動をするプログラムも代表者もいないことである。知識の内容としては、研究計画が適切で強い説得力をもつほどには、社会科学のなかで一貫した地球規模の分析を提供できるプログラムをもっていないことを意味している。たとえ、地球規模の分析を支える者たちが、政治的かつ知的によく組織されていたとしても、地域研究を守ろうとする者たちに対しては、やはり惨敗することになっただろう。

私は、社会科学のなかでグローバル・スタディーズと地域研究が、戦ってゼロサムゲームになるよう設定されていることは、恥ずべきことだと思ってきたし、今も思っている。今でも、地域研究の知識が引き続き拡大することは、大いに必要である。しかしいまや、社会科学の諸問題にとって、明らかに、地球規模のレベルで知識を発展させることが必要となっているし、そうせざるをえない状況になっている。研究へのアプローチは大きく異なるが、決して完全に対立するものではない。筋道だったシステムが作り出されれば、両方のアプローチに研究助成が配分され、それぞれのカテゴリーでの適切な基準にしたがって助成資金が与えられることになるだろう。

世界史研究者は、グローバリゼーションへ向かう動きと、地域研究プログラムの狭間に陥っている。世界史を学術的に企画するにはどのような構造をとるべきなのか。世界をもう一つの「地域」として系統だてるべきなのか。政府が財政支援するグローバル・スタディーズのための拠点を作るべきなのか。[7] 一九九〇年代に、世界史に取り組む者のうち研究を志向する人々から明確な発言が聞こえなかったことは、つまり、政府、大学、そして財団の意思決定レベルで、この問題が論じられなかったことを意味している。

地域研究の組織は、対象となる地域に焦点をあてる歴史研究者、人類学者、言語学者、経済学者などとの密接な協力を基にしている。対照的に、世界史の分野は「世界人類学」「世界社会学」「世界哲学」などの分野とはまったくつながりをもっていない。一般に、ラテンアメリカを対象とする社会学者と人類学者は、自身が研究している現象が歴史に根をもっているのだから、歴史家や他の社会科学者たちと、少なくとも組織の政治という面では連携する理由があると進んで認めるものである。アフリカ研究者とラテンアメリカ研究者は、歴史家との関係を壊さずに、自身の領域のなかで「近代化」を研究することもできるのである。

歴史に根をもつ地球規模のパターンが存在すると想定して、それを共有したうえで、歴史家と社会科学者を共同の地球研究に結びつけるような、うまく組織されたグローバル・スタディーズの協会は存在しない。国際研究プログラムで活動する者のなかには、地域研究とグローバル・スタディーズの摩擦を解決するために学問分野を横断する連合体を作り出すことができ、おそらく世界史の研究に新しい場を開くことができると考える者もいる。[8] しかしながら、今までのところ、このような連合体を作るために提案されたのは、教科書と学部教育のレベルにおいてであり、研究のレベルではなかった。[9] 対照的に、イェール大学とコロンビア大学に近年作られ、注目を集めているグローバリゼーション研究機関は、国際政治に焦点をあてており、過去を参照することなしに世界の未来を構想することができると想定している。歴史家は、グローバリゼーションの根底にある非歴史的な前提を拒むために、このようなグローバル・スタディーズの動きに加わってこなかった。[10]

地球規模の展望を明確にする

グローバル・スタディーズは、一つの学問分野を形成するのではなく、むしろ、学問研究のために一つの枠組みを作るのであり、ある意味では、地域研究の枠組みと似ている。地域研究のためのカテゴリーはすでに存在している。それは、文明、大陸、そして国民の論理によって作り出されてきた。世界のためのカテゴリーもすでに存在するが、少なくとも社会科学や文化研究のなかで、世界全体を基盤とするデータはまとめられていない。地球規模の分析を進めようとする意志はすでに示されたが、地球規模で組織立った研究をするためのアプローチや技術を明確にする過程は、まさに緒についたところである。

自然科学において、研究および解釈は、何よりもまず地球規模のレベルでおこなわれてきた。すなわち、局地的な現象は認識され尊重されるが、局地のレベルと、地球、そして宇宙のレベルの間に重要な境界はないと考えられる。自然科学にとって、グローバリゼーションとグローバル・スタディーズは、主要な見方を再確認することを意味した。地球温暖化、森林減少、そしてオゾン層の破壊の可能性が予測されて衝撃をもたらしたのは、生態学の新たな研究成果が現れたからであって、生態学者が地球規模の視点を突如として受け入れたからではない。対照的に、社会科学と文化研究において、研究者が確信をもって強調したのは、国民、文明、そして宗教の境界内にある存在がもつ、特有の性格だった。地球規模の展望をもつ研究者は、これらの分野の周縁部に位置する。グローバリゼーションとグローバル・スタディーズの動きによって、いくつかの基本的な想定を組み換え直すような刺激が与えられたけれども、この要請に応えて、根本的な想定がすぐに見直されることはまったくなかった。

当然のことながら、グローバル・スタディーズは、すでに存在する研究者の集団を集めるところから始まった。この集まりは、非公式なものであり、雑多な寄せ集めだった。各国政府が研究者を集めねばならないような、紛争や政治的対立があって、グローバル・スタディーズの潜在力をめぐる会議が招集されたわけではない。当然のことながら、グローバル・スタディーズは、最も幅広い関心や、現下の政治問題への関心を喚起するようなトピックに焦点を合わせる。政治決定を必要とする短期的な経済問題、国際関係、そして生態学的な問題が、グローバル・スタディーズのプログラムの中心となっている。

そして、古い展望を新しい展望から隔てている溝は大きい。地域研究では、一世代以上の学問活動を経た後でも、アジアや他の場所における在地住民の行動にではなく、むしろ植民地を統治する側の思考に焦点をあてたがる研究者が多く残っている。そして、すべての歴史家が、グローバル・スタディーズを取り入れるために、国民という視点をすぐに捨てたりしないことは、このことからも確実といえるだろう。とはいえ、自然科学を見習って、単に世界中の現象に共通するものごとに焦点をあてればいいという問題でもない。私たちがそのなかで働いている社会的文化的な境界は、現実に存在する。グローバル・スタディーズを進めるこの世代は、どうやってこれらの境界を横断したり乗り越えたりするのかをより多く学ぶだろうが、その存在を否定しても、それほど進歩を得られないだろう。

グローバル・スタディーズの興隆は、社会科学のなかで、局地化されたカテゴリーの研究を超える分析を促したという点で、革命的な含意をもたらした。ある意味で、地球規模で考えることが新しいということはまったくない。というのも、大国や大企業の指導者は、地球規模のレベルで何らかの統制力をふるうことができたので、長い間、地球大で思考する経験を積んできたのである。別の意味で、地球規模の思考は、実際、新しいものである。それは、システム間を横断する結びつきを見るための熟練した技を映し出すのだから。つまり、相互作用の様々な論理が、いまや、ますます明らかにされ、整理されるようになっているのである。

教区的グローバリズム

今まだ姿を現しはじめたばかりのグローバル・スタディーズは、地球規模の分析に向けて、部分的かつときに一方的なアプローチを用いた結果として生まれた。ここで論じているように、ほとんどのグローバル・スタディーズのプログラムは、幅広く分析することを提唱する一方で、その幅に、重要ではありながらもほとんど明示されない制限が課されている。そのため、多くは、分析の論理と実践が、地球規模ではなくて教区的なものになっている。グローバル・スタディーズを構築する方法は多様であるため、結果として、それらのアプローチの間で摩擦と混乱が生じた。せいぜい諸々のアプローチの多様性を堅実に提示するくらいはできるかもしれないが、そうするとむしろ次のような恐れも生じる。つまり、競合するグローバリズムが、それぞれに成功を吹聴したり新たな資源の源泉を求めたりして不協和音を奏で、それにもかかわらず、どれもが包括的な地球規模の分析を実現するに至らないという恐れである。

社会科学と文化研究にとって、グローバル・スタディーズとは、広い視野をもつ相互作用的な研究であると定義しよう。「広い視野」が意味するのは、視野を、大きい地理的範囲と、長い時間的な区切りと、幅広い範囲の人間および自然の現象に広げる研究である。「相互作用的な研究」とは、研究に含まれる多様な地域、多様な現象、そして多様な時間の間で働く、力学と相互作用を考慮する分析を意味する。もちろん一人が一度にすべてを研究できるわけではない。だが、グローバル・スタディーズで肝心なのは、考慮に入れられるだろう地域、現象、時間、もしくはそれらの結びつきを、事前に自動的に限定しないことである。これをグローバル・スタディーズの〈最大限の〉もしくは〈総合的〉な定義と呼ぼう。

しかしながら、現実に取り組まれてきた「グローバル・スタディーズ」の状況を見るかぎり、私の最大限の定義はそれをはるかに超えている。「グローバル」が大きな分析を意味することを全員が受け入れるものの、それがどのようになされるべきかを、全員が合意しているわけではない。代わりに、グローバル・スタディーズの多様で〈部分的な〉定義が導入され、論じられてきた。私が示したいのは、グローバル・スタディーズに加わったり、コメントしたりする様々な集団によって、〈グローバル・スタディーズ〉の意味に、いくつかの制限が置かれていることである。「大きい」ことは、広い空間を意味するが、長い時間的区切りや幅広いテーマを意味しないと考える人もいる。グローバル・スタディーズの視野とは、全世界を同時に見ることだと捉える人もいる。この場合、地球規模での現象と局地的な現象を同時に扱うことは拒まれる。複合的な状況を整理するために、ここで、地球規模の分析枠組みを制限したり狭めたりするかもしれない五つのやり方を示そう。

①何らかの空間的枠組みを特権化する

地球規模の分析にはどのような地域が考えられるのか、そしてそれを、どのように分解していくのか。あるアプローチでは、一つの全体としての世界が研究の単位であり、それより小さい単位は無視される。このようなアプローチは、大気圏中のオゾン層などの生態学的な問題には適切だが、観察は特定の地点でおこなわれざるをえず、地球全体に対する観察ではない。

また別のアプローチでは、国民が、世界を構成する基本的な、もしくは最も本質的な単位として想定される。国民的経験は地球規模での経験を「組み立てる部品」である、という思考が明示するのは、国民が、そのなかにある地域やそれを含む地域に比べて、より基本的で、より現実的だという想定である。[11] このアプローチは、データが他の単位ではなく国民単位で得られる、という実用的な点から発しているのかもしれない。その場合、世界は諸国民を集めて合計したものと見られる。同様なアプローチに、世界が諸大陸からなるという想定がある。この見方は、世界史や世界地理へのいくつかのアプローチのなかで広がっているが、大陸を実態として見てしまうだけでなく、島や大洋を無視し、異なる大陸にある近隣地域が密接な関係にあることも無視する。自然科学では、視野がほぼ地球規模になっている研究もある。すなわち、地球上での位置情報を、政治単位ではなく座標で示す地理情報（ＧＩＳ）システムである[12]。しかし、経済や国際関係の専門家による地球規模の分析は、国民を単位として続けられるだろう。つまり、合衆国、中国、ベルギー、そしてスリランカは、領域も人口も大きさの順に並べれば異なるにもかかわらず、彼らの推定においては、いずれも国民ごとの観察として使われるのである。少なくとも、地球規模で理解するためには、合衆国や中国は、ベルギーやスリランカ程度の大きさに区分する方が、論理的であるだろう。

②何らかの時間的枠組みを特権化する

地球規模の分析では、どのような時間が扱われ、それをどう区分するのか。とくに経済と政治のグローバリゼーションを研究する場合、短期間の変化に特権を与える傾向があり、現在の状況が、長期的な変化の過程ではなく、最近の急激な転換によって起こったと想定しがちである。より綿密なアプローチをとれば、長期的な力学と短期的な力学の両方を考えることができるだろうし、それぞれの時間的枠組みのなかで、ゆるやかな進展と急激な変化の可能性を考えることができるだろう。

グローバル・スタディーズのプログラムには、ほとんど歴史が含まれていない。例外の一つは、ブルース・マズリシュが率いる研究グループであり、「世界史」と対比させて「地球規模の歴史（グローバル・ヒストリー）」を定義しようとし、地球規模の歴史をグローバリゼーションという現代的関心とつなげようとした[13]。経済研究では、地球規模の経済についての議論が広がったことから、地球規模のアプローチを二〇世紀よりも前の時代に用いる経済史研究者もいる。そして、環境研究では、二〇世紀の環境を研究する者たちが少数の歴史家と手を組んで、地球規模の環境史を探究した[14]。これらの例外を除いて、初期における「グローバリゼーション」という思考の衝撃は、歴史を隅に追いやることになった。そして、生まれつつある新しい華やかな世界が、以前に過ぎ去った者たちの生や経験とほとんど結びつかないと想定させることになった。

③何らかのテーマによる枠組みを特権化する

地球規模の分析ではどのようなテーマが扱われ、それをどう区分していくのか。地球レベルでの政治研究と経済研究はとくに注目を集めているが、多くは、問題が文書資料で確かめやすいからであり、また、政府が政治的影響を与えたいからである。環境および生物学的問題は、それ自身が固有のものとして研究されるか、または、それと結びつく様々な社会問題との関連で研究される。国際研究プログラムは社会科学に焦点を合わせるが、文化研究にはあまり目を向けない。

④何らかの原動力の枠組みを特権化する

地球規模の分析ではどのような力学が扱われ、それをどう区分していくのか。グローバル・スタディーズでの分析は、かなりのところ現代に、そしてむしろ、豊かな諸国民に焦点をあてる。経済成長と不況、軍備拡張競争、そして工業による汚染の研究は、大国を中心におこなわれてきた。イデオロギー対立と人権問題の研究も同様である。これらほど多くないが、地球規模での関心が向けられてきたのは、負債のレベル、社会状況、人権侵害、そして環境の諸局面などに見られる、豊かな諸国民と貧しい諸国民の間の不均衡と対立についてである。ここでは、富める者と貧しい者が、だがとりわけ貧しい者が、差異のない塊として表されることが多い。要約すると、地球規模の問題の分析は、短期の伝播論的力学に焦点をあてており、豊かで力のある中心部で原因が生じ、その影響が（おそらく遅れを伴って）世界中に現れると想定される傾向がある。グローバル・スタディーズは、フィードバックの過程や、短期および長期の力学が合流する可能性にも注意を払うべきである。それはつまり、空間、時間、そしてテーマの広さにおける多様なレベルで、それぞれ個別の力学によって諸過程が左右されているということであり、それゆえ最終的には、地方、国民、文明、そして地球全体のそれぞれに特有の現象と、それらが複雑に混ざり合ったものを、区分しながら突き止めていくことになるだろう。

⑤何らかの研究機関を特権化する

グローバル・スタディーズでは地球規模の研究対象が不可欠であると強調してきたが、より局地的な研究対象も分析に含まれるべきである。これに関連する問題は、研究の機関が、局地的なものであるべきか、地球規模のものであるべきかということである。自然科学においては、研究する現象が地球上どこでも同じであると想定され、研究機関はたいてい地球規模となる。社会科学と文化研究では、ある現象は国民や言語集団に特定され、研究機関もたいていは局地的なものである。(15) グローバル・スタディーズの興隆によって、この想定は考え直されることになる。だが皮肉なことに、当分の間は、地球規模で整理された国民ごとの研究に頼らざるをえないだろう。

世界史研究者という職業：組織とつながり

世界史学会は、世界史研究者に共通する専門的利益を代表する唯一の機関ではないが、同種の集団のなかでは最も大きくて最もよく整備されたものである。(16) そのため、ここでは、世界史学会を中心にして、世界史研究者に開かれている戦略的選択を論じていく。おそらく〈世界史研究者〉という語は、野心的に、ときに傲慢に、その資格を認めるよう求める響きがあることから、そのように名乗りたがる者はあまりいない。デボラ・スミス・ジョンストンは、世界史に関連すると考えられる七〇人以上の著名な教員と教授にインタビューして、世界史研究者と名乗りたいと思う人が半数以下だったことを明らかにした。対象者は全員が世界史の研究と教育に熱意をもっているけれども、そう名乗るほど自身の学識や理解が広いと思わない人もいるし、とくに教師たちのなかでは、地球全体を対象とするグローバリストと名乗る気はあっても、研究活動に取り組んでいないことから「歴史研究者」の名称は受け入れられないという者もいた。[17] 私は、これらの対象者が感じているのよりも、「世界史研究者」の名をもう少し自由に用いていきたい。

近年の世界史学会の活動は、支払い責任を果たしている一四〇〇人ほどの会員によって支えられている。最近、会員を増やそうと大いに努めたが、あまり成果は得られなかった。この組織の会員には活発に参加する中核部分がいて、六月の年次大会には二五〇人程が集まる。実質的な会費収入が増えたため、二〇〇一年からハワイ大学に本部を置くことができた。会員になるかもしれない人たちがこの組織に見出す重要性を考えれば、さらに成長することも可能だし、国際的に成長する可能性もある。一方で、オンラインのディスカッショングループであるH‐WORLDはH‐WORLD登録者を数える。登録せずに、過去の記録を調べる読者もいる。私の推測では、世界史学会会員はH‐WORLD登録者の三分の一以下であり、その逆もまた同様である。世界史の組織に強く結びついているこれらの人々に加えて、さらに、世界史研究に活動的に携わっている研究者と教師が少なくとも同数はいると、私は考えている。

公式と非公式とを問わず、世界史研究者が接触しているだろう関連団体を挙げてみるならば、気が遠くなるほどの長大な選択肢が得られる。まず、初等中等学校での歴史教師と管理職がいて、とくに全米社会科学教育協議会とその外郭団体を通じてつながっている。そして、歴史の専門家による国内や国際的レベルの機関が続く。[18] 合衆国では、アメリカ歴史学会が数多くの関連組織をもち、その多くは世界史研究者の関心を引くものである。[19] 次に、地域研究の協会があり、自然科学、社会科学、そして文化研究の多くの分野を含めて、国内や、ときに国際的レベルで、組織されている。[20] これらの学問分野の集団には、歴史的な問題ではなく現在の問題を中心に関心を向けるものもあり、歴史家との間で共通の基盤を探すべきかどうかという問題も持ち上がっている。関心を共有するこれらの集団が存在するとはいえ、基礎的な関係は、同僚たち、つまり、近い分野で働いている教師や研究者との関係にあると言えるだろう。

また別のレベルでは、合衆国の社会科学研究評議会やアメリカ学術団体評議会といった、研究活動の調整組織と結びつくことに、世界史研究者は関心を寄せるだろう。[21] 慈善財団は、研究の優先順位の決定においても、研究奨励賞の配分においても重要な役割を果たしている。[22]政府機関は、国民のレベルだけでなく、地域や、国民を超えたレベルでも、研究の優先順位の決定においても研究基金の源としても重要である。[23]

世界史研究者が組織だった研究や協力関係に加わる場合、それらの活動に重要な目的があってこそ意味がある。研究と教育において強力な共同体を作りたいという世界史研究者の単純な欲求が、世界史学会（そして最近ではＨ‐ＷＯＲＬＤ）を維持しているのは確かである。加えて、公式な学際的連携を切望して、歴史家は、地球規模のことを扱う他の学問分野の人々と結びつくかもしれない。学校や大学では、運営にかかわったり世界史研究者の雇用を増やしたりすることが、必ずや職業上の利害関心となる。世界史研究者は、教師養成の主要なプログラムの作成を支援し、現役教員に、特別のコースや専門性を深める機関を広く提供したいと思うだろう。同様に、世界史研究者は、この分野に入ろうとする学部卒業生の訓練を手伝い、また、学位論文のための研究やポスドクの研究プロジェクトを支援したいと思うだろう。地球規模の歴史研究を定義して批評するための研究センターや会議を催す組織を作ることも、より遠大な目標のなかに含まれるかもしれない。最終的には、世界史研究者は他の研究者と手を組んで、大きなプロジェクトを組織し、地球規模のレベルでデータを集めて分析したいと願うことだろう。

大学で世界史研究者が雇われるパターンは、まだ定まっていない。[24]地域研究に携わる歴史家の雇用と比べると、とても対照的に見える。過去二世代の間、地域研究者が歴史学科に雇われるときには、より多くの国民（や文明）を扱っているからだと主張されてきた。このアプローチはかなり成功し、それは、歴史家が専門のテーマによって任用されるのではなく、地域ごとに任用されるという伝統を補強してきた。[25]世界史研究者は、いろいろな方法で職を探すことができる。つまり、ある国民や地域の専門家でありつつ世界史も研究する者として、また、世界をもう一つの地域として扱う専門家として、そして、歴史学のテーマとして世界に重点を置く世界史専門家として、地位を見つけられるのである。第一のアプローチが歴史学科をかき乱すことはないが、採用された者は倍の義務を負うことになり、おそらく世界史を研究するよう促されることはほとんどないだろう。第二のアプローチは地域研究の論理を取り入れるものであり、歴史学での採用の性質を乱さずにすむように思われる。第三のアプローチの場合、歴史学科を再編させることになるかもしれず、地域別にではなくテーマ別に採用する可能性が現れるかもしれない。

将来の世界史研究の仕事をどのように考えるのがよいだろうか。今私たちが探究している世界史の諸問題に適するように、地球規模のデータを見つけて作り出すには、どうするべきなのか。私はこの本全体でこれらの問題を扱っているが、この段落で強調しておきたいのは、歴史家による地域横断的な三種類の分析が遺産として存在することである。つまり、歴史家は、文明、帝国、そしてディアスポラに注意を向けてきた。文明についての著作は、古代から現代まで、メソポタミア文明からアメリカ文明まで幅広くあり、政治的、文化的、もしくは宗教的な文脈で規定されている。[26] 帝国の研究は、古代の場合、文明の研究とかなり重なるが、とくに第二千年紀における帝国は、特有の構造をもつものとして扱われる。イギリス帝国についての歴史研究は、一九世紀と、とくに二〇世紀初期に発展した。そのため近代世界史の研究にとって重要な先駆となり、さらに、イギリス帝国の歴史家によって集められ分析されたデータは、世界史研究にとって中心的なものであり続けている。[27] ディアスポラの歴史は、近年になってようやく世界史に組み込まれたが、ユダヤ教徒、アフリカ人、そして中国人ディアスポラの研究は、すでに重要なものになっている。[28]

私がとくに重要だと考えている課題は、世界規模のデータ収集を進展させることである。この仕事にはまだほとんど手がつけられていないが、過去のプロジェクトにより、それがどのようなものかは示されてきた。まず、いくつかの国民政府は、歴史のデータを集めて叢書を発行してきた。[29] B・R・ミッチェルは、多くの国について国民単位の類似するデータを集めた、優れたシリーズを世に出してきた。[30] 全米経済研究所は、シモン・クズネツの指揮の下で、二〇世紀における、そしてときにそれ以前における、合衆国および他国民の国民生産を計算してきた。[31] まったく異なるかたちで集められた地球規模のデータとして、民族誌で地球規模の概観をおこなった、ジョージ・ピーター・マードックによる努力の成果がある。人間関係地域ファイルは、横断調査の視点を保ちつつ、大量の民族誌データを集めてコード化した結果生まれた。[32] また別の主要なデータ収集として、ミシガン大学に拠点を置く、政治および社会調査のための大学間協会があり、電子アーカイヴの形態をとっている。[33]

これらのデータは、一世代かそれ以上前に構成され集積されたものであり、社会科学の研究に非常に役立ってきたが、それが作り出された枠組みである国民的、民族的、そして学問的なパラダイムによる限定は残り続けている。いまやグローバリゼーションの時代であり、新たな問題、新たな理論、新たなデータの構成、新たに利用できるデータ、そして発展する地球大の展望などと歩調を合わせて、地球規模のレベルで社会科学の問題を研究する組織を作るために投資することが賢明であろう。

次に、組織化された世界史研究者がとることになるだろう戦略の問題へと移ろう。私はまず、忍耐ではなく、行動を重んじる戦略を主張したい。組織された研究分野として世界史を打ち立てるために、たゆまぬ活動をしてきた個人がいる一方で、教育と研究のより広い世界では、世界史へのアプローチは野放しの状態で進められてきた。そしてそのために、この分野を発展させる多くの機会が、軽率にも失われてきた。[34] 基本的に、世界史研究は、世界史研究者が力強い協力者や後援者、そして幅広い協力関係を作っていかないかぎり、きわめてゆるやかにしか進まないだろう。世界史研究者は、何らかの民族や地域などの認識可能なカテゴリーのなかに生まれたのではなく、自身の関心にそって自分で道を選んでいるために、力のある協力者や後援者を見つけるのがかなり難しい。いずれにしても、世界史研究者が組織力を広げる運動は、三つの選択肢として表現されるだろう。

第一に、世界史学会の地理的な範囲はどうあるべきか。国際組織と国内組織のどちらになるべきなのか。現在、この組織は、二つの選択肢の間で揺れているところである。形式的には地球規模の組織として存在しているが、実際にはほぼ合衆国に基盤を置く状況に留まっている。世界史学会は、世界中に在地の支部をもつ一組織として大きくなるのだろうか。もしくは、国ごとに別々の組織が育ち、そこから国際的な連盟が設立されるのだろうか。今のところ、世界史学会は国ごとの構成や下位組織を作ることを避けてきたが、関連組織には、国民より小さい規模のものも、国民を超えたものもある。この問題は、世界史学会が、アメリカ歴史学会および国際歴史学会議との関係に、どのようなアプローチをとるかによって、部分的には決まるだろう。後者は公式的には地球規模のものだが、主としてヨーロッパの組織であり、きわめて官僚的で、急速な変化を遂げる余地はない。

第二に、世界史研究者の組織は、他の学問分野とどのような関係を結ぶべきだろうか。実際のところ、世界史学会には、歴史分野以外の研究者が個人として活発に会合に加わってきたが、世界史学会そのものは、他分野の研究者集団と、ほとんど議論を広げてこなかった。世界史学会は、双方向的な基盤による学際的な学界外交を進めるべきだろうか。世界史学会がこのアプローチをとれば、社会学者、人類学者、政治学者、経済学者たちの協会や、言語学協会、文化研究の協会、そして、地域研究の協会などと、直接の関係を打ち立てることになるだろう。でなければ、世界史学会は、地域研究の諸協会と並ぶかたちで、地球規模の研究の学際的な協会を作るべきなのだろうか。この場合、地球全体を対象とする他の学問分野の研究者とともに、組織形成の会合を開くべきであり、そこからグローバル・スタディーズ協会を立ち上げ、その後で、規模の大きな協会のなかで歴史研究に適切な注意が払われるように確保する仕事が必要となるだろう。

第三に、世界史学会は、教師と研究者の連合という現在のかたちを保つべきなのか、それとも二つの別組織になるべきなのか。会員にも指導部にも教師と教授が混在している世界史学会は、専門組織のなかで特別なものである。私は、この同盟が大きな利益をもたらすと信じている一人である。教授たちは、教育と研究の両方を教師たちから学んできたし、教師たちは、教育と研究の両方を教授たちから学んできたのだから。それにもかかわらず、教師たちは、世界史学会において、合理的に考えれば多数派であるはずなのに、明らかに少数派にとどまっている。あるレベルで、世界史学会は、多くの世界史教師にとって直接関係のある組織となっていないのである。

これらの戦略を検討して選択するときに、世界史研究者は、拡大している他の研究分野の経験から学ぶべきである。合衆国でそこに含まれるのは、一九六〇年代からの黒人研究プログラム、一九七〇年代からの女性研究プログラムの発展である。(35) 私は、世界史研究者、地域研究の協会、そして学術分野ごとの協会の間で、公式の情報交換が開かれることを望む。そのような情報交換を呼びかけることは、すでに別方向でのかかわりをもっている研究者や教師にとって、さらに多くの会合やメールでのメッセージの負担が増えるように聞こえるかもしれないが、そのような結びつきを支援する機関はすでにいくつか存在する。合衆国に基盤を置く社会科学史協会では、トピックや学問分野ごとに関心を同じくする多くの集団がそれぞれに「ネットワーク」を作り、年次大会ではそれらのネットワークが分科会を組織してきた。ネットワークは研究上の結びつきを維持し、それによって、会員が属する他の様々な集団間での情報交換ができるようになっている。

実際、地球規模の歴史を研究するプロジェクトに最も関心を示してきたのは、近年ボストンで共同開催された世界史シンポジウムが示すように、地域研究の教師や研究者である[36]。それにもかかわらず、世界史は、地域研究での歴史とは異なっている。イデオロギー的に、そして、とくに守勢にあるときには、地域研究者は例外主義に目を向ける傾向がある。つまり、自身が対象とする地域の特性と、他地域との比較不可能性を強調しがちである。地球全体を対象とする研究者は進んで地域の特性を認めるだろうが、外部の影響を受け入れないような地域的唯一性、すなわち例外主義を認めるのは嫌がる。世界史研究者が地域研究の歴史家（そして地球全体を対象とする他学問分野の研究者）と議論する際には、ときに困難が伴うだろうが、そのような結びつきと議論からこそ、学ぶことができるのである。

結論：大きく考える

近年、知的レベルで、大きく考えることに、多くの型が現れてきた。今のところ、研究者、教師、そして助成機関などは、試行錯誤の段階にあり、地球規模で相互作用をもつ枠組みで知識を作り出し利用するために、いろいろと織り交ぜたアプローチに取り組んでいるところである。最も重要な地球規模の問題はどれか。私たちの世界に対する私たちの理解を進展させるために、私たちは、どのような範囲で学問分野を用い、どのような範囲で地域研究の知識を用い、そして、どのように地球規模のパターンに対する意識を用いるべきなのか。最良の研究と教育のために、どのような優先順位を設けるべきなのか。

世界史は、諸地域、諸々のトピック、そして時代の間の結びつきに焦点をあてて解釈することから、多くの研究分野をつなぐ学問的な結節点になる力をもっている。それは、歴史文献が地域や学問分野に分かれているなかで、全体を表現するような新たな営みにはなりえないだろうが、それぞれの分野の、そしてそれらの相互作用のなかにある、中心的な新潮流を反映するようなパターンを発展させるかもしれない。世界史は、学問的な出会いの土台になることが必要であり、まだ手がつけられていないところの専門家やエネルギーや資源を集めてもう一つの集団を作るだけになってはいけない。世界史研究者は、研究と教育の仕事で求められていることに加えて、学界外交での重要な課題にも乗り出さねばならないだろう。世界史学会は、会員数、財源、そして組織としての活動において、大いに成長せねばならない。世界史研究にそのような拡大と凝集が起こって、先端を行く研究分野になれるかどうか、今は予測できない。もしかすると、世界史が一分野として発展するのを制限するような別の諸力もあるだろう。もしかすると、まさにこれらの諸力によって、世界史の専門家が強力な集団に発展しなくても、地球規模の洞察や地球規模の結びつきを適切に研究できるようになるかもしれない。もしかすると、世界史研究者は、地域研究や学問諸分野の間の情報交換を率いるのではなく、学際的な研究が集まるクラウドの一部になるかもしれない。しかしながら、歴史上の結びつきのなかから豊富に生まれてくる新たな着想は、人文学と社会科学のほとんどの研究を閉じこめ続けている国民パラダイムと、ますます対立することになると考えられる。このパラダイム対立をうまく乗り越えるための重要な鍵の一つは、世界史が主要な研究分野として拡大し開花することなのである。

第三部　近年の研究成果

第三部に含まれる五つの章では、近年のおもな世界史研究の成果を要約する。そこで示されるのは、歴史研究者や他の学者が、学問の諸分野、地域研究、そしてグローバル・スタディーズの方法をどのように使い、それを世界史の実用的な問題に応用してきたのかである。その結果は、ロス・ダンが「新しい世界史」と命名したものを形作っている。

この新しい世界史は、多様な風味を帯びて登場している。世界史がすべてを包摂する単一の地球規模的総合として存在した時代は、たとえそのような総合がかつて存在したとしても、すでに過ぎ去った。歴史家が扱う幅広い方法と展望、および人間の幅広い経験が結びつくことによって、ただ一つの世界史ではなく、多様な世界史が作り出される。私は、世界史という分野内での下位の研究分野を、一般的な学問分野の分類に従って定めることを選んだ。これらの下位分野、すなわち、政治史、経済史、社会史などは、人間の活動と経験についての、相対的に自立した識別可能な領域として扱われる。このため、これまでの章、とくに第4章と比べると、以下の第三部では強調点が移動する。第4章では、〈テーマ〉という言葉を用いることによって、歴史全般のなかで、特定の関係もしくは過程にあてる焦点を描いた。生に関する種々のテーマは、それを研究する際に用いる学問領域と緊密な関係をもつのではあるが、第三部の各章でより明確にするのは、テーマによる分類ではなく、学問分野とその下位分野に従って作品を分類することである。

第三部では、四つの章のなかで、七つの下位分野を提示する。いずれの章でも〈研究計画〉を少なからず重視する。研究計画については第10章で定義するが、各下位分野で研究される歴史上の問いを意味する。以下、各章ともほとんどは、近年の個別研究の再検討である。政治史と経済史に関しては、統治の問題、および、財とサーヴィスの生産、消費、ならびに交換に焦点をあてる。社会史では、家族と共同体の多様な次元から研究を再検討する。科学技術史では、自然を制御するための人間の工夫を中心に置く。生態系史では、自然が人間社会に与える影響と同時に、人間が環境に与える影響を取り上げる。健康の歴史の検討では、病気と治癒の問題に焦点をあてる。文化史では、できるだけ幅広い人間の経験と理解の表象を扱うべく、諸研究を検討する。これらを学問分野の範囲内で検討した後で、世界史研究者が討論するための主要な技術と問題を取り上げる。討論に関するここでの議論は、問いから出発して答えに向かい、そして答えについての議論に進み、さらにより多くの問いに戻るような、解釈の輪をつなげるだろう。このように、討論は研究成果の批評に焦点をあてるだけでなく、研究計画に提示されたなかでどれが優先されるべき課題なのか、すなわち、世界史を探究する際に努力をどこに向けるべきなのか、という問題にも焦点をあてることになる。

個々の研究による成果は、人類史における地球規模のパターンを描いた広大な絵に、さらに何かを付け加えていくだろう。世界史はあまりにも大きいため、それぞれの新しい調査は、たとえ大きなトピックの調査だとしても、物語全体にはわずかな変化しかもたらしえない。しかし、わずかな変化の一つ一つが重要なのである。すなわち、近年成し遂げられた研究の蓄積によって、ある領域では空白だった過去の輪郭が埋められたり、また別の領域では、過去に対する以前の視点が見直されたりしていることが見て取れるからである。

第10章　政治史および経済史

政治史および経済史の研究は、早くから世界史の根幹を形作ってきたうえ、世界史のなかで最大の下位分野であり続けている。政治史は、統治機関、政治対立、そして変化を扱い、また、経済史は、財とサーヴィスの生産、財とサーヴィスへの需要、そして、通商や再分配やその他の過程を通じたそれらの交換を扱う。政治が動くのは、局地的な政治共同体、そして国家として知られるより大きな単位（そこには君主国、帝国、そして国民国家も含まれる）を通じてであり、経済の組織には、家計、流通業に携わる企業、製造業に携わる企業、そして経済生活を規制する国家がある。代表、行政、外交、そして戦争といった政治問題は、土地、労働、資本、貨幣、そして経済成長という経済問題と、多くの点で区別できる。しかしながら、歴史では、この二つの下位分野は、著しく重なり合う。なぜなら、統治機構による政策は、経済的成果を決定する重要な要因であるからであり、また、経済状態はしばしば政治共同体にとって限定要因となるからである[1]。

研究計画：政治史および経済史

第三部の本章およびそれに続く章で、研究計画の議論によって再検討するのは、歴史家（専門家もアマチュアも含む）から一般公衆にまで広がる観察者の思考における、過去についての最も基本的かつ最も差し迫った問題である。(2) 単純に言えば、地球規模の過去について何を知るべきなのか、という問いである。より正確には、研究計画は、ある歴史分野にとってすでに知られていることに基づいており、その分野についての歴史家の問い、および公衆の問いから成り立つ。公衆の対話から現れる歴史への問いは、一般に、現在の社会状況から提起されるジレンマや問題から生じる。そのため、一九八九年に始まった民主化運動の波は、その後、歴史における民主政の研究の波をそれほど生じさせなかった。(3) 対照的に、歴史家による問いは、過去の問題に由来する方が多い。すなわち、歴史の過程についての議論や、研究成果の間に見られる矛盾から、歴史家は研究に新たな問いを投げかける。たとえば、一七世紀に採掘された銀のほとんどが中国かアジアのどこかで売られていたことはわかったが、それは、当時のアジア経済が停滞していたのではなく、発展していたことを意味するのだろうか。

すでに示唆したように、研究計画の基になる問いかけは、過去に関して何がわかっているのか、そして何がわかっていないのかに左右される。すなわち、政治史および経済史の語りは、新たな問いが提起される基盤となる。世界史で最も目につく語りは、その長期的な政治の語りである。つまり、初期国家の形成、帝国の発展、世界の異なる地域における帝国システムの周期的興亡、そして現在まで続く支配権力の継承である。これと関連する語りには、戦争における科学技術と社会組織の発展があり、戦争における発展によって諸大国の拡張が促されたという結果も語られる。また別の政治的語りは、統治機構の変化、および統治を左右する社会階級や社会的利害をたどる。とくに関心が向けられてきたのは、代議政治の拡大である。

世界規模の経済史での主要な語りは、生産の中心および富の中心と相互に作用する、長距離交易システムの拡大について描く。この語りで注意が向けられるのは、主要な貿易商品と貨幣システムである。しかし、異なる生産システムの研究も同じくらい重視されてきた。それは労働力の利用、とくに農民、職人、奴隷、ならびに賃金労働者の役割に焦点を合わせる。最近の数世紀に関しては、国民経済単位の総生産と総資産の水準をたどることも、また、富める国民と貧しい国民の間にある不平等の増加を観察することも、可能となった。

歴史家による問いのほとんどは、過去の歴史上の現象についての起源、タイミング、力学、そして遺産に分類可能だと考えている。（さらに、過去の「力学」は、歴史上のシステムの機能、システム間の結びつき、そしてシステムの変容に分けると役立つだろう。）政治システムおよび経済システムの起源について、歴史家の問いは、初期における国家および市場の創造だけでなく、歴史における新段階の創造にも焦点があてられる。

したがって、資本主義および工業生産の起源は、国民の起源と同じくらい、最も熱く議論される歴史の問いに属する。地中海、シルクロード、インド洋、そして（後の）大西洋および太平洋の交易システムの起源は何か。経済や政治のシステムにおいて、成長、衰退、変容を促す要因は何か。

タイミングについては、ある世界経済システムがいつ成立したのか、そして、ある世界政治システムがいつ成立したのかを問うこともできる。政治的および経済的機構の機能について、歴史家は、帝国統治の働きや、長距離交易のシステムを調査してきた。（立憲制および交易ディアスポラの分析は、この問いに答えようとしたものとして考えられるだろう。）サハラ縦断交易は一五〇〇年にわたってどのように機能したのか。政治史や経済史における結びつきに関しては、統治形態の広まり（たとえばペルシア的統治の伝統）、そして、茶やコーヒーなど嗜好品の売買が世界的な商業システムとどのようにつながるのかについて、歴史家は問いを発してきた。

政治システムと経済システムの変容について疑問を投じる際に、歴史家は、近代奴隷制の興隆と衰退、電力の登場、そして、帝国から国民国家へ、また国民国家から帝国への変容について問いを立ててきた。問いは分析の枠組みに向けられることもある。すなわち、政治システムおよび経済システムは、中央権力の支配によって説明されるべきなのか、構成要素の相互連関によって説明されるべきなのか。これについて、政治の面では、諸国家の歴史における支配や劇的な変化に注目されることが多い。たとえば戦争は、第一次世界大戦、第二次世界大戦、ナポレオン戦争、そしてモンゴル人による征服の影響に示されるように、地球規模のシステムに対する衝撃として登場する。経済面の分析では、むしろ漸進的な変化が中心に据えられるようである。たとえば、地球規模の経済システムが作動しているなかで、支配と相互連関はどうバランスをとってきたのだろうか。

ギリシア民主政およびローマ法という遺産がしばしば近代世界に関して引き合いに出されるのは、第一にインスピレーションを与えてくれるからであり、第二に今も用いられている原則および手続きを提供しているという理由による。天命という遺産は、世襲の王朝が権力を継続するための理論的根拠を与え、その敵対者には、無能な統治者を打倒するための根拠を与えた。カリフ制創設の遺産は、敬神と効率的統治のモデルをイスラーム世界に提供した。経済的事象について、遺産という概念はそれほど一般的に使われないが、アフリカの鉄道システムを植民地時代の遺産と考えることはできるだろう。

歴史記録そのものから生まれるこのような過去への問いに加えて、現在の関心に刺激されて、過去の政治史および経済史についての重要な問いが生じてくる。今日、国家はその市民にとって社会福祉の保護者と見られることもあるが、別の視点では、一部の住民にとって抑圧の根源と見られることもある。すなわち、国家は、時が経つにつれて抑圧的になったのか、それとも非抑圧的になったのか。二〇世紀の大部分において、世界は資本主義と社会主義という社会経済システムの競合を経験した。では、この競合にはどのような前史があって、この闘争からどのような遺産が残されたのだろうか。公生活の腐敗は深刻化しているのか。民主的な政治機構にはどのような先例があるのか。先行する諸国家は、先住民などの小さな政治共同体にどのような運命をもたらしたのか。国家はすべての市民に雇用と教育をもたらすのだろうか。

以上で示したのは、問いかけは多いけれども、それらが、政治と経済に関する既存の知識と現在の問題から論理的に生み出されることである。次に、これら二つの分野における近年の研究成果を考えてみよう。

政治の力学：興隆と衰退

政治史はいつ始まるのか。一般的な議論によれば、かなり大きい政治的単位が登場してようやく始まった。それらは君主政だったが、おそらくさらに数千年も前から存在していた在地の統治機構に基盤を置くものだったはずである。政治史のこのような初期段階については、歴史家と人類学者の共同作業によって分析される。(4)

圧倒的に多くの政治史は国家に焦点を合わせるが、必ずしもすべての政治史がそうするわけではない。クリストファー・チェイス＝ダンとトマス・ホールは、人間社会のマクロ史的研究のなかで、大規模組織のいくつものレベルの一つとして政治を規定した。(5) 両者が示すように、政治と統治のスケールは、食料が生産され交換されるスケールよりも大きいとはいえ、長距離交易は、政治と統治のスケールを超えておこなわれる。両者は、政治システムの拡張と収縮を分析することで、統治を、より広い範囲の社会過程という文脈のなかに位置づけている。

マイケル・マンは権力関係の歴史と理論を示そうとした。マンは、全四巻の計画のうち最初の二巻で、初期国家から一九一四年までの権力を扱った。マンは社会を「何層にも重なり合い横断的な、権力の社会空間的ネットワークから構成されるもの」と定義し、イデオロギー的、経済的、軍事的、そして政治的な権力の源泉に焦点をあてる。しかしながら、権力に関するマンの語りは、周知の社会的境界を重視しているように見える。(6) クリストファー・チェイス＝ダンとトマス・ホールは、それと同じ政治システムを世界システム的展望のなかに置き、空間的かつ図式的に記すことで、似ているとはいえ、さらに広い範囲の権力関係を強調した。(7) まったく異なる権力論として、ミシェル・フーコーのものが挙げられる。フーコーは権力関係の場に焦点をあてた。(8) 権力論を統合したり一般化したりすることはできないだろうが、多様なアプローチが互いに接点をもつよう配置されるべきである。

世界の政治史における興隆と衰退を資料で裏づけながら考証することで、大国の創生と滅亡の年代記を導き出すことができるだけでなく、そこから、時とともに変化する統治の機構や慣習にたどり着くこともできる。人類学者のブルース・トリッガーは、自身が「初期文明」と名づけたものに対する革新的かつ横断分析的アプローチにおいて、統治形態により七つの社会を比較した。すなわち、領域国家（エジプト、中国北部の商と西周、インカ）および都市国家システム（メソポタミア、メキシコ、マヤ、ヨルバ）である。[9]トリッガーが強調するのは、双方の政治構造モデルが数千年にわたって採用されていたこと、そして、それぞれが特徴的な利点を有していることである。

君主政という概念が頻繁に用いられることから、王政という思考は問題でないように思われるかもしれない。しかし、王政の形態が種々あることは、君主政が詳細な検討に値することを示している。君主は世襲により選ばれるのか、個人の功績によるのか、それとも競合する社会組織間の同意によって選ばれるのか。さらに、政治的助言者の歴史とは何か。あるレベルにおいては、公式に任命された大臣が、非公式の助言者に従うこともある。そのうえ、統治機構には、裁判所、立法府、法律、外交官、軍隊、地方政府、貢納、課税、そして公共施設などの他のものも含まれる。政治の諸機構の発展について地球規模の歴史を記すのは容易なことでない。それはたとえばヨーロッパ、中国、日本、そしてイスラーム世界の文明という文脈のなかで試みられてきた。[10]しかし、文明の境界を越えて分析枠組みを拡大して、統治機構の展開と見直しをたどることは、複雑な作業となるだろう。この可能性について、軍事史ですでに試みられた仕事と比較する者もいるかもしれない。資料の利用可能性という理由から、軍事史研究者は列強の分析に限って研究することが多かった。しかしながら、このような限界のなかで、軍事史研究者は、軍事技術と軍事機構を地球規模で分析しようと、果敢に努力してきたのである。[11]

政治面での世界史は、一般に地域レベルで探究されてきた。このアプローチの利点は、多様な地域的政治システムにおける共通の制度的基盤に注目できることである。世界全体を通じ大なり小なりのスケールで、政治システムの地域的ネットワークは、成功した新制度が隣人への征服や模倣によって広まったものとみなせるかもしれない。中国の政治システムは、天命のイデオロギー的正当化とともに、最大で最も永続的なものである。士大夫による行政システムは帝国の境界領域にそって広がったが、中国式の他の機構と称号は、東アジアの多くの地域へと広がった。ペルシアの統治慣行と統治シンボルはとくにアケメネス朝期に発展し、周囲のカフカス、中央アジア、そして北インドにおいて、二千年紀すなわち一一世紀以降まで重要であり続けた。同時期、メソアメリカの政治的伝統は、多様な統治形態を経ながらも漸進的に発展し続けた。イスラームのカリフ制の機構は、メディナとダマスクスで統治を開始した者たちによって最初に組み立てられ、二〇世紀まで続く統治システム、ならびに、今日機能している司法制度を提供した。

最近の数世紀に使われるようになった言葉を用いるならば、これらすべての統治システムには、国制と呼べるものがあった。すなわち、統治システムは何らかの系統だった政治原理によって動く傾向があった。国制を記述し制定する慣行は一八世紀に始まり、いまやほとんどの人が、成文憲法をもつ国家によって統治されている。これらの成文憲法は、一八世紀まで直接的に遡ることができる[12]。

二〇世紀の間に、民主政、すなわち人口の多数が政治に参加し代表を出すことが、政治において本質的なトピックとなった。かつて被統治者の同意は、大きな政治単位にとってそれほど重要でなかったが、地方レベルでは、統治当局が権力を維持するために何らかの合意が必要とされた。このため、民主政は、長期的な人類史のなかで関心をもつべき問題なのである。すなわち、現在の民主政という視点を過去に単純に投影することはできないが、地方のレベルならびに国家全体のレベルの政治問題に、被統治者が合意し参加した程度を再構築しようと試みることはできるだろう[13]。

おそらく、政治史の伝統があまりにも根強く国民と帝国に焦点をあててきたからこそ、個々の国家とその相互作用を超えた政治学を見つけることが緊急の課題なのだ。人類学と政治学の文献は、地方の統治機関、代議機関、そして国制の原理などを強調してきたが、世界史研究者はそれらにあまり頼ってこなかった。これらの問題を取り上げて、地方、国民、そして帝国の統治のパターンを関連づけ、統治の機構と原理の長期的持続と変容をたどるならば、より世界史的な研究を得るための一歩となるだろう。

国家：帝国と国民

国民に関する分析は歴史学の文献のなかで不釣合いなほど多くの場を占めている。前世紀に、歴史学という分野自体が、国民を称揚し分析する基盤の上に築かれたのだから、これは驚くには当たらないだろう。国民というものの分析は、世界史という分野が国民史に対して独自性を獲得してきた、大きなせめぎ合いの場の一つである。例外論者は、一つの機会に一国民を研究し、一般にその一国民を他の上位に置く。このような例外論者の外側から、ナショナリズムの理論家が現れた。ナショナリズムの理論家は二つに分かれていた。一方は、ヨーロッパの諸国民に焦点をあて、そのなかでの国民思想の興隆と変容に関心を向け、他方は、より大きな文脈で国民というものを探究しようとする。[14]後者は、一八世紀以降の南北アメリカ、そして一九世紀以降のアジアとアフリカを取り上げ、そこから、国民というものの地球規模の物語を構成しようとした。[15]結果として、世界史のアイデンティティの多くが、国民というものや国民をめぐる議論から出現したのである。

現在の意味での国民、すなわち、アイデンティティと制度的基盤（そしてほとんどの場合つねに一つの国家）を共有する組織された政治共同体は、近代に作り出されたものである。国民というものやナショナリズムについての地球規模での分析は、相互作用的で精緻化された研究領域であり、そこでは、局地的な要素と地球規模の要素、文化とイデオロギー、科学技術と経済、政治的伝統と社会運動を組み合わせることにより、国民という政治単位が加速度的に作り出され変容するパターンが考察されている。[16]国民は詳細に分析され理論化されてきた。国民が政治的に勝利したおかげで、国民を分析するだけで、二〇世紀の、そして一九世紀についてすらも、地球規模の政治力学を十分に説明できると広範囲に信じられるようになった。

しかしながら、より以前の時代の政治に関して、とりわけ帝国の政治史に関して、これに匹敵するような地球規模の分析は乏しい。これは、地球規模での政治的分析が帝国を無視してきたためであり、そして、列強の政治活動がかなりの程度は帝国の政治活動であって、帝国内の諸国民の政治活動ではなかったということを無視してきたためである。近年、帝国史への関心、とくにイギリス帝国への関心が復活しており、そこから政治における帝国の役割を研究する機会が提供されることになるだろう。だが、帝国史に関する新たな研究は、大部分が、一度に一つの帝国に実証的に焦点をあてるものであり、他の帝国や国民との比較および相互作用に目を向けるものではない[17]。

帝国は国民と異なる。帝国というカテゴリーは数千年も遡ることができる。そして、帝国が時間とともに変化してきた一方で、そのカテゴリーは生き長らえそうである。個々の帝国の研究が優勢であるために、より広範な取り組み、すなわち、世界史における帝国の役割を探究したり、帝国の機構の変化を探究したり、帝国間ならびに帝国と他の政治単位との関係のパターンを調査することは、かなりの程度、脇に追いやられている[18]。帝国を特徴づけるのは、中核域と、直接的もしくは間接的に庇護下に置いて統治する周縁領域、そして非公式な影響を与える領域をもっていることであり、さらに、そのすべてが中核域に中心を置く統治エリートの覇権の下にあることである。帝国の一体性を保つ構成要素と機構の大きさはそれぞれ大きく異なるが、まれな例外を除いて、おもに中核域に基盤を置く軍事力が、帝国権力を支えていた。

デヴィド・アバネシーは、五世紀間にわたるヨーロッパの海外帝国の研究を著し、より包括的な帝国分析に向けて歩を進めた。この作品は、拡大と脱植民地化の諸段階を、帝国秩序の公的、民間、および宗教セクター間の相互作用を通して説明するが、分析はヨーロッパの帝国に限られている。モンゴル帝国、イスラーム国家、ローマおよび近代ヨーロッパの帝国に関する近年の研究と比較するならば、帝国の一般的性格と時代によるその変化について、より明確な視点が得られることだろう[19]。

地球規模での政治秩序についての研究は、それが以前にも発展していた可能性があるにもかかわらず、実際のところ一九世紀と、とくに二〇世紀に限られている。国際関係史の分野は、外交史に関する国際的な研究から発展し、とくに入江昭の著作を通して、地球規模の政治についての解釈を提示してきた。ノーム・チョムスキーによる幅広く折衷的な研究は、国際問題における合衆国の政策に対する批評を中心とするものであり、政府と企業による軍事的、政治的、そしてプロパガンダの活動に関して、歴史上の比較と洞察に富んでいる。政治学者サミュエル・ハンティントンは、国際問題における合衆国の覇権を維持するために提案をまとめ、地球規模の政治秩序の長期的な解釈を繰り広げている。[20]

特定レベルの政治問題としては、歴史における境界領域に関する文献が目立って増えており、隣接する権力の間でよく管理された境界領域と、主要権力の辺縁にあって、対立する影響が重なり合う境界領域の違いが、ますます明確に区別されるようになっている。近年の研究ではユーラシアの境界領域にとくに注目が集まっている。[21]

法律を地球規模の歴史的文脈で探究する可能性を示した魅力的な研究が二本ある。ローレン・ベントンは植民地状況の例を幅広く取り上げ、自らが名づけたところでは機構の世界史の一例として、文化的アイデンティティの場を強調した。ベントンの著作は、複数の中心をもっていた初期近代の諸々の法制度から、二〇世紀までに国家中心的となる法制への長期的な変遷をたどりながら、どの時代にも法制度が複合的な視点を考慮せざるをえなかったことも示した。ジェレミー・アデルマンは、一つの社会、すなわち一九世紀アルゼンチンの研究により同様な洞察を論証している。当時のアルゼンチンでは、法律および政治秩序をめぐる闘争が、大西洋の経済と法のシステムのなかでのアルゼンチンの位置を軸として展開していたという。[22]

帝国は、支配に関する何らかの概念上に構築される一方で、帝国と植民地双方からの影響の均衡としても存在してきた。植民地秩序に対する地方の抵抗については、多くの研究が著されてきた。いまやこれらの成果が総合もしくは一般化されて、帝国システムの作動のなかで首都の人々と周縁部の人々がそれぞれに占めた相対的な位置について、より大きな見取り図が描かれている。[23] 帝国の作動には、社会生活での闘争も政治対立も含まれる。そして、帝国の社会的歴史的な次元も、女性と帝国主義の様々な様相を通して、近年、明らかにされてきた。[24]

帝国による公式な属領支配は、ほぼ完全に過去のものとなったのだが、さしあたりのところ、とくに合衆国による地球規模の覇権の行使が、先例のない水準にまで達しているように思われる。マイケル・ハートとアントニオ・ネグリは、これが新たな政治的支配の一連の機構を表していると主張し、〈帝国〉と呼ぶよう提唱した。[25] 脚注では地球規模の政治史に関する文献を多く用いており、この本をめぐる議論は、現在の状況が、以前の帝国間での権力均衡とは明確に異なっているかどうかを確定する手助けとなるだろう。

ミクロ経済：生産、商業、貨幣

個々の商品、それらの交換で使われる貨幣、そして、財を動かし交換する商業ネットワークは、小さな物語を提供するが、それらは世界史のなかでは大きな物語となる。磁器、絹、銀、鉄、穀物、鎖に繋がれた人々、黄金、コーヒー、茶、動力機関、そしてテレビは、地球規模の主要商品のほんの一例であるが、これらの交換は、地球規模の結びつきという物語を語ってくれる。

ある種の財は商品となった。つまり、長距離交易で価値が生じたのだ。そして、その財の耐久性が高いほど、考古学者による記録がその歴史を教えてくれる。[26] まだ都市が重要になる前の時期でも、黒曜石やトルコ石やエメラルドなど特定の石は、長距離で取引される傾向があった。銅、金、銀も、香辛料とともに、このような価値をもつようになる。かさばるけれども長距離交易に値する数少ない財の一つは塩である。それは内陸の乾燥地帯で大きな需要があった。[27]

商業と市場が発展してきた諸段階は、世界史で重要な論点を提示する。メソポタミアで発見された最初期の文字記録は商取引の記録であり、商業を専門とする者が現れていたことを示している。地中海の古典古代期、すなわち、紀元前一千年紀の後期は、商業が活発になっただけでなく、その商業を可能にする貨幣が広く普及した時期でもあった。金属製の硬貨が君主の権威の下で作られ、その域内で、そしてその外でも流通した。ローマ人はとくに精力的に硬貨を作り、それは東半球のほとんどの地域で発見されている。

貨幣に含まれるのは統治者により作られた硬貨だけではない。ほぼ同時期に発展したと思われる別種のものは貝殻であり、とくにインド西岸沖のモルディヴ諸島で採れるタカラガイだった。これらの貝は通常の交易によって再供給され、セイロン、ベンガル、雲南、ペルシア湾で、そして著しく長い道のりの果てに、西アフリカで貨幣として使われた。南北アメリカでは東半球ほど通貨が普及しなかったが、たとえば、ココアの実はメソアメリカで共通の通貨の役割を果たしたし、結果的には、綿織物も交換された[28]。他の地域と時代では、茶の塊や四角い布、その他の商品が貨幣として用いられた。もちろん、多くの商取引は、貨幣をほとんどもしくはまったくやり取りせずにおこなわれた。それは、当事者間で等価の財を交換した場合か、一方が他方に信用を与えた場合である。

デニス・フリンとアルトゥーロ・ヒラルデスは、一六世紀から一八世紀にかけての銀の採掘と交易の物語を明らかにし普及することに、大きく貢献した。両者が詳述するように、一六世紀半ばにペルーとメキシコで主要な銀鉱山が開かれたのは、中国において、明朝が税を基本的に銀で徴収すると決定し、銀の需要が実質的に増加した時期と、とくに一致する。その結果、一五七一年以降、銀はスペイン領アメリカから中国に向けて、二方向に分かれて世界中を動いた。一方は太平洋をガレオン船でマニラへ横断し、もう一方は、大西洋を横断してヨーロッパを通り、段階的にインドそして中国へ向かった[29]。銀の交易が紛れもなく地球規模で結びついていたこと、そして中国におけるとどまることのない銀需要には、どちらも主要な含意がある。すなわち、世界を取り巻く交易の結びつきが存在したことであり、また、中国経済が堅調に拡大していたことである。

世界史のアプローチでは、結びつきを重視する。このため商業も重視され、交換および貨幣の浸透力も強調されることになる。最近でも、植民地統治者は、臣民が「貨幣経済」を知らないか、学び始めたところだと公言してきた。このような言葉は一般に注意して観察せねばならない。たとえば、植民地アフリカでは、ヨーロッパの支配者は普通その土地の貨幣を認めなかったし、あるいは、「貨幣経済」という言葉によって、臣下が自身の生業をあきらめて、一方的に定められた賃金でヨーロッパの企業で働くよう受け入れることを表していたからである。このように、世界の商業に関する物語は、部分的に貨幣普及の物語でもあるが、それにもまして、市場における競争と支配の物語なのである。

商業史のなかで世界史研究者から大きな注目を集めてきたトピックは、シルクロードと交易ディアスポラである。シルクロードは、中央アジアの乾燥地帯を通って、東アジアを西アジアおよび地中海と結びつけた。この経路による大規模交易事業は少なくとも二千年続いたことが知られているが、考古学的な記録によれば、この経路を通る何らかの交換はもっと長い間続いてきたことが示されている[30]。

交易ディアスポラは、フィリップ・カーティンの著作によって広く注目を集めるようになった。カーティンは、前工業化時代の商業組織を描いて、交易ディアスポラの重要性を示した[31]。そこでは家族および民族アイデンティティを拠り所として、長距離交易が効果的に機能していた。クロード・マルコヴィッツは、二世紀にわたって長距離交易ネットワークを維持した、インダス川流域の二つの町の商人について詳細な研究を著し、それを通して地球規模の交易における南アジア商人の位置を示した。マルコヴィッツは、交易ディアスポラが文化的差異に依拠するというカーティンの概念に異議を唱え、また、それが前工業化時代に限られるというカーティンの考えに疑問を呈している[32]。

世界史研究では交易が多くの注目を集めているものの、それ以上に、食料品の生産、手工芸品の生産、さらに贅沢品の生産さえもが、まず間違いなく経済生活にとって根幹をなす。だが、それを資料によって証拠づけるのは、交易ほど容易ではない。デンマークの経済学者エスター・ボズラップは、工業生産以外の経済生産という問題に光をあてる方法を見つけた数少ない研究者の一人である。東アフリカでのフィールド調査に基礎を置くボズラップの研究は、人口密度、農業革新、そして農作業における女性の活動の間にある関係について、総合的に論じた。そのアプローチ全体は、農村部での経済生活における連続性と変化を突き止める方法を示唆している。(33)

マクロ経済：成長と変容

二〇世紀を通じて、マクロ経済の統計が発展したため、国内総生産およびその時間的変化を分析できるようになり、総計レベルにおける経済の機能が大いに明らかにされてきた。国内生産の総価値に関するこれらの数値を人口で割ると、一人あたり生産の推計となり、それは国ごとの相対的な経済的厚生の指標として用いられることが多い。(34)ＧＤＰ値の比較により、工業経済が比較的着実に成長してきたことと、農業経済がより緩慢に、そしてより大きな揺れを伴いながら成長してきたことが示される。富と貧困の問題は、遅くとも一八世紀末からは議論されるようになり、二〇世紀末になると、地球規模の経済分析の主要な焦点となった。それとともに国民間の（および国民内部における）経済的不平等が分析対象として関心をもたれるようになり、不平等を最小化する手段としての「開発」政策へと関心が広まった。経済史研究者は、二〇世紀の世界を、工業国、およびその植民地もしくは半植民地というように、平面的に分けて見るパターンを維持し、さらに世界を列強それぞれの影響圏へと平面的に分けて見るパターンを維持してきた。このため、植民地化と脱植民地化が、二〇世紀の経済史の多くを構成することになった。

一九世紀に関しては、ケヴィン・オルークとジェフリー・ウィリアムソンが、ミクロ経済のデータを用いて、マクロ経済を論じている。両者は貿易統計を基にして、一九世紀を通じた成長と衰退、開放性とアウタルキーの変動を明らかにし、一八四〇年から一九一四年までが、世界経済におけるグローバリゼーションの時代の有効な一例であることを示した。しかしながら、そのアプローチの限界は、議論を世界全体に拡大することが統計的に困難だったことから、北大西洋の主要工業国（およびオーストラリア）に焦点を絞り、国民単位で分析したことである。[35] この著作では、一九世紀における単一の世界経済という視点が提示されるが、それを立証するには、世界の他の地域と直接的に結びつけられる必要がある。おそらく、A・J・H・レイサムが以前に著した、アジアおよびアフリカ経済の地球規模での分析のやり方や、ピーター・スターンズが提起した、ヨーロッパの工業化、次に、地球規模の工業化という二段階の解釈を徹底させて使う必要があるだろう。[36]

近年、とくに中国とヨーロッパをうまく比較する諸研究が現れたことから、一八世紀の世界経済は、一九世紀の世界経済よりも多くの注目を集めている。ここでも研究者は、マクロ経済を議論するために、ミクロ経済のデータを利用した。とくに注目を集めてきたケネス・ポメランツの研究では、中国の豊かな主工業地域とイングランドの手工業地域について、寿命、織物生産、燃料消費、家具所有、砂糖消費、タバコ消費、そしてその他について比較している。ポメランツは、この比較の結果、両地域における生産、所得、成長、そして生態学的な悪化のレベルが驚くほど似ていると論じる。ゆえに、「大いなる分岐」は一九世紀の出来事である。すなわち、一九世紀になって初めて、中国の経済成長が止まる一方で、イギリスの経済成長が継続したのである。ポメランツの議論によると、イギリスが決定的に有利だった点は、工場用地の近くで石炭を得ることができたことと、人口の少ない土地と木材が南北アメリカで入手可能だったことである。R・ビン・ウォン（王国斌）は中国とヨーロッパの政策を比較し、同様の結論を得た。デニス・フリンとアルトゥーロ・ヒラルデスは、これらの議論をさらに補強するために貨幣の流通を用いた。そしてさらに両者は、とくに一六世紀以降の銀の交易と関連づけて、これらの世紀を通して単一の世界経済が存在したと論じている。[37]

アンドレ・グンダー・フランクは、これらの議論を地球規模で総合しようとした。フランクが明確に述べた命題は、「一五〇〇年以降、世界的な労働分業と多方向的交易を伴う、単一の世界経済が存在した」ことである。富の生産および蓄積の中心は東アジアと南アジアであった。他の地域も加わったが、優位を占めることはなかった。フランクは、銀、金、そして信用という通貨の流通が、地球規模の交換にとって潤滑油だと強調する。アジアが貴金属を退蔵していたというそれまでの見方に異議を唱え、貨幣の流入はアジアにおける新たな領域への入植と生産拡大に対応していると論じた。この見方によれば、一五〇〇年以降の経済的変化は、先行する別個の地域経済間につながりができたことでも、ヨーロッパ主導の経済や世界システムに諸地域が段階的に組み込まれたことでもない。それはすなわち、すでに地球規模になっていたある一つの経済の内部において、地域の統制が変転していたのであり、ようやく一九世紀になってから、その内部でヨーロッパ経済が支配的になったということを表している。ヨーロッパ人が優勢になったのは、南北アメリカの（とくに貨幣という）資源を統制できたことに加えて、南北アメリカとの貿易から得た利益と、アジア域内の「カントリー・トレード」にますます参入していったことから得た利益による。アジアの経済成長における一八世紀後半の周期的な停滞は、ヨーロッパの急速な発展と呼応しており、ヨーロッパ人はこの周期的に到来する好条件を、長期間の経済的政治的覇権に転化することができたのである。[38]

より長期的であると同時に断片的なレベルでは、アンガス・マディソンが、千年単位で世界経済のマクロ経済的総合を提示し、かなり異なる方向を示している。このアプローチは、二〇世紀における国民所得と経済成長の研究に基づいて、近年の国民単位で国内総生産および人口の推計を明らかにし、それを過去に投影している。結論部ではヨーロッパと東アジアに焦点をあてるが、ヨーロッパを一二〇〇年以降の世界経済の成長地域として扱い、一方で、他地域（とくに中国）は、過去千年の間、一人あたりの国内総生産に変化がないか、もしくはときに衰退したと捉えている。それ以外の地域の推計はあまり資料的に裏づけされていないが、マディソンによれば、紀元一〇〇〇年にも一七〇〇年にも、ヨーロッパ、インド、そして中国の人口の合計は世界の人口の七〇パーセントを占めたと推定されることから、他地域の推計が変化しても地球規模の総計が大きく変わることはない。[39]

ウォーラーステインは、初期近代には複数の世界が並行して存在したと論じる。彼が描くところでは、一六世紀のヨーロッパに基礎を置くかたちで、新たな世界経済が創出された。この世界経済はアメリカの植民地に大きく依存し、その後、多様な周期の中で成長し変容してきたという。アジア経済に関する実証的データが増加したために、これは究極的に見直されることになった。世界システムを分析する者は、まったく別個に中国の世界システムが存在していたのか、それとも、世界を包括する地球規模の経済が存在したのか、もしくは、個々の地域的システムからなる地球規模の経済が存在したのか、決断しなければならなくなった。[40]

したがって、世界経済におけるヨーロッパとアジアの対照的な見方は、その後のさらなる議論を準備することとなった。マディソンのような新古典派の経済史研究者は国民単位での比較を用いて検討し、世界システムの分析者は、中核とその外側にある領域の間の構造的関係に焦点をあて、カリフォルニア・グループは問題の幅をより広げて、いろいろ織り交ぜた比較や関連づけをおこなった。すでに何度も公開の場で議論がなされており、方法と解釈の両方について、再確認された結論が明らかになることだろう。[41]この討論の行方に関する私自身の関心は、二〇世紀より前の地球規模の経済史を資料的に裏づけて解釈する歴史家の能力が明らかに前進している一方で、議論の多くが支配についてのもので、結びつきについて十分に論じられていないということである。おそらく、世界システムおよび地域研究の視点からさらに研究が補足されれば、私たちは次のレベルに進んで、初期近代の相互に結びついた世界経済のなかでの種々の変容について、さらに包括的な像を描けることだろう。

地球規模の社会経済史に向けた、生産様式によるアプローチは、一九七〇年代と八〇年代に一時開花したが、それ以降見当たらなくなった。このアプローチの発想には、社会的経済的機構のなかでの地方的特性を論ずることが含まれていたが、地方のシステム間の結びつきを強調すること（「分節化すること」）でもあった。この分析はあまりに論理的に複雑すぎたために実証的データで支えることができず、このアプローチはほぼ消滅した。しかしながら、私見では、いずれ、地球規模の設定のなかで在地の社会経済システムの位置づけを確定しようと試みられる際には、このアプローチが見直されることになるだろう。[42]

一六世紀より前の統合的な世界経済について誰もまだ論じていないが、もっと前の時代における、広範かつ相互に結びついた経済システムについて、いくつかの事例が挙げられている。この可能性を示したのはジャネット・アブー＝ルゴドで、地中海と東アフリカから中国まで広がる一四世紀の世界システムについて、説得力ある解釈を示した。より漠然としたものではあるが、モンゴル人の征服と関連する地球規模の経済システムも示唆されてきた。経済システムの機能ではなく制度的基盤の展開に基づく議論では、R・J・バレンツェが、比較的急速かつ広範囲に広がった現象の事例を挙げている。すなわち、とくに西暦一〇世紀から一一世紀に、分権化され、馬を基盤にした軍事システムが、騎士に対する農民の従属を基に成立した。それは実際のところ、「地球規模の封建制」なのである。もっと古い時代について、リウ・シンル（劉欣如）はクシャーナ国家によるユーラシアの結びつきを強調した。[43]

これらのパターンを一般化しようと試みた研究者もいる。アンドレ・グンダー・フランクとバリー・ギルズは、過去五千年にわたって継続的かつ漸次的に拡大してきた世界システムを論じ、研究者を組織してこのアプローチを論じた。デヴィド・ウィルキンソンは「中央文明」という言葉を使って同様な解釈をした。クリストファー・チェイス＝ダンとトマス・ホールはこのアプローチの数量化を提案するまでに至っている。[44]

このような長期の経済パターンを考察することによって、変化の力学という問題が現れた。E・L・ジョーンズは、たいていの経済において成長が規則的にゆるやかに進むこと、そして、ときに生態学的な恩恵などにより急速に成長する場合もあることを強調した。アンドレ・グンダー・フランクは、四〇〇年ほどの周期をもつ長期的な経済および政治の循環を重視した。異なる種類の動力が付与されるのは伝染病によってであり、それは人間の数と交流の拡大により流行する。六世紀および一三世紀のユーラシアにおける疫病の例は際立っている。しかし、移動する兵士が定住地の中心部を征服することで、また別の動力が動き出す。兵士は破壊をもたらすが、一方でより広いネットワークを構築する。[45]

以上の半球的および大陸的視野をもつ分析に加え、一九九〇年代を通じて、交易と帝国の政治経済学について相当数の研究が著された。ジェイムズ・D・トレイシーは、一四世紀から一八世紀にかけての商業帝国に関する個別論文を収めた出色の二巻本を編集し、サンジャイ・スブラフマニヤムは、初期近代の南インドについて政治経済学的に分析した初期の著作を総合した。R・J・バレンツェによる『アラビア海』の分析はよりひろいスケールに着手し、インド洋西部を囲む交易ネットワークの統合をたどった[46]。東南アジアに関するアンソニー・リードの二巻本は、初期近代におけるこの地域内部の商業、そして東アジア、南アジア、ならびにヨーロッパとの結びつきについて、資料を用いて明らかにした[47]。

以上の研究領域それぞれにおいて、詳細を明らかにするにはまだ多くの仕事が必要である。だが、何世紀にもわたる世界経済（もしくは世界の主要経済地域の集合）に関して、一連の解釈と討論が始まっているのを見ることができる。これらは近年の経済変化を評価するためのしっかりした文脈を最終的に提示するだろう。ジョヴァンニ・アリギは、長い二〇世紀の分析によってこのような思考に取り組もうと試みた。そこでアリギは、現在の政治経済を、早くも一四世紀から生じた発展のパターンと関連づけた。一人あたりの所得および生産というレベルでの地域間不平等の増大は、以前から経済史研究者に知られており、ケネス・ポメランツはこの現象に「大いなる分岐」という新たな名を与え、中国におけるその時期を資料により明らかにした。世界規模での分岐を扱うさらなる研究が期待される。すなわち、マイク・デイヴィスは『後期ヴィクトリア期のホロコースト』で、広範囲かつ詳細な分析により、この分岐の加速を、生態学的変化と政治の変化が混ざり合ったものと関連づけたのである[48]。

結論：古いカテゴリーの再考

政治史および経済史は世界史に力を与え続けてきた。近年著された研究やそこで提起されている新しい問題は、なすべき仕事がまだ多くあることを示唆している。これらの研究は世界史に向かう歴史家の道と相応しており、そのなかでは新しい展望と新しいデータによって、地球規模の政治史と経済史が、より広く、より相互に結びつくように描かれるようになった。経済史で、研究者は、かなり独創的に、この問題に関連するデータや比較の視点を発展させてきた。にもかかわらず、国民横断的な比較に向けて、比較可能な諸地域のデータを明らかにすることは困難であり、それがいまだに主要な障害となっている。政治史については、幅広いレベルで多くの新しい研究枠組みが作られており、より大きなスケールのパターンとより長期にわたるパターンを明らかにするような、さらなる分析と討論が期待される。

私が最近考えているのは、歴史家が国際組織の興隆をたどって解釈することを優先すべきだということである。というのも、それらが、過去一世紀の間に、政治および経済の秩序のなかで、最も浸透力をもつ劇的な変化を示してきた、と主張するのはおそらく適切だと思うからである。それより前の時代について、同様に重要だと考えられるのは、帝国のパターンと力学を、他の帝国との相互作用、ならびにより小さな政治的共同体との関係も含めて、明らかにすることである。経済についても政治についても、最も目立つ優勢な要素に焦点をあてる歴史家の習性を超えて、より広範な諸要素の相互作用を研究する必要がある。

第11章　社会史

社会史研究は、二〇世紀後半のほとんどの間、歴史研究の最先端にいた。この時期には、とりわけヨーロッパと合衆国の歴史において、また、古代と中世の歴史や、拡大する地域研究諸分野においても、社会史が学問的に優位を占めていた。学問分野内やトピックごとにさらに分化したおかげで、社会史は、教条的な運動や一様な運動にならずにすみ、さらに、おそらくは、「下からの歴史」や「日常生活」研究として知られる様々な分析に、絶え間なく刺激を与えてきたと考えられる。(1) 世界史が大きく拡張したのは、社会史がブームとなっていたのと同時期であり、世界史研究者は、一般に、過去を理解するには偉人や列強だけでは足りないという考えを受け入れる準備ができていた。それにもかかわらず、社会史は、地球規模の歴史を研究する最前線には立ってこなかった。教科書や個別研究のなかでは、世界史解釈を組み立てる材料として、共同体と社会階級ではなく、むしろ、文明と国民が取り上げられてきた。それを説明する要因の一つは、明らかにスケールの大きさである。すなわち、社会史研究は、一般に、地方レベルのデータや、ときに国民単位の統計に基づいているので、そのまま地域横断的なレベルや地球規模のレベルの調査に使えるものではないのである。

社会史のトピックは、おそらく最も基本的なところとして、人口から始まる。人口の規模、年齢と性別の構成、そして人口増加についてである。移住は、距離の長短を問わず、歴史上の変化に共通するパターンであり、その重要な源である。人間は、自分の生活を家族や共同体へと組織する。家族についての分析は、ジェンダー、年齢、居住、相続、そして社会化などの問題を説明する。これらの問題は、さらに多様なかたちで、共同体にも含まれる。共同体には、言語、民族、職業、階級、そして居住によって組織されるものがある。共同体は都市的なものかもしれないし、地方的なものであるかもしれない。社会階級とカーストは、社会状況に大きく左右される。そこには、君主と他のエリート、そして、農民、職人、そして奴隷などの平民も含まれる。これらの諸集団の社会史のどれを扱うにしろ、個々人の伝記も社会史の重要な一面をなす。

社会史は、世界史レベルで分析し解釈することができるのだろうか。答えはもちろん肯定であり、本章では、近年の研究の進展をまとめて提示し、世界史研究者が取りかかることができる研究を提案する。社会史の方法は、隣接する学問分野が利用している方法を含んでいる。すなわち、人口統計学、社会学、社会人類学、精神医学、そしてフェミニズム理論である。これらの分野のほとんどは、ミクロなレベル、すなわち個別のアプローチに基づいていて、世界史研究者が最も関心をもつだろうマクロのレベルでの総合的な社会現象に、必ずしも自動的に結びつくわけではない。しかしながら、社会運動の分析は、個人と総体の分析を効果的に結びつけた領域の一つであり、このようにミクロレベルの社会史とマクロレベルの社会史をつなげることが他にも実現できるだろうことを示している。

研究計画：地球規模の社会史

地球規模の社会史の語りは、発展するのに時間がかかった。人類全体の数は近年まできわめてゆっくりとしか増加しなかったが、新しい入植地が開かれるとそこで急激に人口が増加することは、よく知られている。移住は、一九世紀の大西洋横断のように急速に進んだときもあれば、紀元後千年紀の漢人やバントゥーのようにゆっくりと進んだこともある。移住が継続するとその規模と重要性が増していき、移住元の共同体から分離し、新しい隣人との相互作用を通して、新しい共同体が形成される。民族や言語の共同体が作られ、作り直される。移住によって新たな共同体が作られ、接触によって古い共同体が吸収される。農業が発展するとすぐに都市ができはじめる。都市は拡大し、衰退して、盛衰の波が徐々にはっきりとしてくる。農民、商人、職人、牧人、兵士、運送に携わる者、聖職者、そして役人などの職業は、経済の組織にしたがって、拡大したり縮小したりする。あるときにはエリートと奴隷の人口が同時に増えて、社会的不平等の方にバランスが傾くこともあれば、あるときには社会的平等が増すこともある。エリートは世界史においてとくに注目を集めている。それは、エリートの記録が多く残っているからでもあるが、「エリート」という概念が、時と場所を超えて、社会の指導者を比較する方法を与えてくれるからでもある。明らかにエリートに含まれるのは、王家、軍事指導者、商人の共同体、宗教指導者などの集団であるが、それでも、世界史研究者は、複数の文化間で適切な比較をするために、より正確にエリートを定義できるようになる必要がある。

非都市部の農耕民と牧畜民との間の結びつきは、時代によって大きく変化してきた。モンゴル帝国の時期は、牧畜民が巨大な力を握った時期の一つだった。より一般的にみると、農耕民と牧畜民は近接して暮らしていたが、相互作用は一定ではなく、また、近年、牧畜民は周縁的な地位に追い込まれている。また、家族が変化する歴史は、この二世紀の間については、よく知られるようになった。つまり、幼児死亡率が減少すると家族は大きくなるけれども、傍系親族が一般的でなくなるにつれて家族は小さくなる。とはいえ、もっと古い時代における家族生活やジェンダー関係のパターンについては、解明される必要がある。

歴史家は、様々な民族的、宗教的共同体の起源や、社会階級（とくに農民、奴隷、そして賃金労働者）や核家族の起源を問い続けてきた。家族の規模と構造は変化したのか、そして、もし変化したならば、その変化は、移住のためなのか、それとも、経済変化や、健康状態によるものなのか。また、宗教共同体、職業集団、性役割、そして家族構造について社会的な構造と制度が調査されてきた。歴史家は、奴隷階級および工場労働者階級の増加のタイミングを検討してきた。

おそらく、社会変化の力学のなかで最も基本的な問題は、人間社会が、ある土地に限定された基盤のうえに発展してきたのか、それとも、複数の土地や、より広い地域との間の相互作用を通して発展してきたのか、ということだろう。より特定するなら、歴史家は、移住の動き、人口の増減、そして共同体の成長と摩擦の力学を探究してきたのである。

社会史に関するこれらの問題は、広い視野を有しているとはいえ、地球規模ではなく、むしろ地域的なパターンについての問題である。加えて、社会史では、近代の工業地域について最もよく資料で証拠づけられていることから、北大西洋のパターンが基準として捉えられがちである。祖先からの遺産ですら、おもに社会というレベルで考えられる傾向がある。すなわち、以前の社会史の遺産は、オーストラリアへのアイルランド移民の子孫にいまだに影響を与えており、また、マオリのニュージーランド移住者の子孫に影響を与え続けている、というようにである。

しかしながら、現代の問題から現れる問いは、地域的なものであるのと同様に、地球的なものでもあるという傾向をもつ。今日の生活での社会闘争から現れる問いには、人種と民族によるアイデンティティの過去、性役割の性格と永続性、階級的差異は世代間で必ず引き継がれるのかどうか、そして、社会的不平等は増しているのか減っているのか、などがある。若年者と年配者の人口はそれぞれに異なるかたちで拡大し、たとえば、年配者がこれほどに大きな人口の比重を占めたことがあったのかという問いを生じさせている。離婚の増加、そして親子間の対立がますます明らかになっていることからは、いまや家族が昔よりも弱いものになっているのかという問いが生じる。同様に、移住、犯罪、そして人口の急増や急減のパターンは、いずれも、過去についての問いを提起している。

人口と移住

地域ごとの人口推計は、過去数世紀のものが示されてきた。考古学と古生物学の発展によって、このような推計は数百万年も遡るようになったが、推論の枠を出ない。ヨーロッパ、南北アメリカ、東アジアの多くの部分については、地方の詳細な記録を組み合わせた推計を基にして、ここ数世紀間の人口推計が得られるようになった。東半球と接触した時期の南北アメリカと、奴隷貿易の時代のアフリカについては、入手可能な記録を基に、体系的だが間接的な人口推計が発展してきた(2)。これらの技術を継続的に適用していくならば、人口の規模と構造について、とくにここ数世紀と、そしてうまくいけばもっと前の時代のものを、より改善されたかたちで推計できるようになるだろう。

過去二万年の期間については、言語分布から、移住の経路や性格について多少のことを突き止められるようになっている。南北アメリカについて、著名な歴史言語学者ジョゼフ・グリーンバーグと同僚たちが示してきたのは、アジアから南北アメリカへの初期の移住に三回の主要な波があったことである。それは、アメリカインディアン諸語（アメリカインディアン言語のほとんどを含む）、ナ・デネ諸語（おもにカナダに居住）、そして、イヌイト諸語（北極圏周辺）に代表される。ユーラシアのステップを長期にわたって横断した移住の範囲は、アルタイ諸語（太平洋からトルコまで）とインド・ヨーロッパ諸語（東は中国周縁まで跡づけられる）に反映される。アウストロネシア諸語話者による海上移動による移住については、言語学的分析によって、その継続的な波が明らかにされてきた。それは、中国本土南部から台湾へ、そして、フィリピンへ、南東へ（インドネシアとマレー半島）、東方へ（メラネシア）、さらに、のちに西方（マダガスカル）と東方（ポリネシア）へ、という波である(3)。

インド・ヨーロッパ諸語とニジェール・コンゴ諸語は、興味深い類似関係を地図上に示している。これらの大言語集団は、それぞれほぼ七つの主要な下位集団を有する（インド・ヨーロッパ諸語の推定上の故地は黒海付近であり、ニジェール・コンゴ諸語のそれはニジェール川流域である）。いずれの場合も、一つの下位集団の一部が、おそらく五千年前に東方と南方に広がりはじめ、比較的同類の言語が広大な地域にまたがることになった。つまり、インド・アーリア諸語（「アーリア人の移住」と関連づけられる）と、バントゥー諸語である。インド・アーリア諸語の話者とバントゥー諸語の話者では、その後の政治史も社会史的も非常に異なるが、広大な新しい領域へと拡大する過程は、二つの経験間における重要な類似を暗示している。

中国語の場合にも、初期の移住について類似の推論が現れている。最も多様な中国語が存在するのは長江の南側であることから、中国北部の言語が似ていることは、南からの移住の結果である可能性がある。言語学の情報を穀物についての情報とつなげることによって、次のことを推測できる。つまり、初期における中国の人口拡大は、近隣のオーストロアジア諸語話者が発展させた稲作を基盤にして南部で起こり、そして、西方からモロコシがやって来ることによって、農耕が北へ広がることができたのである。北部でより大きな国家が興って、南へと政治的に拡大していくのは、その後の展開だったようである。(4)

初期の移住では、侵攻された側の、文字をもつ人々の記録に残されたものもある。ローマ人から見たフン人やゲルマン人、そして中国西方の月氏あるいはクシャーナ朝である。(5) また、移住者が文字文化をもちながら移動した例もある。それは、トルコ人、モンゴル人、アラブ人、ベルベル人、そしてヴァイキングである。他の記録から、フルベ人の牧畜民がアフリカのサバンナを横断したり、アラワク人の海上民がカリブ海に向かったりした移住についても知ることができる。(6)

近代に目を向けると、大西洋奴隷貿易の社会史について、多くのことが研究されてきた。近年の著作では、過去の語りに比べて、大西洋を横断した移住者の数は少なくなっているが、奴隷貿易が、世界中からの商品を利用していたことや、アフリカの人口を減少させたこと、アフリカ社会の構造を変えたこと、南北アメリカの至るところへ奴隷を運んでいたことが示されている。アフリカからアメリカへ強制的に移住させられた一千万人以上という数は、ヨーロッパから南北アメリカへの一八四〇年までの移民数を上回っている。だが、これらの研究は、アフリカとアメリカのいくつかの地域の社会史を編み合わせることには成功したが、環大西洋地域全体の社会史とつなぎ合わせるという点では、いまだに初期の段階にとどまっている。(7)

一五〇〇年以降、中国人が海を越えて移住していったことは、いまだに体系的な計量的推計の主題となっていないが、同時期のヨーロッパ人の海外移住と同じくらい大規模なものであり、おもに東南アジアへと移住した。この移住のパターンは、征服よりも商業がはるかに重視されたことであり、それは、近年大量に公刊された論考によってかなり明らかになってきた。とくにアダム・マッキューエンの著作は、これらの研究を精巧にまとめ、移住と境界のより柔軟かつ新しい概念を導いている。(8)

初期近代の移住では、イスラーム世界を横断するものや、太平洋をわたるものもあった。(9) 一九世紀から二〇世紀初頭にかけて、ヨーロッパ人がおもに南北アメリカに向けて大規模に移住する。これはいまや比較の視点から研究されうる。(10) 二〇世紀の移住は、一九二〇年から一九五〇年にかけて減少した後、以前の最盛期に匹敵するほどになり、さらにそれを超えるほどになった。これは、人口増加の比率が加速していることと、世界のあらゆる地域に都市化が広がっていることと関係している。(11)

共同体と階級

共同体の概念は幅広いもので、多くの下位分野を含んでいる。これらのカテゴリーのうち、人種という最も問題含みのものから始めよう。「人種」という想定上の身体的区別の社会史があてはまるのは、基本的にここ四世紀から五世紀のことである。それより前に、異なる地域の人々が身体的にも異なることは知られており、明白に描かれ表現されていたが、これらの差異が社会的差別のカテゴリーに変わることはなかった。人種差別が頂点に達したのは一九世紀と二〇世紀のことであり、この時代には社会の階層構造の中心であった。しかしながら、一五世紀から一八世紀までを対象とした継続的な研究が示しているのは、この時代のヨーロッパ人の間で、微細だが目に見えるかたちで人種差別が展開してきたことである。社会史研究者にとって、より実用的で調査可能なものとして関心が向けられているのは、人種的差異が長い間にわたって維持され再生産されてきたことであり、そしてとくに、最近の数世紀における人種の表象である。この二世紀にわたる人種イデオロギーの変化は、人種差別の興隆と衰退というような単純なものではない。とくに興味深いのは、人種を表す用語法の継続と、人種とされる項目の変化の、双方の展開である。(12)

階級の概念は、近代の社会思想のなかで、広く議論されてきた。ある社会構造として階級を認めるか認めないか、それによって、学問のアプローチは周期的に揺れ動いてきた。E・P・トムスンは、階級を、ある社会システムとの関係として措定する点で先駆となり、マルクス主義がポストモダニズムの思考と重なり合うことを予示した。より伝統的に見ると、社会階級は、農民、奴隷、賃金労働者、プチブルジョワジー、ブルジョワジー、そして貴族などの集団を生み出すような生業によって定義される。世界史において、階級に特化した研究は、近年ほとんど見られない。問題含みで状況に左右される「階級」の意味を認めたうえで、ここで主張したいのは、地域横断的な比較が必要であることと、そのために、世界史研究者が、各地域と世界全体における、社会階級の形成、興隆、そして衰退について研究するべきだということである。そのような研究の一つが、大西洋の船乗りに関するピーター・ラインバウとマーカス・レディカーによる最近の研究である。それはトムスン的な労働者階級の社会史を、国民的境界を越えたところにまで広げて（さらにサバルタン研究も取り入れて）、一九世紀への転換期の労働と社会的異議申し立てについて生き生きと描いている。(13)

社会階級およびエリートと同様、民族〔本書ではエスニシティを民族と訳出した〕のカテゴリーも問題を含む。その意味や用法は状況によって明らかに異なるからである。人類学者、そして地域研究に携わる歴史家は、民族を解釈することに長い間取り組んできた。そして、時間を超越して本質的な性格をもつかのような「部族」という帝国的な見方を乗り越えようとし、また、民族アイデンティティの克服を示そうとしてきた。最近では、地球規模のアプローチをとる歴史家たちが研究を著して、世界史における民族集団の位置を理解するための基礎研究を広げはじめている。[14]

共同体は、人種や階級や民族を超える様々なかたちで定義される。この他に、共同体の基盤となるものには、居住、法的地位、宗教帰属、そしてこれらの組み合わせなどがある。イダ・アルトマンの研究は、小さなスケールを扱いながらも、居住についての地球規模の研究に達したものである。一六世紀に六〇家族がスペインのブリウエガからメキシコのプエブラに移動した跡をたどり、そして、二つの土地の人々の間で結びつきが続いていたにもかかわらず、移住によって引き起こされた社会的価値と慣習の変容を観察した。[15] 職業集団についての研究は、商人、運輸関係の労働者、兵士、宣教師、そしてこれらの集団のいずれかの自発的な協会などのいずれについても、地域横断的なスケールの調査から、役立つ情報を得てきたのである。[16]

社会史研究の特長の一つは、都市史研究者がコスモポリタンに集っていることである。一般的に、都市史研究者が、世界史研究者と密接に協力して働くことはないが、国際的に結びついた集団であり、多様な都市中心部を比較し結びつけてきた深い経験がある。都市史の文献は、ヨーロッパと北米諸都市に昔から焦点をあててきたし、今もその見方を保っている一方で、最近の都市史研究者は、一八〇〇年以前のアジア諸都市の重要性や、近年のあらゆる地域における都市化の拡大に十分に注意を向けるようになっている。[17]

社会史研究において、世界史研究者が関心をもつべきもう一つの部門は、社会運動への視点である。この言葉はとくに、サバルタン集団が、自身の社会的前進を阻むものに挑もうとして、階級やジェンダーや人種を通して運動を起こすことを指すが、社会運動間の摩擦の研究も含んでいる。社会運動の分析では近年の時期に焦点をあてることが多いが（たとえば二〇世紀のジェノサイドの事例などのように）、しかしながら、このアプローチは、関連するデータが手に入るならば、より古い時代についても重要である。[18]

ジェンダー

男性と女性の区別はいつの時代にもある。ある種の生物的な違いは避けられないが、社会的差異は、選択と伝統によって作り上げられる。この違いに、社会はどう対応するのか。男たちと女たちは一緒に過ごすものなのか、それとも分離されるものなのか。男たちと女たちは階層構造に組み込まれているのか。性差が労働分業を決めるものなのか。生活上のその他の差異は、ジェンダー化された喩えを用いて説明されるのか。

世界史のなかでもとりわけ大国および長距離交易の歴史としての世界史は、ジェンダーをほとんど認識せず、女性の登場の余地をほとんど与えない。ジェンダーの視点を世界史に取り入れる第一段階では、過去における女性の位置を探し出し、その活動や社会への貢献を描こうと試みられた。この努力の成果は、世界史における女性について参照できる著作が発展したことにも現れている。(19)

第二のアプローチは、性役割の長期的解釈を進展させることである。このような解釈で最も知られているものはゲルダ・ラーナーの著作である。ラーナーによれば、家父長制は農耕が始まった初期に作り出されたものであり、それに続いて、女性を男性に従属させる社会秩序が再生産されていった。ラーナーの次の著作では、より短い時間枠を通して、歴史発展における女性の役割を詳しく述べる技術を発展させようとした。(20)

また別のアプローチでは、地域研究の視点から女性の歴史を探究しようとしてきた。このアプローチは、合衆国とヨーロッパ諸国で、国民的視点のなかで女性を歴史に復帰させようとした初期の著作を、拡大したものである。(21)

ジェンダー史において研究者の大きな注目を集めている領域の一つが、植民地社会における女性の位置である。初期近代については、カリブ地域の女性奴隷の生活についてや、北米先住民の女性についての研究が著されている。(22)一九世紀と二〇世紀初期の拡大するヨーロッパ諸帝国における女性の位置を扱う研究は、もう少し多く現れている。

いくつかの研究では、帝国秩序の代理人としての役割と、植民地女性の同盟者としての役割という、ヨーロッパ女性が果たした両方の役割について明らかにした。この女性たちは、自身の家族と植民地システムの両方から発せられる圧力に直面していた。また、変化する社会秩序の舵をとろうとする、植民地社会の女性に焦点をあてた研究もある。(23)

さらに、社会におけるジェンダーの問題を最大限に扱うための分析枠組みを練り上げることと並んで、地域横断的な視点からジェンダーを取り上げる研究も現れはじめている。とくに記すべきは、ムリナーリニー・シンハーによるイギリスとベンガルの研究である。シンハーは、男性性をめぐる一九世紀の議論が、男らしいイギリス人と女々しいベンガル人というステレオタイプを有しており、植民地と帝都の両方においてジェンダーのカテゴリーと社会関係を変容させたと論じる。ルース・ピアソンとヌプール・チョウドリのチームは、総合的なジェンダーのアプローチという洞察をさらに広げて、帝国という文脈でのジェンダーについて総合的に叙述した。(24)

このように新たな著作を挙げられるにもかかわらず、いつまでたっても衝撃的なのは、世界史における女性と性役割についての研究がゆっくりとしか進まず、進展するとしてもいくつかのテーマに限られていることである。なぜジェンダーは世界史研究のなかで進展させるのがそれほど難しい問題なのだろうか。(25)これまでにどのような傾向があり、これからどうあるべきなのか。女性の生活は、経済や政治などの公的領域ではなく、むしろ家庭という私的領域で実践されるというのが、実によく定着している仮定である。この仮定が示すのは、女性の歴史は家族の歴史であり、家族の歴史は世界史において何ら大きな役割を果たしていないということである。この論理によるならば、女性と植民地主義（もしくはジェンダーと植民地主義）の研究の拡大は、まさに、植民地という状況において、国家が家族の機能と社会的価値に広く干渉しているからこそ生じたのである。一九世紀インドのサティに関する議論のように、私的なことが公的になるにつれて、ついに女性の生活が政府の文書や歴史家の視野に入り込むのである。(26)

最後に、世界史研究のなかで女性に関する分析を広げてくれるだろう枠組みを短く紹介して、この項目を終えたい。女性および労働に焦点をあてるならば、女性の労働は、生殖、家内労働、そして社会的労働の三種に分けることができるだろう。生殖の生活は、子供を産み、幼少時に育てることであり、たいてい二〇歳から三五歳の間におこなわれる。家内労働とは、自身の家計や、両親の家計や、子供や他の家族の家計を維持することであり、ほぼすべての年齢を通しておこなわれる。社会的労働とは、経済財の生産であり、農業労働や市場取引、職工的な仕事を含み、有給の場合もあれば無給の場合もあるだろう。この労働は、とくに若い女性や、子供を育て終わった女性がすることが多いが、一生ずっと携わることもある。ほとんどの女性の生活はこの三種の労働すべてを含むが、普通、三種すべてを一度にすることはない。個々の女性に対して、そして女性労働に頼る社会に対して、いずれかの労働から別種の労働に移るタイミングによって、そして、それぞれの種類の労働と適合する社会的価値によって、個々の女性の運命と社会全体の構造が指し示されることになる。これらの労働類型のパターンと、その変化に注目すれば、歴史に女性の生活を含み入れたり、それらを性役割と総合的に関連づけたり、社会における家族史の位置をもっと広いかたちで示したりする方法を提供できるだろう。(27)

家族

世界史における家族の問題は大きくて興味深いものだが、家族生活に関する証拠は、あるとしても散在していて部分的なものでしかない。データが存在する場所においても、局地的な家族史をどのように地球規模の問題と結びつけるのかという課題が生じる。人類の家族の起源、初期の移住における家族の役割、親族構造の展開、相続や出産のパターン、これらは人間の家族生活の変容を解釈するための潜在的要素であり、いずれつなぎ合わせられることだろう。(28)

既存の文献を見ると、家族史のなかではヨーロッパの研究が、最良かつ最も革新的な作品を有している。この分野では、人口に関する個々の記録（とくに宗教的な教区簿冊だが、世俗の記録もある）の分析、局地的もしくは地域的なセンサスの分析、これらの記録を基にした何世代にもわたる家族の復元、そして構造類型にしたがった家族の分類などの新しい技術が発展した。これらの研究からは、家族史についていくつかの大きな総合が現れ、数世紀にわたるヨーロッパ家族史の像を与えてくれるようになった。しかしながら、いくつかの例外はあるものの、これらの研究では移住への注目はきわめて少ない[29]。結果として、この家族史へのアプローチは局地的な単位の研究に限られてしまい、遠く離れた、そして、社会的、地理的、文化的境界を超えた家族のつながりを探索することは少ない。

家族が地域を超えて広がる場合について、ヨーロッパの植民地拡大や家族生活の長期パターンに焦点をあてながら、個々の論文や考察を統合した研究も、少数ながら存在する[30]。様々な社会状況における家族の形成について体系的に資料を集めて分析することを試みて、とくに家族というものの影響力を説明するならば、家族の変化について地球規模の歴史が考察できるようになるだろう。モデルという点から見ると、世界の多くの地域でここ数世紀にわたって家族形成が変化したことを説明するモデルが必要である。その変化とは、若者が結婚するには親の許可が必要で、二人は親の土地に住み着くというパターンから、若者が自身で伴侶を選び、新たな住まいに移るというパターンへの変化である。

年齢による区別は様々な影響を社会全体に与えるが、とくに家族の運営での影響は大きい。一般に幼児の面倒は母親がみるが、その後についてはきわめて多様である。誰が子供を世話するのか。子供はいつ働きはじめるのか。子供の教育は家族によるのか、それとも他の機関によるのか。いつどのようにして大人の仲間に加えられるのか。自らの家族を作るためには公式に結婚するのか、もしそうならば、いつどのようにして。成年に達した者には、さらに年配者や長老になったことを示すような別の段階が存在するのか。年配者の扱いは、崇敬や服従から無視まで、社会によって異なる。

伝記

世界史は、地球規模での過程や長期的変化を扱うのと同時に、歴史における個人をも説明せねばならない。「偉人」からの歴史へのアプローチに同意する世界史研究者はほとんどいないだろう。というのも、世界史研究者は、個々人の生活に文脈を据えるような、政治的、社会的、環境的諸要因という領域に関心があるからである。そうではあるが、世界史研究者は確かに個人に関心を寄せている。すなわち、地球規模での過程に対する個人の反応や、出来事の推移に対して個人が与える、もしくは与えうる影響に関心をもつのである。世界史を教える際には、世界史における多くの伝記研究が、すでに影響力をもつようになっている。

画期をなした研究の一つが、ロス・ダンによるイブン・バットゥータの伝記である。イブン・バットゥータは一四世紀の法律家で旅行者でもあり、交易や統治においてイスラームが支配的であった、アジアとアフリカのすべての主要な地域を訪れた。多くの地域をながめた一人の人間の目を通して、読者は当時のイスラーム世界の一体性と多様性の感覚を得ることができ、そして、イブン・バットゥータの世界観の展開を見ることができる。ほぼ同時期にまったく異なる伝記が現れた。ウィリアム・H・マクニールによるアーノルド・J・トインビーの生涯についての研究である。ある偉大な世界史研究者がまた別の偉大な世界史研究者の生涯を見直したことによって、読者は、世界史を概念化する仕事についての個人的省察の様子を知ることができる。(31)

近年の伝記的な研究では、フランシス・カルトゥネンが、何人かの翻訳者と案内人の伝記を各章にしてまとめた。その人たちは、初期近代に、重要な文化的邂逅のなかで人間集団間の結びつきを作り出したのである。ロクサン・プラズニアクは自身が呼ぶところの「文明を越えた対話」を再構築して、中国とヨーロッパの個々人が互いの社会と世界史をどう見ていたかを要約した。サリー・リギンズによる玄奘三蔵の伝記は、西暦七世紀中国人巡礼者の生涯をたど␣る。玄奘は仏教の経典を手に入れて中国で学び普及させるために、インドへと旅した。[32]

社会史全般においてと同じく、伝記においても、この章でまとめた小さな萌芽は、まだ世界史における教育と研究のなかで大きな部分を占めるまでには至っていないし、その地球大のアプローチも、社会史研究のなかで大きな部分とはなっていない。しかしながら、これらは有望な萌芽である。世界史のなかで、社会的パターンの研究は拡大し続けそうである。もしそうなれば、結果として、社会史における過去の相互作用のしっかりした像が最終的に得られるだろう。それを比較して関連づけるならば、今日世界で明らかに進んでいる社会的な相互作用を理解するのに役立つことだろう。

結論：地球規模で社会を見る

地球レベルの社会史には希望がある。奇妙なことに、社会史が全体として最大の進歩を遂げていたときに、世界史は社会史以外の分野を中心に拡張してきた。だが、両者をつなげる努力をし続ければ、興味深く重要な結果を得ることができるだろう。とくに、それぞれの集団が各自の特徴的な長所と相手の長所に対して同時に注目するならば、両者を関連づける道をもっと広げることができる。世界史研究者は、社会史研究者が国民や地域のレベルでとても効果的に展開してきたトピックを扱う、より詳細な方法を見出すだろう。そして、社会史には、地域横断的な相互作用を探究する方法をもっと多く見つける必要がある。たとえば、地方の共同体を研究するときに、移住を無視するのではなく含めることによって、それは可能である。また別に、社会史における地球規模の研究の進展におもに期待できることとして、人類学の文献の探究が挙げられる。人類学の、論理的、そして実証的な幅広い文献には、文明レベルでの長期的な社会変化から家族間の相互作用のパターンに至るまで、あらゆるレベルで非常に重要な討論、展望、そしてデータが含まれている。世界史研究者は人類学の海を探ってみる段階を終わりにして、そこに飛び込まねばならないのである。

第12章　生態系、科学技術、健康

生態系、科学技術、健康というテーマは、歴史研究にとって比較的新しいものであり、おもにそれらのおかげで、世界史は独特の分野となってきた。これは世界史への外的な道、つまり科学的・文化的な道にそってなされた仕事であり、その著者の多くは基本的に歴史学以外の分野で教育を受けた研究者であった。彼らが歴史を主題として書きはじめたのは、地球規模のレベルで重要なパターンを発見したからであり、また、彼らの発見と他の歴史的局面とのつながりを示し、より広い読み手にそれらを示したいと思うようになったからである。とりわけ地球という惑星の環境に対する関心から、広範な読み手が育ってきた。そしてついに、私たちが生活していくなかで、この惑星を徹底的に利用してきただけでなく、それを変容させてすらいるのだと、多くの人間が理解するようになった。

本章で取り上げる研究のトピックは、非常に広範囲にわたる。生態学的な意味での生産と分解を考える際には、土地、気候、陸水と海洋、植物、動物、微生物を扱う。人間の科学技術については、食料、住居、道具、冶金、交通、コミュニケーション、建築、産業を扱う。人間の健康については、栄養、疾病、そして広い意味での医療行為を扱う。

研究計画：生態系、科学技術、健康

人類史における生態系と科学技術と健康とは、それぞれ別個の語りをもち、それらはなめらかに合わさるものではない。しかし、地球の生態学的な変化から語りはじめることは道理にかなっているだろう。なぜなら、この惑星では、人間がより大きな変化をもたらす前から、すでにいろいろなことが起こっていたのだから。後期の大陸移動は、動植物の種の分布と発展の条件を決めることになった。長期的な気候変動は、何度も長い氷河期をもたらして海水面の上下動を引き起こし、動物や人間の移動に影響を与えて、各地域の植生を変えた。ここ一万年ほどの温暖化傾向は、近年急激に加速している。温暖化は海面を上昇させ、サハラ地域のように、昔は肥沃だった場所を砂漠にした。エルニーニョ現象のような短期的変動は、これまで予測できなかった気候変動をもたらしている。人間の科学技術が変化してきたなかで、意外でないと言えるのは、技術革新が時とともに加速してきたという点くらいである。道具を作るようになったのが二〇〇万年ほど前だったことは、今では考古学によって知られている。ホモ・サピエンスと関連づけられる細石器技術の発展は、いくつかのアフリカの遺跡で、一〇万年以上前まで遡ることができる。オーストラリアとニューギニアへ向かう人間の移動は六〇〇〇年ほど前に始まり、海洋交通の技術が早期に発達したことが明らかになった。その後移動技術の革新によって、馬、牛、ラクダ、そして長距離帆船による移動手段の発展がもたらされ、さらに、産業革命期の発展が続いた。人間の健康という面では、食べる物の種類の多さこそが人間誕生以来の特徴であり、それはさらに薬草類の使用と治療の専門家の発達によって補強されてきた。人口が増加し新たな環境で生活するようになると、新しい病気も発達した。それはときに破滅的な結果をもたらしたが、新たな免疫を作り出すことにもなった。最近では公衆衛生や医薬品の知識が拡大したことにより、著しく平均余命が伸びた。これは若い時期に死ぬ人の数が減ったからであり、人間の寿命の極限が延びたからではない。

すでに第10章で述べたように、生態系、科学技術、健康の過去について歴史家が抱く疑問はいくつかに分けられる。すなわち、起源、タイミング、力学、そして遺産についての疑問である。科学技術の起源はきわめて適切な問題を提示する。農業や火薬やベルクロ〔マジックテープの商標〕が、どこで、どのような社会的環境において発達したのか、ということを探究することになるからだ。反対に、生態系史では、起源の問題はそれほど重視されない。地質、生物種の進化、そして気候などの変化は、一回限りではなく、むしろ明確に循環するパターンのなかで生じるからである。

タイミングの問題は、複雑だが重要である。農業は、おそらく肥沃な三日月地帯において、ある時点で開始されてから、他地域でも続いて派生的に発明が起こったのか。それとも、おそらく生態学的な変化に条件づけられて、世界の六つか八つの地域でほぼ同時に起こったのか。世界各地で一九世紀に死亡率が低下したのは、公衆衛生と医薬品についての理解が向上してからのことなのか。それとも、死亡率の低下は、人間の知識の影響を受けるよりも前に、もしかすると単に諸地域の人々の接触から時間が経って、免疫がついたから引き起こされたのだろうか。アメリカの穀物、とくにトウモロコシ、キャッサバ、ジャガイモとサツマイモは、どのくらい急速に旧世界の重要な栄養源になったのか。森林の皆伐は一九世紀と二〇世紀に限定される現象なのか、それとも、森林の開拓は、より長期にわたって生態学的に重要な要因だったのか。

歴史学のこのような下位分野で扱われる力学は、人間、動物、植物、そして土地の相互作用を含む。生態系や健康の歴史を分析すると、数多くの重なり合う過程に出くわす。どのモデルや喩えを用いれば、新しい穀物の採用や治療行為の発展のような過程を、単純だが的確にまとめることができるのか。例として健康に焦点をあててみよう。風土病の性格と衝撃、そして伝染病の性格と衝撃は、ふつう非常に異なる。そして伝染病それ自体が感染する際の力学も非常に多様である。コレラなら水によって、天然痘なら接触によって、黄熱病なら蚊によって、といった具合にである。健康という同じ分野のなかでも、治療と介護の力学はきわめて異なる。そのうえ、治療医学の時代に生きる歴史家が、健康について、専ら介護に力を注がざるをえなかった時代を追体験するためには、考え方を変えねばならないのである。

生態系、科学技術、健康における昔のパターンの遺産とは何か。ジャレド・ダイアモンドは歴史的遺産について非常に強力な論点を提示した。ユーラシアでは、人間による管理の下で、農耕と家畜の複合形態が早期に成立した。ユーラシアの生物相が多様だったために（だがとくに、この多様な種を抱える共同体で病原菌媒介生物が発達したために）、この複合形態は、次いで起こる移住の際に、そして現在まで、他のすべての大陸を支配することになった(1)。遺産について他の議論もあげてみよう。ヨーロッパの黒死病が、それ以来長期にわたる社会的諸関係の論理を導いたという議論がある。あるいは科学的方法について、ひとたびフランシス・ベーコンらによって提唱されると、これが世界を変えてしまうほどの研究や革新の連鎖を導いたとする議論がある。まったく別種の議論もある。土着の治癒システムは、科学的医学よりも広い範囲の薬学、心理学、精神原理に同時に目を向けることから、治癒と介護についての別種のアプローチを保ってきたのであり、それは今日の健康管理システムに大いに有益なものをもたらすという議論である。

生態系、科学技術、健康の世界史についての問題に注目する際、現在への関心は重要であり続けている。地球温暖化、化石燃料の限界、森林面積の減少、動植物種の絶滅について、関心が高まっている。新技術の発展によって人間の生活がある意味で急速に変化したため、私たちは以前の生活とまったく切り離されたようにも見える。新しい医療技術の出現によって人間の寿命は延びたが、それによって新たなモラル上のジレンマが生み出された。ここ二世紀間における社会の変容と人間の不平等の拡大は、新たな危機や病の可能性を生み出しているのではないか。このような疑問について、最初に歴史家に答えを求めようとする者はいないだろうが、これらの現在の問題には本質的な歴史的次元が存在し、歴史家たちはその多くに、すでに光をあてられるようになっている。

生態系：生産と分解

おそらく他のどの研究分野よりも、生態系史は、長期的変容と短期的変化を同時に考えることを読者に要求する。様々な方法でそれを強調する研究として、スティーヴン・ジェイ・グールドは地質学上の時間を考慮することの重要性を示唆し、またウィリアム・ダラムは人間集団における社会構造と生物学的変化の相互作用について、挑戦的な論点を提起している。(2)

生態系史の幅広い総合的研究のいくつかは、生態系のなかで生産と分解がつながり合うプロセスを明らかにした。よく知られているクライブ・ポンティングの概説は、過剰な牧畜、過剰な捕鯨、過剰な漁業を例にして、人間が自然資源を使い尽くしてきたことを非常に効果的に記述する。(3)ブローデル的な地域分析アプローチは、自然と社会の諸過程を緊密な相互連関のなかで記述することによって、地中海とインド洋ばかりでなく、西アフリカにおける商業と鉄生産の衝撃や、アフリカ北東部の捕象についても、効果的に描けるようになった。(4)対照的に、アルフレッド・クロスビーによる生態系史へのアプローチは、人間、植物、動物、病気といった様々な種類の移動に対してとくに注意を向けた。(5)

自然の作用がもたらす衝撃については、ウィリアム・アトウェルが、一三世紀から一七世紀までの火山活動について、氷床コア、樹木の年輪、および文書資料に見られるデータを集めることによって研究した。そして、火山活動と短期的気候変動の間に強い相関関係があり、そのほとんどが農業に悪影響を与えたことを示唆した。ブライアン・フェイガンによるエルニーニョ現象の研究は、北大西洋で塩分濃度の高い海水が沈み込むことと、南シナ海での風と温度の変化パターンとを関連づけ、さらに近年や昔に起こった気候の急激な変化と関連することを示した。(6)デヴィド・キーズおよびマイク・デイヴィスは、一四世紀ほど隔たった別の事例を取り上げつつ、人間社会が自然現象の作用に遭遇したときに突然起こる変化について、印象的な話を書いた。一つは火山活動によるもの、もう一つはエルニーニョ現象によるものである。さらに二人ともが強調するのは、災害から利益を引き出そうとして、図太く機に乗じようとする人間の行動である。(7)

E・L・ジョーンズとウィリアム・クロノンが以前に主張したパターンに追随して、多くの研究が、第二千年紀における経済と環境の相互作用を探究するようになった。ロバート・マークスとケネス・ポメランツはどちらも、中国の南部沿岸と中部沿岸の資料を幅広く調査し、地域の生態系を検討した。そして、人口集中および開発の集中という強い圧力があったにもかかわらず、この地域の環境は非常に高い能力で管理されていたと主張して、中国史とは連綿たる生態系の破壊の歴史だという、それまでの研究によって作られた印象に異議を唱えた。デヴィド・ワッツは集中的な資源利用に関するもう一つの事例として西インドを調査し、部分的に自身の植民地経済政策評価を基にして、それほど楽観的ではない解釈に至った。(8) ジェイムズ・マッキャンはここ二世紀間のアフリカ環境史を調査し、いくつかの地域の詳細な比較によって、植民地以前、植民地下、そして植民地以後の時期における、環境荒廃の過程と熟練した土地利用の過程を同時に明らかにした。(9)

ジョン・R・マクニールは、現在のところ最も包括的といえる生態系史を著し、二〇世紀の世界における生態学的問題の解釈を提起した。彼は、土地利用、農業生産、海洋生物、鉱物資源などが二〇世紀にどれほど深く変化したのかを、きわめて明晰に示した。(10) そして、地球の生態系における変容、分解、そして生産の見通しを考察し、楽観論と悲観論のバランスがとれた結論を出している。とはいえ彼の結論が明らかにしたのは、人間の政治的、社会的、そして文化的な面での活動は、今後、彼がたどってみせた生態学的な変容に注意せねばならない、ということである。

科学技術：発明と伝播

人類の科学技術の歴史についてこれまでに知られていることを、かなりの部分総覧することができる書物が三点あり、これらは、歴史家たちが何年もの間携わってきたトピックについて、多くの疑問を提起している。工業技術の歴史で指導的な地位にある経済史研究者ジョエル・モキアは、古典古代から現在までの科学技術の発展について包括的な研究を書き、科学技術の変化が経済成長に与えた役割を強調した。モキアは、社会的なレベルでの創造性に焦点をあてる際に、本質主義的な文明モデルに頼りがちなのだが、それでも科学技術とその変化についての詳細な分類は、分析の構造として印象的である。彼は、古典古代期のギリシア・ローマ、中世ヨーロッパ（イスラーム世界を多少含む）、中国（とくにジョゼフ・ニーダムの著作によっている）、そして、初期近代および工業化時代のヨーロッパを分析した。分析のパラダイムは、技術革新を起こす原因とそれを抑制する要因を取り上げている。モキアの専門は工業化時代の科学技術についてであり、そこからこのアプローチが生まれた。モキアのアプローチは、先進的な技術に、そして高い生産性が作り出される過程に焦点があてられている。アーノルド・パーシーは、いくらか短い期間を扱いつつも、地理的、社会的により広い範囲を検討し、世界の多くの地域での、先進的な技術、中間的な技術、そして基礎的な技術の間の相互作用を考えている。彼のアプローチは、革新の過程についてはほとんど洞察しないが、ある生産システムのなかで様々なレベルの科学技術がどのように互いを補強し合うのかについて、基本的な情報をもたらす。ヨハン・ハウツブロムは歴史における火について調べ、人間が火をコントロールするようになった起源だけでなく、燃焼に関する一連の技術進歩についても研究する。とりわけ、火の使用が新たな段階に達したときに、それと結びついて起こった社会的な変化に焦点をあてている(11)。

科学技術に関する歴史研究はいくつもの下位グループに分けることができる。そのうち最大のグループはごく最近の先進技術を研究するものである。現代では、新たな知識と新たな技術が明らかに相関して生み出されることから、科学と技術の関係は、人類史において、それ以前と切り離されたまったく新しい段階として扱えるのである。第二のアプローチは、科学史や教科書に広く代表されているもので、一七世紀ヨーロッパにおける科学革命から始め、技術と科学を時間軸にそってたどる。いずれのアプローチも、トピックは科学と技術であり、科学的な知が技術の進歩を作り出すという暗黙の前提をもっている。科学技術史研究の焦点は圧倒的に近現代に向けられる。これは工業化がもたらした劇的な変化を見れば容易に理解できるし、さらに、現在の生命科学や通信技術での革新を考えればなおさらである。その一方で、科学技術史記述の第三の、あるいはそれ以外の様々なカテゴリーにある研究は、基礎レベルや中間レベルの科学技術や、富と権力の中心から外れた地域を扱っている。

私たちの前に開かれている可能性とは、これらのアプローチを関連づけることであり、革新の過程と、いずれの生産システムにおいても対抗し合う様々なレベルの科学技術と、技術上の転換の社会的起源と社会的衝撃を、同時に探究することである。世界史の枠組みを使えば、基礎的な技術でも高度な技術でも、短期的長期的な変化を総合的にとらえられるような、すばらしい可能性が提示できる。大半の科学技術の物質的基盤は、最も簡単に入手できて直接に比較可能な歴史的遺物のなかに見つけることができる。人間の科学技術についての包括的な解釈を組み立てれば、人類が達成した最も重要な領域の一つについて鮮明な像を提供できるだけでなく、人間活動のなかで、そのような解釈が組み立てられる最初の領域となるだろう。考古遺物、言語、記録資料のおかげで、私たちは、ほとんどの時代、世界のほとんどの地域、そして社会のほとんどのレベルに関する情報をもつようになった。科学技術の問題や技術革新を、独立したものとして扱う傾向は強いが、一方で、それに対抗するような視点、すなわち実践と理念が相互に作用する一つのネットワークとして科学技術を見ようとする傾向もある。このような科学技術ネットワークという視点から見ると、今日の経済におけるハイテクの次元でさえ、基礎レベルそして中間レベルの諸技術からの供給に支えられ、それらによる消費に依存している。科学技術は変化するが、それは人間の歴史について最も一貫した資料群を提供してくれる。それは、ある社会と別の社会の間で何が似ていて何が異なっているかを、最もよく示してくれるのである。[12]

科学と技術は、両者が互いに対して利益をもたらし合うことから、近年、非常に緊密に関連づけられるようになった。たとえば、コンピュータは科学の発達によってもたらされ、コンピュータ技術の発達は、科学にさらに多くの発達をもたらした。昔は、技術の変化は職人の経験と洞察を通じて起こったのであって、専門分野の科学者の貢献によって起こったのではない。技術変化に対する科学の貢献が決定的になったのが、早くも一七世紀だったのか、それともようやく二〇世紀に起こったことなのかをめぐって、研究者は議論している。[13]

この項では技術を論じ、科学については別に後述する。以下では、世界史における技術について時系列的に概観し、目下議論されているか、もしくは、議論されるべき問題をいくつか指摘する。ここでは、歴史上の情報が集められている技術が広い範囲にわたることを強調したい。

動植物の家畜化と栽培化についての研究では、優れた解説がいくつも現れている。それは、地域研究の成果に大きく依存しながらも、世界史のパターンを明らかにするのに大きく役立っている。[14] しかし、最近のあらゆる進歩にもかかわらず、いくつかの重要な問題についての成果はまだ決定的ではない。とくに東南アジアにおける穀物栽培化の場所と時期を明らかにすることは、オーストロネシア、オーストロアジア、シナ・チベット諸語を話す人々の広がりを理解するうえで非常に重要である。その後についても、紀元前におけるアフリカから中国へのモロコシ類の普及、アジアの稲作地域での様々な新種の普及、東半球の諸地域における大規模なトウモロコシ栽培の採用など、新たな地域に穀物が普及した時期を明らかにするために、さらなる研究が必要である。

個人住宅および共同建築物を建てるという視点から、人類の多くの部分にとってのパターンを再構築できるかもしれない領域が現れる。この種の世界史について際立った先駆者であるH・パーカー・ジェイムズは、建設が容易ながらも堅固で、便利な家屋建築の形態である、高床建築の歴史をたどった。ジェイムズは、その起源の地である現在の中国南部から、東南アジアでの普及範囲をたどり、そこからさらに熱帯地域の大半まで調べていった。[15]

冶金の発達と普及は、技術の転換の重要な領域であり続けた。それにもかかわらず、この専門家たちの仕事は歴史の他の領域におけるパターンとほとんど関連づけられなかった。考古学者たちは銅、錫、銀、金、鉄の利用について、初期の発展を示す多くの遺構を明らかにしたが、青銅器時代と鉄器時代という既定の時代区分は、現在知られていることを整理するにはもはや十分とはいえない。伝播したのか、それぞれの地域で独自に発明されたのかという議論は続いており、最近の研究ではアフリカで独自の製鉄技術が発達したことが実証されつつある。冶金の初期の発達に加えて、採鉱、加工技術の改良、完成品の交易についても、さらに詳細な歴史をたどれるはずである。

書くことの歴史については、初期の重要なつながりと後の発達をたどることができる。これはどの言語においても、ゼネラリストよりスペシャリストの仕事なのだが、アルベルティーン・ガウアーは理解しやすい概説書において、世界で使用されている多くの書記法のほとんどが、もとをたどると、わずか数点の独自の発明に行き着くと論じた。[16]それぞれの言語を書き表す追加的な技術の発展と、その後の発明の普及も、もとの発明と並んで重要であり続けている。

交通システムの変化については、いくつもの重要な研究がある。馬による交通の発達は、記録がほとんどない時代に始まったが、ラクダはもっと後で飼育されるようになり、ラクダによる交通は文字をもつ社会で広まった。リチャード・ブリエットは、鞍と隊商システムの発達を詳細に分析し、ラクダが生育する乾燥地域で、ラクダによる交通が車輪を使う交通に取って代わった理由を明らかにした。イアン・キャンベルは大三角帆船の発達と普及についてまとめ、クラーク・レイノルズは古典時代からの海軍史をまとめた。[17]初期には、地中海、インド洋、南シナ海、南太平洋といったいくつかの大洋で海運技術が発達した。外洋を航行する技術を最初に洗練させたのは、メラネシアとポリネシアの船乗りだったようである。他の地域では、第一に商業のために航海術が発達し、おもに人口集中地域を結んだ。[18]初期の航海技術を比較研究すれば、確実に多くのことが明らかになるだろう。

時代が今に近づくほど文書資料が増えるため、初期近代の世界の科学技術については膨大な研究が現れている。これらの研究はとくに軍事技術に注意を向け、第一にヨーロッパ、次いで中国に焦点をあててきた。しかし現在では、インドとアフリカの織物技術の研究も現れている。[19]一九世紀と二〇世紀における帝国の科学技術に関しては、ダニエル・ヘッドリクが唯一の研究者である。ヘッドリクは、四部からなる本で、蒸気船から電信や化学に至るまでの科学技術が、いかにヨーロッパの帝国の拡大を容易にしたのかを、きわめて明晰に示した。[20]これを補完するものとして、マイケル・アダスは、ヨーロッパ人の精神のなかで、科学技術による支配というイデオロギーが発達したことを研究した。この研究によると、科学の威信の増大と、世界的問題におけるヨーロッパ人の指導の増大とが、一世紀以上にわたって互いを補強してきたのである。[21]

健康：病気と治癒

昔の人間の健康については、データが少なく不明確なため、研究が困難である。それでも考古学的調査によって、遺体などが残っている者について、健康と病に関する示唆を得られることがある。また伝染病の研究で、文書資料は、決定的資料とならなくても、助けにはなる。後者についてはデヴィド・キーズが、六世紀のペストの流行について重要な証拠を集め、このペストが紀元五四〇年に東アフリカから地中海へ広まり、さらに東進して中国にまで達したことを論じた。より一般的なものとしては、ウイルスや他の微生物が感染の効果を高めるために自らを変化させる過程について、ジャレド・ダイアモンドが著わした優れた論考がある。[22]

人間集団の健康の長期的な変化について、よく知られた物語がある。鎌状赤血球貧血症という血液疾患の遺伝子は、定期的にマラリアにさらされる人々のなかでとくに顕著であることが示されてきた。最も著しいのは、西および中央アフリカの人々である。劣性の鎌状赤血球遺伝子は、すべての保有者をマラリア原虫から保護し、両親二人からその遺伝子を受け継いだ者にだけ貧血を起こす。[23] ヒトゲノムの知識が広がることにより、病気と遺伝子の相互作用の物語が他にも発見されるだろう。

歴史における病気の衝撃については、シェルドン・ワッツの著作が、新たな包括的見直しをおこなっている。彼の研究は、過去千年間のペスト、ハンセン病、天然痘、梅毒、コレラ、黄熱病、マラリアについて、病気のパターン、人的損失、そして、最終的な後退を明らかにした。それぞれの病気には独自のパターンがあるので、次のものにどう備えればよいのかは、ほとんどわかっていない。[24]

死亡率の歴史的変動についての人口学的研究は、ここ数十年で劇的に拡大した。だが、その中でもフィリップ・カーティンは、これらの研究を世界史の問題に関連づけたという点で傑出している。カーティンは、一九世紀に、ヨーロッパの軍司令部が、世界中に配置された部隊のために公衆衛生の管理を改良したことを、最初に明らかにした。しかしその後の研究で明らかにしたのは、アフリカを占領したヨーロッパの将校たちが、入手可能な医薬品や公衆衛生技術をせいぜい場当たり的にしか使わず、そのために、とくに一八九五年のフランスによるマダガスカル作戦では、兵士たちの死亡率が予想外に高かったことである。[25] イギリス帝国の医療および行政記録を利用した他の研究は、一九世紀末から二〇世紀初頭のインドにおける衛生状態に特別の注意を払っている。[26]

健康の世界史に関連する問題圏は、これまでの研究が扱ってきたものよりもはるかに広い。伝染性の病気については引き続き研究されており、多くの重要な問題の解決が待たれる。その明らかな例は、インフルエンザ、小児麻痺（ポリオ）、結核、エイズ、マラリアである。癌はふつう伝染性ではないが、環境によってもたらされる新たな危険要因と、他の死因の減少のため、罹病率が大幅に上昇している。また、栄養の分野は活発な研究分野でありながらも、これまでまだ世界史と密接に関連づけられてこなかった。[27] 健康の歴史を地球規模で研究する者が、関心を寄せるべきトピックが不足して悩むことはないだろう。

人間と自然

人類は原始から自然を研究し、そして自然に介入してきた。人間は、様々なレベルの道具を使って、制御できる自然領域を増やしてきた。しかし相互作用にはより多くの次元がある。古くからオーストラリアで草木を大規模に焼いてきたように、人間は自然を変えてきた。そしてまた、新たな病気が発達し広がるときに見られるように、自然は人間を変えてきた。どちらの局面でも、実際に自身の運命をコントロールできたと結論づける人もいる。そしてどちらの局面でも、たいていの人は反対に鼻をへし折られるような教訓を得るものである。チンギス・ハンはユーラシア全土を支配したが、死を避けたいという夢はどうにもならなかった。彼は自身の死についてせめてもっと注意深く計画できたかもしれないのに。

それでも人間は、科学技術、健康、環境の制御において着実に前進し続けているし、その前進はますます加速している。近年ヴォルフ・シェーファーが論じているように、今こそ人間と自然の対立図式を乗り越えるべき時なのだろう。これまでの図式では、人間は自然の世界を変化させる第一の要素であった。つまり、シェーファーは、地質学的および生物学的な諸力という「第一の自然」を、人間もそこに参加し世界を変えていく「第二の自然」と区別する。彼は「第一の自然」を修辞的にパンゲアの時代と関連づける。そして、「第二の自然」の局面を「第二のパンゲア」と捉えている。というのも、諸大陸は離れたままだが、人間社会はいまや統一体や結合体といえるレベルへとまとまってきているからである。この現象は、大陸間の以前のつながりを反映するとともに、それを超えるものでもある。(27)

人間と自然の間におけるバランスの変化を理解する試みについては、社会的な事象に焦点をあてる伝統的な歴史家よりも、自然科学者や意識の問題を扱う専門家のなかから、最もはっきりした意見を聞くことができる。ジェームズ・バークとロバート・オーンスタインは『斧を作った人の贈り物』のなかで、太古から今に至るまでの、発明の論理とその影響をたどっている。生物学者であるバークと心理学者であるオーンスタインは、斧という両刃の道具の発明から物語を始める。彼らが強調するのは、食料供給に対して、そして後に森林に対して斧が与えた物理的な影響だけでなく、彼らが「順序立った思考」と呼ぶものによる長期的な影響である。「順序立った思考」では、諸問題がより小さな諸問題に分解され、小さな諸問題は解決されるが、そこから思ってもみなかった大きな問題が作り出されるという結果を伴うことになる。(28)

バークとオーンスタインや、同様にシェーファーの視点によれば、人類は転換点にあり、私たちの種と惑星にとっての惨事を避けるために、古い習慣は変化しつつある。もしくは変化しなくてはならない。確かに彼らの議論は真剣に考えるに値する。しかし同時に、人間が転換点に立っているという信念を現したり、期待と恐れがないまぜになった眼で未来を見たりしたのは、私たちの世代が初めてというわけではない。

グレイム・スヌークスは、人間の長期的発展の背後にある論理について、また別のアプローチをとる。スヌークスの物語は、地球上の生命体が、周期的に（かつ加速して）興隆し衰退するという文脈に置かれる。人間については、いくつかの基本的な力学があり、どの力学も歴史を通じてつねに働いているのだが、それぞれ支配的であるのは一定の期間だという。旧石器時代には家族の拡大という動力が、新石器時代（農業の開始から一八世紀まで）には征服の周期的な繰り返しが、そして、産業革命期には連続的な技術転換の波が、それぞれの力学である。さらにスヌークスは、近い将来に、人間同士の、そして人間と自然の相互作用の基本的パターンが変わらざるをえない、とも結論づけている。(30)

いまや、これらの点を総合するために、歴史の記録は広がって包括的となり、理念的のみならず実証的にも、人間と自然の関係の変化を探索できるようになった。哲学者と、最近では自然科学者も、人間と自然の関係の様々な局面を説明しようとする。人間と自然の相互関係が時とともに変化してきたのだから、いまや、それを証拠づけて記すことは、世界史の下位分野として定義するのがふさわしいかもしれない。この領域で働くことを選んだ歴史家は、おもに、自然世界を説明する際の正式な手続きである自然科学に焦点をあてることになる。たしかに自然科学はこの領域における重要な一部分である。だが一方で、人間と自然の関係におけるもっとずっと大きな変化の研究にもいくらか力を割く方が、歴史家としては賢明かもしれない。それは、技術を改良し、それによって自然を制御する人間の力を増大させようとする、無名の人による職人的な努力を通して現れてきた変化のことである。

ジョゼフ・ニーダムの長期的なプロジェクトは、中国での科学研究と技術発展を、資料により証明して評価しようとした（他の多くの研究者がこの企画を支えている）。これによって、科学と技術の両側が強力に平衡を保ってきたことが示された。この研究は宋代の成果の重要性を示し、モンゴル人が宋に取って代わるまで中国が停滞していたという認識を見直すのに成功した。(31) 同様に、中世イスラーム世界の科学に関する研究が再確認したのは、観察し分析することが継続的に発展していたたことと、研究成果が東半球の各地に伝えられていたことである。[32]

以上の検討の結果、だんだんと明らかになってきたことがある。すなわち、初期近代ヨーロッパの科学者は、思想上の画期的な前進を、自身の手による研究手法の改良と古典時代との結びつきから得ただけでなく、遠く隔たった地域の科学者たちの研究を徹底的に見つけ出し、翻訳し、学んだことからも得たのである。[33]同様に、一八世紀と一九世紀にヨーロッパでまとめ上げられた科学的進歩も、しばしば、世界各地をよく見て、現地の学者たちの知識を収集し体系化することによってもたらされた。キューおよびパリの大きな植物園は、地球規模のネットワークを通じて作り上げられた。遍歴のドイツ人学者アレクサンダー・フォン・フンボルトが、五年にわたるラテンアメリカでの旅と研究で豊富な情報を集められたのは、主として、ともに発見を分かち合った現地研究者の援助を通じてのことだった。[34]国民や文明のレベルを含み込む地球規模のレベルで科学を研究することによって、知識が集積され交換されるパターンが、新たに加えられて示されるようになってきている。[35]

結論：新しいカテゴリーで学ぶ

生態系、科学技術、健康の諸分野は、その領域内での近年の変化、発見、そして革新のために、公衆の注目を浴びてきた。こうした公衆の議論のなかで、いずれの領域の未来についても、意見は楽観から悲観へ、希望から恐れへと揺れ動いている。そして未来を論じるときには、過去を学ぶことでそれに備えようとする者がつねに存在する。

これらの新しい領域での歴史家の研究は、むらはあるけれども将来有望な成果をあげている。とくに、病気の歴史が最もよく示してきたのは、歴史家が過去を説明する際に、政治、経済、宗教よりも、もっと考慮に入れるべきものがあるということだろう。そう主張するには、黒死病や、コロンブスの交換を考察するだけで十分である。これに次いで、短期的な気候変動についての新しいデータも、歴史家が諸要因を新たに加えて考え直すべきだと、おそらく強力に示唆している。火山の爆発やエルニーニョ現象、そしてそれらの影響が、現在では年表に記されるようになったことからも、それは明らかである。科学技術の歴史研究はそこまでめざましい成果をもたらすわけではないが、変化の継続性を証明しているように見える。これらの諸領域の研究はいずれも、歴史家に対して、長期的力学と短期的力学が入り交じっていることに注意を向けるよう促し、また、過去に見出される人間活動を、様々なレベルや類型で認識するよう促している。

生態系、科学技術、健康の諸問題は、いまや、歴史学研究の一部となっている。これらを含むことによって、歴史はより複雑になるだろう。しかしながら、より広い範囲の諸要素の相互作用を包含しようと試みることによって、むろんそれらを十分に注意深く扱うのならば、歴史学はさらに説得力のある研究分野となるだろう。

第13章　文化史

文化史に関心を向ける場合、政治史、経済史、環境史を研究するときよりも、個々の人間の活動に大きな注目が寄せられる。(1) 人々が世界の動きを統制できる力は限られているが、通常は、彼らが加わっている出来事や過程に対して、反応を表現することができる。過去に存在した多くの文化的表現はつかの間のものであり、永遠に失われてしまったが、陶磁器、埋葬、言葉、服装の習慣のなかに生き残っている遺物もある。これらの文化的遺物が示すパターンをきわめて長期的に見ると、はじめの数千年は徐々に文化のパターンが分化していき、その後、ここ数千年間は文化的収斂を示す。初期の人類の間では、集団は住みついた土地ごとに異なる生態系に適応し、考え方と制度の違いも広がっていった。だが、ここ数千年間では、集団間の結びつきが強くなっていき、生態学的な差異を科学技術によって克服できるようになってきた。

文化史の諸要素は古くから研究されてきたけれども、文学、宗教、そして知性史を除いて、歴史家はあまり詳しく扱ってこなかった。近年、文化史にとって証拠となる多くの新たなものが現れていて、とくに文化研究では新しい理論と展望が示されていることから、いまや歴史学という分野は、文化の問題の全般に開かれるようになった。今日の劇的な文化変容、とくに、民衆文化として知られる広範なメディアにおいて最も顕著な変化は、同時代と過去という両方の社会における文化の問題を、より徹底的に分析するよう強く求めている。文化研究において概念が着実に明確化されていくならば、おそらく確実に、今後文化史は開花するだろう。

歴史という専門分野のなかでは、一様に政治史に関心がもたれていたのが、二〇世紀中頃に社会史の可能性が探究されるようになり、二〇世紀末になると今度は文化史に関心が向けられるようになった。文化史への関心はどんどん広がり、その中心はとくにここ数世紀にあるが、それ以前の時代にも目が向けられている。しかし、世界史研究者が文化の諸問題を実質的に重視するようになったのは、（以前、社会史の受容が遅かったのと同じように）相対的に遅い。それにもかかわらず、地球規模の文化研究の可能性は刺激的なものであり続けている。

アルフレッド・クローバーとクライド・クラックホーンは、一九五二年に、文化の人類学的な定義を列挙し、それは今も大きな価値を有している。(2) どのような定義においても、文化には多くのカテゴリーがある。たとえば、物質文化のなかの料理、表現文化内の踊り、精神文化におけるイデオロギー、文明のなかのマクロ文化などである。また、文化の分析をより複雑にしているのは、たいていの文化的遺物が二重の役割を果たしていることである。それらは、人間の経験を表象するものであると同時に、実用品でもある。書くことはコミュニケーション技術でもあるが、文化表現の媒体でもある。宗教は、精神性の表現であるのと同時に、社会統制の手段、哲学の表現、美的かつ表象的創造性の領域でもある。音楽と絵画を純粋に美学的基準によって分析しようと試みた日々は急速に過ぎ去っており、新たな文化理論は、美学的分析を維持しようとしながら、それを社会と文化のパターンと直接に関連づけている。

これらの重複するカテゴリーと取り組む際、分析者は、いつ、どのように文化を分析するかという選択と直面する。分析者は、作者、演出者、そしてその作品を経験する者という対照的な視点をもつ複数のレンズを通して、文化を探究する。さらに、人工物、個人のアイデンティティ、あるいは社会の同義語として文化を探究し、統一性あるいは多様性を強調するために文化を探究し、そして、文化を地球規模で見る方法や、局地的に見る方法を探究するのである。

研究計画：文化史

文化史の語りとは、人間による自分たちの世界の表象および認識のなかにある、変化するパターンを記録することであり、それを要約することは容易ではない。もし一つの総合的な語りがあるとするならば、冒頭に置かれるのは、初期の埋葬慣行と、人間と動物の絵による表象を再検討することかもしれない。初期の陶器には実用品を美しくしようとする努力がうかがえるし、初期の彫刻は、それが伝えようとする社会的価値観をとりわけ強く示してくれる。考古学的な遺物のうち、都市や石造建築物は最も容易に特定され、最もよく保存されてきた。考古学者は、これらの過去に栄えた文化の遺構を研究して、初期の人間社会の構造を描写する方向へと着々と進んでおり、その結果、〈先史時代〉という用語は、すたれはじめている。

新たな媒体がおりおりに生み出され、文化表現に新たな場を提供してきた。衣服は最も避けられない文化形態であり、新たな素材が利用可能になるたびに、また共同体での流行や社会の階層制が新しい装いを求めるたびに変化した。音楽は個々の社会に自身の遺産を再確認する方法を提供するが、新しい楽器の発展や、既存の楽器で新たな音を生み出すことによって変化した。書くこと自体が詩や劇や語りの表現を生み出したわけではないが、それらに変容する前の初期のかたちを記録に残した。そして、歴史と小説は、はじめ叙事詩を補っていたが、最終的にそれを押し退けてしまった。印刷術の到来とともに、書き言葉の市場は劇的に拡大することが可能となり、いくつかの言語が標準語となっていった。一九世紀中葉に写真術が始まると画像の数は急速に増大するが、ほぼ一世紀の間、新しい画像はすべて白黒であり、その後にさらなる技術が登場し、色彩が復活することになる。二〇世紀になると多種多彩の新しい媒体が発展し、それに加えて芸術家、観客、そして仲介者の間に新しい関係が幅広く生み出され、ついて行くことすら困難になっている。

精神文化は、過去の知を保存し、継承し、広めるための社会装置を介して機能する。個人にとって、知は人生を過ごすにつれて広がる。社会にとって次世代への知の継承は不可欠であり、ときに個人が知の蓄積の増加に貢献することもできる。教育、哲学、宗教にとって、数千年の間、どれも家族が重要な責任を負っていたが、その後、他の社会制度が強力になって、それぞれを家族から部分的に取り去った。宗教は家族のなかで十分に生き続けたが、世界の多くの地域で、組織された大規模な宗教に取って代わられた。科学の研究は、実際のところ、家族レベルでおこなわれることはなく、国家あるいはその他の制度的支援が必要とされた。日常生活のための教育は家族のなかに残っている。聖職と行政の専門家は特別な教育を受ける一方で、村や民族組織は一定の社会的価値観のための教育を担った。過去二世紀の間に識字の初等教育がほぼすべての人へ拡大したことは、家族と社会の双方にとって、大規模な再編を意味している。

これまで歴史家は局地レベルあるいは文明レベルに焦点を合わせた文化の問題を問うてきたし、文化の他の〈人類学的な〉面についての局地的な様相に視野を広げて探究する準備もできている。文化の世界史を研究する者にとっては、局地的、社会的、地域的、そして地球大のレベルにおいて現れる文化表現の相互連関を探究し、適切なバランスを見出すことが問題となる。そもそも人間の文化はおもに〈本来の場所で〉、つまり個々の在地の集団の間で独立して現れて発展してきたのか。それとも主として集団間の交流と相互作用を通して発展してきたのか。

文化史研究者は、音楽、ダンス、占いなどの個々の芸術形式の起源について、また、それぞれの変化と結びつきの語りについて、さらに、個々の芸術形式が強化する価値観について、問いを発するだろう。どのような種類の時代区分と年表を文化史研究者は用いるのだろうか。彼らは芸術の形式および哲学を、国家あるいは宗教組織の歴史と結び合わせることが多かった。文学のパターンは、政治体制とは異なる年表をもつのだろうか。言い換えれば、文化遺物を叙述し、その変化の年表を作ることによって、文化の生産と文化的接触の力学に対する次のような質問が生じる。時間を超えて伝統を支えるものは何か、大きな革新をもたらすものは何なのか。

とても興味深いことに、人間の創造性が生み出すものと過程は、それが生み出された時代のみならず、後世にも価値を有している。〈遺産〉という語が大きな反響をもつのは、まさに文化的なことがらにおいてである。インカ国家の遺産がアンデス高地の生活を条件づけているように、流刑地としての植民地という遺産は今日においてもオーストラリアの生活の多くを構築している。そして、レッドソックス・ファンは、ボストンで野球のシーズンが始まるたびに、ベイブ・ルースの呪いを思い出すのである。

現代世界における文化のパターンと選択は、かなりの程度、過去に対する私たちの見解を条件づけている。近年、強力かつ影響力をもつ、民衆文化の媒体が発展しているが、このことは民衆文化がまったく新しいものなのか、あるいは過去に重要な前例があったのかという問題を想起させる。現在のグローバリゼーションの波が明らかにするのは、私たちが、文化の収束と、差異の消滅に直面していることである。文化の類似性を生み出すのと同じように、文化の差異を生み出すような力はあるのだろうか。新しいメディアの拡大は文化的経験を強めているように見える。しかし、現在作り出されている芸術に対して最も権力を行使しているのは誰だろうか。創作者、観客、宣伝する者、それとも資金を提供する者だろうか。私たちが文化におけるこれらの問題や、その他の現在の問題を理解しようとするならば、間違いなく過去についての革新的な研究を導くことだろう。

視野：文化のミクロ分析とマクロ分析

英語で〈文化〉という語は多くのレベルの意味をもつ。それは「アジア文化」や「イスラーム文化」というように広大な社会的集合体を指すが、一方で、彫刻や村の結婚パターンのような、かなり限定的で局地的な文化要素も指す。これら両極における文化の分析を区別するために、これまで研究者は〈マクロ文化研究〉や〈ミクロ文化研究〉という用語を用いてこなかったが、それを使う方が賢明だと提案したい。マクロ文化の領域とミクロ文化の領域の間に明確な境界線はないが、集合体という側の極で用いられる論理と言語は、文化分析として連続しているはずのもう一方の個別の側の極と比べてかなり異なっている。この節では、言語学と文化人類学の分野における、マクロ文化分析とミクロ文化分析の例に焦点を合わせて、この違いについての議論を進める。

集合体の側の極では、〈文化〉という語を名詞形で使う傾向がある。これは、社会レベルでのある主体あるいは客体を指す。すなわち、「フランス文化」という表現も避けられない。この意味での文化はアイデンティティの役目を果たす。たとえば諸国民や諸文明間の差異が強調されるように、文化のマクロ研究で強調されるのは、区別と差異である。広いレベルにおいては、これら国民や文明の「文化」が、分類され特定されるべき客体とみなされる。アイデンティティとしての、つまり客体としての文化は、社会や、まさにイデオロギーの同義語となっている。

個別のものに焦点を絞る文化分析では、〈文化〉の語は、主語よりも修飾語句として、形容詞形で用いられることが多い。おもに強調されるのは、とくに個人のレベルにおける、創造の行為、あるいは創造を経験する行為である。結果的に生み出されたものにではなく、文化の生産活動に関心が寄せられるのである。文化のミクロ研究では、創造の連鎖をつなぐものとして、結びつきやつながりが強調される。私が後で詳述する用語法では、「マクロ文化的」アプローチは文化に対する「旧来の」定義を用い、一方で、「ミクロ文化的」アプローチは「新しい」定義を用いる。これから見るように、ミクロ文化分析とマクロ文化分析のどちらもが、地球大のレベルで実行可能である。

まずミクロ文化分析について見ると、〈物質文化〉、〈表現文化〉、そして〈精神文化〉という用語のそれぞれがミクロ文化の諸問題を指し示している。それらは文化の創造、製作依頼、生産、普及、体験を扱う。表現文化、すなわち芸術の形態には、音楽、踊り、文学、視覚芸術が含まれる。物質文化では、建築、服装、料理、および科学技術の多くの領域などのように、芸術は他の社会的欲求を補完する位置にある。精神文化は、哲学、宗教、教育、科学を含み、すべての社会レベルにおいて重要だが、エリートのレベルのものが最も研究しやすい。文化の生産と普及に関するミクロ文化分析を詳しく述べようとするなら、形、音、色、布地、味など、果てしない詳細に立ち入ることになる。またそれらの詳細には、リズムや色やその他についての論理も含まれる。

マクロ文化分析は、個々人の創造的行為ではなく、広範な社会的区別から始まる。はじめに、社会のカテゴリー化、すなわち、地域、文明、民族集団、国民、あるいは宗教共同体についての文化的パターンを特定し、一般化する。これらをグループ化するなかで、ハイ・カルチャー、エリート文化、民衆文化、マスコミ文化、サブカルチャー、そして対抗文化の間に、マクロ文化的な区分が作られる(3)。国民文化、あるいは文明の文化を比較して分析する際には、論じようとする文化を概括するために、美学的、あるいは哲学的な要素を抽出することによって、多くの文化活動を総合することが求められる。

言うまでもないが、文化に対するミクロなアプローチとマクロなアプローチとは、分析者の思考内での人工的な区分である。社会に実際に存在する文化パターンは、個人と社会の境界をまたぐものであり、分析者はこの現実を研究に反映させられるような取り決めを見出さねばならない。二〇世紀初頭に人類学者の間で一般的だったあるアプローチでは、文化的「特性」を文化的集合体の原子と定義した。そこでは、個々の特性は、それが見つけられる社会の文化全体に寄与するなかで、特定し、跡づけることができると期待された。そして地域文化の全体像を描写するものとして、物質的特性（食用作物や住宅様式）が、表現的特性（系統的構造のパターン）および精神的特性（祖先の霊に対する信仰）と並んで加えられた。このアプローチを否定した研究者もいる。彼らは、どんな特性も孤立して存在することはできないし、個々の特性は文化の他の様相との関連においてのみ存在し定義され、さらに社会それ自体が別個の単位として存在するのではなく、むしろ他の社会との重なりや相互作用によっていると指摘したのである。もし原子論的な特性の概念があまりに機械的だとしても、ミクロレベルの文化をマクロレベルの文化にどのようにしてつなげるかという問題に対する解決策が必要だろう。実際、このようなつながりを作り出そうとする様々な試みがある。たとえば考古学者の場合、実際のフィールドワークは広範囲に分散するちっぽけな遺跡で進めるが、その成果を一般化して地域文化全体を説明する。同様に、建築物の大きさと形状を扱う建築史家と、絵画と壁画を扱う美術史家は、ローマ全体、ヨーロッパ全体、あるいは東アジア全体における、ある時代の精神についての一般化を示そうとしてきた。

従来の定義で、「一つの文化」は、識別可能な一存在として、信仰と組織と人工物による一つの「複雑な全体」として扱われた(4)。ある文化（もしくはある民族集団やある社会）は、文化史研究において、分析単位の役目を果たした。この定義の枠組みの内側で、多くのアプローチが、優勢になろうと鎬を削った。これらのアプローチのうち一方の端では、分析者が、文化を、首尾一貫しており、境界で囲まれ、同質の内部をもつものとして扱う（生物分類学に倣って「統合派」と名づけよう）。他方の端では、文化に他者が含まれる。それは、文化を、移り変わる属性の集合であり、明確な境界をもたず、競合する影響を有し、それでもまだ全体論的な分析が可能なものとして捉えている（同様に「細分派」と名づけよう(5)）。

文化の新しい定義では、文化の生産および変容の営みに焦点があてられる。その際、諸個人と諸人間集団の思想と闘争、および、相いれないそれらの思想の相互作用が中心となる。これらの語法では、文化とは「意味空間であり、記号と実践の場であり、そのなかでは人間が自身と他者を構築し表象し、したがって自身の社会と歴史を構築し表象する(6)」。その新たな枠組みは、従来のものと比べて、明らかに、より歴史的になっている(7)。この枠組みの分析単位は、その実践者に広く合意されているわけではない。だが、それを私は〈議論〉と名づけたい。つまり、分析の中心となるのは、何らかの社会的に重要な議論なのであり、分析される人々と出来事は、その議論の解決に引き入れられる当事者と出来事なのである(8)。

文化史研究における新旧の枠組みの対比は、一九六〇年代頃以降の学問上の議論において広まった、モダニズムからポストモダニズムへの哲学的な推移を反映している(9)。旧来の定義は実証主義的である。つまり、その枠組みのなかで、文化の諸要素や、様々な要因が文化に与える影響、あるいは文化変容の決定要因を描こうとする。新しい定義はポストモダン的である。それは対象物にではなく、関係と対話に焦点を合わせる。また因果関係ではなく不確定性を、さらに例外ではなく規則として、変化を強調する。旧来の枠組みでは因果関係を突き止めることが中心だったが、新しい枠組みでは偶然性の特定に焦点を合わせる。旧来の枠組みは社会科学に依拠していたが、新しい枠組みは人文学の影響が復活したことを示している。

トーマス・クーンの便利な用語法を採用するならば、パラダイム転換が起こったのである。文化についての考察が矛盾を生み出して拡大させるにつれ、旧来の枠組みのなかで圧力が高まった。そして、旧来の枠組みが自身の限界を押し破ると、クリフォード・ギアツのような革新者が、その研究分野を包含するような新たなパラダイムを提案した。(10) より最近では、ジョン・コマロフとジーン・コマロフの著作が新たな展望を示すものとして認識されるようになった。(11)

文化史の再考は、先の世代における学問の変貌のほんの一断面でしかない。第二部で述べたように、広範な変化には、学問分野の専門化を超えて、もっと多くの理論や、新しい哲学、より厳密な分析、学際的な専門技術が含まれる。文化史において、このような学問的な相互作用と変容は、非常に複雑である。文化史は、文化人類学、考古学、言語学、文学、芸術、建築、音楽、宗教、そして哲学の諸研究を同時に利用する。このような幅広い一連の学問分野に鑑みれば、観察された内容においても理論的方向性においても、文化研究が大陸や国ごとに異なるのは、それほど驚くことではない。

たとえば、言語学の手法は、アフリカ研究で実践されているように、文化史で相対的に大きな比重を占めるように見えるが、これらの手法は多様であり、複雑な遺産を含んでいる。語彙研究は、単純な単語のリストから、言語年代学の精巧な技術にまで及ぶ。構造的研究はあまり多くないが、比較文法に焦点を合わせている。言語の様々な分類は（語彙のデータや構造のデータを利用することもある）、人種、文化集団、移住に関する議論の中心となっている。アフリカ諸語の系譜を分類したジョゼフ・グリーンバーグの画期的研究は、バントゥーの移住に対する私たちの理解やその他多くのことにとって重要である。この研究は、語彙および構造の諸要素を考量することと、データの「大規模比較」とに基づいている。しかしグリーンバーグは、何にもまして、言葉と物の語彙論的比較に依拠していた[12]。

言語学によるもう一つの影響は間接的なものである。二〇世紀初頭、スイスの言語学者ソシュールは「シニフィアン」と「シニフィエ」という概念を発展させ、これによって言葉と物と並んで話者の意識を公式に取り入れた。彼の研究はかなり後になって、おもにラカン、フーコー、デリダなどフランスの研究者の著作を通して、言語学という分野を超えて影響力をもつようになった。だが、間接的とはいえ、文学理論、文化人類学、および一般的にポストモダン哲学の発展において新しい出発を支えたことからわかるように、深い影響を及ぼした[13]。

世界史研究者は、過去における、そして現在における、文化研究の諸分野とその相互交流を、包括的に再検討することによって利益を得るだろう。そうした再検討は、歴史家が、言語学者、人類学者、美術史家、そしてその他多くの種類の文化分析者による証拠と分析を、批判的に利用する際の助けとなるだろう。この再検討を組み立てるには、間違いなく何年にも及ぶ調査と議論が必要である。また一方で、文化研究の個々の分野（もちろん歴史学も含まれる）の発展の探究に手をつけることもできるだろう。現在、自己の分野の再検討では人類学者が最善の成果をあげており、人類学者のなかでも、人類学的調査の二大潮流の展開を跡づけたアダム・クーパーが傑出している。彼は『原始社会の創造』（一九八八）のなかで、親族関係の理論が、文化人類学内部で主導権を確立してから、二〇世紀後半に事実上の崩壊に至るまでを検討した。また『文化：人類学的考察』（一九九九）では、合衆国における文化人類学の勃興、その伝統内における議論、そして文化に関する他の見方との相互作用を分析する。これらの著作は、人類学における先入観と変容を明晰にたどり、広範な人類学の文献を利用しようとする世界史研究者にとってすばらしい手引きを提供している[14]。

クーパーは、親族関係の理論におけるのと同様に、文化研究のなかで、人類学という学問分野が創設された時から一九七〇年代に至るまで、人類学の分析に幅広い連続性があることを指摘した。またジョージ・ピーター・マードックの研究は、その連続性がもつ多様な面を分けて見せるプリズムを提供する。アフリカの「人間集団と文化の歴史」に関する一九五九年の研究は、旧来のアプローチ内の「細分派」的傾向に特徴的なかたちで、文化的プロセスの結果について実証主義的にモデルを作った例を示している。[15] マードックは、親族関係システム、作物、政治的機構などの文化生産の結果を地図と計数で示し、それに基づいて、文化の長期的な変化についての解釈を展開した。[16] マードックの分析単位は部族と文化圏（多くの部族からなる）の間を行ったり来たりするが、彼の研究が及ぼした影響は、民族集団を現実のものとして扱ったことである。解釈のほとんどは文化圏のレベルに焦点を合わせたものであり、文章では民族集団の重なりと内的差異に言及しているにもかかわらず、議論の構成と、広く複製されることになるアフリカの民族地図では、境界をもつ個別のものとして民族ごとの領域が強調されている。

地図と計数を応用したマードックのモデルは、言語集団、作物、親族関係、そして政治システムの伝播と分化に中心を据えた。このように彼は文化生産の過程よりもその成果に着目し、ゆえに自身のデータを「特性」と名づけた。とはいえ、「特性探し」には批判的である。「特性探し」とは、マードックの考えによれば、検討したい特性を、他のデータから切り離して探し出すことにより、仮説を立証することである。彼自身の主たる仮説は、アフリカ大陸では先祖代々の母系システムが支配的だったこと、そしてそれが場所によって異なる速度で、父系制に向かって段階的に進展していったというものである。その仮説自体によって、彼の論理が含む因果関係が明らかになるため、彼の調査はせいぜいのところ疑わしい結果しか導き出せない。一方、西アフリカの砂漠の縁にそって農業が個々に生み出されたとする主張の立証では、より多くの成功を収めている。この事例と他の事例のなかで、マードックは、様々なタイプの証拠についての観察を集めることによって、革新と人口移動の分析を見事に裏づけた。[17]

マードックのアフリカ研究が公刊されてから四〇年強の間に、文化研究は大きく変化した。アダム・クーパーが主張するように、「今日、文化および社会人類学の主流は、原始社会から離れ、それと合わせて、社会それ自体をも放棄した。その代わりに、人類学の第二の伝統、すなわちモーガンとリヴァーズではなく、タイラーとフレイザーの人類学を、すなわち、文化の人類学を取り入れつつある」[18]。

文化の人類学への転換を提唱した人のなかで最も著名なのは、クリフォード・ギアツである。「一連の制御装置」という文化の定義は、よく引用される。実践面でより多くの影響を及ぼしたのは、「厚い記述」という説明の技法である。それは、どのような出来事の組み合わせに対しても視点が多様性をもつことを意味し、具体的事例として、バリ島の闘鶏が警察によって解散された時の共同体成員の対応を描いた[19]。厚い記述を強調することは、モデル構築を避けて、より多くの変数の考察を促す試みとみなしうる。

クーパーが論じているように、脱植民地化と結びついた人類学批評の結果、原始社会という考えは否定されるようになった。ヨハネス・ファビアンはこの批評に重要な貢献をおこなっている。すなわち、民族誌的現在というものは、単に社会的均衡状態という誤った前提をもつだけでなく、「他者」（人類学の研究対象）を異なる時間のなかに置いて、「他者」が自身と世界を共有しなくてもいいようにするための手段である「アロクロニズム」だと論じるのである[20]。このような批評は社会人類学を破壊する結果をもたらし、文化人類学がこの領域の主要分野として生き残ることになった。

しかし文化分析のためのパラダイムは、ギアツが提案したものとはかなり異なる展開を示した。というのも脱植民地化によって人類学の関心と展望に変化がもたらされたのみならず、新しい分析装置が、とくにシニフィアンとシニフィエというソシュール言語学と、そこから近年になって派生した哲学および文学理論が現れたからである[21]。つまり、コマロフたちにとって文化とは、「歴史上に位置づけられるものであり、作動しているシニフィアンたち、つまり、物質的であると同時に象徴的で、社会的であると同時に美的なシニフィアンたちが、歴史的に展開していく集合体である」。これらの新しい定義を用いる人々のなかでは、名詞形の〈文化〉という語は語彙から事実上消滅し、〈文化の〉という形容詞形が取って代わった[22]。

ヨハネス・ファビアンはとりわけ言語それ自体に着目し、具体的にはシャバ・スワヒリ語の発生とその精緻化に焦点を合わせることによって、この新たな枠組みを使用した[23]。彼はシャバ・スワヒリ語がたどった過程に多面的な意義を見出しており、この言語が、一つの公認のものとしてではなく、むしろ話し言葉の一連のパターンとして「現れた」ことを強調し、スワヒリ語が東あるいは中央アフリカのどこかからシャバへ「伝播した」という考えに異議を唱えた。そうとはいえ、この言語は単にある人々の実践として生まれたものではない。というのもファビアンは、この言語の構造化と体系化におけるヨーロッパの文法学者の重要性と、第一次世界大戦末期にこの言語の普及を確実にした、ベルギーの植民地体制の重要性を強調しているからである。シャバ・スワヒリ語に対するファビアンの分析では、シャバの媒介言語は何であるべきかという当時の議論が中心を占める。この議論の参加者のなかで優位を占めていたのは、言語政策に影響力をもつ植民地体制側の人々だったが、この言語の様々な方言や亜種を使うすべての者が議論に加わっていた。

ファビアンによる言語変化の分析では、単語、事物、構造、意識が扱われている。彼はシャバ・スワヒリ語内に見られる歴史的多様性を強調するために、そうした多様性と合致する概念を編み出した[24]。スワヒリ語の他の方言と比較しつつシャバ・スワヒリ語の登場をたどり、その言語の構造の展開に着目する。典拠の多くは「語彙」と名づけられているが、彼が語彙のデータを用いるのは、この言語において推定されるピジンとクレオールの諸段階を探究するためである。表面上、この言語の記号体系は偶然に成立したように見えるが、ファビアンは、単語も文法もいかにイデオロギーで満たされているかを明らかにした[25]。

ファビアンは言語変化の実証主義的モデルを厳しく非難する。すなわち、「言語の発達に適用された中心と周縁という考え方は、それと同語反復的な、正しさと逸脱という定義がもつ侮蔑的な論理（中心が正しく、周縁は逸脱している）を、政治や経済における類似の見方と共有する」からである[26]。彼が論じているように、逸脱という概念によって、「周縁」に関する証拠が過小評価されるとともに、やがて逸脱は克服されるという仮定が補強されてしまい、さらに、個々の「周縁」における文化的特性の再生産過程から、観察者（そして結果的に分析者）の目がそらされてしまうのである。

旧来の定義による研究は中心部分の傾向に焦点を合わせたが、新しい定義による研究では地方での変異に特権的地位を与える。旧来のアプローチ内の「細分派」的傾向を反映していたマードックは、文化構造における地方での変異に敏感だったのではあるが、文化変容での革新の中心と、その広範なパターンの中心を特定することに関心を寄せたため、そのような変異を従属的なものとしてしか扱わなかった。一方、ファビアンにとって地方での変異は偶発的なものではすまされない。それは彼がいうところの文化変容の焦点である。これらの研究間に見られる相違は、文化史研究の言語、理論、そして経験的な関心が、前世代の間に根本的に変化したことを思い起こさせてくれる。

文化に関する二つの定義の間に見られる相違、すなわち、旧来の定義は構造を中心とし、新しい定義は過程に着目するという相違は、政治という分野で検証するのが適切だろう。新しい定義の擁護者は、旧来の定義が植民地体制の維持を助け、体制内で階層制秩序を具象化したと論じている。新しい定義は、これまで論じてきたように、植民地主義と階層制全般を批判することにつながるのである。

このように、新しいパラダイムは、旧来のものに挑戦すべく現れた。しかし古いパラダイムは、研究者の間でも一般公衆の間でも、まだ対話の場から引き下がっていない。ミクロ文化的な問題とマクロ文化的な問題の間に見られる相違は、なぜ両方のパラダイムが使われ続けているのかを説明してくれる。すなわち、新しいアプローチはミクロ分化分析に、旧来のアプローチはマクロ分化分析により適合するのである。

文化の事例：赤道アフリカの過去五〇〇〇年

ジャン・ヴァンシナの『熱帯雨林の道』は、大きなスケールを扱った文化研究の有益な一例を示してくれる。私はこれに依拠しながら、前節で用いた区分をさらに説明するとともに、地球規模の文化史についての近年の作品についてこの後の節で批評する準備をしたい。これを事例研究として選んだのは、それが政治の文化史を提供しているためであり、また、たいていは世界史の（とくに古い時代についての）議論から外されがちな地域と取り組んでいるためであり、さらに、とりわけヴァンシナが自身の手法を明確に示しているためである。[27]

この著作は、過去五〇〇〇年にわたる、アフリカの赤道直下の熱帯林での、バントゥー諸語を話す人々の移住を再検討するとともに、過去三〇〇〇年間のこの地域における政治的伝統の展開に着目している。ヴァンシナはおもに歴史言語学による証拠を基にして、家族、村、郷に基づく共通の伝統の展開を跡づけ、さらに、一六世紀に大西洋世界の影響を受ける以前の親族集団、国家、結社、兄弟会などのすべての興隆について、地域ごとに探究した。『熱帯雨林の道』は、歴史方法論においてヴァンシナが指導的地位にあることを、少なくとも二つの方法で再確認し、明らかにした。

第一に、それは分析の道具として歴史言語学がもつ力を証明している。そして、歴史言語学による徹底的な研究によって明らかにされうる問題がもつ、時間的深さとトピックの広さを示している。この事例では、数千年に及ぶ政治的伝統の探究によって、それが明らかにされている。今日のアフリカ史において、歴史言語学を用いることは、一世紀前にインド・ヨーロッパ諸語の言語学的研究が展開された時と同じくらい重要になっており、これは世界の他地域の歴史家からもっと多くの注目を浴びて然るべきである。[28] ヴァンシナは、実証的、方法論的、そして哲学的な宝石に満ち溢れている生き生きとした語りによって、アフリカの赤道直下の熱帯林における、五〇〇〇年ほどの政治的伝統の創生と変容を描き出した。その成果は、遠い過去の輪郭を復元することはできない、あるいは、アフリカ社会は不変の性質をもつ、といういまだに生き残っている概念に、強力な一撃を加えることになった。

第二に、この本は文化史の離れわざといえる作品であり、それこそがここで私が注目している問題なのである。ヴァンシナは、赤道直下の熱帯林における政治的伝統の歴史を何よりも重視する一方、その語りを構築するなかで、物質文化、表現文化、そしてイデオロギーなどの多くの領域を探索する。彼は自らの歴史研究において、広義の人類学を利用している。『熱帯雨林の道』は、人類学と歴史学の理論と手法を精緻に利用し、また批評して、そのために文化史における模範的研究の一つとなった。しかしながら、「文化史」の概念は絶えず変化する。ヴァンシナが研究活動を進めている間にも、「文化」に対する支配的な学術的定義は、文化生産の〈結果〉の重視（「旧来の」定義）から、文化生産の〈過程〉の重視（「新しい」定義）に移行したのである。

ヴァンシナは、広範な地域と長期間に及ぶ政治的伝統を研究するなかで、一世代にわたる西バントゥー諸語とその話者についての調査をまとめている。(29) 彼は、時間とともに展開していくものとして文化を描く。そして西バントゥー社会の拡大と発展を再現するために言語学のデータを用い、はじめに祖先の伝統が念入りに作り上げられることを、次にそれがシステムの均衡をかき乱す様々なものによって変わっていくことを時系列で記す。そこで扱われるトピックは多いが、彼の関心はつねに政治へと戻っている。

ヴァンシナの提示法は、なによりもまず、一つの語りである。その語りは往古の共通の伝統から始まる。中心に置かれるのは、始祖であり、家と村と郷という三つの組織であり、農耕、食料探し、産業、交換など経済にかかわる問題であり、英雄や魂、祈祷師、魔術、呪文などの信仰であり、そして、低い人口密度が共通して好まれることである。この伝統は、金属とバナナを受容したことにより、より速く広がっていった。そして「歴史的分水界」および制度的変化への推進力が生じるのは、人口密度が不定期に高レベルに上昇したときである。(30) 続いて様々な地域で父系制と母系制の血統制度が展開する。これを詳述する際には、歴史的発展の偶発性と、熱帯林内部における文化的相互作用および分化の程度の、どちらをも重視する。しかし同時に、隣接地域のアフリカ人、および大西洋奴隷貿易と植民地支配というヨーロッパの影響など、その他の伝統との相互作用も取り上げている。

第二に、『道』は、内容が複雑であるにもかかわらず、かなりの点を語意分析と対話に頼っている。ヴァンシナの手法のほとんどは、歴史言語学と、彼が「言葉と物」あるいは「言語学データと民族誌データの組み合わせ」と呼ぶ手法とに基づいている。[31] 語彙の研究は「〈形式〉と〈意味〉とを結びつけるものとしての言葉がもつ特別な属性のために、歴史家にとって最もやりがいのあるものである。……〈形式〉の歴史は〈意味〉の歴史について何がしかを教えてくれる。それは、その形式が付随している制度、信仰、価値、そして物体である」。このように彼の分析は、圧倒的に、語彙の研究と、言葉とそれに関連する物の継承、借用、そして革新を基にするのである。[32]

第三にヴァンシナは、文化変容を解釈するなかで、旧来の枠組みの完全性に対して信念を示している。自らの研究構想を述べる際、ヴァンシナは、「『言葉と物』と取り組んでいる研究者は、モザイク師、あるいは点描画家のようなものだ」と力説する。民族という単位は、「研究にとって解析不能な単位なので放棄されねばならない」。その代わりに、分析者は個々の観察の地理的位置を正確に示すよう努めるべきである。[33] しかしながら、モザイク師の仕事は非常に大きな枠組みのなかでおこなわれる。すなわち、この研究の分析単位は、赤道アフリカの人々によって共有される「共通の伝統」である。ヴァンシナはこの「伝統」の概念をアルフレッド・クローバーの研究にまで遡る。[34] この大きな単位のうち、ヴァンシナは、「経済的、社会的、政治的制度といった元々の伝統のおもな特徴……そして世界観とイデオロギーの主要な要素」に関心を寄せる。全体的に見れば、ヴァンシナによる彼自身の作業の定義は、言葉、物、「共通の伝統」、そして制度的基盤に焦点を合わせることによって、文化の旧来の定義に基づきつつ、新しい定義にも開かれたアプローチを反映するのである。[35]

第四に、ヴァンシナは解釈という矢筒からまた別の矢を引き出している。それは歴史上の行為者の意識と、彼らが知覚する世界との間の差異である。この区別は、彼が旧来の枠組みと並んで新しい枠組みにも依拠していることを明らかにする。ヴァンシナは、語りを始める前に「実在と実在」と題した節において概念装置を示している。

私は「物理的実在」という表現を、すべての観察者が、文化的背景に関係なく、その行動や状況や対象について合意しているという意味で用いる。純然たる哲学的な意味において「実際に」存在するということではない。しかしながら、ほとんどの記録は共同体の構成員によって共有される文化的解釈である。それらは「集団的表象」であり、異なる現実を指している。それを示すために私は「認知的実在」を用いたい。……情報源のうち、語彙は、認知的実在の証拠にも物理的実在の証拠にもなる。「太陽」を意味する項目は物理的実在を、「家族」を意味する項目は認知的実在を扱っているのである。(36)

このように、たとえば郷は、初期の全観察者が記しているという点で、物理的実在である。彼らはまた、先祖に関する単一の語を共有している。対照的に、「最大限の親族集団」と「亜族」の概念は、後に外部者によって押しつけられた認識表現である。(37)そしてヴァンシナは結論において、「伝統」の定義を言い換えるために、「実在と実在」を用いた。それらは、「変化しつつ、継承された、認知的表象と物理的表象の集合体から成り立ち、その構成員によって共有される」(38)。要約すれば、この一連の区別は、ヴァンシナが、テクスト性と主観性の問題を扱う方法を示している。それらは、文化の新しい定義の中心をなすものである。

第五に、ヴァンシナは、そのモデルによって、おもな解釈上の要点と方法論上の要点を個々に示している。彼は、所与の現象に対して多様なモデルを提示することで、彼の解釈が複雑であることを強調する。たとえば、最初のバントゥーの拡大を扱う際には、「拡大について単一のモデルに依拠することは賢明ではない」と論じる。彼は、未知の居住地への緩慢な動きが起こったり、既知の居住地への急速な移動が起こったりするという仮説を好む。またある例では、生態系と共同体の関係に「一方向のモデル」をあてはめることを非難する。(39)

方法論について見ると、彼の語彙分析は、個々の単語において重視すべき形態（すなわち先祖伝来だと推定される形態）と、言語変化の「樹形モデル」を中心とする。だが、言語の変化が波紋のように広がることを示す「波モデル」にも言及し、「両方のモデルがともに作用する」と主張する。(40)また別の方法論的モデルの例では、植民地時代の民族誌学者と役人によって活用された民族誌のアンケート調査の根底に、均一の心的な図式ないしはモデルが存在したと指摘する。彼が論じているように、この単一の物の見方の利点は、多くの地域に同様のデータが残されることにある。逆に欠点は、その選択のシステムに偏見が入り込んでいて、多くの重要な情報が排除されていることにある。[41]

ヴァンシナは諸々の解釈モデルを行ったり来たりすることで解釈の諸要素を組み立てている。このため、ヴァンシナによる比喩的な一般化は、一方では実証主義的な知的遺産に依拠していると強調できるだろう。かつてヴァンシナは、赤道付近に見られる伝統を、機械のイメージを用いて「時間旅行のなかで平衡を保ってくれる回転儀」と名づけた。[42] しかし、『道』で中心的な喩えとなったのは、均衡状態にある社会システムである。「システムは安定した動的均衡状態にあった。なぜならすべての家と郷は、人的資源、そしてそれゆえに軍事力において同等であり、〈類似し〉ていたからである。だがこのシステムは無秩序にもなりかねない。というのもある小さな変化が……システムの限界に達するまで止まらない……連鎖反応を……引き起こすことができるからである」。本のなかで何度も繰り返されるこの喩えは、ヴァンシナの議論の根幹を際立たせる。「そのバランスがある革新によって壊されるとすぐに、安定を回復するための継続的な試みのなかで、その革新が伝播するか、あるいはその革新に対抗する革新が生じることになる」。[43]

その一方でヴァンシナは、偶然性という意味でポストモダンであるような喩えにも頼っている。政治システムを分析するために、赤道アフリカの伝統から、ヒョウおよびヒョウという獲物の喩えを取り入れた。「ヒョウという獲物をどう扱うかは……政治構造の最もよい指標である」。森の人々はヒョウを権力の象徴として認識していたため、ヒョウをしとめることができた者は、獲物の一部を地元の権威者集団に届けるか、それより上にある一連の権力に届けるか、あるいは直接に中央の権威者に届けるかによって、政治秩序を再確認できる地位にも、また、政治秩序に挑戦できる地位にもあった。[44]

このようにヴァンシナは新旧のアプローチの間を行き来するとはいえ、旧来のアプローチに非常に強く依拠している。ヴァンシナは自らの全般的解釈を方法論的に擁護する際に、それを「複合的仮説」と特徴づけており、まさにその複合性こそがその有効性を支えるという。この本での主張については、次のように論じる。

それらは相互に結びついているので（先祖伝来の伝統との関係）、そして、多くのデータを説明する必要があるので、有効性が高くなる。仮説の質は、その各部分がどれくらい密に互いに結びついているかによって、またそれが説明しようと試みる要素の数によって変化する。……物理学で有力な仮説に説得力があるのはそのためなのである。つまり、それらは、一つに統合された仮説によって、異質な多くのデータを処理するのである。……この本のなかで展開した主要仮説は、たとえそれを構成する様々な主張間の結びつきがしばしば緩いままであったとしても、信頼に足るほど複雑である。別の全体的仮説によってあらゆるデータを説明することも可能だが、それはありそうもない[45]。

ここでの仮説検定という概念は、ポストモダン的思考での偶然性よりも、実証主義的思考での因果関係に、はるかに強く依拠している。

結びの章でヴァンシナは、再び旧来の枠組みのなかで、歴史の幅広い再構築に向けて論じる。彼は伝統に関する自身の概念を明白に論じる。「伝統は、それをもつ人々の未来を形作る基本的な連続性であり、単に観察者の心のなかにあるのではない。それらは「そこに」ある。それらは固有の特徴をもつ現象である」。次に論理的に続く一歩として、ヴァンシナは、熱烈かつ巧みに「比較人類学」の必要性を説明する。初期の多くの研究を拒否しながらも（「比較人類学の通常の手法は、破綻していないにせよ、欠陥がある」）、アプローチの修正によって妥当な成果に達することができると論じる。すなわち、「文化的伝統の研究により、この状況を変えて、制御された対照比較という夢を実現させることができる……一つの伝統の歴史的経過をたどることによって[46]」。これに伴う議論では、マクロレベルのアプローチを詳しく説明する。それは、新しい伝統のなかで仕事をする者による局地レベルの研究よりも、マードックおよびクローバーの（技法ではないとしても）目標と、多くの共通点をもっている。

ヴァンシナは、旧来の枠組みが完全だとあまりにも強く感じているため、新しい枠組みについて、何らかの主要な画期を表すものとして扱うことを受け入れられないようである。コマロフの『民族学と歴史的想像』を書評し、ヴァンシナは、そこで出された方法論上の主張について次のように質問する。「実際のところ、これは、歴史家の庭にそろっている種類の仕事とどう異なるのか」。つまり、文化研究の枠組みと方法論における最近の変化は、根本的なものではなく、数的に増加しているだけだと主張する。(47)

他方、ヴァンシナの〈分析〉が実証主義によって支えられているにもかかわらず、その〈結論〉は明確にポストモダンな面を示している。結論では、赤道アフリカにおける歴史のパターンの唯一性と偶然性、歴史過程の変わりやすさと相互浸透が強調される。彼は、地方の共同体から国家に至る政治発展という進化論的図式に対して、数多くの例外を強調する。そして、観察対象である森林地帯の政治パターンは、始祖の成功を称揚するイデオロギーと、理念として全員の平等を強調するイデオロギーが共存する結果として、生み出されたと論じる。彼は、環境要因は重要だが、制度的基盤の発展を決定するものではないと述べる。すなわち、低い人口密度と分権的な政治システムは、選択肢の一つであって、必然ではないのである。(48)

この例が示すように、文化史は、個別の下位トピックや個別の手法に容易に区分できるものではない。ヴァンシナは、自身の手法を明確に論じることに多くの努力を費やしたが、たいていの歴史家はそこまでしたがらないだろう。しかし、そうすることでヴァンシナは、過去の文化変容の解釈を試みるときの、楽しさと複雑さを同時に伝えているのである。彼の技法とジレンマは、より幅広い地球規模の文化史研究に関する以下の議論で、再度登場することだろう。

学問諸分野のテーマ

文化生産を詳細に調べようとする者は、文化生産の型がきわめて多くあることと、それらの活動分野を研究するために発展した学問領域が広範であること（均質に広範というわけではないが）に衝撃を受けずにいられない。この領域には、文学研究、言語学、宗教学、視覚芸術、美術史、演劇および映画研究、音楽研究、民族音楽学、舞踊研究、人類学（社会および文化）、民衆文化、さらにその他のものも含まれる。文化研究のなかに、実践し分析する学問分野がこれほど多く存在するならば、文化分析のための唯一の方法論というものは存在しえない。この様々な学問分野を、付随する諸々の方法論と理論とともに定義して、文化研究の学術的な案内図を作るという課題に手を着けることもできるかもしれない。その場合、様々な学問分野や、方法論と理論は、私たちが「文化」と呼ぶ広大な領域のなかの多様な地域にあてはまるだろう。

クリストファー・エーレトは、言語学と考古学の記録に基づいて東部と南部アフリカ史を再構築し、そのなかで、食用作物、家畜、家屋の構造といった物質文化の問題を大いに強調した。また同時に、これらの地域と地中海およびインド洋の商業システムとの関係にも注目する。リウ・シンル（劉欣如）は、中国とインドの間で、貿易だけではなく宗教の交流においても、物質文化の場があったことを証拠づけた。リンダ・シェイファーは、「南洋化」についての有名な論文のなかで、綿、帆、絹、そして香辛料を基に、南アジアと東南アジアで起こる革新の波が、南の海の各地とさらにその向こうへと、文化的、商業的なつながりを拡大した事例を明らかにした。パーカー・ジェイムズは、学位論文で模範的な世界史研究をおこなった。そこでは、東南アジア起源の高床式家屋というある一つの建築形態に着目し、最も古い時代の考古学的記録から熱帯地方全体に広がるまでをたどった[49]。

地球レベルの物質文化について最も進んだ研究は、アドシードが一四〇〇年から一八〇〇年までのヨーロッパと中国の物質文化を比較し関連づけたものである。これは他の地域を対にして同様に研究できるモデルを提供している。ゼイネプ・チェリクは、イスラーム世界の建築を探究する手段として、万国博覧会の装置を用いた。他の事例でも、物質文化に関して、国民単位での研究や地方の研究を比較して組み合わせるならば、料理、建築、服装に現れる広範なパターンへの感覚を培うことができるだろう[50]。

言語と言語学の研究は、文化史の多くの局面で証拠を明らかにできる可能性が高い。そうした研究は、ユーラシア大陸のインド・ヨーロッパ諸語と、アフリカのニジェール・コンゴ諸語、ナイル・サハラ諸語、アフロ・アジア諸語について、詳細におこなわれてきた。その他の言語集団、たとえばシナ・チベット諸語、オーストロネシア諸語、オーストロアジア諸語、アルタイ諸語、アメリカインディアン諸語などに関しても、これに匹敵する研究がなされれば、初期の文化史に対する私たちの理解を大いに増大させてくれるだろう。(51) エジプトとギリシアの場合のように文書記録がかなり残存している事例においてさえ、歴史言語学の技法を用いれば、社会史と文化史についてかなり多くの新たな情報を明らかにできるだろう。(52) 言語間の関係についての最近の研究では、「ピジン」ならびに「クレオール」言語というカテゴリーの定義と、そうした言語を創出し変容させる、移住と社会変化の過程がかなり明確になってきている。(53)

世界史の文脈における最近の文学研究では、紀行文筆者を通して見た非ヨーロッパ地域に対するヨーロッパの視点と、非ヨーロッパ地域からの訪問者によるヨーロッパへの視点が強調されている。(54) 資料が許すならば、地球大の変化と局地的な変化、およびその相互作用に対する個人の意識をたどることによって、個人の視点からの世界認識の変化と世界的な現実の変化について、かなりの証拠を提供できるだろう。(55) 視覚芸術、音楽、舞踊の研究は、ヨーロッパを基盤としていたが、それを超えて拡大しはじめている。(56) スポーツと体育教育の問題についても、以前から地球規模の歴史展望のなかで考察されており、そろそろ再考できるようになっているだろう。(57)

宗教研究で、世界史の展望をもつものは、五〇〇年以上前の時代に焦点をあてている。メアリー・ボイスによるゾロアスター教の研究と、リチャード・フォルツとリウ・シンルによる宗教共同体間の結びつきの研究では、およそ紀元前五〇〇年から紀元後一五〇〇年までの信仰の展開と相互連関について、広範な記述を構築することがやがて可能になるだろうと示唆される。(58) 対照的に、ここ数世紀についての世界史文献において、宗教がほとんど議論されていないことは目を引く。私の考えでは、この欠如は二つの傾向が合わさっていることを示す。第一に、とくに一八世紀以降、西洋で世俗主義が興隆したことによって、広い結びつきを分析する歴史家が、宗教の精神的次元の研究を軽視するようになったことである。この文脈では、キリスト教宣教師とイスラーム復興論者が、世界史のための政治史の一部として扱われる傾向がある。第二に、世界の多くの地域を対象とした宗教研究は数多くなされてきたが、それらは相互に結びついた地球大の宗教史の構成要素というよりも、局地的な歴史として扱われる傾向が見られる。私は近いうちに世界史研究において間違いなく宗教が再登場すると考えている。なぜならば、宗教共同体に劇的な変化が見られるからであり（たとえば仏教、ペンテコステ派、イスラーム、そしてアフリカ人ディアスポラの宗教的伝統など）、また、精神性や超自然的なものへの理解のなかにある困難な問題が、人間生活の変化によってあらゆる場所で提起されているからである。(59)

哲学とイデオロギーは、宗教と対照的に、精神文化のなかで世界史研究者が大きく注目する領域になっている。おそらく、文献のほとんどを占めるのは、ヨーロッパ人がどのように世界を眺めてきたかについての考察である。これは、部分的には、エドワード・サイードが一九七八年に著したオリエンタリズム批判によって触発された結果である。(60)この伝統にそった研究のうち、最も思索に富んだものには、ヨーロッパ外の地域における歴史的思考の再検討もあるし、西洋の伝統の内部にいる特定の集団が著した歴史作品の研究もある。たとえば、一九世紀から二〇世紀にかけてのアフリカ系アメリカ人著述家や、一八世紀メキシコに拠点を置いた著述家を対象とした研究である。(61)また、科学という分野に対する関心がきわめて大きくなった結果、長い間歴史学の他の分野から遠い存在だった科学史は、いまや世界史の他の部門と結びつけられつつある。それをもたらした直接のきっかけは、中国の科学を長年にわたって研究してきたジョゼフ・ニーダムの遺産であるが、その他に、科学と帝国を結びつける潮流もあり、近年、その成果は相当数の著作として結実している。(62)

様々な学問分野それぞれにおける展開が、文化研究における最近の興奮を引き起こしていることは間違いない。そこに挙げられるだろう例には、文学理論、民族音楽学の興隆、ピジンおよびクレオール諸語の研究の隆盛、社会および文化人類学における大論争などが含まれる。しかしながら、文化の詳細に関する研究と議論にもかかわらず、文化分析において、アイデンティティ、対象、そして運命として、マクロに文化を見ることへの大きな関心は決して捨て去られないようだ。文化のアイデンティティに関するマクロレベルの議論は、しばしば、創造性と経験に関するミクロレベルの議論を脱線させたり飲み込んだりしてしまう。以上のような相互作用の長所が評価されなければ、文化研究のなかで、詳細と集合体間の緊張を、実際に観察することになるだろう。

解釈の諸テーマ

マクロレベルの諸研究は、文化を民族、国民、文明レベルで扱い、文化的な対立と結びつきを、個別レベルでなくむしろ集合的なレベルで探究する。そうした研究は、解釈という点で重要であるとともに、文化比較について明確に述べられることを求める聴衆から大きな需要がある。これらの研究のトピックには、アイデンティティ、文化の型の比較、文化の進化、集合的な文化間の相互作用、さらに、文化の詳細に関する地球規模の研究が含まれている。

マクロ文化レベルの解釈による分析がもつ危険の一つは、概括的な見解と批評の量である。近年、歴史における文化の分析について、どちらかといえば概括的な批評に、かなりの努力がつぎ込まれてきた[63]。これらは、対象、アイデンティティ、概念、支配、媒介者、議論、ヘゲモニー、管理、対話、知識、エンパワメントといった概念の批評と分析である。私はこれらの議論の主流を正確に要約する術を知らないが、それでも、全体として、文化とその属性について、より明確な定義が求められていると思う。文化の意味を明確に記すことができないまま、こうしたアプローチをただ称賛し、「文化は重要だ！」と主張する人々の批評に加わることもできるだろう[64]。同時に、これらの宣言には、歴史分析の詳細に理論を集中させるよりも、むしろ、互いに言及し合うという傾向が見て取れるのである。

マクロレベルの文化史に関連するトピックを実証的に分析する場合、最も単純化すると、単一の社会（または地域）内部の文化的展開をたどるものと、社会間の接触あるいは交流を扱うものとに分類されると考えられる。前者での分析の論理は、内的な矛盾と発展のパターンを強調せざるをえない。そして後者での論理は、多様な相互作用のモデルを強調することになる。

文化の発展を強調する研究は、対象とする地域の境界に拘束されるにもかかわらず、非常に大きなトピックを扱うことになるかもしれないし、比較分析に役立つかもしれない。四世紀にわたる中世ヨーロッパの文化的発展を研究したロバート・バートレットは、他地域との比較にうってつけの理路整然とした要約を提示した。ジョン・R・ギリスは国民の記念祝典について集めて編集し、創られた伝統を共同で実施することが、多くの場所で、いかにして国民を結びつけたかを示した。アーサー・マーウィックは、四つの北大西洋諸国における一九六〇年代の文化革命を分析し、共通の伝統の発展を強調した。アダム・ザモイスキの研究では、一八七一年までの一世紀にわたる北大西洋諸国のロマン主義者と革命活動家について、同様の論を展開する。[65] 本格的な批評としては二つ挙げておこう。レギーナ・ベンディクスは民俗研究の成立を分析し、デボラ・ルートは視覚芸術の市場における価値観の変化を綿密に検討した。[66] また、イスラーム世界、その歴史、そして現在の文化の傾向についての研究は、西洋についてのそうした研究と並行するかたちでおこなわれている。[67]

文化接触の研究はきわめて膨大になっている。近年著されたそのような研究の数には驚くべきものがある。それらは社会的および文化的な結びつきを幅広く扱っている一方で、それらの研究を一群のものとして注目させるような大きな語りへとまとめたり関連づけたりする研究は、まだ現れていない。世界史における文化接触について総合的に叙述しようという努力が、これから数年のうちにいくつも現れるよう期待するのは、道理にかなったことだろう。

文化接触研究のこの波は、以前の諸研究によって触発されたのかもしれない。マーティン・バナールの『黒いアテナ』は、ギリシア文明におけるエジプトの位置だけでなく、文化の接触や借用といったもの全般に対する重要な注意を喚起した。ジェリー・ベントレーの『古き世界の遭遇』は、結びつきについて定式化して述べる試みを世界史研究にもたらし、後に続くいくつかの研究を促したと考えられる。[68]

文化接触の下位領域は実に多くあることが明らかになっている。宗教的結びつきは、いくつもの方法で分析されてきた。ピーター・パートナーは、現在の政治不安に焦点をあてつつ長期的分析をおこない、過去二千年以上にわたる聖戦について、とくにキリスト教とイスラームの聖戦を分析した。また、昔の改宗や最近の改宗についての諸研究は、文化的価値観が変化するという物語を示した。[69]文化接触の結果として新たな民族集団が創造されること、つまり民族創生は、『世界史ジャーナル』の特集になった。[70]著作物やその他に書き残された「他者」認識からは、文化接触の過程や結果について、詳細な実例を得ることができる。[71]

〈接触〉という言葉でさえ、分解されることによって利益をもたらしてくれる。一面では、新たに接触した集団の第一印象に言及するために使うことができ、それは短いが何かを形作るに足る時間に起こることである。すなわち、多くの研究がこの第一印象の力学について、とくに一九世紀に起きた遭遇について、詳細に明らかにしている。[72]しかし接触は、何十年、また何世代にもわたって継続する。より多くの研究は、諸集団の長期にわたる接触と、それがもたらす社会の変容を扱ってきた。そのほとんどは植民地状況を扱う。[73]これらの研究は実に広範な問題を探究するが、それらは、歴史上のデータに存在するパターンと関連づけられるかもしれないし、分析者の頭のなかにあるパターンと関連づけられるのかもしれない。後者の理由により、これらの研究を批評する者は誰でも、分析で使われる文化接触の喩えやモデルについて問うべきである。[74]

マクロ文化の分析が発達してきたのは、大きな文化や、重なり合う諸文化の内側に据えられる他の種類の集合体、すなわち、民衆文化、エリート文化、対抗文化、コスモポリタンな文化のおかげでもある。これらの研究は、文化の生産、パフォーマンス、儀式、革新といった問題を対象とするが、同時に、強力な利害関心によって文化が操作されることも扱う。[75]たとえば、ポール・ギルロイが『黒い大西洋』で示した解釈は、大きな西洋文化の内側の、コスモポ

リタンかつモダニズムの文化のなかでの一研究なのである。(76)

結論：世界を表象する

あらゆる芸術は唯一のものである。作品を「模倣」や「複製」と呼ぶのは、一般に、それをおとしめることになる。文化史研究者は、それぞれの作品の唯一性を主張するために、ふつう、それが作られた社会の唯一性を主張してきた。こういう風に解釈された文化史は、ある土地に特有な創作と、ある土地に焦点をあてた創作を寄せ集めたものとなる。文化史研究者は、実在の、もしくは人工的な文化的境界の内側に焦点を合わせて、特定の価値や質を有するものとして、ひいては、特定の進化パターンを示すものとして、「われわれの遺産」や「他者の文化」を研究してきた。

文化の問題を考える世界史研究者は、少し異なるアプローチをとりたいと思うことだろう。あらゆる文化的創造は、確かに、それが作られる場の特性を示している。だが、それが作られる場は、作者から見れば、単なる一地域ではなくて、世界であるかもしれない。ゆえに、世界史研究者にとっては、地方に限定された文化研究と、結びつきや共通性を重視することの間でバランスをとる余地が残されているし、表象のなかにある地球規模のパターンに注目する余地も残されている。研究者は、文化面の問題に対して地球規模のアプローチを開発する最先端で活動してきたとはいえない。たとえば、教育面では、世界の文学について多くの集成が作られ、広い範囲の社会や時代から文学作品を寄せ集めた資料が学生に示されている。歴史家も（そして文学者も）、学生たちとともに、このようなかたちで文化を学ぶ時が来ている。

物質文化と表現文化の研究のなかで、地球規模での探究の可能性を示しはじめたものがある一方で、精神文化においては、とりわけ知性史と宗教史で、最も多くの仕事がなされてきた。ただしここでも、単なる比較ではなく、結びつきについての研究がもっと必要である。

地球規模の文化分析に向けた戦略を、どのように選ぶべきなのだろうか。私が思うところ、最も差し迫った課題は、文化がもつ多くの意味と、文化研究のための多くの分野と方法を明らかにすることである。それゆえ、ヴァンシナの『熱帯雨林の道』は、とても有益な研究だと考えている。つまりそれは、幅広いのと同時に個別的でもあり、そして、著者が、自身の概念と方法について、きわめてはっきりと示しているからである。ヴァンシナは、私が文化分析の旧来のアプローチと新しいアプローチと呼んだものを方法論的につなぐ橋を、文化史研究者に提供しているのである。(77)

この橋は、同一の標準で計れない枠組みから出てきた諸結果をどう関連づけるかという問題を、目に見えるかたちで表現してくれる。(78)橋の両側には、「対象としての文化」と「実践としての文化」と呼びうるものがある。ヴァンシナのアプローチは、この両端それぞれから分析を進めるものであり、また、それらをまたぐ橋の上から分析するものでもある。「実践としての文化」の側にいるポストモダンの分析者は、文化を実在として扱ってしまうと、つまり実証主義的な因果説明を用いたり、中心的傾向に焦点を合わせたり、機械的、有機的な喩えを用いたりするならば、階層制に特権をもたせ、弱者に対する強者の権力を正当化することになると論じる。このように、その提唱者たちによれば、文化を実践として定義することは、植民地主義と階層制を全体として批判することにつながるのである。マクロ経済的な文化の見方は、この批判にさらされやすいけれども、消滅させることはできない。社会も個人も、あまりにも文化面のシンボルに敬意を払いすぎ、あまりにも文化によるアイデンティティを一般化してしまったために、このレベルの分析を止めることはできないだろう。

歴史家は、分析の橋の両方の側から、多彩なレンズを使って主題を見ることができるだろう。多彩なレンズとは、熟練を要する、分析的な、文化に関する多くの学問分野であり、また、地方、文明、そして地球規模という異なる展望である。橋からの眺めは複雑である。なぜなら、ただ一つだけの枠から要素を見るのではなく、分析の枠組み全体を操作する際に多くの選択がなされるためである。

もう引き返すことはできない。歴史家は過去を研究するために多くの学問分野を用いることを、すでに自分で引き受けてしまった。そして、それぞれの学問分野のなかで対立する様々な見方を扱わざるをえないという状況から、逃げ出すことはできない。そのため、今後、歴史家にとって、現在のものに取って代わる分析パラダイムを扱う際の戦略を選ぶことが、悩ましい問題となるだろう。マードックやファビアンが試みたように、自分の立場を所与のパラダイムのどれかに固定するのも、アプローチの一つである。また、パラダイムを混ぜ合わせるか、総合しようと試みるアプローチもある。この戦術は、ふつう、つじつまの合わない、ひどく折衷的な結果を生むように思われる。第三のアプローチは、複数のパラダイムを交互に切り替えて用いることである。私は、ヴァンシナのモデルや喩えや概観などが、複数のパラダイムを切り替えて用いることと、どのように対応するのかを示そうと努めた。おそらく第四のアプローチも存在する。そこでは多様な学問分野とパラダイムが、何らかの論理的かつ包括的な枠組みによって関連づけられるだろう。だが、そのような論理的に幅広い実践は、歴史分野において、そしてとくに文化史においては、私たちの現在の能力を超えたものである。(79) いま残されているのは、過去を解釈するための最も広い実践的な戦略として、枠組みを切り替えながら用いることである。

文化史での地球規模の研究は、人々が世界を表象してきた方法の変化を明らかにするべきである。唯一の大きなパターンが啓示されるようなことはありえない。人間の表現はあまりにも多様であり、整然としたカタログにすることは無理である。文化接触に関する歴史研究の多くは、あまり目立たないまま進められてきたが、文化史解釈の実質的な進展を最も強く期待させてくれる。これらの研究では、対象としているどちらの側の視点にも注意せねばならないし、著者の視点にも注意せねばならない。これらの研究は、その実証的な成果と、発展しつつある分析方法において、地球規模の文化分析という独特な分野の基盤を据えることになるだろう。

第14章　世界史を議論する

歴史家は議論好きである。通常、歴史家は丁寧な言葉を使って議論するが、論争は多くの前線で並行して進み、しかも、論者の態度は、スポーツを楽しむように論点を次々と並べたり、議論に勝つために容赦ない判断を下すなど、多様である。競合する語り、分析、証拠、そして仮定は同時に作用することから、歴史家による議論は、彼らが解釈しようと試みる歴史と同じくらい複雑になる恐れがある。

世界史は、新しい研究分野であるために、どちらかといえば議論が少ない。二〇世紀の大半にわたって、世界の歴史というものがありうるのか、あるいは歴史家が取り組む探究の領域としてはあまりにも広大ではないかということが論じられてきた。世界史という領域で活動する者たちは、自らの仕事が、討論よりもはるかに総合を必要とすると考えていた。つまり、地球規模で過去を分析したり、競合する諸解釈を展開することよりも、一つの大きな語りを組み立てることが優先されたのである。二〇世紀の末になると、世界史研究のなかで議論が見られるようになり、以前に他の研究分野で議論されたことと結びつけられるようになった。本章では、世界史における主要な議論をざっと概観し、盛り上がってきた議論の潮が行き着く岸辺を予想してみたい。

世界史において、議論のトピックは膨大な数にのぼるだろうし、見解の数はさらに多いだろう。以下、急ぎ足で論じていくなかで、まず長期にわたる人類の発展という問題を取り上げ、その次に、第10章から13章までと同じ順で学問分野ごとに取り上げていく。それぞれの学問分野において、第一に着目するのは、世界史研究者の間での現在の議論であり、それは、世界史研究の雑誌記事や、会議の報告書、そしてネット上での投稿などに現れたものである。第二に、地球規模の問題についての、隣接諸分野における最近の議論を取り上げる（たとえば、近年、経済史研究者は地球規模での経済的不平等を論じてきたが、世界史研究者はまだその議論に加わっていない）。そして第三に、世界史研究者の間で議論すべき問題をいくつか指摘したい(1)。

長期にわたる人類の発展

植物の栽培化と動物の家畜化、とくに約一万年前に起こった一連の大規模な変容のパターンと衝撃は、世界史研究者の間で重要な議論の領域となっている。以前ならば、農業の発展について、唯一、肥沃な三日月地帯で発展し、徐々に旧世界のすべてに広まったと書かれていたが、現在では、農業技術が、約一万年前に、世界の一〇もの地域で、ほぼ同時に発展したと説明されるようになった。ジャレド・ダイアモンドのまとめによれば、今日の世界の構造は、その時の変容がもたらした結果から深く影響を受けていて、基本的に地理的条件がもたらした結果が、ユーラシア大陸の人々に有利に働いたのである(2)。古い時代についても新しい時代についても、この主張に対する応答が、議論を主導している。

ホモ・サピエンスの起源について、これまで世界史研究者は議論に積極的に加わってこなかったのだが、この議論は世界史にとって非常に重要である。人類の究極の起源に関する議論は下火になったが、私たちの種の起源についてはより活発に論じられるようになった。二〇世紀末の考古学研究のおかげで、東アフリカで最初のヒト科が現れたことについては、確実な意見の一致が見られるようになった。相違点が生じているのは、一〇万年前から二〇万年前におけるホモ・サピエンスの出現についてである。ミトコンドリアＤＮＡを分析している人々は、進化において最も新しい変化がアフリカで生じ、この新しい生物によって、アフリカとユーラシアにそれまでいたヒト科が取って代わられたと力説する。これに対してユーラシアの考古学的遺物を研究する人々は、ホモ・サピエンスが旧世界の様々な場所で並行して発達したか、あるいは（その代わりに）新旧の人々が交じり合ったと主張する。(3)

ヒト科の長い過去に踏み込んだまた別の議論は、人類の発展におけるジェンダーと攻撃性に関するものである。人類生物学者および自然人類学ならびに社会人類学者によって論じられているこの議論は、ジェンダー研究が拡大した結果として生じたものであるが、逆にジェンダー研究一般に著しい影響を及ぼさずにいられないだろう。狩りをする男というこれまでの概念は、初期のヒト科の共同体が主として採集と共同作業に依存していたという見方に取って代わられつつある。その共同体では、女性が、従属的というよりは、むしろ指導的役割を果たしていた。農耕以前の人類に関するこのような像が確認できたならば、次は、初期の記録が残る時代の男性優位社会へ移行する過程を明らかにする必要がある。

人間の性質の相対的な可変性についての議論は、近年では下火になった。だが、長期的視点にたつ人類史の研究が力を得るにつれて、再び取り上げる必要が出てくる。古典の文学作品が今日の読者の興味をひいてやまないのは、慣習が変化する一方で、人間の根底にある情熱や欲求、フラストレーションが、時の経過によってもほとんど変化しないという印象を与えるからである。これに対して、ジークムント・フロイトやノルベルト・エリアスが分析し論じたのは、文明の発展によって、協同で管理する社会の恩恵を得るために、人類は、本能的衝動をどんどん抑圧するようになったということである。(4)

フロイトやエリアスの解釈は、世界史における進歩について、あるいはおそらく進歩の不可避性について説明している。五〇年から一〇〇年という時間的展望の枠内で議論する人は、歴史上の進歩のパターンがしばしば錯覚だと想定したり、また多くの人々の生活において生活が良くなるどころかしばしば悪化したと想定することが多い。しかし明らかに人類は数を増してきたし、より効果的に自然を統御するようになってきたことを考えれば、数千年の過程についてそう論じるのは難しくなる。それにもかかわらず、人間の歴史に着実な発展を見ることに対しては、多くの観点から、有効な異議を唱えることができる。(5) たとえば、農業は、生産性が増大したと同時に、非常に骨の折れる仕事となり、農業で生計を立てる人々の余暇の時間を減らすことになった。

これらの、またその他の諸問題においては、人間の歴史のパターンや力学そのものが議論のトピックとなっている。進化論的な解釈では、変化は段階的に増えていくと仮定する傾向がある。また循環論的な解釈では、衰退と停滞の時代に続いて、急速な変化あるいは拡大の時期があると想定する。(6)

経済と政治

世界史に関する今日の議論のなかで、おそらく最もよく展開された議論は、「世界経済におけるヨーロッパとアジア」と呼びうるものだろう。一九七〇年代以降、経済史研究者は、ヨーロッパの奇跡について叙述してきた。なかでも、E・L・ジョーンズの著作は最も印象的であり、最近の総論についてはデヴィド・S・ランデスが整理している。(7) その後、それに対抗するかたちで、アジアと海上交通網を研究する歴史家による著作が現れた。デニス・フリンとアルトゥーロ・ヒラルデスは、初期近代における銀の交易を分析することにより、海上交通網を研究する歴史家たちの先頭に立って、中国を中心とした世界経済を提起している。彼らは、アジアに基盤を置く世界史研究者からなる「カリフォルニア学派」や、R・J・バレンツェ、サンジャイ・スブラフマニヤム、そしてアンドレ・グンダー・フランクと連携し、そのアプローチを総合しようとしている。(8) この問題を明確に述べた例として、「世界経済のなかでヨーロッパ人が主導権を握ったのはいつか」というものがあり、他にも、「アジア市場においてヨーロッパ商人が主導権を握ったのはいつか」、さらに「ヨーロッパの生産性と生産高がアジアのそれを凌駕したのはいつか」といったものがある。デヴィド・ランデスならば、一六世紀にヨーロッパ人が世界経済を生み出し、生み出した時から世界経済を支配したと論じるだろう。フランクならば、ヨーロッパ人がアジア人を凌ぐようになった一八世紀末までは、アジア人が世界経済を支配していたと主張するだろう。後者の見解によるならば、アジア人による世界経済の支配はどのくらい昔まで遡れるのだろうか。

当然のことだが、世界経済におけるヨーロッパとアジアについての現在の議論は、西洋の台頭に関して古くから交わされてきた議論の延長線上にある。この議論は一八世紀の著述家たちまで遡ることができ、その後世代ごとに問題が語り直されたり、新たな解決の視点が示されたりしてきた。イマニュエル・ウォーラーステインは、一九七四年の著書で近代世界システム論を提示することによって、この議論の以前の局面を推進させた。歴史家は初期段階ではこの議論に積極的に加わったが、やがて近代世界システムの議論はむしろ社会学者に任せるようになった。

近年、「地球規模の封建制」とでも呼びうる別の議論が登場した。それは少数の世界史研究者に限られている議論だが、魅力的で将来性がある。この議論は、ライデン大学のR・J・バレンツェが、H-WORLDネットワークで展開しているもので、西暦一〇世紀に、東半球全般にわたって一連の共時的展開が見られたと主張する。その展開とは、農民が定住するようになり、馬を操るエリートが、中央集権的な政治単位ではなく、局地的な政治単位のなかで、政治権力を構築していったことである。これに対してスティーヴン・モリロは、そのような変化が生じたのは確かだが、バレンツェが特定するような短期間ではなく、数世紀にわたって徐々に進んだと論じている。

歴史家は国民の解釈に多くのエネルギーを割いてきたが、帝国一般についての解釈は、総じて無視する傾向があった。〈帝国〉という語は、普通、アケメネス朝時代から今日のアメリカに至るまでの政治体を参照するのに使われる。また、初期近代あるいは一九世紀と二〇世紀というように、帝国は、一定の時間的枠組みのなかで比較研究されてきた。しかし、帝国に対して、国民に対するような体系的な分析がなされたわけではない。帝国、その構成要素と政治力学、およびそれらが時の経過とともにどのように変化したかを体系的に分析することは、世界史研究者にとって一つの課題となりうる。

社会

社会史において、世界史解釈の進展に最も貢献したのは、おそらく近代の奴隷制に関する議論だろう。奴隷制を研究する国民史の歴史家や世界史研究家は、協力することによって、全大西洋世界とさらにその外に広がる奴隷制の結びつきを示し、解釈してきた。それによって、工業化、市民権の登場、文化交流のパターンとのつながりを明らかにした。

社会史における議論のなかで次に主要な分野は、近代世界における革命に関するものである。革命の問題は、一九世紀と二〇世紀の世界の多くの場所で顕著である。一例を挙げると、革命はある社会の内部での階級変動という事例に限られるのか、あるいは〈革命〉という語が、一八世紀と一九世紀の南北アメリカ大陸や二〇世紀のアジア・アフリカで起こった、成功した独立運動にも適用できるのか、という議論がある。

地球規模での社会的および経済的不平等の問題については、もっと多くの議論がなされるべきである。全世界史のなかで最も目立って対照的なのは、過去二世紀の間、国民内部における市民の社会的平等と諸国民の平等というイデオロギーが広く普及した一方で、同時に、各国民のなかで、そして諸国民の間で、経済的不平等が前例のないほど極端に広がったことである。この問題に対して、社会史研究者は奴隷制と解放の研究によって、経済史研究者は賃金水準の研究によって取り組んでいる。

他方で、階級、共同体、家族、そして民族のカテゴリーについては、それぞれに、世界史のレベルで、より徹底的な分析がなされるべきである。

人間と自然についての議論

環境の悪化と再生は、現在、生態系史研究で主要テーマとなっている。どの時代でも、人類は環境に著しい変化をもたらした。そして、自分では手に負えない環境の変化に対して適応しなければならなかった。生態系史を評価する際、分析者は、人類が自然を思い通りにしようとして有益なことをしたのか、あるいは環境悪化をもたらしたのかについて判断を下さなければならない。しかしながら、生態系の再生力を過小評価すべきではないだろう。

科学技術史の研究者は、伝播と独自の発明とのどちらを強調するかで二つに分かれる。革新の起源を探る専門家には、どちらを強調するかにより、単一の根源的な発明にすべてを遡らせる者もいるし、個々の新しいアイディアがもたらす複合的発展を見出す者もいる。

近年では、科学者の世界が専ら思弁的なものではなくなり、組織されて生産的になってきたことから、科学がどの程度まで技術変化の進展を決定しているのかが論じられてきた。研究者のなかには、二〇世紀に入ってからもかなりの間は、理論に基づいた実験室での研究よりも、実用的で実践的な改良から、技術変化がより多く生み出されていると主張する者もいる。別の側から、すなわち科学の研究が技術変化の進展と方向を決定すると主張する人々に対しては、現在の私たちが根本的に新しい時代にいることを、それが意味するのかどうか、問わなければならない。

文化

地球規模の文化研究では、範囲と内容を定義する議論の実現が待たれる。地球大の文化的な結びつきについて私たちが知るほどに、この議論は意義深く生産的になるはずである。現在、地球規模のレベルで最も議論しやすいトピックは宗教である。宗教の世界史研究は最も成功しており、それは、主として比較宗教学に、すなわち組織された主要な宗教の比較に依拠している。だが世界史研究者は、より局地的でそれほど定式化されていない宗教的伝統を視野に入れることにあまり成功していないし、二〇世紀の新たな宗教の傾向も検討してこなかった。前者については、東アジアと中央アジア、および南北アメリカにおいても広く見られる、シャーマニズムの宗教慣行を探索できるかもしれない。また後者の問題では、世界のほとんどの地域におけるペンテコステ派の拡大を調べたり、あるいは、他の宗教に対する寛容のイデオロギーを、すべての宗教共同体に受容するよう求める圧力の増大を探ることができるかもしれない。これは、根本的な神学上の変化を及ぼしうるものである。

精神文化の世界史的分析はもっとあっていいだろう。地球規模の思想史は存在するのだろうか。二〇世紀において、ナショナリズム、社会主義、そして宗教の思考で、世界的なパターンがあったことは間違いないだろう。それ以前の世紀では、政治的共同体と文化的共同体とが大きく隔たっていたため、種々の思想が明白に地球大の影響をもたらすことは、ほぼありえなかった。もっと昔には、何らかの大共同体、つまり、イスラーム世界、中華帝国とその周辺、キリスト教世界があり、そのなかではエリートたちの思考が遠くまで広く流通しており、庶民の間の思考も広く流通していたかもしれない。しかしながら、思想の地球規模の歴史における主要問題、パターン、そして力学を確定することについては、最も基本的な作業しか進められてこなかった。

物質文化と表現文化についての現在の研究は、社会的価値観の研究と同様に、地球規模のレベルにまで拡大する可能性をもっている。後者の例としては、とくに過去三世紀にわたって、残酷な処罰と拷問を、行き渡らせながらも同時に制限してきた諸力についてたどれるかもしれない。いくつもの地域で、支配的な社会的価値観は、拷問、身体切断、そして公開処刑を拒絶する方へと変化してきた。同時に、新たな科学技術と新たな社会闘争の展開によって、残虐行為と拷問の新たな形態がもたらされている。

結論：世界史でどのように議論を進めるか

世界史の議論とは、ある意味で、歴史についてもっと論じるだけのことである。それは、訓練や、対話のスタイル、そして、資料を用いて過去を立証する際の問題などを共有する歴史家たちの間での議論である。別の意味で、世界史の議論は、相互連関と広範なパターンに目配りすることに、とくに優れていなければならない。世界史研究者の間の議論では、歴史および史学史のなかでの結びつきが検証されている。歴史のなかで、世界史研究者は、過去の結びつきと広範なパターンを突き止めようとする。史学史のなかで、世界史研究者は、局地的な史学史の議論の間の結びつきを見つけようとする。たとえば、本章で示した議論の間の結びつきを探そうとするのである。

世界史で議論する際には、いわゆる透明性が強調されねばならない。議論における透明性の概念に注意を向けたいのは、世界史研究者の集団が、専門に扱う特定の資料が人によってまったく異なるけれども、解釈への関心だけは共有するという事実を示したいからである。世界史の議論では、議論中の問題に適した証拠を知っている者が、間違いなく有利にならざるをえない。同時に、議論では、たとえ証拠をあまり知らなくても他者が参加できるように、分析の枠組みを示すべきだし、主張の基盤を比較に基づいて示さなくてはならない。つまり、水も漏らさぬような専門的な個別研究を積み重ねるのではなく、各々の議論が他の議論とつながるような、世界史の対話を創造することが重要である。

歴史解釈の透明性のために、そして説得力をもつためにも、世界史研究者は、自らの証拠について明確に整理して述べる必要がある。証拠についていうと、研究者は、広範囲を扱う二次資料を用いることと、多くの時間と困難が伴うけれども奥行きをもつ一次資料を扱うことの間で悩まされることがよくある。しかしながら、一次資料と二次資料の区分は絶対的なものではなく、むしろ状況によって生じるものであるため、研究ごとに、どのようにそれを決定したか示すべきである。

世界史の議論において透明性が役立つもう一つの重要な点は、著者と批評者が、研究の際の展望を特定できることにある。歴史家たちの議論には、どのような展望が最良かというものもある。世界史のどの研究でも、必然的に多様な展望を含むため、ある一つの展望が「最良」とみなされることはないだろうが、他方で、様々な歴史家にとっての展望と、彼らの歴史研究の主題を比較対照することは、過去の解釈を整理するうえで重要な役割を担っている。

世界史研究の対話を進めるためには、研究を重ねることが重要である。世界史研究はまだ駆け出しの状態で、研究者の数に比べてより多くの刺激的なトピックを含むことから、巨大な地図の一点でも埋めようと願って、多くの者が新たなトピックを見つけようという気になる。それゆえに、世界史研究において、繰り返すことと、競い合うことが重要だと強調したい。あるトピックの証拠と解釈を、二人以上の研究者が見直すときにだけ、そのトピックを解釈する可能性の幅を知ることができるだろう。研究者に、「自分の」トピックや資料を、独占的な所有物のように思い込むのを許すのは、愚かなことである。刺激的な議論や知識の真の進展が得られるのは、複数の研究者が、関連するトピックに取り組み、それぞれの仮定、データ、そして解釈を、他者のそれと対比するときだけである。

これらすべての提案は、世界史の議論を進めるためのものであり、当然、世界史解釈の進歩を期待したものである。地球規模の過去を、進歩の物語として語れるかどうかについて、歴史家が基本的に疑い続けなければならないとしても、その同じ歴史家は、職人的な技術および解釈を進歩させようとして研究するのであり、この分野の作品を、この分野の進歩に照らして測っているのである。

第四部　世界史における分析の論理

過去の出来事やパターンは、明確な論理に従っているように思える場合もあるし、無秩序に思える場合もある。一六九二年にジャマイカのポートロイヤルで起こった地震や一七五五年のリスボン地震は、人間の論理では説明できない。しかし、読者の関心をそらさないためには、歴史家は論理的に過去を提示せねばならない。世界史では視野の幅が与えられるので、分析や提示を論理的に扱う重要性が強調されることになる。

第四部では方法論に戻って、世界史研究における分析の論理を詳しく検討しよう。第二部では、世界史研究者が用いうる理論や学問の諸分野が、どのような範囲で変化してきたのかを紹介した。第三部では、世界史研究者がそれを地球規模の過去に適用してきた初期の成果について再考した。第四部の各章では、学問の諸分野、地域研究、そしてグローバル・スタディーズの方法について、別の角度から考えてみたい。すなわち、世界史分析の視野、枠組み、戦略、そして実施方法についての指針を提示したい。

以下の章では、歴史分析における枠組みと戦略の多様な要素を分類する。これらの要素をどう組み合わせるかは、研究中のトピック、学問分野、問題設定によって異なる。これらの枠組みも戦略も、またその組み合わせにしても、どれも目新しいものではない。だが、分析に向けて、そして成果の提示に向けて、一貫性のある戦略を発展させるために、歴史のシステムを系統だてて比較対照し、関連づけ、探索するよう努めるならば、それが累積することによって、革命的な進展への一歩となる。このような技術を駆使すれば、以前は単なる推測として否定されたような広大な歴史においても、歴史家は解釈を明示して論証することができ、それを真剣にとらえるべき歴史的仮説へと発展させることができるだろう。

ある歴史研究がどれほど広い外縁をもつのかは、その研究の空間と時間とトピックが及ぶ範囲によって定められる。世界史は、必然的にいくつものレベルの分析を含むうえ、歴史家が用いる枠組みの外郭のスケールは、内側にある時間と空間とトピックのスケールや力学と結びつく必要がある。まず、それぞれのスケールで適切な分析の論理を提示しつつ、研究計画および研究構想という点からそれを説明し、さらに、分析および分析の戦略のために、そして歴史の変化の力学をモデル化するために、研究構想を諸々の枠組みへと分解して検討する。そして次に、世界史における解釈の有効性を検証して、読者に分析を効果的に提示するという重要な問題に目を向けよう。

つまり、以下の章では、世界史研究の構想、遂行、有効性、提示方法などが強調される。ここで、とくに注意を向けて確認したいのは、世界史研究が、分析の様々な展望、および様々な社会的展望を説明するということである。

第15章　歴史におけるスケール——時間と空間

世界史は広大である。最近の〈世界史〉や〈地球規模の歴史（グローバル・ヒストリー）〉という語句は、以前の〈普遍史〉と同様に、広大な物語を取り込もうとする意図を明確に映し出している。だが、世界はどれほどの大きさであり、地球規模のことには何が含まれるのだろうか。これらの言葉に与えられる多様な意味は、「世界」の潜在的なスケールが変化しうる範囲を示している。この点に衝撃を受けたのは、一九六〇年代にマディソンで大学院生だった頃のことだ。研究の合間に見ていたテレビでは、しつこいくらいに「台所設備の世界」社（ワールド・オヴ・ダイネット社）のコマーシャルが流れ、ありうる限りの台所家具のなかからどれかを選ぶよう誘惑していた。映画「ウェインズ・ワールド」を使って、「世界」の意味が多様であることを学生に説明したのは、もう昔のことである。とはいえ、幼児にとっての世界についてならば、私たちはいつでも語ることができる。経験をもたない意識から見れば、世界は巨大で威圧的なものだが、親から見れば小さくて刺激的なものである。そして、音楽の世界や文明化された世界、また、私たちの世界としての地球もあるし、さらには私たちの大きな銀河が小さな点でしかないような広大な宇宙も存在する。もっと想像力を働かせれば、別世界や失われた世界、そして衝突する世界などについても考えることができる。これらの世界はすべて、大きさだけでなく質においても異なる。人によっては〈グローブ〉という言葉の方が明確な特定性をもつと主張するかもしれない。〈グローバル〉や〈グローバリゼーション〉という言葉とともに、〈グローブ〉は〈ワールド〉以上に地球を特定して示す言葉だからである。だが、コンピュータ・プログラム上のグローバル・コマンドという場合には、そのプログラム内部での特性のみを意味している。どのような理由であれ、英語においては語る対象としてグローブよりもワールドが多用される一方で、事物を分類する場合にはワールドリーよりもグローバルという形容詞をよく使うのである。

スケールの範囲

世界という空間が広大であるなら、世界史が扱う時間の範囲も広大なはずである。どれくらいの長さの時間を設定すれば、世界史を検討できるのだろうか。二〇世紀のすべてだろうか。人類の歴史すべてを含むのか。ボストンの寒い夜、ハンティントン通りで凍えながら三九番のバスを待ったときには、バスが来ないことが「永遠に続く」かのように愚痴ったものだった。一方で、大西洋の奴隷貿易は何世紀も続いたにもかかわらず、一つの「出来事」だったと試験で書く学生もいるだろう。つまり、長い時間や短い時間という概念は、世界の大きさについての概念と同様に、伸ばすことも縮めることもできるのである。

歴史におけるスケールは、空間だけに関するわけではない。時間やトピックの幅についてもあてはまる。世界史を検討する際に、国民の歴史、大陸の歴史、そして地球規模の歴史という地理的空間に関する議論は前面に現れるが、時間およびトピックという次元も同様に注目されるべきである。だが、対象にする時代、地域、そしてトピックに関する最大範囲を並べて研究の限界を定めるだけではまだ十分でない。歴史家は、研究の視野を示すために、自らの研究について、外枠の諸次元と同様に、内側にある諸次元も示すべきである。これから論じる通り、歴史分析のスケールを十分に記述するというなかには、考察される時間、空間、そしてトピックの外的限界に加えて、これらの次元それぞれについて、著者が分析する内的な下位区分やパターンや力学の記述も含むのである。

歴史におけるスケールの可能性については、他の学問分野と比べることにより、さらに明確な意味が得られるかもしれない。天文学者は、時間と空間で非常に広い範囲を対象とするが、トピックの設定はむしろ狭い。化学者は、原子や分子のレベルに焦点を合わせるが、化学工学では、化学者の研究を工業のスケールにまで広げる。物理学者は、素粒子の集まりから宇宙の大きさに至るまで推定するのだから、幅広い空間的スケールで仕事をしている。地理学者はいくつものレベルで空間に焦点をあてる。その分析は、長い時間の幅で、そしてとくに複数のトピックをまたいで広がる。生物学者はいくつもの空間レベルで作業する。細胞のレベルで仕事をする専門家もいるし、個々の生物のレベルや、ある生物集団の全体的な行動、そしていくつもの種の相互作用を扱う専門家もいる。

人間社会および自然界に存在するあらゆるスケールのなかで、最も基本的なものはどれか。最も基本的もしくは本質的なものは最小の単位であり、より大きな単位は、それによって組み立てられるのだろうか。生物学では細胞が、化学では原子が最も基本的な単位なのか。歴史分析では、個人や家族や国民が基本単位なのだろうか。ある意味では、最小単位から発して最大単位へと向かうこの本質的な序列を避けることはできない。単細胞生物から多細胞生物が進化してきたことは確かだし、家族から文明が発展したのであって、その逆でないことも確かである。

とはいえ、ある一つの世界には存在のレベルが多数あり、その世界の生産と変容を分析しはじめれば、どれか一つのレベルが、他のあらゆる単位やそれらの経験の元となる本質的な単位だと決めることなどは、到底できないことがわかる。[1] これには互いに関係する二つの理由がある。第一に、何らかの所定のスケールにおいて（たとえば、化学における分子や歴史における民族集団など）、そのレベルの経験は、より小さな、そしてより大きなレベルで起こる現象から影響を受ける。つまり、民族集団は、その内部にある家族によって、また、それを統治する帝国によって変化させられるのだ。そして第二に、どのようなスケールのものであれ、他のレベルで考えられることに由来せず、それ自身のレベルだけに見られるパターンや現象が存在する。馬の行動は馬を構成する細胞や器官によって予見されるものではない。生態系や社会の世界的なパターンは、いずれかの国民内部の社会や生態系として知られるものから予期できるものではない。地球規模のパターンは、局地的なパターンと相互に作用しあっているとはいえ、理解したいならば、直接に研究せねばならない。

自分が住んでいる世界を理解しようと願う人間にとっては、時間、空間、トピックにおいて、多くの異なるスケールで分析を進めることが理にかなっている。地球を総体として研究することも、人類の歴史全体や過去二千年の歴史を研究することにも意味はある。だが、そのような世界史の視野が、歴史分析の他のスケールに対して本来的で本質的な優位をもっているわけではない。

実際の研究がいずれかのレベルに焦点を絞ることには、そうせざるをえない理由があるだろう。一九世紀と二〇世紀の国民に歴史家が焦点をあてるのは、確かに、その時代の重要な現実と社会的必要にかなっている。同様に、生態系、経済、人口、そして社会の問題において、全地球的レベルでの解決法を探ることが必要となれば、その解決に向けた文脈を提供するために、同じような全地球的レベルでの歴史研究が促されることになる。しかし、いずれの場合においても、これらの空間的な枠組みのいずれかの内部に歴史分析を絞るよう自動的に決定しても、歴史の知識の根拠とはなりえない。たとえば、スケールが異なるレベル間の相互作用に焦点を絞った研究もありうるのだ。火山活動と長期的な気候変動の相互作用や、局地的な市場と世界貿易との相互作用などである。

世界史におけるどの研究も、限られた時間と空間の範囲内でおこなわざるをえない。世界史研究の視野について、限界や範囲、そして推奨できることを明らかにするのが、この章で私が扱うトピックである。世界史の視野については、多くの異なった面から充実した議論が交わされている。宇宙はとても広大な場であり、パーセクという天文単位にわたる虚ろな空間ではあるが、そこでは相互作用がとても重要な意味をもつ。だが同時に、世界の現実がどれほど巨大で古いものであろうとも、限られた寿命をもつ個々人は、「世界」を一つの概念として把握する。ゆえに私たちの頭に適合するように、世界を切り取る必要がある。世界史の理解には、現実および認識について、このような、そしてその他の両極を説明することが必要である。

時間のスケールとパターン

歴史家が専門とするのは、時間軸上の変化を分析することである。だが一般に、歴史家は、職人的な手法で時間の次元を分析する。つまり、時をどう扱ってきたのかを明確かつ論理的に述べようとしないままで、自身の選択をするのである。もちろん実際のところ、歴史家は、自らの主題を時代ごとに区分し、それぞれの時代のなかでは連続性を強調しようとする。近代史、古代史、先史時代、ルネサンスと宗教改革などは、歴史における時代を定める方法であり、それを研究する歴史家のアイデンティティとすらなっている。しかし、そこで止まってしまうと、歴史家は変化の分析を避けることになりかねない。それが、ある時代から別の時代への変化だろうと、一つの時代の内部での変化だろうと、そうである。

その代わりに、歴史家は、様々な形態で時間を提示することによって、変化を強調する。時代区分は、連続性だけでなく、時間的変化を強調するときに使うこともできる。したがって「苦難の時代」もある。時代区分に加えて、工業生産の拡大や幼児死亡率の減少などで示される、時代の傾向というものもある。さらに、気象のパターンに見られるような循環や、アンドレ・グンダー・フランクが描くような政治経済学的な循環もある。[2] 時間は連続的な叙述によって表すことができるし、異なる時点を横断的に描くことによって非連続的に示すこともできる。もしくは、短期間のうちに巨大で予知不可能な変化が起きたことを主張したいならば、無秩序なものとして表すことも可能である。

フェルナン・ブローデルは、時間を明確に類型化した数少ない歴史家の一人であり、〈長期的持続〉と〈出来事史〉を両極として区別する用語法を後世に残した。[3] 歴史家は、両極が存在することを認めてこれらの用語を使うが、そのバランスをどのようにとるかについては合意を作り出してこなかった。〈出来事史〉のレベルでならば、できるだけ多くの出来事を、ほとんど意味づけようと努力せずに列挙することで、世界史の年表を作ることができるだろう。だが、歴史上の時間枠のうち、短期間を扱った極の側では、ジョン・ウィルズの『一六八八年』も挙げられる。[4]その一年間に世界中で起きた出来事を描いて関連づけた長大な研究である。文字通り宇宙的な規模の時間枠では、デヴィド・クリスティアンやフレッド・スピアによる「大きな歴史」が、数十億年にわたる過程を分析している。だが、この著者たちがまさに後年の人類の発展に注目しようとしているがゆえに、宇宙規模のスケールは、数世紀というとても短い時間単位と交錯せざるをえなくなっている。[5]宇宙規模の時間について、歴史家は、スティーヴン・ホーキングをはじめとする天体物理学者の考察や通俗的な著作に頼らざるをえない。[6]この作品は、歴史学に比べてきわめて大きいスケールを扱うと同時に、はるかに少ない変数しか含まないが、それはまさに世界史と同じ概念的な問題を共有している。つまり、時間を「矢」として考えるか、もしくはもっと複合的な変数としてとらえるか、そして、世界を分析するための統一システムを作り出すことができるのかという、時間と空間の二者択一的な枠組みについての問題である。

あるテーマに焦点を絞って、時間的視野の広さと柔軟性の両方を示した例は、ヨハン・ハウツブロムの『火と文明化』である。この著作は、ホモ・エレクトゥスだと考えられる集団が四〇万年ほど前に「最初に火を所有したこと」から始まり、この変化がのちの全人類に引き継がれる文明化の過程の一部であると論じる。その後ではより短い時間枠を用いて、農業の発展や古代地中海世界や工業化における火の使用について探究する。[7]約一万年前の穀物栽培の開始から書き起こすジャレド・ダイアモンドの長期的な解釈においても、現代に近くなるほどだんだん短く区切って扱うようになる。とはいえ、両者の違いも存在する。ダイアモンドの分析は、農耕の開始という初期の偉業が後の時代にまで影響を与え続けることに中心を置くが、ハウツブロムは長期的な文明化の過程における継続的な発展に焦点をあてている。[8]

異なる時代がもつ価値とは何か。一般に、歴史のなかで近現代に大きな紙幅が割かれるのは、私たちが、他の時代よりも私たち自身の時代に多くの価値を見出していることを示唆している。そう見えるにもかかわらず、多くの歴史家は、「現在主義」（現在の関心を過去の研究に投影すること）を批判する。これとは対照的に、歴史家のなかには、歴史記述に有益だとして、現在主義をはっきりと支持する者もいる(9)。

教科書を読んだ場合には、世界史が一五〇〇年頃を境にはっきりと二つの大きな時代に分かれると結論づけられるだろうが、その一方で、一般に、歴史研究者や、とくに世界史を扱う者が、自らの物語を語るために、形態や範囲が大きく異なる時間的枠組みを用いることは、以上のように、簡単に見てとれる。時間は多くの異なるかたちにはめ込むことができるのだ。私は、歴史の語りを探索するうちに、利用可能な時間的枠組みの範囲を示すことが役に立つと考えるようになった。ハーヴェイ・グリーンの『家の光』は、この目的にかなっている。一九世紀、ニューヨーク州北部地方の家庭の物質文化について、博物館で展示したものに、広範な説明をつけた本である。地味ではあるが情報に富むこの本は、関連する時間枠とそれぞれに重なる複数の語りについて、ある著者が一冊の本で提供できる範囲を明らかにしている。この研究を通して、グリーンが、一九世紀ニューヨークの家庭における物質文化を論じながら提示したのは、次のことである。すなわち、マニュファクチュアの諸段階および家事用具の使用についての語り、季節ごとの家事労働のサイクル、日々の仕事や行動のサイクル、個人の成長と老化という生活サイクルの語り、人気のあったスタイルがすたってその後にまた復活するという流行のサイクル、工業社会の変容についての進化論的な語り、そしてさらに、ある語りは、女性たちが行動の制限を受け入れていたところから始まり、その後に自転車を試みるまでの流れについて示している(10)。

また他の記述形態では、歴史家はしばしば時間上の点やエピソードを通して過去を提示しようとする。ある意味で、歴史は、経験した人にとって一つ一つが重要な無数の瞬間から成り立っている。別の意味で、歴史家は、ある時代を画すものとして、また、その後に歴史を変化させるものとして、何らかの瞬間を選び取っている。このようにして、ジュール・ミシュレは一七八九年のバスティーユ陥落を歴史家として物語り、ほぼ同様に、ジョン・リードは、一九一七年のボリシェヴィキによるペトログラードの冬宮の占領について、ジャーナリストとして描いた(11)。

空間のスケールとパターン

世界史研究にとって、空間の最も明白な単位は地球という惑星のように思われる。しかし当然ながら、データは、地球単位で与えられるわけでもなければ、地球単位で集められることもない。データは一般に地方レベルで出されるが、二〇世紀においては国民単位で集積されるのが普通である。それほど多くはないが、近年では、大陸レベルでの推定値も現れている。世界史研究者や世界情勢に関して執筆する人々は後者の潮流を活用するようになり、アフリカやヨーロッパやオーストラリアの相互作用によって、過去や現在を説明している。ときに大陸の具象化が行きすぎると、アジアやラテンアメリカが一つの意識や一人の代理人をもっているように書く著者すらいる。

マーティン・ルイスとカレン・ウィゲンが、平易かつ洞察力に富んだかたちで提示したのは、人間の思考のなかで諸大陸の内容が変化することである。すなわち、この言葉とそれが示す地域が、時間とともにどのように移り変り、また、ときに拡大してきたのかを論じたのである(12)。二人は、地理空間が社会的に構成される性質をもつことを確認する一方で、地域内でできるだけ一貫性をもつような、一般化できる地域を見つけ出そうとする。時代区分を定義する際の問題と同様に、一般化できるような地域を定義しようとすると、それぞれの単位のなかでできるだけ一貫性を高めたいのかどうかという問題を引き起こし、そのため、大きな変化や断絶が考慮されない可能性や、相互作用が集束する地域が決められてしまう可能性もある。大陸塊ではなく海域によって世界の諸地域を定義することも、このようなアプローチへの一歩となる。

世界の別の見方としては、局地的に焦点をあてるものがある。大都市は、そこを通して世界の他の部分を見ることができるレンズのように考えられてきた。バビロン、ローマ、バグダード、コンスタンティノープル、パリ、ロンドン、東京、そして他の多くの競合者たちが、その壁の内側に人類の経験を集積してきた。大都市だけでなくコスモポリタンな一地方も世界を見るためのレンズとして役立つことは、ガンビアのニウミ地域の六世紀にわたる歴史を分析したドナルド・ライトの最近の研究に示されている(13)。

大陸の分析では、大きな地域の一般的かつ本質的な性質が強調されやすい一方で、局所に絞った分析では、人間の幅広い経験に焦点をあてた細微な面が強調される。大きな水域とそれを取り囲む場の分析では、遠く隔たる地方や地域の間の相互作用が強調される。このような研究の模範的なものといえば、フェルナン・ブローデルによる地中海についての大作である(14)。一見したところ、この作品は、方法論と観察的叙述における力技のようにも、また、とりとめのない折衷的な寄せ集めのようにも思えるかもしれない。だが、その構成の基盤となっているのは地中海という地理的な内海であり、その海域と沿岸地域が有する多くの差異と結びつきなのである。これと類似する構成や相互作用への注目は、まったく別の方法で記された研究の根底にも見られる。すなわち、デヴィド・チャペルによる太平洋海運労働者の社会史研究や、ポール・ギルロイが大西洋における近代を文学と文化の面から分析したものがそうである(15)。

時間の持続を計るものさしが一次元のものに限られないのと同様に、歴史家が「カヴァーする」空間も、ある地図上で示される二次元領域に限定されることはない。歴史家の仕事における空間は、たとえば、高度による気候の影響や戦闘での陣営の昇降などを考慮に入れれば、三次元へと広げられる。だが一方で、空間が二次元より低い次元で扱われることもある。歴史家は、ある都市を一点のように記すこともあるし（つまりゼロ次元となる）、二都市間の道を描くこともある（一次元）。

〈カヴァーする〉という言葉を検討することは、歴史研究で扱う空間のかたちの範囲を明らかにすることにつながる。フランスの歴史家がフランス全土について書くことはあまりないけれども、フランスには歴史地理学という伝統がある。そこからは、九〇以上もある行政県それぞれを精密にパターン分けすることによって、フランス全体がカヴァーされるような印象を受ける。政治史の研究者は、税金が集められる空間全体について述べながらも、統治や異議申し立ての中心地に焦点をあてる。歴史家が「カヴァーする」対象が、場所よりも道や経路を主題とする場合もある。たとえば、巡礼の研究ではこのようなアプローチが肯定される。「カヴァーする」ことによる錯覚の例をもう一つ挙げよう。ソ連を「クレムリン」、オスマン帝国を「至高なる門」、合衆国の実業界を「ウォール街」と呼ぶように、歴史家は、地図上の一点を用いて実質的な領域をしばしば表しているのである。

「場所」が地球上にあるのではなく、理念上のものや文化的なものの場合もありうる。「西」とは何か。この言葉を使う人はたいてい地理的に明示せず、もしも正確になろうとすれば、多くの食い違いと遭遇することになる。ラテンアメリカやカリブ諸国は、多くの場合、二〇世紀における「西」の定義に含まれるが、そこだけに特定して言及されることはほとんどない。ロシアとドイツは、政治体制の変化に伴って、「西」に含まれることも「西」から除かれることもある。

ウォーラーステインによる世界システム論も、世界史内部のスケールの定義に、別の一例を示してくれる。そこでは全体としての世界が、中心、周縁、半周縁、それらの外部へと地域分けされる。（原理的に見れば、外部が存在することにより複数の世界システムが可能となるが、これはウォーラーステインの近代世界システムの視点では受容されない。）この分析全体の時間的枠組みは一五〇〇年に始まるが、そのなかでは拡大と収縮の循環や覇権の循環によって時間が区切られる。[16] 同様に、諸帝国は全体として、もしくは、内部の行政的な下位区分を単位として分析される。

分析する地域の境界領域を明らかにすることも、内的なスケールに関連するアプローチである。境界領域は、当局によって通行が掌握されている場所では、はっきり確定されて統治される境界というかたちをとるだろう。[17] だが一方で、曖昧なかたちでしか定義されずに、権力の中心から離れているか、複数の権力の中心の間にあって、独自の影響力をもち、自身の未来を探り発展させられるような場合もある。[18] しかしながら、〈境界〉と〈境界領域〉という言葉は、第一に政治的意味によって定められ使用される。文化的、社会的、経済的な領域については異なる種類の分析を用いるのが適切であり、それが政治的な境界にぴったりとあてはまることはないだろう。どのように限定されるとしても、均質な領域などはありえないだろう。地図を様々な色で塗り分けようとする傾向があるが、様々な民族、宗教、言語、あるいは人間集団を抱える多くの地理的な領域を表現するのには役立たない。まとめるならば、どのような歴史研究においても、空間の次元を確定する際には、研究対象とする場所について、内的な微細構造と同時に、外的な限界についても説明しなければならない。

時間、空間、テーマの交錯

一つの研究のなかで、空間と時間とテーマの境界領域は興味深いかたちで重なり合い混ざり合うため、歴史分析に向けて「研究単位」を選択することは、研究対象地域を決めること以上の意味をもっている。二つの地点で同時に起きた出来事の研究を選択する場合、ある地点の人々は、もう一方の地点での出来事について後から知るのだから、後で起きたものとして経験することを理解せねばならない。（恒星間の距離を示す「光年」という言葉はまさにこの効果に依拠している。）より現実的に言うなら、普通、歴史家は、ある研究において、時間的な構成を強調するか地域的な構成を強調するかを選んでいるのだ。広い地域にとっての一期間に絞るか、一地域を長期にわたって扱うかを選択する。歴史における相互作用は、限られた時間のなかでより容易に空間を超えるのだろうか、それとも限られた空間において時間を容易に超えていくのだろうか。時系列的分析を好む者は、一般に、限定されたいくつかの期間のなかで相互作用を多く見つけることができると信じているし、地域的構成の分析を好む者は、時間軸上の期間内の相互作用よりも、地域間における相互作用の方が強いと考える。[19] おそらく普遍的なパターンというものはないだろう。つまり、過去の事実は、ある場合には時間的枠組みが、別の場合には地域的枠組みの方がうまくあてはまるように進行するからである。

世界史研究のスケールに関する以上の検討は、読者に煮え切らないものを残すように思われる。なぜなら、「世界史」というラベルの下に、一年という短期間や、あるいは最長ですべての時間を対象にする研究を含め、そして、一都市に限定されるものや、地球全体かそれ以上の地理的範囲の研究を含めているからである。この不確実性から逃れる道は、おそらく、分析の〈至近の〉枠組みと〈究極の〉枠組みを区別することだろう。世界史の分析における究極の分析枠組みは全体としての人間社会であり、至近の分析枠組みは、ある人が世界を考察するために研究する、地域や時間枠やテーマなのである。国民史との類比が役立つかもしれない。すなわち、フランスや日本の国民史を研究する者は、国民の経験に光をあてようとして、地方の共同体を研究するかもしれないし、国際機関を研究するかもしれない。このように至近の分析枠組みと究極の分析枠組みを明確化することは、ある程度まで役立つ一方で、限界も有する。自らを世界史研究者と呼ぶ者が、必ずしも一つの全体として世界を説明しようとするわけではないことを、読者はすでに気づいているだろうからだ。

この本のあらゆる部分で言えることだが、私たちは二種類の論法の間に囚われている。私は、一方で、結びつきと複合的な展望と大規模なパターンをとくに強調して、地球規模の歴史研究について適切かつ特有な性質を系統的に描こうとしている。他方では、世界史と他の歴史研究が、とくに研究と解釈で使うべき職人的技術や哲学的特質において、実質的に重なることを強調しようとする。前者の視点において世界史は、人類の過去に対する理解に新しい洞察をもたらすために、支援し発展させる必要がある固有の領域である。後者の視点からすれば、世界史は、国民史への批判となるほどに個別の領域というわけではない。問題は諸国民についての研究にあるのではなくて、二〇世紀の歴史家の研究や記述を限定してきた、国民的枠組みにある。それは、家族を国民の内部にあるものとして、ディアスポラを国民と重なるものとして、国民的経験の理解に役立つときにだけ認知するような枠組みである。この場合、「世界史」とは、国民という限定を取り除くことだけを意味するのである。

結論

ある解釈を組み立てる歴史の分析者にとっても、ある解釈を吸収して評価する歴史の読者にとっても、最も基本的な特徴を決めるのは研究のスケールである。歴史研究のスケールは、内包する時間と空間の範囲や、それらのカテゴリー内での相互作用から推測される力学によって定められる。同様の論理をさらに広げるならば、歴史研究におけるトピックの幅は、研究のスケールに第三の次元を加えることになる。時間と空間と同じように、歴史解釈におけるトピックのスケールは、単にそのトピックの範囲を意味するだけでなく、諸々のトピックを相対的に強調することと、それらの間で想定される相互作用の力学も含んでいる。世界史ではすべての研究が大きいのだが、一つ一つの研究がそれぞれのあり方で大きいものなのである。

第16章　枠組みと戦略のモデルを作る

歴史家は、自分が再創造する過去の陰影や複雑さと接点を保ちたいと望むので、一般に、整然と定式化された様式で執筆することを拒むものである。歴史の語りは、必ずしも規則正しく標準的な段階をたどって提示されるとは限らない。歴史記述の技巧によって、テクストを構築した著者の論理は覆い隠されるかもしれないが、それでもなお、著者の論理は、結果として、解釈の優先順位と結論に影響を与えるはずである。歴史にモデルを作ろうとする過去何世代にもわたる論争を見れば、歴史家が解釈を発展させて提示する際に多くの論理構造を用いてきたことは明らかである(1)。

原則として、歴史家はなすべき研究の計画から手をつける。それはたいてい、今日の世界やそれに先立つ世界を理解したい、そして、相互に結びついた広い文脈で世界を理解したい、という欲望から生じる疑問に発している。この疑問は知的好奇心から始まることもあれば、社会や自然の危機から生じることもある。地球温暖化は続くのか。不平等は深まり続けるのか。戦争は避けられないのか。進歩はあてにできるのか。これらの問題によって、読書、教室での質疑、そして研究という活動が開始され、その方向が変えられることもある。

何らかの大きな研究をする世界史研究者に対しては、一定の形式による研究構想の作成を促したい。本章ではその際に述べていく内容を提案する。そこに至るために、本章では、歴史分析における枠組みと戦略の多様な要素を分類する。これらの要素をどう組み合わせるかという歴史家の選択は、研究しているトピック、分野、疑問によって左右される。この枠組みや戦略の要素はどれ一つとして目新しいものではないし、その組み合わせも新しいものではない。

しかし、分析に向けて、そして成果の提示に向けて一貫性のある戦略を発展させるために、歴史のシステムを系統だてて比較対照し、関連づけ、探索するよう努めるならば、世界史の方法に重要な発展をもたらすことができると主張したい。

〈分析〉という言葉は歴史を議論する際に多種多様に使われるため、ここでは一般的なレベルにおいてのみ用いることにする。〈分析〉は、個別の資料の精査から総合的な解釈の組み立てまで、あらゆることを意味するため、私はこの名詞形を歴史分析の企画全体に用い、また、〈分析的な〉という形容詞は、いずれのレベルにおいても、記述的な思考から分析的な思考を区別するために用いることにする。

この章において使う言葉のうち、〈枠組み〉は歴史の問題を組み立てる方法を、〈戦略〉は問題解決の方法を、そして〈解釈〉とは解決を意味している。歴史の枠組みとは、過去を精査してそれに関する基礎データを集めるためのレンズのことである。分析の戦略とは、過去におけるパターン、力学、そして意味について述べることへとデータを転換して、過去を解釈するための計画である。解釈とは、その戦略が成功裏に実行された成果のことである。

世界史分析のための枠組み

私の定義では、歴史分析の枠組みには、研究の〈対象〉と、研究のための〈手続き〉とが含まれる。普通、研究対象は事例として知られる。[2] 事例とは、個人や政治体のような、局所的でまとまった単位として一般に理解されるが、私は、ネットワークも、適切かつ興味深い事例の一種を提供すると主張したい。研究対象を選ぶ際には、その境界を定めることになる。[3] すなわち、国民史は事例として国民に焦点を絞るし、比較史でも同様に事例としての国民が取り上げられるかもしれない。世界史研究者は、世界を、諸国民の事例の集合として見るか、地球大の唯一のシステムとして見るか、その他の見方をするかを選択できる。

歴史研究の手続きには、研究対象内の諸要素についての、そしてそれらの関係についての叙述が、最も基本的なものとして含まれる。叙述以外の基本的な分析手続きには、比較（類似性と差異を探す）、関連づけ（結びつきを探す）、時系列的整理（諸要素を時間的に秩序づける）が存在する。

以上の通り、事例、ネットワーク、比較、そして関連づけは、歴史の枠組みを私たちが再検討する際の基本文法を提供し、枠組みの内部における研究対象と諸手続きとを提供する。[4] もっと総合的で複雑なレベルにおいては、〈システム〉が研究対象となり、あるシステムやそれを構成する下位システムを分類するために、比較、関連づけ、そして時系列的整理を使うことができる。この章では、システムの枠組みについて、その歴史研究への適用方法とともに、詳細に検討する。

この章の次の節では戦略を検討する。戦略は、多くの分析用語を、すなわち、パラダイム、モデル、喩え、理論を含む。これらは過去への疑問に対して提示される答えの方向を示す。一般に、歴史家の戦略は、分析の目的と、そこに達する方法についての計画からなる。歴史の疑問への答えを導く道路地図という喩えを使うならば、パラダイムは、地図そのものではなく、その地図に到達する鍵として見ることができる。喩えは、象徴的な意味で道路地図を示すだろう。そして理論とは、パラダイムとモデルの両方を含んでいる。

解釈と語りは、歴史家が設定した問題に対して、歴史家が展開する実際の解決方法である。また、議論は、これから見る通り、分析枠組み、戦略、解釈、あるいはこの三種の分析を混ぜ合わせたものに焦点をあてることになる。

私は、歴史分析の枠組みと戦略に焦点をあてる際に、レンズのことを強調した。それを通して過去を眺めるレンズのことである。だが、実例に入ればすぐに明らかになるように、レンズと、レンズを通して観察される状況とは、決して区別し続けられるものではない。歴史家は、歴史の事例として港町を取り扱うときに、個別の事例を、あくまで過去を探索するための分析用抽象概念として考察し続けることは難しいと感じ（そのためにそれらが選ばれたのだが)、それを実際の複雑な社会状況として考えはじめるだろう。もちろん、後者こそ私たちが再構築しようとする歴史を示すのだが、忘れてならないことは、以前に存在していた過去が、分析のために使う文書やカテゴリーとは大きく異なることである。

研究を構成する単位には、事例ならびにネットワークがある。事例研究は歴史の分析および提示の伝統的形態である。伝記や家族史から、一つの地方、君主国、国民の研究に至るまで、他の物語とは比較的独立したかたちで個々の物語を調べて語る技術を、歴史家は向上させてきた。この物語に期待されるのは、より広い歴史研究と関連することと、他の研究から教えを得ていることなのだが、その結びつきは明示されないし、定式化されてもいない。エドワード・ギボンの『ローマ帝国衰亡史』は、古代ローマと一八世紀イギリスの状況を比較して示していると読者ははっきりと理解したが、この比較は行間で機能しているだけであり、明示されてはいない。(5)

歴史の事例研究に対してこれまで受け継がれてきた認識では、それぞれの歴史が独自の価値をもち、また、それぞれの歴史の研究と叙述は、おもに、証拠となる記録を探し出して、それを集めて秩序と論理のある語りのなかにまとめることだった。歴史記述に関するこの見方は、ヨーロッパの伝統において、そして疑いなく他の伝統においても、はるか昔にまで遡れるが、国民史の時代において特別なかたちで補強された。専門職としての歴史学では、レオポルト・フォン・ランケの着想の下で、文字記録の（ランケの場合はとくに外交関連文書の）探索と分析が、そしてそこから過去を再構築して、「それが本来如何にあったのか」という歴史を読者に示すことが、第一に重視された。とはいえ、ランケ自身が世界史研究に着手し、死去するまでに八つの巻を完成させたことからは、事例研究を超える歴史への展望をもっていたことがうかがえる。(6)

しかしながら、〈事例研究〉という言葉はいくつもの意味をもちうる。社会科学、とくに社会学における事例研究とは、実験科学における実験室での検査といくぶん似たような役割をもつ。すなわち、実証主義の理論は、一群の事例研究によって試験されることになる。その試験では、理論化された関係が歴史のなかで観察できるかどうかが、総体として示されるだろう。このように、事例研究とは独立した調査であるかもしれない一方で、より大きなパターンを作り出すであろう多数の可能な観察のうちの一つと捉えることもできるだろう。後者のような論法を撚り合わせたものとして、イマニュエル・ウォーラーステインによる近代世界システムの分析が挙げられる。それは、ある一つの、かつ唯一の事例の研究である。なぜならそれは最初の世界システムであり、全世界を内包するからである。(7)

大西洋奴隷貿易についての文献では、ピーター・ウッドの『ブラック・マジョリティ』が、サウス・カロライナという一地域の研究を提供し、米栽培コロニーとしての唯一性を描き出しながらも、そのバルバドスとシエラ・レオネとの結びつきを強調した。ユージン・ジェノヴェーゼの『流れよ、ヨルダン川』は、南北戦争前の合衆国南部全体から、一つの事例を作り出している。同書は、合衆国奴隷制の性質に対する、深い陰影をもちながらも横断分析的な見方のなかに、広範囲にわたるデータを組み込んでいる。(8)

それでもなお、歴史研究での一般的な重要性にもかかわらず、事例研究というアプローチは世界史にとってそれほど重要になりえない。より慎重に言うならば、世界史の全体的な構造の概念について、そしてそのなかで事例研究がどのように適切に定義されうるかについて、さらに全面的に検討した後で、初めて世界史において事例研究が重要となりうる。さもないと、事例研究は、自己完結的な国民や地域の歴史という、ばらばらな視点を具体化するものになりかねないのである。

歴史における事例が、個人や地域や国民に限定される必要はない。個人や家族、その他の組織の地域横断的な集まりとして定義されるネットワークは、世界史研究にとってとくに興味深い。ネットワークとは事例の特別な部類である。ヒュー・トマスの『大西洋奴隷貿易』は、多くの点でこのトピックに関するとても古風な伝記的研究だが、大西洋両岸の奴隷商人たちの結びつきと共通性に焦点をあてたものと言いうる。その他のトピックについての著作では、アダム・マッキューエンの中国人ディアスポラに関する研究が、ネットワークの概念に深く依拠している。(9)

ネットワークという概念は少なからず比喩的な力をもっている。これについては分析の戦略についての部分で検討する。その議論を先取りするならば、ネットワークは世界を結びつける社会的結合組織として考えることができる。ネットワークは、一つの場所として捉えることはできないが、一つの空間として捉えることができる。移住のネットワークは地球上に広がる一つの空間を作り出している。このように見ると、移住者たちは定住している人々の間を動いているだけでなく、自身だけで一構成単位を形作っているのだ。工学的な言葉を使うなら、ネットワークは、糸と結び目からなる構造をもつとみなすことができる。とくに移民と関連する場合、言語が情報伝達のネットワークを規定しうる。初期近代のポルトガルやオランダの帝国は、領土を基盤にする政治体としての帝国の分析にうまくあてはめられないが、軍事と商業のネットワークとしてならばよりよく検討できるかもしれない。アルメニア人やブギス人の商業ネットワークについても、同じことが言えるだろう。(10)

研究の諸単位の次は、研究の手続きと、比較に目を向けよう。事例研究という世界では、どのような種類の比較もコスモポリタンなものとなり、だからこそ気後れしてしまう。二つの国民単位もしくは地方単位を比較する場合、事例研究の論理によるならば、二種類の史料群、文献、そしておそらくは言語を駆使しなければならない。私が一九六〇年代を通して加わっていた熱帯地域の比較史（のちに比較世界史となる）というウィスコンシンのプログラムは、まさにこのようなかたちで比較をするものだった。まず自分が専門とする地域に熟達することが求められ、それから他の地域との比較によって見つけだされうる歴史上の問題を考察する。そして、より離れた地域について二次文献を読んで習熟し、さらに時間が許せば一次資料にまで掘り下げることを学んだのである。(11)

比較研究にとって奴隷制の研究は独特な中心をなしてきた。フランク・タネンバウムの古典的な『奴隷と市民：アメリカ圏の黒人奴隷』は、プロテスタントとカトリックの国々における奴隷制を比較している。続いて、カール・N・デグラーはブラジルと合衆国の奴隷制を比較し、ハーバート・クラインは、キューバとヴァージニアにおける奴隷制の比較から研究を始めた。カーティンの『大西洋奴隷貿易』ですら、世界的な結論を導きだしてはいるものの、ヨーロッパ列強ごとの奴隷輸出数の比較分析から構成されている。ジョージ・フレドリクソンとジョン・セルは、このアプローチを奴隷制から人種主義へと広げて、合衆国と南アフリカの比較研究を公刊した。このような比較というアプローチによって、著者は幅広く書物を漁ることになったし、国民横断的なスケールでの解釈を展開することも可能になったが、〈比較〉という言葉が含むアプローチの多様性を詳しく探究することにはならなかった[12]。九〇年代においてすら、国民横断的な研究はこのように目新しかったのであり、国民のレベルを超えたあらゆる研究に言及する際に、〈比較〉という言葉を歴史家が用いることが一般的だった。

しかしながら、重要な単語によくあることで、〈比較〉という言葉は複合的な意味をもつ。比較するとは、二つかそれ以上のものを集めて（物理的に、もしくは思索において）、系統だてて調べ、それらの間の類似点と相違点を明らかにすることである。〈比較〉はそれぞれの研究枠組みのなかで異なる意味をもつ。二つかそれ以上のものの類似点と相違点を探索することはどのような場合でも比較である。最も限定的な意味においては、互いに行き来のない二つの単位を比べることである。この二つの孤立した単位は、変化を引き起こすような何らかの影響を経験するかもしれない。すなわち、宗主国支配の影響に対する複数の植民地社会の反応についての研究や、歴史における境界領域の比較研究は、この枠組みにあてはまる。このような比較研究においては、事例間の類似点と相違点のどちらをより強調するかが、主要な選択肢の一つとなる。

比較されるいくつかの単位は、より大きなシステムの一部と見ることもできるだろう。個々の植民地社会の研究は、植民地と宗主国を含むさらに大きな帝国システムの理解に寄与するものとみなしうる。また、シュペングラーとトインビーが検討した個々の文明や社会は、その壮大な歴史の考察のなかでは、より大きな人類史の進化の要素とみなすことができるかもしれない。だが、これらの〈比較〉という言葉の用法においては、比較される対象が互いに影響を与え合わないことが一般的前提とされている。つまり、それぞれの例で、植民地や境界領域や文明は、全体としての歴史的過程に影響を与え、また、そこから影響を受けるのだが、ある植民地や境界領域が、他の植民地や境界領域に影響を与えることは想定されていない[13]。

第三の、そしてより限定された〈比較〉の意味は、互いに接触して影響を与え合う複数の単位を参照することである。フランス、イングランド、ドイツの政治制度は、どのような静態的比較でも、それぞれが特有のものであると示されるだろうが、それにもかかわらず、直接の干渉や模倣や疎外を通して、互いに大きな影響を与え合ってきた。日本、韓国、中国の比較も、類似点と相違点に加えて、互いにどう影響を与え合ってきたのかが挙げられなければ、完全にはならないのである。

社会史や文明史研究者の作品だけでなく、経済史研究者や人口史研究者の作品を考慮に入れると、比較史のなかで、また別のアプローチが可能になる。経済史での貿易統計の場合のように、類似する事例への多面的な観察を集める歴史研究は、仮説検定の基盤を提供することになる。それは、ここでの意味においては、比較史における結論を発展させるための技術とみなすことができるだろう。これらは「ミクロな比較」と名づけることができるかもしれない。これと対照をなすのが、大きく複雑な諸単位の「マクロな比較」である。それはより多くの変数を扱い、その結論は、一定形式の手続きによってではなく、形式に拘束されない観察によって導きだされる。

比較は、相対的に自律していると考えられる諸単位を扱うことで世界史研究の枠組みに寄与する一方で、〈関連づけ〉は、諸単位が結びつき依存し合っていると想定することによって、この枠組みに寄与することになる。現在における歴史家の分析と、過去の歴史的状況のパターンとを区別するために、私は、過去の相互依存を見つけだす歴史家の努力に対しては〈関連づける〉〈つなげる〉を用い、過去にあった関係に言及するときには〈結びつき〉や〈相互作用〉を用いることにする。〈相互作用〉は、一般に科学の論説で使う語だが、アルフレッド・クロスビーがそこから引き離して、もっと曖昧で一般的な〈結びつき〉という語に近づけて以来、他の者もそう使うようになった。この選択の賢明なところは、〈相互作用〉が実証主義的で決定論的な理論とつながる関係を示すのに対して、〈結びつき〉は、原因と結果とに還元できないような関係を指すことである。だが一方で、ジェリー・ベントレーは〈文化横断的な相互作用〉という言葉を用い、混乱を引き起こさずに、世界史における主要な結びつきに言及している。(14)

〈結びつき〉と〈相互作用〉という言葉はいずれも、歴史家がよく使うもう一つの言葉である〈伝播〉よりも、一般性をもっているという点で優位にある。歴史のなかの結びつきには、異なる多くの型やモデルが存在し、〈伝播〉はその一つでしかなく、非常に基本的なものである。伝播とは、何らかのものが、ある場所Aを離れて別の場所Bやその他の場所に到達し、自らは変わることなく新たな場所に根を下ろすという、一方通行の相互作用なのである。（想像可能な最も単純なモデルは、あるものが場所Aを発して場所Bにのみ動くことで、これは〈移動〉と呼ばれるだろう。）たとえば、穀物は、なんら交雑することなく、ある地域から別の地域に移るかもしれない。

歴史における結びつきが、空間を横断するだけではなく、時間やテーマを横断することにも触れねばならない。後者の例で、現在一般に知られていることを挙げよう。科学技術の変化が、服装の外観や音楽に変化をもたらし、それゆえに文化的実践を変えるということである。また、その逆方向へ何らかの変化が及ぶことも想像できるだろう。

空間、時間、テーマを横断するどのような歴史上の結びつきについても、ある結びつきの存在を主張するだけでは充分ではない。その結びつきがどのように働くのかを、特定するかモデル化しなければならない。その範囲を考えるためには、結びつきの他の形態のモデルもいくつか挙げるべきだろう。[15] ものや思考がAという地点からBに動く際、途中で変化するかもしれない。じゃがいもそのものはペルーからヨーロッパや東アジアに渡る際に変わらなかったとしても、その料理法は、移動するにつれて変わったかもしれない。私はこれを〈見直し〉と呼びたい。

〈習合〉という言葉も、とくに信仰に関して広く使われる。この場合、信者の集団が以前からの思考を持ち続けたまま、他の別の伝統からも一つかそれ以上の信仰を受け入れることをいう。一般に〈習合〉が意味するのは、二つかそれ以上の既存の信仰が、結合しているとはいえ、真に統合されていないことと、新しい信仰が、土着のもしくは以前に導入された信仰とつなぎ合わされていることを意味する。もう一つ、このような結びつきがもつ別の結果については、音楽用語を使って〈融合〉と名づけることができる。先行する思考および新たな思考が（もしくは二組の新たな思考が）充分なインスピレーションをもたらすならば、それらは新たな文化的創造へと融合するかもしれない。先代とのつながりをはっきり見て取ることができるかもしれないが、それにもかかわらず、それは独自の論理と一貫性をもつのである。(16)

このように結びつきの類型をモデルに分けることはまだ続けることができ、それは生産的なことでもある。たとえば、ある場所では外部からの影響を受けなくても伝統の見直しが起こるかもしれないし、古い伝統が持続するかもしれない。そして、伝統の持続は、それがかなりの隔たりの間を動いたならば、しばしば生き残りと呼ばれる。重要な点は、モデルについてありうる最長のリストを作ることではなく、歴史における結びつきの研究によって、結びつきの様々な力学についての議論が開かれることを、肯定することなのである。

私の主張は、全体として、次の通りである。つまり、分析する者は、歴史上の証拠の比較と関連づけをおこなうために利用可能なモデルおよび戦術の範囲について、明確に理解しているべきだし、首尾一貫して矛盾のない解釈を作り出すために、それを適切に選ぶべきであり、さらに、それぞれの研究について明確な研究構想を読者に提供するべきなのである。世界史研究者は、世界史の単なる小さなかけら以上の何かを見ようと思うのなら、広範囲にわたる分析の立脚点と解釈の技術を述べる準備ができていなければならない。この範囲の広さのために世界史研究者はコスモポリタンになるだろうが、同時に、独自の解釈のアプローチを選ぶ際に、優柔不断になったり、独断的になったりする危険も伴う。優柔不断になるのは明白である。世界史研究者は、あらゆる多種のトピックや方法を知ることができる。既知の関心と方法論を追究しはじめると、つねに他のアプローチや次元が目に入る。ゆえにある一つの枠組み内でアプローチを洗練させるよりも、複数の枠組みを交互に用いることが多い。戦略のレベルにおいて、著者は各仕事の枠組みが、事例研究、比較、ネットワーク、システムのどれなのかを確定すべきである。実践において著者たちは、これをかなりうまくこなしている。戦術のレベルで、著者は、自身が利用している様々な結びつきのモデルおよび比較の構造を分別しなければならない。そしてそれらは、研究の中心となる議論を確認するために使う手続きを述べる際に、明示されねばならない。

歴史学における研究構想の構成全体はかなり複合的であり、そのうえ、世界史研究者にとっては広範囲にわたる。だが、長期的な価値をもつ研究を生み出すためには、世界史研究者すらも、歴史分析のなかで比較と関連づけを明確に取り扱い、自らが提供する解釈の検証方法を明確に示すという、基本原則から離れることはできない。このレベルを細かく見ると、比較、関連づけ、さらには事例研究にすら、多様な型があることが示される。同時に、比較は結びつきについてのあらゆる研究の一部であり、事例研究はあらゆる比較の一部だということも示されるのである。

戦略：研究構想

ここまでの節で研究単位と研究の手続きについて検討したので、次は分析の戦略に、すなわち、歴史家の分析目標とそこに到達するための計画へと目を向けよう。分析戦略は、歴史家それぞれに、また歴史の分野ごとに大きく異なる。そのため歴史家が戦略に使う道具類を描く用語には、〈類型化〉、〈パラダイム〉、〈メカニズム〉、〈理論〉、〈喩え〉や、さらにその他のものもある。〈パラダイム〉と〈理論〉は、普通、幅広い一般的な用語として扱われ、〈メカニズム〉はむしろ特定の表現において使用される。〈類型化〉は、最も広いレベルから、最も個別化されたレベルに至るまで用いられる（ときに分析が、叙述と類型化の枠から一歩も出ないことがある。その場合、歴史の力学は明確に探索されず、示唆されるのみである。作用し合う要素が莫大になる文学のような分野では、分析者にとって、主要な差異を示すだけであとは手を触れない方がよいように思われることもある）。

比較は（明確にそう書かれることは滅多にないが）、しばしば歴史分析の戦略として扱われる。歴史研究の手続きのなかで使われる比較という多数の行為は別としても、歴史上の事例の比較が、研究の主目的として採用される場合もある。これがフィリプ・カーティンとマイケル・アダスにより主張された「比較史」であり、また、バリントン・

ムーアとシーダ・スコチポルの社会学における比較のアプローチである。(17)以下の議論には、相互作用や地球規模のパターンに焦点を合わせるものに加えて、このような研究構想も含めることにする。

〈類型化〉。類型化とは諸現象の分類である。それは何らかの体系化された用語法である。類型化には、文明化された諸社会と野蛮とに世界を分けることも含まれるし、社会階級に、すなわち、農民、牧畜民、賃金労働者、小売商、そして、地主、企業家、聖職者、官僚などのエリート階級に分けることも含まれる。歴史上の時間を、古代や中世や近代に分けることも類型化であり、世界システムを、中心と半周縁と周縁と外部地域に分けるのもそうである。年齢、ジェンダー、家族、芸術の領域などのカテゴリーを描くためにも類型化が使われる。

類型化においてカテゴリー間の差異を設けることは、とても重要な分析の一歩でありうるし、ときに不正確な解釈を明らかにできる。類型化は、より大きく全体的な分析システムの一部かもしれないし、明示されていないカテゴリー間のより広い関係を暗示することもありうる。だが、類型化それ自体はカテゴリーのうちの一組に過ぎず、一般には、カテゴリーに影響を及ぼすような、論理的な相互関係や変化のパターンを含むものではない。

〈パラダイム〉。パラダイムは、研究のための枠組みを明示したものであるが、その枠組み内部で研究される出来事および過程の動力については、暗示するのみである。たとえば世界システムというパラダイムは、一帝国の境界を越える世界経済が創出された際に世界システムが存在しうると想定し、このパラダイムがあるために、このシステムの変容における中心と半周縁と周縁との間の相互関係が、探索されるのである。

〈ネットワーク〉は、事例の一類型としてだけではなく、分析のパラダイムとしても扱うことができる。ネットワークは、いくつもの結節点はあるけれども一つの中心は存在しないかもしれない一空間として（一地方ではないけれども）定義することができる。ネットワークへの参加は、資金や商品や情報などの交換によって判断され、そのため、交換を止めるということは、ネットワークを離れることを意味する。ネットワークの理論は、その基本的な力学、すなわち、形成と拡大、内部での流通、流通の統制と促進、そしてより広い社会におけるネットワークの機能などに焦点をあてるべきである。ネットワークは、開放システムとしても、閉鎖システムとしても見ることができる。

経済史では、ミクロ経済学の理論、あるいは新古典派的パラダイムを使うことによって、ロバート・ウィリアム・フォーゲルとアルバート・フィッシュローが、合衆国の経済成長における鉄道の位置を研究するモデルについて、競合する見解を示した。そのモデルとは、鉄道が合衆国における資本投資を増やして輸送費を削減したとはいえ、それは鉄道の輸送費用が運河を基にした別のシステムよりも低い場合に限られるというものであった[18]。この分析結果は経済史研究者に視点の転換をもたらし、経済成長の主要な源泉として鉄道を称揚する潮流を衰えさせることになった。だが、ここでの関心は、分析結果の議論に入り込むことよりも、モデルや理論やパラダイムに注目することである。

〈メカニズム〉。メカニズムとは、ある過程の動力について明示したものである[19]。そこでは、研究される過程の外側にある枠組みについては明示されない。商業で、価格をめぐって買い手と売り手が交渉するという思考はメカニズムである。すなわち、あまりに価格が低いということは、商品の過剰供給を示している。一方で、価格が上がると、供給が増えて需要が減り、市場が均衡する点に至る。人口の分析では、いくつものメカニズムが想定される。一つは、飢餓や疫病のために死者数が頂点に達した後で、出生数の上昇がもたらされるということである。前の世代の好みに対する次の世代の反発は、服装のスタイルの変化を描写するためのメカニズムを提供する。文化の伝播という概念は単純なメカニズムである。つまり、ある場所で革新が起こり、それが他の場所に広まるというものである。より複合的なメカニズムは、しばしば音楽研究で用いられる。複数の音楽の伝統が結合して、新たな伝統の混合物を作ったり、ときに融合して、新しい伝統を作り出すこともある。メカニズムを取り上げると、分析上の注目は、変化と相互作用の力学に向かうけれども、境界による制約からは注意がそらされることになる。すなわち、メカニズム自体を述べる場合、それが強調することになる動力を制限したり強化したり変容させるかもしれない枠組みについては、示されないのである。

〈理論〉。理論は、分析を述べるもののうちで、最も十分に発展を遂げてきたものである。すなわち、理論のなかでは、枠組みと、その枠組み内の過程の動力とが明確にモデル化される。ミクロ経済学理論の場合、理論は、仮説、変数、そしてそれらの間の関係に関して、充分に練り上げられた一揃いのものであり、十分なデータがわかれば主要な変数の値が予測できる。競合する諸理論では、この領域のいずれかが異なる場合がある。たとえば、新古典派の経済学理論とマルクス経済学理論は、それぞれが変数と考えるものが異なるだけでなく、どの要素が変数となるかや、分析の期間においてどれが一連の限定要因となるかも異なる。すなわち、マルクス主義の分析では、社会の構成と活動は可変的なものであるが、新古典派の分析においては所与のものとみなされるのである。

文学理論における〈理論〉の意味はかなり異なる。文学理論のなかで、初期の脱構築主義では、著者の視点を同定することが重視され中心となっていた。著者の声の普遍性に対するこの挑戦は、何らかの歴史状況における個々の参加者の（さらに拡大するならばその代理人の）視点に注目するところまで広げられた。これは個別変数や量的関係による理論ではない。実のところ、この理論は原則として類型学から成っていた。すなわち、著者の記述が依拠しているだろう様々な立脚点を見分け、そして、著者の記述から著者の立脚点を明らかにするための技術を発展させることなのである。つまり、この「立脚点の理論」は諸カテゴリーの一組であり、「ミクロ経済学理論」は諸関係の一組である。このように、〈歴史家の戦略への道具一式をそろえるために一貫した類型学を展開しようと私が努力したにもかかわらず〉〈理論〉という語の意味は状況に左右されるものなのである。

〈喩え〉。喩えは、また別の、分析の戦略の中心となる基盤を提供する。その基盤では、想像に多くの余地が与えられ、モデルや理論による動的で明確な仮説は回避される。エリック・ウルフは、有名な世界史解釈のなかで、巧みに選んだ喩えで自らの主張を書き直すことにより、国民単位に基礎を置く歴史の限界をするどく指摘した。ウルフによれば、国民史の伝統において、スウェーデンや日本の歴史は内的な影響によって解釈され、そして、国際的な出来事は、国民的性格や国家の政治指導者の決定によって解釈される。ウルフが主張する通り、「国民や社会や文化に、内的には均質で、外的には差異化され境界で区切られるものという性質を与えることによって、私たちは、地球規模のビリヤード台のような世界のモデルを作り出してしまった。そこでは、それぞれの統一体が、まるでビリヤードの硬くて丸いボールのように、互いにぶつかって追い出し合っている。このようにして、世界は異なる色のボールに分類されて、『東は東、西は西で、この二つが邂逅することは決してないだろう』と語ることが容易になってしまった[20]」。

地球規模のビリヤード台というウルフの喩えは、国民史への強力な批判である。このモデルを諸国民の歴史を書く者の特性とみなし、そして、その思考の限界を明らかにするのである。しかしながら、その特性をさらに明らかにするためには、より徹底的にこの喩えを検討するべきだっただろう。もしそうしていたならば、批判の力をさらに強くすることができたであろう。第一に、ビリヤード台は平面であり、第二にそれは周囲を区切られている。すなわち、ビリヤード台という喩えは、国民史が平面上の地図を用いて、平面としての地球を想定しがちであること、そして、各国の境界か、でなければたとえばヨーロッパ大陸などの境界を強調することを思い起こさせるのだ。境界に区切られたこのような地域の内部では、いずれかの場所が中心として現れる。このようにして、国民というパラダイムから免れていない研究者によって書かれた世界史は、たまたま合衆国や日本やソ連に何らかの注意が向けられることがあるかもしれないが、そうでなければ単にヨーロッパの強い国だけに焦点をあてて終わるだろう。

これとは対照的な例として、回転する球体の表面のことを考えてみよう。これはH・G・ウェルズが『世界史大系』の冒頭に書いた喩えである[21]。ウェルズも自らの喩えをあまり発展させなかったが、多少の努力をすれば、その細部や内容に次のことを加えることができる。すなわちそれは、へりがなく、確固とした境界もない。そして、そこを離れる方法はなく、そこから人々を排除することもできない。諸々の出来事と過程は、たとえそれがビリヤードのボールだとしても、その上のあちこちに広がり、様々なパターンで他と出会うことになる。もちろん私たちの地球の表面は均一ではない。異なる環境があり、そして、表面の大半は水が占めている。人口や資源が集中している場所があるとはいえ、集中する場所が互いに孤立しているわけではない。この世界は中心をもたず、国民単位の地図のように、平らで線引きされた表面があるわけでもない。このように、地球のイメージを頭に描き続けることは、相互作用的で多極的な地球規模の社会組織として世界的な共同体を考えるための一歩となる。

喩えを使って考察を助けることの利点は、それが単純化された論理を導いてくれることにある。一方で、喩えのもつ問題は、それがあまりに単純化しすぎてしまうこと、つまり、物理的次元や時間、相互作用、そして人間心理の作用などを、歴史の要因として無視してしまいがちなことである。歴史の分析者としての私たちの問題は、地球大の歴史上の相互作用を的確に反映しながらも、頭に留めておける程度に単純な喩えを見つけることにある。

したがって、地球社会を概念で説明する際に分析者が追究すべきことは、諸々の喩えを手元に準備しつつ最良のものを選びだすことであり、作用している諸力を説明するために最も有効なところでそれぞれを使うことである。これを喩えの喩えにより描いてみよう。複合的な組織について、たとえば、人体を例として、観察と解釈を考えてみる。この人体とは、問題となっている特別な事例の対象というだけではなく、分析の単位でもある。すなわち、外科医は（思慮分別があるならば）、痛む胃や心臓に多くの注意を向けながらも、人間を全体として診断して治療しようとするだろう。外科医は様々な種類のレンズや他の機具を用いて患者を診る。これらのレンズの大きさは、患者全体を一度に写すようなものから、何らかの器官や細胞や、それより小さいレベルに焦点をあてるものまで、多様である。患者の存在の様々なレベルを診るために適するレンズは様々である。さらに、外科医の診断それ自身も一要素である。というのは、何らかの問題を理解するためにどの分析レベルが最もふさわしいか、そしてどのレンズを研究に使うのが最も適切かを決めるのも、分析者としての外科医だからである。この例では、外科医によって書かれた報告書が、歴史の著作にあたる。

この喩えは、他のすべての喩えと同様に不完全である。しかし、その不完全なやり方のなかで、六つの重要な要素の間に区別を置いている。分析単位（ここでの場合、解釈しようとする全世界的な共同体）、対象そのもの（世界的な共同体の現実とその過去の経験）、検討される諸現象（対象内部で私たちの注意を引いた問題や歴史上の問題）、その研究のために利用可能な機具（歴史研究の方法、分析の枠組みやパラダイム、人間社会の過程の理論と喩え）、問題に目を向けて適切な分析を選択する分析者（世界史のテーマと力学を明らかにする者）、そして、対象の解釈（過去の叙述と解釈）である。

回転する球体や地球規模のビリヤード台という喩えは、人類共同体に対する機械的なイメージである。私たちの人類共同体を説明する喩えを描くために、そのイメージを三種類に分けてみよう。すなわち、機械的、有機体的、そして社会的なものである[22]。

機械的なモデルにおいて、対抗と相互作用は、作用と反作用、そして、力と慣性として示される。発展の進行という機械的なイメージは、一連の規則に従って直線的に過程を理解することを想定する。このイメージはしばしば、科学技術史の研究者によって、ここ数世紀における人間文明の論理的かつ容赦ない発展を描くのに使われる。経済史研究者は、市場の拡大に注目する際に、歴史上の変化の機械的モデルとして扱うことができる枠内で、経済変数を使って推論することがよくある。一方で、また別の機械的イメージ、すなわち化学的なものもある。たとえば全世界的な共同体の結晶化の進行を想像することである。まず、鍵となる地域で何らかの地方的な状況により凝結が始まり、次に、交易や接触のルートにそって他の地域に広がり、ついにはすべての空間を満たすことになる。つまり、機械的なモデルのなかでも、世界史を解釈できるほどに大きいイメージを見つけることはできる。しかしながら、あらゆる機械的モデルにとって、単位間の相互作用は衝突と置換であり、ビリヤードの場合と同じく、非常に単純である。

第二に、有機体のイメージがある。これは、人間社会の誕生と成熟と死というイメージのことである。有機体モデルのなかで、対立するものは、生と死、成長と収縮、親と子孫などである。帝国や文明の歴史を研究する者は、しばしば有機体的喩えを用いて、歴史的主体の誕生と成熟と最終的な消滅に言及する。機械的イメージと同様に、有機体的喩えにはいくつかの異なるタイプがある。一つは（オスヴァルト・シュペングラーが呼んだように）伝記的なもので、個人のライフサイクルに焦点をあてたものである。つまり、シュペングラーやアーノルド・トインビーの図式は、世界史を、個別の文明の誕生と成熟と没落として描写する。地球規模の共同体に対するもう一つの有機体的喩えは家族であり、そこでは、多様な社会が、多かれ少なかれ親族関係をもつ一族や親族として扱われる。また別の有機体的喩えは種の進化で、ジークムント・フロイトが用いたものであり、人間社会を、無意識のうちに状況に適応して進化するものとみなす。有機体のモデルはそれぞれの完結した有機体に注目するため、有機体間の相互作用にほとんど議論が及ばない傾向がある。例外は、他の有機体による感染という概念である。(23)

比較的新しい時代については、また別の生物学的喩えも示しうる。西洋を、複数の新しい文明の親文明と見るものである。たとえば、アフリカ、ラテンアメリカ、南アジア、そして東アジアで近代に現れた文化は、ヨーロッパの父親と現地の母親をもち、ヨーロッパによる植民地化の間に懐胎したとみなされる。このイメージに従うならば、一夫多妻のヨーロッパの父親はしばしば不在であるが権威的な姿を保ち、一方で、現地の母親が子を養い育てている。同じ論理からすれば、新たな諸文化はそれ自身の生をもつ。親に似ることもなく従うこともなく、さらには親に感謝することもない。このイメージは、いくつかの事例において興味をそそるものだが、ヨーロッパ社会の進化を説明するためには使えない。また、全世界的な共同体の創設という話にも適さない。なぜなら、全世界的な共同体は、ヨーロッパと遺伝子上の他者との交配により作られるものではないし、さらには、この場合、子孫である地球規模の社会は、親であるヨーロッパを包み込み吸収してしまうからである。(24)

三番目のタイプは社会のイメージであり、そこには人間の精神も含まれる。すなわち、変化は、機械的なものであれ有機的なものであれ単に自動的な過程によって起こるのではなく、意識的無意識的な人間の反応によって引き起こされるというものである。社会のモデルでは、他の集団から得た要素を基にした、新たな思想の形成や思想の交換という文脈のなかで、相互作用を考えることが容易になる。以下では、世界的な共同体の喩えとして可能であり、いずれも人間精神による行動に基づいたもの四種を挙げる。すなわち、家族、部族、教会、近隣関係である。(25)

〈人類という家族〉という言葉は普通に使われ、私たちはお互いのことを兄弟や姉妹として話すこともある。だが、私たちはこの言葉を虚構の意味で使っている。学者や宗教的指導者は、私たちが一つの家族に属すると言うが、実際のところ、私たちはそのように行動していないのである（注意すべきなのは、私が家族を二通りの意味で使ったことである。有機体の喩えでは、人類共通の生物学的系統が強調されるが、社会的な喩えでは、家族構成員間における意識の相互作用が強調される）。

部族というイメージは家族の特殊な事例と捉えられる。部族とは、共通の祖先の子孫であると称し、その起源のために伝統を共有する人間集団である。実際のところ、「部族」共同体の歴史研究で示されるのは、多くの成員が個人として外からやってきたか（他部族出身の妻たち）、ある集団全員がそこに加わってから共通の祖先という虚構を作り出してきたことである。このような部族のイメージは、国民史という見方や、個々別々の文明の興亡という考え方や、さらには人種の歴史にもうまく適合する。つまり、部族という喩えは、特定可能な「部族」（もしくは国民や文明）が、それぞれに別個の祖先や異なる外観を有し、それぞれの伝統が他と相いれないことを想定している。こうして、「西洋文明」を作り上げた人間集団はしばしば部族という言葉で考えられ、この集団に属する者は、他のあらゆる人間集団や部族とは本質的に異なることが想定されるのである。部族という喩えの根本的な問題は、共通の利益や繰り返されるパターンを解釈する基盤をなんら提供しないことであり、また、「部族」の境界線を越える相互作用の研究では、征服と同化以外の基盤を与えてくれないことである。さらに、部族という喩えの論理では、他のどのような区別にもまして、想定された祖先に基づく部族の成員を「われわれ」として、そして他のすべての人々を「彼ら」として断定してしまう。それゆえに、人類共同体の共通性よりも、分化が強調されるのである。

教会という喩えは、祖先や親近性よりも、共有する信仰により統合される共同体という考えを頼りにする。キリスト教徒、ムスリム、ユダヤ教徒、ヒンドゥー教徒、仏教徒など、大規模で世界的な宗教共同体には、最も明白にこの喩えが適用される。とはいえ、このような語法では、マルクス主義哲学や自由企業の学説も、教会として考えられる。もっと一般的なレベルでは、人間の運命についてや、そしてより最近では平等への希求という、人類共同体の全体を貫く共通の信仰もありうる。これらは人権という世俗的な教会の基礎をなしている。とはいえ、多くの預言者が普遍的な宗教を提案してきたが、いまだにどれ一つとして、人類共同体の全体を包括するほど普遍的なものにはなっていない。

近隣住民としての地球規模の共同体という喩えは、歴史家に大きな利点を与えてくれる。近隣住民は空間を共有し、相互に影響を与える。共通の祖先を主張することはないし、他の集団に対抗することによってではなく、自分たちが共有する空間によって、自らを定義する。信仰ではなく、むしろ運命を共有する。互いに隔て合ったり差異を設けたり、紛争になったりするかもしれないが、それでも共通性は認識している。隣人たちはそれぞれの家や家族のなかに引きこもることはできるが、ともに生活している事実から逃れることはできない。近隣住民の歴史は、経済的な必要性という機械的な影響に対応し、また、出生や成熟といった有機体的な影響に対応するものだが、究極的に、変化の筋道は、近隣住民による話し合いや闘いや意識的な決定に左右されるのである。

システム

〈比較〉という語をめぐって、歴史家の間ではすでにかなりの方法論が議論されてきた。対照的に、〈システム〉という語は、他の多くの研究分野で非常に重要になっているにもかかわらず、歴史家の議論では、一つの特殊な論点に限られてきた。すなわち、イマニュエル・ウォーラーステインによって定義された「近代世界システム」と、近代以前に「世界システム」が（世界とシステムの間にハイフンが入る場合も入らない場合も含めて）存在したかどうかという問題である。[26]

私が考えるところでは、歴史家による議論が必要なのは、「システム」という一般的な概念についてである。分析的思考の総合的な枠組みとして、そして歴史分析の枠組みとして、それは、前述の事例研究や比較や結びつきとは異なる論理を提供する。ウォーラーステイン、アブー＝ルゴド、ギルズ、そしてフランクなどによる特殊な仮定はさておき、システムという思考と、その歴史との結びつきは、あらゆる世界史研究者にとって方法論的準備の一部となるべきである。[27] 奴隷制の歴史でシステム論が成功した具体例は、ジョゼフ・ミラーの『死の道』である。そこで著者は、アンゴラとブラジルとポルトガルにおける一八世紀の奴隷貿易をたどり、西アフリカから奴隷を引き出すシステムとはきわめて異なる奴隷貿易のシステムが、地域的特性が結びつくことによって、どう成立したのかを示している。[28]

システム理論が誕生したのは第二次世界大戦後の時期で、地域研究の進展や、自然科学と社会科学における多種の理論の発達が次々に見られたのと同じ時期のことだった。システム論は、ある複雑なシステムにおける様々な要素の相互作用を理解することに主眼を置く。それはすなわち、大きな諸問題をより小さな問題に分けて個々に解決を探ることではなくて、複雑な全体のモデル作りに焦点をあてるアプローチなのである。システム論形成において重要な二人の人物は、生物学者のルートヴィヒ・フォン・ベルタランフィと数学者のジョン・フォン・ノイマンである。ノイマンは、システムを基盤とするサイバネティクスの業績で大きな名声を得たが、一方のベルタランフィは、本人の名声を増すような偉大な個人的業績はなく、システム論一般の普及宣伝を先頭に立って続けた。[29] システム論はこの二人や他の人々の研究を通して精緻化され、工学、コンピュータサイエンス、心理学、そしてビジネスマネジメントなどに重要な影響を与えた。たいていの歴史家にはなじみがないものだが、世界史の概念を作るためには重要であるので、次に、システムのアプローチにおける課題や原則について、多少紹介しよう。

二〇世紀の科学において、とりわけアインシュタインの相対性理論の影響力のおかげで、最も威信をもっていた分野が物理学であるとするならば、実際のところ、物理学の理論は（他のほとんどの研究分野と同様に）、おもに問題を部分ごとに分け、各部分の働きを分析することによって進歩したのである。アインシュタインは、物理学の諸分野を結びつける統一理論を探究したが、発見できなかった。その努力を点検することは、他の分野についても、実証主義的で細分化された研究構想と理論によって到達できる限界を示すものとして役に立つだろう。[30] ベルタランフィは、相互作用をモデル化する際の「古典」科学の限界を強調する。「古典科学は、孤立した因果関係の連鎖へと還元可能な現象か、「無数の」変化の過程に関する統計結果のような現象に対して、最も適していた……。しかしながら、大きな数だが有限数の要素や過程の相互作用を扱う場合、古典的な思考方法は役に立たない」[31]。対照的に、システム内部の相互作用の分析における「現代」科学の進歩については楽観的に書く。「かつての科学では、観察される現象を、互いに独立に調べることのできる要素的単位の相互作用に還元して説明しようとした。ところが今日の科学には、多少漠然と「全体性」と名づけられるようなものに関する諸概念が現れている。つまりそれは、オーガニゼーションの問題、局部的な事象に分解できない現象、そして、各部分を個々に離したときと高次の構造をもたせたときとで部分の行動に差があることに明示される動的な相互作用などであり、要するに、ばらばらに各部分を研究したのでは理解できない様々な秩序をもつ「システム」の概念である」[32]。

ベルタランフィは、生物学的システムへの自身のアプローチを一般化し、それに基づいて、一般システム理論を定式化して示した。その原理は幅広い分野に適用可能である。「その主題は、成分要素とそれらの間の関係あるいは「力」の本性が何であっても、それにかかわらず、「システム」全般について成り立つ原理を設定することである」[33]。

一般システム理論は「異なる分野において構造上の類似や同型性が見られる」と措定する。構造的な類似性は、経験的にも、また、それぞれに適用される理論が相似することを通しても観察され、個々の特性からは何らかのかたちで独立し、すべてのシステムに普遍的な特徴として捉えられる。システム理論の発展における初期の重要な一領域は、とくに企業を中心とした組織の研究である。ケネス・ボールディングの『組織革命』は、この分野で初期の基本的なテクストであり、それをベルタランフィはシステムの階層構造という概念を強調するために利用した。そのなかでは、構造的類似性が繰り返し現れることが措定されている。この範囲は、分子などの静的な構造から、機械や下等生物、人間、社会や文化のシステム、さらにはシンボルのシステムにまで広がる[34]。

ベルタランフィが述べているように、組織（オーガニゼーション）の概念は「機械論の世界にとって異質のものであった。……生きている生物であれ社会であれ、オーガニゼーションの特性は、全体性、生長、分化、階層的秩序、優位性、制御、競争等々の概念である。このような概念は伝統的物理学には現れてこない」[35]。

ベルタランフィは「閉鎖システム」よりも「開放システム」にとりわけ関心を向ける。伝統的物理学や熱力学は閉鎖システムのモデルに頼っていて、そこでは研究される単位は外の世界から完全に閉ざされている。閉鎖システムは、物理学から経済学まで、あらゆる「古典的」理論の基礎として想定されている。一方で、すべての生物は開放システムである。「それは成分の流入と流出、生成と分解のなかで自己を維持しており、生きている限り決して化学的、熱力学的平衡の状態にはなく、それとは違ういわゆる安定状態にある。……自らを安定状態に保っている生物システムは、エントロピー増加を避けることができるし、高度の秩序とオーガニゼーションの状態へ向かって進むことさえできる」[36]。

すなわち、システムに関するベルタランフィの著作の最も偉大な部分は、開放システムとその特性の探究にある。確かに、開放システムは、歴史研究に適切なシステムの型である。人間集団は、家族、国民、大陸などの境界に規定されるとしても、互いに孤立して生活することはなく、隣接する者との境界を越えて人的物理的資源（そして廃棄物）を受け入れ送り出している。このように、システム理論によって人間集団間の結びつきを明らかにすることが期待できる。

周囲からの流入と周囲への流出の均衡を作り出すことによってのみ存在し続けられる開放システムは、適応のパターンや行動を発達させることになる。ベルタランフィは、開放システムの分析に利用できる適応行動の二つのモデルに焦点を定める。一つは「等結果性」で、安定状態を得ようとする開放システムにおいて、異なる諸々の初期状態から、ある特徴をもつ一つの最終状態に向かう傾向である。歴史のシステムにとっての「ある特徴をもつ最終状態」とは、初期の社会集団の配置がどのようなものであれ、社会間の接触の結果もたらされる、ある一つの社会的階層秩序だと論じることができるかもしれない。二つ目は「フィードバック」で、そのなかでは、円環的な因果の連鎖によって、システム内部での安定状態が維持される。おそらく、「頭脳流出」は、諸大学の講義科目を拡大もしくは縮小させる移動類型として、効力を有するフィードバックの一例と捉えられるだろう。

ベルタランフィはとくに文明史および世界史に興味を示している。多数の矛盾するナポレオン解釈についてのピーター・ゲイルの描写を叙述し直すことによって、歴史研究が一般に陥りがちな「法則定立的」（歴史法則の作用の結果である歴史）か「個別記載的」（個人の選択の結果である歴史）かという一般的な二分法を簡潔に論駁する。そして、化学のイメージを用いてその対応物を示す。すなわち、「総体の」（大規模な）歴史的アプローチを、「分子の」（個の）歴史的アプローチから区別したのである。[37]「現代のシステム理論の光に照らせば、総体論的か分子論的か、法則定立的か個別記載的かというアプローチの二者択一に厳密な意味を与えることができる。群衆の動きに対してはシステム法則をあてはめることができて、それはもし数学化されうるならば、リチャードソンが用いたような微分方程式のかたちをとるだろう。……これに対して個人の自由選択は、ゲーム理論や決定の理論の定式によって記述できるものであろう[38]」。多くの分析分野に緻密に言及するなかで、この要点は、集団と個人の両方の行動を包摂してつなげることができる枠組みとして、システム分析が提示されていることである。そのために特定の有益な結果がもたらされることは付加的な恩恵であるが、少なくとも、分析の範囲内にあるものとして複数のレベルをつなげるという問題を扱うのである。

開放システムの分析によって、また別の重要な問題である、目的論の問題へと、歴史家は注意を向けることになる。現在の関心によって過去を解釈していることが顕著な場合、「現在主義」と呼ばれて歴史家の評価は下がり、むしろ有能な解説者とみなされる。そしてさらに、ある解釈が何らかの宿命の達成に焦点をあてるときには、その歴史解釈の有効性を退けるために「目的論的」というレッテルがしばしば使われる。私が好んで使う目的論的歴史の例は、南北戦争前の合衆国を扱う研究のうち、まるで三〇年にわたって人々が内戦の準備以外にすることがなかったかのように、すべての出来事について南北戦争の一因になるかどうかによって評価するものである。にもかかわらず、開放システムについてのベルタランフィの分析は、一般に、現在主義と目的論への批判が、古典的、原子論的な哲学的見地に由来することを明らかにする。その見地とは、世界や歴史を、個々の単位に分けられると仮定するものである。

一九世紀の古典物理学から生じた機械論と呼ばれる世界観では、仮借ない因果法則で支配される原子の無目的なふるまいが、無生物、生物、心的なものを問わず世界のあらゆる現象を生み出していた。目標指向性、秩序、目的の入り込む余地はなかった。……合目的性や目標指向性の概念も科学の枠外のものとされ、不思議な、超自然的な、あるいは擬人的な何ものかの活躍舞台となっていた。さもなければこうした概念は、科学とは本質的に無縁のにせの問題であり、無目的な法則によって支配される自然のうえに、観察者の心をまちがって投射したものに過ぎないとされた。しかしながらこういう側面はたしかに存在するものであり、適応性、合目的性、目標指向性その他類似の言葉で様々に、かなりいいかげんに呼ばれるものを考えに入れずには、行動や人間社会は言うまでもなく、生きている生物を考えることも、できるものではない(39)。

結果として、開放システムの論理は、人間の歴史の解釈における目標や目的論の問題を、有益なかたちで検討し直すのに役立つかもしれないように思われる。

しかしながら、歴史家によるシステム理論の適用は、大きな成功を収めてはおらず、おそらくその理由は、歴史家がシステム理論に大きな注意を向けてこなかったからである。このような試みで最も成功したのは、イマニュエル・ウォーラーステインの「近代世界システム」である。だが、ウォーラーステインが〈システム〉という言葉とその最も基本的な原理のいくつかを使った際に頼みにしたのは、マルクスおよびヴェーバーの分析と、一九六〇年代と一九七〇年代における政治経済学の議論だった。クリストファー・チェイス＝ダンとトマス・ホールなどは、このような分析においてウォーラーステインを継承し、同じようにシステム理論よりも政治経済学に多く焦点をあててきた(40)。

一九六〇年代と一九七〇年代には、システムをめぐる興奮と出版が最高潮に達した。そのなかで著者たちは、このアプローチの総合的な妥当性を示そうとして、世界史へのシステム的なアプローチを示す章を設ける傾向があった。これらは、粗野な進化論による時間的変化の解釈を提示しただけで、結局、国民史や文明史の下手な模倣にしかならなかった。これらの著者は、開放システムの仮定を守らなかったのである。つまり、個々の文明を、きっちりと封印された一包みとして扱い、システム内部およびシステム間の相互作用に焦点をあてるシステムアプローチの可能性として考えうるものを無視したのである。そして、歴史のシステム内部にある下位システムに対しても、注意を怠ったのである。(41)

おそらくこれらの著者は、当時あまりにも単純化された社会的仮説の被害者であるか、でなければ歴史に関して十分に読み込んでいなかったのだろう。だが、そこで用いられたシステムアプローチに限界があるかどうかについても考察せねばならない。ベルタランフィとその後継者のシステム理論は、一方でシステムの複雑な相互作用と階層性を同定しようとしながらも、もう一方で、それらの作用にとても単純な規則を見つけることにも注目した。等結果性という概念（開放システムで、閉鎖システムの均衡に相当するもの）は、社会における「安定状態」の研究に向けて有益なアプローチを提供したが、社会の内部や社会間における複雑な相互作用を見つけだすことに向けて、分析者を促すことはなかった。世界史研究でシステム理論を用いることは大いに役立つだろうが、それは、この理論の何らかの変種において、全体的な結果と同じくらいに、歴史過程の細密な構造に注意が払われるときのみに限られるだろう。

成果：解釈、語り、討論

研究単位と研究手続き、そして分析戦略を選ぶ際に著者が下す決定は、すべて、歴史の分析が向かう方向を示すのに役立つことになる。相互作用するネットワークという視点から構成され、社会人類学の理論で分析された研究は、シュペングラー的な有機体の喩えによって分析される一つの事例研究とは、おそらく確実に異なる結果を生むことになるだろう。

だが、歴史の分析の成果は、分析の枠組みだけでなく、歴史上のデータや、その枠組みのなかでデータが分析される際に現れるパターンにも左右される。結果として現れてくるこのようなパターンは、著者の解釈を構成する。著者の解釈の論理は、読者に対して最も説得力ある方法で提示されるべきであり、それゆえに、すべての著作は、解釈を伝える明確な語りを提示するべく作られることになる。

歴史学での討論は、これらの要素をあらゆる範囲で取り扱う。読者と評者は、著者によって用いられたデータつまり「事実」について議論するかもしれない。あるいは、著者の分析枠組みについて、つまり、分析単位、分析での比較や関連づけ、そしてとくに分析の基礎となるモデル、理論、喩えについて論じるかもしれない。そして最後に、評者は、データと分析枠組みが適切だと考えたとしても、著者の解釈について批判するかもしれない。

このように、歴史における議論は解読を必要とし、もし完全に解読されなければ、明解になるよりも混乱を増すことになるだろう。事実に関する討論は額面通りに受け取ることができるだろうが、その例外は、データの誤りが、選択した解釈を掘り崩しそうなときに、事実の方が誤っているのだと人々が進んで考えようとする場合である。分析枠組みに関する討論は、しばしば広範な空間を取り上げる。そのため、世界システム分析全般に対する批判は、世界システムの枠組みを通して形成された解釈に対する批判よりも、長大になる。だが、競合する解釈を論じる場合、たとえば一八世紀の世界経済で西欧と東アジアのどちらが優位にあったかを取り上げる場合に、討論のなかに分析枠組みを含めないならば、同様に限定的なものになってしまう。

もちろん、歴史学での討論は、一冊の本や一本の論文を評価するだけでは終わらない。それは、一つの枠組みや解釈だけを正しいものとして、他のものを不適切だと決めようとすることを超えるところまで進む。ある一つの視点が、決定的な特権をもつものとして取り上げられることはない。過去について、唯一の視点が正しく、他のものは無効だと決めつけるような試みは、徐々に維持困難になっている。これは、様々に異なる見方や解釈を、どのように和解させ総合するかという問題を残す[42]。短くて小さい大量の研究のなかから、広い歴史解釈の叙述を収集する、あるいは集積するという作業は、いまだに私たちに解けていない問題であり、この問題を繰り返し直接に提起することによってのみ、一連の解決法を発展させていくことができるだろう。

結論：歴史における厳密さ

世界史研究者は分析において論理上の厳密さを重視すべきだと私は信じている。それにより、歴史家が分析で拘束衣を着せられるべきだとか、過去の実証的研究よりも理論が優先されると言うつもりはない。だが、私が言いたいのは、歴史家の研究構想と解釈がしっかり考察されたものであるべきで、内的に首尾一貫し、研究される問題のすべての部分を扱うべきだということである。この章では、歴史家による枠組みと戦略の諸要素について、総合的に叙述してきた。方法についてのこのような再検討によって、世界史研究に向けた計画の細目を把捉するためのチェックリストを得ることができる。このチェックリストは、研究構想の表現と、実際に着手したときとの、論理的な隙間をできるだけ小さくしてくれるだろう。チェックリスト上の「枠組み」の項目によって、研究者は、研究対象（一般には事例やネットワーク）を、研究手続き（とくに比較と関連づけ）から区別することを忘れずにいられる。「戦略」の項目は、解釈を発展させて論拠を示すための計画を詳細に記すことを分析者に思い出させるし、さらに、類型化、パラダイム、メカニズム、理論、喩え、システムのいずれであるにせよ、分析に使う道具の型を決めることを思い出させる。枠組みと戦略に注意深く目を向けるならば、分析の成果、すなわち公刊された解釈、読者による著作の評価、そしてその成果をめぐる討論などは、本棚の静かな場所に収められたりせずに、世界史の理解を活発に進展させることになるだろう。

第17章　解釈を検証し、提示する

世界史研究者による叙述と解釈を受け入れるべきかどうか、読者はどのようにして判断するのだろうか。疑り深くて好奇心の強い読者であれば、世界史の著作が過去についての知識を伝えているのか、それとも単に作者の想像で織りなされたものなのかと疑問を抱くかもしれない。たとえ読者がとても説得力のある解釈に出会ったとしても、別の解釈が同じように成り立つかもしれないと疑うことだろう。

歴史家は、自分たちが提示する事実の証拠を確認することに、長い間、卓越した技術を誇ってきたし、それはもっともなことである。しかしながら、事実は多様な方法によって組み立てられうる。この問題を認識している近年の歴史家は、事実をより強固に組み立てることと、過去についてのより広い解釈を確立することに取り組み、大きな成功を収めてきた。歴史研究の分析の成果に、次から次に革命が訪れたことは、これまでの章で明確にしてきた通りである。しかし、歴史の解釈を検証するという面では、革命が起こるはずであるとしか言うことができない。あまりにもよくあることに、歴史家は自身の材料の解釈を展開し、その妥当性を示すが、その有効性の実証を試みる手前で止まってしまう(1)。解釈を検証することが重視されたのは、相争う展望の間で激しい論争が繰り広げられた問題や、あるいは(何らかの歴史の下位分野のなかで)量的な仮説検定が推し進められた問題についてのみでしかなかった。

しかしながら、世界史の読者は非常に疑り深いのであり、検証の必要性に触れずにおくことを許さない。世界史にとって、検証は、選択的におこなうのでなく、つねに分析の一部とする必要がある。世界史は、分析者が解釈を検証することに注力するようになって初めて、学問分野として十分に発展するだろう。読者は、世界史の研究に対して懐疑的になるよう勧められるべきであり、著者は、その懐疑に正面から向き合わなければならない。

世界史研究者は、歴史解釈を検証するための実践方法を明確かつ強固にすることに、積極的役割を果たすべきだろう。世界史研究者は、自身の研究の信頼性を確実にするために、検証技術の改良を大いに必要としているが、改良が進めば、問題に取り組む独自の力を得られるだろう。世界史研究は幅が広いので、問題を過度に単純化させないように作用するだろうし、地球規模での結びつきに注目することによって、検証のための新たな戦略が導き出されるだろう。本章では、検証にまつわる問題とは何かを明らかにし、過去における結びつきと変化についての世界史の記述が、単なる想像ではなく、認識を表していることを読者に保証する技術を提案する。また本章では、説得力のあるやり方で分析を書き上げるという、関連する問題についても注意を向ける。本章では簡潔に概要を述べるだけなのだが、検証と提示というこれらの段階は、学術的分析の分野として世界史が成功するためには、中心的な事柄なのである。

世界史における検証の範囲

検証の範囲は、その歴史状況で想定される構造と力学によって設定される。検証の要素と手続きを取り入れれば、分析者は、研究構想を見直すことによって、著者が過去の記録をなぞっている筋書きに対して、別の筋書きを考えることができるようになる。世界史における検証とは、歴史解釈が真実か虚偽かという単純な問題を超えるものである。検証には、明晰な手続きに従いつつ、事実を確認することと、解釈の論理を確認することが必要とされ、そして最も重要なことに、証拠と突き合わせて解釈を確認することが必要とされる。世界史研究は、しばしば長期にわたる大きな変化を扱うものだから、想定された構造と力学は研究しているうちに変化するかもしれず、それゆえに、さらに複雑になるかもしれない。

検証の要素は証拠の分類から始まる。この諸要因を扱う用語法として、本書では次のものを使用する。〈対象〉は、叙述される人物、事物、出来事を指す。〈関係〉は、対象をつなぎ合わせる過程やその他の結びつきのことであり、また歴史家が叙述することになる過程やその他の結びつきのことである。研究の〈レベル〉は、基本の分析をする集合のレベルを指すのだが、ある分析が、二つかそれ以上の集合レベル間の相互作用におもに焦点をあてることもありうる。〈構成要素〉は、研究の基本レベルよりももっと個別化したレベルでの対象および関係を指している。そして〈文脈〉は、研究の基本レベルよりも総合的なレベルでの対象および関係を指している。

世界史における検証は複合的なレベルでおこなわれる。第15章で論じたように、世界史研究には多様なレベルの幅があるために、世界史研究者は、ある現象を根本的ないし本質的なものだと認めたがらない。世界史の分析には「原子」が存在しない。つまり、私たちは要素を定義するが、それらは状況に応じて定義するのであり、それぞれの要素を不確定なものとして扱うのである。「核」家族は、たとえ核となる単位だとしても、内部の個々人から影響を受けると同時に、彼らを取り巻くより広い社会構造からも影響を受ける。そして、個々の人生の道程は、短期的な悪天候によっても、非常に長期的な地球温暖化のような影響によっても左右される。したがって、世界史の分析では、いくつもの一般性のレベルで、関連する証拠を追跡する必要がある。この展望から見るならば、世界史は、ミクロな研究かマクロな研究かを選ぶのではなく、両方を同時に実施するのである。(2)

次の検証の要素は、構造のモデルと、歴史上の状況における力学である。この検証について論じるために、ここでは歴史における構造のモデルと力学のモデルを強調しておきたい。歴史の構造のモデルには、おもに三つのカテゴリーがある。

◉おおむね比較可能である諸対象（あるいは諸事例）からなる一集団を含むモデル。選挙の研究はこの種のモデルを用いる。この分析には、集団全体の行動パターンを明らかにすることが期待される(3)。

◉複数のシステムを含むモデル。それらのシステムは相互に作用するが、それぞれは異なる規則によって動く。このモデルによる分析は折衷的で開放的な傾向がある。

◉単一のシステムのみを含むモデル。このシステムは、構成要素となる複数の下位システムをもつ。これは世界システム分析の構造である。この分析には、システムの作用と進化のパターンを明らかにすることが期待される。

以上のモデルのタイプそれぞれについて、解釈結果の検証は、証拠の構造および分析の構造と矛盾しないよう、異なる様式で組み立てられねばならない。第二に、歴史の力学のモデルについては、二つのカテゴリーを提案したい。ここでは「実証主義の諸モデル」と「ポストモダンの諸モデル」と名づけておく。実証主義モデルが重視するのは、分析する問題を断片へと分け、基本的な種類の要素を、独立した要素として分類し区別することである。実証主義の論法は原因と結果という因果関係の論法であり、独立変数が従属変数にその効果を及ぼすというものである。この場合、真実とは、検討中の変数に対する独立変数の効果について述べることである。確かな知識が得られない場合、その真実について試みに仮説が提示され、それが既知のデータと適合し、他の仮説では適さないかどうかが試される。対照的に、ポストモダン・モデルでは、自然と社会における諸要因間のつながりが強調される。個々の要素は、暫定的に定義されるかもしれないが、それぞれが互いに重なり合い、浸透し合うのである。論法は、因果関係ではなく、関連づけと相互規定である。この場合、真実とは、分析下の多様な影響力のつながりについての陳述である。ポストモダンの見方では、陳述は複雑でニュアンスを含んだものであるがゆえに、相当するような陳述および仮説の検定は、少なくとも今のところ、十分に展開されていない。分析に対するこれらの対照的なアプローチは、当然、異なる検証の戦略へと向かうことになる。

さらにまた、検証の要素には、考えうることとして歴史家が想像する一連の別の過去が含まれる。これは〈反実仮想〉という用語によって知られるところとなった。この用語は、ロバート・ウィリアム・フォーゲルが作り出したのではないとしても、彼によって広められ、歴史上の「そうであったかもしれないこと」に言及するのである。私たちは、起こったこととして歴史の結果や語りを理解しているのであるが、それに反して、反実仮想というのは、起こったかもしれないと想定できるが実際は起こらなかった一連のことである。[4] それはたとえば、南北アメリカで銀が発見されていなかったかもしれない初期近代の経済のことである。またそれは、アフリカ人が奴隷労働者としてではなく、自由な労働者として海を横断していたかもしれない大西洋世界のことである。それは、ソヴィエト連邦が解体していなかったり、HIVウイルスが出現していなかっりする二一世紀初頭のことである。それは、モンゴル人による征服を評価するにあたっては、どのようにして彼らがあんなに遠くまでたどり着いたのか、そして、なぜ彼らはジャワ島や日本、エジプト、インド、ドイツを征服しなかったのか、という両方に焦点をあてることができる。異なる反実仮想と比較する場合には、歴史上の同じデータが、全く異なって評価されるかもしれないのである。

ここでの要点は、起こらなかったことの可能性について途方もないリストを作成することではなく、論理的必然として、歴史家は、どのような解釈を述べるときにも、頭のなかに反実仮想をもっていると主張することである。[5] 適切な反実仮想を選択し、それを歴史の記録と比較するならば、過去の解釈を評価するための体系的基盤がもたらされる。言い換えるなら、歴史家間の意見の不一致の多くは、事実についての意見の不一致ではなく、反実仮想についての意見の不一致なのである。過去について判断を下すときに、「何と比較して」そうなのか、という質問に明確に答えることは、役に立つのである。

事実を確認する

歴史家は慎重な研究者という正当な名声を得ており、その名声は、とくに彼らが注意して事実を確認することに由来する。しかしながら、地方史や国民史と比較した場合、世界史にとって「事実」の性質はいくぶん広がりをもっている。第一に、通常それは、対象と出来事についての情報の妥当性を確かめることを意味する。第二に、世界史は結びつきに焦点をあてるがゆえに、それは、対象や人々の関係の叙述が妥当であるかどうか確かめることを意味する。R・J・バレンツェは『アラビア海』のなかで、ポルトガル領東インドとイギリス東インド会社の特徴だけでなく、それぞれの会社の、被雇用者、顧客、交易した商品との関係を叙述している。(6) 妥当であるためには、これらの諸々のタイプをもつ事実の叙述がいずれも正確でなければならず、かつ、それらが代表的なものであるのか、唯一のものであるのかを示さなければならない。さらに加えて、もう二つの事実確認によって、この叙述が完全なものとなる。第一に、叙述されている主要な対象および関係に加えて、歴史家はより個別のレベル（構成要素）と、より総合的なレベル（文脈）において、対象および関係の事実を確かめる必要がある。たとえば、国民の分析においては、関連する局地的な事実とそれらの関係とを確認しなければならない。帝国の分析においては、帝国を取り巻く地球規模かつ相互作用的な文脈について、事実および関係を確認しなければならないのである。第二に、分析される人物や対象にとっての変化の道筋、および対象間の関係にとっての変化の道筋について事実を確認する必要がある。全体として、解釈を検証する前に、世界史研究者はあらゆる種類の事実を確認しなければならない。大きな対象についての事実も小さな対象についての事実も、大きな関係についての事実も小さな関係についての事実も、そして、変化の道筋についての事実も、確認しなければならないのである。

解釈を検証する

ここで本題に入ることができる。つまり、世界史の解釈を検証する過程のことである。本書では世界史の解釈という語を使ってきたが、それは、採用されたモデルに従いながら、歴史の要因の相互作用に基づいて、時間の経過に伴う変化を説明することである。検証には三つの基本的段階がある（とはいっても各段階には関連する様々な手続きがある）。第一に、解釈は論理的に首尾一貫したものとして示されなければならない。第二に、解釈は、別の適切な選択肢よりも効果的な説明でなければならない。第三に、解釈は、モデルにまとめられるときに、記述された証拠と首尾一貫していなければならない。検証のこれらの面を以下の段落でそれぞれに探究してみよう。

論理的一貫性から始めよう。世界史研究におけるそれぞれのモデルには、著者によって表現された、それ独自の論理が存在する。検証に際して、論理的矛盾が含まれているかどうかを調べるため、モデルは明確に表現され再検討される必要がある。ここでは、論理的再検討の全過程を通して見るよりも、論理的再検討のカテゴリーのいくつかを確認しながら第一段階の概略を示したい。歴史の状況に関する構造のモデルは、ほとんどが、すでに確認した三つのカテゴリーのうちの一つに分類可能である。おおむね比較可能な事例（あるいは対象）からなる一集団を含むモデル、互いに作用し合うシステムを含むモデル、そして、単一のシステムがあり、その構成要素となる下位システムがあるモデルである。このそれぞれのモデルにおいて、分析のレベルを特定しなければならない。たとえば、局地的なレベル、国民レベル、地球規模のレベル、あるいは、これらレベルのある特定の組み合わせである。検証において注意すべき不一致の一つは、分析において、モデルの一種類にとって適当である技術を、それが不適切である別のところに用いている場合である。たとえば、定式の統計技術は第一タイプのモデルに用いることができるのだが、第三タイプのモデルに統計技術を用いる唯一の方法は、システムについての経年的で複合的な観察を通じてのみである。論理的一貫性における第二の問題は、歴史上の状況のなかで想定される動力であり、分析レベル間の結びつきの動力も含んでいる。この検証についての議論では、四種類の力学を確認しておきたい。第一に、因果関係の力学があり、そこでは、所与のレベルにおいて、ある要因は原因として、また別の要因は結果として捉えられる。第二に、フィードバックの力学があり、そこでは、所与のレベルにおいて、要因が相互作用を通じて互いに影響を与え合う。第三に、構成要素の効果があり、そこでは、より個別のレベルの要因が、分析しているレベルのパターンに影響を与える。第四に、文脈の効果があり、そこではより総合的なレベルの要素が、分析しているレベルのパターンに影響を与える。

検証の第二段階は、別の選択肢を考慮に入れることである。つまり、反実仮想のことである。先に示したように、反実仮想が明確に定義されるのであれば、検証の課題とは結局、提示された説明が別の説明よりも優れていることを明確に示すことである。世界史分析は普通、一般性をもつ複数のレベルに広くまたがるとはいえ、その解釈にあたってはあるレベルに焦点があてられることから、分析の検証は、文脈および構成要素の効果についての証拠が、解釈と矛盾がないことを示す必要がある。これらの効果を検証するための特定の技術はまだ開発されていないが、世界史解釈の検証において、これらが重要な問題であることは明らかだと、私は考えている。

検証の第三段階は、利用可能な証拠と解釈との一貫性である。ここでは検証の全体的な手続きについて論じたい。それは、解釈の妥当性を明確に示すこと、証拠の検査、仮説検定、フィードバック検定、そして継続的な討論を通じた検定である。これはアプローチについての網羅的なリストではなく、アプローチが一つだけではないことを示すものであるが、それぞれのアプローチにはそれぞれの論理がある。

よくあることだが、歴史家は、ただ自らの主張の論理を示し、事例を描くことだけで、過去の解釈を正当だと主張する。そのような手続きは一つの結論と呼べるかもしれないが、検証ではない。なぜなら、証拠の多くが別の解釈よりもこの解釈を支持している、というだけでは、妥当性の主張を超えて進むことができないからである。一貫した解釈の論理を確立することは、重要な準備段階である。しかし、世界史における解釈が批判的読者によって採択されうる前に、整理された一群の証拠に対してその解釈を試す必要がある。

証拠の点検によって解釈を検証するということは、つまり、分析しているデータの枠内で、形式によらずに可能性を探索することと、これらの可能性を他のデータと比較することである。探索的検証によって解釈の有効性を確かめることはほとんどできないのだが、説得力のない解釈を退けたり、考慮すべき新たな関係を示したりすることには有効である。したがって、ある移住におけるパターンを確かめようとするときには、類似するパターンが他の移住についても適用できそうかどうか判断することが、分析者の助けになる。つまり、探索的分析では、相似物を発見することが、パターンを有効なものとすることにつながるのである。探索的分析においては、さらに、叙述を有効なものとしなければならないが、解釈の検証に努める必要はない。世界史研究のほとんどは探索的分析と確認的分析の両方を含んでいることだろう。ジョン・テューキーは、芸術に対して、形式によらない探索的な量的データの分析を展開して、探索的研究の重要性について、その広がりの利点を強調しながら、効果的な主張をしてきた(7)。それでもなお、探索的検証であっても、その究極的な目的は、歴史についての主張のどれが個々の観察者による試みの叙述であり、どれが本当に信頼を置いて歩を進められるものなのかを、明らかにすることである。

反対に、仮説検定の手続きでは、検証のための技術が丹念に開発されてきた。この手続きは、おおむね比較可能な諸事例からなる一集団を含む単一システムのモデルにあてはまるものであり、そのなかで事例は互いに独立して動くと仮定される。仮説検定の正規の推論は、ときに限定的であるとしても、明晰かつ論理的に一貫した分析枠組みを提供する。それは、実証主義的な因果関係の推論に基づいており、仮説、対立仮説、データの性質、そして、変数間の関係の論理について、明確に述べることを求める。諸事例が独立した実験観察によるかもしれない場合には、分析はいくつもの事例間の比較を必要とするので、一集団から個々の諸事例を引き出すか、あるいは同じ場所での年ごとの観察を繰り返す必要がある(8)。

最初に、分析での問題、それを検定するための一群のデータ、そして、理論を明確にすることから始める。理論とは、変数を定義し、変数間の関係を提示して、予測を生み出すことができる。この理論に立脚しながら、分析者は、仮説、すなわち、独立変数（原因）と従属変数（結果）との間にある関係の予測を提示するのである。検定をおこなうために、分析者は対立仮説（反実仮想）をも提示しなければならず、またデータが仮説と対立仮説とのいずれによりよく適合するのかを調べなければならない。データはそこで、対立仮説よりも仮説に著しく適合的であるかどうかを調査するために、両方の場合について分析されるのである。

一般に、対立仮説とは「帰無仮説」のことであり、独立変数と従属変数との間にランダムな関係があると仮定するものである。数学的には、ランダム分布の形状はデータの様々なタイプとして知られ、どの事例もこの分布とは異なるという確率もある。もし十分な量の事例が対立仮説よりも仮説に近いのであれば、その検定は関係が存在することを示している。検定の結論では、対立仮説との比較において、仮説が確かめられたのか否定されたのかを述べることになるだろう。

量的データの仮説には、単一の総合的な仮説検定の枠組みが適用される。ただし、データの三つのカテゴリーそれぞれに、手続きはわずかに異なる。そのデータとは、間隔尺度のデータ、順序尺度のデータ、カテゴリーデータである。データのタイプが異なると、算定される統計は異なることになる。(9) 変数間の関係を証明するための分析検定は、データのタイプに応じて異なる。つまり、間隔データの分析にとって基本となる技術は線形回帰分析であり、順序データおよびカテゴリーデータの分析にとって基本となる技術はクロス集計表である。変数間の関係について補助的に検定するには、間隔データに対しては因子分析が、順序とカテゴリーの変数間の関連を見るためには分散分析がある。これらの結果は、独立変数と従属変数の間の関係の強さ、すなわち、ある独立変数に与えられるあらゆる変化に対して、従属変数がどの程度変化するかを示すだろう。利用可能なデータについて分析検定が完了したら、その結果に対して統計による検定をおこない、仮説が確かめられるのかどうかを見ることになるだろう。一般に、対立仮説に対して仮説が有効であるためには、統計によって九五パーセントの信頼度が示される必要がある。(10)

個別レベルのデータを研究するときに、たとえば、市全域の概要ではなく個々の世帯について調査してみると、個別レベルのデータと集合データとの間にある重要な差異に行き当たる。個別レベルのデータの多様性は、集合データの多様性よりもずっと大きいだろう。というのも、個別レベルでの多様性は、総計のなかでは平均されるからである。それゆえ、所属する宗教と職業との関係は、国民全体のなかで各市の総計を比較するならば、同じ市内のなかで個人や家族の比較を通じて測定されるものよりも、ずっと規則的で決定的なものとして現れるだろう。間隔データ、順序データ、カテゴリーデータ間の違い、および個別レベルのデータと集合データとの間の違いがあるにもかかわらず、仮説検定の手続きでは、秩序だった分析過程および明確な結果が示される。つまり、仮説は、データに基づいて検定され、そのデータによって確かめられるか、でなければ退けられる。しかしながら、検定の結果が出たからといって、論争をやめる必要はない。異なる関係を提起し、仮説を作り直してもよいだろう。あるいは、同じ仮説を別の対立仮説と比較するかもしれない。これらのバリエーションとその組み合わせを使えば、理論とデータがさらによりよく適合するようになるまで、検定を続けることができるのである。

多くの歴史分析にとって、仮説検定を実際にやり遂げるのは難しいだろうし、不適切でさえあるかもしれない。量的データがないかもしれないし、解くべき問題は厳密な変数などによって定式化しえないだろう。しかし、仮説を検定する論理を一貫させることと、検定の要素について確認することは、どのような歴史的命題であれ、妥当性を確かめようとするときに留意するべき、抽象的ではあっても有益な標準を与えてくれるのである。

証拠を検証するための第三のカテゴリーは、フィードバック検定である。これについて、私の知る限りではまだ定式化されていないのだが、フィードバック検定の過程は、システム分析や、私がポストモダンと呼ぶような、結びつきを重視するその他の分析枠組みにおいて、発展の過程にある。仮説のレベルにおいて、分析者は、仮定された相互関係が安定状態に一致するまで、システムの部分から部分への流れを何度も反復してたどるのである（これは、フォン・ベルタランフィにとっては生物学的要素の流れであり、ミシェル・フーコーにとっては権力と知の流れである）。

工学や心理学のこれらの領域においては、システムアプローチが通用しはじめているが、私の印象では、解釈を述べたり専門を訓練したりする際に、形式に則った検定ではなく、不定形な「気分」に依拠して選択がなされているように思える。作業のフィードバックと反復を信頼するということは、諸々の分析が、定式化し直され、置き換えられ続けることを意味するのである。(11)

ポストモダンの視点で研究し、また、互いに作用し合う一連の要因による相互決定を強調する世界史研究者にとっては、互いに作用し合う要因間のフィードバックを確かめるために、証拠を用いる分析検証の論理が適切であるように思えるかもしれない。[12] これまでの傾向では、いくつかの事例を点検することで相互作用を検証しており、より体系的な検定にまでは至っていない。おそらく、大きなスケールでの解釈を検証する習慣を発展させるために、地球規模の問題について、相対するポストモダン的解釈の間で討論する必要があるだろう。

最後に、持続的な討論による諸解釈の検定について、簡単に言及しておきたい。これが指すのは、検証のための手続きではなく、一つの場である。そしてそれは、歴史家にとって最も役立ってきた実用的アプローチである。分析者たちは、単一の問題について、しばしば、全く異なる一連の証拠と分析枠組みをを用いて、対立する展望を提示する。彼らは互いの解釈の長所と短所について、いろいろと取り混ぜて議論し、結果として、時が経つにつれ、データと解釈の両方がしっかりと再形成されるのである。このようにして議論されてきた問題には、第一次世界大戦の原因、封建制から資本主義への移行、工業労働者の賃金、フランス革命の原因などがある。[13] 少なくとも、このアプローチには、複数の研究者が単一の問題を研究することが必要とされる。

解釈を確かめるためにこれらの基本的手続きを選ぶことになるが、それを超えたところに、検証における別の論点が残っている。著者の仮説、作品の結論、そして検証された解釈を分けたなかに、かなり繊細な一連の問題が存在している。仮説は、厳密な実証主義の用語に従えば、まず仮説が提示され、次にデータが収集されるべきである。その後で検定がおこなわれて、その結果が検証された解釈となる。しかし実際には、著者がデータを通読してから、解釈が述べられることがよくある。書物は解釈を述べてみるための検定として書き上げられるのであり、まったく当然のこととして、その主張は、普通、検定を通過するのである。言葉の厳密な意味においては、解釈を述べることは仮説と呼ぶべきであり、別のデータを通じてそれを検証すべきなのである。しかし、当の歴史家が精力的な研究者であったとしても、当然のことながら、そのようなデータは存在しない。この実証主義的論法からさらに一歩踏み出すためには、歴史学の場合、解釈的陳述を展開し評価していくそのなかに、相当量のフィードバックが存在しているのだ、と言うことができるだろう。

検証の例

ここまで述べてきたような検証技術を実際に適用してみせるために、ここで、主要な世界史研究の解釈を四点取り上げて、検証しながら短く論じてみよう。

ジェリー・ベントレーの『古き世界の遭遇』は、社会的、政治的、経済的、そして文化的なパターンを総合した研究であり、次のような疑問を提起している。それは、「前近代の、異なる文明や文化的地域の人間集団の遭遇」に結びついた過程および変化はどのようなものなのか、である。(14) 彼の論によれば、その答えは、とくに交易と移住による文化横断的な相互作用のパターンなのであり、旧世界の歴史上、様々な転換点を通り過ぎながら、六つの異なる時代を作り出すことになった。研究対象は諸文明と人間の諸集団であり、彼の描く関係は、社会的転換の三つのパターン、すなわち、自発的結社、社会的圧力、少数者の同化である。その議論が設定されるモデルは、複数のシステムをもつモデルであり、長期的には、それらの間での相互作用によって、主要な文明の発展がもたらされることになる。ベントレーは、自身による過去の再構築を、二つの対立仮説と対比した。一つは文化と社会の孤立であり、もう一つは、文化的実践が、技術革新や病原媒介生物と同じくらい容易に境界を越えて拡散するような、伝播についての対立仮説である。彼は、文化的影響力は文明の中心から拡散するが、それはかなりゆっくりと進むことを主張するために、文化的な抵抗と習合の実践を強調した。彼の議論において、構成要素の効果のなかには、文化的転換を阻止したり促進したりする局地的な試みが含まれ、また、文脈の効果には、六世紀と一四世紀に起こった病気の大波が含まれている。ベントレーが著作で検証しようとする目的は、彼が提案して描いている四つの時代の幅広い位置づけを確かめることと、社会的転換過程の力学を確かめることの両方である。この両方の目的に向けて、彼は、形式による検証ではなく探索による検証をおこない、その語りは、議論全体を検定するよりも、議論全体の組み立てに注意を払っている。同時に、ベントレーは、社会的圧力による社会的転換の事例が繰り返されてきたことを提示し、そのことが、このパターンの持続性についての、とくにイスラームの拡大についての、フィードバック検定の一種として機能している。

現代により近い時代を扱った研究で、A・G・ホプキンズと同僚たちが、グローバリゼーションの起源と性質について調査を始めている。[15] 彼らの議論によれば、今日のグローバリゼーションは、もっと昔にあったグローバリゼーションという諸々のエピソードの再現であり拡大版であるというのが答えである。彼らは、グローバリゼーションのエピソードおよび変化する性質を類型化して提示し、グローバリゼーションには、西洋に起源をもつものと同様に、非西洋に起源をもつものも、初期の段階には含まれていたと議論している。[16] 議論が設定されるモデルは、複数のシステムをもつモデルだが、それらは一九世紀に単一のグローバル・システムへと収斂することになる。提起された対立仮説は、二〇世紀以前には実質的な地域横断的結びつきが存在しなかったというものであり、これは容易に捨て去られた。それに続く章ではグローバリゼーションの各段階の事例が示され、時代ごとに、拡大する相互連関の過程とその商品を確認しようとする。要するに、これは探索的解釈であり、著者たちは解釈の展望を明確に表し、それを妥当な事例によって証明したのである。この意味で、同書の真の論点は次の点を示すことにある。すなわち、今日のグローバリゼーションが新しい出来事であるのか、あるいは単に拡大版であるのかについて決着をつけるために、歴史という分野は、適切な論拠を提供する、ということである。[17]

ジャレド・ダイアモンドの著書『銃・病原菌・鉄』は、彼のパプアニューギニアの友人、ヤリの質問から始まる。「君たち白人はたくさんの『積荷』を発展させ、ニューギニアに持ち込んだが、私たち黒人には私たちの『積荷』だと言えるものがほとんどない。それはなぜだ」。また、彼は次のようにも言い直す。「なぜ人類の発展は異なる大陸ごとに、あのように異なる早さで進んだのか」[18]。ダイアモンドの論では、一万三千年以上前の様々な地域における、食用植物、動物、そして東西の空間などの初期保有量が人口の規模を決定し、結果として、それ以降の資源の支配を決定した、というのが答えである。ダイアモンドが分析に用いたモデルは、様々な大陸のシステムというモデルであり、彼は、人類の発展にとっての近因ではなく、第一原因を強調しながら、実証主義的な因果関係の動力を追究するのである。彼の議論に対して設定された対立仮説は、人類内の生物学的差異や大陸間での気候の差異が、あるいは近因としての銃、病原菌、鉄が、異なる早さの発展をもたらしたとするものである。彼が使う検証技術はフィードバック分析であり、近因と第一原因を区別する。つまり、病原菌、読み書き能力、そして統治機関は、農業の成功の論理的帰結として発展したと論じるのである。その議論には、文脈の効果として気候変動が含まれており、構成要素の効果としては、局地的条件において病原菌が相対的に急速に進化することが現れている。ダイアモンドの検定は形式によらないものであるけれでも、その結論は、生物相と空間の初期保有量がもつ長期的重要性を示し、説得力があると私は考えている。他方、ダイアモンドが最後の五つの章で、これらの長期的要因が植民地化という短期的変動をも左右したと示そうとするところでは、私には多くの不適切な単純化がなされているように思える。

ケヴィン・オルークとジェフリー・ウィリアムソンは、『グローバリゼーションと歴史』において、二つの基本的疑問を提起した。第一の疑問は、一九世紀半ばから〔第一次〕世界大戦までの間に、「大西洋経済」と彼らが呼ぶ地域にとって、「グローバリゼーションの衝撃」はいかなる形態をとって現れたのかである。第二の疑問は、この「最初のグローバリゼーションの衝撃」が、一九七〇年代に始まる「第二のグローバリゼーション」に対してどう関連しているのかである[19]。第一の疑問に対する答えとして、彼らは、グローバリゼーションの第一の衝撃のなかで、とくに労働力と資源が自由に移動するようになったために、大西洋諸国の平均賃金水準が互いに接近しはじめ、地球規模の収斂が著しく進行したと論じる。同時に、彼らは「グローバリゼーションの反動」が通商と移住の自由な流れを押しとどめて、一九二〇年代からのアウタルキーの時代をもたらしたことを説明し、グローバリゼーションが、とくに裕福な国を中心に、各国内での不平等拡大を引き起こしたと主張する。第二に、貿易は、大きな、しかし変動しやすい効果を所得の再分配に生じさせることができたが、移住はそれよりも大きな効果を及ぼしたと論じる。また、国内での不平等拡大が再びグローバリゼーションを押しとどめることができたと論じている。オルークとウィリアムソンのモデルは、類似する国民単位が集まっている単一のシステムというモデルであるが、構成要素の効果（国内における所得の再分配）と文脈の効果（世界大戦）をも考慮に入れている。[20]著者たちは実証主義的な因果関係の用語で分析をしている。彼らの反実仮想とは、グローバリゼーションの波の前や後の期間に特徴的だった、資源と資金の自由な流れに対する障害物を維持し続けた世界である。彼らは地球規模の収斂を説明する証拠から始めて、次にそれを分析する方向に議論を向ける。彼らは、関連のあるデータとして、一人あたりGDPではなく、賃金率を選択するが、それは貿易や移住、資本の流れが、一人あたりGDPではなく、賃金率の方により直接的に影響を及ぼすからである。彼らはまた、商品価格と輸送コストも選択している。彼らは賃金と価格について、国内の、および諸国民間の平均とばらつきを計算する。検証の基本的技術は線形回帰、つまり、不平等の原因の統計分析である。その分析が最も成功を収めたのは、国民の賃金水準の収斂を引き起こした第一原因が、貿易ではなく移住であったことを示した点であり、次に成功を収めたのは、移住によって、裕福な国民の内部に所得の不平等がもたらされたことを示した点である。しかしながら、驚くべきことに、著者は、「第一の」グローバリゼーションが「第二の」グローバリゼーションという結果をもたらしたと示唆したり描いたりすることについてはためらいがちである。その代わりに、彼らは、一九世紀のグローバリゼーションが二一世紀に対する「教訓」を与えたことを示唆している。

これら四つの分析の広がりと、それを検証する私の注釈の広がりが示唆するのは、検証の試みが、世界史の研究を完成させるための重要かつ複雑な部分をなしているということである。私は、論評それぞれにおいて、著者自身による検証の過程と結果を見直すのではなく、検証の論理を組み立てることに紙幅を割いた。しかし、これらの例が、検証における戦略の多様性および成果の広さを示してくれることを期待しており、また、これらの例により、解釈の有効性を確かめる方へと、世界史研究者が議論を発展させていくような対話が刺激され展開されることを期待している。

提示の方法

読者が分析の結果を理解するかどうか、もしくは受け入れるかどうかは、歴史家が分析を実行し、結論を確かめるために、どれほど努力したかとは関係なく、歴史家が議論と証拠を提示する方法に左右される。一般に、著者は、自身が結論を導いたのとは異なる方法で、その（歴史としての、あるいは別の）分析の結果を提示する。出版に成功した本のわかりやすく明晰な様式は、その発見に実際に取りかかったり立ち止まったりした過程とは、全く異なるかもしれないのである。

しかし、歴史の提示方法によって、分析の論理が堅固になったり明晰になったりすることもあるが、混乱することもある。著者が、自身の分析の鍵となる仮定について、明確に述べるのを怠ることもある。また別の場合には、著者はアプローチや結論を予告するが、それを実行せずに終わることもある。たとえば、世界史の教科書を読んだことがある人は、序文と本文とが普通ずれていることをよく知っている。序文では、その作品が世界史について、真に地球規模で、相互作用を十分に含む解釈を提示するであろうと予告する一方で、実際の本文では、各章が、並行しているかもしれないがほとんど結びつけられておらず、章ごとに時系列による地域研究の記述が続き、それを乗り越えることに失敗しているのだ。最悪の場合、著者は自らの議論の一貫性や有効性を証明する段階を経ることなく、解釈を断言したり再確認したりするだけで議論を組み立てている。

このようないくつかの指摘をしたのは、歴史の研究において、分析の方法と提示の方法が、もちろん関連するとはいえ、全く異なっていることを強調したかったからである。どちらかが不十分であれば研究の有効性が根本から覆されることになるのだから、用心深い読者は、その両方に徹底して注意を払うべきである。こうして分析方法と提示方法の違いに焦点をあてることで、歴史の語りに対する注意が喚起されるだろう。というのも、それはつねに、この二つの境界線上に位置しているからである。

語りは、歴史家の主たる説明装置であり、歴史の作品を確かに読んでいるのだと読者に伝える提示の形態である。よい語りは、著者が心に抱いている結論へ、すんなりと一直線に読者を運ぶものであり、読者にとっては単純なものに見える。しかし、実際、語りは常に複雑であったし、近年ではよりいっそう複雑になってきている。語りが、あらゆる証拠を順々につなげるような単純なものだったことは一度もない。著者は、歴史解釈の主張を示したり支えたりする方法として、様々なレベルのことをいっぺんに語り、話を織り上げるのである。典型的な語りを注意深く解剖してみると、意図した結論へと読者を導くような様々な修辞の装置が著者によって用いられていることが明らかになるだろう。そこには、物語の筋が大きな概要から局所的な詳細へ転換するときの断裂も含まれるかもしれないし、著者が読者よりも優位にあることを巧みに押しつけるような、話題の転換や前後関係の混乱も含まれるかもしれない。そして、何らかのシンボルを用いて、それを国民的視点や個人の道徳的特質と、読者が進んで重ね合わせたくなるように仕向けることも含まれるかもしれない。もしかすると、これらすべては、歴史の仮説が厳密に検定された結果を読者に伝えることに、役立っているのかもしれない。

しかしながら、語りはそれ自体が一人歩きするだろうし、分析しようとする歴史的状況の特性を提示するのではなく、実際には、著者にとっての潜在的な哲学的優先事項を表すかもしれない。ヘイドン・ホワイトは、一九世紀ヨーロッパの歴史著述家について詳細な分析をしたなかで、著述家が解釈を提示する手段である、隠喩、換喩、提喩、反語という四つの基本的な修辞の様式、言い換えれば「文彩」を明らかにした。ホワイトは、歴史哲学者四人（ヘーゲル、マルクス、ニーチェ、クローチェ）と、歴史の語り手四人（ミシュレ、ランケ、トクヴィル、ブルクハルト）の事例を通じて、この議論を展開した。

ホワイトは、広汎な分析を通して、著者ごとの知的進化を、それぞれがどの文彩を批判し、採用したかという点からたどった。そのなかで、一対の思想家と歴史家を、彼らの基本的視点によって特徴づけて、それぞれの個人的視点を時代の精神と関連づけている。ヘーゲルのアプローチを、ホワイトは、〈提喩〉として描いた。それは、統合的な話の形態であり、部分を用いて、全体性の一様相を象徴する。ホワイトは、ミシュレによるフランス史も類似するアプローチとみなしている。マルクスには、〈換喩〉のアプローチを見て取っている。それは、還元的な話の形態であり、事物の一部の名を、全体の名の代わりに用いながらも、両者の概念は別個であり続ける。ランケは、政治的にはマルクスと相いれないはずだが、修辞ではマルクスと同列に分類される。ニーチェの修辞を、ホワイトは〈隠喩〉として読む。それは類似性という点で現象を特徴づける、表象的な話の形態である。彼はトクヴィルをニーチェと同じ分類にあてはめる。そして、ホワイトは、ベネデット・クローチェの著作を、〈反語〉を表現していると解釈する。それは、否定的な話の形態であり、あるレベルで肯定されたことが、別のレベルで否定されることになる。彼は、ルネサンスの研究者として名高いヤーコプ・ブルクハルトをこのアプローチに結びつけた。[21]

ホワイトの分析は、広範囲にわたるものであるが、彼が評した著者の書物を満たしている、革命、経済変容、文化のパターン、あるいは創造的業績の詳細について、事実上まったく言及していない。力強く深く描かれた彼の論点は、これらの著者が、自身が伝えたかったこと以外にもメッセージを残したということであり、従って、歴史的過去とは媒介物ではあるが、提示されるメッセージではないということである。これらの歴史家や他の歴史家のイデオロギーおよび修辞の傾向は、疑いもなく特定の歴史状況によって形成されたものである。しかし、ホワイトは自らの課題を、彼らの知的展開を再構築することに向けず、比較的固定されている一群の修辞および哲学装置を通じて、過去を表現するパターンを再構築することに定めたのである。[22]

結論：証明と妥当性

過去の解釈を検証することは容易な作業ではないし、地域横断的な検証や地球規模のレベルでの検証はよりいっそう複雑である。東アフリカで数百万年前にヒト科の種が初めて発生したこと、そして後にユーラシアの至る所に広がっていったことが検証されたのは、長期にわたる発掘と討論を経てのことだった。私たちは、ホモ・サピエンスがアフリカで発生したのはおそらく二〇万年前であり、次いで、過去七万年の間にあらゆる大陸に広がっていったことを検証するに至っている。とはいっても、解釈については多くの点で議論が続いている。一五〇〇年以降、ヨーロッパ商人が経済的利害を主導し、拡大させていったのだという、かつては広く受け入れられていた議論に対して、世界経済についての近年の研究は、異を唱えている。東アジアや、場合によっては南アジアが、一八世紀までずっと世界経済の中心だったと提起する反論が出されているが、未だ検証されていない。(23)

これらの事例をもって強調しておきたいのは、議論を進めることと議論を確かめることの間には違いがあるということである。世界史で何らかの解釈が述べられるときに、それが妥当な解釈として提示されているのか、確かめられた事実の組み合わせとして提示されているのか、著者と読者がはっきりわかっていることが重要である。現段階における世界史は、変化と相互作用の地球規模のパターンを明らかにし、証拠づけることに主眼を置いている。ほとんどの世界史研究は、証拠の実証的な要約として提示されていようとも、あるいは歴史上の変化の総合として提示されていようとも、検証された解釈ではなく、過去の暫定的な要約であり妥当な再構築なのである。本章で検証の問題を強調したことで、世界史研究のなかで分析を確かめるという問題がどれほど根本的であるかを示してきた、と私は期待している。もちろん、検証手続きを選択することや、検証を試みるかどうかを決めることすら、難しい選択なのだが。

ヘイドン・ホワイトの分析は、検証にまつわる厄介な問題を超えて、さらなる問題を私たちに思い起こさせる。それは提示の方法である。歴史の分析の中身が何であれ、その結果を提示する様式によって、いくつもある方向のどちらへも読者の反応を偏らせることができるのである。[24] 読者が歴史研究を批判するときには、分析の論理についての評価と、提示する技術についての批評とを区別しなければならない。私のアプローチは、歴史家が世界史の解釈を展開したり、証拠づけたり、評価したりする方法におもに焦点をあてているが、ホワイトは、研究に加えて、著述者の視点と提示の方法も、読者が理解することの多くを決定すると、説得力のある論を展開した。世界史研究者の哲学的傾向は、初期の世界史において議論の中心に位置していた。そしてそれは、研究が拡大して、実践が発展する初期段階を抜け出す時になれば、再び重要な位置に戻ってくることだろう。[25]

私は、歴史のなかで地球規模の解釈を検証する際に、その限界について、世界史研究者は現実的になるべきであり、悲観的になってはならないと考えている。私たちは、世界史において何が確立されてきたのか、何がまだなのかについて対話をする必要がある。つまり、暫定的な解釈、現在の合意を反映した解釈、そして、議論の余地なく確かめられたと思われる解釈を、区別する必要がある。そのためには、世界史研究者が、提示する分析枠組みと解釈について、できるだけしっかりと読者に述べることが有用である。というのも、それを述べることが、分析のなかでの矛盾や、分析に反する証拠を浮き上がらせることに役立つからである。このような対話では、証拠をめぐって議論が交わされたり、アプローチについて議論されるときに、異なる多様な分析枠組みを説明して、明らかにするべきなのである。また一方で、過去について、妥当ではあっても検証されていない多くの解釈は、大きな価値をもつ。なぜなら、それらはとくに、新しい着想を明確にし、さらなる研究を促進するからである。

第18章　世界史を分析する

世界史の分析に特徴的な手法は、確かに存在する。世界史の研究は、扱うトピックや学問分野によって様々だけれども、それと同じくらいに、基礎となるアプローチでは一定の共通性をもっており、それによって世界史研究は、研究の視角だけでなく方法についても、狭い地域に特化したレベルの研究から区別されるのである。先の第15章から第17章で、地球規模の分析におけるたくさんの細目を探索してきた後で、本章では世界史を分析することについて概要をまとめておきたい。地球規模の歴史解釈を準備する際に、私は六つの段階を考えており、その六つの段階には、論理、データ、そして注意深く選択された言語が素材を提供し、様々な方法で用いられることになる。

世界史解釈の論理は、すべてのレベルで明確に示されねばならない。研究は、幅広さと一般性という極において、首尾一貫したものであると読者に思われなければならない。歴史上の特性というもう一方の極では、分析が証拠と整合しなければならないし、一つないし複数の既成の学問分野の論理と調和する必要がある。そしてこれらの両極の間には、二つの極を結びつける論理がある。つまり、研究は、一般的なものと特殊なものを結びつけ、分析において、様々な学問分野、地域、展望、レベルを関連づけなければならない。

データは、具体的な例を提供する。それを通して著者は、世界史を提示するための論理を表現する。歴史とは、理論によって豊かになるけれども、根本的には経験によるもので、データ主導の学問分野である。世界史研究者は、幅広いパターンや相互連関の探究を目指して、ただ事実に基づくというような経験主義を回避しようと努める。それでも実際は、歴史解釈の究極の仲裁人としてデータに取って代わろうとしているのではなく、むしろ、証拠の入れ物を大きくしたり結びつけたりすることを求めている。データは根本であり続けている。

歴史分析の言語とは、媒体であり、それを通して著者は、解釈の論理的一貫性と事実についての証拠を表現する。世界史のための言語を見つけるのは、かなり大変な問題である。歴史家が共通の用語法を取り決めるのは容易なことではないからである。それは、歴史家にとって聴衆が広範にわたるのも理由にあるが、より根本的には、たいていの歴史家が広範囲の経験と展望を扱うためであり、そして統一された用語法を選んで単純化するのを避けたがるためである。特定の学問分野（航空史や医学史など）で仕事をする専門領域の歴史家は、その学問分野の用語法を採用し、自らの研究をその範囲に限定することで、そのジレンマから逃れることができる。一方、ある地方を扱う歴史家は、データが量的に制限されるから、論理とは関係なくあらゆる範囲のデータを提示し、十二分な歴史の記録を提示したと主張することによって、このジレンマから逃れられる(1)。しかし、世界史研究者にとって、分析言語の問題がなくなることはない。広すぎたり一般的すぎたりする用語法は表面的になる。逆に、あまりに専門化された言語はわかりにくい。もちろんどんな用語法も固有の困難を抱えてはいる。文明、社会、国民、人種、部族などはすべて、透過性と異種性を備えている構造を、具体化して本質的なものにしてしまう傾向をもつ用語である。最もありふれたアプローチは、各々の歴史家が自身の分析の用語法を発展させながらも、広く受け入れられた用語を使うことである。

研究計画：分析に向けてトピックと目的を選ぶ

世界史の分析における最初の一歩、それはトピックを選ぶことであるが、これは明白なようで不確かでもある。あらゆるトピックは、証拠を扱うには大きすぎるようにみえるが、解釈の問題に取りかかるには限定されすぎているように思える。このジレンマに直面したとき、歴史家は、それをせずにはいられないくらい自分が関心をもつ事柄を選んで、大まかな輪郭がはっきりするまでそれを追い続けるべきであると、私は考えている。人類の経験の様々な諸相が実際に相互に結びついているとするなら、一つのトピックの選択には他の種々のトピックへの道筋が保持されている。[2] 世界貿易の研究は、学問分野の専攻として始まるかもしれないが、貿易を調べていくなかで、一方では経済的な生産の問題に、他方では社会組織や文化的な選好の問題に必然的にぶつかるだろう。トピックがもつこうした付加的な側面によって、歴史家は自身の研究を定式化し直すことになるだろうし、おそらく拡大させることになるだろう。

トピックを選択すると、直接的に、研究のための他の優先事項を設定することになる。それは研究に向けた目的の設定、あるいは主要な問題の提起を含む。世界史研究の目的は、一般的に、社会過程における相互連関や、社会過程と自然の過程との相互連関を突き止め、時間軸上で大きなスケールのパターンを示すことである。加えて、トピックを選択すると、分析者がその事柄を考察するための展望、研究の枠をなす一つないし複数の学問分野、一連の時間的および空間的境界、そして分析のための用語法すらも暗に伴ってくる。研究のこうした限定要因を設定していくなかで、歴史家はまたおそらく、どんな事例を強調し、どんなデータを集めるのかを決定するのである。

たとえば本書を例にとれば、「地球規模の史学史」、すなわち、世界史的な著作の世界史的分析というトピックを選ぶことで作業を始めた。私の目的は、世界史でさらなる研究や大学院教育の必要性が確認できるかを調べることだった。その際、私の個人的な視点、つまり合衆国の学者としての視点から出発し、そのトピックが知性の歴史における一つの発展になると考えた。そして、過去二世紀もしくは三世紀間の学術的な成果の再検討として範囲を設定した。それゆえに関連する証拠となるのは、その時間的範囲における、世界史に関係するヨーロッパ諸言語の著作であった。トピックについてのこのような最初の定義づけは、もちろん、研究が進むにつれて徐々に発展していった。

探索的比較

トピックについて決めた後に、とはいえ、研究構想を最終的に決定する前に、歴史家は、そのトピックを最大限に様々な角度から熟慮するべきである。見たところ関係するかどうかにかかわらず、つながりと類似性を求めて、他のトピックと可能な限りたくさんの比較を、つまり、空間、時間、スケール、そしてテーマにおいて広範な比較をするべきである。これは、世界史分析におけるブレインストーミング的な段階であり、この段階では史実が自ら語り出すかもしれない。利用可能な歴史上のデータは、しかるべき分析を設定するために可能な方法について、中心となる手がかりを提供してくれる。データを探索するなかで、歴史家は、そのデータを含み込んでいる論理や用語法を探索すべきであり、こうした探索によって、考えうるモデル、つながり、そして変化の力学が明らかになるかもしれない(3)。

しばしば世界史的な転換点として取り上げられる一七八九年のフランス革命は、わかりやすい例を示してくれる。ある者は、これを国民の革命として扱い、一六八八年のイングランド、一七七六年の合衆国、一八四八年のフランス、一九一七年のロシアといった他の国民の例と比較するかもしれない。あるいは、フランス革命戦争にかかわった諸地域、つまり事実上、東西ヨーロッパの全地域と、それにエジプトとカリブを加えた地域の相互作用を考えることもできる。また、このトピックを、たとえば（合衆国やブラジルにおける）職人や、（南アメリカやロシアにおける）農民の社会運動の見地から考えることもできるし、それ以外にも、（イギリスや合衆国における）奴隷制反対運動、（ハイチやその他における）奴隷による運動、（合衆国やカリブやポーランドにおける）共和主義と憲法改革の政治運動という点から考えることもできよう。そこにはさらに多くの可能性がある。そうした可能性を列挙し探索することによって、この段階を終えるときには、優先事項を見直したり特定したりできるようになるだろう。

本書を例とするなら、私は、世界史についての作品を互いに比較し、そしてそれらを国民史の研究と比較することから開始した。それから、世界史に関する最近の研究を、以前に書かれたスケールの大きな研究と比較した。そのうえで、他の社会科学、人文学、そして自然科学の、規模が大きくて特定のスケールをもつ著作と、世界史を比較した。その際、どんなデータを集めたらよいか、またそのデータがどのように自らの探索的比較に影響するかを考慮しなければならなかった。そして、歴史のすべてのタイプとレベルを突き止めようとし、また、歴史記述の開放システムと閉鎖システムを区別しようとした。探索的比較は、ヨーロッパ諸言語以外の文献や、世界史の広範な読み手とタイプ、そして、世界史に影響を及ぼすものとしての現在の社会問題に対する認識を開いてくれた。その比較のおかげで、初期の研究の焦点から離れて、世界史教師による著作も明確に組み入れて考えるようになったのである。

研究構想：力学のモデルをつくる

次に、歴史家は、自らの研究のモデルを構成する数多くの面を設定しなければならない。全体として、これが意味するのは、異なった情報の集まりを筋の通った話へと結びつけるために、関係の論理、ならびに地球規模の相互作用の力学を提起することである。歴史家が使うモデルは、明らかに詳細かつ演繹的な理論から、魅力的だが不明確な喩えにまで及ぶだろう。どのモデルを選ぼうとも、検証されるべき着想を求めて、限界まで探索する必要がある。世界史の研究で、分析をおこなう者は、事例、ネットワーク、システム、そして議論を考慮するように求められるし、また、そうしたいくつもの活動を同時に処理する技術が基盤として重要になるのである。

自分のモデルを定めるための第一歩として、研究を進めていくうえでの、一つないし複数の学問分野を選ぶ必要がある。学問分野は、トピックの研究領域と、それを研究する際の分析道具を与えてくれる。それぞれの学問分野は、一つないしそれ以上の標準的な分析モデルをもっているが、そのモデルの構造はすこぶる多様である。経済学や人口学のような分野では、定式的で演繹的な理論や限られた数の変数が用いられ、そのため量的分析に向いている。一方、文学の分析では、理論は演繹的というよりむしろ類型学的で、どの用語もまるまる変数の幅を表している。美術史や音楽史の学問分野は、理論に基づくというより職人的であり、実践を通して発展する洞察力を頼みにする。特定領域を扱う歴史家は、貿易を扱う新古典派の経済史研究者であれ、伝染病を扱う医学史家であれ、単一の学問分野およびその学問分野の言語と論理を用いる。世界史はこのような特定領域の研究に依拠するが、同じ方法で専門化されるのではない。つまり、その学問分野のアプローチは、一般に、地球規模の視野をもった研究に適するよう修正されなければならない。とくに、世界史研究者は、通例二つないしそれ以上の学問分野を一度に用いるのであり、それゆえ、これらの学問分野と自身が使うモデルを独自に関連づけられるような論理を発展させる必要がある。

分析に用いる学問分野を選んでしまえば、その決断にはたいていの場合、歴史上の力学を明らかにする作業が含まれているので、それが分析の焦点になる。ミクロ経済学ではたいてい、システム内部で均衡をもたらす圧力に焦点をあてるし、美術史においては、模倣と革新の過程に焦点をあてる。生物に関する研究なら、開放システムにおける安定状態の展開に焦点は集中し、植物生理学や文化研究のいくつかの研究は伝播に重点を置く。基本となる歴史の動力の選択は、自身のモデルを作り出す行程の一部としておこなってもよいし、あるいはモデルをつくった後で、分析のなかでその動力が明らかになるかもしれない。

続いて確定しなければならないのはスケールである。それは、自身のモデルの広がりを、空間、時間、トピックにおいて定めることになる。歴史家の学問分野は場所と密接に結びついており、歴史家は、国民ないし文明の枠内で作業するのに慣れているので、彼らにとって研究におけるスケールの問題は、とりわけ地域の設定に集中する。世界史の目新しさとは、人間社会の力学全体を探索し、そして、それが地域的ないし局地的な力学とどう結びついているのかを探索することにある。他の研究領域では、スケールの問題に対する取り組みがかなりの成果を挙げている。たとえば経済学は、企業や消費者のミクロ経済学的な分析と、国民経済のマクロ経済的な分析を包含している。生物学は、細胞や、植物と動物全体の行動を分析に含むし、物理学は、原子の粒子の分析から宇宙全体の力学にまで対象が及んでいる。学問分野内でのこうしたスケールの幅を見れば、歴史においては、地球規模のレベルが単純に地方レベルの総体ではなく、長期的な変化も短期的変化の単なる蓄積ではないことに気づく。地方レベルよりも地球規模のレベルで多く存在するパターンもあり、そうしたパターンは地方に影響を与える。そして逆もまたしかりである。

世界史研究者にとって、スケールの問題は、惑星レベルの分析を強調することよりも、むしろスケールの幅をもたせて過去の分析を発展させ、そして様々なスケールの分析を関連づけることにある。(4) 人類史全体という見方は、オーストラリアから眺める歴史の見方とは別ものである。同様に、オーストラリアから見た人類の経験は、南アジアから見る人類の経験とは実質的に異なるだろう。だが、ある地域の内部で考えるなら、インドから見る人類の歴史も、ムスリムの農民とヒンドゥーの侯とではかなり違ったものに見えるかもしれない。地域ごとの分析は、人間社会の多様性や、様々に異なる生態系、社会、歴史などの状況に光をあてるので、同じ問いにも様々な解答を与えることになる。地域ごとの分析は例外的な状態を強調しがちである。だが、同程度に、惑星全体の方に目を向けながら、システムの結びつきを地球全体にわたってしかるべく扱うことにより、これらの多様性の釣り合いをとることもできるだろう。もちろんここでも、結びつきの可能性は幅広くあり、それは地球規模の解釈がまだたくさん存在しうることを意味している。

さて、分析に向けて学問分野、地域、時間枠を設定したら、分析の枠組みに関する他の具体的な項目を定めねばならない。これまで説明してきたように、その枠組みに含まれるのは、研究の構成単位や、研究のなかで比較し、結びつけ、そしてシステムを関連づける手続きや、分析の戦略、そして結果を述べることが含まれる。過去の諸経験の比較は、まったく異なる事例を基にする場合もあれば、互いに影響を与えることができた事例を使うこともあり、また、空間や時間のつながりを強調しておこなう場合もあるだろう。分析の時間枠や地理的範囲を調整することで、その解釈も変わりうる。ゆえに、イランにとって、モンゴル人の征服は、それを体験した世代から見ると、物質的な破壊と生命の多大な損失がもたらされたのだから、惨事であった。しかし、二世紀という時間枠で眺めると、幅広い地域的な結びつきが経済的かつ文化的な豊かさをもたらしたことから、イランにおいてでさえ、モンゴル人の征服は讃えられるものに変わるかもしれない。同じように、プロテスタントの宗教改革は北部ヨーロッパのカトリックにとって惨事であったが、それに対するカトリックの対応策は、北部ヨーロッパでの損失をひっくり返すには不十分であったが、新しい信奉者を世界の多くの地域で獲得したのである。

本書で研究のモデルを作るにあたっては、まず単純な一つのモデルから始めた。西欧の著述家の間で世界史の対話が段階的に発展していったことを重要視しつつ、地球規模の問題に大きな関心が向けられた刺激的な時代において、戦争と急激な社会変化が及ぼした影響に注目した。次に、歴史家として誰が含まれるかを熟考し、共同体の過去の経験に関する知識を集める者が歴史家であると結論づけた。知識の範囲が変わったり、共同体のアイデンティティが変わったりすれば、歴史の解釈は見直されることになる。それから、世界史の知識の変化と様々な学問分野の発展について考えをめぐらすなかで、より精緻なモデルに行き当たった。すなわち、世界史に至る二つの道というモデルである。そこでは、歴史における従来の対話と、歴史以外の専門分野で現れてきた、時間にそう変化についての新しい思考とを区別した。歴史における従来の対話のなかでは、展望が変化したことによって地球規模の研究が重視されるようになったこと、そしてその展望の変化自体が社会の変化から刺激を受けていることを論じた。一方、他の専門分野に関しては、世界史における相互作用を探索するために、他分野で訓練された者たちに歴史家が加わっていくにつれて、時間の経過に伴う変化が新しく発見されることにより、歴史学の境界領域が広がっていることを論じた。

ここでのモデルがもつ力学は、とりたてて新しい理論ないし分析の技法を参考にしたわけではない。つまり、頼みにしたのは、歴史家の集まりのなかから生じた歴史学の変化を説明するために、知性の歴史や哲学史における職人的なアプローチを用いることであり、また、総合的な知識の変遷をたどるために（とはいえ実際に説明するためではない）、他の学問領域をいろいろ織り交ぜて調べてみることである。おそらく今後、地球規模の歴史学は、地球規模の歴史分析の力学を説明するために、よりはっきりと、一つないし複数の学問分野に頼ることになるだろう。

下位システムを結びつける

モデルを作ることによって、分析は単純化され、焦点が絞られ、範囲が狭くなる。モデル、ならびにモデルと証拠との整合性を確立したら、次は、より広い結びつきを探し出す番である。モデルを設定して分析を開始したなら、モデルと解釈のなかで下位システムを結びつけることにとりわけ注意を払うべきだろう。換言すれば、ひとたび分析全体の範囲を決めたら、システム全体のなかでの論理、テーマ、地域、時間、機能を担当する各部分すべてを、他の部分との相互作用において熟考すべきである。もっと単純にいえば、自身の分析のなかで、種々の挿話やシステムをはっきりと関連づけるということである。世界史研究者が探し出す結びつきには、過去の出来事や過程の間の結びつきだけでなく、過去を探索する際のモデルや学問分野間の結びつきも含まれる。世界史では、より広いパターンを説明する手助けとするために、過去の場所、時間、そしてテーマにおける偶発的な結びつきと体系的な結びつきのどちらをも関連づけて考える。下位システムを結びつける努力の結果、歴史上の変化に、より広い新たな力学を発見できるかもしれない。ある意味で、それはモデルを広げることになる。

本書では、地球規模の歴史学を分析するなかで、合衆国内部での多文化主義、地球規模の脱植民地化、そして世界史への拡大する関心の間の関連を観察してきた。同様に、地域研究、新しい社会科学の理論、世界史の間にあるつながりについても観察してきた。世界史における教育と研究のつながりについて、筆者は原則として同意していたが、これも、近年、中等および高等教育のカリキュラムを手がけてから、具体的かつ説得力のあるものと思えるようになった。しかしながら、私にとって最も新鮮だった結びつきは、世界史への歴史家の道と科学的・文化的な道の間にある相違とつながりを理解したことだった。

結論を検証する

分析で、一つないしいくつかの論理的な筋道をたどったら、次は、証拠とモデルの一貫性を示しながらその分析を確かめることによって、工程を完成に近づけることができるだろう。その際、以下の選択肢のなかから検証のレベルを選んでみるとよい。

◉妥当性：分析者は、説得的な実例を用いて議論を裏づけることにより、議論の妥当性、つまりその内的な論理を明示する。

◉点検：分析者は、利用できるデータを使い、探索的に点検し、また、通常は比較による点検をおこなう。この作業は、ことによると詳細にわたるかもしれないけれども、体系的に定められてはおらず、明確な対立仮説と比較するわけではないので、とくに形式はない。

◉討論：分析者は、同じトピックを扱った他の歴史家の分析を批判したり退けたりしながら、自身の解釈の有効性を確かめるように努める。討論は、ここに挙げた検証手法のいずれにも及ぶだろう。

◉仮説検定：分析者は、仮説検定の形式に則って確認のための分析をおこなう。検証で用いられるデータと推定と手続きは明細に記すべきである。

◉フィードバック検定：分析者は、フィードバック検定によって、確認のための分析をおこなう。

次に、選んだ検証の方法を実行することになる。二点目に挙げた点検による検証が、いまだに歴史家が実践する主要なものである。このアプローチの枠内では、たとえ作業が定式化されていないとしても、著者は、どのように証拠を点検したのか、できるだけ明確にするべきであろう。仮説検定のために、世界史研究者は、地球規模の歴史に関するどの仮説が検定可能か、そして検定するためにいかにデータと対立解釈をまとめあげるのか、議論を始めるべきである。フィードバック検定については、研究対象における下位システムの間のフィードバックをどのように明らかにし、またそのパターンが自身のモデルに合致するタイミングをどう判断するかについて、地球規模の相互に結びついた過程を分析する歴史家たちは、議論するべきである。

読み手も、著者と同じくらい検証に関心を払うべきである。読者は、歴史解釈のなかで、何が検証されたもので、何が検証されていないかを、もっとずっと注意深く見定めねばならない。実証的な証拠と、著者のモデルで提示されるパターンを、繰り返し比較したり結びつけたりするならば、最終的には、そのモデルの弱点を明らかにできるだろうし、そうしてより強固で整合性のある解釈へ向かうことになるだろう。

ところで、第17章では、歴史家が自らの解釈を十分に検証していないことを批判した。だが実際のところ、本書のなかで、主要な議論を提示するための妥当性以上のものを成し遂げたと断言することはできない。次の諸点については、私の議論で十分に扱いきれなかったと考えている。すなわち、世界史に関する個々の研究、世界史文献のおもな段階を跡づけること、知識や展望の広範な変化の間にある関係への解釈、そして、次章以降で議論の中心としている領域の設定や、提案することになる研究コースなどについては、調査が十分ではない。おそらく今後さらに批評が進めば、何らかの基準に即して、本書の主張のどれが検定あるいは検証可能であるのか、そしてどれが単なる叙述なのかが確定されるだろう。

展望を替えてみる

さて、ここまで順に述べてきた段階的な作業は、つまるところ世界史の分析における、一組の反復作業だけをまとめたものである。分析を定式化した後は、形式を練り直して、次の反復作業が同じような結果を生むかどうかを見るべきである。分析の形式を練り直す際には、展望を替えてみること、つまり、その分析を内からも外からも再考してみるのが重要な作業となる。世界史研究者は、過去に対する展望を発展させていく際に、当時を生きたある一人の立場からそれを評価したら、次に別の人の立場から評価するべきであり、また、ある学問分野を分析に使ったならば次に別の学問分野の目を通して探索すべきであり、さらに、短期的な展望においても長期的な展望においても再検討するべきである(5)。

本書を例にとれば、地球規模の歴史学を分析したときに最初に用いたのは、合衆国の学界における展望であった。次に、トピックを見直すにあたって、世界各地の学界の展望を、そして、長期的展望によって世界史を調査した者たちの展望を取り入れようと心がけた。世界史教師の展望から書かれた文献について考えた際には、原稿を書き直したり膨らませたりすることになった。また、民衆文化における世界史の位置についても考慮し、そこから一連の考察が始まったが、それはまだまとまっていない。さらに、あらためて自分のトピックを考え直してから得た展望が、現在のグローバリゼーションの波のなかでどの集団が覇権を握るかという問題であった。同時に、自由の進歩と、新たな種類の不平等の拡大という見地からも、世界史の文献について考え直した。こうした新たな展望それぞれを探索するたびに、少なくとも多少の文章を書き直すよう励まされることになった。また別の場合には、章内の構成を変えてより広いものへと書き直すこともあった。

世界史を解釈するために指針となる六つの段階は、そのすべてが必須のものだと考えている。もっとも、そのうちの三点、すなわち、作業の初期において探索しつつ比較すること、その後の段階で下位システムを結びつけること、そして、研究の新たな局面に取りかかるために展望を替えてみることは、世界史にとって本当の意味で特徴的なものである。分析のこれらの段階こそが、世界史研究者の相互連関的で幅広いアプローチを、歴史のより狭い領域に特化した研究と区別することになる。なお、六つの段階のうち、この三つは分析を広げるものであり、残りの三つは反対に、研究を収斂させ特殊化するものである。

結果を提示する

可能な限り様々な分析を進めて検証した後、いまやここで直面するのは、それらをどのように組み立てて一つの全体的な解釈にするかという点である。たとえば、社会階級、帝国的政策、宗教的信条、環境の変化などの様々な分析を、一つに包括して述べるのに、どの程度しかるべく組み合わせるべきなのか、歴史家の間で考え方が分かれる。洞察力に富む「大きな歴史」の提唱者、フレッド・スピアは、「大きな歴史」の枠組みが、世界史の「統一された方法」の基本となることを期待した。それによると、人間界や自然界の様々な領域における「レジーム」という概念が、社会、環境、そしてその他の分析の個別領域と関連づけられ、それらが、より大きな枠組みのなかに体系的にはめ込まれているという。(6) このレジームとは、社会的、生物学的、そして物理的な世界の様々なシステムにおける相互作用と変化のパターンのことである。

スピアが提起するところによれば、人間社会のレジームとして、社会レジーム、生態系レジーム、個人のレジームが存在する。そのレジームは、こうした人間活動の各領域における力学と限界を定めるものである。スピアは一つのレジームを「何らかの時間的永続性をもった、ある程度規則的だが最終的には不安定なパターン」と一般的に定義する。[7]そしてこの定義を歴史に実際に用いながら、各レジームの安定性と不安定性の源を探り、レジームが主要な再編成を経験する際の「レジームの変容」の時間をたどった。そのおもな実例の一つとして、人類の生態学的なレジームとその変容が検討されている。この展望からすると、重要な展開は、火の使用と制御（約四〇万年前）、農業の発達（約一万年前）、そして、過去二〇〇年における工業の発達であるという。[8]

歴史をすべてのスケールで分析するための単一の論理を発展させていくというこの考え方はそれ自体魅力的なものである。つまり、歴史家は、時間、空間、テーマの広がりの各レベルで類似の作業を実行しているし、データの特性を、レジームおよびレジームの変容からなる全体的なパターンにはめ込んでいる。そうはいっても、すべての歴史にとって十分なモデルを生み出す知識が私たちにあるわけではないし、また、ある統一されたアプローチを求めるよりも、むしろ様々な見地に立って分析を繰り返していく方が得るところはとりわけ大きいという点は記しておきたい。

スピアは大きなパターンを示すための自らの言葉を見つけたのである。その用語法によって、様々なスケールで起こる歴史上の変化のパターンのなかに類似点を突き止めることが可能になる。しかしながら、歴史のための「統一された方法」とスピアが呼ぶものと、私が世界史研究のための「課題」と呼んできたものの間には、重要な違いがある。[9]芸術、政治、農業について歴史家と社会理論家がおこなう分析は、重なり合うところもあるが異質なものである。しかし私見では、そのような諸々の分析に対してどのように重心を置いたり、つり合いをとったりするのか、それを歴史家や社会理論家はまだよくわかっていない。様々な視点を寄せ集めたり組み合わせたりして一つの包括的な解釈を目指すよりも、歴史家が目下のところ焦点をあてるべきは、世界史についての様々な見方の間を代わる代わる行き来することだと、私は考えている。[10]ここでたとえば、スピアの人類生態史におけるレジームの変容を事例にして、およそ二〇万年前に起きた言語の発達は重要な変化であるのにそれが抜け落ちていると述べたとする。すると今度はスピアが、言葉は個人のレジームあるいはおそらく社会レジームの変容を表しており、だからそれが分析から除外されているわけではないと応答するかもしれない。世界史研究のこういったアプローチのどれが他より優れているか、それを決める一つの実用的な方法は、統一された手法やレジームに焦点をあてるものであれ、様々な立場から分析を折衷的に組み立てようとするものであれ、たくさんの世界史的な分析をおこなっていくことにあるだろうし、さらに、その分析によって、全体的なパターンを確立するうえでより詳細かつ強固な結果が生み出されるかどうかを判断することにあるだろう。しかしながら、スピアの見解においても私の見解においても、分析者が様々な分析枠組みを行き来すること、そして、それらを包括する一つの解釈を確立しようと努力することが、世界史でまず優先されるべき点である。

ところで、重要なデータが欠けている事例はどう分析すればよいだろうか。データが十分にある状況から、データが不足しているより幅広い状況へは、どう歩を向けていくべきなのだろうか。この場合、考古学者の状況を考慮してみるのは有益かもしれない。多額の費用をかけて熱心に一つの遺跡を調べながらも、広い地域に適応可能な一般化を提示する方法を見出す、それが考古学者である。実証的な事例研究と地球規模の解釈をつなぐ方法には、既知のデータを基にして、データはわからないが関連する状況に向けて、補間法や補外法をおこなったり、投影したり、一般化するという作業が含まれる。それはすべて思索の類であるが、注意深くやれば、データと理論によって導かれ限定される思索になりうる。[11]仮説という言葉で置き換えてみるなら、この類の分析は、過去についての理論や資料の検討から、検証済みの解釈を発展させていき、そして、将来データによって分析されるかもしれないような、より広い時間や空間での仮説を提示することだと言えよう。

さて、ここまでは分析そのものを、歴史上の疑問から提示された問題を解決する作業として扱ってきた。この分析の多くは、実証主義の伝統に従ったものであり、そこでは世界が小さな断片に分けられて、各々が孤立したままで研究される。しかし、歴史の、とくに世界史の分析には、研究対象としている特定の事例やネットワークを超えて、その先に目を向けることが求められる。さらなる問題を提起し、他の状況で作用する力学を突き止めることも問われるのである。

全体を解釈する際のジレンマは、自身が研究過程で発展させてきた様々な展望をどう組み合わせるかということである。決め手となる分析を用意するために、著者は、研究中の歴史過程を、様々なレベルで、つまり局地的なレベルから地球規模まで、そして、短期のレベルから長期のレベルまで、まとめていく必要がある。では、変化の結節点はどこにあるのだろうか。

世界史研究で近年に現れた二つの取り組みは、地球規模のトピックの分析を深めるうえで、複数の展望を行き来すると利点がもたらされることをはっきりと示すものである。まず、エリック・マーティンがおこなった研究は、二〇世紀のグローバリゼーションを地球規模の運動として描こうとした。そのために用いられた方策は、三人の重要な指導者、すなわち、モーハンダース・K・ガンディー、クワメ・ンクルマ、そしてエルネスト・ゲバラの生涯を検討するというものである。[12] 初期の研究構想では、反植民地主義者が植民地主義擁護者とおこなった論争に焦点をあてており、対話の場として新聞、ラジオ、そして歴史の構築を取り上げた。だが次第に、マーティンの展望は政治史や社会史から離れて、まさにこの同じトピックを知性の歴史として考えるようになった。そこで、まず、世界観という概念について、ヴィルヘルム・ディルタイとその後継者による作品を検討し、その後、若きガンディー、ンクルマ、ゲバラの世界観の展開に焦点をあてた。三者どの場合においても明らかになったのは、コスモポリタンな生活と、個人的な大困難に直面したことが組み合わさった結果、自らの人生を、当時存在した植民地支配システムに対する挑戦に捧げるようになったことである。いずれも人生の転換点において、自らを囲む世界を解釈する長い文章を記しており、それは彼らの後の政策や行動に明確な方向性を与えたという。

もう一つ、パメラ・ブルックスの研究は、一九五〇年代に、アラバマ州のモンゴメリーと南アフリカのヨハネスブルクで起こったバスのボイコット運動について、女性の参加という点から類似性を探索する。[13] それは、女性の自覚についての前例を探索しながら、時代の流れにそった類似性を突き止め、人種差別、工業化、都市化のなかで作用した地球規模の力学を指摘した。ヨハネスブルクの女性たちはモンゴメリーの女性たちとほとんど接触していなかったが、どちらの集団も、第二次世界大戦後の状況、つまり、黒人の地位が改善されていく時代の流れを、保守派の政治エリートが押し戻そうとしている状況に身を置いていた。はじめのうち、ブルックスの分析は、女性活動家の意識に焦点をあて、人種による制限に反対する示威運動に積極的にかかわっていく彼女たちの決意を対象とした。しかし、分析を見直すうちに、アラバマおよびトランスヴァールの黒人家族の間で、差別に対する抵抗の文化が再生産された点が、変化の結節点であると理解した。当初は短期間を対象に調査していたが、八〇年間を対象とする調査へと変わり、世代間で蓄積されていく自己発展の経過をたどることになった。その蓄積が、一九五〇年代に女性が社会的対立に加わることを可能にしたのである。そして今度は、地理的に離れた対立が同時発生したことによって、世界中の人種差別に対する目に見える効果的な挑戦として、その衝撃はより強いものとなったのである。

どちらの著者も、歴史学の下位分野、つまり、知性の歴史と記述的な社会史を選び、そのアプローチの規範にしっかり綿密に従っている。どちらも、歴史上の力学について、局地的なレベルから惑星規模に至るまで考えさせてくれるものではあるが、中心を置いているのは、二〇世紀の個人が自身で動かすことができた変化の力なのである。

結論：研究構想とその実行

ここまで述べたような段階がすべて組み合わさっていくことで、一つの研究プロジェクトを構想し実行していく、より大きなカテゴリーが生まれる。それは、本一冊が書けるようなプロジェクトになるかもしれないし、ある日の授業を準備するための素材かもしれないし、あるいはその中間のようなものになるかもしれない。

さて、第四部の各章では、内容の形式が、それまでの記述的なものから、規範的なものへと変わった。つまり本章は、次に続く章と結論部への橋渡しとなる。ここからは、世界史に携わる者が、研究、調査、執筆、教育へ向けて準備をする方法を提案していこう。

第五部　世界史の学習と研究

世界史をナビゲートするためには、学ぶ習慣をうまく作っていくことが必要である。世界史研究者は、適切な目標を、確信をもって選んで追い求めるべきだが、同時に、新たな発見に対しても敏感でなければならず、そのために途中で経路を変更する必要に迫られるかもしれない。世界史研究者にとっての基本的な習慣を身につければ、初級から上級のレベルに至るまで、楽しく生産的な世界史の探究をしっかりと支えてくれるだろう。この習慣に含まれるのは、歴史のパターンへの注目、歴史のパターンのつながりと比較の探究、歴史上の結びつきを明らかにしてくれる細部への関心、そして、過去を評価する際に展望を替えてみること、などである。

第五部では、世界史を学ぶ際の指針を提示する。原則として、世界史の研究者そして教師になるための、大学院でのしかるべき学習に焦点をあてる。各章で論じるのは、世界史という分野が複雑で特有の性格をもつことから、形式に従わず自己流で学習するよりも、しかるべき研究プログラムにそう方が、かなり有利だということである。研究者に対しては、おもに博士課程での課題と、教育のための準備、そして、博士論文に向けての研究を中心に置く。これに加えて、世界史を専門にするわけではない博士課程の大学院生のための研究プログラムを提案する。

教師に対しては、集中の度合いに応じて三つのレベルの学習プログラムを提示する。私は、研究者だけでなく、小中高校および大学学部の教員にとっても、大学院レベルでのしかるべき学習が重要だと信じている。同時に、世界史についてもっと多くのことを学びたいと願いながら、大学院での学習プログラムが利用できなかったり、それに不便を感じたりする多くの人がいる。そのため、世界史を独自に学習するための別の提案も作ってみた。これらの提案は、第五部の各章に組み込まれており、世界史への理解を体系的に広げたいと願う一般読者や、歴史以外の分野の研究者に向けられている。より特定するならば、世界史の分野でしかるべき準備をほとんどあるいはまったくしてこなかったにもかかわらず、若者に世界史を教える責任を負うことになった、教育制度のあらゆるレベルにいる多くの教師に対して、独自に学習できるようにこれらの提案をするのである。

各章では、ここ数十年で発展してきた、世界史学習に向けた様々なタイプの大学院プログラムを見直すことに加えて、大学院での世界史学習のプログラムを、集中の度合いに応じて三種提案し、世界史の資源を五つのカテゴリーに分けて詳述し、さらに、ごく小さなプロジェクトから一冊の本が書けるような研究まで含めて、研究プロジェクトのモデルを提供する。これらを通して、世界史を扱うプログラムで、大学教員と大学院生が優先的になすべきことを論じる。

私は、各章を通して、世界史を学ぶ者に対して、この分野の避けられないジレンマに配慮するよう警告している。それは、包括的でありながら慎重に選択されていること、こんがらからないように歴史の結びつきを示すこと、そして、機械的な丸暗記を必要とせずに過去の重要な詳細を思い起こさせることである。これらのジレンマにぶつかったとき、世界史研究者には決断が必要となるが、その決断をつねに再考することができなければならない。

最後の章では、世界史研究者にとっての日常的なチェックリストのうち主要な事柄だと考えるものをまとめておく。世界史の学習と研究の基調となるものとしては、読書、分析、コースでの課題、調査、執筆、そして、口頭やマルチメディアを使った提示などに重点が置かれる。

第19章　大学院教育のプログラムと優先順位

大学院での世界史のプログラムは、いまや、その発展をざっくりと概観できるほどに歴史を重ねてきている。私は、その概観を描き、次に、そのようなプログラムのなかでおこなわれる主要な決定について論評したい。その決定とは、プログラムを組織する者たち、参加する大学教員、そして、そのプログラムに入る学生たちがおこなう種々の選択である。プログラムを組織する際のもっとも基本的な選択は、世界史に向けて、地域研究アプローチをとるか、グローバル・スタディーズのアプローチをとるかである。この決定がなされると、大学および大学教員は、世界史への関与の度合いや、コースが提供するものの性質、そして、学生を指導するアプローチを選ぶことになる。将来の学生は、自身が加わりたいプログラムのタイプと、世界史にどれくらいかかわるかのレベルを決めねばならない。本章と後の章では、研究分野としての世界史、教育分野としての世界史、そして主専攻ではない分野としての世界史のそれぞれのカテゴリーで、これらの選択を論じる。

世界史研究プログラム：成長と制約

ウィスコンシン大学マディソン校では、熱帯地域の比較史のプログラムが、フィリップ・カーティンの主導で一九五九年に創設された。これが世界史で最初の公式な大学院教育プログラムだと論じることができる。一九六〇年代末までに、このプログラムは、比較世界史という名称に改められた。このプログラムは数多くの精力的かつ傑出した研究者を養成し、修了生は、その後、アフリカ史、ラテンアメリカ史、東南アジア史、南アジア史の分野で優れた研究をおこなった。地球規模での研究を促すため、カーティンは一九七五年夏に、比較史の研修会を組織した。そこでは、おもにウィスコンシン大学で近年博士号を取得した一二人ほどの若い研究者が、比較史の研究を著して交流した。(1) これらの研究者は世界史の学位を得たわけでもなければ、世界史で最初の本を著したわけでもなかった。だが、大学院での比較研究の経験によって、二冊目の著書やそれ以後には、世界史という分野に積極的に貢献しはじめるようになった。顕著な例はロス・ダンである。ダンは一九八四年に世界史学会の会長となった。一九七〇年にモロッコにおける反植民地抵抗の研究で博士号を取得し、一九七七年にそれを公刊した。次いで、世界旅行をしたイブン・バットゥータの伝記を著し、さらには世界史の高校教科書執筆に向かった。次に顕著な例はマイケル・アダスで、ビルマの経済発展の研究を著し、その後、一九七七年に千年王国運動の比較研究を公刊した。それは、比較世界史シリーズの最初の巻となった。アダスはラトガース大学で大学院生を指導するなかで、比較世界史を重視し続けた。(2)

カーティンが一九七五年にジョンズ・ホプキンス大学に移ると、ウィスコンシンでは地球規模の次元での歴史学は衰退した。しかしながら、ホプキンスでは、カーティンが指導する大学院生が、地球規模での歴史のトピックを取り上げるようになった。ホプキンスの学科では、大学と個人のアプローチが特別なかたちで混ざり合っているため、これはもはや公式の世界史プログラムではなかった。だが、歴史学を専攻する博士課程の学生は、大西洋セミナーに参加するなかで、コスモポリタンで学際的な研究プログラムを得ることができた。(3)

一九七七年から、ビンガムトン大学の社会学の博士課程では、フェルナン・ブローデル・センターと協力して、歴史社会学を教えはじめた。(4) 一九八〇年代には、ハワイ大学、オハイオ州立大学、カリフォルニア大学サンタクルーズ校、そして、ミネソタ大学で、大学院での世界史教育プログラムが発展した。ジェリー・ベントレーは、ミネソタ大学でルネサンスと初期近代のテーマで博士号を得て、ハワイ大学で世界史の大学院ゼミを教えはじめた。そして、博士課程修了試験で副専攻として世界史を置くことを、所属学科から認められた。そのゼミの学生たちは、学部での世界史概説コースで教育助手をしてさらなる経験を積んだ。そして、これらすべての活動を基盤として、ベントレーは一九九〇年に『世界史ジャーナル』を創刊する。オハイオ州立大学では、一九八〇年代初頭から、カーター・V・フィンドレイとジョン・ロスニーが、学部で二〇世紀世界史のコースを教えはじめ、そのためのいい教科書を作った。その後、フィンドレイと、同僚の中東専門家であるジェイン・ハサウェイは、世界史の大学院ゼミを開講し、博士課程修了試験で副専攻として世界史を置くことを歴史学科から認められた。サンタクルーズでは、一九八〇年代に、エドマンド・バーク三世、デヴィド・スウィート、そしてディリプ・バスが、大学院で世界史の専攻を作った。数年間の中断があったが、それは一九九〇年代末に再開された。ミネソタ大学では、カーラ・ラーン・フィリプス、ウィリアム・D・フィリプス、ステュアート・シュワルツ、ジェイムズ・トレイシーなどの協力によって、一九八〇年代に博士課程で初期近代世界史に重点を置くようになった。ラトガース大学では、マイケル・アダスとアレン・ホワードの活動を通じて、大学院生に対して専門的な世界史教育を発展させた。これらのプログラムを終えた者のほとんどは地域研究の専門家として就職したが、世界史研究者としてよく知られた者もいる。たとえば、デヴィド・チャペルは、ハワイ大学で学位を取り、そこで教えている。(5)

修士レベルでは、一九八〇年代に世界史を専門とするプログラムが始まった。とくにマニトバ大学が傑出していた。ノースイースタン大学では二つの過程が組み合わさっていた。一九九〇年に、歴史学科は、修士課程に世界史を重要な要素として加えることを決め、さらに、博士課程を作って、世界史、合衆国史、そしてヨーロッパ史の学位を出すことを決めた。新設の博士課程は一九九四年に最初の学生を受け入れ、一九九九年から学位を出しはじめる。(6) 一九九八年には、ノースイースタンで得られる博士号が、世界史のみになった。博士課程とともに、研究、カリキュラム開発、そして教師養成をつなげることを主眼とした世界史センターが設立された。このセンターはすぐにマルチメディア制作も始め、『近代世界史のなかの移住』をCD‐ROMで発行した。この仕事は一九九五年に始め、二〇〇〇年に公刊となった。一九九六年からは中等教育での世界史の教師養成に取り組むプログラムが始まり、一九九八年には教師の研修会に向けて活発な活動を始めた(7)。

一九九〇年代末には、多くの組織が、地球規模の歴史を研究するプログラムを作りはじめた。ジョージア州立大学、カリフォルニア大学リヴァーサイド校とアーヴァイン校の大学院で新たに世界史のプログラムが加えられた。フロリダ国際大学とテキサス大学アーリントン校では、大西洋史の博士課程が開設された。ペンシルヴェニア大学大学院では、学士号取得者に向けた世界史の短期コースが開設された。

大学院での世界史学習が以上のように発展したのは、厳しい制約に置かれていた時期のことだった(8)。この時期のほとんどを通じて、歴史に携わる学生も大学教員も減少した。結果として、研究が発展して劇的に変化した一方で、研究組織と歴史教育はほとんど変化しなかった。前述の通り若干の組織で大学院教育に変化が見られたが、同じ組織の同僚や他組織の歴史学科からそれが補強されることはなかった。

これらのプログラムは、それぞれが浮き沈みに直面した。とくに公立組織では、州財政の変動に従って上昇と下降を繰り返すことになった。ハワイ州とオハイオ州は一九九〇年代に予算をかなり削減し、そのために歴史学のプログラムが削減された。その結果、オハイオのマイアミ大学では世界史の博士課程プログラムを設置する約束が取り消された。私立大学も自身の問題を抱えていた。ノースイースタン大学当局は、一九九七年、新設された歴史学の博士課程の閉鎖を提案した(9)。

合衆国の外で、世界史学習の成長はさらに遅く、別の力学にさらされている。世界史教育が、中等教育や学部のレベルで実質的に拡大している例はほとんどないが、インドと、部分的にはアフリカでもそのような傾向が示されている。オーストラリア、オランダ、カナダ、中国、トルコ、ブラジル、シンガポールなどで、かなり多くの研究者が、地球規模の歴史を扱うプロジェクトを個別に動かしはじめたが、組織的な支援を得ている者はまれである。イギリスでは、著名な経済史研究者であるパトリック・K・オブライエンが中心となって、ロンドン・スクール・オブ・エコノミクスに世界史研究の全国的組織が作られた。このように、地球規模の問題の学術研究は合衆国にかなりの重心が置かれているが、研究者の交流は世界中で生き続けており、インターネットによって対話を共有し、資源を共有することができるようになっている。

焦点を定めるときのジレンマ：地域的アプローチか地球規模のアプローチか

将来の世界史研究者は、地域研究の訓練と地球規模の訓練の間でどうバランスをとるべきか。この問題は、先端を行く多くの世界史研究者が二〇〇〇年二月にテキサス大学で会合を開いたときに明確に取り上げられた[10]。ジョンズ・ホプキンス大学のフィリプ・カーティンは、博士課程では地域研究の訓練に第一に重点が置かれるべきであり、グローバル・スタディーズはその一分野として学ばれるべきだと主張した。ハワイ大学のジェリー・ベントレー、オハイオ州立大学のカーター・フィンドレイ、ジョージメイソン大学のピーター・スターンズなどもこの判断を支持して、最初から地球規模の訓練をしようとすると、自身が取り組む歴史上の状況の特性について、歴史家が不十分にしか理解できない危険があると論じた。驚いたことに、口を開いた歴史家のうちで、地域研究の訓練を地球規模の訓練の下位に置いて世界史で論文を書くという、世界史での博士号を支持したのは私だけだった[11]。当時、私がノースイースタンで加わっていたプログラムは、世界史で博士号を出す唯一のものだった。私の主張は、少なくともいくつかのプログラムで、地球規模の過程を見出して分析することを重視し、地球規模の結びつきについて二番目の優先順位のものとして後から取り入れるのではなく、地球規模のパターンを重視する研究の経歴を得る機会を大学院生に与えるということだった。二種類のプログラムのなかで、実際の研究のコースと実際の博士論文が多くの類似点を持つことは合意されていた。二つの立場は詳細に示されたので、二つの方針がどのように実現されるのか、博士課程の様々な学習プログラムから現れる結果は、数年で目にすることができるだろう。

カーティンは大学院での世界史研究を推奨し、一九九一年の論考で示したアプローチを再び述べた[12]。カーティン自身の研究もその論考も、文化領域、国民、大陸など、人間社会の大規模な単位を比較するプログラムを提示している。そのアプローチは幅広い読書と学際的な分析を強調するが、博士号候補者が、一か所か二か所の地域について実証的なデータと文献に精通すべきことも強調する。カーティンは、大学院レベルでの世界史の比較研究についてと、世界史の個別研究である博士論文の制作について、短い文章を著した。明示されてはいないが、比較によるカーティンのアプローチは、様々な地域的事例が独立して生じてきたのであり、それらを比較することで、パターンや社会科学の原理を解明することができると想定する傾向がある。世界の各地域の事象には多くの自律性が残されていて、このような研究構想は、自律的な経験の一般性を分析するには最適である。カーティンによる賢明なアプローチは、世界史の堅実な研究がますます必要となっているなかで、それを満たす助けとなるだろう。しかしながら、全体としての研究が、地球大のレベルにおける個別研究かつ総合研究の共生になるとするならば、大学院での世界史研究は総合の問題も扱わねばならないだろう。

大学院での世界史研究では、比較の方法だけでなく、地球規模や相互作用のアプローチも実行するべきである。私は、比較や地域研究による世界史へのアプローチを否定するつもりはまったくない。しかしながら、大学院での世界史研究がこのアプローチのみに限られるべきだという考えは拒否する。地球規模での世界史のアプローチを第一に置く強固なプログラムをいくつか据えない限り、世界史の概念と情報の発展は遅れることだろう。私は、一九九〇年代初頭から、大学院で地球規模のアプローチを系統的に発展させることに取り組んできた[13]。世界は地域や社会の間での相互作用に充ち満ちているので、私たちの研究の枠組みには、地域レベルの経験と同じくらい、地球規模のレベルの経験について明確に考慮する必要がある。私が第1章で論じたように、人種主義の盛衰は、いずれかの国で起こったというよりは、多くの地域の相互作用のなかで起こったのである。国民ごとの研究の比較によってそれを意味づけようとするなら、国際的な人種主義の展開と、それに反対する国際的な運動の展開という問題に直接取り組むことを避けることになるのである。

地球大のレベルを扱う博士課程を発展させるには、大学院教育の構造を変える必要がある。博士課程の研究で受け継がれてきた制度は、一つの学科のなかで、選択した一地域と一つの研究方法を用いて、学生が指導教員たちと作業することを特徴とする。このモデルに従えば、幅広い地域横断的な研究が発展できる方法は、歴史家が、局地的な研究で修業を積み、経歴の途中かもっと後で、より広い諸地域へと考察を広げていくことである。大学院での歴史研究に関するこのモデルは、大学院生が、大学院での学習の間に広い範囲を扱う作業に加わったり、のちにそのような作業に直接取りかかったりするための準備をするには、あまり実用的ではない。

地域研究での個別研究は、このような歴史家にとって実質的に「第一言語」となり、生涯の経歴を通して、このような刷り込みと社会化の利点と限界を保つことになる。各地域をつなげたり地球大のパターンを探究するような地球規模の研究に取り組む場合、「第二言語」で作業するため、地域研究の用語で考えることになり、思考を地球規模の相互作用の言葉へと翻訳しなければいけなくなる。練習をすれば第二言語の技術を伸ばすことはできるだろうが、第一言語での直感的なレベルに到達することは決してない。

大学院は研究の経歴を形成していく独特な期間である。局地的研究の慣習と枠組みは頭のなかに固定化されやすい。地球規模の相互作用という捉え方が、のちの経歴のなかで一〇年か一五年をかけて一つの頭のなかで研究され続けるとしても、その問題を四〇年間考え直した後に得られるほど深くは探究できないだろう。さらに、公式な訓練は最初に扱う地域および方法論でなされるだけなので、のちの研究で初期の限定を超えて進んでも、それほど専念することもなく、公式なものでもなく、より表面的になる危険がある。しかも、学生が地域と方法を一つずつ次々に探究するならば、その結果は、異なる地域と方法の間でのよい比較となる可能性が高く、より広い研究の場に及ぶような、地球規模かつ系統的な相互作用への地球大の洞察力を発展させる可能性は低い。

私たちに必要なのは、「第二言語」が世界史である歴史家によるしっかりした党派なのである。この者たちは、大学院での研究のはじめから、地球規模のパターンと地球規模の相互作用に焦点を絞り、多くの学問分野のなかで作業し、多くのテーマの相互作用を扱うことに焦点を絞ることになる。当初の研究では、結びついている諸要因のこのように複雑な組み合わせを取り上げるので、革新による大きな功績を期待するべきではない。しかし、これらの若い研究者が、地球規模の歴史上のパターンと結びつきを学問的な優先順位の一番に置くならば、そして、長い生涯をかけて研究を続け自身の解釈を形成し直していくならば、のちの経歴のなかで、真に革新的かつ洞察力のある観察と解釈が、その研究のなかから現れてくるという希望はある。

実際のところ、ノースイースタンのプログラムのなかで書き上げられた学位論文と、ジョンズ・ホプキンス、ラトガース、ハワイ、そしてオハイオ州立大学で著されたものを比べてみると、その視野、概念、そして史料の扱いに劇的な違いが示されるわけではない。しかし、地球規模のプログラムで訓練を受けた者と、地球規模の視点を重視する地域研究プログラムで訓練を受けた者とでは、生涯の研究と教育について、確かに違いが現れるはずである。比較の作業を優先するプログラムと、地球規模かつ相互作用の作業を優先するプログラムを適切に混ぜて、世界史での博士課程プログラムを作ったことは、全力を注ぐべき最もよい投資であったと私は考えている。いずれの場合にも、大学院での学習の結果として、世界史での個別論文に向けた研究を遂行して執筆する技術を習得した学生たちが登場することになるだろう。

事実として、地域研究アプローチと地球規模の研究のアプローチは、徹底的に二者択一となるほど異なるものではない。その差異は小さく、学生がどの順番でコースを選択するか程度のものでしかない。これは、ノースイースタンの大学院生を観察していて明らかになってきた。大学院の研究をノースイースタンで始めた学生は（修士課程修了後に入ってきた者と比べて）、最初の一年か二年を世界史に重心を置くコースで過ごし、その後で、博士論文の計画を練りはじめるときに、専念する地域（そしてテーマ）を選ぶのである。この時点で、学生は地域研究で言うところの地域を選び、それに精力的に取り組んだ。だが、地域研究の文献に対するこれらの学生のアプローチは、明らかに、それ以前のグローバル・スタディーズの訓練のおかげで特有のものとなった。地域研究の専門家と同様に、自身が選んだ地域を詳細に学んだとはいえ、地域研究の専門家の本質主義的なアプローチに対しては批判的になったのである。(14)

大学教員：プログラムを作り、学生を指導する

大学院の世界史課程を作ることは大きな一歩である。なぜならば、カリキュラムの大きな刷新と、教員間の信頼できる対話、そして、学生をうまく選択し指導し配置することが必要だからである。世界史のプログラムを指導する教員は実質的な責任を負うことになるが、歴史学科全体と、そこに協力する諸学科、そして大学全体も責任を負うことになる。このプログラムを成功させるためには、どう関与するかが真剣に考えられねばならない。それは、教師養成のプログラムについても、博士論文に向けた研究のプログラムについても、同じくらいしっかりしたものでなければならないと私は信じている。

関与

はじめに、私の経験からすると、大学院の世界史プログラムを立ち上げて成功させるには、この課題に活発に関与する教員が少なくとも三人存在しなければ、そして、学科の過半数の支持を明確に得ていなければ、きわめて難しい。この人々の課題としては、カリキュラムを作り出し、個々のコースの道筋を作り、学生を集めて指導し、学生への資

金を探し出し、学生の職を見つけ（とくに最初に教える際に）、蔵書や他の資源を集めることが挙げられる。

概して、大きな歴史学科よりも、小規模か中規模の歴史学科の方が、世界史のプログラムを立ち上げるのは簡単である。なぜなら、より小さな学科の方が、個人間の、そして学問的な交流がうまくいくからである。大きな研究組織では、歴史家が個々の研究プロジェクトや歴史の下位分野に重点を置き、分野間の協力や連携を軽視しがちである。UCLAで一九八〇年代末に、八〇人の教員がいるなかで、一人として世界史を教える者が見つからなかったのは、このためである。

世界史の研究者と学部教員は、歴史学科の内部で育てることになるだろう。だが、高校と中学の教員は、普通、歴史学科と教育学科が協働して育てるものである。このプログラムが成功するには、両方の学科が世界史にしっかりとかかわろうとし、同時に、しっかりと協力して働こうとすることが必要不可欠である。両学科の連携の作業が一人か二人の個人に任されている場合、数年活動した後に衰退することが予想できる。

視野

世界史への関与が根本的な選択だとすると、次の基本的な選択は、世界史という分野に向けた、そして、大学院生の教育に向けたプログラムのアプローチにある。ビンガムトンでの博士課程は、世界システムの歴史社会学に焦点を絞っている。ノースイースタンの博士課程では、比較、相互作用、そして総合による世界史へのアプローチがとれるように定義されているが、そのカリキュラムではとくに歴史解釈に注意が向けられている。重要な点は、それぞれのプログラムが、それぞれのアプローチの学問的方向について明確にしていることである。それは研究と教育のどちらに焦点を合わせるのか。どのような時間的枠組みと地域を重視して採用するのか。教員たちはどのように加わることが示されているのか。

構造

大学院のプログラムを構築し組織するなかで、最初の問題は、学生が履修すべきコースの必要条件と一覧を定めることである。コースは、歴史方法論の諸コース、世界史の諸コース、そして、地域、時代、もしくはテーマに特化した諸コースに分けられる。加えて、学生は歴史以外のコースもとることになるだろう（社会科学、文化研究、自然科学、もしくはコンピュータ技術など）。コースを定め計画することもこの段階に含まれるし、学生の必要に適った時期に教えられるようそれらを調整することも含まれる。

第二の問題は、コース外で必要とされるものについてである。ここには、教育のための準備、語学の要請、方法論での要請が含まれる。博士課程の学生に対して、プログラムでは、主専攻と副専攻の選択手順と、論文審査委員会の選出手順も定められねばならない。

博士課程の研究について第三の問題となるのは、博士論文の執筆計画と総合試験である。歴史学の博士号プログラムでは、たいてい、学生は、自身の主専攻と副専攻で総合試験を終えてから、博士論文の計画を提出する。私の経験では、この順序を逆にして、総合試験を受ける前に論文の計画を受理される方が、学生にとってもプログラムにとっても効果的である。ノースイースタンのプログラムで、私たちは、学生が試験を受ける前に論文の計画を書き上げるよう、組織的に促してきた。その結果、論文のための研究と執筆に何年もかかることがあるこの分野で、比較的速く論文を書き上げられるようになった。計画を先に出させるこのアプローチの利点は容易に理解できる一方で、私たちの学科に対して、近年の外部評価では、二年か三年の間で論文執筆計画を作り上げるよう学生たちに求めるのがあまりにも早いということは事実なのかどうか、そして、単に教員が学生にトピックを割り当てているだけだったり、十分に準備できていないトピックを学生が選んでいるのではないかと質問された[15]。実際のところ、計画を先に出させるこのアプローチは、博士論文執筆を博士課程の中心に据えるのに効果的な方法であり、各コースと試験とその他の活動が、独創的な研究の効果的な一部になると、私は信じている。とくに、論文執筆計画が受理される前に総合試験を受ける場合、学生は、十分に文献を習熟していないことを恐れて、試験を先延ばしにしがちである。いずれの場合でも、試験はストレスを感じさせる経験であり、試験の後で学生が息抜きの時間を（そしてときに意気消沈の時間を）過ごすことはほぼ避けられない。もしすでに博士論文の構想ができていて認められているならば、それに向けて学生が真剣に取り組むのはより容易である。

総合試験の構造も、注意深い選択を必要とする問題である。標準的な分野で試験を組み立てることも可能である（たとえば、世界史一般、東アジアやヨーロッパなどの地域研究分野、あるいは二〇世紀などの時代別分野）。学生が重点的に研究している特定分野で試験を作ることも可能である（たとえば、大西洋世界の社会経済史や、主要な宗教的伝統の相互作用の歴史）。私は、世界史の全学生に、世界史の文献全般について総合試験を受けるよう求めることが有益だと感じてきた。このアプローチは、ハワイ大学とオハイオ州立大学で以前から進められてきたものである。

学生を集める

世界史専攻の大学院への受け入れ基準はどうあるべきか。歴史学もしくは世界史の素養は事前にどれほど必要なのか。歴史学もしくは他の分野の修士号をすでにもつ者を受け入れるべきなのか、学士号を得てすぐの者のみにプログラムを限定すべきなのか。私の経験では、最もよい世界史の学生とは、この主題に最も強く関心をもつ者である。この基準は、大学での成績や、大学卒業資格試験（ＧＲＥ）や、以前に属していた学校の評判以上に適切な評価基準となるというのが、私の意見である。もちろんこれらの他の評価基準も有効であり、その上位ではなかった者は、優れた研究をするためにより多く学ぶ必要があるだろう。その他に私が重要だと感じた基準は、志願者がそれまでに受けた歴史学の授業の数である。歴史学を学んだことがない大学院生は、他の分野での点数が高くても、歴史学に関するかなりの文献をこなさないとよい成果を収めることができない。

大学院での世界史課程に合格した学生は、そのプログラムの内容と組織について明確なメッセージを得るべきである。これまでにノースイースタンの課程に入ってきた者で、世界史に焦点を合わせるということに明確な知識を持っていなかった場合、適応するのに困難を示した（だがときにそれに成功した）事例を見てきた。とくに世界史の研究に取り組もうと望む学生にとって、同じように重要なのは、当初から、学生と教員たちの間に明確な結びつきがあることである。そこで指導教員がいないまま博士課程に入った者は、十分な指導が不足することから、最初の一年で大きな損失を被ることになる。もちろん、学生はしばらくするうちに様々な教員と作業することを望むようになるだろう。そして、そのような変化が容易に起こるようにすべきである。

指導

大学院の世界史プログラムで、教員は、指導教員として積極的に働く必要がある。その指導は、学生に対して、歴史学という分野を地球規模のスケールで理解すること、方法論で専門性を高めること、効果的に教えられるようになること、語学に力を入れること、調査、そして協力のスタイルなどを教えることになるだろう。大学院の世界史プログラムはきわめて広い範囲で問題を扱うことから、たいていの学生には複数の指導教員が必要である。そうすれば学生は様々な指導教員から異なるアプローチのたどり方を学ばねばならないので、指導教員が一人の場合に方向が固められてしまう可能性から逃れることもできるかもしれない。このような共同のアプローチでは、一般に、他の学科や組織の学生や教員と作業することが必要となり、異なる計画や組織ごとの要請のせいで、教育のプログラムは複雑になるだろう。したがって、大学院での訓練に向けたこのような幅広いアプローチは、組織の変化ならびに個人の自発性を必要とする。指導する者たちは、課題を与えて監督する制度をより柔軟にせねばならない。学生は、文書のやり取りや（技術発展の賜物である）インターネットを通して、他の研究者との結びつきを保っていく練習をしなければならない。

協力

世界史は、歴史家が個々に扱って効果を上げるには、あまりにも大きい主題である。もちろん、各自の研究は歴史家という職業の核となるが、世界史研究者にとって、それは、共同研究によって補われねばならない。ここには同じ組織や異なる組織に属する同僚との協力も含まれるし、教員と学生の間や、学生間の協力も含まれる。定期的に学生と話し合うことも含まれるし、他の学科や組織で学生が学ぶことを手助けしてくれる同僚を見つけ出すことも含まれている。

共同研究のための組織もすでに存在する。歴史学科によってはそのようなゼミを開き、成果を報告し議論している。私はジョンズ・ホプキンス大学のものをよく知っている。おそらくは、このモデルを基に、地球規模の歴史についての組織横断的なゼミを開始し、理論についての関連文献を集め、文献目録を作り、また、研究動向をまとめることができるだろう。これはウェブサイトのかたちをとるかも知れない。全米人文科学基金には共同研究のプログラムがあり、私も積極的に参加したルイジアナでの大きなプロジェクトを支援し、さらに、大学院教育を明確な内容として含む共同研究を支援することもあるかもしれない。

だが、誰が先頭に立って、大きな共同プロジェクトを定め実行するのだろうか。いくつもの組織に属するかもしれない教員と大学院生との作業を調整するスタッフはいるのだろうか。ここでもまた、それを探るための先例はある。植民地時代のチェサピークについての一連の優れた研究は、多くが一九八〇年代に発表された。これは、様々な大学を拠点にする博士課程の大学院生と教員の間での、非公式な協力から恩恵を受けて生まれたのである[16]。

ある歴史学科内のものであろうと異なる学科に広がるものであろうと、複数の研究者による共同研究を必要とする大きなプロジェクトが存在するならば、博士課程の学生は、見習いの立場としてでも自身の研究の一部としてでも、そこに加わることができるだろう。学生はこの経験から、共同研究全体にどう頼り、かつ自身の貢献をどう示すべきなのかを学べるだろう。引用の仕方や調査技術を統一する方法などの問題にも出会うだろう。

歴史家の間での協力には、利点もあるが限界もある。プロジェクトのリーダーが十分に指導できなかったり、プロジェクトの研究参加者や事務が頻繁に変わったり、執筆者が多すぎて出版が延期になったりする場合、これらの困難のために、共同研究を完了させたり宣伝したりすることが難しくなる。ウェブ上での出版も選択肢の一つだが、活字での出版について出版社と新たな形態の関係を探る必要もある。さらなる危険は、最も著名な組織に属する者が、最も容易に共同作業をおこなえることである。このため、ラテンアメリカや東南アジアの研究者の声は大きなプロジェクトで現れにくい。つまり、その人々の仕事は、コスモポリタンな意義を持つものとしてではなく、局地的な研究として暗に扱われているのだ。この偏りと取り組むためには、インターネット、これらの地域を基盤とする学術誌、英語以外の出版物、アフリカとラテンアメリカの大学の学位論文、そして、これらの研究者が仕事をしているユネスコやアフリカ社会科学研究発展評議会などの機関に注意を払うのがいいだろう。

教育と研究

大学院のプログラムでは、定められたコース内で与えられる以上に、教育と研究の両方でしっかりと学生を養成しなければならない。教育に向けての準備には、コース外の指導、実習の段取りとカリキュラムの準備、そして、学校もしくは学部レベルでの教育実習が含まれる。研究の準備としては、基礎的な技術を発展させるための小規模な研究プロジェクトも含まれるし、その後の中心的なプロジェクトとして修士論文と博士論文も含まれる。

大学院で地球規模の研究の経験をしてその性質と向き合うために、私がとくに学生に求めてきたのは、研究の独立した一部分として修士論文を完成させることである。そのなかで学生は、研究と執筆で、それなりの大きさの一部分を見極めて実行する訓練を積むことになる。それは事実上、博士論文のリハーサルとなる。博士課程の研究ではより複雑な要求に応えねばならない。つまり、互いに関連している研究を経歴のなかでうまく進めていくために共同研究の習慣を育む必要があるが、一方で、独自の研究スタイルが中心となる分野において、雇用と就職の基盤を与えてくれるだろう個別研究としての博士論文を学生が書けるようにしなければならない。

研究支援

学生が自力で飛べるように専攻の研究プロジェクトを進めさせることも重要だが、一方で、学生が履修するプログラムは、単に学生を巣から押し出すだけではいけない。歴史学科と大学は、学生が自身の研究を進めるための支援をする術を工夫するべきである。まず、可能ならば直接に財政的な支援をするべきだが、大学の資源を利用できるようにすることや、他の組織との結びつきを作れるようにすることもここには含まれる。学生が何らかの財団の研究助成を得るために効果的な申請を書けるよう、学科や大学が支援するのはきわめて効果がある。

大学院生：世界史研究での選択肢

大学院は、専門を選択する時期であると同時に、その専門のなかで集中的に研究する時期でもある。自分の関心をしっかりともち、コースの途中でぐらつかない学生もいるが、ある学問領域に失望して別のものに新たな関心を示し、結果として別の学習プログラムに移る者もいる。大学院の世界史プログラムは学習の深さを重視するが、関心の変化に応じて学習プログラムを変えることも認められるべきである。学際的な分野としての世界史では、研究の経歴のなかで、専門家がトピックを次々に替えていくことが望まれるべきである。以下では、大学院の世界史学習について、私が思い描いている中心的枠組みを示してみよう。

研究分野としての世界史

これは世界史の専門職のための選択肢である。学習のプログラムには、徹底的に文献を読み検討し直すことと、時間と地域、方法論のいずれかに重点を置いたものが含まれる。これは研究の資格をさすが、同時に、高度なカリキュラム開発の作業の基礎や、中等教育、学部、そして大学院のレベルでの教育への準備も含む。三年間の課題研究に加えて、博士論文に向けての調査と執筆も、このプログラムには含まれる。

歴史研究者に対する近年の就職市場の傾向からすると、世界史に大学での地位がありうることが明らかになっている。けれども、専門分野としての世界史が最近発達したことから、これらの地位がどのように満たされるのかは、まだはっきりとしない。つまり、各学科が、世界史の専門家である世界史研究者を雇うのか、世界史を重視する地域研究者あるいは何らかのテーマに特化した歴史研究者を雇うのか、まだわからないのである。一九六〇年代には、地域研究での採用が広がったのと対応して、歴史学科が厳密に地域を基にして採用する方向が固まってきた。その後、ジェンダー史や生態系史の発展にともなって、地域を基にした採用と同様に、テーマによる採用も始まった。この傾向が広がるのかどうかは、世界史研究者の雇用にとって重要となるだろう。(17)

教育分野としての世界史

世界史教育に焦点を絞りたい者にとっては、博士課程、修士課程、そして専門性向上のためのプログラムのなかで、十分な準備をすることができるだろう。このレベルでの作業には、世界史のコースや、学生が関心を持つ領域に特化したコース、小規模な研究プロジェクト、そして、教育を専門に扱うものが含まれる。

私としては、世界史の教師たちに、世界史を専門とする修士号を取得するよう強く促したい。中学、高校、学部、大学院のどのレベルで教えるにしても、世界史の教師として認められるには、大学院の世界史で少なくとも二つのコースを履修することが必要だと信じている。

世界史をよく教えるためになぜ大学院での学習が必要なのか。数学や理科や合衆国史では、その科目の教師を育てるのに学部のカリキュラムで十分だとしたら（教育学と教育心理学の必要なコースで補われるとして）、世界史の教師にとって学部の専攻ではなぜ不十分なのか。大学院の世界史コースを履修していなければ、大学院レベルの教育を、教員が大学院でおこなうことができるとは考えられない。同様に、将来の教師が、大学一年生での世界史概説コースを履修しただけで、その唯一の概説のコースを、中等および高等学校や学部で世界史を教えるための基礎として使うのは不十分だと考えている。

時が経つにつれて、学部での歴史のカリキュラムが、歴史のなかの相互作用や地球規模のパターンを重視するようになる可能性はあるが、そのようなカリキュラムは、学年が上がるにつれてどんどん専門に特化していく現在のコースの状況とは、大きく異なるものである。現在のところ、大学院レベルでのみ（そしていくつかの大学院でのみ）、地球規模に広がり、長期にわたる時代を扱い、かつ、様々なテーマにまたがるコースが存在する。そして、この複雑なコースを通して、中等教育の生徒たちを導かねばならない者たちに、その準備を提供できるのである。

中等教育の教師による研究が個別研究として出版されることは少ないが、カリキュラムの作成や注釈が出版されることはよくある。[18] 急速に変化するこの分野での新しい発展を追い続けるために、そして、理路整然としながらも広い範囲にわたるコースを教えられるような素材を選ぶためには、大学院の世界史コースで出会えるような経験と知的挑戦が、教師にとって必要である。

もしも、しっかりと大学院課程をこなした教師が高校で世界史の授業をもつならば、結果として、教科書に指示された言葉や暗記に限定されてきた過去を打ち破って、刺激的で、挑戦的で、創造的で、価値のある（とはいえなかなか満足できないかもしれない）学問の領域として、世界史を生徒に示せるかもしれない。

副専攻としての世界史

これは、世界史での経験は多少欲しいが、この分野の研究や教育を主専攻にするつもりはないという人のための枠組みである。このような大学院生には、歴史の他の分野を研究する者や、歴史以外の分野を研究する者、世界史を教えるかもしれないが他の領域を専攻とする教師、そして、世界史を深く理解したいと願う一般の読者などが含まれる。この学習モデルでは、世界史の文献と方法がプログラムの中心となる。副専攻として世界史を履修した者は、選択すれば、さらに世界史教育や研究を学ぶことができるだろう。

結論：優先すべきものにさらに優先順位をつける

世界史を確固とした分野として打ち立てるために必要だがまだ対処されていない最重要のことが、大学院教育のプログラムである。大学院での歴史の学習は、深く教えたり、地球規模のレベルで研究したりできるようになるための最も頼りになる道である。教師も研究者も、しかるべき世界史プログラムから、多くの利益を得ることができるだろう。集中して専門的に学ぶことができる大学院のプログラムが相対的に欠けているということは、今後、世界史が、集中して詳細に学ぶことによって現れうる新鮮な思考から利益を得るだろうことを意味している。

より積極的な表現をするならば、大学院の世界史で総合的な規模のプログラムを設立することによって、世界史は活性化され、世界史研究者はこの巨大で複雑な研究分野に挑戦しやすくなる。研究者にとって、このようなプログラムは、人間の歴史のなかにある結びつきと大きな過程を明らかにして分析するような、生涯にわたる専門への訓練を提供するだろう。学部や中等学校の教師は、大学院でのプログラムによって、地球規模での相互作用の歴史についての文献と議論を習熟できるだろう。それにより、次の世代に適した問題と解釈を、生徒たちが見つけ出すきっかけを与えられるだろう。

指導的な世界史教師や研究者一四人が集中的なカリキュラム開発のプログラムに集まって、一週間を一緒に過ごしたときに気がついたのは、世界史が、遠からず多くの新しい課題を発見し成果を挙げられるだろうということである。(19)

その週の作業と議論で最終的にもたらされた成果は、世界史のおもな筋道について全員の意見の一致が見られたことでもないし、何らかの重要な問題で参加者が二つか三つの立場にまとまって議論したことでもなかった。そうではなくて、普段は一人で仕事をしている個人が交流することによって、新しい思考と新しい展望が次々にもたらされたことである。同じことは世界史一般についても言えると考えている。つまり、実に多くの新しい思考とパターンが、これから明らかにされるのを待っているのである。

だが、さらなる世界史の研究の果実は、しっかりしたプログラムを発展させなければ得られないし、これらのプログラムのなかで、指導教員、教員組織、そして学生たちが注意深く選択することなしに得ることはできない。大学院での世界史研究を提供していたり、これからそうしようと考えている大学教員や組織は、自分たちが重視しようとする領域を選ぶ必要があるし、学生たちの研究が完成するまで支援し続ける方法を明らかにする必要がある。世界史を学ぼうとする者は、自身が参加したいレベルとアプローチを選ぶ必要がある。研究しようとする者は、主要な議論ならびに研究の技術を知る必要がある。教師には、教えるための語りと資源と技術が必要である。歴史の研究者でない者には、歴史学の方法、地球規模の思考、そして問題の抽出に向けた入門が必要となる。大学院での世界史学習が始まることを広く知らせるのが最初の一歩であり、授業の予定を立てて実施していくことが次の一歩である。このようなプログラムが高い効果を上げるようになるまでには、その後も多くの歩を進める必要がある。

第20章　学習のコース

私は大学院でのコースと教師の組織で幅広く世界史を教えてきて、挑戦に満ちてはいるがやりがいのある経験を積んできた。このように幅広いコースで教えたことにより、私自身の専門の限界に挑み、それを超えるところまで進むことができたし、また、少なくとも、地球規模の歴史を学べそうなプログラムがおぼろげに見えるようになってきた(1)。私が確信したのは、変化に富む巨大なこの分野を研究したり教えたりできるように学生を育てるには、一般的な目的の大学院コースでは不十分だということである。

大学院での世界史教育について、私がプログラムのモデルとして考えているカリキュラムの諸要素をここに示したい。この案は、ノースイースタン大学での私の経験から発展してきたものである。その期間中に構想し教えてきた幅広いコースのおかげで、大学院での世界史カリキュラムに向けて、かなり早くに大枠を組み上げることはできたが、教員も学生も参加者が少なかったことから、一貫したプログラムとして学生に示すことはほとんどできなかった。以下で示す通り、コースと活動は、中等教育の教師の資格を得たい者、修士号を得たい者、そして、博士号を得たい者のそれぞれに異なる方法で適用される。

研究分野としての世界史では、地球規模の問題で高度な研究ができるようにするために、三年間で合計一二コースに語学の学習を加えたプログラムのモデルを提案する。総合試験を通って博士論文の研究と執筆を終えれば、このプログラムで世界史の博士号へと到達できるだろう。

世界史で教えることを専門にする場合、二種のアプローチを勧めたい。一つはこれから教育の分野に入る者たちに向けてのもので、もう一つは、世界史教育を始めた、もしくは、改善しようと望む現職の教師に向けてのものである。これから歴史教育に入る者たちには、八コースと語学を含む二年間の大学院プログラムを提案する。そこでは、世界史でのより高度な教育ができるようにするとともに、研究入門が提供される。このプログラムは、世界史を研究するのではないが教えるつもりの博士号候補者や、コミュニティカレッジの教員、そして、上級の高校や中学での世界史の教師に適切なものとなるだろう。すでに歴史を教える資格をもつ現役の教師で、世界史を教える力をつけたい人には、必要な基礎を提供する大学院の四コース、もしくは専門の研修会からなる、専門性を高めるためのプログラムを提案する。

副専攻として世界史を選択する者には、四コースを含む一年間の大学院プログラムを勧める。これは、基礎レベルで世界史を教える準備をさせ、また、専攻の研究課題への導入を提供できる。意欲的に独学をするためのプログラムや、専門性を高めるための研修会は、非公式ではあるがこの学習プログラムと同等のものを提供できるだろう。

この章では、それぞれのプログラムをもう少し詳細に記す。まず博士課程から始める。これがもっとも包括的で、他のプログラムの全要素を含むからである。教育や副専攻のプログラムにとくに関心を持つ人は、最初にそこを読みたいと思うかもしれない。その後に、博士課程の節で提示されているそれぞれのコースや活動のカテゴリーを読めば、より多面的な議論を見つけられるだろう。

研究への準備：世界史の博士号

以下で記す通り、世界史の博士課程には、九カテゴリーからなるコースと、九カテゴリーのコース外活動が含まれる。それぞれのコースもしくはコース群の内容と目標を説明して、コースが履修される順番を提案したい。[2]

大学院での歴史教育は方法論のコースから始まるべきである（第一年次のプログラムに置かれる）。この方法論のコースでは、歴史を扱う専門職の組織、歴史の研究と執筆の技術、歴史学への様々な分野の導入、そして、モダニズムとポストモダンの批評を含めた歴史分析の議論などを再検討するべきである。このコースでは、事例研究、比較研究、そして地球規模の研究と相互作用の研究を学生に紹介するべきである。私はこのコースで、文書館を訪問し、また、書評、解題つきの文献目録、そして研究構想を課題として提出させている。

地球規模の史学史のコース（第一年次）では、世界史についての文献を再検討する。世界史の大学院生たちにとっての最も基本的な課題は、この分野で広範囲に本を読むことである。このコースでは、史学史に寄与してきたおもな著作を並べて、史学史を議論し、かつ、文献に表れる歴史のパターンを議論する場を提供する。ここで、学生たちは、地球規模のレベルで歴史を分析し論じる力をつけることになる。

世界史の語り（第一年次）は、世界史の出来事と過程を概観するコースである。このコースでは、一学期中に、世界史における時間と地域とテーマの最大範囲を扱うことから、きわめて速く進まねばならない。このコースは人類史のコースとして教え、人類への進化から、もしくは新石器時代から始めることもできるし、また、「大きな歴史」のコースとして教えることもできる。このコースで読むものは、世界史の教科書や史料集、そして、鍵となるいくつかの問題に注目するような歴史学の文献や歴史を短く解釈した著作となるだろう。このコースは教える準備ともなるが、同時に、学生に対して、世界史の広さを強調し、つながりを作り出すことと比較してみることの練習を提供する。

世界史教育のコース（第一年次）を受けることは、概説のコースを受けることとはまったく異なる。このコースでは、教師が話すだろうことだけでなく、学生たちがどう聞きとり、どのように消化して自身の世界観に加えるのかも探究する。この場合、コースを履修する者は、与えられた教材を調査し、次に、自分自身の教材を構築する。[3] 教材全体を扱って論じながらも、学生がそれについて考える時間を与えるというジレンマと取り組むことになる。

世界史で地球規模の研究をするゼミ（一つもしくは複数のコースで、第一年次と第二年次に置かれる）では、地球規模の歴史分析のために素材を探し集めるという実際の問題に学生が取り組むなかで、指導を受けながら研究する機会を提供する。私は地球規模の政治史、社会史、そして文化史に焦点を合わせた研究ゼミを提供してきた。地球規模の経済史と生態系史のゼミも実現されることを望んでいる。これらのゼミでは、一学期という短い期間で研究プロジェクトを定めて実施する必要があるために、学生は二次文献に頼らざるをえないことがよくあるが、一次資料を探し出して評価する経験を得ることも同じくらい重要である。(4)

歴史学と学問の諸分野（第一年次）では、歴史学の下位分野の諸学問を詳細に学生に紹介し、学生たちが、それらの主要な下位分野それぞれの基本を理解し、自身が下位分野を選ぶ実質的な能力を高める。私がこのコースを教えてきた際には、政治史、社会史、経済史、生態系史、外交史、ジェンダー史、そして文化史という下位分野それぞれについて、方法および議論の両方を含んでいる論説や本の章を、担当の学生が選んで報告し、その報告を基に授業での議論を導いた。その後学生は、自身が選んだものの方法論を分析し、かつ、それがどのように歴史上の問題に応用できるのかを示すしっかりしたレポートを書いた。一般に、この課題で学生は、世界史を分析する方法論に向けて、社会史などの一分野だけに重点を置くのではなく、二つか、場合によってはそれ以上の下位分野をつなぎ合わせることを好んだ。ある学生は外交史とゲーム理論を組み合わせることを選んだ。文化人類学と政治経済学をつなげた学生もいた。長期的に見るならば、世界史研究者には、いくつかの学問諸分野を選び正式な訓練を積んで、さらに、諸分野の間での結びつき、類似性、そして差異を議論する練習を続けることが必要である。すべての学問分野を学ぶことは無理だが、一つか二つをよく学び、ほとんどの学問分野の概要的な出版物を読んで理解することはできるだろう。世界史研究者が、長い経歴の間に、一つかいくつかの新しい学問分野を学ぶ必要があることは確かである。

地域およびトピックごとのコース（二つかそれ以上のコースで、第二年次と第三年次に置かれる）は、教員たちが自身の専門に焦点を絞っておこなうものであり、ここまでに養われてきた地球規模のアプローチが、歴史上の特定の状況としっかり結びつけられるようにする必要がある。多くの学生にとって、これは、その地域に関する二つか三つのコースによって、ある地域の研究に専門的に取り組むことを意味する。他の学生にとって、これは、あるトピックに専門的に取り組むことを意味する。私はアフリカ人ディアスポラのコースを教えてきたが、私たちのプログラムでは、環境史、ジェンダーと植民地主義、合衆国の海事史、都市史、そしてソ連東欧やカリブ地域の歴史のコースなどを教えてきた。(5)

方法論上級（二つかそれ以上のコースで、第三年次に置かれる）では、博士課程の学生にしかるべき方法論を専門的に身につけてもらいたいと思っており、コース内で隣接諸分野を選択して課題に取り組んで、自身が選んだ方法に精通したことを確かめるべきだと思っている。私たちの大学院生の場合、しかるべき方法論の訓練をしてきたなかで、少なくとも二つの困難に遭った。最も重要である第一の点は、方法論に対する今日の大学院生の関心が複雑であり重なり合っているため、一つのコースや、一つの隣接する学科だけは、その要望に応えられないことである。第二は、学生が適切なコースになかなか出会えないことである。実際のところ、ときに大学院生は、自身が利用する方法の重要なポイントについて独力で訓練せざるをえないことがある。またある場合には、学生が、文学理論、社会学、人口統計学、そして社会統計などのコースから恩恵を得たこともあった。

大学院の世界史プログラムでは、これらのコースに加えて、学位の資格に達するために他の多くの活動も要求される。私はそこから九項目を挙げた。最初の二項目は教えるための準備に焦点を合わせている。

大学院での世界史概説のコースと並んで、学生は、学部のレベルもしくは高校のレベルで、どちらかのもしくは両方のレベルの現職教員と一緒に、自身でカリキュラム単位を開発する経験を積むべきである（第一年次）。このカリキュラム開発の作業は、学生に、世界史の適切な教材が不足していることを理解させるだけでなく、地球規模の結びつきをさらに詳しく解釈して提示させることになる。(6)

自身のカリキュラム単位を作り終えたら、次に学生は、教育実習にとりかかるべきである（第一年次もしくは第二年次）。大学の指導教員と連携して、授業をおこない（講義もしくはグループ活動で）、課題および試験の作成や成績評価に加わるべきである。このような準備をすることによって、学生は自身で学部の授業を教えられるようになるべきである。私たちのプログラムでは、学生は、総合試験を通ったならば、自身の授業を開きはじめる。

コース外で求められる第三の点は、学生が電子メディアと技術をうまく扱えるようになることである。この要請にはいくつかの次元が含まれる。学生はパソコンでの文書作成とデータベースに必ず習熟しなければならない。ウェブ検索もできなければならないし、自身のウェブページも作れるようになるべきである。電子メディアによる文献調査の技術も向上させねばならない。専門職の自覚を形成するためにもインターネットを使うべきである。私は大学院生に、H-WORLDなどの電子的資源やその他の資源に加わること（第一年次とそれ以降）、そして、世界史のコースに関連するトピックについて、自身が加わっているメーリングリストに投稿することを求めてきた。この討論用のメーリングリストによって（そして他の分野の類似のものによって）、大学院生は研究者の社会に同等の者として参加することができる。研究者間の意見交換に加わる練習は、大学院生が解釈の技術と表現力を向上させるのにとても効果的である。

博士課程の学生が博士論文にとりかかる前に、地球大のレベルを扱う大きな研究プロジェクトを少なくとも一つは実施してみることが（第二年次）有益だと考えている。修士論文の提出は過大な要求かもしれない。なぜなら学生の博士課程のプログラムを一年は増やすことになるからだ。しかしながら、世界史でプロジェクトを定めて実行する経験をもてば、大規模なプロジェクトに対して学生が誤った判断をすることを防げると考えている。このような判断の誤りは、修了するまでに一年かそれ以上を浪費することになるだろうから。

語学はどのレベルの世界史にも中心的なプログラムとなるにちがいない。英語は今日、国際交流の言語として選ばれているので便利だけれども、世界史が、英語のみによる学問分野となって、過去についても現在についても、英語以外の言語で表現されている議論から取り残されるならば、多面的な展望という自身の強みを掘り崩すことになり、致命傷となるだろう。世界史を専攻する大学院生は第二言語で読むことを始めるべきである（第一年次とそれ以降）。これを求める理由は、学生が英語以外の言語で二次文献を読めるようになるべきだからである。私は、すべての世界史研究者がフランス語とスペイン語を学んでおくべきだと提案し、近年では、私の大学院生全員に両方の言語で課題を出すようにしてきた。すでに第二言語を学んできた学生は、それ以外の言語を始めることが重要である。たとえば、ポルトガル語、ドイツ語、そしてオランダ語は世界史でとても役に立つが、他の多くの言語も世界史にとって重要な素材を提示してくれる。この要請は、試験に通るかどうかの問題ではなく、大学院での学習のなかで多くの言語の論考を実際に使うかどうかという問題なのである。

より厳しいレベルでは、研究のための語学が求められる（第二年次とそれ以降）。これは一次資料を読むための準備となる。世界史のプログラムでは、語学のための支援が必要であり、一つかそれ以上の言語を新たに学ぶという時間のかかる仕事を学生に促す雰囲気が必要である。世界史に関連する言語は幅広く、学生は気が遠くなるような選択を迫られることになる。ロマンス語やゲルマン語以外にも、中国語、アラビア語、日本語、そしてロシア語の文献も膨大にある。この他にも、関連する言語のリストは、学生が取り組もうとする地域に従って、さらに長く続く。すべてを学ぶことは誰にもできないが、世界史研究者は言語の技術を広げるよう努めるべきである。

博士論文の執筆計画（第二年次と第三年次）は、大学院の研究のなかできわめて重要な一歩である。そこでは、各コースでの課題と幅広い読書を組み込んで、中心となる研究のプロジェクトを作る。このプロジェクトは新たな研究者それぞれの方向を決めることになるだろう。どの博士論文のプロジェクトも、指導教員ではなく、実際に研究して執筆する学生が作るべきだと私は考えている。だが一方で、学生は、大学院で学びはじめる当初から、実現可能な博士論文の構想を描くよう促されるべきだとも考えている。学生によっては、プロジェクトが最初から明らかな場合もあるし、三年目にようやく現れてくる場合もあるし、いくつかのプロジェクトを作ってはやめてからはっきりする場合もある。大学院にいる期間を通して博士論文についての対話を続けることは、大学院全体の中心が博士論文にあることをはっきりさせるという点で、有益である。第19章で説明したように、それぞれの学生が総合試験を受ける前に博士論文の構想を受理されるよう求めることは、大きな利点となるだろう。

博士論文の執筆計画書は、研究奨励費を競うにあたって広く知られた基準があることから、かなり標準化されている。計画書では、トピックを説明し、その重要性を明らかにし、そのトピックについての文献を再検討し、提示する研究を詳しく述べ、研究に必要な時間的枠組みと資源を示し、そして、その研究で期待される成果と重要性を提示すべきである。

総合試験（第三年次）は普通、三つの試験からなる。ノースイースタンで、一つは世界史全体についての試験である。他の二つの試験は、学生の専門に従って計画される。ある地域に関する研究について二つの試験をおこなう場合もあれば、ある地域ならびにある学問分野の方法論について、また、ある地域とあるテーマという場合もある。つまり、ある学生は、南アジアについてとジェンダーについての試験を受けたり、南アジアについてと太平洋についてや、南アジアについてと経済史についての試験を受けたりするかもしれない。いずれの場合でも学生に期待されるのは、重要な研究分野におけるおもな問題を整理して論じられることである。

世界史の文献に関する総合試験は、気がめいるような行事ではあるが、大学院の世界史プログラムを一つに統合するのに効果的な方法であることが明らかになってきているうえ、そのおかげで学生と教員の間で世界史についての対話が着実に共有できるようになっている。ノースイースタンの試験で扱われる文献のリストに並んでいるのは、現在のところ七〇冊ほどである。このようなリストはどれも決定的なものではないし、十分に包括的なものでもないが、何をリストに載せ、何をはずし、どうリストを作るかをめぐる議論によって、この分野での議論を広く理解して共有することができるようになるだろう。

博士論文に向けた研究と執筆には、少なくとも二年が必要であり、普通はもっと長い時間をかけるものである。もしも博士論文の執筆計画がよく練られたものであれば、総合試験の後ですぐに研究を始められるだろう。トピックによっては、また、関連する図書館、文書館、そして他の資源を探し出すために、そして、出張と調査の資金が得られるならば、執筆者はかなり長い時間を家から離れて過ごすことになるだろう。博士論文の執筆はある意味で孤独な作業だが、指導教員や他の世界史の学生と定期的に連絡をとれば、完成に至る助けとなるだろう。

教育への準備

八コースからなる二年のプログラムによって、高度な世界史教育と世界史研究の入門に向けて、大学院生を養成できるだろう。このようなプログラムは、中学もしくは高校で世界史の上級コースを教えようとしている将来の教師や、地球規模のものではなく地域に絞った博士論文を書こうとしている博士号候補者が選択する可能性が高い(7)。

このプログラムの第一年次には、一般的な大学院レベルでの歴史方法論入門と、地球規模の史学史のコース、世界史の語りを提供するコース、そして、世界史教育の実践についてのコースが含まれる（それぞれのコースについては大学院課程についての前節で詳しく述べた）。第二年次には、学生は一つか二つの世界史研究ゼミに参加し、また、学生がとくに関心を持つ領域で、二つか三つの地域もしくはテーマ別のコースをとる。

これらのコースと合わせて、学生にはコース外の活動も求められる。第一年次のプログラムでは、フランス語かスペイン語での二次文献講読のための語学と、カリキュラム単位の作成が、第二年次には、教育実習と、独自の研究プロジェクトが含まれる(8)。

このプログラムでは、学生が教育経験を積むことを第一に置くが、一方で、研究にもかなりの重点を置く。教師は新しい研究を追っていく必要があるし、新しい研究成果を学ぶ技術を見つける必要がある。教師は授業を準備するために小規模な研究プロジェクトを実施する必要があるし、とりわけ、自分の生徒たちが小規模な研究プロジェクトを実施するのを促して助ける必要がある。

また、歴史学で訓練を受けたうえに授業経験もある教師たちが、世界史の専門性を向上させるためには、多少異なる学習プログラムがよいだろう。このプログラムでは、大学院の世界史の四コースと同等のものとして、教師向けの講習や研修会もありうる。ノースイースタンで、専門性を向上させて優れた成果を挙げた教師は、優秀という証明書を受け取る[9]。教師たちがすでに歴史方法論を学んでいると想定して、研修会では、世界史教育、世界史の語り、地球規模の史学史（新たな研究に重点を置いて）を扱うべきであり、また、地域もしくはテーマに重点を置いた研修会も開くべきである。これらの研修会に加えて、もしくはその一部として、参加者はカリキュラム単位の準備をして、第二言語で世界史を読むことにも焦点を絞るべきである。

専門性向上のための研修会は、歴史学をしっかりと学んだことがある教師にとってきわめて役に立つだろう。問題は、不運なことに、歴史（世界史を含む）の教育を担当している多くの人が、歴史学ではなく、他の社会科学やまったく別の分野を専攻してきたことである。もちろん、しかるべき訓練を受けていなくても、経験、能力、そして、教育という使命への献身を通して、多くの者はよい歴史の教師となることができた。しかしながら、研修会や独自の学習に加えて、大学院のコースに正式に加わる方が、確実に好結果をもたらすのであり、そうすれば、これらの教師が世界史の授業で最善を尽くせるようになるだろう。

副専攻としての世界史

副専攻としての世界史は、世界史を自身の学習の中心に置かないけれども、世界史でしっかりとした基礎的素養を得たいと思う者のためのコース群である。このプログラムは四コースからなり、世界史の導入的なコースを教えられるような基礎を提供する。このコースには、大学院での歴史方法論入門、大学院での世界史概説、地球規模の史学史、そして世界史教育のコースが含まれる。コース外で必要とされるのは、第二言語での世界史の講読、世界史のカリキュラム単位の作成、そして、教育実習である。

世界史で教育する資格を得ようとする者に対しては、少なくとも、方法論、地球規模の史学史、大学院での世界史概説、そしてカリキュラムでのプロジェクトを完成させることが、一学期の歴史学のコース群に含まれるべきである。加えて、このプログラムは、国民史、地域研究での歴史、そしてテーマによる歴史を研究している博士号候補者にとって、第二分野もしくは教育分野という位置を占めることができるかもしれない。

この正式な副専攻と並行して、世界史を独学するためのプログラムも考えうる。教養を高めたい現役の教師や、世界史について自身で学んでいる他分野の研究者、単純にこの分野に関心を持っている一般読者などが、このプログラムを利用できるだろう。

このような読者たちにとって、歴史学の方法については、このテーマでの標準的な作品を組み合わせれば、よい概説を得ることができるだろう。地球規模の史学史については、大学院のコースのシラバスに挙げてあるものを読んでいくこともできるし、この本で引用してきた著作を読むこともできる。世界史の語りについては、世界史の資料集と並行して、大学の学部向けに書かれた多くの世界史の教科書から一冊か何冊かを読むことができる。世界史教育については、21章で示すように、ウェブ上で数多くのヒントを得ることができる。地域の歴史とテーマによる歴史については、地域や各テーマの歴史を専門とする様々な組織のウェブサイトを訪れることが助けになる。そして、独学する者にとっては、そうでない者たちと同様に、言語の障害を乗り越えて、英語以外で書かれた世界史記述を学ぶことが重要である。

結論：地球規模で考える練習

世界史に熟達するには実践が必要である。つまり、世界史研究者は広く本を読み、読んだことを他者と論じ、さらに、自身の学習のなかで、空間と時間と主題の境界を越える導きの糸をたどって行かねばならない。世界史への洞察力を育てるために、短距離でも長距離でも旅に出ることは役に立つが、旅に出られない者は、より多く読書をすることでそのギャップを埋めることができる。

教師もしくは研究者に向けた大学院での世界史で、コースごとに課されるべき作業を再度確認しておこう。

- 〈概説〉。実証および解釈の両方による概説のコースであり、世界史全体への導入を提供。
- 〈地球規模の史学史〉。世界史を解釈する文献の批判的な分析。
- 〈歴史方法論〉。歴史学の基礎的な方法論について、つまり、文献の調査と分析、文献目録、史学史、そして研究構想についての作業。
- 〈学問の諸分野〉。現在の歴史学と影響を与え合っている多くの学問諸分野（社会科学、人文学、そして環境研究などに含まれる諸分野）への思索に富む導入
- 〈地域とトピック別のコース〉。これらのコースは、個々人の関心を追究することを促し、フランスやビルマなどの国民単位も含むかもしれない。だが、そこでは、黒海などの経済圏や、中国人ディアスポラなどの社会的ネットワークや、林業といった地球規模のトピックも同様に扱われるだろう。
- 〈言語〉。二つ以上の言語で史料と解釈を研究。
- 〈執筆と議論〉。学生は世界史での研究を実際に書くべきである。そこには調査も、学部か中等教育レベルでの教

育に向けたカリキュラム単位の開発も含まれるだろう。学生は、H-WORLDや、ネット上にある他の議論のグループ、ならびに学会での議論に加わるべきである。

さらに、教師と研究者に向けたこの上級の学習では、共同研究とカリキュラム開発の経験が提供されるべきである。歴史家は永劫の昔から個人で仕事をしてきたが、研究についても教育についても集団で仕事をすることを学ぶ時期が来ている。これが意味するのは、データを共有し、洞察を共有し、著述を共有することである。つまり、同僚と同じ図書館や教室で仕事をし、そして、メールやネットを介して同僚とアイディアを共有することである。個人や少人数で働くことに加えて、地球規模のレベルでデータを集めて整理するために大規模なプロジェクトで歴史家が働くよう望むことは、論理にかなっている。

博士号取得を目指して世界史を研究する者は、いくつかの方法で総合的な準備を深めておく必要がある。もちろん、第一のものは、継続して能動的かつ広範に読書するプログラムである。第二は、精選された学問諸分野でのしかるべき訓練であり、それらの間の結びつき、類似性、相違についての議論を継続的に実践していくことである。すべての学問分野を学ぶことは望めないが、一つか二つを深く学び、ほとんどの分野について概要を示した出版物を十分に読み理解することならば望みはあるだろう。世界史研究者が成功するには、長い経歴のうちで、一つかいくつかの新しい分野を学ぶ必要がある。第三は、さらなる語学の訓練である。言語の習得は、諸分野を学ぶのと同じように、習慣とするべきである。第四は、データの収集、修正、分析の訓練であり、第五は、現地での研究であり、できるだけ複数の地域でおこなうことが望ましい。

世界史の教師には、これから職に就く者だろうと教室での経験を積んだ者だろうと、そして歴史を教えてきた者であろうと、教え子たちが最善の世界史理解に近づけるように、専門性を向上するための堅実なプログラムが必要である。それはつまり、読書と、旅と、言語の障壁を越えた接触と、新しい研究および新しいカリキュラム案の学習を含む、継続的なプログラムを意味している。

第21章　大学院での学習のための資源

以下の短いリストは、世界史学習のために利用できる巨大な資源を見渡したものではまったくない。だが、これらの資源が見つけられる一般的なカテゴリーをいくつか提示し、それぞれのカテゴリーのなかからいくつかの例を示すことで、世界史の学生や世界史に携わっている人を励まして、その人々が地球大の過去について抱いているだろう多くの疑問のいくつかを詳しく追究することができるよう願っている。

世界史に特有なのは、最近になってようやく組織された分野であるため、すでに確固たる基礎をもっている他の分野で研究者たちによって辛抱強く築き上げられてきたもの、つまり、大規模な史料集成や総合的な目録がないことである。世界史研究者の課題の一つは、新たに、地球規模のレベルでこのような史料集を作ることである。一方で、他の枠組みで集められてきた資源を賢く使えば、多くのことができるだろう。世界史研究者は、地域の文脈で収集されてきた資料と解釈のなかから結びつきを明らかにして、地球規模の枠組みのなかで展開される新たな素材を増やしていくべきである。

図書館

ワシントンＤＣにある議会図書館は、設立のためにトマス・ジェファーソンが蔵書の多くを寄付したことによって体系的に作り上げられた、現存する最大の図書館である。(1) 蔵書は、国家元首や私人からの寄付や、合衆国で公刊されたすべての本の寄託や、図書館自身による購入からなり、オンラインカタログで調べることができる。近年では、地域研究のカテゴリーにある収集品をカタログ化して示すことに大きな努力が払われてきた。世界史研究者にとって、この図書館は所蔵書が多いというだけで莫大な価値をもつが、この蔵書から歴史上の結びつきをたどるための総合的な目録を作成して、地球規模のパターンと結びつきを裏づけられるようにするプロジェクトを思い描いてみるのもいいだろう。(2)

他国の大きな図書館としては、ロンドンの英国図書館、パリのフランス国立図書館、そして、スペイン、オランダ、スウェーデン、デンマーク、メキシコやその他の歴史ある国の図書館がある。さらに、とくにニューヨークやボストンなど主要な都市の図書館も大きい。これらに次ぐ大きな図書館をもつのは、大学である。合衆国の大学図書館は、最大かつ最新の研究用の図書館となっている。とくに、ハーヴァード、イェール、コロンビア、そしてカリフォルニア大学バークレー校の図書館は傑出している。イギリスのオクスフォードとケンブリッジ大学の図書館や、ヨーロッパの他の大学図書館も大きく現代的だが、それらの強みは古い本と手稿を保存していることである。

図書館の強さは、本だけにあるのではなく、定期刊行物や手稿にも、また、他の素材に近寄れることにもある。さらに、世界史研究者にとっては、一般的な目的で作られた図書館だけが役立つというわけではない。ときに、メリーランドにある合衆国国立農業図書館など、専門化された図書館が格別の威力を発揮することがある。合衆国とカナダでは、図書館間の相互貸借制度のおかげで、どこにあるか調べて読者に送られるまでの時間が許すならば、多くの本を両国のあらゆる場所から借りることができる。図書館の参考図書の書架には、研究者の助けとなるよう作られた多くの目録があり、また、図書館員のなかには卓越した技術をもつ者もいて、関連する素材を探し出す助けになる。歴史研究者のための総合的な目録の例としては『アメリカ歴史学会による歴史文献案内』があり、世界史の文献についての優れた章を含んでいる。(3)

文書館

各国政府の文書館は、政治上の出来事について資料による裏づけをとるための中心的な場所であり、数百年前や、場合によってはさらに古い出来事まで遡ることができる。加えて、行政、課税、貿易の記録も、ときに体系的に、ときにまばらに残されている。地方の役人や政府派遣の旅行者が中央政府に提出した報告には、幅広く多様な情報が集められている。

世界史研究者にとっては、おもな国立文書館のうち、イギリス、オランダ、ポルトガル、スペイン、フランス、中国、日本、ロシア、トルコ、合衆国、メキシコや、その他の国のものが、興味をそそるだろう。ヴァティカンやカトリック教会の修道会は多数の文書を保存してきており、その多くはローマに集められている。州や県、そして市町村の統治の文書は、より不規則に保存されているが、無比の価値をもつ資料を保存している。公的な文書は、普通、統治の様々なレベルで複写されるので、ある文書館で失われたものが他の文書館にあるかもしれない。ブラジルが一八八八年に奴隷制を廃止したとき、表面上は奴隷だった者の情報を守るという目的から、連邦政府は奴隷制についての中央の記録をすべて廃棄させた。奴隷制の研究者は、地方の文書館での研究を通して、失われた情報をある程度再生することができた。

近年作られた文書群で、近代の世界史にとってきわめて重要なのが、広い範囲にわたる国際機関のものである。そこに含まれるのは、国際連盟、国際連合、国際労働機関、世界銀行、そして国際司法裁判所などの準政府機関である。さらに、赤十字、アムネスティ・インターナショナル、世界自然保護基金などの非政府機関も含まれる。また、ロイヤル・ダッチ・シェル、ネッスル、スタンダード・オイル、ＩＴＴ、そして住友銀行などの多国籍企業や国境横断的な企業も重要である。

家や小企業が自身の文書庫を作ることもある。合衆国のような国では、地方の歴史協会がよく定着しているため、地方の歴史協会の文書館で保存するために、企業や家族が素材を寄付することもある。

そこで、マサチューセッツ歴史協会の文書館が私の大学から数ブロック先にあることから、そこに行って、地方の文書館に基盤を置いて地球規模の歴史プロジェクトを構想するという課題を学生に与えることができた。学生たちは個人や家族の多くの文書を探索して、地球規模の関連づけを示す話を見つけ出そうとした。多くの学生が地球規模の強い結びつきを見つけ出したなかで、おそらく最もよかったのは、下の息子たちを中国やアジアの他の場所に送り出して商売を続けたボストンの商人一家のものである。また、一九世紀の半ばには造船業として合衆国で最大かつ最も成功した、マサチューセッツのダクスベリーの造船会社のものもあった。そして、地球規模のまた別の結びつきとして、ボストンのアフリカ系アメリカ人社会の指導者のものがある。この女性は、若い頃に、一族の多くがバルバドスから合衆国とイギリスに移住する際に中枢の役割を果たしていたのである。

電子的資源

世界史は、電子コミュニケーションの時代に発達した最初の主要な歴史分野である。そのため、他の歴史分野で先例のないほどに電子的資源に頼り、また、そこから恩恵を得ている。

ＷＷＷバーチャル図書館は、カンザス大学で歴史家のリン・ネルソンと熱心なボランティアが管理している傑出した学術的資源であり、多くの言語で書かれた世界のあらゆる地域の定期刊行物、文書館、討論用のメーリングリスト、文献目録などをリストアップしている。(4) 議会図書館のウェブサイトには、所蔵文献のオンラインカタログがある。そこからは、オンライン上の歴史データの巨大な収集であるアメリカン・メモリー・プロジェクト、そして、より小規模だが有望な収集物である、同館に所蔵されているスペインとラテンアメリカの素材にアクセスできる。[5] 加えて、各国の文書館や、多くの国の図書館のウェブサイトに豊富な資源があり、地球規模の問題に関連する史料もそこには含まれている。普通、これらのウェブサイトは、標準的な検索エンジンを使って容易に見つけ出すことができる。世界中の多くの新聞がオンラインで利用可能である。[6] 昔の新聞がオンラインで読めることは少ないが、ある都市や出版についての最近の情報にアクセスすれば、昔の新聞を探し出すのにとても役立つだろう。

検索の助けになる総合的な目録やカタログは、ますますオンラインやCD‐ROMで利用できるようになっている。LexisNexis、WorldCat、そしてUnCoverなどを使えば、記事や書籍が調べられる。イギリス議会文書は世界史研究者にとってきわめて重要な情報が集まっていて、チャドウィク＝ヒーリーが出版したCD‐ROMにはすばらしい索引がつけられている。チャドウィク＝ヒーリーの助けを借りて議会文書のマイクロフィッシュ版（もともとの二折版よりも多くの図書館で利用可能である）を使えば、一九世紀と二〇世紀の多くの問題についての研究がとても容易になる。その他の公刊史料や未公刊史料の主要な集成についても、近いうちに案内が現れることだろう。

討論用のメーリングリストのおかげで、一九九〇年代の初頭から、前例を見ないほどに情報の流れが拡大し、研究者間の議論が広がった。歴史家は、最も精力的にメーリングリストを使う人々に含まれる。最大のメーリングリスト数を含むのは、ミシガン州立大学で管理されているH‐Net（人文学オンライン）であり、一三〇以上のものが並び、その多くは歴史分野に焦点を絞っている。H‐WORLDは一九九四年に設立され、H‐Netのメーリングリストの一つである。すべての登録者は日々の投稿を利用することができ、過去の投稿はウェブ上で見ることができる。[7] H‐WORLDの登録者は二〇〇一年に一五〇〇人にのぼった。登録者の三分の二強は合衆国に基盤を置く人々である。カナダ、オランダ、イギリス、オーストラリアに基盤を置く登録者は数十人おり、トルコ、香港、日本、南アフリカ、ブラジル、メキシコ、イタリア、ロシア、インド、その他からの声が議論を活発にしている。世界史に関連する他のメーリングリストのなかでは、世界システムネットワークが世界システム研究の議論を支援し、H‐TEAC

H と H-High-S は、H-Net のメーリングリストのなかで歴史教育に焦点をあて、ap-world は世界史APコースについてのメーリングリストであり、大学審議会の支援を受けている。[8]

研究者や教師にとって、そしてとくに学生にとって、電子化された資源をどう評価するかは、深刻な問題として残されている。出版と評論は数世紀にわたっておこなわれてきており、そのなかで、読者が本や論考を選んで評価する助けとなるような批評や規範が発展してきた。オンラインの素材について、評価の過程は始まったばかりである。教師のなかには、学生が歴史のウェブサイトを評価する際に批判的に見る技術を育てようと、有益な実践を重ねてきた者もいる。多くの主要なサイトでは、書式要綱、引用の手引き、そして使用者への提案が利用できる。[9] この本が完成する頃に、世界史センターは世界史ネットワーク上でこれらの問題を取り上げて、研究者、教師、そして学生があらゆる種類の歴史の情報を利用しやすくなる仕事に取りかかっていることだろう。[10] そこでは、確認できた資源について批判的な評価を提示するとともに、インターネットの利用者が、自身で見つけた世界史の資源を批判的に評価するための技術を磨けるよう、支援することを予定している。

個々のウェブサイトはできては消えていて、消えてしまったサイトの場合、最初の読者を失っても棚に残っている本とは違って、ほとんど痕跡を残さない。それにもかかわらず、科学技術の着実な進歩に伴って、学術的な発見はますます増え、電子データに注がれる力は着実に増加している。いずれにしても、世界史にとっての電子的資源が時間とともに改善されていくことは確かだろう。

教育の資源

世界史を教えるための印刷された素材のうち、もっともよく練られたものは、大学、高校、中学のレベルの教科書であり、その多くには、地図、図像、試験問題集などの他の資源も実質的にひとまとまりになって付け加えられている。新しい教科書の数は、学生の数が増える以上の速さで、増えているようである。[11] 印刷された資源に含まれる第二のカテゴリーは、資料集の読本であり、普通は、一次資料、その紹介、そして質問からなっている。[12] これらは実際に学生のために作られた素材であり、多くの細かい改善が施され続けている。しかしながら、広く認識されているのは、これらの教科書が（加えて、多少は読本も）あまりに厚くて、あまりに百科事典的であり、それを読む学生に、能動的かつ批判的に学ばせるのは難しいということである。教科書は便利な支柱だが、私の意見では、世界史を教えるという問題を解決するものではない。

このような理解が広がると、中学、高校、そして学部の世界史概説のコースで、生徒や学生がより広く学んで経験を改善するために教師たちが利用可能な、さらなる指針と素材を開発すべきだという圧力がより強くなる。世界史の教師を支援するために、指導的な者たちが、世界史教育の技術について、実例や手法を示す本を出版してきた。注目に値するのは、『歴史を生き返らせよう！』や、ハイディ・ループによる『ジャンプスタートの手引書』である。[13] 教科単元が出版されて、多くのグループで配布されている。そのなかで傑出しているのは、UCLAに基盤を置く全米学校歴史センターであり、世界史の様々な問題についての詳細な授業を含んでいる。パロアルトの教師カリキュラム研究所は社会科の素材を作っていて、対話式のカリキュラムにはとても有効だが、地球規模というよりは地方的なアプローチを教育に用いる傾向がある。大学審議会は世界史APコースの教科単元を公刊した。[14] 加えて、教科書会社が出版した様々な授業書も利用できる。

また別の教育資源は、研究公表のためのセンターによって提供される。それは教育支援のための組織によって維持されている図書館である。まず、合衆国政府から高等教育法第6章により資金援助を受けている、大学レベルの地域研究センターはすべて、研究公表のためのセンターをもっており、近隣の教師や社会に情報を提供している。[15] ナショナルジオグラフィック協会は、地方や州の協会と協力して、とくに地理のカリキュラムに焦点を合わせた、グローバル・スタディーズの研究公表のためのセンターを支援している。他にも様々な組織が、世界史に関連する研究公表のためのセンターを運営している。そこには、主要都市にある国際問題評議会の事務所や「歴史と私たち自身に向き合う」なども含まれ、それらは、ホロコーストへの理解や他の社会正義に関する問題のカリキュラムを提供している。[16]全米社会科学教育協議会の、地域別、州単位、そして全国レベルでの会合では、研修会を提供し、世界史を教えるための資源を展示している。

はっきりと世界史に絞った資源センターはまだ多くない。一例は世界史資源センターであり、ノースイースタン大学世界史センターの一部門として一九九八年に設立された。そこでは、現職教師が専門性を向上するための活動や、カリキュラム開発、世界史教師のための資源の集成、そして、世界史の新たな教師の養成など、幅広い活動により、指針となるプログラムを作り出した。マサチューセッツ州教育省から後援を受けた、教師のための夏の集中研修会を皮切りに、資源センターは教師向けの研修会（ほとんどは複数回にわたる研修会である）を最初の五年間で三〇回近く開催してきた。[17]

教師が利用できる資源と研修会をより増やそうと努めるなかで、デボラ・スミス・ジョンストンが主導して、一九九九年五月から毎年の研修会として世界史シンポジウムが組織されてきた。そこでは、研究公表のための二〇もの組織から参加者があり、高校の第一学年以上で世界史を教えるための様々な研修会が提供された。このシンポジウムの強みは、世界史教育に協力して支援するために、地域研究の資源が集められたことである。もっとも盛会だったときには、二〇〇〇年五月の二日間のシンポジウムで、二〇の会に一五〇人の教師を集めることができた。[18]シンポジウムに参加した組織には、地域研究を公表するための六つのセンター、マサチューセッツ地理連合の後援を受けたグローバル・スタディーズの五つのセンター、ボストン子供博物館、国際問題評議会、そして「一次資料」や「歴史と私たち自身に向き合う」などの主導的な独自のカリキュラム組織などがある。ジェイムズ・ディスカントは二〇〇一年の五月と一〇月に第三回目と第四回目のシンポジウムを調整し、二〇〇一年五月の会にはマサチューセッツ人文科学基金から助成を得た。参加した教師と資源の諸組織の間で協力のためのつながりができたことは、このアプローチで得た小さくない成果である。

世界史資源センターは、専門性向上のための仕事の成果を基に、二つのプロジェクトについて大学審議会から表彰された。表彰は、二〇〇二年五月に最初の試験がおこなわれる世界史ＡＰコースの発展を支援するためのものであった。二〇〇〇年の夏に、資源センターは一週間にわたる研修会で、全国から選抜された三六人の教師と教授を研修会の指導者にするために訓練した。この人々はその後、大学審議会の顧問となり、教師たちに新しいコースの詳細を紹介するプログラムを率いることになった。二〇〇一年の夏に、資源センターはまた一週間にわたる研修会を催した。今度は一四人の指導的な世界史教師と教授が参加し、世界史ＡＰのために、教科単元、ウェブ案内、そして「ベストプラクティス」の手引きを作成した。それは大学審議会内のＡＰセンターのウェブサイトから利用できるようになっている。

財源

世界史を研究するための長期的な見通しがどれほど明るいとしても、それは段階を追ってしか達成できない。第９章で、私は世界史研究のための財源が比較的乏しいことと、主要な基金からの世界史に向けた予算や割り当てが比較的見えにくいことを論じた。現在のところ、私たちは、地球規模の研究に対する知的なアピールが増えていることと、その一方で、政府と学術支援財団のレベルで、このような研究と教育は新たな資源を使わずに達成できるといまだに信じられていることの間に挟まれた状態にある。

今までのところ、世界史の研究や教育のために継続して支援や寄付をする例は見られないが、個々のプロジェクトが得た助成の数は印象的である。ウッドロー・ウィルソン基金は一九九〇年代初頭に、三年間、世界史教師のための研修会を支援し、アネンバーグ・CPBプロジェクトは、世界史上の移住に関するCD‐ROMの開発を支援した。全米人文科学基金は、ノースイースタンでの一九九四年から一九九六年までの二年間のプロジェクトを支援し、その後二年間、世界史教師のための夏の研究会を、世界史学会と、のちには世界史センターと連携して支援してきた。全米人文科学基金は、合計で一二以上の世界史教育のプロジェクトに支援を与えてきた。そこには、ハイディ・ループが進めた、教師として就職する前の者に向けた共同教育プロジェクト、サンディエゴ州でのカリキュラム開発プロジェクト、ノースイースタン大学に拠点を置く世界史ウェブサイト、ジョージメイソン大学に拠点を置く世界史教育資料プログラム、そして、タフツ大学に拠点を置く、西アフリカのスンディアタの叙事詩についてのCD‐ROMプロジェクトなどが含まれている。

結論：資源を集めて作り出す

世界史の研究と教育に関連する資源の量は膨大である。それに比べて、明確に世界史の研究と教育を目的として用意された素材の量はささやかなものである。このため、世界史研究者は、他の目的で用意された素材を使って研究し、地球大の結びつきをつかもうと注意深く目を凝らしている状態にある。世界史を学ぶときに、教師も研究者もありあまるほどの素材を手にするだろうが、次第に、どの素材が一般的に世界についてのもので、どの素材が世界の結びつきについてのものかがはっきりしてくる。そして、世界史研究者は、後者に焦点を合わせる。さらには、世界の結びつきを探り出して資料で裏づける過程のなかでこそ、世界史研究者は、世界史を学ぶための新しい資源を作り出すことになるのである。

第22章　世界史を研究する

世界史分野で最も必要とされているのは、独創的な研究である。大規模におこなわれる場合でも小規模の場合でも、また、地元の図書館での研究でも広い範囲にわたる現地調査でも、世界史の新たな研究は、この分野が現在はまっている停滞を乗りきる助けとなるだろう。この停滞のなかでは、地方の研究を連ねたものが、空間と時間を横切る結びつきを分析することの代役を務めている。世界史研究の最高レベルでは、広い場所に拠点を多くコスモポリタンな研究者を含む専門家のチームが必要だろう。しかし、知的な試みをおこなう他のすべての分野と同じく、あまり専門化していないかたちで仕事をしたり、もしくは、より少ない資源で仕事をする研究者や観察者と緊密な交流がなければ、最も洗練された分析の仕事は進展しないのである。世界史の研究はあらゆるレベルで進められる。ある意味で、それは単に、より多くの歴史研究なのである。また別の意味では、これらすべての境界を横切っているために、難しいのである。

この章では、いくつかの異なるレベルでの研究について多少の指針を提供して、あらゆるレベルでの問題の類似点を示すとともに、大規模な研究あるいは小規模な研究にかかわってくるような特定の論点も示すつもりである。

世界史の研究ゼミ

最初は、大学院でのしかるべき世界史研究のコースから始めよう。なぜならそれは、明確な構造を示す実例だからである。以下は私が教えてきた研究コースの要約であり、幅広い経験をまとめるのに最も直接的な方法である語りという形式で提示される。一九九四年以降、私はだいたい二年に一度、政治史、社会史、文化史の間で重点を置き替えながら、地球規模の歴史を研究するゼミを提供してきた。博士課程の学生が登場する前だった初回を除いて、すべてのコースに修士課程と博士課程の者が加わった。

私は一九九四年の春に、地球規模の社会史で、大学院の研究ゼミを始めた。ノースイースタンの博士課程はまだ開かれていなかったが、修士課程の世界史未経験の二人がゼミを修了した。最初の数週間は、世界史、社会史、そして移民のテーマで選んだものを講読した。(1) 次に、学生たちは、大学図書館で利用できる資源を使って、国民横断的な社会史のプロジェクトを定めて実施しなければならなかった（一〇週間の一学期内に！）。一人は、合衆国、イタリア、そして日本における第二次世界大戦後のベビーブームを比較し、もう一人は、工業国における家族構造の二〇世紀の変化を探った。

次に私は、一九九五年秋に地球規模の政治史のゼミを教えた。四人の学生（これ以降のゼミは修士課程と博士課程の混成である）が、一八世紀から二〇世紀までの国民や国家と帝国の政治についての主要な研究五本を読んだ後で、帝国もしくは国際機関から研究のトピックを選んだ。(2) そこで提出された三つのレポートはきわめてよくできていた。一七世紀と一八世紀の密輸品貿易（とくにカリブ地域）とそのスペイン帝国およびイギリス帝国への影響、一七五九年のケベック獲得と一七九七年のトリニダード獲得の後にイギリスがカトリック教会とおこなった交渉、そして、二〇世紀初頭から一九六〇年代までの国際司法裁判所の創設と経験についてである。どのレポートも公刊史料に基づいたものだったが、地球規模の問題を手堅く扱った。

一九九八年春に六人の学生に教えた地球規模の文化史についてのゼミで、最初の一巡を締めくくった。このグループは最初に幅広い文化史を取り上げ、次に、文化史を地球規模の次元で考察した。はじめに、文化史について重要だが異質な文献四本を講読した。(3) 私は学生に、トピックを選んで、そのトピックの地球規模の歴史について二〇の文献を挙げて解題をつけ、さらに、そのうちで最もよいものをゼミ用に選んで報告し議論するよう求めた。その後で、地球規模もしくは地域横断的なレベルの文化史の研究を一つ決め、完成させて提出させた。このグループでもっともよかった作業は、一連のまとまった文献を選んで議論したことである。[4]地球大のスケールでの文化史への指向を作り出すには時間がかかり、研究プロジェクト自体は急ぎ足だった。研究プロジェクトでは、ヒンディーの映画とハリウッド映画の結びつき、ヨーロッパの布地と流行、世界のコーヒーハウス、合衆国とイギリスのロック音楽、そして、ハワイのフラダンスの変容が取り上げられた。

学生たちは文献を理解し批判して、研究プロジェクトを決めることまではうまくできたが、このアプローチでは、研究の経験に深く踏み込むことはできず、とくに一次資料や文書館での調査を重視することができなかった。このため、二〇〇〇年秋の地球規模の社会史のゼミでは、一次資料と文書館調査に重点を置いた（一〇週間の期間で手堅くできる程度に）。私は、移民、人口、そして家族に焦点を絞った研究に限定した。五人の学生はまずこれらのトピックに関連する主要な出版物を読んだ。[5]次に、個人のプロジェクトとして家族についての地球規模の歴史を書き、また、共同プロジェクトにより移民についての地球規模の歴史を書き上げるよう指示されたた。前者の調査はマサチューセッツ歴史協会や地元の他の文書館にある家族文書を用いて、後者は、近隣の図書館で全巻を見ることができるイギリス議会文書を用いて完成されることが条件だった。

個々人の課題で、文書館での研究に完全に基づいたものには、中国貿易におけるボストンの一家、北アメリカへのスコットランド移民、そして、二〇世紀のバルバドスとボストンの移民があった。共同研究のレポートのなかでは、三人で、香港とムンバイとそれらの周辺地域における一八九四年から一八九七年までの疫病の流行とその影響に焦点をあてたものと、他の二人による、一八九〇年から一九〇七年までの中国と英領中央アフリカから南アフリカへの移民労働を分析した。調査した経験は、自身のプロジェクトを作ってさらに作り直す経験を通して学生たちの心をつかみ、資料にきちんと裏づけられて、論を尽くしたレポートを作り出すことができた。これはよい始まりだったが、この経験が私に明らかにしてくれたのは、大学院の世界史のプログラムでは史料の集成を見つけ出すことに力を注がねばならないということだった。それによって学生は、地球規模の、あるいは国民横断的なレベルの、小さな研究プログラムを定めて完成できるのである。

二〇〇二年冬に開いた地球規模の政治史についてのゼミでは、概念の問題に注意を引くために、二次資料に頼る方に戻った。私が全体として主張したのは、帝国が、国民ほど分析されていないし、理論化されてもおらず、理論化するに値するということである。シラバスには近代における二五の帝国を並べた。九人の学生は、様々な時代と状況における帝国について一連の文献を読むことから作業を始めた(6)。最初の課題は、帝国の一側面について概念を論じるレポートを書くことだった。その概念を分析するのに、少なくとも三つの帝国を取り上げることになっていた。第二の課題は、一つの帝国への視点を地球規模の展望のなかに置いて書いてみることである。三つの帝国を扱って概念を論じるレポートで取り上げられたのは、官僚制、市民権、臣民を組み込むこと、自由のない労働、そして帝国が衰退しはじめるときのエリートの行動である。解釈を扱うレポートでは、帝国の食料供給、脱植民地化、貿易か支配かという選択、ベルギー帝国、そして帝国臣民をスペインに組み込むことなどが取り上げられた。

以上の五つの研究ゼミは、世界史の研究構想と研究技術を教えるための場として大学の授業を使うための、わずかではあるが継続的な努力を反映している。これらはどれ一つとして、世界史研究のしっかりしたコースという夢に達しているわけではない。しかしながら、これまでの成果が示しているように、地球規模のトピックを研究する系統だったコースが、学生に、知識を仲間と共有する機会を提供し、自身がこれから作るものの基盤となる最初の経験を与えると、私は信じている。指導を受けながら研究してこのような基礎を築き、世界史の他のコースの課題で補っていくならば、以下で考察する他のレベルの研究プロジェクトでも、構想を立てて実施することができるようになるはずである。

最小のプロジェクト：授業を準備する

最小レベルでの研究プロジェクトとは、ある授業の教材を準備するなど、短期的な必要に応えるために地球大の問題を早急に学ぶことである。このアプローチでは、研究者が、入手可能な素材をうまく利用して、やさしく伝えることができる結果を一つの報告にまとめることになる。百科事典、出版されている定評ある著作、教科書、主要な雑誌、そしてインターネットの検索エンジンなどが、検討中の問題に数日で答えを得るために調べられる類の資源である。最小プロジェクトのアプローチがうまく運ぶことが多いのは、主題についての情報を集めて比較してみるときである。モンゴル人が一一六〇年までにどの地域を征服したのか、また、一六〇〇年に何という帝国が存在していたのかを調べるのは、比較的簡単である。一方、過程や結びつきについて（東南アジアに製鉄技術がどのように広まったのか）、急いで情報を得るのはもっと難しくなってくる。

モンゴル帝国のロシアへの影響というトピックを例に考えてみよう。大学の教科書から始めるのなら（ベントレー、スポデク、あるいはスターンズなど）、モンゴル人による征服と、その後の金帳もしくはキプチャク・ハン国の形成についいては学ぶことができるが、それ以上のことはわからない。バルトルト・シュプーラーによるモンゴルについての古典的な小著には、もっと詳しく書かれている。[7]「モンゴル人」とウェブで検索エンジンに入力すると、チンギス・ハンについての情報と初期の征服についての情報が出てくる。「金帳」ならばもっと詳しい結果が得られる。つまり、カザンでの金帳の支配と、属国としてのモスクワ公国の興隆についての語り、キプチャクの硬貨の図像、そして、エルミタージュ美術館（モスクワ）とカザン国立大学所蔵の工芸品と美術品を見ることができる。さらに、図書館のカタログ（あるいはアマゾンのサイト）からは、ハルトフによるロシアとモンゴル人についての近刊を見つけることができる。[8]これらの素材を使えば、一時間の長さの授業を準備することができる。この話は、イヴァン四世（「雷帝」）

がカザンへの貢納を停止した一四六二年で締めくくることもできるし、一世紀後にロシアがカザンを征服するところで終わらせることもできる。

小プロジェクト：修士論文ならびに他の論文

小プロジェクトは、重要だが限定的な歴史の問題を定めて解決するものである。調査者は一次資料を探し出して精査せねばならず、それらを用いて問題についての独自の評価を下し、また、関連する二次文献を再考し、公刊されている研究と独自の調査を関連づけることになる。

論文や修士論文の要素や作成方法は十分によく知られているので、おもな二点だけ強調しておこう。第一に、修士論文もしくは最初の論文は、もしも著者が明確にトピックを選び、関連する資源を突き止め、適切な研究構想を組み立てられるならば、実際に世界史に焦点を合わせることができるということである(9)。

第二に、小さな研究プロジェクトは、大学院生が自分でノートをとりファイル化するやり方を作り出すのにとてもよい機会を提供することである。自身のやり方を少なくとも一年の間試せば、大きな研究プロジェクトでそれを試す準備ができたことになる。授業でレポートの期限に直面したら、紙になぐり書きでメモしたり、一つの大きなコンピュータファイルに文書を入力するのが一番簡単である。しかし、もし数か月や数年後にノートを参照したいと思うなら、もっと緻密で頼りになるやり方が必要である。

私は、指導教授が五×八インチのカードのシステムを大学院生に教えてくれたときのことを思い出す。カードの一番上にはタイプ打ちで見出しがつけてあり、金属製の引き出しのなかにきちんと整理されていた。私も五×八インチのカードから始め、数年間は続けた。これは今でも私が最も頼りにしているノートである。一九七〇年代に、文具商が四×六インチのカードを売ろうとして、五×八インチのカードがほとんど買えなくなった時期があった。この危機は乗り越えることができたが、これがのちにやってくることの前触れだと知るべきであった。

電子テクストのファイルによって、便利で検索しやすいという短期的な恩恵が生じたが、それは、基盤となるシステムが周期的に変わることでほとんど相殺された。現在、私には、CPM、DOS、ウィンドウズ、そしてマッキントッシュのシステムによるノートがあり、まださらに変化が到来すると考えられる。加えてワードスター、ワードパーフェクト、そしてワードの間の違いもあるし、文献目録に使った様々なデータベースプログラムについては言うまでもないだろう。システムとプログラムが近い将来に変わっていくことは確実だろうから、大学院生は単にノート作成の上手な方法だけでなく、それをシステムとプログラムが変わるたびにアップデートして変えていくやり方も構想しておかねばならない。

大プロジェクト：博士論文ならびに本

この本の第三部で紹介した近年の数多くの研究には、世界史の大きな研究を構想し実行するための豊富な情報が含まれている。しかしながら、そのなかでも多いのは、はじめにある地方を研究した著者が、二冊目かその後に書いた本である。この節では、研究者にとって初めての大きな研究努力の結果でもある世界史の博士論文を、大プロジェクトとして重視したい。このプロジェクトでは、研究構想という問題に取り組み、資源を見つけ出し、言語を学び、出張と研究のための財政支援を受ける必要がある。しかも初めての体験であり、指導委員会と折り合っていく必要もある。博士論文に必要な時間は、執筆計画を練り上げるのに一年ほどで、調査に一年か二年、執筆に一年ほどである。つまり、歴史の博士論文は、総合試験を終えた後、二年か三年で完成が望める。完成までの作業が長引くことはよくあるが、普通、遅れが生じるのは、教育活動などのために、調査と執筆を中断することと関連している。

世界史の博士論文は、比較、相互作用を扱うものと、地球規模の視野を持つものとに分類できる。明確に比較を扱う研究の場合、研究している間に当初の研究計画が変わることは少ない。研究者が二つかそれ以上の事例を資料により裏づけて、それらの比較をするからである。相互作用や地球規模の視野を取り上げようとする場合、研究している途中で、研究構想と解釈が変化しがちである。つまり、当初の研究構想が諸事例の比較である場合、研究中の素材について相互作用や地球規模のパターンを重視するように分析が作り直されるには、かなりの時間がかかる。

このように研究が進化すると、私が「マッキューエンのジレンマ」と呼んできたものに突き当たる。ノースイースタンでの元同僚であるアダム・マッキューエンが、博士課程の学生との議論のなかでこの問題を明確に提起したからである。この話は自身の経験に基づいている。博士論文では、中国南部から、シカゴ、ペルー、ハワイへの二〇世紀初頭の移民を取り上げた。論文には地球大での洞察が多く含まれていたが、比較による章立てという構成で書かれていた。マッキューエンは、太平洋を渡る移民たちをつなぐネットワークという概念を使って、地球規模のパターンを強調して本へと書き直していくなかで、以前の構成のせいで地域ごとに組まれたパターンが残り続け、そこからなかなか抜け出せなかったという。(10) つまり、ジレンマというのは、学位論文を諸地方の比較研究として仕上げて、のちに地球規模の結びつきを明示できるように期待するか、それとも、学位論文にもっと時間をかけて、地球規模でのパターンが明確になるまで構成を作り直していくのか、である。

インホン・チェンの博士論文は、明確に比較の視点によるものだったが、地球規模の緊張と変容も明らかにしていた。これはマッキューエンのジレンマの実例である。もともとの論文の各章では、個人の発展よりも社会福祉を志向するように人間の性質を変えるという概念である「新しい人間」の問題に焦点をあてて、キューバの革命攻勢を中国の文化大革命と比較した。この分析が示したのは、キューバと中国の体制がほとんど接触をとっていなかったにもかかわらず、社会を動員する双方の運動は同じような問題から発生し、著しく類似する力学に従って拡大して縮小して、そして、同時期の他の運動に影響を与えたということである(11)。

デボラ・スミス・ジョンストンは、世界史のカリキュラムについて博士論文を書いた。論文では、中等教育の生徒たちに世界史を教える際の、過去と現在の慣行を再考し、テーマごとのアプローチを使う利点を強調した(12)。その分析では、テーマ、時代、地域、学問の諸分野、そして教育学のアプローチのそれぞれからコースの素材を組み立てようとする要請について、その間での競合から生じる緊張関係を強調する。研究のためのデータには、世界史分野で仕事をする教師や教授に対する数多くのインタビューと、世界史を教える際に使われる個別論文や二次資料が含まれている。その分析では、地域研究の文脈のなかで政治について語ることを基盤にする授業の限界を突き止めるが、世界史教育に向けたテーマ別のアプローチを確立するには、世界史の諸テーマについて基準と定義を設定する必要があることも示している。

地球規模の研究プロジェクト

世界史研究での最大の限界の一つは、歴史上のデータが地球規模の視点で組み立てられていないことである。歴史上のデータは、元々のかたちでは、一般に局所的なレベルで見つけられる。歴史家が、歴史上のデータを寄せ集めて変形し、私たちが今手にしているように国民レベルの集成にする仕事には、一世紀以上の時間がかかった。あるレベルでは、国民単位のデータを積み重ねて地球規模の像を作るのは簡単である。これは、人口史や経済史のいくつかの研究でとられたアプローチである。別のレベルで見ると、現在の政治単位は、過去数千年の歴史を研究するのに必ずしも適切な地理的単位ではない。

私は、地球規模のレベルで歴史上のデータを作り出し分析するために、協力して活動するための組織を作ることが望ましいと思う。アプローチの一つとしては、正式な、もしくは非公式な、研究志向型の世界史研究者によるシンクタンクを作ることがある。それは世界史の専門家たちの結びつきを育てるべきであり、他の研究者や助成団体との頼りになるつながりを築くべきである。世界史にとって研究すべき課題となっている主要な項目を明らかにして、それらについて、歴史や人文学や社会科学の研究を助成する私的公的な機関に、上手に理論的な裏づけをしたかたちで提示するべきである。このシンクタンクは、国際歴史学会議、アメリカ歴史学会、アメリカ歴史家学会、社会科学史協会、科学史の研究者たち、そして、歴史を専門とする他の集団との連携を模索するべきである。さらに、学際的かつ地域横断的な研究での強さを育てるために、地域研究の諸協会ともつながりを探るべきである。同様に、このシンクタンクは、社会学、経済学、人類学、地理学、文学、政治学、芸術史、そしてその他の学問分野の機関と連携を探るべきである。最後に、この研究集団は、小学校から大学までの教師らの諸集団と確固としたつながりを打ち立てるべきでもある。それは、最新の研究成果を伝え、授業での優先順位や成果を知り、今後の研究のための指針を提示してもらうためである。

私は、ノースイースタンおよび他校に属する同僚とともに進めてきた世界史データバンクを、地球規模の研究プロジェクトの一例として示してきた。これは、歴史上のデータを地球規模で組み立てるプロジェクトとして、次の一歩となるものである[13]。このプロジェクトは、過去四世紀にわたる四種類の計量可能なデータを集めるものであり、それらは互いに関連し、世界史で現在議論されているものである。現在の議論では、世界経済のなかでの成長、不平等、支配、そしてシステムの作用や、移民の動きによる世界の諸地域の変容、そして、過去と現在における家族と社会生活の変化などの鍵となる問題について、時系列的かつ国民横断的な次元で取り上げられている。具体的に見ると、集められるべきデータは、(a)貴金属、布地、穀物などの日用品の貿易量と価格、そして賃金率、(b)地域内および地域間の移民の流れについての系統的な推計と、その人口規模との比較、(c)家族規模と家族構造についてのデータ、(d)他のデータを換算し標準化するための、度量衡、貨幣価値、場、地理的地域、そして人口単位である。収集してデータを処理するには幅広い協力が必要である。

データを集めて生のデータをウェブ上で公開することに加えて、このプロジェクトの重要な一歩は、比較できるようにデータを変形することである。財の価格と量の場合、これは、同等の貨幣価値と度量衡を見つけ出すことを意味する。人口と移住の推計の場合には、データが適用される一定の時期について、世界のなかの標準かつ同等な諸地域を定義することを意味する。家族規模と家族構造の場合、比較可能にするためには、ある歴史状況と他の歴史状況を比較できる条件になるよう、家族についての記述を翻訳するシステムが必要である。

このプロジェクトはまだ計画段階にあり、資金援助も受ける必要があるが、世界史の分析をさらに発展させるためになされるべき類の仕事である。世界史研究者はいまだに、おもに個人研究者として自分だけの力と洞察に頼って仕事を進めている。それはときに畏怖の念を起こさせるものである。成果や批評を共有するために、研究者が互いに手をつなげるようにすれば、これら個々人の研究者の能力をさらに発展させることができる。(14) しかし、世界史がたとえ系統だって分析されたとしても、長期間を対象として全世界についての系統だった研究を可能にするデータを作り出し編纂するためには、協力活動と主要な機関による支援が必要なことは明らかなのである。

結論：地球規模の知識を作り出す

世界史についての知識を前進させるという課題は、世界史研究の基本的な原則が幅広く堅実に適用されるならば、より順調に達成できるだろう。いくつかの原則はかなり単純なものだと私には思える。第一に、世界史研究者は旅に出るべきである。第二に、世界史研究者は協力して働くべきである。協力して仕事をすると、データを集めるときだけでなく、どのデータを集めてどのように結果を判断して説明するかを決めるときにも、多くの成果が得られる。第三に、世界史の研究プロジェクトには、しっかりした研究構想が必要である。そこで重要なのは、研究中である世界史の大きな問題について、集められるべき特定のデータについて、そして、データと問題の関係について、明確になっていることである。第四に、世界史研究で使われるデータは、注意深く組み立てられ、一貫性があるように修正される必要がある。境界を越えて作業するということは、データの集合が、整然と一貫した情報を与えてくれることはほとんどないだろう、ということを意味する。そのため研究には、境界を越えて分析できるように、異なるデータの集合を一貫したものへつなぎ合わせるという、骨の折れるが重要な仕事を含むことになる。(15)

歴史研究者の数は多いので、小さな問題に焦点を絞る者と大きな問題に焦点を絞る者との間で、そして、局地的な問題に焦点を絞る者と問題間の結びつきを追う者との間で力を分けて担当できるだろう。結びつきを追究する者にとっては、どの枝をたどっていくのかを繰り返し選び続けることに、そして、自分が通り抜ける領域を決して完全に習得できないことに、欲求不満が生じる。だが、他者の過去を追体験するだけであるこのような航海者たちも、大きなパターンを垣間見られることに満足を得られるし、また、果てしない好奇心をもつ人間たちという自身の対象と同じくらい、歴史家が、遠くへ、そして広い範囲へと冒険できることを実演してみせることで、満足を得られるのである。

第23章　結論：世界史における課題

世界史という分野は、自発的に、そしていくぶん無秩序に拡大し続けている。[1]研究者によるこの自由放任的なアプローチが続くならば、歴史に対する地球規模のアプローチからさらに多くの個別研究が現れることになり、次第にその貢献が特定できるようになるだろう。しかしながら、私の経験によれば、世界史への洞察力を養うという目的を掲げて活動すれば、この過程をはるかに速めることができる。学問の習得を速めるために、世界史を研究し、学習し、教育するための包括的な機関を設立するよう呼びかけることを、私は多くの議論の中心に置いている。

この結論部では、本書で登場した素材を、一組の課題として、つまり、世界史を実践する五つの領域としてまとめてみよう。これらの課題に注意すれば、世界史研究者は、本書で強調した五つの領域の知識と技術を維持し発展させることができるだろう。だが同時に、支援してくれる組織のなかにいる場合でも独学の場合でも、歴史の研究と教育の仕事は、個人のレベルでおこなわれる。この章で私が提供する一組の課題を実行すれば、世界史の研究プログラムを進める個々人や小グループを強化してくれるだろう。私の考えるところ、この五つの注意事項と優先事項のカテゴリーは、あらゆるレベルの歴史研究者が、手近な知識を使って人類史の有用な解釈を作り出す際に、手助けとなるだろう。[2]

先行研究の成果

今日の世界史研究者にとって、これまで学ばれてきたこととつながりをもち続けることが、課題の一つである。世界史については古くから多くの重要な議論が記され、また多くの価値ある古くからの真実が語り直されてきた。新たな知識は刺激的であり、興味をそそるものだが、これまでに蓄積された知識も重要であることに変わりはない。多少異なった具合に言い換えてみるならば、物質世界が昔に比べて大きく変わったとしても、人間精神はそれほど変化していないのである。

少なくとも三世紀の間、わずかな数ながら非凡な読者と深遠な思想家が、人類の発展の総合的な輪郭を把握しようと試み、そのなかで世界史の図式を精緻化してきた。私が取り上げてきたのは、古い順に、グイッチャルディーニ、ボダン、ボシュエ、フォントネル、ヴィーコ、ヴォルテール、ギボン、ヘルダー、コンドルセ、ヘーゲル、コント、ランケ、マルクス、ヴェーバー、シュペングラー、トインビー、そしてマクニールである。(3) これらの思索する人々による作品は、歴史を、哲学、宗教、社会的主張、そして経済分析と混ぜ合わせることも多かった。けれども、このように混ぜ合わせて複雑になったからといって、私たちの歴史理解に対する影響力が弱まるわけではない。さらに、明確に世界史について書いた者たちは、大冊を著してきた。二〇世紀に書かれたトインビーの一〇巻本の世界史よりも、規模の点では、一九世紀にドイツ語で記されたいくつかの世界史集成の方が、もっと長大である。一八世紀イギリスの『普遍史』は六五巻に達した。(4) これらの解釈で論じられた問題には、物質、社会、知性および精神といった領域における変化の原因や、支配の性質と支配の達成、文化および政治の長期的パターン、そして歴史上の変化における個人の役割などが含まれている。

一八世紀末までには、いくつかの重要なことが学び取られ、いくつかの主要な議論が提起された。人類は単一の起源をもつのか多元的に発生したのかという議論は、おおむね単一起源の方向で解決されたが、だからといって、人種ごとに特有の性格があるという学説が受け入れられることを、妨げはしなかった。人間社会の進化と発展という概念、すなわち進歩という学説が、明確に表されて、資料によって裏づけられた。複数の異なる文明が存在するという思考が体系化されたが、それと同時に、ヨーロッパ（もしくは「西洋」）が卓越しているという思考も登場する。帝国の興隆、変容、衰退という長期的な力学が、資料で確認された。

一九世紀、国民国家と国民教育制度が広範に形成されるのと関連する過程で、大学では歴史の専門職が形成されたことにより、過去を保存する公的な役割を担った人々は、世界史をめぐる対話から徐々に遠ざかっていった。歴史の専門家は、それぞれの国民的伝統という肥沃な庭のなかで、客観性を備えているという名声を育んだが、その一方で、人類史のより広い研究を、思索的で、哲学的で、過度に一般化された見方だとして、軽蔑する態度を示した。それでもなお議論は続いた。象牙の塔のなかではなく、公共の広場においてではあったが。

二〇世紀半ばまでに、人類の発展の力学について、いくつかの仮説が論じられるようになった。マルクスからは、経済構造が、ある社会における社会的文化的上部構造を規定するという見方が現れた。むろん、この経済構造自身も、諸力の対立のなかから出現する。ヴェーバーからは、強力だが競合する社会的諸力として、商業と官僚制という観点が登場する。シュペングラーは、繰り返される文明のライフサイクルをたどり、トインビーは挑戦と応戦の長期的パターンを思い描き、フロイトは人間が繰り返し動物的衝動を抑圧してきたことを強調した。マンフォードは歴史における都市の衝撃を描き、ラティモアは境界領域の動力に焦点をあてた。(5) これらすべての思想家によって、歴史における結びつきへの注目が、ある程度明確に宣言されはじめたのである。

世界史を専門的に研究する基礎を築いた著作には、ウィリアム・マクニールが一九六三年に著した『西洋の興隆』や、それに続いて公刊された、アルフレッド・クロスビー、フィリップ・カーティン、アンドレ・グンダー・フランク、そしてイマニュエル・ウォーラーステインのものが含まれる。だがこれらの著作は、すでに数十年前か数百年前に始まった議論を、翻案し更新したものだと捉えることもできる。ウォーラーステインによって一九七四年に上梓された『近代世界システム』は、一六世紀の商業の拡大が、近代世界経済に本質的な変化をもたらしたと主張した。これは、一九四〇年代のドッブ・スウィージー論争でのスウィージー側の立場であり、二〇世紀初頭にマルクスを批判したヴェーバーの論を支持するものであり、そして、一七八〇年代のヘルダーの記述を繰り返すものでもある(6)。この議論のなかで、一方は、一六世紀の資本主義的商業の拡大を近代経済の主要な変化と捉え、他方は、一八世紀の工業生産と賃金労働の増大に注目してこの変容を捉えた。この議論は今も続いている。

発展する学問諸分野

世界史研究者にとっての第二の課題は、過去の研究に関連する学問諸分野がますます増えるなかで、それらの学問諸分野の変化と進展に対して、つねに注意を向けていることである。それは、社会科学から、人文学、芸術、そして自然科学にまで及ぶ。地域やトピックに特化されたものも含まれる。それぞれの分野において、分析の技術の改善や、理論についての議論や発展がなされるのを、追跡していかねばならない。今日、知識の拡大はきわめて速くなっているため、絶えず新たな学問分野が登場し、既存の分野が結合していく。結果として、世界史研究者にとっては、新たな知識と新たな知識の形態が供されることになる。

当然のことながら、世界史研究者は、関連するすべてのアプローチと証拠を習熟することはあきらめている。だが、同じように当然に、どの学問分野を詳細に学ぶべきか選択する能力を養っており、自身のその能力を信頼している。歴史家は他の専門家の作品を消費するだけではない。むしろ、世界史研究者がもつ広大で相互作用を重視する展望によって、利用した学問分野を結びつけ組み合わせて、新たな応用法を作り出すこともできるだろう。このように、歴史家は、他の研究者の解釈に耳を傾ける聴衆であるだけでなく、理論を批評し、作り出す者にもなりうるのである。

古い議論と新しい議論

世界史研究者にとっての第三の課題は、鍵となる議論が、新しいものであれ古いものであれ、解決済みか継続中なのかを確認することである。世界史で新たな学問的議論の中心になるのは、新しく見つかる実証的な証拠と、新しい証拠を生み出す理論および分析技術である。世界史で今も継続している議論は、何世代も受け継がれてきた哲学的なジレンマに由来している。

近年の大きな議論の一つは、一六世紀から一九世紀までの世界経済に焦点をあてている。この論争は、優劣という視点から語るならば、東アジアと西ヨーロッパのどちらが、産出、生産性、そして利益において、世界を主導したのかというものである。同じ問題は、結びつきという言葉で表すならば、銀による地球規模での貿易が、地球規模の生産システムにおける東アジアと西ヨーロッパと他地域の相互依存について、何を明らかにできるのか、ということになる。(7) この議論は、単に答えを出すためのものではない。解釈を発展させるためには、どちらの問題提起が最も役立つかを問うているのである。

別の大きな議論では、ナショナリズム、そして国民に焦点があてられる。優劣という視点から見るならば、国民というものは、北大西洋地域で発展した政治システムで、のちにそこから世界の他の部分に輸出されたのかどうか、これが問題となる。結びつきという視点から見ると、国民というものが、どのようにして、あらゆる人間にとっての政治組織になったのかが問題となる。(8)

現在に近い時代の経済や政治をめぐる議論よりも、より古い時代に関する議論ほど、学際的になっているようである。言語学、考古学、そして他の学問分野の研究者が、インド・ヨーロッパ諸語を話す人々について、一万年前までにユーラシアの中心部を横断した動きを追い、その起源となる場所について、人口の集中について、そして他集団との間や内部での文化交流について議論してきた。同様に、まさにそのユーラシアという空間における、宗教的伝統の間の相互作用にも、研究者は注目してきた。ユダヤ教、キリスト教、そしてイスラームの間の結びつきはよく知られているが、一方で、近年の著作では、仏教、ヒンドゥー教、ゾロアスター教、そして他の伝統の間の商業的、文化的、哲学的なつながりが検討されている。(9)

これから詳細に展開されるべき議論は他にもまだあるが、確かなのは、いったん新たな証拠が見つけ出されれば、それらの議論が明るみに出るということである。世界史のなかでジェンダーはどのような場所を占めるのか。家族の構造と振る舞いには、どのような地球規模のパターンがあるのか。議論の機が熟したトピックを挙げれば、長大なリストを作ることができる。(10)

歴史上の変化のパターンに関するこれらの議論のなかで、根底にある分析上もしくは哲学上の一定の選択が、毎回繰り返し登場してくる。異なる地域での類似は、別個に発明されたのか、それとも伝播によって説明できるのか。強調するべきは、個々の歴史状況の唯一性なのか、それらすべてを関連づける共通性なのか。連続性と変化のどちらをより強調すべきなのか。物質生活の変化が新たな思考をもたらすのか、それとも、人間の思考の変化が物質世界の変化をもたらすのか。人類史の長期にわたる変化を、一つの進歩と見るべきか、それとも変化の重要な循環が（それが経済的なものであれ、文化的、哲学的なものであれ）存在してきたと考えるべきか。過去の展開は、何らかの意味をもつ決定的なものと見るべきなのか、それとも単に結果をたどれるだけの偶然によるものなのか。過去を分析するときに、歴史の変化を加速した独自の要因を見つけ出そうとするのか、それとも、多くの影響の相関関係と相互浸透を通して変化を説明するのか。つねにつきまとうこれらの問いに対して、家族史や地方史や国民史の場合と同様に、世界史の場合にも、世代ごとの経験によって、異なる強調点が置かれることになる。つまり、確かなことは、それぞれの世代が自身の世界史を書く必要があるということである。

地球規模の論理

世界史研究者の第四の課題は、論理的に世界史を探究することである。世界史の論理は総合的でも個別的でもあり、人間生活の経験に関する広範囲の証拠に注意を払わねばならない。世界史は、おそらくその起源からわかるように、私たちの歴史を説明するための一連のアプローチであって、何らかの一つの形式ではない。それは歴史のテーマと方法が傘状に集まったものであり、境界をまたがる結びつきを重視することによって一つにまとまっているが、違う種類の、しかも対立するようなアプローチや解釈すら含んでいる。それは単一のアプローチでも単一の洞察でもないし、ある一つの利益集団による見解でもない。むしろ、多くの歴史的関心が収斂して相互作用を起こす、一つの領域なのである。ゆえに世界史の方法とルールとは、異なる種類のデータを組み合わせて分析するためのルールなのである。(11) 世界史分析のルールは、あらかじめ決められた品を作るための正確なレシピとして供されるのではなく、一揃いの方法論上および哲学上の優先事項を提供するのである。

ここで、世界史の諸問題に対して、一つの解釈を作り出し評価するために、私が作った全般的な手順を記しておこう。それぞれの段階において、これらの解釈の手順は、論理の一貫性、資料による実証的な裏づけ、そして地球規模の力学を見つけることに注意を向けている。その成果が確実に幅広く結びつけられ、同時に、個別事例に基づいたものにするために、一つ一つの手順は、分析を広めたり狭めたりするなかで順番が入れ替わることもある。

研究のトピックと目的を選択する

世界史はあまりにも多くを含むということにみなが直面するので、誰もが研究のために特定のトピックを選ぶ覚悟をしなければならない。幸運にも、多くの、おそらくはほとんどの歴史上のトピックは、地球規模での分析が可能である。歴史家は、それぞれに、過去のどの部分を分析するのかを選ぶにあたって、問題や議論やジレンマについて、他者の定義を受け入れるのではなく、自分自身で責任を負う。それを選択する論理を説明できなければならないし、選択の結果として得られる解釈を受け入れねばならない。

探索的比較

あるトピックを選んだら、トピック間の結びつきや類似性や対比を可能な限り考察し、関連するトピックや類似のトピックを広く探して比較するべきである。このようなブレインストーミングは、世界史分析が幅広く包括的であることを保証するために欠かせないものであり、それによって、あるトピックの思いも寄らない次元が明らかになるかもしれないし、資料で確認されるべきパターンや相互作用が推測できるかもしれない。[12]

力学をモデル化する

世界史研究者は、異なる種類の情報を関連づけて一貫した物語を作ろうとするなかで、事実がおのずから語りはじめるのを待つのではなく、自身の論理を形作らねばならない。歴史家にとってのモデルは、明解で詳細かつ演繹的な理論から、魅力的だが不正確な喩えに至るまで、広範囲にわたる。いずれの場合においても、モデルは、着想が試される際に限界まで探索される必要があり、地球規模での変化の力学に光をあてるものでなくてはならない。世界史をモデル化するために、分析者は、事例、ネットワーク、システム、そして議論を考察し、これらの行為のいくつかを同時に遂行する技を磨く必要がある。

結びつきを突き止める

世界史研究者は、過去における諸々の出来事と過程の結びつきを探し出し、また、私たちが過去を探究するときに用いるモデルと学問諸分野の間の結びつきも探し出す。とくに、モデルは、研究中のいくつかの領域に関連するだろうから、研究中のトピック内で、下位システム間の関連を探し出すことが重要である。世界史は、より広いパターンを説明できるよう、過去における時、場所、そしてテーマのなかで、偶発的な結びつきと系統だった結びつきの両方を関連づけることになるだろう。

結論を検証する

世界史研究者は、過去についての議論を展開したならば、次に、その検証を試みねばならない。これは一般に、分析の部分ごとに、そして研究全体について、歴史上のデータを分析して、あるモデルを他のモデルと比べることを意味する。この課題は、たとえ部分的にしか遂行できなくても、「どのようにして知ることができるのか」そして「何と比べているのか」という質問を扱うことになる。これにより分析は、洞察から確認されたものへと移ることになる。

展望を替えてみる

世界史研究者は、ここまでの手順を終えて、過去への展望を発展させた後で、その問題を見るために、別の妥当な方法がつねに存在することを見つけるだろう。そこで、この次の手順は、内側からも外側からも分析を考察し直して、新たな展望から、以前の手順を何度も繰り返すことである。ある者が自身の視点から解釈を評価したら、次に別の者が過去から再評価すべきであり、また、ある見方を通して解釈を探索したならば、次に別の学問分野の分析を通して、そして、短期的な展望および長期的な展望のなかで再考するべきである。

総合的解釈

少なくとも二回はこれらすべての手順を実行した後で、総合的な解釈を提示できるだろう。それは必ずしも入手可能な全情報の総合である必要はないし、おそらく決定的な結論でもなく、むしろ暫定的な要約に近いものになるだろう。このような要約が効果的に提示されたならば、洞察に満ちたものになるだろうし、さらなる議論と研究を刺激することになるだろう。

以上の七つの手順のなかには、多くの細目が含まれるだろうし、下位のカテゴリーも含まれるだろう。以上の世界史研究の論理の要約は、過去を分析する枠組みを提供し、その枠組みは、幅広いパターンを強調するのと同時に、歴史上の経験における特定の関連をも強調することになる。

包括的な研究習慣

今日の世界史研究者にとっての第五の課題は、しっかりした研究プログラムに従うことである。世界史に熟達するためには実践が必要である。すなわち、世界史研究者は幅広く読書し、繙いた学問研究について他者と議論し、それらの研究のなかで、空間、時間、そして主題の境界を越える導きの糸をたどるべきである。大学院での歴史研究は、より深く教えたり地球規模のレベルで研究したりできるようになるために、最も頼りがいのある道である。世界史研究を有力な分野として確立するために、必要であるがまだ対処されていない最重要の課題が、大学院の教育プログラムである。世界史のしかるべきプログラムが作られれば、教員も研究者も大いに恩恵を得るだろう。大学院でのプログラムがあまり整備されていないということは、密度が濃い詳細な研究から現れてくるはずの新鮮な思考から、世界史がいまだ十分に利益を得ていないということを意味している。

より前向きな言葉で述べるならば、大学院での研究に本格的なプログラムを確立することで、世界史は活気づき、世界史研究者は、広大で複雑な研究分野への挑戦に向かえるようになるだろう。このようなプログラムは、研究者に対して、人類史のなかの結びつきや広大な過程を分析して明らかにするという、生涯の仕事に向けた訓練を提供するだろう。また、大学院での研究プログラムは、学部と中等教育の教員に、地球規模の歴史における相互作用を扱った文献と議論について、専門知識を提供する。そうすればその教員は、生徒や学生に対して、次の世代に適切となる問題と解釈を作り出すように促すことができるだろう。だが、大学院でしかるべき学習をしてもしなくても、世界史研究者は、鋭敏な研究習慣を保つ必要がある。そうすれば、地球規模の過去を理解するために、最重要な新しい情報と新しいアプローチを得て活用できるのだから。

結論

歴史家は、軽率にも、自らのトピックが無比のものだと主張しがちである。だが、私たちが、私たちの歴史認識において無比の瞬間に生きているということは、示しておきたい。近年では、数多くの博識な人々が、研究の主要トピックとして地球規模の相互連関を取り上げるようになったのだから。同様に、注意せざるをえないのは、合衆国での世界史への動きが特殊であることである。それは世界的な覇権国としての地位や、かつてるつぼと呼ばれたコスモポリタンな結びつきの中心であることや、独特な公教育制度に由来する。同時に、ポルトープランスやシンガポール、キンシャサ、トリーノ、ウラジオストックなど、主要路が交わるいずれかの場所に数日間旅するだけでも、地球大の展望と洞察が共通性をもつことは、十分確かめられるだろう。

本書の冒頭では、世界史のあらゆる企てを〈結びつき〉という語から吊り下げてみようと試みた。だが、ただ一つのこの言葉だけで、世界史を十分に特徴づけられるのだろうか。〈結びつき〉という言葉は、それに続く他のいくつもの説明がなければ機能できない。私はさらに、〈選択〉、〈比較〉、〈モデル化〉、〈展望を替えてみること〉なども加えてきた。しかしながら、〈結びつき〉は、他のどんな語よりも、世界史分析の性格を示している。それは局地性と唯一性を認め、それでもなお幅広いパターンをも連想させるのである。

世界史研究とは、複雑な思考の練習である。世界史研究は、そのようなものとして、合衆国や他のどの国民であれ、成熟した大人に対してだけでなく、教育を優先的に受ける者たちに対しても、思考を刺激する挑戦を提供する。どこにおいても学校政策では、数学と文法に重点が置かれる。つまり、重視されるのは、文法の規則を学ぶことであり、いくつかの変数を含む問題を解く技術を洗練させて、レベルを上げていくことである。それに対して世界史は、学生や生徒に多くの変数を与えて、自身で問題を選び、その限界を定めて、解決を試みるよう求める。世界史は、問題を選択し、多くの変数を扱い、範囲を絞り、分析を発展させ、そして、同じ問題を見直すために展望を替えてみる習慣を提供する。世界史を学ぶことは、人生そのものに向けた格好のリハーサルなのである。

謝辞

この著作へと至る仕事が始まったのは一九九〇年のことである。とくにそれは、私がノースイースタン大学で教えていた大学院のコースのなかから、つまり、歴史学研究法、地球規模の史学史、そして、地球規模の社会史、政治史、文化史の研究ゼミから発展していった。私が地球規模の史学史についての論文だと考えたものは、二つの主要な雑誌から体よく却下されてしまったのだが、それは、さらに改訂を進めるにつれて、平均して年に一章ないし二章の割合で育ち続けた。

博士課程ができる前の日々に、大学院での世界史教育へのアプローチを発展させるにあたって、多大な支えと貴重な意見を与えてくれたノースイースタン大学の四名の修士課程学生、スザンヌ・マケイン、ケリー・ファァレル、レベッカ・イーズ、ペリー・タッパーには格別の感謝を表したい。博士課程が開設された一九九四年からは、パメラ・ブルックス、インホン・チェン、そしてサラ・スウェードバーグが、新しい課程に最初の体裁を整える先駆者となった。一九九五年には、デジレ・エヴァンズ、ジェイムズ・ボウシェン、ホイットニー・ハワースが続いた。一九九六年以降、多くの学生が加わり、『近代世界史のなかの移住』のCD‐ROMを作るために一緒に作業するようになってからは、何章にも育っていた私の文章を学生たちも論評できるようになった。この段階に加わったのは、博士課程のエリック・マーティン、デヴィド・カリヴァス、ジェフリー・ソマーズ、デボラ・スミス・ジョンストン、ホイットニー・ハワース、故ヘクター・エンリケ・メロ、そして修士課程のパティ・ホイットニー、ペイメイ・ロン、ドリー・ウィルソン、ジュリー・ゴティエ、デヴィド・キンケラ、アタナシオス・マイケルズである。一九九八年からは、クリストファー・ハリス、ビン・ヤン、ジョージ・レクライティス、ジョージ・デナー、ティファニー・トリマー、ジェレミー・ニール、ステイシー・トゥイーディ、ジョシュ・ウィナー、ジョン・ケリー、ティファニー・オルソンを含むグループが、さらに版を改める手助けをしてくれた。優れたグラフィック・デザイナーであるクリスティ・スターク、さらにタフツ大学博士課程のパーカー・ジェイムズとブランダイス大学博士課程のリチャード・ラートは、世界史の著作をいかに作るかということについて、わたしの考えを明確にするための手助けをしてくれた。

世界史の冒険的企てに提供してくれた助力に対し、ノースイースタン大学史学科とアフリカ系アメリカ人研究学科の全同僚に、感謝をささげる。アダム・マッキューエンとクレイ・マクシェインは、格別の示唆を与えてくれた。ビル・ファウラー、ロバート・L・ホールとジェフェリー・バーズからは、絶えず励ましと支援をもらった。私が本書で表明した考えを議論し、推し進めてくれた、他の研究機関に勤める仲間たちは、次の方々である。ピーター・グラン、アンドレ・グンダー・フランク、アルフレッド・クロスビー、マガン・ケイタ、ニコラ・ディ・コスモ、ロス・ダン、ハイディ・ループ、リンダ・シェイファー、ジョゼフ・ミラー、キム・バトラー。

編集段階では、再度の改編に加え、一般的な概念を明晰な文章へとまとめていくために、粘り強く質問を重ね、理にかなった返答を思いつかせてくれたエディトヘッズ社のキム・A・ペダーソン、その熱意と指導力に助けられることと大であったパルグレイヴ・マクミラン社のデボラ・ガーシュノヴィッツとブレンダン・オマリー、精巧に原稿整理と編集をしてくれたエニド・ステュービンに感謝したい。

さらに、この本のなかに不足と欠落、つまり、引用すべきだった多くの著作、説明すべきだった諸傾向を見つけて教えてくれるだろう仲間たちにも、前もって謝意を表させて欲しい。この著作中の誤りや欠陥はすべて私自身に帰するのだが、世界史についての学問的対話を前進させるというやりがいのある仕事を、他のみなさんとともに続けていきたいと私は望んでいる。

ここ数十年にわたり、大学院レベルで世界史にかかわる仕事をするなかで、私は、望みうる限りの学術的興奮を得てきた。挫折や失望は、新しい結びつきのカテゴリーを開拓し、よくできた学術論文の完成を支援する喜びには比べようがない。ノースイースタン大学の世界史課程は、世界史が博士課程のレベルにおいてまさしく正当な、かつ重要な専門領域であるということを示してくれた。それは、私にとって満足であったし、他の多くの人たちも満足できたと思っている。ノースイースタン大学の課程は、現在、世界史を正当な研究分野として思い描けない大学や資金提供団体からの財政的、あるいは学術上の支援不足のため崩壊に瀕している。しかし、研究課程がある場所で消え、また別の場所で更新されるというのは、アメリカの大学生活でよくあるパターンである。世界史研究は、多くの失敗に至る始まりのあとで、長い期間置かれていたアマチュアの活動という地位を乗り越え、近いうちに、人類の過去における結びつきのパターンを明らかにするための専門分野になるだろう。

妻のスーザンは、互いに中年期を過ぎた頃に私と一緒になり、静かな退潮の始まりへと向かったかもしれない時を、暖かく心地よい環境のなかで、新たな冒険の時へと変えてくれた。その支えにたいして妻に、大人になりつつある娘のジーナとパメラに、そしてやはり大人へと成長していくスーザンの子供たちのタニア、チャールズ、アマカに心から感謝の意を表する。弟のカートには、諸々のシステムをめぐる何年にも及ぶ対話を謝する。カートの宇宙論にかんする仕事の視野は、この私の研究がもつ時間と空間の範囲をはるかに凌駕している。

この本を父ジョン・V・マニングに捧げる。幼い頃、父は私に世界を紹介し、その多様性を評価することを、そして世界を変えるためにチャレンジすることを教えてくれた。父はこの惑星を探求し、楽しみ、よりよき場所に変えようと日々批判的に奮闘し続けている。その行為を通して、彼はすばらしい手本を自分の子に、そしてまた他者にも示しているのである。

二〇〇二年六月、ボストンにて

パトリック・マニング

訳者あとがき

本書は、Patrick Manning, *Navigating World History : Historians Create a Global Past* (Palgrave Macmillan, 2003) の全訳である。

著者のパトリック・マニングは、ピッツバーグ大学で、アンドリュー・W・メロン財団助成の世界史教授の地位にある。二〇〇八年からアジア世界史学会（AAWH）理事、二〇〇九年からグローバル史のアフリカネットワーク（ANGH）理事、二〇一〇年からグローバル史・世界史研究組織ネットワーク（NOGWHISTO）理事を務め、二〇一六年にはアメリカ歴史学会（AHA）の会長を務めている。

マニングは、一九六〇年代、ウィスコンシン大学マディソン校で大学院生活を送り、一九六九年に南ダホメの経済史の論文で博士号を得た。主専攻はアフリカ史、副専攻はイスラーム史と熱帯地域の比較史だった。

マニングは本書のあちこちに自身の経験を折り込んで執筆している。マディソンでの指導教員はフィリプ・カーティンであり、本書では、歴史家による地球規模の個別研究の先駆者として紹介されている。カーティンが率いるマディソンのプログラムは熱帯地域の比較史であり、のちに比較世界史という名称となる。このマディソンのプログラムは、合衆国における「世界史で最初の公式な大学院教育プログラム」であった。

その後、マニングは一九八二年に単著『一六四〇年から一九六〇年までのダホメにおける奴隷制、植民地主義、そして経済発展』を公刊した。その後、アフリカ史、そしてその外へと研究を広げ、『サハラ以南フランス語圏のアフリカ、一八八〇年から一八八五年まで』（一九八八）、『奴隷制とアフリカの生活――西洋、東洋、そしてアフリカ内の奴隷貿易』（一九九〇）を公刊する。一九九〇年代にはさらにテーマを広げて、『近代世界史のなかの移住』のテーマで教育用のCD-ROMを作成し、二〇〇〇年に公刊した。このCDには四〇〇の文書、六万語に及ぶ語り、そして一〇〇一の質問が含まれている。この『移住』CD-ROMについては本書で何度も言及されており、マニングにとって重要な経験だったことがうかがえる。それ以降は、本書の他にも、『世界史における移住』（二〇〇四）、『歴史におけるビッグデータ』（二〇一三）など、世界史を中心テーマに置くようになっている。アフリカ史関連では二〇〇九年に『アフリカ人ディアスポラ――文化を通した歴史』を著している。この他にも、アフリカ史と世界史を中心テーマとして、多くの論考がある。なお、本書『世界史をナビゲートする』は中国語への翻訳が準備されており、『世界史における移住』は、ドイツ語（二〇〇七）と中国語（二〇一五）の翻訳が出版され、トルコ語への翻訳が進められている。

マニングは、一九九〇年代から二〇〇〇年代半ばまで、ノースイースタン大学大学院の世界史プログラムを率いていた。これは当初、世界史で博士号を出す唯一のプログラムだったという。その間に指導したゼミの内容については、第22章で詳しく紹介されている。

日本には何度も訪れており、二〇〇九年五月には、大阪でのアジア世界史学会第一回国際会議でセッションの座長を務め、また、西部ユーラシアとアフリカでの通貨としてのタカラガイについて報告した。翌二〇一〇年に別府大学で開催された日本西洋史学会の小シンポジウム「グローバル化とグローバル・ヒストリー――研究と教育の国際比較を中心に」では、「グローバル・ヒストリーは国家の枠をどう超えるか――その教育・研究の現状と展望」というタイトルで講演している。

本書の翻訳作業は、南塚信吾が世界史研究所に集った者たちに声をかけて始まった。下訳の分担は以下の通りである。

序～第2章　南塚信吾
第3章　塩崎公靖
第4章　木村真
第5章　木村英明
第6章　崎山直樹
第7章　吉橋弘行
第8章～第11章　崎山直樹
第12章　姉川雄大
第13章～第14章　吉橋弘行
第15章～第16章　渡邊昭子
第17章　鹿住大助
第18章　鈴木健太

さらに、二〇一一年四月から一二月までの間、下訳を読み合わせる会を九回にわたって開き、訳語や概念等についても検討した。

本書の特徴の一つは、世界史を解釈した語りを展開するのではなく、世界史記述の歴史や世界史の研究動向、そして、世界史を調べて語るための方法などに深く立ち入って、様々な学問分野での研究や方法を取り入れながら論じていることである。このため、マニングは、言葉を一つ一つ丁寧に使い分けており、自身の用語法や解釈についても説明している。たとえば、本書のキーワードの一つである結びつきやつながりを表す概念について、マニングは、

connect/connection、そして、link/linkage を区別している。前者は、過去に存在していた関係を表現する際に用い、後者は、過去の相互依存を見つけだす者の努力に対して用いている（本書三六〇頁）。本訳書では、基本的に、前者を「結びつける」「結びつき」と訳し、後者を「つなげる」もしくは「関連づける」そして「つながり」もしくは「関連」と訳出してみた。第四部ではこのような用語をはじめとする分析方法が論じられている。下訳を読み合わせる際には、著者が使用している一つ一つの概念について調べ直さねばならず、訳の統一には思いのほか時間がかかった。

翻訳と監訳の作業は、渡邊が大阪教育大学教養学科の社会文化講座に職を得て、学生が世界史の教員免許状を取得するための授業を担当することと並行して進んだ。そもそも、高校時代、過去の出来事や誰かの解釈を暗記することの意味が理解できず、歴史科目が苦手だった者が、世界史を教えたいという学生に、いったい何を教えることができるのだろうか。それを考えるヒントを与えてくれたのは、マニングの「それぞれの世代が自身の世界史を書く必要がある」という持論だった（本書四八七頁）。過去の出来事や先人の解釈を知る必要があるのは、自分が、そして、自分の世代が、世界史を新たに書き直すためなのである。実のところ、教育実習では、学生がそれぞれに独自の解釈で世界史を語っているのを聞いて、驚くことがある。このような学生たちにとって、世界史記述の歴史から、世界史を調べ語る方法まで含めて検討している本書が多少は役に立つのではないかと思い、手伝ってもらいながら翻訳と監訳を進めてきた。講読や翻訳につきあってくださり、また、翻訳と監訳をいろいろなかたちで手伝ってくれた学生や院生のみなさんに心から感謝する。

もちろん、本書の序文からも明らかなように、マニング自身が、世界史の教師や将来の世界史教師を、本書の読者として重視している。原書の副題は「歴史家たちが地球大の過去を作り出す」であるが、この歴史家という言葉はきわめて広い意味で使われている。いずれかの地方や国や地域を研究する歴史家も、その対象が世界と切り離せないことからすれば、地球大の過去を作り出す世界史研究者なのである。世界史に取り組む者 world historians のことを、本訳書では世界史研究者と訳出したが、ここには、教師や、歴史学ではない分野で地球大の過去を扱おうとする者も含まれる。そしてむろん、世界史に興味をもつ一般読者も含まれる。近年では、インターネットの普及により、あらゆる人が歴史の解釈を広く発信できるようになった。その意味では、あらゆる人が歴史研究者になりうる。本書は、歴史に関心をもつすべての人に向けて書かれていると言っても過言ではないだろう。

翻訳の計画時には、おもに合衆国の大学院教育を扱っている第五部は省略する予定だった。しかしながら、本書の論旨の一貫性を保つために、そして、大学院でのコース内容の具体例や、世界史の研究プロジェクトの事例、ならびに大学院での課程を作る手順なども示されていて、情報として得るところも大きいのではないかと思ったことから、渡邊が訳出した。ちょうど、所属している学科の再編と講座の解体の知らせが上層部から下りてきた時期だったので、本書で書かれているような、大学教員が積極的に課程を作っていくことができる状況を、多少うらやましく感じながら作業を進めた。

本書は、おもに合衆国とヨーロッパでの研究を中心に置き、事例としてはマニングが専門としてきたアフリカが多く取り上げられている。一方、欧米言語以外での世界史記述や世界史研究については比較的情報が少ない。そこで、世界史を扱った近年の日本語文献を簡単に紹介しておきたい。

まず、本訳書とほぼ同じ時期に、『「世界史」の世界史』がミネルヴァ書房より出版される予定である。日本も含めた世界各地における世界像と世界史記述の歴史については、同書が参考になるだろう。

世界史について論じた入門的な本には以下がある。なかでも水島の『グローバル・ヒストリー入門』は文献の案内が詳しい。

羽田正『新しい世界史へ』岩波書店、二〇一一（岩波新書）
水島司『グローバル・ヒストリー入門』山川出版社、二〇一〇（世界史リブレット）
南塚信吾『世界史なんていらない？』岩波書店、二〇〇七（岩波ブックレット）

以上の著者は、世界史の研究と呼ぶことができるだろう作品も著している。羽田は『東インド会社とアジアの海』（講談社、二〇〇七）で、世界全体を一つと捉え、人やモノのつながりに注目して過去を眺めることに挑戦すると記している。一七世紀にペルシアやインドを訪れて旅行記を書いたフランス商人をテーマに『冒険商人シャルダン』（講談社、二〇一〇。一九九九年刊『勲爵士シャルダンの生涯』の改題）も著した。水島は秋田茂と共編の『現代南アジア6　世界システムとネットワーク』（東京大学出版会、二〇〇三）のなかで、「イギリス植民地支配の拡張とインド人ネットワーク」を書いている。南塚は『アウトローの世界史』（日本放送出版協会、一九九九）で、義賊と民衆社会との関係から近代の世界史を考察した。

さらに続けて、近年著された、個人の筆による世界史の研究を挙げていこう。世界史の語りとしては、小川幸司『世界史との対話――七〇時間の歴史批評』（上中下、地歴社、二〇一一―二〇一二）がある。一人の著者が世界史上の様々なテーマについて多くの研究を参照しながら論じている点で特筆に値する。

イギリス帝国史を基盤にして世界史に取り組んでいる秋田茂は、新書で『イギリス帝国の歴史――アジアから考える』（中央公論新社、二〇一二）を著している。イギリス帝国について、とくに帝国主義という面から論じた著作では、木畑洋一『イギリス帝国と帝国主義――比較と関係の視座』（有志社、二〇〇八）がある。白人性をキーワードに近代人種主義を論じているのは、藤川隆男『人種差別の世界史』（刀水書房、二〇一一）である。

比較経済史に取り組んできた斎藤修は『環境の経済史――森林・市場・国家』（岩波書店、二〇一四）を著し、主として日独中を比較しつつ森林資源の扱い方の歴史を論じた。経済史の新書では、杉山伸也『グローバル経済史入門』（岩波書店、二〇一四）が出版されている。

きわめて長期の地球環境の歴史を扱った著作としては、田近英一『地球環境四六億年の大変動史』（化学同人、二〇〇九）があり、近年の研究を紹介しながら大気と海洋の変動の歴史（そして、それが明らかになってきた歴史）

を明らかにしている。環境学に取り組んできた石弘之は『感染症の世界史――人類と病気の果てしない戦い』(洋泉社、二〇一四)、『歴史を変えた火山噴火――自然災害の環境史』(刀水書房、二〇一二)などを著している。

特定のモノや人をテーマにして広い範囲の歴史を扱う研究にはかなりの蓄積がある。近年著されたものでは、小澤卓也『コーヒーのグローバル・ヒストリー――赤いダイヤか、黒い悪魔か』(ミネルヴァ書房、二〇一〇)や、弓場紀知『青花の道――中国陶磁器が語る東西交流』(日本放送出版協会、二〇〇八)、小松久男『イブラヒム、日本への旅――ロシア・オスマン帝国・日本』(刀水書房、二〇〇八)などが挙げられるだろう。

世界観や歴史認識の歴史を扱う研究も現れている。ヨーロッパにおける世界史像の歴史を研究してきた岡崎勝世は講談社現代新書で『科学vs.キリスト教――世界史の転換』(講談社、二〇一三)を著した。歴史認識の歴史を研究してきた佐藤正幸は、『世界史における時間』(山川出版社、二〇〇九、世界史リブレット)で紀年法について論じている。また、応地利明『地図は語る――「世界地図」の誕生』(日本経済新聞出版社、二〇〇七)は、世界観を現す世界図から世界地図への変化をたどっている。

茨木智志は日本の世界史教育の歴史に取り組んでおり、「「社会科世界史」はどのようにして始まったか」(『歴史学研究』八五九、二〇〇九)などの一連の論考を著している。鳥越泰彦『新しい世界史教育へ』(飯田共同印刷、二〇一五)は、国外の事例とも比較しつつ世界史教育を多面的に検討している。

共著や論集ではより多様なテーマの研究が公刊されている。日本では、世界史をテーマにした様々なシリーズが早くから出版されてきた。これについては南塚が世界史研究所のニューズレター第一一号(二〇〇七)で紹介しており、世界史研究所のホームページからダウンロードできる(英語)。近年では〈興亡の世界史〉(全二一巻、二〇〇六―二〇一〇)シリーズがあり、先述の羽田『東インド会社とアジアの海』もこの一冊である。同シリーズの森安孝夫『シルクロードと唐帝国』(二〇〇七)では、ソグド人、突厥、ウイグルを中心に、中央ユーラシアからの視点で、シルクロードと唐帝国にかかわる歴史を記述する。研究会「戦後派第一世代の歴史研究者は二一世紀に何をなすべきか」

が編集したシリーズ〈二一世紀歴史学の創造〉（全九巻、有志舎、二〇一二―二〇一三）は、世界史認識を重視した内容である。

共著での通史では、秋田茂、桃木至朗らが編集に加わって作成した、大阪大学歴史教育研究会編『市民のための世界史』（大阪大学出版会、二〇一四）が出版された。秋田、南塚、そして高澤紀恵の責任編集による『新しく学ぶ西洋の歴史――アジアから考える』（ミネルヴァ書房、二〇一六）は、西洋史を対象としながらも、それを「非ヨーロッパ」との相互関係で捉え、西洋という枠組み自体をも見直す可能性を模索する。

帝国に焦点を絞ったものでは、秋田茂、桃木至朗編『グローバルヒストリーと帝国』（大阪大学出版会、二〇一三）がある。木畑洋一、後藤春美編『帝国の長い影――二〇世紀国際秩序の変容』（ミネルヴァ書房、二〇一〇）は、二〇世紀国際秩序の変容を、帝国の国際関係史という視点から浮き彫りにしようとする。井野瀬久美恵、北川勝彦編著『アフリカと帝国』（晃洋書房、二〇一一）は、帝国と植民地主義の歴史について、本書にも紹介されているイギリス議会文書をアフリカ側の史料と相互照射しつつ検討している。籠谷直人、脇村孝平編『帝国とアジア・ネットワーク――長期の一九世紀』（世界思想社、二〇〇九）では、アジアの帝国とネットワーク、そして、ヨーロッパの近代的帝国主義の東漸に注目している。岡本隆司編『宗主権の世界史――東西アジアの近代と翻訳概念』（名古屋大学出版会、二〇一四）は宗主権という概念をテーマに据えている。永原陽子編『「植民地責任」論――脱植民地化の比較史』（青木書店、二〇〇九）は、植民地責任論の展開、謝罪と補償、さらには脱植民化の諸相を明らかにした。

ある時代や出来事を取り上げたものとしては、たとえば、西田慎、梅崎透編著『グローバル・ヒストリーとしての「一九六八年」＝1968 A Global Turning Point――世界が揺れた転換点』（ミネルヴァ書房、二〇一五）や、山室信一、岡田暁生、小関隆、藤原辰史編『現代史の起点――第一次世界大戦』（全四巻、岩波書店、二〇一四）などがある。どちらも基本的には地域や国ごとに分担して執筆し、別に、全体としてその関係や起源や影響を論じている。日本孫文研究会編『グローバルヒストリーの中の辛亥革命――辛亥革命一〇〇周年記念国際シンポジウム（神戸会議）論文集』

（汲古書院、二〇一三）は、辛亥革命を多様なテーマや視点から検討している。

ジェンダーをテーマにしたものでは、日本史とは別の巻という構成になっているが、三成美保、姫岡とし子、小浜正子編『歴史を読み替える――ジェンダーから見た世界史』（大月書店、二〇一四）が出版された。また、〈ジェンダー史叢書〉（全八巻、明石書店、二〇〇九―二〇一一）は、世界史をテーマに掲げているわけではないが、全体としてジェンダーの世界史を考えさせる内容となっている。

ディアスポラについては、〈叢書グローバル・ディアスポラ〉のシリーズが出版されている（全六巻、明石書店、二〇〇九―二〇一一）。近代のディアスポラをテーマにした論集では、小沢弘明、三宅芳夫編『移動と革命――ディアスポラたちの「世界史」』（論創社、二〇一二）がある。越境者をテーマにしているのは、弘末雅士編『越境者の世界史――奴隷・移住者・混血者』（春風社、二〇一三）である。ディアスポラや越境者を扱った論考では、記述が国民横断的であるだけでなく、国家や国民を単位としない分析も多く見られることが特徴的である。

環境史では多くの論集が編まれている。池谷和信編著『地球環境史からの問い――ヒトと自然の共生とは何か』（岩波書店、二〇〇九）では、様々な空間スケール、時間スケールで人間と自然とのかかわりを論じている。杉原薫、脇村孝平、藤田幸一、田辺明生編『歴史のなかの熱帯生存圏――温帯パラダイムを超えて』（京大出版会、二〇一二）は、熱帯生存圏について、人類史における位置や近代世界システムとの関係、発展径路など、多様な歴史的視点から論じている。井上貴子編著『森林破壊の歴史』（明石書店、二〇一一）は、ドイツ、日本、中国、インドなど各地の事例を取り上げている。歴史学の分野から環境を扱おうとするのは、水島司編『環境と歴史学――歴史研究の新地平』（勉誠出版、二〇一〇）である。環境史の論集では、多くが学問分野横断的に組織されているのが特徴だろう。

この他にも、世界史をテーマとする本は数多く出版されている。地域や地方を取り上げた研究においても、世界史との関連を考察するものが増えている。多種の著作が登場するなかで、重要になってくる点の一つは、どういう立場から見るかという著者の視点である（南塚『世界史なんていらない？』）。著者の立場を検討するためには、書く側も読む側も、マニングが提案するように「展望を替えてみる」ことが役立つだろう。さらに、マニングは、枠組みや構想について明確に意識して論じ、解釈を検証し直すことを、書く側にも読む側にも提案している。両者の側でこのような作業を重ねていくことができれば、世界史の著作はさらに充実したものになるのではないだろうか。

本書の訳出にあたっては多くの方々にお世話になった。それでもなお、内容の幅広さについていけず、誤りが残されているのではないかと不安である。あらかじめお詫びするとともに、お気づきの点についてご教授いただければ幸いである。

最後になったが、翻訳に協力してくださった多くの方々、そして、いつまでも進まない翻訳作業に辛抱強くつきあってくださった彩流社の竹内淳夫さんに、この場を借りて深い感謝を申し述べたい。

二〇一六年四月

南塚信吾
渡邊昭子

大西洋を越えるハンガリー王国の移民

978-4-7791-1873-9 C0022 (13. 03)

アメリカにおけるネットワークと共同体の形成　　山本明代 著

複雑で変化に富んだ文化と社会を形成していたハンガリー王国の移民たちの移動に伴う人々の関係性の変容を検証し、エスニシティ、人種、ジェンダー、階級の視点から移民の主体性を描き出す。アメリカに渡った東欧移民の家族、労働、エスニック集団をめぐる社会史。A5 判上製　4,800 円 + 税

ハンガリー西欧幻想の罠

978-4-7791-1401-4 C0022 (08. 12)

戦間期の親英米派と領土問題　　フランク・ティボル 著／寺尾信昭 編訳

失地回復の悲願と、ナチスとの文事同盟が悲劇に終るとの予見の狭間で、西欧への積極的な「文化外交」を展開した親米英派は、終戦の一年前まで事実上「中立」を維持した。戦間期のハ

フォルクと帝国創設

978-4-7791-1637-7 C0022 (11. 08)

19 世紀ドイツにおけるトゥルネン運動の史的考察　　小原　淳 著

ドイツ固有の身体文化であるトゥルネンは、身体運動にとどまらず、「民族精神」を鼓舞するものだった。その担い手であったフォルク＝大衆・民衆の実像の求め、様々な動向と変容の姿から、「上／下」「内／外」関係における国民化、帝国創設の相貌。 A5 判上製　3,000 円 +

国王カロル対大天使ミカエル軍団

978-4-7791-1812-8 C0022 (12. 08)

ルーマニアの政治宗教と政治暴力　　藤嶋 亮 著

戦間期にドイツ・イタリアに次ぐ強力なファシズム運動と評された「大天使ミカエル軍団」。死の崇拝といった独特な神秘主義や政治家へのテロルなど最も暴力的な運動と最も赤裸々な

変貌する権力政治と抵抗

978-4-7791-1842-5 C0030 (12. 11)

国際関係学における地域　　百瀬　宏 編著

国際政治において表舞台に立てない小さな国や地域――それゆえに見えてくるパワーポリティクスが貫通する冷徹な国際関係の中で、それに抗い乗り越えようとする人々の営みの力強さ！国家の権力政治と抵抗する非国家レベルのつばぜり合いの諸相。　Ａ５判上製　2,800 円＋税

国際文化研究への道

978-4-7791-1896-8 C0030 (13. 05)

共生と連帯を求めて　　熊田泰章 編

「放射能の時代」「人の移動と権力」「文学と社会」「アートと政治」 の四テーマ から見える

アフリカン・ディアスポラのニューヨーク

978-4-7791-1774-9 C0036 (12. 03)

多様性が生み出す人種連帯のかたち　　村田勝幸 著

ニューヨークにおけるアフリカ系アメリカ人と西インド諸島系の住民が刻む日々の営みに潜むさまざまな苦悩とその可能性。現実の厳しい内部のせめぎ合いの底流にある「多様性が生み出す人種連帯」という視点からニューヨーク都市史を捉え直す試み。46 判並製　2,200 円＋税

〔著者紹介〕
パトリック・マニング（Patrick Manning）
ピッツバーグ大学歴史学科、同大学世界史センター所長、2016年度アメリカ歴史学会会長。

〔監訳者紹介〕
南塚信吾（みなみづか　しんご）
1942年、富山県生まれ。NPO-IF 世界史研究所長。
主要著書：『静かな革命――ハンガリーの農民と人民主義』（東京大学出版会、1987年）、『ハンガリーに蹄鉄よ響け――英雄となった馬泥棒』（平凡社、1992年）、『世界史なんていらない？』（岩波書店、2007年）。

渡邊昭子（わたなべ　あきこ）
大阪教育大学教養学科准教授
共著に、『地域の比較社会史：ヨーロッパとロシア』（日本エディタースクール出版部、2007年）、共訳書に、ニーデルハウゼル・エミル著『総覧東欧ロシア史学史』（北海道大学出版会、2013年）など。

世界史《せかいし》をナビゲートする――地球大《ちきゅうだい》の歴史《れきし》を求《もと》めて

2016年5月20日　初版発行　　定価は、カバーに表示してあります

著　者　パトリック・マニング
監訳者　南　塚　信　吾
　　　　渡　邊　昭　子
発行者　竹　内　淳　夫

発行所　株式会社　彩　流　社
〒102-0071　東京都千代田区富士見2-2-2
TEL 03-3234-5931 FAX 03-3234-5932
ウェブサイト　http://www.sairyusha.co.jp
E-mail sairyusha@sairyusha.co.jp
印刷　㈱平河工業社
製本　㈱難波製本
装幀　佐々木正視

乱丁本・落丁本はお取り替えいたします。　ISBN 978-4-7791-2217-0 C0022

人名索引

・原書での綴りを（　）内に付した。
・スラッシュで区切ってある数字は章と註番号を示す（例：8/1 は第 8 章の註 1 を指す）。

ア行

アーウィン、グラハム（Irwin, Graham）　8/1
アーミテイジ、デヴィド（Armitage, David）　128
アーリー、ムスタファ（Ali, Mustafa）　61
アイリフ、ジョン（Iliffe, John）　212
アインシュタイン、アルベルト（Einstein, Albert）　154, 161, 373, 1/22, 16/30
アウグスティヌス、聖（Augustine, St.）　44, 47
アギリ、ババトゥンデ（Agiri, Babatunde）　1/19
アクトン卿（Acton, Lord）　101
アダス、マイケル（Adas, Michael）　288, 363, 426, 427, 8/5, 19/1
アップルビー、ジョイス（Appleby, Joyce）　5/68
アデルマン、ジェレミー（Adelman, Jeremy）　125, 252
アトウェル、ウィリアム（Atwell, William）　283
アドシード、S・A・M（Adshead, S. A. M.）　122
アバネシー、デヴィド（Abernethy, David）　128, 251, 8/31
アブー＝ルゴド、ジャネット（Abu-Lughod, Janet）　106, 127, 260, 372, 4/56
アミーン、サミール（Amin, Samir）　96, 101, 4/43, 4/54
アラゴア、E・J（Alagoa, E. J.）　1/19
アラダイス、ギルバート（Allardyce, Gilbert）　110
アリギ、ジョヴァンニ（Arrighi, Giovanni）　96, 128, 133, 261
アリストテレス（Aristotle）　59
アル＝アスィール、イブン（Athir, Izz-u-Din Ibn ul-）　61
アルトマン、イダ（Altman, Ida）　125, 271
アレクサンダー大王（Alexander the Great）　62, 140
アレンカストロ、ルイス・フェリペ（Alencastro, Luiz Felipe de）　125
アンステイ、ロジャー（Anstey, Roger）　4/15
アンダーソン、ベネディクト（Anderson, Benedict）　104
アンダーソン、ペリー（Anderson, Perry）　102
アンティラ、R（Anttila, R.）　13/31
アンドレア、アルフレッド・J（Andrea, Alfred J.）　139
イーズ、レベッカ（Eads, Rebecca）　493
イヴァン 4 世「雷帝」（Ivan IV "the Terrible"）　473
イニコリ、ジョセフ（Inikori, Joseph）　4/15
入江昭（Iriye, Akira）　123, 128, 252
ヴァン＝ルーン、ヘンドリク・ウィレム（Van Loon, Hendrik Willem）　73, 74, 78, 3/22
ヴァンシナ、ジャン（Vansina, Jan）　308-315, 323, 324, 10/4, 13/27, 13/29, 13/31, 13/35, 13/37, 13/77

カ行

カーティン、フィリップ・D（Curtin, Philip D.） 12, 88-93, 99, 106, 112, 116, 131, 212, 255, 289, 358, 363, 425, 426, 429, 430, 483, 4/6, 4/32, 16/10
カール5世（Charles V, Emperor of Spain） 93
ガウアー、アルベルティーン（Gaur, Albertine） 288
カウンツ、ジョージ・F（Counts, George F.） 78, 3/35
ガグノン、ポール（Gagnon, Paul） 5/7
カニサレス＝エスゲッラ、ホルヘ（Cañizares-Esguerra, Jorge） 125
カリヴァス、デヴィド（Kalivas, David） 493, 3/28
ガリレイ（Galileo） 59
カルトゥネン、フランシス（Karttunen, Frances） 130, 276
ガンディー、インディラ（Gandhi, Indira） 3/23
ガンディー、モーハンダース・K（Gandhi, Mohandas K.） 418
ギアツ、クリフォード（Geertz, Clifford） 176, 303, 306, 10/6
キーズ、デヴィド（Keys, David） 283, 289
ギフォード、プロッサー（Gifford, Prosser） 2/21
キプル、ケネス（Kiple, Kenneth） 131
ギボン、エドワード（Gibbon, Edward） 47, 48, 356, 482
キャンベル、イアン（Campbell, Ian） 288
ギリス、ジョン・R（Gillis, John） 320
ギルズ、バリー（Gills, Barry） 127, 260, 372, 16/9
ギルロイ、ポール（Gilroy, Paul） 321, 347
キング、アンソニー（King, Anthony） 131
キンケラ、デヴィド（Kinkela, David） 493
グイッチャルディーニ、フランチェスコ（Guicciardini, Francesco） 42, 43, 2/2
クーパー、アダム（Kuper, Adam） 130, 304-306, 13/2, 13/18, 13/21
クーパー、フレデリック（Cooper, Frederick） 128
グールド、スティーヴン・ジェイ（Gould, Stephen Jay） 282, 7/3
クーン、トーマス（Kuhn, Thomas） 303, 16/18
クズネツ、シモン（Kuznets, Simon） 234, 9/31
クック、キャプテン（Cook, Captain James） 125
クック、クリストファー（Cook, Christopher） 7/21
グテリウス、デヴィド（Gutelius, David） 42448
クヌーツェン、トールビョーン（Knutsen, Torbjorn） 133
クライン、ハーバート（Klein, Herbert） 358
クラックホーン、クライド（Kluckhohn, Clyde） 296, 13/2
クラブツリー、シャーロット（Crabtree, Charlotte） 118
グラムシ、アントニオ（Gramsci, Antonio） 178, 179
グラン、ピーター（Gran, Peter） 138, 494, 17/22
クランシー＝スミス、ジュリア（Clancy-Smith, Julia） 130
グリーン、ハーヴェイ（Green, Harvey） 345
グリーンバーク、ジョゼフ（Greenberg, Joseph） 131, 179, 267, 303, 304
クリスティアン、デヴィド（Christian, David） 134, 344
クリュチェフスキー、ヴァシーリー（Kliuchevskii, Vassily） 54, 2/33
グレス、デヴィド（Gress, David） 133
クロイツァー、ラルフ（Croizrer, Ralph） 5/4

クローサー、サミュエル（Crowther, Samuel） 27
クローチェ、ベネデット（Croce, Benedetto） 399
クローバー、アルフレッド（Kroeber, Alfred） 85, 296, 311, 314, 13/2, 13/7, 13/48
クロスビー、アルフレッド・W（Crosby, Alfred） 12, 88, 97-100, 106, 131, 136, 189, 283, 360, 483, 494
クロスリー (Pamela Kyle Crossley) 5
クロノン、ウイリアム（Cronon, William） 37, 283, 1/24
ケイタ、マガン（Keita, Maghan） 133, 494, 3/54, 5/15
ゲイヤー、マイケル（Geyer, Michael） 105
ゲイル、ピーター（Geyl, Peter） 376
ケネディ、ポール（Kennedy, Paul） 105, 106
ゲバラ、エルネスト・「チェ」（Guevara, Ernesto "Che"） 418
ケリー、ジョン（Kelly, John） 494
孔子（Confucius） 80
コーエン、デヴィド・ウィリアム（Cohen, David William） 11/18
コーエン、ロビン（Cohen, Robin） 129
ゴールドストーン、ジャック（Goldstone, Jack） 139
コステロ、パウル（Costello, Paul） 133
コックス、アビゲイル（Cox, Abigail） 9/20
ゴットシャルク、ルイス（Gottschalk, Louis） 81, 139, 3/46
ゴティエ、ジュリー（Gauthier, Julie） 493, 19/18, 20/7
コマロフ、ジーン（Comaroff, Jean） 130, 303, 306, 315, 13/8, 13/48
コマロフ、ジョン（Comaroff, John） 130, 303, 306, 315, 13/8, 13/48
ゴメス、マイケル（Gomez, Michael） 139
コント、オーギュスト（Comte, Auguste） 50, 51, 54, 57, 157, 482, 2/25
コンドルセ（Condorcet, Marquis de） 48, 151, 482
コンラッド、アルフレッド（Conrad, Alfred） 167

サ行

サーンストロム、ステファン（Thernstrom, Stephan） 169
サイード、エドワード（Said, Edward） 131, 174, 318
サウスオール、エイダン（Southall, Aidan） 129
ザッカーマン、ラリー（Zuckerman, Larry） 131
ザモイスキ、アダム（Zamoyski, Adam） 320
サンダーソン、スティーヴン（Sanderson, Stephen） 127
シーガル、ダニエル（Segal, Daniel） 118
シード、パトリシア（Seed, Patricia） 126, 128
シェイファー、リンダ（Shaffer, Lynda） 21/3
ジェイムズ、H・パーカー（James, H. Parker） 287, 316, 494
ジェイムソン、J・フランクリン（Jameson, J. Franklin） 15/1
ジェウシエウィッキ、ボゴミル（Jewsiewicki, Bogumil） 94
シェーファー、ヴォルフ（Schäfer, Wolf） 291
ジェノヴェーゼ、ユージン（Genovese, Eugene） 103, 357

ジェファーソン、トマス（Jefferson, Thomas） 459
ジェンセン、リチャード・J（Jensen, Richard J.） 7/14
司馬光（Ssu-ma-Kuang） 30, 60, 147
司馬遷（Sima Qian [Ssu-Ma Chien]） 60
シモン、リチャード（Simon, Richard） 44
シャラー、ローリ（Shaller, Lori） 20/9
シャルルマーニュ（Charlemagne） 47
ジュヴァイニー、アラーウッディーン（Juwayni, Ala-u-Din） 61
シュトローベル、マーガレット（Strobel, Margaret） 130
シュプーラー、バルトルト（Spüler, Berthold） 473
シュペングラー、オスヴァルト（Spengler, Oswald） 12, 32, 52, 66-72, 75, 76, 80, 87, 112, 153, 359, 369, 378, 482, 483, 3/1-3, 3/50, 15/19, 16/19
シュライアー、アーノルド（Schreier, Arnold） 5/4
シュワルツ、ステュアート（Schwartz, Stuart） 427
ジョーンズ、E・L（Jones, E. L.） 260, 283, 328
ジョーンズ、ウィリアム（Jones, Sir William） 34
ジョンストン、H・H（Johnston, Sir. H. H.） 69, 3/7
ジョンストン、デボラ・スミス（Johnston, Deborah Smith） 231, 466, 477, 493, 20/3
ジョンソン、ジーン（Johnson, Jean） 5/6
ジョンソン、マーク（Johnson, Mark） 4/20
ジンサー、ユディト（Zinsser, Judith P.） 5/4
シンハー、ムリナーリニー（Sinha, Mrinalini） 132, 273
スウィージー、ポール（Sweezy, Paul） 79, 484, 3/38, 3/39, 4/4
スウィート、デヴィド（Sweet, David） 427
スウェードバーグ、サラ（Swedberg, Sarah） 493, 13/55
スキナー、G・ウィリアム（Skinner, G. William） 123
スコチポル、シーダ（Skocpol, Theda） 101, 173, 364
スコット、ジョーン・W（Scott, Joan W.） 11/25
スターク、クリスティ（Stark, Kristie） 494
スターンズ、ピーター（Stearns, Peter） 128, 257, 429, 473, 5/14, 11/25
スタヴリアノス、レフトン（Stavrianos, Leften） 95, 109, 110
スティーヴンソン、シェリー（Stephenson, Shelley） 11/27
ストーラー、アン・ローラ（Stoler, Ann Laura） 128, 130, 11/26
ストーレイ、ウィリアム（Storey, William） 12/12, 19/3
ストレイヤー、ロバート（Strayer, Robert） 126
スヌークス、グレイム（Snooks, Graeme） 135, 292
スピア、フレッド（Spier, Fred） 134, 344, 415-417
スピーグラー、ジェームズ（Spiegler, James） 1/19
スピノザ、バールーフ（Spinoza, Baruch） 44
スブラフマニヤム、サンジャイ（Subrahmanyam, Sanjay） 96, 123, 261, 328, 10/41
スペンサー、ハーバート（Spencer, Herbert） 54
スポデク、ハワード（Spodek, Howard） 117, 473
スミス、アラン・K（Smith, Alan K.） 5/39
スミス、ボニー（Smith, Bonnie） 23/10
スミス、ルーベン・W（Smith, Reuben W.） 102

スンディアタ（Sundiata） 62, 468
セーティヤー、タラ（Sethia, Tara） 117
セコンブ、ウォーリー（Seccombe, Wally） 129
セル、ジョン（Cell, John） 358
ソウェル、トマス（Sowell, Thomas） 129
ソーントン、ジョン（Thornton, John） 212
ゾハリ、ダニエル（Zohary, Daniel） 131
ソマーズ、ジェフリー（Sommers, Jeffrey） 493, 9/3

タ行

ダーウィン、チャールズ（Darwin, Charles） 34, 54, 153
ダイアモンド、ジャレド（Diamond, Jared） 28, 29, 134, 135, 281, 289, 326, 344, 394, 395, 1/9
タイラー、エドワード（Tylor, Edward） 305, 13/4
タガート、フレデリック（Teggart, Frederick） 75, 82, 85
タッパー、ペリー（Tapper, Perry） 493, 2/33
タネンバウム、フランク（Tannenbaum, Frank） 358
ダノス、デスピナ（Danos, Despina） 5/14
ダフィ、モリー（Duffy Molly） 7/20
ダラム、ウィリアム（Durham, William） 134, 283, 13/18, 17/11
ダン、ロス（Dunn, Ross） 121, 138, 240, 276, 426, 424, 5/4, 9/33, 19/2
チェイス＝ダン、クリストファー（Chase-Dunn, Christopher） 128, 172, 247, 377, 9/2, 9/26
チェイニー、リン・V（Cheney, Lynne V.） 118
チェリク、ゼイネプ（Çelik, Zeynep） 316
チェレビー、エヴリヤ（Çelebi, Evliya） 61
チェン、インホン（Cheng, Yinghong） 476, 493, 22/11
チャイルド、V・ゴードン（Childe, V. Gordon） 74, 75, 3/25, 5/65
チャクラバルティ、ディペシュ（Chakrabarty, Dipesh） 124
チャペル、デヴィド（Chappell, David） 347, 427
チョウドリ、K・N（Chaudhuri, K. N.） 127
チョウドリ、ヌプール（Chaudhuri, Nupur） 130, 273
チョムスキー、ノーム（Chomsky, Noam） 128, 252
デ・パウ、リンダ（De Pauw, Linda） 130
ディ・コスモ、ニコラ（di Cosmo, Nicola） 494
デイヴィス、マイク（Davis, Mike） 261, 283
ディスカント、ジェイムズ（Diskant, James） 466
ディドロ、デニス（Diderot, Denis） 47
ティリー、チャールズ（Tilly, Charles） 104, 139, 173, 4/50
ディルタイ、ヴィルヘルム（Dilthey, Wilhelm） 418
デカルト、ルネ（Descartes, René） 44, 80, 2/19
デグラー、カール・N（Degler, Carl） 358
デナー、ジョージ（Dehner, George） 494
テューキー、ジョン（Tukey, John） 389
デュボイス、W・E・B（Du Bois, W. E. B.） 3/7

デリダ、ジャック（Derrida, Jacques） 139, 304
トインビー、アーノルド・J（Toynbee, Arnold J.） 12, 32, 66, 69-72, 75, 80, 83, 87, 91, 101, 112, 156, 157, 276, 359, 369, 482, 483, 3/1, 3/9, 3/11, 3/14, 3/16, 3/17, 3/50, 15/19
トゥイーディ、ステイシー（Tweedy, Stacy） 494, 23/11
トゥキュディデス（Thucydides） 49, 60, 71, 80, 3/16
ドーソン、クリストファー（Dawson, Christopher） 72, 3/1
ドッブ、モーリス（Dobb, Maurice） 79, 82, 484, 3/38, 4/4
トマス、ヒュー（Thomas, Hugh） 108, 357
トリッガー、ブルース（Trigger, Bruce） 248
トリマー、ティファニー（Trimmer, Tiffany） 494
トレイシー、ジェイムズ・D（Tracy, James） 128, 261, 427

ナ行

ナッシュ、ゲイリー・B（Nash, Gary B.） 117, 138
ニアネ、D・T（Niane, D. T.） 62
ニーダム、ジョゼフ（Needham, Joseph） 123, 285, 292, 318
ニール、ジェレミー（Neil, Jeremy） 494
ニュートン、アイザック（Newton, Isaac） 1/22
ニューベリー、デヴィド（Newbury, David） 1/13
ネグリ、アントニオ（Negri, Antonio） 253
ネルー、ジャワーハルラール（Nehru, Jawaharlal） 74, 3/23
ネルソン、リン（Nelson, Lynn） 462
ノイマン、ジョン・フォン（Neumann, John von） 16/29, 373
ノヴィク、ピーター（Novick, Peter） 164, 2/22, 4/2, 7/2, 15/1, 16/30
ノース、ダグラス（North, Douglass） 168, 187, 4/52
ノースラップ、デヴィド（Northrup, David） 129

ハ行

バーガー、アイリス（Berger, Iris） 125
バーク、エドマンド（Burke III, Edmund） 133, 427
バーク、ジェームズ（Burke, James） 291, 12/29
バーク、ピーター（Burke, Peter） 7/7
パーク、ロバート（Park, Robert） 76
パーシー、アーノルド（Pacey, Arnold） 131, 285
バーズ、ジェフェリー（Burds, Jeffrey） 494
バーステイン、スタンリー（Burstein, Stanley） 122, 12/4
バーゼル、L・E（Birdzell, L. E.） 105
パーソンズ、タルコット（Parsons, Talcott） 76, 94, 166, 169, 173, 220, 13/2
パーデュー、ピーター（Perdue, Peter） 10/41
ハート、マイケル（Hardt, Michael） 253
パートナー、ピーター（Partner, Peter） 130, 321

バートレット、ケネス・R（Bartlett, Kenneth） 2/2, 3
バートレット、ロバート（Bartlett, Robert） 320
パーマー、クリスティン（Palmer, Kristin） 9/20
パーマー、コリン（Palmer, Colin） 5/70
パーマー、ロバート・R（Palmer, Robert R.） 81, 82
パウエル、リチャード（Powell, Richard） 139
ハウツブロム、ヨハン（Goudsblom, Johan） 285, 344
パグデン、アンソニー（Pagden, Anthony） 128
バス、ディリプ（Basu, Dilip） 427
パターソン、オルランド（Patterson, Orlando） 170
バットゥータ、イブン（Battuta, Ibn） 276, 426
バトラー、キム（Butler, Kim） 494
バナール、マーティン（Bernal, Martin） 320
パラット、ラヴィ・アルヴィンド（Palat, Ravi Arvind） 96, 8/2, 9/9
バラン、ポール（Baran, Paul） 79, 93, 3/39, 4/4
ハリス、クリストファー（Harris, Christpher） 494
パルタサラティ、プラサンナン（Parthasarathi, Prasannan） 124
バルト、フレドリック（Barth, Fredrik） 11/14
ハルドゥーン、イブン（Khaldun, Ibn） 60, 152
ハルトフ（Hartog） 473
バレンツェ、R・J（Barendse, R. J.） 123, 140, 260, 261, 328, 329, 386, 5/78
バロウ、イアン（Barrow, Ian J.） 9/9
ハワース、ホイットニー（Howarth, Whitney） 493
ハン、チンギス（Chinghiz Khan） 149, 290, 473
バンクロフト、ジョージ（Bancroft, Georgee） 53, 2/33
ハンコック、W・キース（Hancock, W. Keith） 77
ビアード、チャールズ（Beard, Charles） 77, 78, 106, 3/34
ピアソン、ルース（Pearson, Ruth） 273
ビーバー、ローレンス（Beaber, Lawrence） 5/14
ヒチェンズ、マリリン・ジョー（Hitchens, Marilynn Jo） 5/4
ピッカリング、メアリー（Pickering, Mary） 2/25
ヒックス、ジョン（Hicks, John） 4/52
ヒューズ＝ウォリントン (Hughes-Warrington, Marnie) 5
ビュアリ、J・B（Bury, J. B.） 43, 2/25
ヒラルデス、アルトゥーロ（Giráldez, Arturo） 254, 257, 328
ピレンヌ、ジャック（Pirenne, Jacques） 80, 82, 85, 3/50
ファウラー、ビル（Fowler, Bill） 494
ファビアン、ヨハネス（Fabian, Johannes） 306-308, 324
ファレル、ケリー（Farrell, Kelly） 493
フィッシュロー、アルバート（Fishlow, Albert） 365
フィリプス、ウィリアム・D（Phillips, William D.） 427
フィリプス、カーラ・ラーン（Phillips, Carla Rahn） 427
フィンドレイ、カーター（Findley, Carter） 427, 429, 5/4
フィンネイ、ベン（Finney, Ben） 123
フーコー、ミシェル（Foucault, Michel） 173, 247, 304, 391, 10/8, 13/31, 13/35

フェイガン、ブライアン（Fagan, Brian） 131, 283
フェルナンデス＝アルメスト、フェリペ（Fernández-Armesto, Felipe） 134, 139, 5/62
フォアマン、ミシェル（Forman, Michele） 117, 5/6, 5/15
フォーゲル、ロバート・ウィリアム（Fogel, Robert William） 167, 168, 365, 384, 17/4
フォクス＝ジェノヴェーゼ、エリザベス（Fox-Genovese, Elizabeth） 103
フォルツ、リチャード（Foltz, Richard） 124, 317
フォルミサーノ、ロナルド（Formisano, Ronald） 172
フォン・グラーン、リチャード（Von Glahn, Richard） 123
フォン・ラウエ、シオドア（Von Laue, Theodore） 105
フォントネル、ベルナール・ル・ボヴィエ・ド（Fontenelle, Bernard le Bouvier de） 45, 482
ブザン、バリー（Buzan, Barry） 128
ブッシュ、ジョージ（Bush, Georg） 117
フライターグ、サンドリア（Freitag, Sandria） 5/12, 8/18
ブライデンタール、レナート（Bridenthal, Renate） 5/12
ブライト、チャールズ（Bright, Charles） 105
プライヤー、フレデリック（Pryor, Frederic） 170
ブラウト、ジェームズ（Blaut, James） 133
ブラウン、キャロリン（Brown, Carolyn） 21/2
ブラウン、ハイネス（Brown, Haines） 118
プラズニアク、ロクサン（Prazniak, Roxann） 276
プラトン（Plato） 32, 59, 80
フランク、アンドレ・グンダー（Frank, Andre Gunder） 87, 93, 96, 101, 124, 127-129, 168, 257, 258, 260, 328, 329, 343, 372, 483, 494, 4/56, 5/41, 10/38, 10/41
ブランスヴィク、アンリ（Brunschwig, Henri） 8/1
ブリエット、リチャード（Bulliet, Richard） 288
フリン、デニス（Flynn, Dennis） 254, 257, 328
ブルクハルト、ヤーコプ（Burckhardt, Jacob） 43, 399, 2/8
ブルックス、ジョージ（Brooks, George） 125
ブルックス、パメラ（Brooks, Pamela） 418, 419, 493
フレイザー（Frazer） 305
フレッチャー、ジョセフ（Fletcher, Joseph） 5/26
プレッツ、カール（Ploetz, Carl） 76
フレドリクソン、ジョージ（Fredrickson, George） 357
プレビシュ、ラウル（Prebish, Raúl） 4/4
ブレンナー、ロバート（Brenner, Robert） 94, 4/22
フロイト、ジークムント（Freud, Sigmund） 74, 75, 85, 327, 370, 483
ブローデル、フェルナン（Braudel, Fernand） 79, 80, 82, 93, 101, 127, 155, 165, 283, 343, 347, 15/3, 15/19
フンボルト、アレクサンダー・フォン（Humboldt, Alexander von） 293
ヘイ、ジーン（Hay, Jean） 19/1
ベイリー、クリストファー（Bayly, Christopher） 124
ヘーゲル、G・W・F（Hegel, G. W. F.） 48-51, 54, 57, 59, 62, 80, 152, 399, 482
ベーコン、フランシス（Bacon, Francis） 44, 45, 282
ヘクスター、J・H（Hexter, J. H.） 13/5
ベッカー、カール（Becker, Carl） 101

ヘッドリク、ダニエル（Headrick, Daniel） 131, 288
ベリー、サラ（Berry, Sara） 19/1
ヘルダー、J・G・フォン（Herder, J. G. von） 48, 52, 54, 62, 482, 484
ベルタランフィ、ルートヴィヒ・フォン（Bertalanffy, Ludwig von） 373-376, 378, 391, 16/33
ベロッホ、ポール（Bairoch, Paul） 101
ヘロドトス（Herodotus） 30, 60, 147
ベンダー、トマス（Bender, Thomas） 5/70
ベンディクス、レギーナ（Bendix, Regina） 320
ベントレー、ジェリー（Bentley, Jerry） 5, 116, 127, 133, 321, 360, 393, 394, 426, 427, 429, 473, 5/15, 9/10, 9/34, 16/14
ベントン、ローレン（Benton, Lauren） 128, 252, 19/3
ホイートリー、ヘレン（Wheatley, Helen） 19/3
ボイス、メアリー（Boyce, Mary） 317
ホイットニー、パティ（Whitney, Patty） 493
ホヴァニシアン、リチャード（Hovannisian, Richard） 122
ボウシェン、ジェイムズ（Beauchesne, James） 493
ホーキング、スティーヴン（Hawking, Stephen） 344
ホール、トマス（Hall, Thomas） 128, 172, 247, 260, 377, 9/26
ホール、ロバート・L（Hall, Robert L.） 494
ボールディング、ケネス（Boulding, Kenneth） 374
ボクサー、チャールズ・R（Boxer, Charles R.） 79
ホゲンドルン、ジャン（Hogendorn, Jan） 125
ホジソン、マーシャル（Hodgson, Marshall） 102, 133
ボシュエ、ジャック＝ベニーニュ（Bossuet, Jacques-Benigne） 44, 45, 47, 125, 152, 482, 2/7, 2/9
ポストマ、ヨハンネス（Postma, Johannes） 4/15
ボズラップ、エスター（Boserup, Ester） 255, 256
ボダン、ジャン（Bodin, Jean） 43, 482, 2/5
ホプキンズ、A・G（Hopkins, A. G.） 220, 394, 19/1, 4/25
ホプキンス、テレンス（Hopkins, Terence） 95
ホブズボーム、エリック（Hobsbawm, Eric） 104
ホブスン、J・A（Hobson, J. A.） 73
ポメランツ、ケネス（Pomeranz, Kenneth） 123, 257, 261, 283,
ポランニー、カール（Polanyi, Karl） 78, 82, 85
ホワード、アレン（Howard, Allen） 427
ホワイト、E・フランシス（White, E. Frances） 125
ホワイト、フィリプ（White, Philip） 10/19
ホワイト、ヘイドン（White, Hayden） 173, 398, 399, 401, 7/1
ポンティング、クライブ（Ponting, Clive） 132, 283

マ行

マーウィック、アーサー（Marwick, Arthur） 320
マークス、ロバート（Marks, Robert） 123, 283
マーシャル、アルフレッド（Marshall, Alfred） 57

マーティン、ウィリアム・G（Martin, William G.） 10/19
マーティン、エリック（Martin, Eric） 418, 493
マードック、ジョージ・ピーター（Murdock, George Peter） 81, 170, 234, 305, 308, 314, 324, 3/48, 9/32, 13/16-18
マーフィー、マージョリー（Murphy, Marjorie） 7/6
マイケルズ、アタナシオス（Michaels, Athanasios） 493
マイヤー、ジョン（Meyer, John） 167
マキャヴェッリ、ニッコロ（Machiavelli, Niccolo） 42, 43
マクシェイン、クレイ（McShane, Clay） 494
マクニール、ウィリアム・H（McNeill, William H.） 12, 71, 80, 82-4, 87, 93, 96, 99, 100-102, 106, 109, 110, 112, 276, 482, 483, 1/16, 3/1, 3/15, 3/50-52, 4/1, 15/19, 16/9, 19/11
マクニール、ジョン・R（McNeill, John R.） 132, 284
マクラウド、ムルド（MacLeod, Murdo） 5/5
マケ、ジャック（Maquet, Jacques） 134
マケイン、スザンヌ（McCain, Suzanne） 493
マコーリー、トマス・バビントン（Macaulay, Thomas Babington） 53
マジュムダール、スチェタ（Mazumdar, Sucheta） 123
マスウーディー、アル＝（Mas'udi, al-） 60
マズリシュ、ブルース（Mazlish, Bruce） 133, 229, 1/25
マッキャン、ジェイムズ（McCann, James） 284
マッキューエン、アダム（McKeown, Adam） 169, 269, 357, 476, 494, 6/6, 21/11
マッゼイ、デヴィド（Muzzey, David） 57
マディソン、アンガス（Maddison, Angus） 258, 10/39
マニング、パトリック（Manning, Patrick） 5, 118, 495, 5/12
マルクス、カール（Marx, Karl） 34, 51-55, 57, 60, 78, 79, 93, 94, 97, 102, 103, 112, 152, 166-169, 171-174, 176, 178, 208, 270, 366, 371, 377, 399, 482, 483, 484, 2/27, 4/52, 4/54, 13/79, 17/22
マルコヴィツ、クロード（Markovits, Claude） 255
マルサス、トマス（Malthus, Thomas） 34
マロリー、J・P（Mallory, J. P.） 131
マンフォード、ルイス（Mumford, Lewis） 75, 3/1
ミアーズ、ジョン・A（Mears, John A.） 5/4
ミシュレ、ジュール（Michelet, Jules） 53, 345, 399, 2/33
ミッチェル、B・R（Mitchell, B. R.） 234, 9/30
ミラー、ジョゼフ・C（Miller, Joseph C.） 373, 494, 8/18, 13/1
ミル、ジョン・スチュアート（Mill, John Stuart） 51
ムーア、バリントン（Moore, Barrington） 101, 173, 364
メア、ヴィクター（Mair, Victor） 124
メイン、ヘンリー（Maine, Henry） 34
メッタ、ジャン（Mettas, Jean） 4/15
メロ、ヘクター・エンリケ（Melo, Hector Enrique） 493, 11/11
モーガン、ルイス・ヘンリー（Morgan, Lewis Henry） 34, 305
モーリス＝スズキ、テッサ（Morris-Suzuki, Tessa） 132
モキア、ジョエル（Mokyr, Joel） 131, 284, 285
モリロ、スティーヴン（Morillo, Stephen） 140, 329, 5/78
モンテスキュー（Montesquieu） 32

ヤ行

ヤクート、アル＝（Yakut, al-） 60
ヤスパース、カール（Jaspers, Karl） 80, 81
ヤン、ビン（Yang, Bing） 494

ラ行

ラート、リチャード（Rath, Richard） 494
ラーナー、ゲルダ（Lerner, Gerda） 272
ライト、ドナルド（Wright, Donald） 125, 347
ラインバウ、ピーター（Linebaugh, Peter） 270
ラヴジョイ、ポール（Lovejoy, Paul） 125, 19/1
ラカン、ジャック（Lacan, Jacques） 179, 304
ラス・カサス、バルトロメ（Casas, Bartolomé de las） 61, 150
ラッグ、ハロルド（Rugg, Harold） 78
ラッセル＝ウッド、ジョン（Russell-Wood, A. J. R.） 126
ラティモア、オーウェン（Lattimore, Owen） 75, 85, 483, 3/28
ランケ、レオポルト・フォン（Ranke, Leopold von） 50, 57, 356, 399, 482, 2/3, 2/22
ランデス、デヴィド・S（Landes, David） 129, 328, 329, 5/41, 10/41
リー、ジェームズ（Lee, James） 123
リード、アンソニー（Reid, Anthony） 124, 261
リード、ジョン（Reed, John） 345
リウ・シンル（劉欣如）（Liu Xinru） 124, 132, 260, 316, 317
リヴァーズ（Rivers） 305
劉知機（Liu Chi-chi） 60
リギンズ、サリー（Wriggins, Sally） 276
リチャードソン、デヴィド（Richardson, David） 376, 4/15
リッソ、パトリシア（Risso, Patricia） 123
リップマン、ジョナサン（Lipman, Jonathan） 124
ルイ 14 世（Louis XIV） 44, 47, 50
ルイス、マーティン（Lewis, Martin） 133, 178, 346
ルート、デボラ（Root, Deborah） 320
ループ、ハイディ（Roupp, Heidi） 121, 465, 468, 494, 5/4, 5/6, 9/34
レイノルズ、クラーク（Reynolds, Clark） 288
レイリー、ケヴィン（Reilly, Kevin） 109, 110, 5/4, 9/34, 21/3
レーニン（Lenin, V. I.） 73, 82, 85
レクライティス、ジョージ（Reklaitis, George） 494
レディカー、マーカス（Rediker, Marcus） 270
レンジャー、ウィリアム・L（Langer, William L.） 76
レンフルー、コリン（Renfrew, Colin） 131
老子（Lao Tzu） 80

ローゼンバーグ、ネイサン（Rosenberg, Nathan） 105
ロスニー、ジョン（Rothney, John） 427
ロック、ジョン（Locke, John） 32
ロドニー、ウォルター（Rodney, Walter） 101, 4/43
ロバーツ、J・M（Roberts, J. M.） 108
ロバートソン、ロランド（Robertson, Roland） 133, 9/4
ロビンソン、ジェームズ・ハーヴェイ（Robinson, James Harvey） 77, 106, 3/33
ロランタス、レイモンド（Lorantas, Raymond） 5/4
ロン、ペイメイ（Long, Beimei） 493

ワ行

ワースター、ドナルド（Worster, Donald） 4/36
ワースレー、ピーター（Worsley, Peter） 103
ワッツ、シェルドン（Watts, Sheldon） 132, 289
ワッツ、デヴィド（Watts, David） 284
ワン・ガンウー（王賡武）（Wang Gungwu） 129

ンクルマ、クワメ（Nkrumah, Kwame） 418
ンゴー、ヴィクトル・ジュリアス（Ngoh, Victor Julius） 111

事項索引

・雑誌名、組織名は原書での綴りを（　）内に付した。
・合衆国、歴史学、結びつきなどの頻出語は立項していない。
・スラッシュで区切ってある数字は章と註番号を示す（例：5/14 は第 5 章の註 14 を指す）。

雑誌

『アジア教育』(*Education About Asia*)　5/14
『アジア研究ジャーナル』(*Journal of Asian Studies*)　195
『アフリカ経済史』(*African Economic History*)　8/16
『アフリカ研究』(*Cahiers d'Etudes Africaines*)　8/24
『アフリカ研究評論』(*African Studies Review*)　8/13
『アフリカ史研究国際ジャーナル』(*International Journal of African Historical Studies*)　8/24
『アフリカ史ジャーナル』(*Journal of African History*)　196, 8/24
『アメリカ歴史評論』(*American Historical Review*)　15/1
『イティネラリオ』(*Itinerario*)　5/3
『インド経済史社会史評論』(*Indian Economic and Social History Review*)　8/16
『学際史ジャーナル』(*Journal of Interdisciplinary History*)　7/17
『家族史ジャーナル』(*Journal of Family History*)　11/1
『季刊アメリカ』(*The American Quarterly*)　7/29
『季刊音楽』(*Musical Quarterly*)　180, 7/41
『企業家史研究』(*Exploration in Entrepreneurial History*)　168
『経済史ジャーナル』(*Journal of Economic History*)　168
『経済史評論』(*Economic History Review*)　168
『経済文献ジャーナル』(*Journal of Economic Literature*)　8/16
『現在の人類学』(*Current Anthropology*)　176
『国際労働史および労働階級史』(*International Labor and Working-Class History*)　7/17
『社会運動』(*Le Mouvement Social*)　11/1
『社会科学史』(*Social Science History*)　7/17
『社会史』(*Social History*)　11/1
『社会史ジャーナル』(*Journal of Social History*)　11/1
『社会と歴史の比較研究』(*Comparative Studies in Society and History*)　5/3
『食と食習慣』(*Food and Foodways*)　12/27
『人口研究』(*Population Studies*)　11/1
『スラヴ評論』(*Slavic Review*)　195
『世界史会報』(*World History Bulletin*)　5/3, 5/5
『世界史ジャーナル』(*Journal of World History*)　116, 321, 427
『中東ジャーナル』(*Middle East Journal*)　196
『展望』(*Perspectives*)　121
『ヒスパニック・アメリカン歴史評論』(*Hispanic American Historical Review*)　196
『弁証法的人類学』(*Dialectical Anthropology*)　176

『民衆文化ジャーナル』（*Journal of Popular Culture*） 7/30
『ラディカル・アメリカ』（*Radical America*） 7/17
『ラディカル政治経済学評論』（*Review of Radical Political Economy*） 168, 172
『ラディカル歴史評論』（*Radical History Review*） 7/17
『レヴュー』（*Review*） 95, 96, 4/20
『歴史と理論』（*History & Theory*） 133
『歴史研修ジャーナル』（*History Workshop Journa*l） 7/17

ア行

アーリア人 154, 267
アイルランド 148, 266
アジア学会（Association of Asian Studies） 196, 9/6
アジア世界史学会（Asian Association of World History, AAWH） 4
アネンバーグ -CPB プロジェクト（Annenberg-CPB Project） 468
アフリカ（西部） 28, 29, 62, 122, 125, 181, 206, 254, 283, 289, 305, 373, 468, 1/9, 2/51, 4/43, 13/17
アフリカ（中央部） 11, 289, 307, 471
アフリカ（東部） 125, 127, 132, 206, 256, 260, 289, 326, 400, 1/9, 13/23, 13/29
アフリカ（北部） 61, 209, 1/9
アフリカ（南部） 179, 316, 13/29
アフリカ学会（African Studies Association） 9/6, 9/19
アフリカ系アメリカ人 107, 133, 139, 155, 169, 318, 462, 494, 4/68, 7/50, 8/27
アフリカ社会科学研究発展評議会（Council for the Developmentof Economic and Social Research in Africa, CODESRIA） 202, 439, 8/27, 9/19
アフリカ人ディアスポラ 103, 139, 209, 211, 212, 234, 318, 449, 5/31, 8/26, 8/27, 19/17
アフロ・アジア諸語 317
アムハラ語 61
アメリカインディアン 90, 125, 267
アメリカ化学学会（American Chemical Society） 9/20
アメリカ学術団体評議会（American Council of Learned Societies, ACLS） 121, 195, 204, 221, 232, 8/3
アメリカ環境史家学会（American Society of Environmental Historians） 7/42, 9/18
アメリカ社会学会世界システム政治経済学部門（Political Economy of World Systems section of the American Sociological Association） 9/16
アメリカ人類学会（American Anthropological Association） 9/20
アメリカスラヴ研究振興協会（American Association for the Advancement of Slavic Studies） 196, 9/6, 9/19
アメリカ歴史家学会（Organization of American Historians） 478, 5/70, 9/6
アメリカ歴史学会（American Historical Association, AHA） 32, 78, 89, 91, 100, 117, 119, 121, 138, 164, 196, 232, 235, 460, 478, 3/34, 4/33, 5/12, 5/70, 8/18, 9/6, 19/15, 23/10
アラバマ 418, 419
アラブ、アラビア 31, 38, 59-61, 66, 153, 198, 261, 268, 386, 451
アルゼンチン 126, 252
アルタイ諸語 267, 317

カ行

サ行

スワヒリ　61, 148, 307, 13/23, 13/24
西洋文明　32, 43, 71, 75, 77, 91, 101, 105, 110, 185, 371, 3/9, 4/52, 4/64, 8/31
政治社会調査のための大学間協会（Inter-University Consortium for Political and Social Research, ICPSR）　235, 9/33
聖戦　130, 321
世界史学会（World History Association, WHA）　4, 107, 110, 117-119, 121, 222, 223, 231-233, 235, 236, 238, 426, 468, 4/6, 5/3-5, 5/10, 5/12, 5/15, 5/16, 5/18, 9/6
世界史研究所（Research Institute for World History, RIWH）　3, 4
世界史資源センター（World History Resource Center）　466, 467, 19/18, 20/3, 20/6, 20/8, 21/11, 21/17
世界史シンポジウム（World History Symposium）　237, 466
世界システム　93-97, 104, 106, 127, 131, 172, 208, 247, 258-160, 329, 348, 357, 364, 372, 377, 379, 384, 434, 463, 484, 4/56, 9/3, 16/9
世界システムネットワーク（World System Network, WSN）　463, 10/41
世界史センター（World History Center）　118, 427, 464, 11/11, 19/7, 19/18, 20/9, 21/11, 21/14, 22/14, 5/10
世界史ネットワーク（World History Network）　3, 4, 464
セネガル　28, 59, 206, 211, 8/24
セネガンビア　89
先住民（アメリカ）　155, 246, 272, 317, 13/28
セントラル・コネチカット州立大学（Central Connecticut State University）　118
全米学校歴史センター（National Center for History in the Schools）　117, 118, 465, 21/14
全米教育協会（National Education Association）　77, 78
全米経済研究所（National Bureau of Economic Research）　234, 9/31
全米芸術基金（National Endowment for the Arts）　9/23
全米社会科学教育協議会（National Council for the Social Studies）　78, 118, 120, 121, 232, 466
全米人文科学基金（National Endowment for the Humanities）　117, 118, 121, 438, 468, 5/18, 7/14, 8/31, 9/23
全米製造者協会（National Association of Manufacturers）　78
ソコト　125
ソ連（ソヴィエト）　73, 88, 105, 124, 126, 197, 200, 205, 219, 348, 367, 385, 449
ゾロアスター教　317, 486
ソンガイ　150

タ行

大学芸術協議会（College Art Association）　9/20
大学審議会（College Board）　120, 464, 465, 467, 21/8, 21/14
第三世界　38, 94, 95, 101, 103, 137, 169, 194, 212, 213, 219, 4/54
大西洋　27, 28, 46, 90, 91, 97, 98, 103, 116, 124-127, 131, 139, 155, 165, 212, 245, 252, 254, 264, 268, 270, 309, 310, 321, 330, 340, 347, 357, 358, 385, 395, 426, 428, 436, 4/5, 5/5, 7/6, 13/55, 17/4
　北大西洋　106, 112, 137, 139, 257, 266, 283, 320, 485, 4/52, 8/17
太平洋　4, 29, 88, 123, 125, 129, 131, 149, 245, 254, 267, 269, 288, 347, 452, 476, 4/35, 9/6
大陸移動　34, 37, 99, 181, 280

ナ行

ハ行

マ行

ヤ行

ラ行

ワ行

原註

日本語版によせて

（1）Douglas Northrop, *A Companion to World History* (Wiley-Blackwell, 2012); Jerry H. Bentley, ed., *Oxford History Handbook: World History* (New York: Oxford University Press, 2011); Pamela Kyle Crossley, *What is Global History?* (Polity, 2008); Marnie Hughes-Warrington, *Palgrave Advances in World Histories* (Palgrave Macmillan, 2005).

第1章

（1）1994年から1996年にかけての私的な会話のなかで、〈結びつき〉という用語がもつ力と有効性について、効果的に示してくれたアルフレッド・クロスビーに感謝したい。さらに考えたすえ、より明確にする方が望ましいため、世界史とは「歴史における下位システム間の諸々の結びつきの研究」だと結論づけることにした。以後の各章における議論では、この定義の意味と適用法を発展させていく。「深さ」と「時間的な広がり」については次を参照。Philip D. Curtin, "Depth, Span, and Relevance," *American Historical Review,* No. 89 (1984), 1–9.

（2）スペイン、ポルトガル、オスマン、サファヴィー、ムガール、そしてロシアの各帝国は、1世紀に満たない間に劇的に拡大した。David Abernethy, *The Dynamics of Global Dominance: European Overseas Empires, 1415–1980* (New Haven, 2000). 銀の交易については次を見よ。Dennis O. Flynn and Arturo Giráldez, "Born with a 'Silver Spoon': The Origin of World Trade in 1571," *Journal of World History* 6 (1995), 201–21; Flynn and Giráldez, "Cycles of Silver: Global Economic Unity through the Mid-eighteenth Century," *Journal of World History* 13 (2002), 391–429.

（3）新たな科学研究は、世界史解釈に対して、すでに実質的な影響を与えている。新たな文化研究は（参照すべき変数がより多く、研究への財政支援がより少ないため）もっと緩慢だが、世界史研究への含意は深い。科学研究と文化研究は明確に異なるが、その成果が歴史に重要な意味をもちながらも、歴史学で基本的に強調される領域の外側にあるという経験は共有している。環境史の例でこれらの力学を詳細に示し、文化的問題も視野に入れた研究には、次のものがある。John R. McNeill, *Something New Under the Sun: An Environmental History of the Twentieth-century World* (New York, 2000).

（4）Stanley M. Elkins, Slavery; *A Problem in American Institutional and Intellectual Life* (Chicago, 1959); Gilberto Freyre, *The Masters and the Slaves: A study in the Development of Brazilian Civilization*, trans. Samuel Putnam ([1933] New York, 1946); Michael Craton, *Searching for the Invisible Man: Slaves and Plantation Life in Jamaica* (Cambridge, Mass., 1978).

（5）Philip D. Curtin, *The Atlantic Slave Trade: A Census* (Madison, 1969); Joseph C. Miller, *Way of Death: Merchant Capitalism and the Angolan Slave Trade, 1730–1830* (Madison, 1988).

（6）Philip D. Curtin, Two Jamaicas: *The Role of Ideas in a Tropical Colony 1830–1865* (Cambridge,

Mass., 1955); Thomas C. Holt, *The Problem of Freedom: Race, Labor, and Politics in Jamaica and Britain, 1832–1938* (Baltimore, 1992).

（7）E. A. Ayandele, *The Missionary Impacton Modern Nigeria, 1842–1914* (London, 1966); Douglas L. Wheeler, "'Angola is Whose House?' Early Stirrings of Angolan Nationalism and Protest, 1822–1910," *African Historical Studies* 2 (1969), 1–22; Elikia M'Bokolo, "Peste et société urbaine à Dakar: l'épidémie de 1914," *Cahiers d'Etudes Africaines* No. 85–86 (1982), 13–46.

（8）M. Flinn, *The Origins of the Industrial Revolution* (New York, 1966); E. P. Thompson, *The Making of the English Working Class* (Harmondsworth, 1964); Gavin Wright, *The Political Economy of the Cotton South* (New York, 1978); Patrick Manning, *Slavery and African Life: Occidental, Oriental, and African Slave Trades* (Cambridge, 1990); Prasannan Parthasarathi, "Rethinking Wages and Competitiveness in the Eighteenth Century: Britain and South Asia," *Past and Present* 158 (1988), 79–109.

（9）Jared Diamond, *Guns, Germs, and Steel: The Fate of Human Societies* (New York, 1997). 世界史研究者にとって地域研究の知識は重要であり続けている。ダイアモンドはニューギニアとオーストラリアに関してとくに精通しており、これらの地域についての議論も全体的な議論も価値が高い。だが、アフリカに関する知識が比較的少ないために、東、西、そして北アフリカの農業と家畜の重要性を過小評価することになり、そのために、分析が人種的な色彩を帯びることになった。

(10) 辞書の定義に従って、歴史を分析する実際上の〈方法〉と、歴史分析の理論を適用する論理もしくは科学である〈方法論〉を区別する。

(11) Herodotus, *History* ([ca. 450 B.C.E.] Chicago, 1987); Thucydides, *History of the Peloponnesian War* ([ca. 420 B.C.E.] Chicago, 1989); Ssu-ma Chien [Sima Qian] Historical Records ([ca. 100 B.C.E.] Oxford, 1994).

(12) Ibn Khaldun, *An Introduction to History: The Muqaddimah*, trans. Franz Rosenthal, ed. N. J. Dawood ([1377] London, 1967); Jacques-Benigne Bossuet, *Discourse on Universal History,* trans. Elborg Forster, ed. Orest Ranum ([1681] Chicago, 1976); G.W. F. Hegel, *Lectures on the Philosophy of World History*, trans. H. B.Nisbet ([1830] Cambridge, 1975).

(13) D. T. Niane, *Sundiata: An Epic of Old Mali*, trans. G. D. Pickett ([1960] New York, 1965); Ibn Khaldun [1377].

(14) 世界史の文献に関して、世界史に有用なものと、世界史の解釈に焦点をあてるものとを区別することは重要である。世界を解釈するために役立つ文献の非常に多くは、それ自身が地球規模の展望をもつものではない。18 世紀に関して、地球規模の問題を直接に取り上げる中心的な分析は次の通りである。Giambattista Vico, *The New Science of Giambattista Vico*, trans. Thomas Goddard Bergin and Max Harold Fisch ([1725] Ithaca, 1984); Voltaire, *The General History* [Essai sur les Moeurs et l'Esprit des Nations] trans. William Fleming ([1754–1757] Akron, 1901–1904); Voltaire, *La Philosophie de l'histoire*, ed. J.H. Brumfitt ([1753–1754] Toronto, 1969); Edward Gibbon, *The History of the Decline and Fall of the Roman Empire,* 6 vols. (London, 1776–1778); Stephen K. Sanderson, ed., *Civilizations and World Systems: Studying World-Historical Change* (Walnut Creek, 1995).

(15) ルネサンス研究において基礎となるテクストは次である。Jacob Burckhardt, *The Civilization of the Renaissance in Italy*, trans. S. Middlemore ([1860] New York, 1958). 言語学と考古学におけるインド・ヨーロッパ研究の発展について、意義深い二つの研究は（両者

は食い違っているけれども）次のものである。Colin Renfrew, *Archaeology and Language: The Puzzle of Indo-European Origins* (New York, 1988); J. P. Mallory, *In Search of the Indo-Europeans: Language, Archaeology, and Myth* (London, 1989).

（16）ウィリアム・マクニールはこのような除外を取り扱おうと試み、諸文明の歴史の過程において、文明間の周期的な「エクメーネの閉塞」〔第3章を参照〕だけでなく、諸文明と「未開人」との間の相互作用も含めるような、古代についての用語法を採用した。McNeill, *The Rise of the West: A History of the Human Community* (Chicago, 1963).

（17）John Locke, *Two Treatises of Government,* ed. Peter Laslett ([1690] Cambridge, 1988); Charles de Secondat, baron de Montesquieu, *The Spirit of the Laws*, trans. Thomas Nugent ([1748] New York, 1949); Montesquieu, *Lettres persanes*, ed. Gonzague Truc ([1721] Paris, 1946); Adam Smith, *An Inquiry into the Nature and Causes of the Wealth of Nations*, eds. R. H. Campbell and A. S. Skinner ([1776] Oxford, 1976).

（18）Oswald Spengler, *The Decline of the West*, 2 vols., trans. Charles Francis Atkinson ([1918–1922] London, 1926–1928); H. G.Wells, *The Outline of History, Being a Plain History of Life and Mankind* (London, 1920); Arnold J. Toynbee, *A Study of History*, 12 vols. (Oxford, 1933–1961).

（19）社会史は、自身の用語法から見ると、私がここで述べたものよりもはるかに複雑である。家族、民族集団、そして労働者階級の研究は、ある程度、歴史研究における政治と国民国家の優位に対する異議申し立てとして生じた。それにもかかわらず、社会史研究者は国民という枠組みを受け入れてそのなかで仕事をしてきたうえ、家族やジェンダーなどの社会史的問題は、世界史の発展のなかでも糾明が遅れていた。

（20）Thomas Malthus, *Essay on the Principle of Population*, 2nd ed. ([1803] Cambridge, 1992); Charles Darwin, *The Origin of the Species by means of natural selection* (London, 1856); Henry Maine, *Ancient Law: Its Connection with the Early History of Society and its Relation to Modern Times* (London, 1861); Lewis Henry Morgan, *Ancient Society, or, Researches in the Lines of Human Progress from Savagery, through Barbarism to Civilization* (New York, 1877); Karl Marx, *Capital,* vol. 1 ([1867] Moscow, 1971); Friedrich Engels, *The Origin of the Family, Private Property, and the State* ([1884] London, 1968); Alfred Wegener, *Die Entstehung der Kontinente und Ozeane* (Braunschweig, 1915).

（21）地域研究は境界線にある事例だが、第二の道よりもむしろ第一の道に含めている。ラテンアメリカ史は合衆国の大学で1920年代に確立され、地域研究プログラムは1950年代から各地域の「歴史」研究を含むようになった。最終的に地域研究はヨーロッパと合衆国の歴史研究者の懐疑論を打ち破った。それは、標準的な歴史学を様々な地域において研究しているのだと主張して勝利し、報酬として歴史学部内に地域研究の部門が置かれた。一方で、地域研究の歴史家は、自身の研究のなかに人類学、口承伝承、言語学、そしてその他の学問分野を導入した程度に応じて、「歴史学」の外側に置かれ、その点では世界史への第二の道の上にある。いずれにせよ、1990年代のアフリカ、アジア、そしてラテンアメリカ史家による結びつきと比較の研究は、世界史にとって重要な契機を与えた。たとえば次を参照。Frederick Cooper, Florencia E. Mallon, Steve J. Stern, Allen F. Isaacman, and William Roseberry, *Confronting Historical Paradigms: Peasants, Labor, and the Capitalist World System in Africa and Latin America* (Madison, 1993).

（22）ニュートンによる運動の法則は、ある物体が進んだ距離が、速度とかかった時間の積になると措定する。アインシュタインは、異なる速度で動く場所では時間も異なるとい

うことを付け加えた。速度が非常に速い場合、ニュートン力学とアインシュタイン流の計算では距離は大きく異なり、アインシュタイン流の計算のほうが実験結果と一致する。アインシュタインはニュートンを否定したわけではない。しかし、アインシュタインは、不変の時間という概念を相互作用的な概念に置き換え、それはある状況ではきわめて重要なものであった。これは、歴史学における旧来の知識と新たな知識の間の関係について、有益な喩えを提供すると考えられる。次も参照。Walter C. Mih, *The Fascinating Life and Theory of Albert Einstein* (Commack, N.Y., 2000), 81–88. マダガスカルについては、次を参照。Nick Garbutt, *Mammals of Madagascar* (New Haven, 1999), 17–18.

(23) 情報を蓄え伝える技術が急速に進歩したために、過去についての知識は、大量に、かつ容易に得られるようになった。コンピュータによるシミュレーションや、その他のモデル化のおかげで、歴史家も含む分析者は、単語や岩、樹木、大気、そして海のような異種の材料から知識を抽出する能力を大いに改善できた。

(24) William Cronon, *Changes in the Land: Indians, Colonists, and the Ecology of New England* (New York, 1983). クロノンは、この作品のために、先行するモデルで、より広いスケールをもつ次のものを利用することができた。Alfred W. Crosby, *The Columbian Exchange: Biological and Cultural Consequences of 1492* (Westport, Conn., 1972).

(25) ブルース・マズリシュは、ある程度同様な議論を用いて、「世界史（ワールド・ヒストリー）」と「地球規模の歴史（グローバル・ヒストリー）」を区別するよう論じている。マズリシュの視点では、世界史は普遍史（ユニヴァーサル・ヒストリー）の延長線上にあり、基本的に諸文明の比較と相互作用に関心を持ち続けている。また、マズリシュの語法によると、「地球規模の歴史」は、グローバリゼーションという劇的な変化に刺激を受けたもので、惑星レベルでの力学に焦点をあて、より未来志向的傾向にある。ここからマズリシュは、世界史に向かう二つの道、すなわち既成の歴史研究の内側からと外側からの道を区別していることがわかる。彼は、鍵となる変化を、近年の出来事から生じた新たな展望のなかに見出しているが、私はその要素を認めるとはいえ、主要な変化が、あらゆる知の分野で得られる新たな情報の下にあるものと考えている。Bruce Mazlish, "An Introduction to Global History," in Mazlish and Ralph Buultjens, eds., *Conceptualizing Global History* (Boulder, 1993), 1–24.

(26)「文化戦争」に関しては次を参章。Gary B. Nash, Charlotte Crabtree, and Ross E. Dunn, *History on Trial: Culture Wars and the Teaching of the Past* (New York, 1997).

第2章

(1) 西洋の伝統における歴史学の通観は、世界についての実際の扱いや普遍史も含め、次が詳しい。Ernst Breisach, *Historiography: Ancient, Medieval, and Modern* (Chicago, 1983). また次も見よ。Georg G. Iggers, *Historiography in the Twentieth Century: From Scientific Objectivity to the Postmodern Challenge* (Hanover, N.H., 1997); Joyce Appleby, Lynn Hunt, and Margaret Jacob, *Telling the Truth about History* (New York, 1994); Bonnie G. Smith, *The Gender of History: Men, Women, and the Historical Practice* (Cambridge, Mass., 1998); R. G. Collingwood, *The Idea of History,* ed. Jan van der Duesen ([1946] Oxford, 1993). 地球規模の歴史叙述について近年の批評としては次を見よ。Jerry H. Bentley, *Shapes of World History in Twentieth-*

Century Scholarship (Washington, 1995); Daniel Segal, "'Western Civ' and the Staging of History in American Higher Education," *American Historical Review* 105 (2000), 770–805.

（2）この対照については、ケネス・R・バートレットが見事に探究している。彼はグィッチャルディーニのイタリア史が、「古代人も聖書も全知ではなかったというはっきりとした認識のために注目に値する」と指摘している。Bartlett, "Burckhardt's Humanist Myopia: Machiavelli, Guicciardini and the Wider World," *Scripta Mediterranea* 16, 17 (1995–1996).

（3）バートレットはこれをブルクハルトの「人文主義的近視眼」と評している。ブルクハルトは、レオポルド・フォン・ランケの学生であった。Ibid.; Burckhardt [1860].

（4）Jean Bodin, *Method for the Easy Comprehension of History*, trans. Beatrice Reynolds ([1566] New York, 1960); Bodin, *De la vicissitude ou variété des choses on l'univers* (Paris, 1577); J. B. Bury, *The Idea of Progress: An Inquiry into its Growth and Origin* (New York, 1932), 37–38, 43–44.

（5）ビュアリの言葉によれば、「このことと、占星学への信念の両方のなかで、ボダンは人間の歴史を宇宙の他の部分と密接に結びつけようとし、また、世界のあらゆる部分を親密に関係させる神の計画に基づいて、世界が作られたという見解を打ち立てようという、大雑把な試みをした。しかしながら、彼は注意深く運命論を避けた」。Bury 1932: 43. 進歩の考えの歴史について、のちに書かれ、いくらか相反するものとしては次を見よ。Robert Nisbet, *History of the Idea of Progress* (New York, 1980).

（6）Bossuet [1681].

（7）一世紀以上後に、ナポレオンがフランス国家と教会との関係を再び構築するにつれ、ボシュエの本は、神に授けられた秩序の存在をあらためて確かめようと考える読者たちの間で再度人気を博した。

（8）「歴史」と「自然史」の相違は、古典期の所産として残り続けた。大プリニウス（プリニウス・セクンドゥス）の『自然史』は、ラテン語で、そして、初期近代のヨーロッパでは翻訳版が広く読まれた。その範囲は、宇宙、地理、医療、動物、植物、鉱物にまで広がり、しかも、絵画や建築にも及んだ。Pliny, *Natural History*, 10 vols. ([ca. 70 C.E.] Cambridge, Mass., 1949). 古代人と現代人についての論争を扱ったものでは、次の二つが傑出している。Bury 1932: 37–126; Hugh Kearney, *Science and Change* 1500–1700 (New York, 1971), 216–35.

（9）ボシュエの普遍史へのアプローチは、初期キリスト教時代の中心性を強調することから、彼を古代人の側へと位置づけるものであった。

（10）Bury 1932: 98–126

（11）*Universal History*, 65 vols. (1736–1765), published by George Sale, George Psalmanzar, Archivald Bower, and others. 次も参照。Thomas Astley (Pub.), *A New General Collection of Voyages and Travels*, 4 vols. (London, 1745.1747). フランス語の類似の出版物には次のものもある。J.-P. Labat, *Voyage du Chevalier des Marchais*, 3 vols. (Paris, 1728). この文献が後のイギリスの思想に与えた衝撃に関する議論は次の書に詳しい。Philip D. Curtin, *The Image of Africa* (Madison, 1964). 初期の旅行記やその編纂物の例としては以下のものがある。G. R. Crone, trans. and ed., *The Voyages of Cadamosto and Other Documents on Western Africa in the Second Half of the Fifteenth Century* (London, 1937); Pieter de Marees, *Description and Historical Account of the Gold Kingdom of Guinea*, trans. and ed. Albert van Dantzig and Adam Jones ([1602] Oxford, 1987); Olfert Dapper, *Beschreibung von Afrika* ([1670] New York, 1967).

（12）Vico [1725]; Giorgio Tagliacozzo and Hayden V. White, eds., *Giambattista Vico: An International*

Symposium (Baltimore, 1969); Peter Munz, "The Idea of 'New Science' in Vico and Marx," in G. Tagliacozzo, ed., *Vico and Marx* (Atlantic Highlands, N.J., 1983), 5–10; Isaiah Berlin, *Vico and Herder: Two Studies in the History of Ideas* (London, 1976); Breisach 1983: 210–13.

(13) Voltaire, *Candide, or Optimism*, ed. and trans. Robert M. Adams ([1756] New York, 1991).

(14) Voltaire [1753–1754]; Voltaire [1754–1757]

(15) Denis Diderot, ed., *Encyclopédie, ou dictionnaire raisonné des sciences, des arts et des métiers,* 17 vols. (1751.1765); P. N. Furbank, *Diderot: A Critical Biography* (New York, 1992).

(16) Guillaume-Thomas-François Raynal, *Histoire des deux Indes*, 3rd ed. (Amsterdam, 1781). この第二版と、とくに第三版では、多くの部分をディドロが寄稿している。

(17) Gibbon 1776.1778; St. Augustine, *The City of God against the Pagans*, 7 vols., trans.George E. McCracken ([426] Cambridge, Mass., 1957).

(18) Johann Gottfried von Herder, *On World History*, eds. Hans Adler and Ernest A. Menze, trans. Ernest A. Menze and Pichael Palma ([1784–1791] Armonk, N.Y., 1997).

(19) コンドルセの構想の十段階は、以下の転換点によって分けられている。人間集団の形成、農業の発展、アルファベットの発展、アレクサンダー大王期のギリシアの科学水準の高さ、後期ヘレニズムにおける科学の衰退、十字軍の時代における中世の学問の興隆、出版技術の発展、権威を揺さぶる哲学の台頭（デカルト）、フランス革命、そして未来となる。Marie Jean Antoine Nicolas Carstat, Marquis de Condorcet, *Tableau historique des progrés de l'esprit humain* ([1795] Paris, 1900). コンドルセによる奴隷制反対の活動については次を参照。David Brion Davis, *The Problem of Slavery in the Age of Revolution, 1770–1823* (Ithaca, 1975), 97, 328.

(20) Hegel [1830]

(21) ibid.

(22) Leopold von Ranke, "The Great Powers" [1833], in Ranke, *The Secret of World History: Selected Writings on the Art and Science of History,* trans. and ed. Roger Wines (New York, 1981); Ranke, *Weltgeschichte*, 8 vols. (1883.1887). ピーター・ノヴィクは、ランケの伝統がアメリカの大学に誤訳されて伝えられたことを、徹底的かつ啓蒙的に論じ、「ランケの最大の貢献は、古典の研究で発展してきた、資料を扱う方法や文献学的方法を、近代史へと採用したことと……そして、学者を育成するための演習を発展させたことにある」と述べている。Novick, *That Noble Dream: The "Objectivity Question" and the American Historical Profession* (New York, 1987), 26.

(23) ドイツにおける世界史の集成は、19世紀初頭に始まり、同世紀の後半にピークを迎え、そして20世紀へと継続された。Heinrich Leo, *Lehrbuch der Universalgeschichte,* 6 vols. (Halle, 1835.1844); Wilhelm Oncken, ed., *Allgemeine Geschichte in Einzeldarstellungen*, 32 vols. in 4 series (Berlin, 1879.1890); Ranke 1883–1887; Hans Delbruck, *Weltgeschichte*, 5 vols. (Berlin, 1931). 単独の著者によるドイツ語から英語へと翻訳された多巻本は次を見よ。H. G. Helmolt, ed., *The History of the World*, 8 vols. ([1899] New York, 1901.1907).

(24) Auguste Comte, *The Positive Philosophy,* trans. Harriet Martineau [1855], introduction by Abraham S. Blumburg (New York, 1974)。なお、以下がこの原版である。*Cours de philosophie positive,* 6 vols. (Paris, 1830–1842). コントの全研究の有用な選集は、次を参照。Gertrud Lenzer, ed., *Auguste Comte and Positivism: The Essential Writings* (Chicago, 1975).

(25) コントの二番目に重要な研究は、『実証政治学体系』である。*Systéme de philosophie*

positive, 4 vols. (Paris, 1851–1854). メアリー・ピッカリングは、コントが、『講義』において、のちに『体系』のなかで強調するような実証主義の宗教という見方を先取りしていると指摘する。この点についてと、コントとミルのやり取りや議論については、次を参照。Pickering, *Auguste Comte: An Intellectual Biography*, vol. 1 (Cambridge, 1993), 505–38, 678; John Stuart Mill, *Auguste Comte and Positivism* ([1865] Ann Arbor, 1965).

(26) Isaiah Berlin, *Karl Marx: His Life and Environment* (New York, 1939); David McLellan, *Karl Marx* (New York, 1975); Paul M. Sweezy, *Modern Capitalism and Other Essays* (New York, 1972); Anthony Giddens, *A Contemporary Critique of Historical Materialism* (Berkeley, 1981).

(27) Karl Marx and Friedrich Engels, *Manifesto of the Communist Party* [1848], in *Karl Marx and Frederick Engels, Selected Works* (New York, 1968), 35.63. マルクスの初期の覚書に関しては次を参照。Marx, *Economic-Philosophical Manuscripts of 1844*, ed. Dirk J. Struik, trans. Martin Milligan ([1844] New York, 1964).

(28) Marx, *The Eighteenth Brumaire of Louis Napoleon* [1852], in Marx and Engels, Selected Works, 95–180

(29) Marx, *Grundrisse: Introduction to the Critique of Political Economy*, trans. Martin Nicolaus ([1857] London, 1973). 手稿は限定版としてモスクワで 1939 年から 41 年の間に出版され、その後 1953 年に東ベルリンで出版された。

(30) Marx [1867, 1885, 1894].

(31) エンゲルスは、合衆国の人類学者であるルイス・ヘンリー・モーガンに大きく依拠しており、モーガンは北アメリカの人々についてのフィールド調査と広範な文献に基づいて、「未開」「野蛮」「文明化」のレベルへと社会を分類した。Engels 1968; Morgan 1877.

(32) Jules Michelet, *History of the French Revolution*, trans. Charles Cocks, ed. Gordon Wright ([1847.1853] Chicago, 1967); Thomas Babington Macaulay, *History of England from the Accession of James II*, 4 vols. ([1849.1861] London, 1953); George Bancroft, *History of the United States of America from the Discovery of the Continent*, 10 vols. (Boston, 1873.1874); Vasilii Kliuchevskii, *A History of Russia*, 5 vols., trans. C. J. Hogarth ([1904.1922] London, 1911.1931).

(33) ペリー・タッパーは、国民史内部における、出来事、過程、そして人物像に焦点をあてた三つのアプローチの発展を分析している。すなわち、ミシュレやミニェの書くバスティーユ襲撃、パークマンやバンクロフトが記述したイギリスによるノバスコシアからのアカディア人の強制退去、そしてクリュチェフスキーとプラトーノフによって描かれたピョートル大帝の性格である。Perry M. Tapper, “Who Are We? Tales of National Identity” (M. A. thesis, Northeastern University, 1991).

(34) Herbert Spencer, *Principles of Sociology*, 3 vols. (London, 1876, 1882, 1896); Robert L. Carneiro, ed., *The Evolution of Society: Selections from Herbert Spencer's Principles of Sociology* (Chicago, 1967); William Peterson, *Malthus* (Cambridge, Mass., 1979), 226.

(35) 国民の枠組みを批判しながらもそれを使用し続けたドイツの一歴史家の思想については、次を見よ。Karl Lamprecht, *What Is History? Five Lectures on the Modern Science of History*, trans. E. A. Andrews ([1904] New York, 1905). 社会学については次を見よ。Ferdinand Tönnies, *Community and Society*, trans. Charles P. Loomis ([1887] East Lansing, 1957).

(36) ヴェーバーの生涯や仕事についての研究は次を参照。Reinhard Bendix, *Max Weber, an Intellectual Portrait* (New York, 1960); Dirk Käsler, *Max Weber: An Introduction to his Life and Work,* trans. Phillippa Hurd ([1979] Chicago 1988).

(37) Max Weber, *The Protestant Ethic and the Spirit of Capitalism*, trans. Talcott Parsons ([1904] New York, 1958); Weber, *The Religion of China. Confucianism and Taoism,* trans. Hans H. Gerth ([1916] New York, 1968); Weber, *The Religion of India. The Sociology of Hinduism and Buddhism*, trans. Hans H. Gerth and Don Martindale ([1916–1917] Glencoe, 1958); Weber, *Ancient Judaism*, trans. Hans H. Gerth and Don Martindale ([1917–1919], Glencoe, 1952).

(38) H. H. Gerth and C.Wright Mills, ed. and trans., *From Max Weber: Essays in Sociology* (New York, 1946), 46–50, 65–69.

(39) Max Weber, *Economy and Society: An Outline of Interpretive Sociology*, ed. Guenther Ross and Claus Wittich, trans. E. Fischoff et al., 3 vols. ([1956] New York, 1968), I: xxvii; Weber, *Wirtschaft und Gesellschaft, Grundriss der verstehenden Soziologie,* 4th ed.,ed. Johan Winckelmann (Tübingen, 1956)。官僚制度は、『経済と社会』第三巻の主要なテーマとなっている。

(40) 1893 年と 1899 年に指導的な歴史学者によって著された報告書では、中等教育で機械的な暗記をさせる傾向を非難したが、高校での総合史というアプローチは再確認されている。1899 年の報告書では、ギリシア・ローマの歴史、中世と近代ヨーロッパ、イギリス史、合衆国の歴史と政府について、高校の 4 年間で教えるというプログラムの提案がなされた。Nash, Crabtree, and Dunn 2000: 34–35, 46–48.

(41) この種の実証主義の有用な要約は次を参照。Collingwood [1946], 126–133.

(42) 歴史を考える世界各地の伝統をより徹底的に見直すことによって、様々な地域の書物を時代順に組み合わせることが可能になる日が来ることを心待ちにしている。その試みは、この概要よりもさらに進んで、歴史的思考が地球規模で発展したことを気づかせてくれるだろう。

(43) 歴史上の各共同体での優先事項は、以下の問いに対する答えのなかに表される。支配者は神によって指名されたのか、あるいは自身の能力によって認められたのか。平等と階層制ではどちらが尊重されるべきなのか。家族の価値が最もよく集約されているものとは、父親への従順さか、母親への献身か、それとも子供の養育なのか。これらの答えは、多様な社会状況の経験によって生み出され、歴史解釈へと組み込まれていく。そして今度は、歴史を語り直すことによって、次の世代に対してこれらの価値が語り伝えられることになる。したがって、各共同体では、哲学の優先事項について、広く行き渡った合意と、特徴的な議論の両方が存在することとなる。

(44) 司馬遷（紀元前 100 年頃）。

(45) Witold Rodzinski, *A History of China* (Oxford, 1979); Ralph Croizrer, "World History in the People's Republic of China," *Journal of World History* 1 (1990), 151–169.

(46) Philip K. Hitti, A History of Arabs (London, 1937); Abu Ja'far Muhammad b. Jarir al-Tabali, *History of Prophets and Kings,* 39 vols., numerous translators ([915], Albany, 1997–1998); Ibn Khaldun [1377]; Peter Gran, *Islamic Roots of Capitalism: Egypt, 1760–1840* (Austin, 1979); Nikki Keddie, Sayyid Jamal ad-Din "al-Afghani": A Political Biography (Berkeley, 1972).

(47) スタンフォード・ショウは、15 世紀から 20 世紀にかけてのトルコ語での歴史記述に関して、きわめて詳細な解説を行っている。Shaw, *History of the Ottoman Empire and Modern Turkey,* 2 vols. (Cambridge, 1976).

(48) Ainslee T. Embree, ed., *Sources of Indian Tradition*, 2 vols., 2nd ed. (New York, 1988).

(49) Edwin Reischauer, *Japan: The Story of a Nation* (New York, 1970); Tessa Morris-Suzuki, *Re-inventing Japan: Time, Space, Nation* (Armonk, N.Y., 1998).

（50）Bartolomé de las Casas, *História de las Indias*, 3 vols. ([1566] Caracas, 1986); Jorge Cañizares-Esguerra, *How to Write the History of the New World: Histories, Epistemologies, and Identities in the Eighteenth-Century Atlantic World* (Stanford, 2001). ドイツの学者フンボルトは、19 世紀初頭に 5 年間ラテンアメリカに滞在した際、訪問先の学者たちによる大量の歴史と科学の論文（そのほとんどが未発表）を読むことができた。これらはフンボルトの出版物の重要な部分となっている。

（51）初期近代の西アフリカのサバンナにおける主要なアラビア語の文書は、*Tarikh al-Kittab* と *Traikh al Fettash* を含む。Nehemiah Levtzion, ed., trans. J. E. P. Hopkins, *Corpus of Early Arabic Sources for West African History* (Cambridge, 1981). より最近のアフリカの資料については次を参照。Ali A. Mazrui and Alamin M. Mazrui, *The Power of Babel: Language and Governance in the African Experience* (London, 1998).

（52）Jan Vansina, *Oral Tradition: A Study in Historical Methodology,* trans. H. M. Wright ([1961] Madison, 1965). 口頭伝承に関する懐疑的批判に関しては次を参照。David P. Henige, *Oral Historiography* (London, 1982). 同時期の合衆国では、拡大する社会史の一部として、オーラル・ヒストリーに幅広い関心が高まっていた。この形式では、インタビューされる人が、先祖のことよりもむしろ自身の経験について話すことが多い。Studs Terkel, *Hard Times: An Oral History of the Great Depression* (New York, 1986).

（53）物語のなかで、人間の歴史上の出来事は、超自然的な話と折り混ぜられていることが多い。しかし、その物語は、歴史的教訓や個人の価値観なども含んでおり、なかでも母への忠誠や敬意は突出している。したがって、この叙事詩を歴史として扱うのか、文学として扱うのかによって、その社会状況の歴史へのアプローチを得る方法が示されるのである。Niane [1960].

（54）一世紀以上にわたって、アフリカ系アメリカ人がアフリカについておこなってきた研究を、マガン・ケイタが再検討するなかで近年展開した議論と、この議論が、構造的に似ていることを認めたい。ケイタが見つけたアフリカ中心主義は、一時的な知的流行ではなく、世界におけるアフリカの位置についての対話の延長線上にある。それは、すでに 19 世紀の E・W・ブライデンやジョージ・ワシントン・ウィリアムズの記述から、議論に多くの重要なねじれや転回をともなって、続いてきたものである。Keita, *Race and the Writing of History: Riddling the Sphinx* (New York, 2000).

第３章

（１）20 世紀における世界史の総合の主要作品を論評したものとして、次を見よ。Paul Costello, *World Historians and their Goals: Twentieth-Century Answers to Modernism* (deKalb, 1993). コステロは、H・G・ウェルズ、オスヴァルト・シュペングラー、アーノルド・J・トインビー、ピティリム・ソローキン、クリストファー・ドーソン、ルイス・マンフォード、ウィリアム・H・マクニールに章を割いている。また、これらの著者の哲学的視点も比較している。

（２）Spengler [1918-1922]. 1918 年に刊行された初版は、現在の第 2 巻からなる。改訂されたドイツ語版は、1922 年に 2 巻で出版された。シュペングラーのアラブ文明についての本格的な展開は、1922 年ドイツ語版の改訂増補版に基づいた 1926 年の英語版第 2 巻にあ

る。しかしながら、この版の第1巻はまったく新たなものであった。つまり、アラブ文明についての章は、1918年の原版のおおよそ半分を占めていた。簡約版も見よ。Oswald Spengler, *The Decline of the West*, abridged by Helmut Werner, English abridged edition prepared by Arthur Helps (Oxford, 1932).

（3）シュペングラーは〈ヨーロッパ中心的〉という言葉を用いなかったが、彼の歴史学批判は明らかに、20世紀後半に高まるヨーロッパ中心主義への批判を予期させるものである。

（4）Spengler [1918–1922] I: 95–96, 155–57; II: 28–32

（5）ドイツ語の原題は、*Der Untergang des Abendlandes, Gestalt und Wirklichkeit* であり、*Untergang* は〈夕暮れ時〉と訳せるが〈崩壊〉も意味する。Abendlandes は、逐語訳すれば〈夕刻の地〉となるが、より平凡かつ直接的には西洋を意味する。

（6）Wells 1920. ウェルズの本は、一巻本、二巻本、そしてカラー図版入りの卓上用大型豪華版という順で、ロンドンのジョージ・ニューンズ社より出版された。唐とローマの地図は後者の397ページに掲載されている。

（7）H. H. Johnston, *The Discovery and Colonization of Africa by Alien Races* (Cambridge, 1900); Johnston, *The Negro in the New World* (London, 1910). W・E・B・デュボイスは、地球規模の歴史についての称賛に値する研究で、ジョンストンの研究に大いに依拠している。*The Negro* ([1915] New York, 1970).

（8）ジョージ・ニューンズ社のカラー版752ページに、「旧世界の未来」というキャプションで、東半球の地図があり、そこには大陸名が記され、さらにくっきりと「世界合衆国」と記されている。私はとくにこの本に引きつけられ、子供の頃に両親の本棚から時々取り出していた。とくに覚えているのは、ドイツ人移民の複雑な地図である。文章は記憶しにくいことがわかったが、絵図によって、世界史は胸が躍るトピックになると考えている。

（9）Toynbee 1933–1961. 各巻と、そのおもな内容は次の通り。第1巻、1934（I 序論、II 文明の発生）；第2巻、1934（挑戦と応戦の範囲）；第3巻、1934（III 文明の成長）；第4巻、1939（IV 文明の挫折）；第5巻、1939（V 文明の解体）；第6巻、1939（V 続 文明の解体）；第7巻、1954（VI 普遍国家、VII 普遍教会）；第8巻、1954（VIII 英雄時代、IX 空間における文明の接触［同時代人たちの邂逅］）；第9巻、1954（X 時間における文明の接触［ルネサンス］、XI 歴史における法と自由、XII 西洋文明の前途）；第10巻、1954（XIII 歴史家の霊感）；第11巻、1959（歴史地図）；第12巻、1961（再考察）。トインビーの研究の要約版は次を見よ。Arnold J. Toynbee, *A Study of History: Abridgement of Volumes I–VI*, by D. C. Somervell (Oxford, 1946); Toynbee, *A Study of History: Abridgement of Volumes VII–IX*, by D. C. Somervell (Oxford, 1957).

（10）Toynbee 1933–1961, I: 193–95

（11）この隠喩は、時間横断的であり、トインビーがのちに諸社会の哲学的同時代性について発展させていく考えを前もって示していた。註16参照。トインビーの知に関する伝記は次を参照。William H. McNeill, *Arnold J. Toynbee: A Life* (New York, 1989).

（12）Arnold J. Toynbee, *Civilization on Trial* (New York, 1948), 10.

（13）Ibid., 11–12; Spengler [1918–1922], II: 188, 198–200.

（14）ルネサンスの研究で、トインビーはその経験を再現ドラマとして扱い、「降霊術の結果」を探究して、政治思想や法、哲学、言語、文学に対するルネサンスの衝撃を研究し

ている。Toynbee 1933–1961, vols. 8 and 9.

(15) オイクメネは、訳すとエクメーネとなるが、マクニールにとってはわずかに意味が異なっていた。

(16)「私の歴史観」のなかで、トインビーの母親は近代イギリス史の教育を受け、トインビー自身は古代ギリシア・ローマ史の教育を受けたと記している。彼にとっての古代史の長所とは、この分野が「情報の氾濫によって邪魔されたり覆い隠されたりせず、空白期の間に木々が徹底的に間引きされたおかげで、森を見ることができる」ことである。その姿は、教区的ではなく世界的である。トゥキュディデスから第一次世界大戦の状況を予期することについて、トインビーは、「あらゆる文明の哲学的同時代性という、私にとって新しい見方」を導き出した。「このようにして、歴史は、文明と呼ばれる人間社会の歴史たちという意味で見ると、新たな一つの企てのなかで、互いに並行して、同時代的に、しかも最近に現れた一束の試みであることが示される。つまりそれは、数十万年の間不活発だったように見えた後で、人間が、今日に至るまで、原始的な生活水準を超えようとしてきた、20 ほどの試みなのである。」(Toynbee 1948: 8–9)

(17) フォン・ラウエは、トインビーの枠組みにおけるこの未解決の問題について、一つ屋根の下の複数の独房というイメージで応えている。Theodore von Laue, *The World Revolution of Westernization: The Twentieth Century in Global Perspective* (New York, 1987).

(18)「あらゆる文明のなかにそれぞれ独自の特徴を備えて存在した開拓者が、世界中のどの図書館でも研究されずに放置されてきたことを恥ずかしく思う。彼らは本国人とは完全に異なった人間であるが、アメリカの息子たちについてあまりにも軽く無邪気に語る者たちから、完全に無視される存在なのである」。José Ortega y Gasset, *An Interpretation of Universal History*, trans. Mildred Adams ([1949] New York, 1973): 187.

(19) Christpher Dawson, *The Dynamics of World History,* ed. John J. Mulloy (New York, 1956). これは 1921 年から 1954 年に出版された研究の選集である。

(20) ウィルソンについての最も信頼のおける伝記は次を見よ。Arthur S. Link, *Wilson*, 5 vols. (Princeton, 1947).

(21) V. I. Lenin, *The Development of Capitalism in Russia* ([1899] Moscow, 1964); Lenin, *Imperialism, the Highest Stage of Capitalism: A Popular Outline,* trans. Yuri Sbodnikov, ed. George Hanna, in V. I. Lenin, *Selected Works*, vol. 1 ([1917] New York, 1967), 673–677; J. A. Hobson, *Imperialism: A Study* (London, 1902)

(22) Hendrik Willem van Loon, *The Story of Mankind* (New York, 1921). この本は、子供のためのアメリカ文学の最優秀作として、第一回ニューベリー賞を受賞している。続く改訂版では、話が加えられ、1951 年の最終版は、ヴァン・ルーンの息子ジェラルドの手によって出された。

(23) Jawaharal Nehru, *Glimpes of World History* (London, 1934). ネルーは 1947 年から 1964 年に死去するまでインドの首相を務めた。娘は、インディラ・ガンディーとして、1966 年から 1977 年の間と、1980 年から暗殺される 1984 年まで首相を務めた。

(24) Sigmund Freud, *Civilization and Its Discontents* (New York, 1930)

(25) V. Gordon Childe, *The Dawn of European Civilization* (London, 1925); Childe, *New Light on the Most Ancient East: The Oriental Prelude to European Prehistory* (London, 1934); Childe, *Man Makes Himself* (London, 1936); Childe, *What Happened in History* (Harmondsworth, 1942). チャイルドは、合衆国の人類学者ルイス・ヘンリー・モーガンの用語法を採用している。そ

れは、新石器革命が未開から野蛮を生み出し、そして都市革命が野蛮から文明を生み出した、というものである。チャイルドおよびチャイルドの時代の考古学について、優れた入門書としては、Bruce G. Trigger, *Gordon Childe: Revolutions in Archaeology* (New York, 1980) を参照。

(26) Lewis Mumford, *Technics and Civilization* (New York, 1934); Mumford, *The Culture of Cities* (New York, 1938); Mumford, *The Condition of Man* (New York, 1944).

(27) Mumford, *The City in History* (New York, 1961); Mumford, *The Transformations of Man* (Gloucester, Mass., 1978).

(28) 世界史研究への貢献者としてのラティモアについては次を参照。David M. Kalivas, "A World History Worldview: Owen Lattimore, a Life Lived in Interesting Times, 1900–1950" (Ph.D. dissertation, Northeastern University, (Ph.D. dissertation, Northeastern University, 2000). デヴィド・カリヴァスは、テーマとして、オーウェン・ラティモアの著書や思想を取り上げた。ラティモアは、中国の歴史、そして1920年代から1950年頃までの中国と内陸アジアの関係について記した第一人者の一人である。カリヴァスの研究は、手法としては、標準的な伝記的研究である。つまり、ラティモアの多くの著作と、文書として保管されている旅行日誌、手紙、そして書類を分類整理し、関係者と家族に聞き取り調査をおこなった。構想としては、この研究はラティモアの思考の展開に焦点をあて、とくに、万里の長城および内陸アジアにある他の多くの長城を、異質な社会間の障壁ではなく、その両側にある共同体をつなぐものとして考察する思考に着目した。次も参照せよ。Owen Lattimore, *Inner Asian Frontier of China* (Boston, 1940); Frederick J. Teggart, *Rome and China: A Study of Correlations in Historical Events* (Berkeley, 1939).

(29) Robert Erza Park, *Race and Culture* (New York, 1950); Pitirim Sorokin, *Social and Cultural Dynamics*, 4 vols. (New York, 1937); Talcott Persons, *The Structure of Social Action: A Study in Social Theory with Special Refernce to a Group of Recent European Writers* (New York, 1937); Talcott Parsons and Neil Smelser, *Economy and Society: A Study in the Integration of Economic and Social Theory* (Glencoe, Ill., 1956).

(30) William L. Langer, ed., *An Encyclopedia of World History, Ancient, Medieval, and Modern, Chronologically Arranged* (Boston, 1940). 最近の改訂版は次を参照。Peter Stearns, ed., William L. Langer, compiler, *The Encyclopedia of World History*, 6th edition (Boston, 2001).

(31) Harry Elmer Barnes, ed., William H. Tillinghast, trans., *Ploetz's Manual of Universal History* (Boston, 1925). その前のものとしては次を見よ。Carl Ploetz, *Auszug aus der alten, mittleren und neueren Geschichte [Epitome of Universal History]* (Berlin, 1880). これらの手引書の後継と思われる集成は次を参照。John A. Garraty and Peter Gay, eds., *The Columbia History of the World* (New York, 1972).

(32) W. Keith Hancock, *Survey of British Commonwealth Affairs,* 2 vols. (London, 1937–1942); Robert Rene Kuczynski, *The Population of the British Colonial Empire,* 2 vols. (London, 1948–1949); Vera Anstey, *The Economic Development of India* (London, 1929); Lilian C. A. Knowles, *The Economic Development of the British Overseas Empire* (London, 1924).

(33) ジェームズ・ハーヴェイ・ロビンソンは、中世ヨーロッパの歴史家として訓練を積み、コロンビア大学在籍時に、近代に焦点をあてる「新しい歴史」の擁護者となった。Gilbert Allardyce, "The Rise and Fall of the Western Civilization Course," *American Historical Review* 87 (1982), 697–725; Robinson, *The New History* (New York, 1912)

(34) ビアードは、政治学の教育を受けており、合衆国憲法の経済的解釈で最もよく知られるようになった。1933年にアメリカ歴史学会の会長役を務めた。Nash, Crabtree, and Dunn 2000: 37–38, 48; Beard, *An Economic Interpretation of the Constitution of the United States* (New York, 1913).

(35) カウンツは、コロンビア大学の教育学部に所属し、また、きわめて重要な時期であった1920年代に、米国教師連盟の会長も務めていた。Nash, Crabtree, and Dunn 2000: 38, 48–51; Novick 1988: 190–92; Marjorie Murphy, *Blackboard Unions: The AFT and the NEA, 1900–1980* (Ithaca, 1991).

(36) Karl Polanyi, *The Great Transformation: The Political and Economic Origins of Our Time* (New York, 1944). 後年、ポランニーは、コロンビア大学の同僚を引き込み、19世紀ヨーロッパ以外のほぼどの場所においても「価格設定市場」は存在しなかったことを明らかにするために、きわめてイデオロギー的だがむなしい努力をおこなった。彼の試みは、経済人類学で「形式主義・実在主義」論争として知られる議論を引き起こした。Karl Polanyi, Conrad Arensberg, and Harry W. Pearson, *Trade and Market in the Early Empire* (New York, 1957); Polanyi, *Dahomey and the Slave Trade, an Analysis of an Archaic Economy,* ed. Abraham Rotstein (Seattle, 1966)

(37) Eric Williams, *Capitalism and Slavery* ([1944] Chapel Hill, 1994). ウィリアムズの解釈は、諸地域の全域にわたって変化をもたらす相互作用を論じることにより、世界史における重要な地平を切り開いた。そこでは、英領西インド諸島およびイングランドにおける社会的かつ経済的発展は、互いに変化をもたらし合うものとして捉えられる。

(38) Maurice Dobb, *Studies in the Development of Capitalism* (Oxford, 1946). ドッブとスウィージーの論争は、1950年から1953年に『科学と社会』誌で展開された。再版は次のものである。Paul Sweezy et al., *The Transition from Feudalism to Capitalism, introduced by Rodney Hilton* (London, 1976).

(39) Paul Baran, *The Political Economy of Growth* (New York, 1957). バランとスウィージーは後に共同研究を表した。*Monopoly Capital: An Essay on the American Economic and Social Order* (New York, 1966).

(40) Fernand Braudel, *The Mediterranean and the Mediterranean World in the Era of Philip II*, trans. Sian Reynolds, 2 vols. ([1949] Berkeley, 1995)

(41) ボクサーの著作では、次を参照。*The Christian Century in Japan* (London, 1951); *Salvador de Sá* (London, 1952); *The Dutch in Brazil* (London, 1957); *The Golden Age of Brazil* (London, 1962); *The Dutch Seaborne Empire* (London, 1965); *The Portuguese Seaborne Empire* (London, 1969).

(42) Jacques Pirenne, *The Tides of History,* 2 vols., trans. Lovett Edwards ([1948] New York, 1962). 初版はLes Grands Courants de l'Histoireというタイトルで出版された。

(43) Ibid.

(44) Karl Jaspers, *The Origin and Goal of History,* trans. Michael Bullock ([1949] New Haven, 1953)

(45) Ibid., 18.

(46) UNESCO, *Interrelations of Cultures: Their Contribution to International Understanding* (Paris, 1953). ゴットシャルクのこれらの本への貢献については次を参照。Gilbert Allardyce, "Toward World History: American Historians and the Coming of the World History Course," *Journal of World History* 1 (1990), 23–76.

(47) Robert R. Palmer, *A History of the Modern World* (New York, 1950). ジョエル・コルトンを共著者に迎え、その後数回再版された。

(48) マードックに加え、アルフレッド・クローバーは、人類学でのライフワークを整理して、社会の歴史的変容を解釈してまとめた。同じ時期に社会学では、ノルベルト・エリアスが「文明化の過程」について幅広い解釈を展開した。Geroge Peter Murdock, *Africa: Its Peoples and Thier Culture History* (New York, 1959); A. L. Kroeber, *An Anthropologist Looks at History* (Berkeley, 1963); Norbert Elias, *The Civilizing Process*, 2 vols., trans. Edmund Jephcott ([1939] New York, 1979) エリアスの２巻本は、〈マナーの歴史〉、そして、〈権力と文明性〉というタイトルが〔英訳版では〕つけられている。次も参照。Robert van Krieken, *Norbert Elias* (London, 1998).

(49) W. McNeill 1963

(50) 先行する著述家たちにマクニールが依拠していることは明示されていないが、簡単に指摘できる。彼はそのタイトルを、シュペングラーから拝借している（ほんの少し異なるだけである）。写真や地図や本のはじめの方の文章は、H・G・ウェルズの形跡を見せており、ユーラシアのエクメーネについては、ジャック・ピレンヌを想起させる。スケッチには、ヴァン・ルーンの形跡が窺える。文明の興亡における政治と貿易の重視と、〈エクメーネ〉という用語の使用は、トインビーのアプローチを反映している。もちろん、これらは形式の問題であり、その重要性は、本の内容にある。

(51) 思い返してみると、マクニールは議論のこの部分にとくにこだわっていたようである。彼は、この本について 1990 年に振り返った際に、後期中世における中国の発展を過小評価していたことを、最も深刻な弱点として記している（根幹となる研究が刊行されずにいたためである）。W. McNeill, "The Rise of the West after Twenty–Five Years," *Journal of World History* 1 (1990), 1–21.

(52) マクニールは、この構成を支えるためにその理由を明示している。つまり、「世界の発展の新たな段階に先んじて起こり、かなりの程度それを引き起こしたヨーロッパの変化を検討するために、各章で過去を遡るであろう」と記している。W. McNeill, 1963: 567–68.

(53) W. McNeill 1990a.

第４章

(１)『西洋の興隆』執筆後、マクニールの仕事は二つの方向に向かった。総合では、学生や一般読者向けに一連の教科書を著し、テーマ別分析では、権力および病気の研究を上梓した。世界史においてあるテーマを切り開いた効果的な例としては、次を参照。W. McNeill, *Plagues and Peoples* (New York, 1976)

(２) ピーター・ノヴィクは、一世紀にわたる合衆国の歴史研究の変容を検討したなかで、1950 年以後の急速な変化を強調するが、ここで焦点をあてる世界史および地域研究での歴史の領域は重視していない。Novick 1988: 415–629.

(３) Frank, "The Development of Underdevelopment," *Monthly Review* 18 (1966), 17–31; Frank, *Capitalism and Underdevelopment in Latin America* (New York, 1967).

(４) フランクの議論は様々な方向につながって発展する。一つは、国連ラテンアメリカ

経済委員会のラウル・プレビシュおよび経済学者たちへと連なるもので、彼らは1950年代からラテンアメリカの経済的自律のために思想的基礎を築こうとした。もう一つは、ポール・バランの議論へと広がり、インドが以前のイングランドのように発展できないのは、イングランドがすでに発展してしまったからであると論じた。加えて、バランとポール・スウィージーとの共同研究を通して、フランクは、封建制から資本主義への移行についてのスウィージーとドッブの論争にもつながることになった。フランクの仕事は、エリック・ウィリアムズが英領カリブでの奴隷制の歴史に相互作用の視点でアプローチしたことと類似している。E.Williams [1944]; Ian Roxborough, *Theories of Underdevelopment* (Atlantic Highlands, N.J., 1979).

（5）〈テーマ〉という言葉で私が意図するのは、過去における関係もしくは過程を一つのまとまりとして選び出したもののことである。〈トピック〉がテーマと区別できるだろう点は、むしろ歴史の主題となるものを指し、その内部での関係にはあまり言及しないことである。また、学問分野と区別できるだろう点は、学問分野を通してテーマが研究されるということである。つまり、強制移住はテーマであり、大西洋奴隷貿易はトピックであり、人口学は両方ともを研究するための学問分野である。〈テーマ〉という言葉は世界史教育でも使われ、教育の課程を時系列的、テーマ的、そして地域的に組織して区別する時に有効である。世界史におけるテーマについての詳細な分析は、次を参照。Deborah Smith Johnston, "Rethinking World History: Conceptual Frameworks for the World History Survey" (Ph.D. dissertation, Northeastern University, 2003).

（6）この節は次の拙稿を圧縮したものである。"The Monograph in World History: Philip Curtin's Comparative Approach," *World History Bulletin* 15 (Spring 1999), 12–17. それ自体は1992年にフィラデルフィアで開かれた世界史学会での報告を基にしている。カーティンの作品について、より広い範囲の問題に触れながら、先行研究の詳細な文脈に位置づけたものは次を参照。Craig A. Lockard, "The Contribution of Philip Curtin and the 'Wisconsin School' to the Study and Promotion of Comparative World History," *Journal of Third World Studies* 11 (1994), 180–82, 199–211, 219–23. 大学院の研究のなかでのカーティンの作品をめぐる議論については第20章を参照。

（7）カーティンの著書では、次のものを世界史の個別研究として分類したい。Curtin 1964; Curtin 1969; *Cross-Cultural Trade in World History* (Cambridge, 1984); *Death by Migration: Europe's Encounter with the Tropical World in the Nineteenth Century* (Cambridge, 1989); *Disease and Empire: The Health of European Troops in the Conquest of Africa* (Cambridge, 1998). 他の論考では、以下もやはり世界史の個別研究と呼べるだろう。*Economic Change in Precolonial Africa: Senegambia in the Era of the Slave Trade*, 1 vol. and supplement (Madison, 1975); *The Rise and Fall of the Plantation Complex: Essays in Atlantic History* (Cambridge, 1990); *The World and the West: The European Challenge and the Overseas Response in the Age of Empire* (Cambridge, 2000). このうち最後の2冊は、「ヨーロッパ拡大」課程での授業の多くを活字にしたものである。

（8）Curtin, *African History* (New York, 1964); Curtin, *Precolonial African History* (Washington, 1974). 1973年までのアフリカ史叙述について詳しくは次を参照。Curtin, "Recent Trends in African Historiography and their Contribution to History in General," UNESCO, *General History of Africa* vol. 1 (London, 1981), 54–71.

（9）Curtin 1964; Curtin, ed., *Africa Remembered: Narratives by West Africans from the Era of the Slave*

Trade (Madison, 1967); Curtin 1975.

(10) アフリカ史で最もよく知られている優れた個別研究をいくつか挙げておく。A. I. Asiwaju, *Western Yorubaland Under European Rule, 1889–1945* (London, 1976); Frederick Cooper, *From Slaves to Squatters: Plantation Labor and Agriculture in Zanzibar and Coastal Kenya, 1890–1925* (New Haven, 1980); Eugenia W. Herbert, *Red Gold of Africa: Copper in Precolonial History and Culture* (Madison, 1984); John Iliffe, *The African Poor: A History* (Cambridge, 1987); Charles van Onselen, *New Babylon, New Nineveh: Studies in the Economic and Social History of the Witwatersrand,* 2 vols. (London, 1982); Jan Vansina, *Paths in the Rainforests: Toward a History of Political Tradition in Equatorial Africa* (Madison, 1990); Ivor Wilks, *Asante in the Nineteenth Century: The Structure and Evolution of a Political Order* (Cambridge, 1975).

(11) Curtin, "Epidemiology and the Slave Trade," *Political Science Quarterly* 83 (June 1968), 190–216.

(12) 彼の概論の授業を受けた時の私のノートからは、この考えがすでに1963年にははっきりしていたことが示される。私は1963年から1966年までマディソン大学で大学院生だった。

(13) Curtin 1969.

(14) Ibid., xvii.

(15) カーティンの推計は、とくにロジャー・アンステイ、ヨハンネス・ポストマ、デヴィド・リチャードソン、ジャン・メッタの著作によって修正が加えられた。最も鋭い論争は、カーティンの推計が全体としてあまりにも少ないというジョセフ・イニコリの主張から始まった。これらすべての要点は次のものにまとめられている。Paul E. Lovejoy, "The volume of the Atlantic slave trade: a synthesis," *Journal of African History* 23 (1982), 473–501. 以下も参照。J. E. Inikori, "Measuring the Atlantic slave trade: an assessment of Curtin and Anstey," *Journal of African History* 17 (1976), 197–233; Curtin, "Measuring the Atlantic slave trade once again," ibid., 17 (1976), 595–605; and Inikori, "Measuring the Atlantic slave trade," ibid., 607–27.

(16) Curtin 1984a. カーティンが会長に選出されたことは、この学会での一連のアフリカ史パネルで祝福された。そこで私は「アフリカ史における計量的手法の重要性」について報告した。彼の会長就任講演は地球規模の問題に焦点をあてたものだったが、会の全体としてはそうでなかった。

(17) Curtin 1984b. この本は語りや包括的分析を含むものではない。代わりに、一つのテーマを、すなわち、民族ごとに組織された交易ディアスポラを取り上げ、時間と空間が大きく異なる諸々の社会にそれが何度も現れる様子について、一連の描写が載せられている。この作品でも他の作品でも、カーティンは鍵となる問題を選び、それを比較するかたちで扱って、その全体的な概略ではなく、世界史の精巧な構造を強調する。

(18) カーティンは、この変化において、栄養、清潔さ、そして水質が重要だと考えるまでに至ったが、これらを検証するにはまた別の研究をする必要があるだろう。Curtin 1989. これに関連する問題を検討したその後の研究については、次を参照。Curtin 1998.

(19) Curtin 1990.

(20) カーティンはこの本について、長年にわたる自分の講義を「剽窃した」ものであると謙遜した。著者との会話による。さらなる議論については次を参照。Manning 1999a.

(21) Immanuel Wallerstein, *The Modern World-System: Capitalist Agriculture and the Origins of the*

European World-Economy in the Sixteenth Century (New York, 1974). これに続く各巻が次の通り公刊された。*The Modern World-System, II: Mercantilism and the Consolidation of the European World-Economy, 1600–1750* (New York, 1980); *The Modern World-System, III: The Second Era of Great Expansion of the Capitalist World-Economy, 1730–1840s* (New York, 1989).

(22) Robert Brenner, "Agrarian Class Structure and Economic Development in Pre-Industrian Europe," *Past and Present* 70 (1976), 30–74. ブレンナーは、明示していないが、社会学者ウォーラーステインの立場について、同様の問題に関する以前の議論におもに依拠することで歴史学に現れた新参者だと強調した。ウォーラーステインは、おそらくこのような反応を予期し、先手を打って、本の各ページのほぼ30パーセントを脚注で埋めている。次も参照。Robert S. DuPlessis, "The Partial Transition to World-Systems Analysis in Early Modern European History," *Radical History Review* 39 (1987), 11–27.

(23) Parsons 1937; Gabriel A. Almond and James S. Coleman, *The Politics of Developing Areas* (Princeton, 1960).

(24) Bogumil Jewsiewicki, "The African Prism of Immanuel Wallerstein," *Radical History Review* 38 (1987), 50–68; Immanuel Wallerstein and Paul Starr, *The University Crisis Reader* (New York, 1971); Wallerstein, *Africa, the Politics of Independence: An Interpretation of Modern African History* (New York, 1961); Wallerstein, *Africa: The Politics of Unity; an Analysis of a Contemporary Social Movement* (New York, 1967).

(25) 経済、史的システム、文明研究のためのフェルナン・ブローデル・センター。1997年冬にビンガムトンを訪問した際に、ウォーラーステインならびにホプキンズと、彼らの計画およびその展開について話す機会を得た。ニューヨーク州立大学としてビンガムトンに作られた大学は、ビンガムトン大学として知られるようになった。

(26) L. S. Stavrianos, *Global Rift: The Third World Comes of Age* (New York, 1981).

(27) Rhoda E. Howard, *Colonialism and Underdevelopment in Ghana* (New York, 1978); Joan Smith, Immanuel Wallerstein, and Hans-Dieter Evers, eds., *Households and the World-Economy* (Beverly Hills, 1984).

(28) Wallerstein 1980; Wallerstein 1989.

(29) ウォーラーステインによるその他多くの出版物にも、論考や簡略な概括が含まれている。Wallerstein, *The Capitalist World-Economy* (Cambridge, 1979); Wallerstein, *Historical Capitalism* (London, 1983). フェルナン・ブローデル・センターは、そこでの多くの研究会を基にした出版に助成を与えてきた。『レヴュー』には、テーマごとの論考も個別の論考もどちらも掲載される。最初の12年間では、オスマン帝国の経済史（1、8、11号）や、経済活動の長期循環（1、7、11号）の研究も載せられている。

(30) Wallerstein, *The End of the World as We Know it: Social Science for the Twenty-first Century* (Minneapolis, 2001); Wallerstein et al., *Open the Social Sciences: Report of the Gulbenkian Commission on the Restructuring of the Social Sciences* (Stanford, 1996). ウォーラーステインは1994年から1998年まで国際社会学会の会長を務めた。

(31) Crosby 1972. クロスビーは、この本を出版するために、多くの出版社に原稿を持ち込まなければならなかったけれども、出版されるとすぐに好評を博した。クロスビーの最初の著作は次のものである。*America, Russia, Hemp, and Napoleon: American Trade with Russia and the Baltic, 1783–1812* (Columbus, OH, 1965).

(32) Crosby 1972: xiv–xv. カーティンの1968年の著作もある程度同様な面を取り上げている

が、クロスビーは学際的な枠組みを用いる方法を見つけた。

（33）Crosby, *Epidemic and Peace, 1918* (Westport, 1976). これは次のタイトルで再版された。*America's Forgotten Pandemic: The Influenza of 1918* (Cambridge, 1989). クロスビーは、1918年のアメリカ歴史学会が伝染病のために中止されたが、その20年後に、同会機関誌の『アメリカ歴史評論』がこの中止を戦後の鉄道の混乱のせいとしたことを示して、インフルエンザがあまりにも容易に忘れられてしまうことを強調している。Crosby, "The *Past and Present* of Environmental History," *American Historical Review* 100 (1995), 1177.

（34）Crosby, *Ecological Imperialism: The Biological Expansion of Europe, 900–1900* (Cambridge, 1986).

（35）加えて、他の研究者の示唆を受けて、クロスビーが結論部で伝えようとしているのは、サツマイモがポリネシアの航海者によって西暦の最初の千年間に南アメリカから太平洋へと渡り、ニュージーランドでマオリ人の増加を可能にしたことである。

（36）しかしながら、合衆国に絞って環境史を研究しているドナルド・ワースターとともに、クロスビーは、ケンブリッジ大学出版による生態系史の叢書の共編者となった。

（37）W. McNeill 1976.

（38）W. McNeill, *The Pursuit of Power: Technology, Armed Force, and Society since A.D. 1000* (Chicago, 1982).

（39）W. McNeill, *The Age of Gunpowder Empires* (Chicago, 1990).

（40）W. McNeill, *Mythistory and other Essays* (Chicago, 1986).

（41）Barrington Moore, *The Social Origins of Dictatorship and Democracy* (New York, 1966); Theda Skocpol, *States and Social Revolutions* (New York, 1979).

（42）Andre Gunder Frank, *Latin America: Underdevelopment or Revolution* (New York, 1969); Frank, *World Accumulation 1492–1789* (London, 1978); Frank, *Crisis: In the World Economy* (New York, 1980).

（43）アミーンは、植民地後の西アフリカにおける経済成長の限界を明らかにすることから始めて、生産物の貢納方法に焦点をあてて、生産様式および政治経済学的分析のグローバル・スタディーズへと広げた。ロドニーは、奴隷貿易を強く批判したけれども、アフリカの低開発の分析を、19世紀のヨーロッパによるアフリカの植民地化から始めた。Paul Bairoch, *Le Tiers-monde dans l'impasse* (Paris, 1971); Samir Amin, *Accumulation on a World Scale: A Critique of the Theory of Underdevelopment,* trans. Brian Pearce ([1970] New York, 1974); Samir Amin, *Unequal Development: An Essay on the Social Formations of Peripheral Capitalism,* trans. Brian Pearce ([1973] New York, 1976); Walter Rodney, *How Europe Underdeveloped Africa* (Kingston, Jamaica, 1972).

（44）Fernand Braudel, *Capitalism and Material Life*, trans. Miriam Kochan ([1967] New York, 1973); Braudel, *Civilization and Capitalism, 15th–18th century,* trans. Sian Reynolds, 3 vols. ([1979] New York, 1981).

（45）Perry Anderson, *Passages from Antiquity to Feudalism* (London, 1974); Anderson, *Lineages of the Absolutist State* (London, 1974).

（46）Marshall G. S. Hodgson, *The Venture of Islam: Conscience and History in a World Civilization,* 3 vols. (New York, 1974); Hodgson, *Rethinking World History: Essays on Europe, Islam, and World History,* ed. Edmund Burke III (Cambridge, 1993).

（47）Eric Wolf, *Europe and the People Without History* (Berkeley, 1982).

（48）Joseph E. Harris, ed., *Global Dimensions of the African Diaspora* (Washington, D.C., 1982); Imanuel Geiss, *The Pan-African Movement: A History of Pan-Africanism in America, Europe, and Africa,* trans. Ann Keep ([1968] New York, 1974); Peggy K. Liss, *Atlantic Empires: The Network of Trade and Revolution, 1713–1826* (Baltimore, 1983); Elizabeth Fox-Genovese and Eugene D. Genovese, *Fruits of Merchant Capital: Slavery and Bourgeois Property in the Rise and Expansion of Capitalism* (New York, 1983).

（49）Peter Worsley, *The Three Worlds: Culture and World Development* (Chicago, 1984); Worsley, *The Third World* (London, 1968).

（50）ティリーの論は正当である。つまり、きわめて広い範囲の研究をするための戦略には、多くの変数と相互作用の可能性のうち、どれが詳細に分析するに値するのかを決める方法を必要とする。しかしながら、私が主張したいのは、体系的で批判的な（そして望むべくは総合的な）分析の努力によって、たとえ幅広いスケールでも、歴史の解釈に重要な進展をもたらしうることである。Charles Tilly, *Big Structures, Large Processes, Huge Comparisons* (New York, 1984).

（51）Eric J. Hobsbawm, *The Age of Revolution: Europe 1789–1848* (New York, 1962); Hobsbawm, *Industry and Empire: From 1750 to the Present Day* (Harmondsworth, 1969); Hobsbawm, *The Age of Capital, 1848–1875* (New York, 1975); Hobsbawm, *Nations and Nationalism since 1780: Programme, Myth, Reality* (Cambridge, 1990); Hobsbawm, *The Age of Extremes: A History of the World, 1914–1991* (New York, 1994); Hobsbawm and Terence Ranger, eds., *The Invention of Tradition* (Cambridge, 1983); Benedict Anderson, *Imagined Communities* (London, 1983).

（52）Nathan Rosenberg and L. E. Birdzell, *How the West Grew Rich* (New York, 1986). ジョン・ヒックスの影響によって、この本が全体の一部となるような諸研究が現れた。それは洗練された理論をもち、方向としてはほぼ新古典派的であり、西洋文明モデルという仮定をかなりしっかりと固守した。アイリーン・パワーとＭ・Ｍ・ポスタンが主導した、中世や早い時期を重視する、初期イギリスにおける経済史の伝統は、理論的に訓練されたより最近の経済史研究者にとっても、重要な参照点であり続けている。Ｗ・Ｗ・ロストウは、歴史的発展について、一つの中心があってそこから伝播するという見方を始め、それは当初評判が良かったが、次第に批判を浴びるようになった。これに続くダグラス・ノースとロバート・ポール・トマスによる解釈は、さらに強く、新古典派的な枠組みに制度的変化を組み込もうと試みた。このアプローチへのマルクス主義および制度派による批判を受けて、ノースは市場だけに基づく世界経済史の解釈を出て、1981年に、経済史における制度的変化の理論を公刊した。20世紀の経済に関するウィリアム・Ｎ・パーカーの視点は、確固として北大西洋を中心に置いている。John D. Hicks, *A Theory of Economic History* (Cambridge, 1969); W. W. Rostow, *The Stages of Economic Growth: A Non-Communist Manifesto* (Cambridge, 1960); Douglass C. North and Robert Paul Thomas, *The Rise of the Western World: A New Economic History* (New York, 1973); North, *Structure and Change in Economic History* (New York, 1981); William N. Parker, *Europe, America, and the Wider World: Essays on the Economic History of Western Capitalism,* 2 vols. (Cambridge, 1984–1991); Rondo Cameron, *A Concise Economic History of the World from Paleolithic Times to the Present* (New York, 1989).

（53）Von Laue 1987.

（54）Michael Geyer and Charles Bright, "For a Unified History of the World in the Twentieth Century,"

Radical History Review 39 (1987), 69–91. 新古典派の経済史研究者、とくにA・G・ホプキンズやA・J・H・レイサムなどは、第三世界を中心に据える別の視点を展開してきたし、マルクス主義者のサミール・アミーンは地球規模の経済秩序について幅広く著述してきた。E・L・ジョーンズは、ヨーロッパとアジアを比較するなかで、「非常に長期的な成長」と自身が名づけたものに焦点をあてて、ヨーロッパの経済的優位が確立されるときに環境の変化が重要な役を演じたと論じた。彼はのちに、この成長が近代西洋に独特なものではないと主張した。A. G. Hopkins, *An Economic History of West Africa* (London, 1973); A. J. H. Latham, *The International Economy and the Undeveloped World, 1865–1914* (London, 1978); Patrick Manning, *Slavery, Colonialism, and Economic Growth in Dahomey, 1640–1960* (Cambridge, 1982); Amin 1974; Amin 1976; E. L. Jones, *The European Miracle: Environments, economies, and geopolitics in the history of Europe and Asia* (Cambridge, 1981).

(55) Paul Kennedy, *The Rise and Fall of the Great Powers: Economic Change and Military Conflict from 1500 to 2000* (New York, 1987)

(56) Janet Abu-Lughod, *Before European Hegemony: The World System A.D. 1250–1350* (New York, 1989). 初期の作品はムスリム世界の都市を中心に取り上げていた。アンドレ・グンダー・フランクは、アブー＝ルゴドの解釈に応えて、世界システムの概念はより前の時代に無理なく投影できると示唆した。Frank, “A Plea for World System History,” *Journal of World History* 2 (1991), 1–28.

(57) Hugh Thomas, *A History of the World* (London, 1979); J. M. Roberts, *History of the World* (New York, 1976).

(58) W. McNeill, *A World History* (New York, 1967; later editions 1971, 1979, 1999); W. McNeill, *History of the Human Community* (Englewood Cliffs, N.J., 1987), previously *Ecumene: Story of Humanity*.

(59) Leften Stavrianos, *Man's Past and Present: A Global History* (Englewood Cliffs, N.J., 1971); Stavrianos, *Lifelines from our Past: A New World History* (New York, 1989).

(60) Kevin Reilly, *The West and the World: A Topical History of Civilization* (New York, 1980).

(61) Kevin Reilly, ed., *World History: Selected Reading Lists and Course Outlines from American Colleges and Universities* (New York, 1985), with later editions.

(62) 世界史を初期に率いたこれらの人々は、教科書執筆に加えて、多くの学校を訪問し、教員組織で講演し、教育学の記事も書いた。

(63) Allardyce 1990: 25–26. 強調はマニングによる。

(64) 西洋文明に基づく世界史へのアプローチとしては、次を参照。John P. McKay, Bennett D. Hill, and John Buckler, *A History of World Societies,* 3rd ed. (Boston, 1992).

(65) 初期の教科書には以下が挙げられる。W. McNeill 1967; Stavrianos 1971; Reilly 1980; Kevin Reilly, ed., *Readings in World Civilizations*, 2 vols. (New York, 1988).

(66) 次から次に新しい教科書が出されるたびに、「最初の真にグローバルな」解釈だと宣言された。私が気に入っているのは、「最初の真にグローバルな」教科書と明記してあるもので、同じ頁に、五つの大陸が分離して図に示され、大陸のそれぞれについて異なる著者によって記されたものだった。著者はそれぞれの分野で著名な人々である。私が言いたい点は、別々の地域を寄せ集めれば「真に」代表的なものになると出版社が想定していることである。Mark Kishlansky, Patrick Geary, Patricia O'Brien, and R. Bin Wong, with Roy Mottahedeh, Leroy Vail, Ann Waltner, Mark Wasserman, and James Gelvin, *Societies and Cultures*

in World History (New York, 1995).
(67) Curtin 1969; Wallerstein 1974; Crosby 1986.
(68) 同様なパターンは、合衆国でアフリカ系アメリカ人の歴史および女性史が普及した初期についても観察できる。これらも同じく、教えることが命じられているために、ときに研究の必要性が曖昧にされてしまう分野であった。
(69) Ross E. Dunn, "The Challenge of Hemispheric History," *The History Teacher* 18 (1985), 329–338; Donald Johnson, "The American Educational Tradition: Hostile to a Humanistic World History?" *The History Teacher* 20 (1987), 519–544. 後者は次の本に収録されている。Ross E. Dunn, ed., *The New World History: A Teacher's Companion* (Boston, 2000), 329–49.
(70) Victor Julius Ngoh, *The World Since 1919: A Short History* (Yaounde, 1989). また、より標準的でそれほど称賛に値しない20世紀史には次のものがある。J. M. Roberts, *Twentieth Century: The History of the World, 1901 to 2000* (New York, 1999).

第5章

（1）これらの著作のいくつかについては、他の最近の作品とともに、後続の章で、次の二つの視野から論じる。すなわち、第二部で、世界史の方法論におけるその位置について、第三部で、世界史の解釈におけるその位置について論じる。
（2）大学院の世界史プログラムについては、より詳しく議論を紹介している第19章を参照。
（3）世界史学会の定期刊行物『世界史会報』は、会の設立に合わせて創刊され、ニュース、短い論考、教材を掲載してきた。この他に、地域横断的な性格を強調する歴史雑誌には、『社会と歴史の比較研究』および『イティネラリオ』がある。
（4）2年の任期で選ばれる世界史学会の会長は、1984年以降、以下の者が担ってきた。ケヴィン・レイリー（1982–1984）、ロス・ダン（1984–1986）、ケヴィン・レイリー（1986–1988）、アーノルド・シュライアー（1988–1990）、マリリン・ジョー・ヒチェンズ(1990–1992)、レイモンド・ロランタス（1992–1994）、ジョン・A・ミアーズ(1994–1996)、ユディト・ジンサー（1996–1998）、ハイディ・ループ（1998–2000）、カーター・フィンドレイ（2000–2002）、ラルフ・クロイツァー（2002–2004）である。
（5）世界史学会の大会は次のように開催されてきた。フィラデルフィア（1992）、ホノルル（1993）、アスペン（1994年10月）、フィレンツェ（1995）、ポモナ（1996）、パンプローナ（1997）、フォート・コリンズ（1998）、ヴィクトリア（1999）、ボストン（2000）、ソルトレイクシティー（2001）、ソウル（2002）。設立期と1980年代について詳しくは、『世界史会報』を参照。空軍士官学校の後援によるウイングスプレッドの会議や世界史研究者のカメルーン旅行、1980年代のAHA大会に関する情報が掲載されている。地域ごとのWHAの関連団体は、オーストララシア、カリフォルニア、カナダ、合衆国北西部諸州、ヨーロッパ、合衆国中部大西洋岸諸州、ニューイングランド、オハイオ、ロッキー山地諸州、合衆国南東部諸州、テキサスで活発である。その他の団体についての詳細は、WHAのウェブサイト（www.thewha.org）で見ることができる。
（6）16世紀の世界に焦点をあてたウィルソン・ワークショップをロス・ダンが1991年に、17世紀と18世紀のワークショップをムルド・マクラウドが1992年に、19世紀世界の

ワークショップをダンが1993年に組織した。翌年度の週末講習会を開くために、各グループから4人の教員が選ばれた。そのなかには、1992年のミシェル・フォアマンや、ジーン・ジョンソン、ハイディ・ループがいた。

（7）National Council for History Education, *Building a World History Curriculum: Guides for Implementing the History Curriculum Recommended by the Bradley Commission on History in the Schools* (1988); National Council for Social Studies, *Expectations of Excellence: Curriculum Standards for Social Studies* (1994); Charlotte Crabtree, *Lessons from History* (Los Angeles, 1989). ブラッドリー委員会報告書の主筆はポール・ガグノンだった。

（8）National Center for History in Schools, *National Standards for World History: Exploring Paths to the Present*, Grades 5–12, expanded edition (Los Angeles, 1994); Nash, Crabtree, and Dunn 1997.

（9）National Center for History in the Schools (www.sscnet.ucla.edu/nchs). 教育単元については第21章で議論されている。

（10）World-Lは1997年まで続いた。H-WORLD（networks.h-net.org/h-world）、世界史センター（www.worldhistory.pitt.edu）〔現在ピッツバーグ大学にある〕、そして世界史学会（www.thewha.org）を参照。

（11）AHAの小冊子のシリーズは以下のものを含む。"Essays in Global and Comparative History" (ed. Michael Adas), "Women's and Gender History in Global Perspective" (ed. Bonnie Smith), "Essays on the Columbian Encounter" (eds. Carla Rahn Phillips and David J.Weber), and "Historical Perspectives on Technology, Society and Culture" (eds. Robert C.Post and Pamela O. Long).

（12）1996年のアメリカ歴史学会年次大会に向けたプログラム委員会の議長および副議長であったブルックリン・カレッジのレナート・ブライデンタールとノースイースタン大学のパトリック・マニングは、1994年にAHA臨時会長のジェームズ・ガードナーと会い、さらにその後、理事長のサンドリア・フライターグと会い、一連のパネルに共同スポンサーを立てるために、AHAと地域研究の諸協会の間の議論を提案した。諸協会との議論は直接の活動にこそ結びつかなかったが、論文を出すよう求めた実験的な呼びかけは、有意義な反応を読んだ。その後、AHAはフォード財団の助成を受け、コミュニティカレッジの教師向けに、ジェリー・ベントリーの指導のもとで夏の世界史ワークショップを、ならびに2001年3月の「相互作用」に関する会議と2003年2月の「海景」に関する会議を、レナート・ブライデンタールとジェリー・ベントリーの共同議長のもとで催した。このような展開のなかで、AHAとWHAの関係も動き出さざるをえなかった。WHAはまだ駆け出しの会であったが、AHAは、世界史に関心を表明する方向に動きはじめていた。世界史センターのファイルにある以下の書簡を参照。S. Tune to P. Manning, 22 February 1994; J. Gardner to area-studies associationexecutive directors, 3 May 1994; R. Bridenthal to P.Manning, 19 May 1994; P.Manningto J. Gardner, 28 May 1994.

（13）各州のスタンダードについての調査は、その展開に関する優れた概観を含む以下のものを参照。Susan Douglass, *Teaching About Religion in National and State SocialStudies Standards* (Fountain Valley, CA, 2000). これはイスラーム教育委員会によってオンライン公開された。さらに、まだ公開していないが、この著者は、2003年までの州ごとのスタンダードの変化を含めた新しい版を準備している。

（14）大学審議会の関係機関である教育試験サーヴィスのローレンス・ビーバーとデスピナ・ダノスは、『社会史ジャーナル』の編集者であるピーター・スターンズが議長を務める

教師および教授からなる委員会とともに、計画の発展を監督した。大学審議会は、その課程を設けることを長年にわたり考えながらも何度も延期し、ようやく1999年に同意を与えた。初めて課程が設けられた際、2002年5月に、2万人以上が受験した。私は、1999年から2002年まで、世界史AP推進委員会のメンバーを務めた。世界史APコース構築に影響を与えることになった、実践的な教育思想からの要領を得た声明については、以下を参照。Peter N. Stearns, *Meaning over Memory: Recasting the Teaching of Culture and History* (Chapel Hill, 1993).

(15) このグループで最も積極的に意見を述べたのはジェリー・ベントレーであり、世界史学会の総務会による、当時のかたちでのコースを批判する決議文作成を主導したのは彼であった。この議論の下にはより大きな問題が広がっていた。はじめに、大学審議会（在ニューヨーク）と教育試験サーヴィス（評議会の関係機関であり、プリンストンにある）の複雑な機構のなかで、世界史研究者のベントレー、ミシェル・フォアマン、そしてマガン・ケイタは、数年の間、歴史に関する大学審議会提言委員会のために働いた。大学審議会が世界史APを認可するようにという、再三にわたる委員会の要請は、審議会の指導部によって無視され、破棄されてきた。1999年に課程が認可され、推進委員会（教育試験サーヴィスと協力する）が設立されても、この推進委員会は、提言委員会と直接の接触をまったくもたなかったのである。第二に、新コースに対して教師、親、学生が強い関心を示したことは、これが今までにできた最大のAPコースになるだろうこと、そしてその重要性のためにまさにこの組織に緊張が生じることを意味していた。第三に、このコースは、中等教育と学部レベルでの世界史概説コースの教育の連繋の問題を、つまり、両者共通の基準があるべきかどうかという問題を提起することになった。

(16) 1999年度のWHAブック賞の受賞は以下である。Andre Gunder Frank, *ReOrient: Global Economy in the Asian Age* (Berkeley, 1998).2000年度。James E. McClellan III and Harold Dorn, *Science and Technology in World History: An Introduction* (Baltimore, 1999).2001年度は次の2作である。J. McNeill, 2000; Kenneth Pomeranz, *The Great Divergence: China, Europe, and the Making of the Modern World Economy* (Princeton, 2000).

(17) オンラインの複写版は、www.worldhistorycenter.org/nerwhaにあった。

(18) 1991年から1993年度のウッドロー・ウィルソン基金による教育講習会を除いて、全米人文科学基金（NEH）がすべてのプロジェクトを後援した。NEHは、世界史関係のなかで、たとえば、テンプル大学の教師講習、ノースイースタン大学の教育に関する学部レベルの連携プロジェクト、世界史学会の教育講習、ノースイースタン大学の包括的世界史ウェブサイト、ジョージメイソン大学の世界史資料ウェブサイト、サンディエゴ州立大学のウェブを基盤にした世界史カリキュラムに対して支援を与えてきた。

(19) 早い時期に発展してきた合衆国と西ヨーロッパの研究は、学問分野を横断するようなプログラムへは組織されていない。合衆国と西ヨーロッパの歴史学文献については、この章の後半で検討する。

(20) Lynda N. Shaffer, *Mao and the Workers: The Hunan Labor Movement, 1920–1923* (New York, 1982); Shaffer, *Native Americans before 1492: The Moundbuilding Centers of the Eastern Woodlands* (Armonk, N.Y., 1992); Shaffer, *Maritime Southeast Asia to 1500* (Armonk, N.Y., 1996); Cooper et al. 1993; John E. Wills, Jr., *1688: A Global History* (New York, 2001).

(21) S. A. M. Adshead, *Central Asia in World History* (New York, 1993); Adshead, *Material Culture in Europe and China, 1400–1800* (New York, 1997); Stanley Burstein, *Graeco-Africana: Studies in*

the History of Greek Relations with Egypt and Nubia (New Rochelle, 1995); Burstein, ed., *Ancient African Civilizations: Kush and Axum* (Princeton, 1998); Ben Finney with Marlene Among, *Voyage of Rediscovery: A Cultural Odyssey through Polynesia* (Berkeley, 1994); Finney, Hokulea: *The Way to Tahiti* (New York, 1979); Richard G. Hovannisian, *The Armenian People from Ancient to Modern Times*, 2 vols. (New York, 1997).

(22) Peter Perdue, *Exhausting the Earth: State and Peasant in Hunan, 1500–1850* (Cambridge, Mass., 1987).

(23) R. Bin Wong, *China Transformed: Historical Change and the Limits of European Experience* (Ithaca, 1997); Pomeranz 2000; James Z. Lee and Wang Feng, *One Quarter of Humanity: Malthusian Mythology and Chinese Realities, 1700–2000* (Cambridge, Mass., 1999); Flynn and Giráldez 1995; Richard Von Glahn, *Fountain of Fortune: Money and Monetary Policy in China 1000–1700* (Berkeley, 1996); Frank 1998; Sucheta Mazumdar, *Sugar and Society in China: Peasants, Technology and the World Market* (Cambridge, Mass., 1998); Robert Marks, *Tigers, Rice, Silk, and Silt: Environment and Economy in Late Imperial South China* (Cambridge, 1998); Joseph Needham, Robin D. S. Yates, Krzysztof Gawlikowsky, Edward McEwen, and Wang Ling, *Science and Civilisation in China. Volume 5, part 6, section 30. Military Technology: Missiles and Sieges* (Cambridge, 1994); G. William Skinner, *Marketing and Social Structure in rural China* (Tucson, 1964–65); Akira Iriye, *China and Japan in the Global Setting* (Cambridge, Mass., 1992); Tessa Morris-Suzuki, *Reinventing Japan: Time, Space Nation* (Armonk, N.Y., 1998).

(24) Ainslie T. Embree and Carol Gluck, eds., *Asia in Western and World History: A Guide for Teaching* (Armonk, N.Y., 1997). 加えて、H-Asiaは非常に活発な討論用のメーリングリストであり、『アジア教育』も新しい教材について定期的に情報を提供している。ヴァーモントにあるフリーマン基金は、アジア、とくに東アジアに関する教育と研究に、充実した資金を供給している。

(25) K. N. Chaudhuri, *Asia Before Europe: Economy and Civilisation of the Indian Ocean from the Rise of Islam to 1750* (Cambridge, 1990); Sanjay Subrahmanyam, *The Political Economy of Commerce. Southern India 1500–1650* (Cambridge, 1990); R. J. Barendse, *The Arabian Seas: The Indian Ocean World of the Seventeenth Century* (Armonk, N.Y., 2002); Barendse, "Trade and State in the Arabian Seas: A Survey from the Fifteenth to the Eighteenth Century," *Journal of World History* 11 (2000), 173–226; Patricia Risso, *Merchants and Faith: Muslim Commerce and Culture in the Indian Ocean* (Boulder, 1995); Richard Foltz, *Mughal India and Central Asia* (Karachi, 1998); Prasannan Parthasarathi, *The Transition to a Colonial Economy: Weavers, Merchants and Kings in South India, 1720–1800* (New York, 2001); Parthasarathi 1988; Mrinalini Sinha, *Colonial Masculinity: the "Manly" Englishman and "Effeminate" Bengali in Nineteenth Century India* (New York, 1995); Christopher A. Bayly, *Imperial Meridian: The British Empire and the World, 1780–1830* (London, 1989); Bayly, *Indian Society and the Making of the British Empire* (Cambridge, 1988); Bayly, *Empire and Information: Intelligence Gathering and Social Communication in India, 1780–1870* (Cambridge, 1996); Ranajit Guha and Gayatri Chakravorty Spivak, eds., *Selected Subaltern Studies* (New York, 1988); Ranajit Guha, *Dominance without Hegemony: History and Power in Colonial India* (Cambridge, Mass., 1998); Dipesh Chakrabarty, *Provincializing Europe* (Princeton, 2000).

(26) 西暦紀元前の時代については、以下を参照。Victor Mair, ed., *The Bronze Age and Early*

Iron Age Peoples of Eastern Central Asia, 2 vols. (Philadelphia, 1998). Julian Baldick, *Animal and Shaman: Ancient Religions of Central Asia* (New York, 2000). 一千年代の研究については、以下を参照。David Christian, *Inner Eurasia from Prehistory to the Mongol Empire,* vol. 1 of *A History of Russia, Central Asia and Mongolia* (Oxford, 1998); Richard N. Frye, *The Heritage of Central Asia: From Antiquity to the Turkish Expansion* (Princeton,1996); and M. S. Asimov and C. E. Bosworth, eds., *History of Civilizations of Central Asia,* Volume IV, *The Age of Achievement: A.D. 750 to the End of the Fifteenth Century. Part One: The Historical, Social and Economic Setting* (Paris, 1998). 1200年以前の交易、宗教、そして移民については次を見よ。Xinru Liu, *Ancient India and Ancient China: Trade and Religious Exchanges, AD 1–600* (Oxford, 1995); Liu, "Silks and Religions in Eurasia, c. A.D. 600–1200," *Journal of World History* 6 (1995), 25–48; Liu, "Migration and Settlement of the Yuezhi-Kushan: Interaction and Interdependence of Nomadic and Sedentary Societies," *Journal of World History* 12 (2001), 261–292; Richard C. Foltz, *Religions of the Silk Road: Overland Trade and Cultural Exchange from Antiquity to the Fifteenth Century* (New York, 1999). チベット王国については以下がある。Christopher I. Beckwith, *The Tibetan Empire in Central Asia: A History of the Struggle for Great Power among Tibetans, Turks, Arabs and Chinese during the Early Middle Ages* (Princeton, 1987). より新しい時代については以下を見よ。Steven G. Marks, *Road to Power: The Trans-Siberian Railroad and the Colonization of Asian Russia, 1850–1917* (Ithaca, 1991); Jonathan Lipman, *Familiar Strangers: A History of Muslims in Northwest China* (Seattle, 1997); Gorm Pederson and Ida Nicolaisen. *Afghan Nomads in Transition: A Century of Change Among the Zala Khan Khel* (New York, 1995); Korkut A. Erturk, ed., *Rethinking Central Asia: Non-Eurocentric Studies in History, Social Structure and Identity* (Ithaca, 1999); Feride Acar and Ayse Gunes-Ayata, eds., *Gender and Identity Construction: Women of Central Asia, the Caucasus and Turkey* (Leiden, 2000). 総合的な研究の最良のものとしては次を参照。Adshead 1993. 広く尊ばれてきたジョセフ・フレッチャーによる諸々の作品が、ようやく次の本にまとめられて出版された。Joseph Fletcher (ed. Beatrice Forbes Manz), *Studies on Chinese and Islamic Inner Asia* (Aldershot, U.K., 1995). また、次も見よ。Andre Gunder Frank, *The Centrality of Central Asia* (Amsterdam, 1992).

(27) Anthony Reid, *Southeast Asia in the Age of Commerce, 1450–1680,* 2 vols. (NewHaven, 1988–1993); Anthony Reid, ed., *Southeast Asia in the Early Modern Era: Trade, Power, and Belief* (New York, 1993); Shaffer 1996.

(28) John Voll, "Islam as a Special World-system," *Journal of World History* 5 (1994), 213–226; Richard Eaton, *Essays on Islam and Indian History* (New Delhi, 2000); Eaton, *The Rise of Islam and the Bengal Frontier, 1204–1760* (Berkeley, 1993); Eaton, "Islamic History as Global History" (Washington, 1990). 地球規模の含みをもった宗教の地域研究については、以下がある。Mary Boyce, *Zoroastrianism: Its Antiquity and Constant Vigour* (Costa Mesa, CA, 1992).

(29) John R. McNeill, "Of Rats and Men: A Synoptic Environmental History of the Island Pacific," *Journal of World History* 5 (1994), 299–350; Gananath Obeyesekere, *The Apotheosis of Captain Cook: European Mythmaking in the Pacific* (Princeton, 1992); David Chappell, *Double Ghosts: Oceanian Voyagers on Euroamerican Ships* (Armonk, N.Y., 1997); Eric Jones, Lionel Frost, and Colin White, *Coming Full Circle: An Economic History of the Pacific Rim* (Boulder, 1993); Arif Dirlik, ed., *What is a Rim? Critical Perspectives on the Pacific Region Idea* (Boulder, 1993).

(30) Christopher Ehret, *An African Classical Age: Eastern and Southern Africa in World History,*

1000 B.C. to 400 A.D. (Charlottesville, 1998). 以下も参照。Bernd Heine and Derek Nurse, *African Languages: An Introduction* (Cambridge, 2000). George Brooks, *Landlords and Strangers: Ecology, Society, and Trade in Western Africa, 1000–1630* (Boulder, 1993); James McCann, *Green Land, Brown Land, Black Land: An Environmental History of Africa, 1800–1990* (Portsmouth, N.H., 1999).

(31) Donald R. Wright, *The World and a Very Small Place in Africa* (Armonk, N.Y., 1997); Paul E. Lovejoy and Jan S. Hogendorn, *Slow Death for Slavery: The Course of Abolition in Northern Nigeria, 1897–1936* (Cambridge, 1993); Frederick Cooper, *Decolonization and African Society: The Labor Question in French and British Africa* (Cambridge, 1996); Iris Berger and E. Frances White, Women in Africa: Restoring Women to History (Bloomington, 1999). アフリカ人ディアスポラについては以下がある。Judith Carney, *Black Rice: The African Origins of Rice Cultivation in the Americas* (Cambridge, 2001).

(32) Ida Altman, *Transatlantic Ties in the Spanish Empire: Brihuega, Spain and Puebla, Mexico, 1560–1620* (Stanford, 2000); Cañizares-Esguerra 2001; Cañizares-Esguerra, "New World, New Stars: Patriotic Astrology and the Invention of Indian and Creole Bodies in Colonial Spanish America, 1600–1650," *American Historical Review* 104 (1999), 33–68; Luiz Felipe de Alencastro, *O Trato dos viventes: formação do Brasil no Atlântico sul* (São Paulo, 2000); Jeremy Adelman, *Republic of Capital: Buenos Aires and the Legal Transformation of the Atlantic World* (Stanford, 1999); Patricia Seed, *American Pentimento: The Invention of Indians and the Pursuit of Riches* (Minneapolis, 2001); A. J. R. Russell-Wood, *A World on the Move: The Portuguese in Africa, Asia, and America, 1415–1808* (New York, 1993); Cooper et al. 1993.

(33) Robert Strayer, *Why did the Soviet Union Collapse? Understanding Historical Change* (Armonk, N.Y., 1998); Andre Znamenski, *Shamanism and Christianity—Native Encounters with Russian Orthodox Missions, 1820–1917* (Westport, Conn., 1999); Daniel R. Brower and Edward J. Lazzerini, eds., *Russia's Orient: Imperial Borderlands and Peoples, 1700–1917* (Bloomington, Ind., 1997).

(34) A. J. R. Russell-Wood, general editor, *An Expanding World: The European Impact on World History, 1450–1800,* 31 vols. (Aldershot, U.K., 1995–2000). これらの巻の序文は、一部の例外はあるが、優れた史学史的概観を提供している。

(35) Abu-Lughod 1989; K. Chaudhuri 1990.

(36) Jerry H. Bentley, *Old World Encounters: Cross-Cultural Contacts and Exchanges in Pre-Modern Times* (New York, 1993). その結果として生じる世界史の時代区分について、後日に語ったものとしては次を参照。Bentley, "Cross-Cultural Interaction and Periodization in World History," *American Historical Review* 101 (1996), 749–70.

(37) Andre Gunder Frank and Barry K. Gills, eds., *The World-system: Five Hundred Years or Five Thousand?* (London, 1993); Sanderson 1995.

(38) Jack A. Goldstone, *Revolution and Rebellion in the Early Modern World* (Berkeley, 1991); Wong 1997); Abernethy 2000; Seed 2001; Lauren Benton, *Law and Colonial Cultures: Legal Regimes in World History, 1400–1900* (New York, 2002); Anthony Pagden, *Lords of All the World: Ideologies of Empire in Spain, Britain and France, c. 1500–c. 1800* (New Haven, 1995); David Armitage, *The Ideological Origins of the British Empire* (Cambridge, 2000); Frederick Cooper and Ann Laura Stoler, eds., *Tensions of Empire: Colonial Cultures in a Bourgeois World* (Berkeley, 1997); Noam Chomsky, *World Orders Old and New* (New York, 1994); Barry Buzan, *People, States, and Fear*

(New York, 1991); Akira Iriye, *Cultural Internationalism and World Order* (Baltimore, 1997).

(39) アラン・K・スミスは、修正したパラダイムと新しい細目を携えて、近年の世界史研究において最も綿密に調査された問題である、近代における世界的な共同体の創出へと立ち返った。『世界経済の創出』において、彼は、ウォーラーステインのパラダイムを少し修正して利用した。彼は、世界経済の周縁諸地域を、ヨーロッパ列強への従属関係とは区別しようとしたのである。おそらく、パラダイムの相違よりも、経験上の相違のほうが重要なのだった。語りにおけるヨーロッパと海外の次元のバランスを比べると、スミスは、海外諸地域の出来事と、ヨーロッパの植民地ごとの特性を強調するという点で、ウォーラーステインよりもはるかに前進した。Alan K. Smith, *Creating a World Economy: Merchant Capital, Colonialism, and World Trade, 1400–1825* (Boulder, 1991).

(40) James D. Tracy, ed., *The Rise of Merchant Empires: Long-distance Trade in the Early Modern World, 1350–1750* (Cambridge, 1990); Tracy, ed., *The Political Economy of Merchant Empires: State Power and World Trade, 1350–1750* (Cambridge, 1991); Giovanni Arrighi, *The Long Twentieth Century: Money, Power, and the Origins of Our Times* (London, 1994); S. A. M. Adshead, *Salt and Civilization* (New York, 1992); Mark Kurlansky, *Salt: A World History* (New York, 2002); Sidney W. Mintz, *Sweetness and Power: The Place of Sugar in Modern History* (New York, 1985); Peter Stearns, *The Industrial Revolution in World History* (Boulder, 1993); Michael N. Pearson, *Port Cities and Intruders: The Swahili Coast, India, and Portugal in the Early Modern Era* (Baltimore, 1998); Gary Geriffi and Miguel Korzeniewicz, eds., *Commodity Chains and Global Capitalism* (Westport, Conn., 1994).

(41) 1998年6月、二つのテーゼをめぐる議論は、この目的のために一時的に合同した四つの討論用メーリングリストを席巻し、12月にはフランクとランデスが、テレビ放映される討論のためにノースイースタン大学で顔を合わせた。詳細については、第10章の註41を参照。

(42) Adam McKeown, *Chinese Migrant Networks and Cultural Change: Peru, Chicago, Hawaii, 1900–1936* (Chicago, 2001); Walter Nugent, *Crossings: The Great Transatlantic Migrations, 1870–1914* (Bloomington, Ind., 1992); Timothy J. Hatton and Jeffrey G. Williamson, eds., *Migration and the International Labor Market 1850–1939* (London, 1994); Patrick Manning et al., *Migration in Modern World History, 1500–2000* (Belmont, CA, 2000); Manning 1990; Robin Cohen, *Global Diasporas: An Introduction* (Seattle, 1997); Wang Gungwu, ed., *Global History and Migrations* (Boulder, 1997); David Northrup, *Indentured Labor in the Age of Imperialism, 1831–1922* (New York, 1995); David Eltis, Stephen D. Behrendt, David Richardson, and Herbert S. Klein, *The Trans-Atlantic Slave Trade: A Database on CD-ROM* (New York, 1999).

(43) Wally Seccombe, *A Millennium of Family Change: Feudalism to Capitalism in Northwestern Europe* (London, 1992); Seccombe, *Weathering the Storm: Working-Class Families from the Industrial Revolution to the Fertility Decline* (London, 1993); Frances Karttunen, *Between Worlds: Interpreters, Guides, and Survivors* (New Brunswick, N.J., 1994); R. Stephen Warner and Judith G. Wittner, *Gatherings in Diaspora: Religious Communities and the New Immigration* (Philadelphia, 1998); Karen Louise Jolly, ed., *Tradition and Diversity: Christianity in a World Context to 1500* (Armonk, N.Y., 1997).

(44) Peter Partner, *God of Battles: Holy Wars of Christianity and Islam* (Princeton, 1998)

(45) Linda Grant De Pauw, *Battle Cries and Lullabies: Women in War from Prehistory to the Present*

(Norman, 1998); Nupur Chaudhuri and Margaret Strobel, eds., *Western Women and Imperialism: Complicity and Resistance* (Bloomington, Ind., 1992); Julia Clancy-Smith and Frances Gouda, eds., *Domesticating the Empire: Race, Gender, and Family Life in French and Dutch Colonialism* (Charlottesville, 1998); Lata Mani, *Contentious Traditions: The Debate on Sati in Colonial India* (Berkeley, 1998); Cynthia Enloe, *Bananas, Beaches, and Bases: Making Feminist Sense of International Politics* (Berkeley, 1990).

(46) Adam Kuper, *The Invention of Primitive Society: Transformations of an Illusion* (London, 1988); Kuper, *The Chosen Primate: Human Nature and Cultural Diversity* (Cambridge, Mass., 1994); Robert H. Bates, V. Y. Mudimbe, and Jean O'Barr, eds., *Africa and the Disciplines: The Contributions of Research in Africa to the Social Sciences and Humanities* (Chicago, 1993).

(47) Anthony King, ed., *Culture, Globalization and the World-System: Contemporary Conditions for the Representation of Identity* (Minneapolis, 1991); John Mackenzie, ed., *Imperialism and Popular Culture* (Manchester, 1992); Arjun Appadurai, *Modernity at Large: Cultural Dimensions of Globalization* (Minneapolis, 1996); Edward Said, *Culture and Imperialism* (New York, 1993); Richard Drayton, *Nature's Government: Science, Imperial Britain, and the "Improvement" of the World* (New Haven, 2000); Jean and John Comaroff, eds., *Modernity and Its Malcontents: Ritual and Power in Postcolonial Africa* (Chicago, 1993); John and Jean Comaroff, *Ethnography and the Historical Imagination* (Boulder, 1992); William H. McNeill, *Keeping Together in Time: Dance and Drill in Human History* (Cambridge, Mass., 1995). 地球規模のレベルの文化研究は、とくに知性の文化に焦点をあててきた。一方で、文化の遭遇に関する研究も現れはじめている。このような作品についての議論は、第 13 章を参照。

(48) J. P. Mallory and Victor Mair, *The Tarim Mummies: Ancient China and the Mystery of the Earliest Peoples from the West* (London, 2000); Mallory 1989; Renfrew 1988; Joseph H. Greenberg, *Language in the Americas* (Stanford, 1987).

(49) Headrick, *The Invisible Weapon: Telecommunications and International Politics, 1851–1945* (New York, 1991); Headrick, *When Information Came of Age: Technologies of Knowledge in the Age of Reason and Revolution, 1700–1850* (New York, 2000); Joel Mokyr, ed., *The Economics of the Industrial Revolution* (Totowa, N.J., 1985); Mokyr, *The Lever of Riches, Technological Creativity and Economic Progress* (New York, 1990).

(50) Daniel E. Vasey, *An Ecological History of Agriculture, 10,000 B.C.–A.D. 10,000* (Ames, 1992); Daniel Zohary and Maria Hopf, *Domestication of Plants in the Old World* (Oxford, 1993); Kenneth Kiple and Krlemhild Conee Ornelas, eds., *The Cambridge World History of Food* (Cambridge, 2000); Larry Zuckerman, *The Potato: How the Humble Spud Rescued the Western World* (Boston, 1998).

(51) Arnold Pacey, *Technology in World Civilization: A Thousand-Year History* (Cambridge, Mass., 1990); James Burke and Robert Ornstein, *The Axemaker's Gift: A Double-Edged History of Human Culture* (New York, 1995); Joel Mokyr, *Twenty-five Centuries of Technological Change: An Historical Survey* (New York, 1990).

(52) Philip D. Curtin, "The Environment beyond Europe and the European Theory of Empire," *Journal of World History* 1 (1990), 131–150; Alfred W. Crosby, "Infectuous Disease and the Demography of the Atlantic Peoples," *Journal of World History* 2 (1991), 119–134.

(53) Clive Ponting, *A Green History of the World: The Environment and the Collapse of Great*

Civilizations (New York, 1991); Brian M. Fagan, *Floods, Famines, and Emperors: El Niño and the Fate of Civilizations* (New York, 2000); Aan G. Simmons and Ian G. Simmons, *Changing the Face of the Earth: Culture, Environment, History* (Oxford, 1996); Sheldon Watts, *Epidemics and History: Disease, Power and Imperialism* (New Haven, 1999); James O'Connor, *Natural Causes: Essays in Ecological Marxism* (New York, 1998); J. R. McNeill 2000; John R. McNeill, ed., *Environmental History in the Pacific* (Aldershot, U.K., 2001); John R. McNeill, *The Mountains of the Mediterranean World: An Environmental History* (Cambridge, 1992); John R. McNeill, *Atlantic Empires of France and Spain: Louisbourg and Havana, 1700–1763* (Chapel Hill, 1985).

(54) Ehret 1998; Liu 1995a.

(55) Sinha 1995; Roxann Prazniak, *Dialogues across Civilizations: Sketches in World History* (Boulder, 1996); Sally Hovey Wriggins, *Xuanzang: A Buddhist Pilgrim on the Silk Road* (Boulder, 1996); Dauril Alden, *The Making of an Enterprise—The Jesuits in Portugal, its Empire and Beyond, 1540–1750* (Stanford, 1996); O. R. Dathorne, *Asian Voyages: Two Thousand Years of Constructing the Other* (Westport, Conn., 1996); Morris-Suzuki 1998.

(56) Bentley 1996; Patrick Manning, "The Problem of Interactions in World History," *American Historical Review* 101 (1996), 771–82; William A. Green, "Periodization in European and World History," *Journal of World History* 3 (1992), 13–54; Segal 2000; Gale Stokes, "The Fates of Human Societies: A Review of Recent Macrohistories," *American Historical Review* 106 (2001), 508–25; Michael Adas, "From Settler Colony to Global Hegemon: Integrating the Exceptionalist Narrative of the American Experience into World History," ibid., 1692–1720.『アメリカ歴史評論』が提示した世界史は、総合と教育という視点から研究へと関心が徐々に広まってきたことを反映している。

(57) Martin W. Lewis and Karen E. Wigen, *The Myth of Continents: A Critique of Metageography* (Berkeley, 1997); Philip Pomper, Richard H. Elphick, and Richard T. Vann, eds., "World Historians and Their Critics," theme issue 34, *History & Theory* (1995); Bruce Mazlish, "Comparing Global to World History," *Journal of Interdisciplinary History* 28 (1998), 385–95.

(58) Arrighi 1994; Torbjorn Knutsen, *The Rise and Fall of World Orders* (Manchester, 1999); Hodgson 1993; Roland Robertson, *Globalization: Social Theory and Global Culture* (London, 1992).

(59) David Gress, *From Plato to NATO: The Idea of the West and its Opponents* (New York, 1998); Blaut 1993; Costello 1993; Maghan Keita, *Race and the Writing of History: Riddling the Sphinx* (New York, 2000).

(60) M.Lewis and Wigen 1997.

(61) David Christian, "The Case for 'Big History'," *Journal of World History* 2 (1991), 223–38; Fred Spier, *The Structure of Big History: From the Big Bang until Today* (Amsterdam, 1996); Johan Goudsblom, Eric Jones, and Stephen Mennell, eds., *The Course of Human History: Economic Growth, Social Process, and Civilization* (Armonk, N.Y., 1996); Robert P. Clark, *The Global Imperative: An Interpretive History of the Spread of Humankind* (Boulder, 1997); King 1991.

(62) フェルナンデス＝アルメストは、自身の文明の概念が、ケネス・クラークとノルベルト・エリアスに多くを負っていることを認めている。一方、アフリカ研究者たちは、文明と未開を区別して、アフリカを文明の階層の底辺に置く旧来のパラダイムに直面して、鍬の文明と弓の文明を、生態学的、そして、科学技術的に区別する見方を提示した。Felipe Fernández-Armesto, *Civilizations: Culture, Ambition, and the Transformation of Nature*

(New York, 2001): 26; Jacques Maquet, *Civilizations of Black Africa*, trans. Joan Rayfield ([1962] New York, 1972). より広い視野にレンズを据えた試みには、次のものがある。David Fromkin, *The Way of the World: From the Dawn of Civilizations to the Eve of the Twenty-first Century* (New York, 1998); J. Burke and Ornstein (1995). 両著とも、人類史の総体的展望を提供している。

(63) William Durham, *Coevolution: Genes, Cultures and Human Diversity* (Stanford, 1991). 人類史の巨大な幅に広い解釈を与えた著書には、他に以下のものが含まれる。Simmons 1996; Peter Bogucki, *The Origins of Human Society* (Oxford, 1999).

(64) J.Dimond 1997.

(65) Graeme Snooks, T*he Dynamic Society: Exploring the Sources of Global Change* (London, 1996); Andre Gunder Frank, "Materialistically Yours: The Dynamic Society of Graeme Snooks," *Journal of World History* 9 (1998), 107–16. スヌークスは、V・ゴードン・チャイルドの解釈的アプローチに依拠していると思われる。このような長期的思考を現在の経済理論や政治に適用しようとする出版物は、洪水のように現れているが、スヌークスの著作は次を参照のこと。*The Ephemeral Civilization* (London, 1998); *The Laws of History* (London, 1998); *Longrun Dynamics: A General Economic and Political Theory* (London, 1998); *Global Transition: A General Theory of Economic Development* (London, 1999). 次も見よ。Childe 1942.

(66) Crosby 1986.

(67) James Blaut, *The Colonizer's Model of the World: Geographical Diffusionism and Eurocentric History* (New York, 1993); Samir Amin, *Eurocentrism*, trans. Russell Moore ([1988] New York, 1989); Peter Coclanis, "Drang Nach Osten: Bernard Bailyn, the World-Island, and the Idea of Atlantic History," *Journal of World History* 13 (2002), 169–82.

(68) Appleby, Hunt, and Jacobs 1994. この後数年間、共著者のうちの二人、ジョイス・アップルビーとリン・ハントは、AHA の会長を務めた。

(69) Nash, Crabtree, and Dunn 1997. ロス・E・ダンは 世界史における重要な記述を編集して刊行した。Dunn 2000.

(70) アメリカ歴史家協会とアメリカ歴史学会は、それぞれ大がかりな調査を企画した。アメリカ歴史家協会は合衆国史を国際化する研究を完結させた（議長はトマス・ベンダー）。アメリカ歴史学会はコリン・パーマーを議長、ベンダーを副議長として、2000年に大学院教育についての委員会を発足させた。Thomas Bender, *The La Pietra Report: Internationalizing the Study of American History* (New York, 2000). これはオンラインでも閲覧可能である。次も参照。Philip Katz, "The CGE Hits the Road," *Perspectives* [AHA] (May 2001), 11.

(71) Peter Gran, *Beyond Eurocentrism: A New View of Modern World History* (Syracuse, 1996); Stearns 1993b.

(72) Peter Linebaugh and Marcus Rediker, *The Many-Headed Hydra: Sailors, Slaves, Commoners, and the Hidden History of the Revolutionary Atlantic* (Boston, 2000); Nicholas Canny, *Europeans on the Move: Studies on European Migration, 1500–1800* (Oxford, 1994); Margaret Strobel, *European Women and the Second British Empire* (Bloomington, Ind., 1991); Charles Tilly, *Coercion, Capital, and European States, AD 990–1990* (Oxford, 1990); Tilly, *Durable Inequality* (Berkeley, 1998).

(73) Felipe Fernández-Armesto, *Millennium: A History of the Last Thousand Years* (New York, 1995).

次も参照。James C. Russell, *The Germanization of Early Medieval Christianity: A Sociohistorical Approach to Religious Transformation* (New York, 1994).

(74) Goldstone 1991; Linebaugh and Rediker 2000; Canny1994; Strobel 1991.

(75) Iriye, 1997; William Keylor, *The Twentieth Century World* (Oxford, 1995); Gyan Prakash, ed., *After Colonialism: Imperial Histories and Postcolonial Displacements* (Princeton, 1995); Michael Geyer and Charles Bright, "World History in a Global Age," *American Historical Review* 100 (1995), 1,034–60.

(76) Michael A. Gomez, *Exchanging our Country Marks: The Transformation of African Identities in the Colonial and Antebellum South* (Chapel Hill, 1998); Richard J. Powell, *Black Art and Culture in the Twentieth Century* (New York, 1997).

(77) Karen Ordahl Kupperman, *Indians and English: Facing off in Early America* (Ithaca, 2000); Carl J. Guarneri, *America Compared: American History in International Perspective,* 2 vols. (Boston, 1997); Joyce E. Chaplin, Subject Matter: *Technology, the Body, and Science on the Anglo-American Frontier, 1500–1676* (Cambridge, Mass., 2001); Donald Worster, *The Wealth of Nature: Environmental History and the Ecological Imagination* (New York, 1993); Gwendolyn Midlo Hall, *Africans in Colonial Louisiana: The Development of Afro-Creole Culture in the Eighteenth Century* (Baton Rouge, 1992).

(78) バレンツェとモリロの発信に始まった議論は、1カ月続いた。R. J. Barendse, "Chinese 'feudalism'," H-WORLD, 28 October 1999; Stephen Morillo, "Global feudalism," H-WORLD 5 November 1999.

第6章

(1) Pacey 1990; J.McNeill 2000.

(2) H. G.Wells 1920; Voltaire [1753–1754].

(3) Manning et al. 2000. この教育用CDは、400ほどの文書、13の時系列的およびテーマ的な語りと、1000の問いからなる分析のセクションを含んでいる。

(4) 多くの歴史研究者は、短いかたちでも長いかたちでも、歴史記述の語りについて記してきたものの、明確に世界史に焦点を絞ることはなかった。以下の語りは、E・H・カーが「広がる地平線」と呼んだものに呼応する。Carr, *What is History?* (New York, 1961), 177–209. 次も見よ。R. G. Collingwood, *The Idea of History*, ed. Jan van der Duesen ([1946] Oxford, 1993); Herbert Butterfield, *The Origins of History* (New York, 1981).

(5) Eusebius, *The Ecclesiastical History*, trans. Kirsopp Lake ([325] Cambridge, Mass., 1953).

(6) 現在、マレーシアでは、最初に世界周航をしたのはマレー人の船乗りということになっている。彼はポルトガル船で働いてヨーロッパに渡り、1519年にマゼランの船隊に加わり、その航海を生き抜いた。この話を紹介してくれたアダム・マッキューエンに感謝する。

(7) Bartolomé de Las Casas, *História de las Indias,* 3 vols. ([1566] Caracas, 1986); Ma Huan, *The Overall Survey of the Ocean's Shore*, ed. Feng Ch'en Chun, trans. J. V. G. Mills ([1433] Cambridge, 1970); Embree 1988; Levtzion 1981.

(8) Voltaire [1756].

（9）Headrick 2001: 16–17, 20–27; Condorcet [1795]; Ibn Khaldun [1377].
（10）Bossuet [1681]; Hegel [1830]; Karl Marx and Frederick Engels, *Selected Works* (New York, 1968).
（11）Anstey 1929: 49.
（12）Braudel [1949].
（13）私はこの会議に参加する機会に恵まれた。私がロサンゼルスを発って現地に到着するやいなや、ロサンゼルスで激しい暴動が始まった。これは1年前に、車を運転していた黒人のロドニー・キングを逮捕する際に暴力を振るった警官の無罪宣告を受けてのことだった。会議では、世界各地での都市生活の緊張に注目する議論が多く交わされた。
（14）W. McNeill 1989.

第7章

（1）歴史記述は、いくつかの社会科学と人文学にとくに密接に結びついていた。歴史は、社会科学のなかで、政治学、社会学、そして経済学と近接しているが、地理学、心理学、人口学、人類学、あるいは考古学にはそれほど近くない。(「心理歴史学」は一時期流行したにすぎない。）人文学のなかで、歴史は、文学、物質文化、そして法学に近いが、言語学、哲学、視覚芸術や音楽にはそれほど近くない。同様に、自然科学においても、歴史に近いものと近くないものがある。

歴史家は、自らの著作に対する批判をできるだけ少なくするために、いささかずる賢い戦術に頼っている、とヘイドン・ホワイトは指摘する。つまり、社会科学者に方法上の「柔軟性」を批判されれば、歴史学は純粋科学の地位を求めていないと歴史家は答えるが、一方、意識の深層や文学的表象の様式を探究しようとしないと批判されると、歴史家は、歴史とは歴史的考証に基づいた「半科学」だと主張するという。White, *Tropics of Discourse: Essays in Cultural Criticism* (Baltimore, 1978), 27–28.

（2）ノヴィクによる詳細かつ巧妙な分析は、史学史に大きな貢献をした。たとえばこれによって、大学院に入った者は、歴史研究の多くの議論と専門化のなかのどこに自分が収まるのかを、より容易に学ぶことができるからである。Novick 1988: 573–629. 歴史家の仕事の変化に関する、その他の重要な研究については、次を見よ。Appleby, Hunt, and Jacobs 1994; Smith 1998. 次も参照。Dorothy Ross, *The Origing of American Social Science* (Cambridge, 1991); Page Smith, *Killing the Spirit: Higher Education in America* (New York, 1990).

（3）私が〈革命〉という言葉を選んだのは、歴史研究のなかの変化について、その速さよりも、それが幅広く徹底的だったことを強調するためである。これを急速な変化と考えるには、議論の余地がある。産業革命の解釈は、急速な変化から、緩やかな変容へと移り変わった。スティーヴン・ジェイ・グールドは「断続平衡」の概念を強調して、進化をもたらす急速な変化が種の発展を引き起こしたと主張した。しかし、進化論者はこの概念を一般に受け入れてこなかった。ホモ・サピエンスの進化について、最近の研究は、発展した文化をもつ新たな種の（ヨーロッパにおける）突然の誕生よりも、長期にわたる緩やかな（アフリカにおける）発展を強調している。Jan DeVries, “The Industrious Revolution and the Industrial Revolution,” *Journal of Economic History* 54 (1994), 249–70; Stephen Jay Gould, *The Panda's Thumb* (New York, 1980); Sally McBrearty and Alison S. Brooks,

"The Revolution that Wasn't: A New Interpretation of the Origin of Modern Human Behavior," *Journal of Human Evolution* 39 (2000), 533–34; K. Greene, "V. Gordon Childe and the Vocabulary of Revolutionary Change," *Antiquity* 73 (1999), 97–109.

（4）この他、歴史研究における革命の特徴的な点として、その衝撃が一様ではないことが挙げられる。それは新しい研究ではきわめて強く感じられるが、大学や高校の教育ではあまり感じられず、研究者や教員に向けた大学院教育においては、ほぼまったく感じられない。

（5）Abu-Lughod 1989: vii–x.

（6）新しい歴史的なデータが作り出された例としては、教区の記録から家族構造が再構成されたことや、極地の氷床コアの研究から過去の気温が推定されたことなどがある。この点に関しては、かつて、大西洋奴隷貿易の人口統計を発展させるために、データを組み立てるよう促してくれたマージョリー・マーフィに感謝している。

（7）ピーター・バークは、歴史学と他の社会科学の間の相互作用について、本にできるほど長い論考を書いている。その際、歴史研究における近年の劇的な変化だけではなく、歴史学、社会学、そしてその他の領域との関係における過去 2 世紀の変化についても焦点をあてている。1980 年に出版されたバークの初版では社会学が中心に置かれたが、最近の版ではより広範に社会科学と文化研究を扱っている。Peter Burke, *Sociology and History* (London, 1980); Burke, *History and Social Theory* (Ithaca, 1992). 近年、この他にも、とくにヨーロッパと北米という範囲を超えた研究で、学問分野間の相互作用を考察する研究が現れている。たとえば次を見よ。Betes, Mudiumbe, and O'Barr, 1993. 初期近代の学問分野の変化に関して、最近の変化に刺激を受けた研究を集めたものとしては次がある。Donald R. Kelly, ed., *History and the Disciplines: The Reclassification of Knowledge in Early Modern Times* (Rochester, N.Y., 1977).

（8）Simon Kuznets, *National Income and Its Composition, 1919–1938*, Vol. 1 (New York, 1941).

（9）Alfred H. Conrad and John R. Meyer, "The Economics of Slavery in the Ante Bellum South," *Journal of Political Economy* 66 (1958), 95–130; Robert William Fogel, *Railroads and American Economic Growth: Essay in Econometric History* (Baltimore, 1964); Douglass C. North, *Growth and Welfare in the American Past: A New Economic History* (Englewood Cliffs, N.J., 1966); Robert William Fogel and Stanley L. Engerman, *Time on the Cross: The Economics of American Negro Slavery*, 1 vol. and supplement (Boston, 1974); Gavin Wright, *The Political Economy of the Cotton South* (New York,1978).

（10）Frank 1967; Frank 1993.

（11）歴史における仮説検定についてより詳しくは、第 17 章を参照。

（12）Stephan Thernstorm, *Poverty and Progress: Social Mobility in a Nineteen Century City* (New York, 1969); Thernstorm, *The Other Bostonians: Poverty and Progress in the American Metropolis, 1870–1970* (Cambridge, Mass., 1973); John Blassingame, *The Slave Community* (New York, 1972); Louise Tilly and John Scott, *Women, Work and Family* (New York, 1978).

（13）Thompson 1964; George Rudé, *The Crowd in History: A Study of Popular Disturbances in France and England, 1730–1848* (New York, 1964); Charles Tilly, *The Vendée* (Cambridge, Mass., 1964).

（14）1970 年代と 1980 年代初頭、リチャード・J・ジェンセンは、歴史家に新しい手法を伝えるために、ニューベリー図書館計量史夏季講座を主宰した。この講座は、全米人文科

学基金の後援によって、毎年 50 人もの歴史家に対して、統計学、コンピュータ分析、および、社会史、政治史、経済史の文献への手ほどきをおこなった。1990 年代、ジェンセンは全米人文科学基金の後援によって、別の大きな企画を立ち上げた。すなわち、H-Net で歴史学のディスカッションを始めたのである。

（15）この技法に関するより詳細な議論については、第 17 章を参照。

（16）Statistical Package for the Social Sciences (SPSS) と Statistical Analysis System (SAS).

（17）『学際史ジャーナル』と『社会科学史』が主要雑誌になり、『社会史ジャーナル』は理論に基づいた計量研究に著しく専念するようになった。『ラディカル歴史評論』、『ラディカル・アメリカ』と『歴史研修ジャーナル』、そしてのちに『国際労働史および労働階級史』は、ここ数世紀の広範囲にわたる社会問題に対して、史料の詳細な分析と「下からの歴史」のアプローチを適用している。

（18）Frederic Pryor, *The Origin of the Economy: A Comparative Study of Distribution in Primitive and Peasant Economies* (New York, 1977); Orlando Patterson, *Slavery and Social Death: A Comparative Study* (Cambridge, Mass., 1982); Murdock 1959.

（19）E. Thompson 1964; E. P. Thompson, *Poverty of Theory and Other Essays* (New York, 1978); Erik Olin Wright, *Classes* (London, 1985).

（20）ウォーラーステインについては第 5 章を参照。Christopher Chase-Dunn and Thomas D. Hall, *Rise and Demise: Comparing World Systems* (Boulder, 1997); Samir Amin, *Accumulation on a World Scale: A Critique of the Theory of Underdevelopment,* trans. Brian Pearce ([1970] New York, 1974); Samir Amin, *Unequal Development: An Essay on the Social Formations of Peripheral Capitalism*, trans. Brian Pearce ([1973] New York, 1976).

（21）Ronaldo P. Formisano, *The Birth of Mass Political Parties, Michigan, 1827–1861* (Princeton, 1971).

（22）Moore 1966; Anthony Giddens, *Central Problems in Social Theory* (London, 1979); Skocpol 1979; C. Tilly 1984.

（23）Hayden White, *Metahistory: The Historical Imagination in Nineteenth-Century Europe* (Baltimore, 1973).

（24）Michel Foucault, *The History of Sexuality,* 3 vols., trans. R. Hurley ([1976–1984] Harmondsworth, 1978–1986).

（25）Terry Eagleton, *Literary Theory: An Introduction* (Oxford, 1983); Fredric Jameson, *The Political Unconscious: Narrative as a Socially Symbolic Act* (Ithaca, 1981).

（26）Edward Said, *Orientalism* (New York, 1978).

（27）Shulamith Firestone, *The Dialectic of Sex: The Case for Feminist Revolution* (New York, 1970). 次も参照。Sheila Rowbotham, *Women, Resistance and Revolution: A History of Women and Revolution in the Modern World* (New York, 1972).

（28）Joan Scott, ed., *Feminism and History* (New York, 1966); White 1973.

（29）アメリカ研究の指導的学術誌である『季刊アメリカ』は 1949 年に創刊された。Raymond Williams, *Keywords: A Vocabulary of Culture and Society*, revised ed. ([1976] New York, 1983).

（30）文学理論、民衆文化、および歴史文献における両者の結合に関しては、次を参照。Eagleton 1983; Herbert Gans, *Popular Culture and High Culture: An Analysis and Evaluation of Taste* (New York, 1974); David Sabean, *Power in the Blood: Popular Culture and Village*

Discourse in Early Modern Germany (Cambridge, 1984).『民衆文化ジャーナル』は 1967 年に創刊された。

(31) 様々な特定のマークアップ言語は、汎用マークアップ言語 SGML に基づいている。今日存在している多くの電子テクストセンターのうち、ヴァージニア大学のセンターは傑出している。

(32) Clifford Geertz, *The Interpretation of Cultures: Selected Essays* (New York, 1973). 文化人類学に大きく依拠する地域研究の歴史の例としては、次を参照。Jan Vansina, *Kingdoms of the Savanna* (Madison, 1966).

(33) Johannes Fabian, *Time and the Other: How Anthropology Makes its Object* (New York, 1973); Kuper 1988; Henrika Kuklick, *The Savage Within: The Social History of British Anthropology, 1885–1945* (Cambridge, 1991).

(34) E.A. Wrigley and Roger S. Schofiled, *Population History of England, 1581–1841* (Cambridge, Mass., 1981); Ansley J. Coale and Susan Cotts Watkins, eds., *The Decline of Fertility in Europe* (Princeton, 1986); Peter Laslett, *The World we have Lost* (New York, 1966). また以下も参照。Michael Gordon, ed., *The American Family in Social-Historical Perspective* (New York, 1973); Dennis D. Cordell and Joel Gregory, eds., *African Population and Capitalism: Historical Studies* (Boulder, 1987).

(35) M. Lewis and Wigen 1997.

(36) Antonio Gramsci, *Prison Notebooks*, ed. and trans. Joseph A. Buttigieg, 2 vols. ([1975] New York, 1996).

(37) Jacques Derrida, *Of Grammatology*, trans. Gayatri Charavorty Spivak, ([1967] Baltimore, 1976); Jacques Lacan, *Language of the Self*, trans. Anthony Wilden ([1969] Baltimore, 1981).

(38) ポストモダニズムが歴史研究に及ぼした影響に関する有益な議論については次を参照。Appleby, Hunt, and Davis, 1994: 198–237; David Harvey, *The Condition of Postmodernity* (Oxford, 1989).

(39) Joseph H. Greenberg, *The Languages of Africa* (Bloomington, Ind., 1966); Greenberg, 1987; Peter Bellwood, "The Austronesian Expansion and the Origin of Languages," *Scientific American* 265 (July 1991), 88–93; J. Greenberg and M. Ruhlen, "Linguistic Origins of Native Americans," *Scientific American* 267 (November 1992), 94–99; Greenberg, *Indo-European and Its Closest Relatives: The Eurasiatic Language Family,* Vol. 1, *Grammar* (Stanford, 2000).

(40) Paula Ben-Amos, "Pidgin Language and Tourist Arts," *Studies in the Anthropology of Visual Communication* 4 (1977), 128–139; Jan Vansina, *Art History in Africa: An Introduction to Method* (London, 1984); W. McAllister Johnson, *Art History, Its Use and Abuse* (Toronto, 1988); 41.

(41) Stephen Blum, Philip V. Bohlman, and Daniel Neuman, eds., *Ethnomusicology and Modern Music History* (Urbana, 1991). 1915 年に創刊された『季刊音楽』は、近年、民族音楽学の視点から書かれた多くの論文を公にしている。

(42) 生物学からの歴史については次を参照。Kenneth F. Kiple and Virginia Himmelsteib King, *Another Dimension to the Black Diaspora: Diet, Disease, and Racism* (Cambridge, 1981). 生態系史については次を参照。Cronon 1983; Crosby 1986. アメリカ環境史家学会は 1976 年に創設された。

(43) Kiple and King 1981.

(44) より一般的にみると、現在の分析者の間でも、彼らが分析する歴史上の人物の間でも、

分析あるいはイデオロギーにおける視点は、社会的立場と大きく関係する。ただし、社会的立場と視点が、まったく正確に相関するわけではない。

(45) そして、今日では、歴史分野があまりにも多くの異なる理論に携わるようになったため、歴史家は、すべての理論を知ることが不可能だと主張して、理論的な議論を、それがより高いレベルでのことだとしても、再び避けるようになっている。

(46) 実験系の分野と、歴史上のデータを集める分野との違いに注意すべきである。前者は、実験の基準にそって新しいデータを集めることができ、後者では、観察者が、データのための諸条件を設定することはできないが、データを回収することはできる。地質学、考古学、天文学、動物学そして生理学は、歴史学とともに後者に属する。しかしながら、歴史上のデータを分析するこれらの分野でも、新しい分析技術の発展によって、新しいデータが作り出されることもある。

(47) 歴史家は、自身の分析を構築するために、定式化された理論に依拠するよりも、むしろ、喩えに頼る傾向を示してきた。喩え、比較の手法、そして諸システムの論理についてのより詳細な議論は、第 16 章を参照。

(48) 第 17 章のうち、分析と提示の手法に関する部分を参照。

(49) Lawrence Stone, "The Revival of Narrative: Reflection on a New Old History," *Past and Present*, No. 85 (1979), 3–24; Hayden White, "The Question of Narrative in History," *History and Theory* 32 (1984), 1–33; Marjorie Murphy, "Telling Stories, Telling Tales: Literary Theory, Ideology, and Narrative History," *Radical History Review*, No. 31 (1984), 33–38.

(50) 歴史学の様々な下位分野の間では、異なるペースで縮小が進行した。アフリカと中東の歴史は早い時期から厳しい状況が始まっていたが、アフリカ系アメリカ人の歴史では、新規採用および後任採用の募集が続いていた。Robert B. Townsend, "Sharp Increase in Number of History PhDs Awards in 1997," *Perspectives* (October 1999), 3–5.

(51) Robert B. Townsend, "New Data Reveals a Homogeneous but Changing History Profession," *Perspectives* (January 2002), 15–17.

(52) G. Wright 1978; Roger L. Ransom and Richard Sutch, *One Kind of Freedom: The Economic Consequences of Emancipation* (New York, 1977).

(53) North 1966; North 1973; North 1981; North, *Institutions, Institutional Change and Economic Performance* (Cambridge, 1990).

(54) Crosby 1986.

(55) 私の場合、大学院での経済史が、その後は社会史と人口統計の歴史が、それに該当する。

第８章

(１) 多くの例のなかから二人を挙げよう。合衆国のグラハム・アーウィンは、イギリス帝国研究からアフリカ研究へと移り、フランスのアンリ・ブランスヴィクは、フランス帝国研究からアフリカ研究へと移った。

(２) ラビ・アルビンド・パラットは、地域研究が冷戦に起源をもつことをとくに強調する。Palat, "Fragmented Visions: Excavating the Future of Area Studies in a Post-American World," in Neil L. Waters, ed., *Beyond the Area Studies Wars: Toward a New International Studies* (Hanover,

N.H., 2000), 64–66.

（3）アメリカ学術団体評議会（ACLS、www.acls.org）は 1919 年に設立され、社会科学研究評議会（SSRC、www.ssrc.org）は 1923 年に設立された。

（4）ウィスコンシン大学での地域研究プログラムと、世界史研究に対する地域研究プログラムの影響については、第 19 章第 1 節を参照。

（5）マイケル・アダスは、比較による世界史研究へのアプローチを主張して実践した、指導的人物の一人である。Michael Adas, *Prophets of Rebellion: Millenarian Protest Movements Against the European Colonial Order* (Chapel Hill, 1979).

（6）たとえば、1960 年代の研究では、近代ガーナのゴンジャおよびアサンテの両王国宮廷で 18 世紀と 19 世紀に書かれたアラビア語資料が、デンマークの王立図書館に保存されていることが突き止められている。Ivor Wilks, *Asante in the Nineteenth Century: The Structure and Evolution of a Political Order* (Cambridge, 1975), 347–348.

（7）中東については次を参照。Bernard Lewis, *The Emergence of Modern Turkey* (London, 1965); Lewis, *Islam in History: Ideas, Men and Events in the Middle East* (New York, 1973); Lewis, *The Muslim Discovery of Europe* (New York, 1982); Said 1978. ロシアと東欧は次を参照。Richard Pipes, *The Formation of the Soviet Union: Communism and Nationalism, 1917–1923* (Cambridge, Mass., 1954); Pipes, *Property and Freedom* (New York, 1999); Pipes, *Communism: A History* (New York, 2001). 東アジアについては次を参照。John K. Fairbank, *Trade and Diplomacy on the China Coast: The Opening of the Treaty Ports, 1842–1854* (Cambridge, Mass., 1953); Ssu-yu Teng and John K. Fairbank, *China's Response to the West: A Documentary Survey, 1839–1923* (Cambridge, Mass., 1954); John K. Fairbank and Edwin O. Reischauer, *China: Tradition and Transformation* (Boston, 1978).

（8）E.Williams [1944]; Frank 1966; David Brion Davis, *The Problem of Slavery in the Age of Revolution, 1770–1823* (Ithaca, 1975).

（9）奴隷制の文献の概観については次を参照。Joseph C. Miller, *Slavery and Slaving in World History: A Bibliography, 1900–1991* (Millwood, N.H., 1993). Patrick Manning, "Introduction," in Manning, ed., *Slave Trades, 1500–1800: Globalization of Forced Labour* (Aldershot, U.K., 1996), xv–xxxiv.

（10）Mair 1998; Greenberg 1966; Greenberg 1987.

（11）Parsons and Smelser 1956; Almond and Coleman 1960; David E. Apter, *The Political Kingdom in Uganda: A Study in Bureaucratic Nationalism* (Princeton, 1961); Manfred Halpern, *The Politics of Social Change in the Middle East and North Africa* (Princeton, 1963).

（12）Colin Palmer, "Defining and Studying the Modern African Diaspora," *Perspectives* (September 1998), 1, 22–25.

（13）研究の概観は、1981 年から 1990 年の間、毎年『アフリカ研究評論』に掲載された。

（14）Apter 1961; Apter, *The Politics of Modernization* (Chicago, 1965); Halpern 1963; Gabriel A. Almond and Sidney Verba, *The Civic Culture: Political Attitudes and Democracy in Five Nations* (Princeton, 1963). だが次も参照。Rupert Emerson, *From Empire to Nation: The Rise of Self-Assertion of Asian and African Peoples* (Cambridge, Mass., 1960); James Smoot Coleman, *Nigeria: Background to Nationalism* (Berkeley, 1958).

（15）Eric R.Wolf, *Peasant Wars of the Twentieth Century* (New York, 1969).

（16）たとえば、『インド経済史社会史評論』と『アフリカ経済史』には、経済学の訓練を積

んだ研究者による論文はほとんど掲載されておらず、後者は、『経済文献ジャーナル』の索引にも載っていない。

(17) たとえば、人類学の著作は合衆国やヨーロッパの歴史学の雑誌でほとんど論評されないが、北大西洋地域以外を扱う地域研究雑誌と歴史学雑誌では、一般に評論されている。

(18) 南アジア史研究者のサンドリア・フライターグは、1990年代半ばにアメリカ歴史学会の理事を務めた。その期間にはアフリカ史研究者のジョゼフ・C・ミラーが会長を務めた。

(19) Jan Vansina, *Living with Africa* (Madison, 1994).

(20) この部分は次を利用した。Patrick Manning, "African History, World History: The Production of History on a Global Scale," a paper presented to the Program of African Studies, Northwestern University, 25 April 1991.

(21) Harris 1982.

(22) Greenberg 1966; Cooper 1996; Herbert 1984.

(23) シカゴ大学に拠点を置く共同アフリカ研究マイクロ化計画は、研究機関設立での国際協力の好例である。

(24) アフリカ史は、研究者が、合衆国、イギリス、フランス、カナダ、ドイツ、ベルギー、そしてアフリカ諸国（とくにナイジェリア、南アフリカ、エジプト、モロッコ、ケニア、セネガル、そしてコンゴ）で地位を得ていることで、国際的な研究の場となっている。アフリカ研究のその他の場としては、加えて、日本、ロシア、ブラジル、イタリア、ポーランド、そしていくつかのカリブ諸国がある。おもな雑誌には、『アフリカ史ジャーナル』（ケンブリッジ）、『アフリカ史研究国際ジャーナル』（ボストン）、『アフリカ研究』（パリ）がある。

(25) 他の研究分野と同じく、アフリカ史研究での学際的な仕事は、近現代に集中する傾向がある。より古い時代を扱い、とくに民族学と言語学に力点を置いた作品は、たとえば、次を参照。Derek Nurse and Thomas Spear, *The Swahili: Reconstructing the History and Language of an African Society, 800–1500* (Philadelphia, 1985); Ehret 1998.

(26) 植民地の政治については次を参照。Ruth Schachter Morgenthau, *Political Parties in French-Speaking West Africa* (Oxford, 1964)。奴隷制研究では次を参照。Serge Daget, ed., *De la traite à l'esclavage*, 2 vols. (Nantes, 1988)。アフリカ人ディアスポラでは次を参照。Robert Farris Thompson, *Flash of the Spirit: African and Afro-American Art and Philosophy* (New York, 1983)。アフリカ研究と中東研究とのつながりについては次を参照。John O. Voll, *Islam: Continuity and Change in the Modern World* (Boulder, 1982); Lidwein Kapteijns, *Mahdist faith and Sudanic tradition: the history of the Masalit Sultanate, 1870–1930* (London, 1985).

(27) 合衆国で、アフリカ研究とディアスポラ研究を含む研究会には、学際的なアフリカ学会と黒人研究国民会議、そして、アフリカ系アメリカ人の生と歴史の研究協会などの学問分野にそった集団がある。アフリカ研究の協会は、カナダ、連合王国、そして、若干少ないがフランスでも開催されている。アフリカでは、アフリカ社会科学研究発展評議会がアフリカ大陸各地の研究者を集めてセミナーを開いており、ユネスコが臨時の会議や重要な出版に支援を与えている。カリブ史家協会はカリブ地域で会合を開き、同地の言語的伝統のすべてに注意を向けている。

(28) Iliffe 1987; John Thornton, *Africa and Africans in the Making of the Atlantic World, 1400–1680* (New York, 1992); Manning 1990; Robert A. Hill, ed., *The Marcus Garvey and Universal Negro*

Improvement Association Papers, 9 vols. (Berkeley, 1983–1996). この運動について、以前の解釈の中心は、合衆国でのガーヴェイの運動だった。だが、アフリカと西インドでの一連の資料収集から、全体の物語にとって、これらの地域が周縁ではなくむしろ中心地であることがわかったことから、この運動の歴史は必ずや再定義されることになるだろう。

(29) Stavrianos 1981.

(30) トレヴァ・ローパーはBBCの『リスナー』(1963年11月28日) 871号に次のように書いた。すなわち、アフリカ史は「野蛮な部族の報われることのない旋回運動を、色彩豊かに、だが、地球上の無価値な片隅で」たどってきた。Vansina 1994: 123を参照。

(31) スタンフォードでは、西洋文明と非西洋世界というコースの必要性をめぐって長く議論が交わされた後で、1984年に、メロン財団と全米人文科学基金の助成によって、このようなコースが登場した。このコースはデヴィド・アバネシーがヨーロッパ諸帝国への視点を発展させることに影響を与えたかもしれない。James Lance and Richard Roberts, " 'The World Outside the West' Course Sequence at Stanford University," *Perspectives* (March 1991), 18, 22–24; Abernethy 2000; Allardyce 1982.

(32) Stavrianos 1981.

(33) Joan Nordquist, compiler, *The Multicultural Education Debate in the University: A Bibliography.* Contemporary Social Issues: A Bibliographical Series, No. 25 (Santa Cruz, 1992).

第9章

(1) Ida M. Tarbell, *The History of the Standard Oil Company* (New York, 1925); John F. Hutchinson, *Champions of Charity: War and the Rise of the Red Cross* (Boulder, 1996); Howard N. Meyer, *The World Court in Action: Judging among the Nations* (Lanham, Md., 2001).

(2) A. G. Hopkins, "Introduction: Globalization—An Agenda for Historians," in Hopkins, ed., *Globalization in World History* (London, 2002), 1.

(3) 近代化とグローバリゼーションのパラダイムの対比を力説してくれたジェフリー・ソマーズに感謝する。この考察を展開した学位論文のなかで、ソマーズは、とくに合衆国における、経済の拡大と縮小という文脈での世論管理の力学に焦点を絞った。各章では、近代世界システムにおける様々な分岐点を扱っている。システムに編入させようとする圧力から逃れて自律を目指す諸地域を取り上げる一方で、第一次世界大戦への合衆国参戦を支持するキャンペーンや1970年代の保守系のシンクタンクの発展などのような事例も扱っている。Jeffrey W. Sommers, "The Entropy of Order: Democracy and Governability in the Age of Liberalism" (Ph.D. dissertation, Northeastern University, 2001).

(4) ロランド・ロバートソンは、おそらくグローバリゼーションについて真剣に取り組んだ最初の理論家である。ロバートソンは、ノルベルト・エリアスの文明化の過程の概念を用いて、それがいまや地球規模のレベルにまで引き上げられたと論じた。ロバートソンには、さらに、グローバリゼーションの「根本の探求」がまたれる。Parsons 1937; Roland Robertson, *Globalization: Social Theory and Global Culture* (London, 1992); Elias [1939].

(5) 私は1995年と1996年に申請書を評価する役割にいたため、また、助成に応募したノースイースタン大学博士課程の院生数名の指導教員だったため、この過程を詳細に観察することができた。このプログラムは、その題とミッション説明の内容にもかかわら

ず、地球規模の分析や地域横断的な分析よりも、むしろ、地域研究を専攻する学位論文を支援するものであると、私は結論づけた。私はSSRCに質問と憂慮の念を表す手紙を書き、グローバル・スタディーズと局地的な地域研究という、二つの別個のプログラムを設けるべきだと主張した。提案はしばらくの間議論されたが、その後、却下された。

（6）2002年における会員数は、ウェブ上にある各組織の報告によると、アメリカ歴史学会が1万5000、アメリカ歴史家協会が1万1000、アジア学会が7500、ラテンアメリカ学会が5500、アメリカスラヴ研究振興協会が5000、アフリカ学会が3000、中東学会が2600である。世界史学会は、総務会の報告によると会員数は1400である。世界史学会は2002年にハワイ大学に本部を設置した。

合衆国教育省は、2002年に、〔高等教育法〕第6編に基づいて、地球研究および国際研究のために114の国民資料センターを支援したが、その一つとして世界史を扱ってはいない。このうちアジアが33（東アジアが15、南アジアが9、東南アジアが8、内陸アジアが1）、ラテンアメリカが19、東欧が16、中東が14、アフリカが11、西欧が10、カナダが2、そして太平洋地域が1であり、国際研究センターが8あるが、どれも歴史を重視するものではない。

（7）この問題をめぐっては、1990年代に世界史研究者の間で広く議論された。

（8）ニール・ウォーターズが国際研究分野の批評に書いている通り、地球規模および文化横断的研究に向けた財団による1993–94年の論争から、彼らは支援を得た。だがそのなかに博士課程教育は含まれていなかった。Waters, “Introduction,” in Waters 2000.

（9）ラビ・アルビンド・パラットは、地域研究がミクロな展望の勝利であり、諸地域を現実のものにしてしまい、西洋研究と隔離するということから、地域研究を批判するが、国際研究がこのギャップを埋めることができるだろうと論じる。イアン・バロウは、同様に、地域研究での歴史に脅威を与えるものとして世界史が現れてきたと論じながらも、どちらのレベルの研究も、文明や国民国家など「実体のない統一体」のなかに変化を探すという点を共有していると主張した。さらにバロウは、行為を、行為者、媒介者、そして受動者に分けることで、地域研究と世界史研究者の間の議論を開くことができると提唱する。Palat 2000; Ian J. Barrow, “Agency in the New World History,” in Waters 2000: 190–212.

（10）イェール大学グローバリゼーション研究センター、コロンビア大学地球研究所、UCLAグローバリゼーションおよび政策研究所、UCバークレー校グローバリゼーションおよび情報技術センター。コロンビア大学地球研究所は、社会科学者と他の分野の研究者をその活動に含めて列挙しているが、学部および大学院の課程は、すべて自然科学に焦点を絞り、ときに健康や経済の問題に言及する程度である。ハワイ大学グローバリゼーション研究センターには世界史研究者のジェリー・ベントレーが属している。

（11）「組み立てる部品」もしくは階層構造における本質的単位の概念については、15章でさらに議論する。

（12）GISシステムについてはwww.gisresearch.comを参照。

（13）Mazlish 1993b. 次も参照。Mazlish, *The Uncertain Sciences* (New Haven, 1998).

（14）Kevin H. O’Rourke and Jeffrey G.Williamson, *Globalization and History: The Evolution of a Nineteenth-Century Atlantic Economy* (Cambridge, Mass., 1999).

（15）私は、自然科学者が非の打ち所なく地球規模の研究を構想できるとか、社会科学者にセンスがないとかいうことを論じようと思っているのではない。グローバル・スタ

ディーズが社会的文化的問題にもたらしてくれたこの機会のおかげで、過去に研究の焦点となってきた局地的もしくは地域的なパターンを無視することなしに、地球規模のパターンについて知ることができるはずである。

(16) 国際比較文明学会は1961年にオーストリアで設立され、1970年に合衆国へ移った。ヨーロッパ拡大および地球規模の相互作用フォーラムは1994年に合衆国で設立され、定期的に大会を開いている。アメリカ社会学会世界システム政治経済学部門は毎年大会を開いている。

(17) Deborah Smith Johnston, "Rethinking World History: Criteria for the World History Survey" (Ph. D. dissertation, Northeastern University, 2003).

(18) 国際歴史学会議、AHAなど。AHAの50以上ある関連団体には、アメリカ環境史家学会、経済史学会、社会科学史協会、H-Net（人文学オンライン）などが含まれる。

(19) 合衆国での地域研究には、アフリカ学会、アメリカスラヴ研究振興協会、中東学会などがある。ユネスコは、地球レベルでの地域研究協会と考えることができるかもしれない。アフリカ社会科学研究発展評議会CODESRIAはアフリカ地域研究の協会である。

(20) 自然科学では、アメリカ化学学会がある。社会科学では、アメリカ人類学会、国際社会学会などがある。文化研究では、現代言語協会、大学芸術協議会などがある。

(21) 他の多くの国に、これに匹敵する機関が存在する。

(22) 合衆国に基盤を置く財団では、フォード、ロックフェラー、カーネギー、マッカーサー、メロン、リリーなどがある。

(23) 合衆国では、国立科学財団、全米人文科学基金、全米芸術基金、教育省などがある。EUは社会科学の研究に大きな財政支援を提供している。カナダとイギリスでは、政府に支援された社会科学研究評議会があり、フランスでは国立科学研究センターに、社会科学を対象とする部門がある。

(24) 世界史研究の初期には、ほとんどの研究者が独学者であり、ほとんどの場合現在に至るまでそうである。世界史研究の地位は、中級レベルの国立大学や教養学科に限られながらも、たいていの場合、既存の地域研究の職に世界史の責務を加えたものである。主要大学での世界史での任用はほとんどない。実質的に、大学の常勤雇用の枠で、世界史を専門とするものは、存在しない。地域研究での個別研究や一般的な著作がたくさんあることに比べると、世界史は学部教科書に焦点が当てられるものになった。現在ですら、世界史の研究文献で優勢を占めているのは、年配かつ、地球大のレベルでの仕事に実質的に独学で取り組んできた者たちである。

(25) 初期の地域研究では、多くの研究者が独学だったが、地域研究センターが登場するようになってからは、研究中心の専門家がすぐに先頭に立つようになった。歴史学分野で新たに地域研究の博士号を得た者たちは、これらの地位が埋まるまで主要な大学で職を得ていたとはいえ、多文化的な構成に敏感な公立大学にも向かった。常勤職を得るために、自身の研究地域について概説のコースやその上のレベルのコースを教えたり、地域研究の個別研究を書いていた。

(26) Martin Bernal, *Black Athena: The Afroasiatic Roots of Classical Civilization*, vol. 1 (New Brunswick, N.J., 1987).ISCSCグループは文明を歴史横断的な文脈で探究し、チェイス＝ダンとホールはこのアプローチをマクロ社会学に持ち込んだ。Chase-Dunn and Hall (1991 and 1997)

(27) Hancock 1937–1942. イギリス議会文書、庶民院会期別文書も見よ。イギリス帝国の記録

による地球大の現象についての主要研究は、David Eltis, *Economic Growth and the Ending of the Transatlantic Slave Trade* (New York, 1987)。William Roger Louis, ed., *The Oxford History of the British Empire*, 5 vols. (Oxford, 1998–1999); P. J. Cain and A. G.Hopkins, *British Imperialism, 1688–1990*, 2 vols. (London, 1993).

(28) 世界史の研究プロジェクトで、より幅広い範囲については、第 10–13 章を参照。ディアスポラについては次も参照。Cohen 1997; Wang 1997; McKeown 2001; Harris 1982. Jahnheinz Jahn, trans. Marjorie Grene, *Muntu, The New African Culture* ([1958] New York, 1961); R. Thompson 1983.

(29) たとえば次を参照。United States Bureau of the Census, *Historical Statistics of the United States: Colonial Times to 1970*, 2 vols. (Washington, 1975).

(30) B. R. Mitchell, *Abstract of British Historical Statistics* (Cambridge, 1962); Mitchell, *European Historical Statistics* (New York, 1975); Mitchell, *International Historical Statistics: Europe, 1750–1988* (New York, 1992); Mitchell, *International Historical Statistics: The Americas 1750–1988* (New York, 1993); Mitchell, *International Historical Statistics: Africa, Asia & Oceania, 1750–1988* (New York, 1995). これらは類似の国民別統計の組み合わせとして構想され、提示された。それゆえ、国民史を集めた不可避の結果として、データのずれと単位の大きさの不一致が映し出されている。しかしながら、ミッチェルが、データを集積し、データの収集と整理のための技術を蓄積したことは、地球規模で歴史のデータをまとめるうえでの大きな進展を現している。

一世紀にわたる歴史が、三つの植民地体制と一つの独立国家を含んでいた場合ですら、国民史の統計を構築できることを示そうと意図して、国民史の統計を集積したものは、次を見よ。Patrick Manning, "African Economic Growth and the Public Sector: Lessons from Historical Statistics of Cameroon," *African Economic History,* No. 19 (1990–1991), 135–70.

(31) 全米経済研究所は 1920 年に設立され、1941 年のクズネッツによる包括的な報告によって、確固たる重要な地位を築いた。

(32) 人間関係地域ファイル（www.yale.edu/hraf/）は 1949 年に開始された。マードックと協力者たちは、世界を民族集団とその下位集団に分け、標準のコード化システムを使って作業し、数千の民族誌報告を加工処理した。結果として、各民族集団についての要約が強調されるが、それぞれの報告から入力されたデータも提供される。これらのデータは計量的に記録され、社会横断的な相互関係の分析と、このような相互関係に基づく史的解釈に使われてきた。1959 年にマードックが著した作品は、このファイルのために集められたデータに基づくアフリカ研究である。このファイルに基づく研究には次のものがある。Patterson 1982; Pryor 1977.

(33) 政治および社会調査のための大学間協会（www.icpsr.umich.edu）は、各種の社会科学で実施されている局地的もしくは国民的研究にとって、価値ある電子アーカイヴとなった。このアーカイヴは所蔵するデータ間の比較ができるように努めてはいないうえ、それぞれのデータセットが十分に説明される必要がある。

(34) 学界での世界史研究アプローチ全体を野放しと呼んだからといって、世界史の先頭になって行動している者たちの仕事を無視しているわけではない。そのリストは特徴的かつ長いものとなるが、どのリストをとっても 4 人の名前が載ることになるだろう。すなわち、ケヴィン・レイリー、ロス・ダン、ハイディ・ループ、そしてジェリー・ベントレーである。

（35）Nordquist 1992.
（36）詳細については、第 21 章の教育資源の節を参照。

第 10 章

（1）ここで区別した四つの学問分野のうち、政治と経済は歴史家の道に古くから存在し、社会史は歴史家の道で新しく取り組まれるようになったものである。文化は、科学的・文化的な道で古くから取り組まれており、環境・科学技術・健康は、科学的・文化的な道で新たに取り組まれるようになった。
（2）次の数段落では〈研究計画〉を第三部で使われる用法で定義する。第四部のとくに第 16 章では、歴史分析を形式の面から再検討し、〈研究計画〉について再度議論して〈研究構想〉と比較する。研究構想は、研究計画の問いに対する分析的な答えだと考えている。それは、分析の範囲および方法、調査されるべきデータ、そして調査計画を含んでいる。
（3）Larry Diamond, ed., *The Democratic Revolution: Struggles for Freedom and Pluralism in the Developing World* (New York, 1992).
（4）Timothy Earle, *How Chiefs Came to Power: The Political Economy in Prehistory* (Stanford, 1997). ジャン・ヴァンシナによる大規模国家成立前の赤道アフリカにおける政治文化の解釈については、第 13 章を参照。
（5）Chase-Dunn and Hall 1997.
（6）Michael Mann, *The Sources of Social Power*, 2 vols. (Cambridge, 1986–1993). 社会と権力についてのマンの定義はギアツのそれときわめて類似している。第 13 章を参照。
（7）Chase-Dunn and Hall 1997; Chase-Dunn, *Global Formation: Structures of the World-Economy*, 2nd. ed. (Oxford, 1998).
（8）フーコーは、社会的相互関係の複雑性、および相互関係のシステムにおける変化を強調することから始め、最初は精神病を扱い、次に病院、監獄、そして最後に性を取り上げた。彼は、人々が意味と関係を再定義する能力を重視し、そこから、人々がその内部で生きているシステムの様相を変化させる能力を重視する。社会のあらゆるレベルにおける権力と知の相互作用を強調したことは、権力が政治エリートによって独占されうるという概念に対する効果的な挑戦となった。Michel Foucault, *Mental Illness and Psychology,* trans. Alan Sheridan ([1954] New York, 1976); Foucault, *The Birth of the Clinic: An Archaeology of Medical Perception,* trans. A. M. Sheridan Smith ([1963] New York, 1973); Foucault, *The Order of Things: An Archaeology of the Human Sciences*, trans. anon. ([1966] London, 1970); Michel Foucault, *Power/Knowledge: Selected Interviews and Other Writings 1972–1977*, ed. Colin Gordon, trans. Colin Gordon et al. (New Yord, 1980).
　フーコーの著作に関する簡略で役立つ研究には次がある。Lois McNay, *Foucault, A Critical Introduction* (New York, 1994). フーコーの著作を自然科学と関連づけるアプローチは、次を参照。Pamela Major-Poetzl, *Michel Foucault's Archaeology of Western Culture: Toward a New Science of History* (Chapel Hill, 1983).
（9）Bruce G. Trigger, *Early Civilizations: Ancient Egypt in Context* (Cairo, 1993).
（10）J. R. S. Phillips, *The Medieval Expansion of Europe* (Oxford, 1988). 地球規模での興亡を描く

試みには次がある。Knutsen 1999.

（11）Martin Van Creveld, *Technology and War from 2000 B.C. to the Present* (New York, 1989). 軍事史における別のアプローチで、機構ではなく数量化に基づくものとしては、次を参照。William Eckhardt, *Civilizations, Empires, and Wars: A Quantitative History of War* (Jefferson, N.C., 1992).

（12）憲法もしくは国制の研究は、これまで、ほとんど無比なほどに、国民という文脈で定義されてきた。だが、一連の豊富な証拠が、国制の形態について、国民単位を超えた普及と変容を研究したいと思う研究者を待っている。

（13）John Dunn, *Democracy: The Unfinished Journey, 508 B.C. to A.D.1993* (Oxford, 1992); Mann 1986–1993; Craig N. Murphy, *International organization and industrial change. Global governance since 1850* (Cambridge, 1994); Donald Wallace White, *The American Century: The Rise and Decline of the United States as a World Power* (New Haven, 1996).

（14）ヨーロッパ中心的なナショナリズム研究の最も洗練された創始者は、Hans Kohn, *The Idea of Nationalism: A Study in its Origins and Background* (New York, 1944); Kohn, *The Age of Nationalism: The First Era of Global History* (New York, 1962).

（15）Emerson 1960; Elie Kedourie, *Nationalism* (Oxford, 1960); Ernest Gellner, *Nations and Nationalism* (Ithaca, 1983); B. Anderson 1983.

（16）Linda Basch, Nina Glick Schiller, and Cristina Szanton Blanc. *Nations Unbound: Transnational Projects, Postcolonial Predicaments, and Deterritorialized Nation-states* (Amsterdam, 1994); Buzan 1991; Peter Evans, Dietrich Rueshemeyer, and Theda Skocol, *Bringing the State Back In* (Cambridge, 1985); Hobsbawm 1975; Hobsbawm, *The Age of Empire, 1875–1914* (New York, 1987); Hobsbawm 1962; Hobsbawm 1990; Hobsbawm 1994; Charles S.Maier, *Dissolution: The Crisis of Communism and the End of East Germany* (Princeton, 1997); Maier, *The Unmasterable Past: History, Holocaust, and German National Identity* (Cambridge, Mass., 1988).

（17）William Roger Louis, *Great Britain and Germany's Lost Colonies, 1914–1919* (Oxford, 1967); Louis, *Imperialism at Bay: The United States and the Decolonization of the British Empire, 1941–1945* (New York, 1978); Louis 1998–1999; Cain and Hopkins 1993; Bayly 1989.

（18）Ibn Khaldun [1377].

（19）Abernethy 2000; Michael Adas, ed., *Islamic and European Expansion: The Forging of a Global Order* (Philadelphia,1993); Reuven Amitai-Press and David O. Morgan, eds., *The Mongol Empire and its Legacy* (Leiden, 1999); P. S. Barnwell, *Emperor, Prefects, and Kings: The Roman West, 395–565* (Chapel Hill, 1992); Armitage 2000; Pagden 1995.

（20）Chomsky 1994; Samuel P. Huntington, *The Clash of Civilizations and the Remaking of World Order* (New York, 1996); Ranajit Guha, *Dominance without Hegemony: History and Power in Colonial India* (Cambridge, 1998); Iriye 1992; Iriye 1997.

（21）Thomas J. Barfield, *The Perilous Frontier: Nomadic Empires and China, 221 B.C. to A.D. 1757* (Cambridge, Mass., 1989); Brower 1997; Daniel Power and Naomi Standen, eds., *Frontiers in Question: Eurasian Borderlands, 700–1700* (New York, 2000).

（22）Adelman 1999; Lauren Benton, *Law and Colonial Cultures: Legal Regimes in World History, 1400–1900* (New York, 2002). Sȩe also Jeffrey N.Wasserstrom, Lynn Hunt, and Marilyn B. Young, eds., *Human Rights and Revolutions* (Boston, 2000).

（23）Adas 1979; Peter Wells, *The Barbarians Speak: How the Conquered Peoples Shaped Roman*

Europe (Princeton, 1999).

(24) N. Chaudhuri and Strobel 1992; De Pauw 1998. これに関連する研究については、第 11 章で詳述する。

(25) Michael Hardt and Antonio Negri, *Empire* (Cambridge, Mass., 2000).

(26) Pryor 1977.

(27) Herbert 1984; Adshead 1992; Kurlansky 2002; Mark Kurlansky, *Cod: A Biography of the Fish that Changed the World* (Penguin, 1998); Mazumdar 1998; Michael. N. Pearson, ed., *Spices in the Indian Ocean World* (London, 1996).

(28) Jan Hogendorn and Marion Johnson, *The Shell Money of the Slave Trade* (Cambridge, 1986).

(29) Flynn and Giráldez 1995; Flynn and Giráldez 2002.

(30) Liu 1995b, 25–48; Liu 1995a; David Christian, "Silk Roads or Steppe Roads? The Silk Roads in World History," *Journal of World History* 11 (2000), 1–26.

(31) Curtin 1984b.

(32) Claude Markovits, *The Global World of Indian Merchants, 1750–1947: Traders of Sind from Bukhara to Panama* (Cambridge, 2000).

(33) Ester Boserup, *The Conditions of Agricultural Growth* (Chicago, 1965); Boserup, *Woman's Role in Economic Development* (New York, 1970); Boserup, *Population and Technological Change: A Study of Long-term Trends* (Chicago, 1981).

(34) Angus Maddison, *The World Economy: A Millennial Perspective* (Paris, 2001).

(35) O'Rourke and Williamson 2000.

(36) A. J. H. Latham, *The International Economy and the Undeveloped World, 1865–1914* (London, 1978); Stearns 1993b.

(37) ジャック・ゴールドストーンはこれらの研究者の著作を「カリフォルニア学派」と名づけた。実際のところ全員がカリフォルニアに基盤を置いているためである。Goldstone 1991; Flynn and Giráldez 1995; Von Glahn 1996; Wong 1997; Pomeranz 2000.

(38) Frank 1998. 長期的な枠組みで見た地球規模の政治経済に関して、フランクと類似のアプローチは次を参照。William R. Thompson, *The Emergence of the Global Political Economy* (London, 2000).

(39) 1500 年から 1820 年までの期間について、マディソンは、西ヨーロッパの人口が毎年 0.26% ずつ増加し、一人当たりの国内総生産が 0.15% ずつ増加したと推計した。中国では同時期、人口が 0.41%、一人当たり国内総生産が 0.00% ずつ成長したという。Maddison 2001; Sweezy et al. 1976.

(40) Ho-fung Hung, "Imperial China and Capitalist Europe in the Eighteenth-Century Global Economy," *Review* 24 (2001), 473–513.

(41) デヴィド・S・ランデスとアンドレ・グンダー・フランクの立脚点に関する電子討論は、1998 年 5 月 11 日から 6 月 9 日の間におこなわれ、四つの討論用のメーリングリストに共有された。H-WORLD、H-Asia（アジア研究）、EH.RES（経済史研究）、そして WSN（世界システムネットワーク）である。 Frank, 1998a; David S. Landes, *The Wealth and Poverty of Nations: Why Some are so Rich and Others so Poor* (New York, 1998). ノースイースタン大学における 1998 年 12 月 2 日の両者の議論は、書き起こしのかたちで入手可能である〔原書に掲載されている URL はすでに閉鎖されている〕。これは後に C-SPAN で放送された。1999 年前半、ノースイースタン大学の世界史セミナーで、ピーター・グラン、

ケネス・ポメランツ、ビン・ウォン、ピーター・パーデュー、サンジャイ・スブラフマニヤムが参加してこの議論をさらに取り上げた。「カリフォルニア学派」の見解を拡充し論じたものは、以下の討論のなかの四つの論考を参照。Patrick Manning, "Asia and Europe in the World Economy: Introduction." *American Historical Review* 107 (2002), 419–24; Kenneth Pomeranz, "Political Economy and Ecology on the Eve of Industrialization: Europe, China, and the Global Conjuncture," Ibid., 425–46; R. Bin Wong, "The Search for European Differences and Domination in the Early Modern World: A View from Asia," Ibid., 447–69; David Ludden, "Modern Inequality and Early Modernity: A Comment on the AHR Articles by R. Bin Wong and Kenneth Pomeranz," ibid., 470–80.

(42) Barry Hindess and Paul Q. Hirst, *Pre-Capitalist Modes of Production* (London, 1975); John G. Taylor, *From Modernization to Modes of Production: A Critique of the Sociologies of Development and Underdevelopment* (London, 1979); Roxborough 1979.

(43) Abu-Lughod 1989; Bertold Spüler, *History of the Mongols, Based on Eastern and Western Accounts of the Thirteenth and Fourteenth centuries*, trans. Helga and Stuart Drummond ([1969] Berkeley, 1972); Liu 1995a; Liu 1995b; R. J. Barendse, "Chinese 'feudalism,' " H-WORLD (h-net.msu.edu/~world) 28 Oct. 1999; Stephen Morillo, "Global Feudalism," H-WORLD 5 Nov. 1999.

(44) これらは近年明らかにされたデータを基にしており、多くの点で新しい研究だが、別の点からみると、はるか以前に探究された考えを言い換えたものである。ブリタニカ百科事典の初版は、個々の文明の盛衰と、一時的に相互作用が増加するパターンを描き、時間の流れを詳細に述べている。Frank and Gills 1993; Chase-Dunn 1997; Chase-Dunn and Hall, eds., *Core/Periphery Relations in Precapitalist Worlds* (Boulder, 1991); Christopher Chase-Dunn, E. Susan Manning, and Thomas D. Hall, "Rise and Fall, East-West Synchronicity and Indic Exceptionalism Revisited," *Social Science History* 24 (2000).

(45) E. L. Jones, *Growth Recurring. Economic Change in World History* (Oxford, 1988); Michael Rowlands, Mogens Larsen and Kristian Kristiansen, eds., *Centre and Periphery in the Ancient World* (Cambridge, 1987); Sanderson 1995; Gil J. Stein, *Rethinking World-Systems: Diasporas, Colonies, and Interaction in Uruk Mesopotamia* (Tucson, 1999); Frank 1993.

(46) Tracy 1990; Tracy 1991; Subrahmanyam 1990; Von Glahn 1996; Barendse 2002; Barendse 2000; Vimala Begley and Richard Daniel de Pubma, eds., *Rome and India: The Ancient Sea Trade* (Madison, 1991); Fox-Genovese and Genovese 1983.

(47) Reid 1988–1993. 次も参照。Jan De Vries, *The Economy of Europe in an Age of Crisis, 1600–1750* (Cambridge, 1976); K. Chaudhuri 1990.

(48) Arrighi 1994; Pomeranz 2000; Mike Davis, *Late Victorian Holocausts: El Niño Famines and the Making of the Third World* (London, 2001). 比較的短い時間枠での比較経済分析は次を見 よ。Alice Amsden, *The Rise of "The Rest": Challenges to the West from Late-Industrializing Economies* (New York, 2001).

第 11 章

(1) 主要な雑誌として、『社会史』、『社会史ジャーナル』、『家族史ジャーナル』、『人口研究』、『社会運動』がある。

（2） Lee and Feng 1999; Noble David Cook, *Demographic Collapse: Indian Peru, 1520–1620* (Cambridge, 1981); Manning 1990; Bruce Fetter, ed., *Demography from Scanty Evidence: Central Africa in the Colonial Era* (Boulder, 1990).

（3） Greenberg 1987; Greenberg and Ruhlen 1992; Bellwood 1991.

（4） Heine and Nurse 2000; Christopher Ehret, *The Civilizations of Africa: A History to 1800* (Charlottesville, 2002); Renfrew 1988. 言語についての優れた情報源は、www.ethnologue.com にある Ethnologue のサイトを参照。

（5） Liu 2001; Stein 1999.

（6） Cohen 1997; Thomas Sowell, *Migrations and Cultures: A Worldview* (New York, 1996); Robin Cohen and Steven Vertovec, eds., *Migration, Diasporas and Transnationalism* (Cheltenham, U.K., 1999); Robin Cohen, ed., *The Cambridge Survey of World Migration* (Cambridge, 1995).

（7） Curtin 1969; Philip D. Curtin, ed., *Migration and Mortality in Africa and the Atlantic World, 1700–1900* (London, 2000); Manning 1990.

（8） Tim Wright, ed., *Migration and Ethnicity in Chinese History: Hakkas, Pengmin, and Their Neighbors* (Stanford, 1997); McKeown 2001; Lyn Pan, *Sons of the Yellow Emperor: A History of the Chinese Diaspora* (Boston, 1990); Elizabeth Sinn, ed., *The Last Half Century of the Chinese Overseas* (Hong Kong, 1998); Wang 1997.

（9） Dale F. Eickelman and James Piscatori, eds., *Muslim Travellers: Pilgrimage, Migration, and the Religious Imagination* (Berkeley, 1990); Chappell 1997; W. George Lovell and Christopher H. Lutz, *Demography and Empire: A Guide to the Population History of Spanish Central America, 1500–1821* (Boulder, 1995); Ralph Shlomowitz and Lance Brennan, "Epidemiology and Indian Labor Migration at Home and Abroad," *Journal of World History* 5 (1994), 47–70.

（10） John Bodnar, *The Transplanted: A History of Immigrants in Urban America* (Bloomington, 1985); Canny 1994; Hatton and Williamson 1994; Nugent 1992; Brinley Thomas, *Migration and Economic Growth* (Cambridge, 1954).

（11） Elazar Barkan and Marie-Denise Shelton, *Borders, Exiles, Diasporas* (Stanford, 1998); Paul R. Ehrlich and A. H. Ehrlich, *The Population Explosion* (New York, 1990); Gabriel Sheffer, ed., *Modern Diasporas and International Politics* (New York, 1986). 20 世紀ラテンアメリカの国内外の移住については、かなりのデータが、ノースイースタン大学の世界史センターのヘクター・エンリケ・メロの論考に集められている。

（12） Cañizares-Esguerra 1999; Frederick Cooper, Thomas C. Holt, and Rebecca J. Scott, *Beyond Slavery: Explorations of Race, Labor, and Citizenship in Postemancipation Societies* (Chapel Hill, 2000); David Roediger, *Wages of Whiteness: Race and the Making of the American Working Class* (London, 1999). 興味深いのは、ホモ・サピエンスが地域ごとに集団を形成するなかで、いつどのようにして、身体的差異が生じたのかを推論することである。早くても 10 万年より前に遡れないことは確かであり（おそらくもっと後であろう）、1 万年前にはすでに生じていたようである。

（13） Linebaugh and Rediker 2000. See also Guha and Spivak 1988; Cooper et al. 1993; Doudou Diène, ed., *From Chains to Bonds: The Slave Trade Revisited* (Paris, 2001); Frantz Fanon, *The Wretched of the Earth,* trans. Constance Farrington ([1961] New York, 1968); Lovejoy and Hogendorn 1993; Moses I. Finley, *Ancient Slavery and Modern Ideology* (New York, 1980).

（14） フレドリック・バルトによれば、「民族の区別は、社会的相互作用や受容が起こらな

かったことによるのではない。まったく逆で、しばしば、それを取り巻く社会システムが築かれる基礎となっている」。Barth, "Introduction," in Barth, ed., *Ethnic Groups and Boundaries: The Social Organization of Culture Difference* (Oslo, 1969), 10. 以下も参照。Mark J. Hudson, *The Ruins of Identity: Ethnogenesis in the Japanese Islands* (Honolulu, 1999); Patrick Vinton Kirch, *The Lapita Peoples: Ancestors of the Oceanic World* (Cambridge, Mass., 1997); Jack D. Forbes, *Africans and Native Americans: The Language of Race and the Evolution of Red-Black Peoples* (Urbana, 1993); Hall 1992; Colin A. Palmer, "From Africa to the Americas: Ethnicity in the Early Black Communities of the Americas," *Journal of World History* 6 (1995), 223–36. モンゴル人および中央アジアの他の集団がときに注目されてきたことを別とすれば、とくにアフリカとアジアの遊牧民についての比較と相互作用の研究に対して、世界史研究者は注意をあまり向けてこなかった。

（15）Altman 2000. 共同体についてのその他の研究は、次を参照。Blassingame 1972; Philip P. Boucher, *Cannibal Encounters: Europeans and Island Caribs, 1492–1763* (Baltimore, 1992); Julia Clancy-Smith, *Rebel and Saint: Muslim Notables, Populist Protest, Colonial Encounters (Algeria and Tunisia, 1800–1904)* (Berkeley, 1994); David Cohen and Jack P. Greene, eds., *Neither Slave Nor Free: The Freedmen of African Descent in the Slave Societies of the New World* (Baltimore, 1972); Thernstrom 1969.

（16）G. Brooks 1993; Alden 1996; Dauril Alden, "Changing Jesuit Perceptions of the Brasis During the Sixteenth Century," *Journal of World History* 3 (1992), 205–18; Edmund Burke III, ed., *Global Crises and Social Movement: Artisans, Peasants, Populists, and the World Economy* (Boulder, 1988); Carney 2001; Allen Isaacman and Richard Roberts, *Cotton, Colonialism, and Social History in Sub-Saharan Africa* (Portsmouth, N.H., 1995); Pablo Pérez-Malláina *Spain's Men of the Sea: Daily Life on the Indies Fleets in the Sixteenth Century*, trans. Carla Rahn Phillips (Baltimore, 1998); James Pope-Hennessy, *Sins of the Fathers: A Study of the Atlantic Slave Traders, 1441–1807* (New York, 1968); Mary Turner, ed., *From Chattel Slaves to Wage Slaves: The Dynamics of Labour Bargaining in the Americas* (Bloomington, Ind., 1995); Patricia Risso,"Cross-Cultural Perceptions of Piracy: Maritime Violence in the Western Indian Ocean and Persian Gulf Region during a Long Eighteenth Century," *Journal of World History* 12 (2001), 292–320.

（17）Tertius Chandler, *Four Thousand Years of Urban Growth* (Lewiston, N.Y., 1987); Mike Davis, *City of Quartz* (London, 1990); Mumford 1938; Mumford 1961; Aidan Southall, *The City in Time and Space: From Birth to Apocalypse* (Cambridge, 1998). H-Urban のサイトには、広範囲にわたる都市のデータが載せられている。

（18）ピーター・グランは、社会史の方法によって、エリートからのヘゲモニー行使と他階級の社会運動との間で対抗する諸力に焦点をあてるような世界史へのアプローチが展開できると主張した。Gran 1996. 社会運動的アプローチを基にした研究は、以下を参照。Eugene D. Genovese, *From Rebellion to Revolution: Afro-American Slave Revolts in the Making of the Modern World* (Baton Rouge, 1979); René Lemarchand, *Burundi: Ethnocide as Discourse and Practice* (New York, 1994); Mark Levene, "Why is the Twentieth Century the Century of Genocide?" *Journal of World History* 11 (2000), 305–36; Mani, 1998; Justin McCarthy, *Death and Exile: The Ethnic Cleansing of Ottoman Muslims, 1821–1922* (Princeton, 1996); Rud 1964; E. Thompson 1964; C. Tilly 1964.

（19）Lynda G. Adamson, *Notable Women in World History: A Guide to Recommended Biographies*

and Autobiographies (Westport, Conn., 1998); Gayle V. Fisher, *Journal of Women's History Guide to Periodical Literature* (Bloomington, Ind., 1992); Bella Vivante, *Women's Roles in Ancient Civilizations: A Reference Guide* (Westport, Conn., 1999).

(20) Gerda Lerner, "Creation of Patriarchy," Vol. 1 of *Women and History*, 2 vols. (New York, 1986–1993). 世界史における女性について長期的に提示しようとした他の著作は次を見よ。De Pauw 1998; Fatima Mernissi, *The Forgotten Queens of Islam,* trans. Mary Jo Lakeland (Minneapolis, 1993). アフリカ全体における先祖伝来の母系制の形態を探究したものには次がある。Murdock 1959. アフリカ史における母系制についての新しい研究は次を参照。Ehret 2002.

(21) Nikki R.Keddie, "The *Past and Present* of Women in the Muslim World," *Journal of World History* 1 (1990), 77–108; Barbara Ramusack and Sharon L. Sievers, *Women in Asia: Restoring Women to History* (Bloomington, Ind., 1999); Berger and White 1999; Marysa Navarro and Virginia Sánchez Korrol with kecia Ali, *Women in Latin America and the Caribbean* (Bloomington, Ind., 1999). ヨーロッパとアメリカ合衆国の歴史での同様のアプローチの例は、次を参照。Renate Bridenthal and Claudia Koonz, eds., *Becoming Visible: Women in European History* (Boston, 1977); and L. Tilly and Scott 1978.

(22) Barbara Bush, *Slave Women in Caribbean Society, 1650–1838* (Bloomington, Ind., 1990); Hilary McD. Beckles, *Natural Rebels: A Social History of Enslaved Black Women in Barbados* (London, 1989); Carol Devens, *Countering, Colonization: Native American Women and Great Lakes Missions, 1630–1900* (Berkeley, 1992); Carol Devens, " 'If We Get the Girls, We Get the Race': Missionary Education of Native American Girls," *Journal of World History* 3 (1992), 219–38.

(23) Clancy-Smith and Gouda 1998; Lora Joyce Wildenthal, *Colonizers and Citizens: Bourgeois Women and the Woman Question in the German Colonial Movement, 1886–1914* (Ann Arbor, 1994); Antoinette Burton, *Burdens of History: British Feminists, Indian Women and Imperial Culture, 1865–1915* (Chapel Hill, 1994); N. Chaudhuri and Strobel 1992; Marnia Lazreg, *The Eloquence of Silence: Algerian Women in Question* (London, 1994); Strobel 1991.

(24) Sinha 1995; Joan Wallach Scott, ed., *Feminism and History* (New York, 1996); Robert Shoemaker and Mary Vincent, eds., *Gender and History in Western Europe* (London, 1998); B. Smith 1998; Ruth Roach Pierson and Nupur Chaudhuri, eds., *Nation, Empire, Colony: Historicizing Gender and Race* (Bloomington, Ind., 1998).

(25) ジョーン・W・スコットは、過去へのジェンダーによるアプローチを発展させる先頭に立ち続けている。また、ピーター・スターンズは、近年、ジェンダーの社会史について、自身の包括的な見方を中心に取り上げている。Scott, ed., *Feminism and History* (New York, 1996); Stearns, *Gender in World History* (New York, 2000).

(26) Mani 1998. アン・ローラ・ストーラーも、植民地支配下での私的な面についてと、それが人種ならびに国家権力と出合うことについて取り上げている。Stoler, *Race and the Education of Desire: Foucault's History of Sexuality and the Colonial Order of Things* (Durham, 1995).

(27) このアプローチは、「世界史をナビゲートする」というウェブ上のコースのなかで、ウェブに基盤を置く、シェリー・スティーヴンソン作成の教育モジュールで実施されている。この課程は iLRN によって制作、配信された。私は制作顧問であり、総合編集を担当した。

(28) Kuper 1988; Snooks 1996.

(29) Seccombe 1992; Michael Anderson, *Approaches to the History of the Western Family, 1500–1914* (London, 1980); Gary S. Becker, *A Treatise on the Family* (Cambridge, Mass., 1991); John Bongaarts, Thomas K. Burch, and Kenneth W. Wachter, *Family Demography: Methods and their Application* (Oxford, 1987); Gene H. Brody, and Irving E. Siegel, eds., *Methods of Family Research,* 2 vols. (Hillsdale, N.J., 1990); André Burgière, Christine Klapisch-Zuber, Martine Segalen, and Françoise Zonabend, eds., *A History of the Family,* trans. Sarah Hanbury Tenison, Rosemary Morris and Andrew Wilson, 2 vols. ([1986] Cambridge, Mass., 1966); M. Gordon 1973; Laslett 1966; Seccombe 1993; J. Smith, Wallerstein, and Evers 1984.

(30) Maria Beatriz Nizza da Silva, ed., *Families in the Expansion of Europe* (Aldershot, U.K., 1998); G. Robina Quale, *A History of Marriage Systems* (Westport, Conn., 1988); G. Robina Quale, *Families in Context: A World History of Population* (New York, 1992).

(31) Ross E. Dunn, *The Adventures of Ibn Battuta: A Muslim Traveler of the Fourteenth Century* (Berkeley, 1989); W. McNeill 1989.

(32) Frances Karttunen, *Between Worlds: Interpreters, Guides, and Survivors* (New Brunswick, 1994); Prazniak 1996; Wriggins 1996. 地球大の問題と関連する伝記的研究として、次も参照。Emily Ruete (Salme Said), *Memoirs of an Arabian Princess from Zanzibar* (New York, 1989); Jason Thompson, "Osman Effendi: A Scottish Convert to Islam in Early Nineteenth-Century Egypt," *Journal of World History* 5 (1994), 99–124; Helen Wheatley, "From Traveler to Notable: Lady Duff Gordon in Upper Egypt, 1862–1869," *Journal of World History* 3 (1992), 81–104.

第12章

(1) J. Diamond 1997.

(2) Stephen Jay Gould, *Time's Arrow, Time's Cycle: Myth and Metaphor in the Discovery of Geological Time* (Cambridge, 1987); Durham 1991.

(3) Ponting 1991; Vasey 1992; Simmons and Simmons 1996; Worster 1993; O'Connor, 1998.

(4) Braudel 1995; J. McNeill 1992; K. Chaudhuri 1990; Brooks 1993; Burstein 1995. バーステインは、北東アフリカでの交易活動とゾウの頭数とが関連づけられると提唱している。

(5) Crosby 1986; Crosby 1994.

(6) William S. Atwell, "Volcanism and Short-Term Climatic Change in East Asian and World History, c. 1200–1699," *Journal of World History* 12 (2001), 29–98; Fagan 2000a; Brian Fagan, *The Little Ice Age: How Climate Made History 1300–1850* (New York, 2000); H. H. Lamb, *Climate, History and the Modern World* (London, 1982).

(7) David Keys, *Catastrophe: An Investigation into the Origins of the Modern World* (New York, 1999); Davis 2001.

(8) Marks 1998; Pomeranz 2000; David Watts, *The West Indies: Patterns of Development, Culture and Environmental Change since 1492* (New York, 1989); Lynne Withey, *Voyages of Discovery: Captain Cook and the Exploration of the Pacific* (Berkeley, 1989); Curtin 1990b; J. McNeill 1994; Jones 1981; Cronon 1983.

(9) J. Donald Hughes, ed., *The Face of the Earth: Environment and World History* (Armonk, N.Y.,

1999); Ian Tyrrell, *True Gardens of the Gods: Californian–Australian Environmental Reform, 1860–1930* (Berkeley, 1999); McCann 1999.

（10）J. McNeill 2000.

（11）Mokyr 1990a; Pacey 1990; Johan Goudsblom, "The Civilizing Process and the Domestication of Fire," *Journal of World History* 3 (1992), 1–12.

（12）以前の科学技術史研究は、諸々の発明を取り上げて評価するだけだったが、現在はそこからはるか遠くまで来ている。いまや科学技術史家は、発明を扱うだけでなく、発明を促したり制限したりする社会的圧力も扱う。発明の伝播だけでなく、それが受け入れられる際の変容も扱う。科学技術が経済に与える衝撃だけでなく、社会的重要性も扱う。科学技術それだけでなく、科学技術の簒奪や表象についても扱う。さらに、技術革新を通した発展だけでなく、科学技術が変化するたびにもたらされる新たな問題も扱う。私は以上の展望を得るのに、ウィリアム・ストーレイから助力を得た。そのために科学技術史は最も魅力的な研究分野と映るようになった。合衆国の研究者は、科学技術史学会に集っている。

（13）David S. Landes, *The Unbound Prometheus: Technological Change and Industrial Development in Western Europe from 1750 to the Present* (Cambridge, 1969); Mokyr 1990a.

（14）Roger A. Caras, *A Perfect Harmony: The Intertwining Lives of Animals and Humans throughout History* (New York, 1996); M. Crawford and D. Marsh, *The Driving Force: Food in Evolution and the Future* (London, 1989); Kiple and Ornelas 2000; Carl O. Sauer, *Agricultural Origins and Dispersals: The Domestication of Animals and Foodstuffs* (Cambridge, Mass., 1969); Vasey 1992; Carney 2001; Herman Viola and Carolyn Margolis, eds., *Seeds of Change* (Washington, D.C., 1990); Zohary and Hopf 1993; Larry Zuckerman, *The Potato: How the Humble Spud Rescued the Western World* (Boston, 1998); Salaman 1985.

（15）この研究の基本的情報は高床建築の叙述、図像、そして考古遺跡である。加えて、重要なのは、歴史言語学により、東南アジアのオーストロネシアおよびオーストロアジア諸語において高床建築の普及をたどる部分である。研究の後半部分は、ヨーロッパ人、とくにイギリス人のいた場所をたどる。彼らは、他の熱帯地域にも高床建築をもたらした。最終的にはカリブ海が焦点となる。そこでは、持ち込まれたこの建築伝統が、地域における高床建築の独自の伝統と競合し、統合された。H. Parker James, “Up on Stilts: The Stilt House in World History” (Ph.D. dissertation, Tufts University, 2001).

（16）Albertine Gaur, *A History of Writing* (New York, 1985). 次も参照。David Ewing Duncan, *Calendar: Humanity's Epic Struggle to Determine a True and Accurate Year* (New York, 1998).

（17）Richard Bulliet, *The Camel and the Wheel* (New York, 1990); I. C. Campbell, “The Lateen Sail in World History,” *Journal of World History* 6 (1995), 1–24; Clark G. Reynolds, *Navies in History* (Annapolis, 1998).

（18）Peter Bellwood, *The Prehistory of the Indo-Malaysian Archipelago*, revised ed. (Honolulu, 1997); Peter Bellwood, Darrell Tyron, and James J. Fox, eds., *The Austronesians* (Canberra, 1995).

（19）Landes 1969; Roger C. Smith, *Vanguard of Empire: Ships of Exploration in the Age of Columbus* (New York, 1993); Mazumdar 1998; David B. Ralston, *Importing the European Army: The Introduction of European Military Techniques and Institutions into the Extra-European World, 1600–1914* (Chicago, 1990); William K. Storey, ed., *Scientific Aspects of European Expansion* (Aldershot, U.K., 1996); Robert M.Adams, *Paths of Fire: An Anthropologist's Inquiry into Western Technology* (Princeton, 1996); Parthasarathi 1998; Mintz 1985.

（20）Headrick 1981; Headrick 1991; Daniel R. Headrick, “Botany, Chemistry, and Tropical Development,” *Journal of World History* 7 (1996); Headrick 1988.

（21）Michael Adas, *Machines as the Measure of Men: Science, Technology, and Ideologies of Western Dominance* (Ithaca, 1989).

（22）Keys 1999; J. Diamond 1997: 195–214.

（23）もちろん、鎌状赤血球遺伝子は、マラリアにさらされなければ、何ら利点をもたない。Kiple and King, 1981; Durham 1991.

（24）Watts 1999; W.McNeill 1976; Crosby 1972.

（25）Kiple and King 1981; Crosby 1991; Curtin 1989; Curtin 1998.

（26）Catanach, I. J., “The ‘Globalization’ of Disease? India and the Plague,” *Journal of World History* 12 (2001); Shlomowitz, and Brennan 1994; Sheldon Watts, “From Rapid Change to Stasis: Official Responses to Cholera in British-Ruled India and Egypt, 1860 to c. 1921,” *Journal of World History* 12 (2001), 321–74.

（27）Matthew Gandy and Alimuddin Zumla, eds., *Return of the White Plague: Global Poverty and the New Tuberculosis* (London, 2001).『食と食習慣』誌は栄養の歴史の最近の著作を取り上げている。

（28）Wolf Schäfer, “The New Global History: Toward a Narrative for Pangaea Two,” *Erwägen Wissen Ethik* 13 (2002), 1–14. 人類を一体化させる諸力も実際に見られるとはいえ、新たな分化を引き起こすような遠心分離的な諸力もまだ顕著に存在するようである。

（29）J. Burke and Ornstein 1995. 斧そのものに加えて、この分析は、農業、書くこと、宗教、科学、技術、階級、そして医学にまで及ぶ。この段階分けは、2世紀前にコンドルセが書いたものを思い起こさせるが、バークとオーンスタインは、そのような進歩がもつ限界を強調する。

（30）Snooks 1996.

（31）Robert Finlay, “China, the West, and World History in Joseph Needham’s Science and Civilisation in China,” *Journal of World History* 11 (2000); Needham et al. 1994; Derek Bodde, *Chinese Thought, Society, and Science: The Intellectual and Social Background of Science and Technology in Pre-Modern China* (Honolulu, 1991).

（32）Hugh R. Clark, “Muslims and Hindus in the Culture and Morphology of Quanzhou from the Tenth to the Thirteenth Century,” *Journal of World History* 6 (1995), 49–74.

（33）Chaplin 2001; John M. Headley, “The Sixteenth-Century Venetian Celebration of the Earth’s Total Habitability: The Issue of the Fully Habitable World for Renaissance Europe,” *Journal of World History* 8 (1997), 1–28; Toby E. Huff, *The Rise of Early Modern Science: Islam, China, and the West* (Cambridge, 1993).

（34）Drayton 2000.

（35）James R. Bartholomew, “Modern Science in Japan: Comparative Perspectives,” *Journal of World History* 4, 1 (1993), 101–16; Kuhn 1962.

第13章

（1）本章は次の拙稿の各所に大きく拠っている。”Cultural History: Paths in Academic Forests”

in Robert W. Harms, Joseph C. Miller, David S. Newbury, and Michele D. Wagner, eds., *Paths Toward the Past: African Historical Essays in Honor of Jan Vansina* (Madison, 1994), 439–54. この論文を原稿段階で論評してくれたデヴィド・ニューベリーとジョゼフ・ミラーに感謝の意を表したい。

（2）A. L. Kroeber and Clyde Kluckhohn, *Culture: A Critical Review of Concepts and Definitions* (New York, n.d. [1952]). この本は、人類学でいう文化の定義を七つのカテゴリーに分けて記し、次に、文化についての陳述を六つのカテゴリーに分けて記す部分を含む。アダム・クーパーは、クローバーとクラックホーンの分析に対する批評のなかで、両著者が文化の定義の系譜学を展開し、そこでは「文化の科学的概念が人文主義での概念と対置されて現れ」、その結果、「近代社会科学的な文化概念の必要性を創造した」社会学者タルコット・パーソンズが優勢になったと論じた。しかし、歴史家にとって、クローバーとクラックホーンの著作のより根本的な教訓とは、人類学者が文化の意味について議論をおこない、それを既知数としてではなく問題を含んだものとみなしていることの方である。Adam Kuper, *Culture: The Anthropologists' Account* (Cambridge, Mass., 1999), 59, 68.

（3）Gans 1974; Theodore Roszak, *The Making of a Counter Culture: Reflections on the Technocratic Society and its Youthful Opposition* (Garden City, N.Y., 1969); Roland Marchand, *Advertising the American Dream: Making Way for Modernity, 1920–1940* (Berkeley, 1985).

（4）エドワード・タイラー（1871）によると、文化とは「複雑な全体であり……そこには社会の構成員として人間が獲得した知識、信仰、芸術、道徳、慣習およびその他の能力と習慣が含まれている」(Kroeber and Kluckhohn 1952: 81 での引用)。この人類学的な文化の考え方は、これとは別の見解と、調和しないままでいる。別の見解は、すなわち、全体としての社会様式よりも、個人と集団の見方や創造性を扱う人文主義者の集まりのなかで、そして、とくにヨーロッパにおいて優勢である。次を参照のこと。Kuper 1999: 23–46.

（5）「統合派」と「細分派」という用語は、ヨーロッパの歴史学ではJ.H. ヘクスターによって用いられ、アメリカの歴史学では包括的な一般化をおこなう人々と特殊性を強調する人々とを区別するために用いられた。Hexter, *The History Primer* (New York, 1971).

（6）J. and J. Comaroff 1992:27.

（7）20 世紀中葉の人類学では、とくにアメリカ学派とクローバーが文化を歴史的に分析したが、イギリスとフランスの人類学者はそれほど体系的に歴史を用いていない。この新たな枠組みでは、すべての者が文化の変容に対する歴史の重要性を主張している。

（8）コマロフたちが指摘しているように、「私たちは、無限の社会領域において分析の単位を案出することが容易ではないことを初めて認めた者である」。J. and J. Comaroff 1992:32. しかし、議論や対話の歴史上の位置づけを明らかにすることは、この枠組みに適した分析単位を構築するにあたって、よい出発点となるかもしれない。たとえば議論は家族からグローバルに至るレベルで可能なので、分析者は従来の血縁、民族、国民という分析単位から解放されたいという願いを達成できるのである。

（9）経済と建築の思想の領域に着目したこの推移の説明については次を参照。Harvey 1989.

（10）Kuhn 1970; Geertz 1973. ギアツのエッセーが最初に公刊されたのは 1960 年代である。

（11）Comaroff 1985; J. and J. Comaroff 1992; J. and J. Comaroff 1993.

（12）「この分類の基礎となっている手法には三つの原則がある。第一は、特定の形態での音と意味双方を含む類似点を比較したなかでの妥当性のみを見ること……第二の原則は、

対をなす言語間でおこなう孤立した比較ではなく、大規模比較であること。第三は、分類について結論を出す際に、言語学的証拠のみを妥当とみなす原則である」。Greenberg 1966: 1.

(13) Jameson 1981.

(14) Kuper 1988; Kuper 1999. ヨーロッパを中心とした〈心性〉の歴史の再検討については次を見よ。Jacques Le Goff, "Les mentalité: une histoire ambiguë," in J. Le Goff and P. Nora, eds., *Faire de l'histoire* (Paris, 1974), 76–94. 言語学について、ここでの目的に十分役立つほど広範に再検討したものを私は知らない。

(15) Murdock 1959.「統合派」については次を参照。C. G. Seligman, *The Races of Africa* (New York, 1930).

(16) マードックはこの手法を一般化し、人間関係地域ファイルを創設した。これらのファイルにはかなりの量のデータが集められているが、データは独立した観察と独立した事例を反映するという仮定の下にコード化されている。これらのデータの回帰分析によって行われた例については次を参照。Pryor 1977.

(17) マードックは、成功を収めた別の調査において、現在バントゥー諸語とナイル諸語の話者が占めているタンザニアの諸地域が、以前はクシ諸語を話す人々によって占められていたことを示すために、いくつかのタイプのデータの分布を重ねることによって、「巨石のクシ人」の存在に関する議論を展開している。

農作物の分布に関するマードックの分析では、農業革新の中心地として西スーダンとエチオピアの重要性が示されている。彼は不完全で誤った農業経営のデータに依拠していたため、ヤムイモと米が西アフリカで栽培化されたのではなく、そこに持ち込まれたという結論に至った。ヤムイモに関する方法論的というよりはむしろ実証的な誤りは、マードックがバントゥーの移住開始の時期を、アジアのヤムイモの到着まで遅らせてしまったことから、とくに高くつくものとなった。対照的に巨石のクシ人に関する彼の仮説は、その後の研究に照らして比較的成功したといえる。Murdock 1959: 199, 225–25.

(18)「一方さほど重要視されていないが、人類学には生物学的進化の理論を根幹とする第三の伝統がある」。Kuper 1988: 243. 人類学の第三の伝統についてのクーパーの主張の証拠としては、学界を超えて広く注目された、遺伝と文化の継承の接点に関するウィリアム・ダラムの研究が挙げられよう。ダラムは文化の「概念的諸理論」に同意し、自身の文化の定義をギアツのものに類似させている。(ダラムは文化を「集団内部および集団間で社会的かつ歴史的に伝達される、象徴的に記号化された概念的現象のシステム」と定義している。)しかしダラムが意図していたのは、複雑だが実証主義的な分析によって、生物学と文化との関連を見つけ出すことであり、そこでマードックの人間関係地域ファイルを利用して満足している。以下を参照。Durham 1991:8–9. 次のページも参照。3, 293–96.

(19) ギアツの定義は以下のようになっている。「文化は、おおよそ今日までそうであったような、慣習、慣例、伝統、習慣など、具体的な行動パターンの複合体としてではなく、計画、処方、規則、指示など、行動を統制する一連の制御装置として見られるべきである」。バリ島の闘鶏を論じたエッセーの中でギアツは、国民性についての分類的陳述(「バリ人にとって遠回しに与える侮辱ほど愉快なことはなく、遠回しに受ける侮辱ほど苦痛なものはない」)から、含みをもたせたポストモダン哲学の陳述(「ある人々の文化とは、それ自体が集合体であるいくつものテクストの集合体であり、人類学者は、テク

ストの所有者たちの肩越しにそれらのテクストを読み取ろうと骨折っている」）へと及ぶ。要約するとギアツは、十分に発達した新たな枠組みを説明するというよりは、むしろ暫定的な教義を宣言したのである。Geertz 1973: 44, 433, 452.

（20）Fabian 1983.

（21）クーパーは、複雑な分析ゲームとして、親族関係に関する用語法の重要性を強調しているが、シニフィアンとシニフィエの概念が、同様に人を夢中にさせる新しいゲームを提供するかどうかについては疑問に付されるかもしれない。

（22）J. and J. Comaroff 1992:27.

（23）コンゴ民主共和国の首都キンシャサの南東にある広大な地域シャバは、コンゴ川、カサイ川、ザンベジ川流域の上流に位置する。19 世紀に東アフリカ海岸からスワヒリ語話者の商人が大挙して到来すると、スワヒリ語はこの地域の媒介語となり現在に至っている。Johannes Fabian, *Language and Colonial Power: The Appropriation of Swahili in the Former Belgian Congo 1880–1938* (Cambridge, 1986).

（24）「地点（伝播の中心）を探す代わりに、私は、「スワヒリ語」ではなく多様なスワヒリ諸語が、他者間コミュニケーションの一媒体となっているような、〈相互作用の場〉あるいは〈領域〉を特定しようと試みたい」。Fabian 1986:9.

（25）Ibid.

（26）Ibid., 12.

（27）Vansina 1990. ヴァンシナが果たしたおもな貢献のうち、口述の資料については次を見よ。Vansina [1961]. 文書資料については次を見よ。Vansina 1966. 美術史については次を見よ。Vansina 1984. また、彼の自伝については次を参照。Vansina 1994.

（28）バントゥー諸語は言語学による徹底的な分析を二世代にわたって受けてきた。同様にアメリカインディアン、内陸アジア、東南アジア、あるいは地中海についても、言語学による徹底的な分析と、利用可能な歴史データを関連づけて浮かび上がるだろう結果について、あれこれ推測することができよう。初期の研究については次を参照。Malcolm Guthrie, *Comparative Bantu*, 4 vols. (Farnham, U.K., 1969–70); 29.

（29）クリストファー・エーレトは、バントゥー諸語が東西の下位グループに区分できるというヴァンシナの主張に異議を唱え、それに代えて主張したのは、東アフリカと南アフリカの諸言語が、広大な地域と人々を含むにもかかわらず、系譜的に、ヴァンシナが西と名づける諸言語内の下位グループに由来するということである。歴史の再構成という意味からすれば、エーレトが支持された場合、ヴァンシナは古い時代についての言語学的分析を修正しなければならなくなる。ただしより新しい時代についての分析にはあてはまらない。Ehret, “Bantu Expansions: Re-envisioning a Central Problem of Early African History,” *International Journal of African Historical Studies* 34 (2001), 5–41. またヴァンシナの返答も参照。Ibid., 52–54.

（30）Vansina 1990: 6, 99–100, 259–60.

（31）「言葉と物」についてヴァンシナは言語学者 R・アンティラを引用しているが、私の考えでは、この用語を選択した際にフーコーの『言葉と物』の影響も受けていたと思われる。R. Antilla, *An Introduction to Comparative and Historical Linguistics* (New York, 1972), 291–92; Foucault [1966].

（32）Vansina 1990: 11.

（33）Ibid., 20, 31.

(34) Ibid., 6–7.

(35) 彼は自らの分析を組み立てる際、ヨーロッパ人による征服が始まる直前の民族誌を基準として開始し、次に初期の制度的変化を究明するために「遡る」技法を用いた。また彼が用いる時間枠の別の面では、ヴァンシナは、西バントゥー諸語の系統学的モデルから定住のプロセスを引き出した。「第一に硬直化した連続性の顔、次に表情の豊かな変化の顔」。この研究構想は大雑把だが、実証データの取り扱い方において、ヴァンシナはマードックよりもはるかに「細分派」である。あるレベルでは、「言葉と物」に対する彼の着目は、「言葉と物」へのフーコーの強調を反映したものである。Ibid. 11–16, 31–33; Foucault [1966].

(36) Vansina 1990: 72.

(37) この例では、ヴァンシナが用いる物理的実在の意味は彼が説明した通りのものである。別のケースでは、より簡潔なアプローチに移行し、物理的実在が実際に実在することを仮定している。Ibid., 81.

(38) Ibid., 259.

(39) Ibid., 55, 255.

(40)「木モデル」は、局地的な革新によって祖語から下っていく際の言語変化を強調する。他方「波モデル」は、単語の借用や統語法の模倣のように、言語間の相互作用による変化を強調する。

(41) Ibid., 11, 27–28.

(42) 回転儀という喩えは次のように示されている。「物質的実在と概念的実在の優先順位についての唯物論者と観念論者の議論は、ほとんど意味をなさない。なぜなら変化は恒久的であり、永遠に連続性のくびきの下にあるからである。この革新のプロセスの間、先祖伝来の伝統から受け継いだあらゆる原理と重要な意見は、時間旅行のなかで平衡を保ってくれる回転儀であり続ける。それらは何が変化として認識され、想像されるのかを決定する」。Ibid., 195.

(43) Ibid., 100, 193.

(44) Ibid., 104.

(45) Ibid., 250. この論法は、グリーンバーグがアフリカ諸語を分類した際に主張した大規模比較の原理を、文化史のより複雑な領域においたものとして考えられる。

「多くの批評家から一般的性質に関する質問がなされた結果、対の言語間でおこなう孤立した比較と比べて、大規模比較の重要性が明らかになってきた。……多くの言語において繰り返し見られる類似点、広大で広範囲の地理的領域にわたる類似点、そして、形態的機能の諸要素や代名詞、ならびに語彙の最も安定した部分についての類似点、これらの類似点を集めることができるならば、……適切な説明ができる唯一の仮説は、共通の起源でる。」

「多数の言語において繰り返しみられる類似は、単一の祖形をもつことの結果と考えるのが妥当である。それは大規模比較よっても同様に導き出される。この類似は、偶然や借用による説明を排除できる証拠となるほど、大きな力をもっている。このことは、蓋然性に関する基礎理論から引き出される考察を用いれば、明らかとなる」。Greenberg 1966:2–3.

(46) Vansina 1990: 251–57.

(47)「実際のところ、人類学は文化の比較研究である。」Ibid., 260, 263.

(48)「コマロフたちが発見したものの多くは、車輪の一部を再発明するようなものである」。Vansina, review of J. and J. Comaroff 1992, in *International Journal of African Historical Studies* 26 (1993), 417–20.

(49) Ehret 1998; Liu 1995a; Lynda Shaffer, "Southernization," *Journal of World History* 5 (1994), 1–22 (reprinted in Dunn 2000: 175–91); Robert Finlay, "The Pilgrim Art: The Culture of Porcelain in World History," *Journal of World History* 9 (1998), 141–88; James 2001.

(50) Adshead 1997; Zeynep Çelik, *Displaying the Orient: Architecture of Islam at Nineteenth-Century World's Fairs* (Berkeley, 1992); Katarzyna Cwiertka, *The Making of Modern Culinary Tradition in Japan* (Leiden, 1999); Harvey Levenstein, *Revolution at the Table: The Transformation of the American Diet* (New York, 1988).

(51) Ehret 2002; Mallory 1989; Renfrew 1988; Heine and Nurse 2000.

(52) Gaur 1985.

(53) David Buisseret and Steven G. Reinhardt, eds., *Creolization in the Americas* (College Station, TX, 2000). 示唆に富むかたちで視覚芸術に「クレオール化」の概念を適用したものとしては次を見よ。Ben-Amos 1977. 言語については、次を参照。John A. Holm, Pidgins and Creoles, 2 vols. (Cambridge, 1988–1989).

(54) Mary B. Campbell, *The Witness and the Other World: Exotic European Travel Writing, 400–1600* (Ithaca, 1988); Teresa Hubel, *Whose India? The Independence Struggle in British and Indian Fiction and History* (Durham, 1996); Jameson 1981; Susan Gilson Miller, ed. and trans., *Disorienting Encounters: Travels of a Moroccan Scholar in France in 1845–1846* (Berkeley, 1992); Mary Louise Pratt, *Imperial Eyes: Studies in Travel Writing and Transculturation* (New York, 1992); Merle C. Ricklefs, *The Seen and Unseen Worlds in Java, 1726–1749: History, Literature and Islam in the court of Pakubuwana II* (Honolulu, 1998).

(55) サラ・スウェードバーグの学位論文は、古い時代の合衆国国民史の枠組みに難なく適合するが、同時に世界史的な思考をかなり利用している。1710年から1810年にかけてマサチューセッツ州ヒンガムから手紙を書いたクランチ家の人々を調査したこの研究では、大西洋全体に及ぶ問題について、合衆国とイギリスの文通相手とやりとりしていたことが述べられている。スウェドバーグは文学理論を利用することで、大変革の時代に生きた家族の成員の意識の軌跡をたどっている。Sarah Swedberg, "The Cranch Family, Communication, and Identity Formation in the Early Republic" (Ph.D. dissertation, Northeastern University, 1999).

(56) W. Johnson 1988; Vansina 1984; Suzanne Preston Blier, "Truth and Seeing: Magic, Custom, and Fetish in Art History," in Bates, Mudimbe, and O'Barr 1993: 139–66; Blum, Bohlman, and Neuman 1991; W. McNeil 1995.

(57) 体育は他の歴史研究とは結びつけられていないが、体育の世界史で、空間的、時間的な広さを見事に示しているものは、次を参照。Deobold B. Van Dalen, Elmer D. Mitschell, and Bruce L. Bennett, *A World History of Physical Education* (New York, 1953); Kenneth J. Carpenter, *Protein and Energy: A Study of Changing Ideas in Nutrition* (Cambridge, 1994); Kiple and Ornelas 2000.

(58) Mircea Eliade and Ioan P. Couliano, *The Eliade Guide to World Religions* (New York, 1991); Julian Baldick, *Mystical Islam: An Introduction to Sufism* (New York, 1989); Boyce 1992; Eickelman and Piscatori 1990; Brian Fagan, *From Black Land to Fifth Sun: The Science of Sacred*

Sites (Reading, Mass, 1998); Valerie I. J. Flint, *The Rise of Magic in Early Medieval Europe* (Princeton, 1991); Foltz 1999; Alexander Knysh, *Islamic Mysticism: A Short History* (Leiden, 2000); Liu 1995b; Phillip Sigal, *Judaism, the Evolution of a Faith* (Grand Rapids, 1988); Huston Smith, *The Religions of Man* (New York, 1958).

(59) 近年の移住の結果、大乗仏教と上座部仏教の様々な伝統が相互に接触するようになり、議論と合流が促されている。

(60) Mary Helms, *Ulysses' Sail: An Ethnographic Odyssey of Power, Knowledge, and Geographical Distance* (Princeton, 1988); Armitage 2000; Adas 1989; Headly 1997; James Muldoon, "Solórzano's De indiarum iure: Applying a Medieval Theory of World Order in the Seventeenth Century," *Journal of World History* 2 (1991), 29–46; Pagden 1995.

(61) Dorothea A. L. Martin, *The Making of a Sino-Marxist World View: Perceptions and Interpretations of World History in the People's Republic of China* (Armonk, N.Y., 1991); Keita 2000; Cañizares-Esguerra 2001.

(62) Bodde 1991; Bartholomew 1993; Chaplin 2001; Drayton 2000; Huff 1993; Deepak Kumar, *Science and the Raj, 1857–1905* (New York, 1995); Roy MacLeod, "Passages in Imperial Science: From Empire to Commonwealth," *Journal of World History* 4 (1993), 117–50; Philip F. Rehbock, "Globalizing the History of Science," *Journal of World History* 12 (2001), 183–92; Storey 1996.

(63) Appadurai 1996; J. and J. Comaroff 1993; J. and J. Comaroff 1992; King 1991; Kuper 1988; M. Lewis and Wigen 1997; Robertson 1992; Deborah Root, *Cannibal Culture: Art Appropriation, and the Commodification of Difference* (Boulder, 1996); Said 1993; Jonathan Friedman, *Cultural Identity and Global Process* (New York, 1994); Immanuel Wallerstein, "Culture as the Ideological Battleground of the Modern World-System," *Theory, Culture and Society* 7 (1990), 31–55.

文化分析を批評した初期の研究については以下を参照。Marshall Sahlins, *Historical Metaphors and Mythical Realities: Structure in the Early History of the Sandwich Islands Kingdom* (Ann Arbor, 1981); Sahlins, *Islands of History* (Chicago, 1985); Said 1978; Fabian 1983; Geertz 1973; H. White 1973.

(64) Landes 1998.

(65) Robert Bartlett, *The Making of Europe: Conquest, Colonization, and Cultural Change, 950–1350* (Princeton, 1993); John R. Gillis, ed., *Commemorations: The Politics of National Identity* (Princeton, 1994); Hobsbawm and Ranger 1983; Iriye 1997; Arthur Marwick, *The Sixties: Cultural Revolution in Britain, France, Italy and the United States, c. 1958en–c. 1974* (Oxford, 1998); Emiko Ohnuki-Tierney, *Rice as Self: Japanese Identities Through Time* (Princeton, 1993); William Preston, Edward S. Herman, and Herbert I. Schiller, *Hope & Folly, the United States and UNESCO 1945–1985* (Minneapolis, 1989); Simmons and Simmons 1996; Stephen Vlastos, *Mirror of Modernity: Invented Traditions of Modern Japan* (Berkeley, 1997); Adam Zamoyski, *Holy Madness: Romantics, Patriots, and Revolutionaries, 1776–1871* (New York, 2001); R. H. Tawney, *Religion and the Rise of Capitalism* ([1926] Gloucester, Mass., 1962).

(66) Regina Bendix, *In Search of Authenticity: The Formation of Folklore Studies* (Madison, 1997); Mary Helms, *Ulysses' Sail: An Ethnographic Odyssey of Power, Knowledge, and Geographical Distance* (Princeton, 1988); David Hillman and Carla Mazzio, *The Body in Parts: Fantasies of Corporeality in Early-Modern Europe* (New York, 1997); Root 1996. また次のものに描かれているような国民アイデンティティの発展における地図作成の影響についても参照され

たい。Thongchai Winichakul, *Siam Mapped: A History of the Geo-Body of a Nation* (Honolulu, 1994).

(67) Bernard Lewis, *What Went Wrong? Western Impact and Middle Eastern Response* (New York, 2002); Albert Hourani, *A History of the Arab Peoples* (Cambridge, Mass., 1991).

(68) Bentley 1993; Bernal 1987–1991; Von Laue 1987.

(69) Richard Fletcher, *The Barbarian Conversion: From Paganism to Christianity* (New York, 1998); Partner 1998; H. Clark 1995; Jessica A. Coope, "Religious and Cultural Conversion to Islam in Ninth-Century Umayyad Córdoba," *Journal of World History* 4 (1993), 47–68; James C. Russell, *The Germanization of Early Medieval Christianity: A Sociohistorical Approach to Religious Transformation* (New York, 1994).

(70) David A. Chappell, "Ethnogenesis and Frontiers," *Journal of World History* 4 (1993), 267–76; Chappell, "Frontier Ethnogenesis: The Case of New Caledonia," *Journal of World History* 4 (1993), 307–24.

(71) Dathorne 1996; Tapan Raychaudhuri, *Europe Reconsidered: Perceptions of the West in Nineteenth-Century Bengal* (New York, 1988); David C. Gordon, *Images of the West* (New York, 1989); Obeyesekere 1992; Withey 1989; Samuel M. Wilson, *The Emperor's Giraffe, and Other Stories of Cultures in Contact* (Boulder, 1999).

(72) Patricia Seed, *Ceremonies of Possession in Europe's Conquest of the New World, 1492–1640* (New York, 1995); Alex Calder, Jonathan Lamb, and Bridget Orr, eds., *Voyages and Beaches: Pacific Encounters, 1769–1840* (Honolulu, 1999); Edward L. Schieffelin and Robert Crittenden, *Like People You See in a Dream: First Contact in Six Papuan Societies* (Stanford, 1991); Peter R. Schmidt and Roderick J. McIntosh, eds., *Plundering Africa's Past* (Bloomington, Ind., 1996); Znamenski 1999.

(73) Liu 2001; Colin G. Calloway, *New Worlds for All: Indians, Europeans, and the Remaking of Early America* (Baltimore, 1997); I. C. Campbell, "Culture Contact and Polynesian Identity in the European Age," *Journal of World History* 8 (1997), 29–56; Cooper and Stoler 1997; David Northrup, *Africa's Discovery of Europe, 1450 to 1850* (New York, 2002); Mark Francis, "The 'Civilizing' of Indigenous People in Nineteenth-Century Canada," *Journal of World History* 9 (1998), 51–88; Guha 1998; Hall 1992; Frances Karttunen and Alfred W. Crosby, "Language Death, Language Genesis, and World History," *Journal of World History* 6 (1995), 157–74; Frances Karttunen, "After the Conquest: The Survival of Indigenous Patterns of Life and Belief," *Journal of World History* 3 (1992), 239–56; Lipman 1997; Terence Ranger, "Europeans in Black Africa," *Journal of World History* 9 (1998), 255–68; Seed 2001; William K. Storey, "Big Cats and Imperialism: Lion and Tiger Hunting in Kenya and Northern India, 1898–1930," *Journal of World History* 2 (1991), 135–74; J. Comaroff 1985.

(74) たとえばそれらが、進歩、段階、伝播、分岐、収斂などの概念に依拠しているかどうかである。この点についてのさらなる議論は第 16 章を参照。

(75) Paul Gilroy, *The Black Atlantic: Modernity and Double Consciousness* (Cambridge, Mass., 1993); Gans 1974; John Mackenzie, *Propaganda and Empire: The Manipulation of British Public Opinion 1880–1960* (Manchester, 1986); Mackenzie 1992; Sabean 1984.20 世紀アフリカでのコスモポリタンなフランス語文化の解釈については、次を参照。Patrick Manning, *Francophone Sub-Saharan Africa 1880–1985* (Cambridge, 1988).

(76)「民衆文化」の分析は、音楽や出版文化など表現文化の領域に適用されることが多いが、物質文化に用いられることはとても少ない。

(77)『熱帯雨林の道』の表紙を飾るのは、アメリカ人画家が1890年公刊の本にスケッチした、森の小川にかかるつり橋である。ヴァンシナは、時間と空間を渡す橋として、そして、熱帯雨林の人々の諸集団がもつ長い伝統と読者とをつなぐ橋として、比喩的にこれを選んだのかもしれない。私はこの橋のイメージをもう一歩進めて、文化史の方法論へと伸ばすことを提案する。

(78) この問題は、歴史研究のどの領域でも生じている。だが、最も複雑で興味深いものは、文化史研究で生じている。

(79) マルクス主義哲学は、1世紀以上前に、このような学際的枠組みを示そうとした。だが、ポストモダンの批評は、それが包括的でないことを明らかにした。

第14章

(1) さらに、近年現れた議論と並んで、以前からなされてきた議論も列挙できるだろう。

(2) J. Diamond 1997.

(3) McBrearty and Brooks 2000: 533–34.

(4) Freud 1930; Elias [1939].

(5) Bury 1932; Nisbet 1980; Headrick 1988.

(6) Frank and Gills 1993; Johan Goudsblom, *Fire and Civilization* (London, 1992); Jones 1988.

(7) North and Thomas 1973; Rosenberg and Birdzell, 1986; E. Jones 1981; Landes 1998.

(8) Flynn and Giráldez 1995; Wong 1997; Pomeranz 2000; Subrahmanyam 1990; Barendse 2002; Frank 1998; Goldstone 1991. ヨーロッパ主義者のジャック・ゴールドストーンは、このフレーズを作り出し、そして、カリフォルニア学派に加わった。

第15章

(1) ピーター・ノヴィクの記述によれば、J・フランクリン・ジェイムソンほどの歴史家が、『アメリカ歴史評論』の編集をしていた1910年に、自らを「煉瓦」製作者、つまり歴史解釈という建築物の構成要素となるだろう個別研究の製作者だと捉えていた (Novick, 1988: 56)。私が見るところでは、このうやうやしくも本質主義的な個別研究に対する見方は、いまだに歴史の専門家の間で勢力をふるっていて、それは、あるトピックの「決定的な」研究はこれやあれであるというようなコメントに反映されている。この本質論のせいで、個別研究的な視野をもつ一研究の内部において局所的な緻密な構造を描くことも、個別研究的分析を取り囲む出来事や過程を構造化したり、出来事や課程によって構造化されたりする広い文脈を描くことも、歴史家にとって難しくなっている。第17章では、分析の基本レベル外部からの影響と、その内側からの影響を述べるために、「文脈の効果」と「構成要素の効果」という用語法について論じる。

(2) 歴史を着実な進歩の潮流として見る者は、ハーバート・バターフィールドの命名により、「ホイッグ」史家と呼ばれてきた。Butterfield, *The Whig Interpretation of History* (New

York, 1951); Frank 1998.

（3）両極の間に、ブローデルは、〈局面（コンジョンクチュール）〉の歴史、すなわち気候と経済生活における挿話的変化の歴史を置いた。Braudel [1949].

（4）この著作はとても系統だてて 1688 年に焦点をあて、世界各地の人々の生活におけるこの年の詳細を描く。それとともに、より前の年における背景と、登場人物のその後の運命も記している。Wills 2001.

（5）Christian 1991; Spier 1996.

（6）Stephen W. Hawking, *A Brief History of Time: From the Big Bang to Black Holes* (New York, 1988).

（7）Goudsblom 1992a.

（8）J. Diamond 1997.

（9）Mazlish 1993b.

（10）Harvey Green, *The Light of the Home: An Intimate View of the Lives of Women in Victorian America* (New York, 1983).

（11）Michelet [1847–1853]; John Reed, *Ten Days that shock the World* ([1919] New York, 1967).

（12）M. Lewis and Wigen 1997.

（13）D. Wright 1997.

（14）Braudel 1995; K. Chaudhuri 1990.

（15）Chappell 1997; Gilroy 1993.

（16）分析のテーマとして焦点が当てられるのは、政治経済学、つまり、生産、通商、そして経済面での富の統制である。その上で、政治権力の分析が視点の中心となり、さらに、階級および指導的家系という社会構造をも含んでいる。Wallerstein 1974.

（17）Asiwaju 1976.

（18）境界領域に関する文献は大量にあるが、例として、次を参照。William H. McNeill, *The Great Frontier: Freedom and Hierarchy in Modern Times* (Princeton, 1983)。

（19）シュペングラーは、地域もしくは文明に優越的な地位を与えるけれども、文明ごとに、その文明と結びついた一定の寿命があると論じた。トインビーも空間に優越的な地位を与えるが、独創的なものか派生的なものかによって文明を序列化した。ブローデルの地中海研究も空間を優越させる。マクニールは地域に基盤をおく文明という視点から分析するにもかかわらず、分析ではエクメーネの時間的進化に優位を与えている。Spengler [1918–1922]; Toynbee 1933–1961; Braudel [1949]; W. McNeill 1993.

第 16 章

（1）P. Burke 1992. 史学方法論の古典的な手引きには次のものがある。Marc Bloch, *The Historian's Craft, trans. Peter Putnam* (New York, 1953); Collingwood [1946]; Carr 1961: Hexter 1971.

（2）分析単位としても知られる。

（3）前章では時間的そして地理的なスケールの範囲を扱った。ここでは、所与の範囲内での描写と分析のために設けられる枠組みについて考える。

（4）これは歴史分析における内的な境界や区分や構造であり、歴史家により設定される。

それらは、その歴史の状況において存在すると仮定される境界や構造と関連する。外的境界については第15章で扱った。

（5）Gibbon 1776–1778.

（6）Ranke 1883–1887.

（7）Wallerstein 1974.

（8）Peter H. Wood, *Black Majority: Negroes in Colonial South Carolina from 1670 through the Stono Rebellion* (New York, 1974); Eugene D. Genovese, *Roll, Jordan, Roll: The World the Slaves Made* (New York, 1976).

（9）Hugh Thomas, *The Slave Trade: The Story of the Atlantic Slave Trade: 1440–1870* (New York, 1997); McKeown 2001; Roger Anstey, *The Atlantic Slave Trade and British Abolition, 1760–1810* (Atlantic Highlands, N.J., 1975). ウィリアム・マクニールは、フランクとギルズが編集した世界システムに関する本の序文で、分析の基礎としてネットワークを重視することに賛同している。W. McNeil, in Frank and Gills 1993, xii.

（10）カーティンはアルメニア人や他の者たちを「交易ディアスポラ」と理論づけた。交易ディアスポラとネットワークの諸モデルを詳細に比較するのは興味深いだろう。Curtin 1984b.

（11）Philip D. Curtin, "World Historical Studies in a Crowded World," *Perspectives* 24 (Jaanuary 1986), 19–21; Adas 1979.

（12）Frank Tannenbaum, *Slave and Citizen: The Negro in the Americas* (New York, 1946); Carl Degler, *Neither Black nor White: Slavery and Race Relations in Brazil and the United States* (New York, 1971); Herbert S. Klein, *Slavery in the Americas: A Comparative Study of Virginia and Cuba* (Chicago, 1967); Curtin 1969; George Fredrickson, *White Supremacy: A Comparative Study in American and South African History* (New York, 1981); John Cell, *The Highest Stage of White Supremacy: The Origins of Segregation in South Africa and the American South* (New York, 1982)

（13）Spengler [1918–1922]; Toynbee 1933–1961; Walter Prescott Webb, *The Great Frontier* (Boston, 1952); Howard Lamar and Leonard Thompson, eds., *The Frontier in History: North America and Southern Africa Compared* (New Haven, 1981)

（14）ベントレーは1993年の著書で「文化横断的な接触」と語り、1996年の論文では「文化横断的な相互作用」と語っている。Bentley 1993; Bentley 1996.

（15）形式の上では、相互作用とそれが引き起こす結果には、いくつかの種類が存在する。最も単純な相互作用は、権力もしくは刷新が、一つの社会からもう一つの社会へ向かう、一方向の変位である（そして、一つの場所から他の複数の場所に向かう、一方向の影響の伝播がそれに続く）。社会間の影響は、双方向的な場合もありうる。より複雑な双方向的相互作用のなかでは、一つの社会から発した影響が、もう一つの社会に達する際に変容するかもしれない。さらに複雑な相互作用では、二つの社会からの諸影響が、新たな力や現象を作り出すかもしれない。これらの現象はそれぞれの社会のレベルで観察されるだろうが、実際には両方の社会を含むレベルのなかで存在するのである。

（16）Mannig et al. 2000. この「概念」の該当箇所を参照せよ。

文化的混合を指すために雑種（ハイブリディティ）という語が広く使われるようになった。たとえば次を参照。Gilroy 1993. だが、私の印象では、〈雑種〉は何にでも使われる語として一般に用いられ、多くの結びつきの型を十把一絡げにすることから、著者が探究しようとする文化的混合の正確な分析を損なってしまうことになる。

(17) 比較の方法を社会科学分析の戦略として批判したものは次を参照。Khaldoun Samman, "The Limits of the Classical Comparative Method," *Review* 24 (2001), 533–73.

(18) Fogel 1964; Albert Fishlow, *American Railroads and the Transformation of the Antebellum Economy* (Cambriddge, Mass., 1965). パラダイムという語はトーマス・クーンにより知られるようになった。Kuhn 1962. 私はこの語をもう少し狭い意味で使っている。

(19) メカニズムとはいえ機械的である必要はない。オスヴァルド・シュペングラーによる文明の興亡という有機的喩えはある種のメカニズムであり、歴史の変化の力学を規定している。おそらく〈モデル〉という語がもっと頻繁に使われるが、私は〈モデル化〉という言葉をある一つの歴史概念を形成する過程全体を示すために用いることから、一つの語を二つの意味で使うことによる混乱の発生を避けようと考えた。私が用いる〈モデル化〉には、類型化、パラダイム、メカニズム、理論、そして喩えが含まれる。

(20) Wolf 1982: 6–7.

(21)「私たちが暮らす地球は回転する球体である」。H. Wells 1920: 3.

(22) 実際のところ、イメージの序列には四番目があるが、この議論から排除したのは適切だと考えている。それは神秘的なものである。この場合の支配的な要素は、機械や有機体や社会の作用ではなく、神の意志の作用だと仮定される。Kearney 1971.

(23) Freud 1930.

(24) この喩えについては手短に考察したことがある。Manning 1988.

(25) 社会の喩えにおいては、社会における個人および集団の役割と重要性という重大な問題が生じてくる。

(26) Wallerstein 1974; Frank 1991.

(27) Wallerstein 1974, Abu-Lughod 1989, Frank and Gills 1997.

(28) Miller 1988.

(29) John von Neumann, "The General and Logical Theory of Automata," in L. A. Jeffries, ed., *Cerebral Mechanisms in Behavior* (New York, 1951), 1–31; Ludwig von Bertalanffy, *General System Theory* (New York, 1968). フォン・ノイマンは、ゲーム理論を発展させたことですでによく知られていた。ゲーム理論とサイバネティクスはどちらも、システム論というもっと大きな部門の内部で居場所を見つけた。

(30) ピーター・ノヴィクは、19 世紀と 20 世紀の合衆国において、歴史学と哲学と科学における思考が類似性を示すことを明らかにした。戦間期におけるアインシュタインの相対性理論の影響については次を参照。Novick 1988: 133–167.

(31) Von Bertalanffy 1968: 35.

(32) Ibid., 36–37.

(33) Ibid., 37. システム論アプローチに含まれる下位分野と複数のアプローチには、ベルタランフィが列挙している通り、数学のシステム論、コンピュータ使用あるいはシミュレーション、コンパートメント理論、集合論、グラフ理論、ネット理論、サイバネティクス、情報理論、オートマンの理論、ゲーム理論、決定理論、待ち行列理論が含まれる。Ibid., 19–23.

(34) Ibid., 33; Kenneth Boulding, *The Organizational Revolution: A Study in the Ethics of Economic Organization* (New York, 1953).

(35) Von Bertalanffy, *General Systems Theory*, 47.

(36) Ibid., 39, 41.

(37) Ibid., 110–111.

(38) Ibid., 114. ウォーラーステインはグルベンキアン財団の助成により、主要な研究プロジェクトの一つとして、社会科学の諸分野における方法論の発展に取り組んだ。とくに法則定立的アプローチと個別記載的アプローチの間の区別に注意を払っている。Wallerstein et al. 1996.

(39) Ibid., 45.

(40) Wallerstein 1974; Chase-Dunn and Hall 1991.

(41) 世界史研究者は、システムアプローチを使う場合、ある一つのスケールに焦点をあてるのではなく、歴史の過程の多様なスケールに対して十分に注意を払うべきである。これらのスケールとは、〈地方的〉、〈地域的〉、〈文明的〉、そして〈地球的〉という言葉で知られるが、〈社会的〉、〈文化的〉、〈政治的〉という言葉でも知られる。一般に、いずれの歴史システムのモデルも、それが含む下位システム、ならびに、それが一部分となるより大きなシステムの存在を同定しなければならない。

(42) 文化史研究におけるこの問題の例は第 13 章を見よ。

第 17 章

(1) 一般に、歴史書の著者が解釈を確かめようとする前に思いとどまるのには、三つのレベルがある。第一に、全体的な解釈を展開しようとする明確な試みがないままに過去を叙述する多くの研究、すなわち命題なき歴史がある。第二に、著者がはっきりした解釈を提示し、解釈を妥当なものにするために多くの推論や証拠を用いるが、解釈を確かめるための手順を経ず、他のありうべき解釈との比較さえしないような研究、すなわち証拠よりも論理によって擁護された命題がある。第三に、おもに分析パラダイムの展開と解説に重点を置くが、それを実際に細部に適用するという次の手順に進まない歴史文献、すなわち歴史ではなく研究構想がある。(これに加えて、解釈が例示されるが、その例示が代表的なものではないような研究があることも指摘できる。)

(2) ミクロ分析では、えてして最も基本的なレベルで分析していると想定しがちである。経済学において、企業と家計はさらに細かな研究のために分解されたりしないが、分析には、ミクロな状況に対するマクロレベルの影響についての説明が含まれることだろう。マクロ分析については、関連する最も大きな単位を研究対象としていると想定されるが、分析には、マクロな状況に対するミクロレベルの影響についての説明が含まれるだろう。一般に、世界史の分析はこれら両方を含むものであり、分析する状況に対する、より個別の影響のレベルと、より総合的な影響のレベルの両方を説明するものである。

(3) おおよそ比較可能な事例についての単一の母集団を含むモデルは、それぞれが一つのシステムであり(対象と関係を含んでいる)、分析によって個々の事例についての行動様式が明らかにされることが予期されるモデルを含めることもできるだろう。たとえば、母集団全体の研究に基づく個々人の健康についての医学的診断の場合がそうである。

(4) フォーゲルは、アメリカ合衆国の鉄道と経済成長についての研究のなかで、明示的な反実仮想についての概念を展開した。1890 年のアメリカ合衆国の鉄道網と 1840 年の交通網を比較した場合、鉄道による経済成長への貢献は計り知れないだろう。しかし、フォーゲルが示したように、1890 年のアメリカ合衆国の鉄道網と、鉄道がない場合に

1890年の運河ネットワークで起こったかもしれないこととを比較したとすれば、鉄道による経済成長への貢献はもっと低いものであったように思われる。Fogel 1964。私はアフリカと大西洋の歴史において反実仮想を表現しようと試みているが、それについては次を参照。Manning 1982: 49–50, 225–29.

（5）ここでは単純化して、二つの種類の反実仮想を組み合わせた。一つは歴史が歩んだ道筋についての別の説明（「対立仮説」）であり、もう一つは歴史が歩んだかもしれない別の道筋（「別の仮説」）である。ここでは両方を議論するが、後者を強調する。もし歴史家がより詳細な検証に取り組みはじめるのであれば、この違いはより重要なものとなるだろう。

（6）Barendse 2002, 299–363, 424–52.

（7）「昔々、統計学者は探索だけをしていた。その後で彼らは、正確に確かめることを学んだ。少数の事柄を、正確に、きわめて特定された条件下で確かめることである。彼らが正確な確認を強調するようになると、彼らの技術は必然的に柔軟でなくなった。最もよく使われる技術と、過去への洞察との結びつきは、弱まっていった。確認の手続きがはっきりと添えられていないものは何でも、「単なる叙述的統計」として公然と非難された。そこから私たちがどんなに多くを学んできたとしてもである。……今日では、探索と確認とは肩を並べて前進することができるし、そうすべきである。」John Wilder Tukey, *Exploratory Data Analysis* (Reading, Mas., 1977).

（8）多数の手引書が、この手続きと、関連する計量的研究について詳細に説明している。コンピュータと計量的研究について、初期に書かれた歴史の手引書には、以下のものが含まれる。Edward Shorter, *The Historian and the Computer* (Englewood Cliffs, N.J., 1971); Roderick Floud, *An Introduction to Quantitative Methods for Historians* (Princeton, 1973); Charles M. Dollar and Richard J, Jensen, *Historian's Guide to Statistics: Quantitative Analysis and Historical Research* (New York, 1971). より最近の案内としては以下を参照。Janice L. Reiff, *Structuring the Past: The Use of Computers in History* (Oxford, 1994); Charles Harvey and Jon Press, *Databases in Historical Research: Theory, Methods and Applications* (New York, 1996).

（9）〈間隔〉データの場合、所与の変数の値が、個人の身長や体重のように、一つの数に帰されうる。〈順序〉データの場合、変数の値は序列化されうるが、鉄道の一等席や二等席といったように、必ずしも数の重みが与えられるわけではない。〈カテゴリー〉データの場合、種々の宗教への所属のように、ある変数の値は他と区別されうるが、序列化されることはない。集団の平均身長を算定することはできるが、宗教的平均を算定することはできない。とはいえ、最頻値の（最も信者数の多い）宗教を推論することはできる。

（10）ここで、間隔データとカテゴリー・データの間の実質的な違いがはっきりと現れる。間隔データの場合、わずか20から30の観察によって、95パーセントの信頼度との関連を示すことができる。一方、カテゴリー・データの場合、仮説を対立仮説と区別して95パーセントの信頼度を示すには、およそ1000の独立した観察が必要とされる。社会史研究者は、分析を確かめるデータを収集するために、経済史研究者よりも勤勉であらねばならないのである。

（11）ウィリアム・ダラムによる共進化についての学際的研究では、システムアプローチが多数の新しい仮説を導いているが、それらを評価するための基準はやはり重視されていない。Durham 1991.

（12）この種の議論に相当する実証主義的な論を示そう。植民地期ダホメの経済分析におい

て、私は地域経済のあらゆる部門間のつながりをたどりながら、形式に則った投入産出モデルを展開してみた。投入産出マトリクスにおける数値はすべて推定値であったが、それらを首尾一貫したものとするために継続的に推定をおこない、きわめて有用なツールを得ることができた。たとえば、製造業（手工業）と輸送業は、他の部門と最もつながりのある部門であり、林業（ほとんどがパーム油）は、他と最もつながりがない部門であることが結果として示された。Manning 1982: 83–84, 301.

（13）19 世紀のイングランド労働者階級の福祉についての論争は、次を参照。R. M. Hartwell et al., *The Long Debate on Poverty: Eight Essays on Industrialization and "the Condition of England"* (Old Woking, U.K., 1972).

（14）Bentley 1993.

（15）Hopkins, ed., 2002. とくに次の章を参照。Christopher A. Bayly, "'Archaic' and 'Modern' Globalization in the Eurasian and African Arena, c. 1750–1850," in ibid., 47–73. 次も参照。Hopkins 2002a.

（16）この段階には、初期グローバリゼーション、プロト・グローバリゼーション、近代グローバリゼーション、そして、ポストコロニアル・グローバリゼーションがある。

（17）「現在、歴史家に課せられている責務とは、引用される歴史が、名前だけの事実にではなく、証拠に基づくものであることを保証することであり、また、過去についての理解を改善するために、どうやったら現在についての議論を応用できるかを考えることである」。Hopkins 2002b: 9.

（18）J. Diamond 1997: 14, 16.

（19）O'Rourke and Williamson 2000.

（20）経済史研究者にとっては、オルークとウィリアムソンがしたように、事例として国民単位で回帰分析することが慣習となってきたのだが、それは、国民の規模が同等ではないことと、より大きな経済システムから無作為ではない選択をしていることにより、分析結果にバイアスが生じうることを示唆している。

（21）H. White 1973.

（22）非公式の会話のなかで、ピーター・グランは、歴史に対する哲学的アプローチについて別の類型を提案し、それを、実証主義、ロマン主義、マルクス主義、そしてアナーキズムと特徴づけている。これは『ヨーロッパ中心主義を超えて』内で展開されたアプローチとして捉えられるだろう。この類型は、歴史と社会に対する多様なアプローチの間の議論が、ほぼ 2 世紀にわたって継続してきたことを示唆している。私はこの定式化が妥当であると考えており、そして、私が実証主義とポストモダニズムを対比させるときには、ポストモダンの思想に、値する以上に重きを置いていることを認識している。それにもかかわらず、20 世紀末に、自然科学および社会科学の多くの領域で、変化と結びつきについての理解が全面的に拡大したことから、現在では、カテゴリー的な認識論と結びつきの認識論とのシステム的競合について話すことがふさわしいと、私は信じている。Gran 1996.

（23）第 10 章を参照。

（24）世界史研究者による歴史執筆法については次を参照。William Kelleher Storey, *Writing History: A Guide for Students* (New York, 1999).

（25）Costello 1993.

第18章

（1）肥沃な三日月地帯とその周辺地域における植物の栽培に関する研究は、古生物学や考古学の技術を頼りにしている。これについては次を参照。Zohary and Hopf 1993. また、ロサンゼルスのコスモポリタンな分析については次を見よ。Davis 1990. これらの著作は、それぞれ、学問分野と空間によって限定されており、どちらも世界史の研究ではないが、世界史に関連している。
（2）本書は、局地的な説明では不十分である三つの問題を挙げることから始めた。それは、世界の多くの場所で同時に人種差別が出現したこと、工業化、そして、世界のばらばらに離れた地域で数千年の間に農業が発達したことである。
（3）Tukey 1977.
（4）とりわけ、歴史家が全地球的なレベルのパターンを分析するのは、データがそうしたレベルでまとめられていないために、いまだに困難なままである。
（5）研究者は一体どれくらいの新たな展望を探索すればよいだろうか。研究には、最新の展望が重要な洞察を与えてきたことを考えれば、常にあともう一つを探そうとすることに価値があると思われる。
（6）Spier 1996. 歴史において「総合的なパラダイム」を求めるこうした研究は、物理学で「統一」理論を目指す研究と並行して起こっている。
（7）Ibid., 14.
（8）Ibid., 45–80.
（9）本書第23章参照。
（10）本書第13章結論部を参照。
（11）思索がもつ役割は、アフリカの歴史を再構成する際に、この地域の専門家によってよく議論される。思索のことをデヴィド・ウィリアム・コーエンに話したとき、彼は「酸素だよ」と返答したが、それが示唆するように、歴史の再構成における思索的な要素は、私たちがおこなうことの中心にはないが、解釈の作業を成功させるには欠かせないものだと思われる。
（12）Eric L. Martin, “Decolonization in the Twentieth Century” (Ph. D. dissertation, Northeastern University, 2001).
（13）Pamela E. Brooks, “Bus, Boycotts and Passes: Black Women’s Resistance in Montgomery, Alabama and Johannesburg, South Africa from Colonization to 1960” (Ph. D. dissertation, Northeastern University, 2000).

第19章

（1）Curtin, “Graduate Teaching in World History,” *Journal of World History* 2 (1991), 81–89.1975年夏にマディソンで開いたワークショップは、カーネギー財団の後援を得た。参加者にはロス・ダンとマイケル・アダスが含まれていた。私は前年の同様な会に参加した。そこでは、アフリカ経済史について、12人の若い研究者が調査して報告を書き、意見交換をした。そこには、A・G・ホプキンズ、サラ・ベリー、ラルフ・オーステン、ジェーム

ズ・スピーグラー、ポール・ラヴジョイ、ジーン・ヘイ、E・J・アラゴア、ババトゥンデ・アギリが加わっていた。

（2）Ross E. Dunn, *Resistance in the Desert: Moroccan Responses to French Imperialism 1881–1912* (Madison, 1977); R. Dunn 1989; Ross Dunn, *Links Across Time and Place: A World History* (New York, 1990); R. Dunn 2000; Michael Adas, *The Burma Delta: Economic Development and Social Change on an Asian Rice Frontier, 1852–1941* (Madison, 1974); Adas 1979; Adas 1989; Adas 1993.

（3）この学生のなかにはウィリアム・ストーレイ、ヘレン・ホイートリー、ローレン・ベントン、そして、デヴィド・グテリウスがいた。

（4）ウィリアム・G・マーティンはこのプログラムで学位を得て、現在はビンガムトン大学で教えており、フェルナン・ブローデル・センターの理事の一人である。William G. Martin and Michael O. West, eds., *Out of One, Many Africas: Reconstructing the Study and Meaning of Africa* (Urbana, 1999); Martin, ed., *Semiperipheral States in the World-Economy* (New York, 1990). Manning et al. 2000.

（5）これらの初期のプログラムについては、記してある人々との議論から情報を得た。

（6）Manning et al. 1999.

（7）Manning et al. 2000. 教師の組織は世界史センターのウェブサイトの「ワークショップ」部分に列挙してある。

（8）第7章を参照。

（9）1997年に、新しい学長が就任するとともに、ノースイースタン大学当局は、新設された歴史学の博士課程を、他の社会科学の博士課程とともに閉鎖することを提案した。史学科はこの課程を存続させるよう熱心に活動し、世界史研究者から広い支援を受けた。最終的に当局はこの課程を再び認めたが、その定義については、合衆国史、ヨーロッパ史、そして世界史の博士号から、世界史の博士号へと変え、新たな資源は提供しなかった。

（10）この会合は、世界史と地理学についての大規模な「世界2000」という学会の一部として開かれ、フィリプ・ホワイトにより組織され、先端を行く16人の研究者を集めて、世界史の大学院研究が向かう方向を議論した。これは、世界史の大学院教育をおこなうべきか、そしてどのようにおこなうべきなのかを、テキサス大学史学科と大学当局が決める助けとするために開かれたものである。Philip L. White, ed., “Doctoral Training in World History: What Changes in Ph.D. Programs Will it Require?” *World History Bulletin* 17 (Spring 2002), 8–17.

（11）イマニュエル・ウォーラーステインは、ビンガムトンにおける地球規模の社会学の博士プログラムを説明した。ウィリアム・マクニールは、私が説明した学位が十分に地球規模のものといえるのか、疑問を表明した。Ibid.

（12）Curtin 1991. 次も参照。Jerry H. Bentley, “Graduate Education and Research in World History,” *World History Bulletin* 3 (Fall/Winter 1985–86), 3–7 (reprinted in R. Dunn 2000: 526–33); Curtin 1986.

（13）Manning 1992; Manning 1999.

（14）ノースイースタンでのプログラムで、学生の何人かは世界史を最初に学び、その後で地域研究の専門を定めた。研究の順序を単に変えただけだが、それによって、学生が研究しようとする歴史上の問題は、決定的に異なるものになった。ノースイースタンの学

生には、実質的に、地域研究に専念することから始めて、のちに地球規模のコースをとった者もいた。また別の者は、体系的に地球規模のアプローチに焦点を定めた。私にとってはいずれのアプローチをとる学生と作業をすることも楽しく、それぞれに利点を見出した。

(15) これらの問題は、2001 年 10 月に、アメリカ歴史学会の大学院教育委員会の委員たちがノースイースタンの世界史博士課程を視察に訪れた際に提起された。

(16) Allan Kulikoff, *Tobacco and Slaves: The Development of Southern Cultures in the Chesapeake, 1680–1800* (Chapel Hill, 1986); Russell R. Menard, *Economy and Society in Early Colonial Maryland* (New York, 1985); Lois Green Carr, *County Government in Maryland, 1689–1709* (New York, 1987).

(17) 2001 年までにノースイースタンで博士課程を修了した 6 人の学生のうち、4 人は終身雇用につながる就職を果たし、1 人はコミュニティカレッジで終身雇用の教授となり、1 人は世界史を教える一年更新の職に就いた。終身雇用につながる就職をした者のうち、2 人は世界史、1 人はアフリカ人ディアスポラ史、そして 1 人は合衆国史で職を得ている。

(18) ノースイースタン大学の世界史資源センターは 1998 年に設立され、大学院レベルのコースや研修会に加わった教師たちにより、数十回にわたって、世界史の単発授業や複数回にわたる授業単位を集めてきた。これらは印刷したかたちで入手できるし、場合によってはウェブ上で入手できる。そのリストは、世界史センターのオンラインカタログ中にある。資源センターの初代所長を務めたのはジュリー・ゴティエである。ゴティエは、教科書、教育活動、個別論文、そしてマルチメディアを速やかに幅広く収集し、カタログ化した。

(19) この 14 人は、AP コースの世界史過程のカリキュラムを準備するために、2001 年 7 月に会合をもった。

第 20 章

(1) これらのコースのほとんどのシラバスと研修会の説明については、オンラインで読むことができる。

(2) 以下の段落で記されるコースとコース外の活動は次の通りである。

世界史の博士課程でのコース

1. 歴史学研究法
2. 地球規模の史学史
3. 世界史の概説もしくは語り
4. 世界史教育
5. 地球規模の研究（一つもしくは複数のコース）
6. 歴史学における学問の諸分野
7. 地域ごとのコース（一つもしくは複数のコース）
8. テーマごとのコース（一つもしくは複数のコース）
9. 方法論上級（一つもしくは複数のコース）

世界史の博士課程でのコース外活動

A. カリキュラム単位の立案

B. 教育実習
C. 研究プロジェクト
D. 電子化された資源とその他の資源
E. 読書のための語学
F. 研究のための語学
G. 博士論文の執筆計画
H. 総合試験
I. 博士論文のための研究と執筆

（3）私はこれを、大学院でのコース内ではなく、教師への集中研修会（大学院の単位を取得できる）のかたちで、デボラ・スミス・ジョンストンと共同で指導して教えてきた。これらの研修会の資料は、世界史資源センターの HP のファイルに収められている。

（4）研究ゼミのために適したアプローチと素材について詳しくは第 22 章を参照せよ。

（5）コースの範囲が学生の幅広い関心を満たすことはありえない。大学院ではよくあることだが、ノースイースタンのプログラムでは、学生たちが、選んだ問題について輪読や議論をするために個人や小グループで大学教員と会い、「個別研究」もしくは「講読」として単位を得ていた。

（6）ノースイースタンでは、世界史資源センターがカリキュラム開発を進めており、現職の教師が立案したカリキュラム単位を編集したり完成させたりしている。

（7）ノースイースタンで、教師を志望する者は、教育学部の教育修士の課程か、歴史学の修士課程を修了した。いずれかの課程を修了した者のうち、マサチューセッツの高校で世界史教育の職に就いた者には、ブライアン・カー、クリストファー・クック、ジュリー・ゴティエ、マーク・ジョンソン、そしてモリー・ダフィがいる。

（8）カリキュラム単位を作成するための材料については、世界史資源センターの HP を参照。

（9）2000 年に世界史センターから世界史教育で優秀という証明書を得たのは、アビゲイル・コックス、ジュリー・ゴティエ、クリスティン・パーマー、ローリ・シャラー、そしてレベッカ・ヴィズリスである。

第 21 章

（1）ジェファーソンの蔵書の残りの部分は、マサチューセッツ歴史協会の収集の基礎となった。

（2）議会図書館を世界史の研究に利用する方法を示すために会ってくれた司書補佐のキャロリン・ブラウンと、プロッサー・ギフォードに謝意を示したい。

（3）Mary Beth Norton and Pamela Gerardi, eds., The American Historical Association's Guide to the Historical Literature, 2 vols. (New York, 1995). 世界史の章はケヴィン・レイリーとリンダ・N・シェイファーが編集し、第 1 巻の 42-76 ページにある。

（4）http://vlib.org

（5）「アメリカンメモリー」は、www.memory.loc.gov、「スペイン、合衆国、そしてアメリカのフロンティア：並行する歴史」は、www.international.loc.gov/intldl/eshtml/eshome.html。

（6）包括的な情報源としては、オンライン・ニューズペーパーズ www.onlinenewspapers.com を参照。

（7）https://networks.h-net.org/h-world

（8）H-TEACH と H-HS については、H-Net のホームページを見よ。ap-world については、大学審議会 www.collegeboard.org のサイトを参照。

（9）インターネットの引用の手引きは、http://www2.h-net.msu.edu/about/citation/。WWW バーチャル図書館は、利用者のために詳細な案内を提供している。

（10）http://www.worldhistorynetwork.org.

（11）2001 年にアダム・マッキューエンは高校と大学学部の世界史で現在使われている教科書のリストを作った。これは世界史センターのサイトの資源センターの部分で見ることができる。

（12）たとえば、Andrea and Overfield 1990 がある（現在第 4 版が入手可能である）。

（13）Ross Dunn and David Vigilante, eds., *Bring History Alive! A Sourcebook for Teaching World History* (Los Angeles, 1996); Heidi Roupp, ed., *Jump Start Manual for Teaching World History* (Aspen, Colo., 2000).

（14）全米学校歴史センターは 2003 年までに世界史で 29 の教科単元を公刊した。そこには、次のものも含まれている。Daniel Berman and Robert Rittner, *The Industrial Revolution: A Global Event* (Los Angeles, 1998); Jean Elliott Johnson and Donald James Johnson, *Emperor Ashoka of India: What Makes a Ruler Legitimate?* (Los Angeles, 1999). 大学審議会は、今の時点で、世界史センターが作った 15 の教科単元を印刷中である。世界史センターは次のものを含む単元を公刊した。Kristin Palmer, *Mecca: Islam's Mosque* (Boston, 1999); Jessica Goonan, Africa: *Cultural and Geographic Diversity* (Boston, 1999). さらに、パロアルトの教師カリキュラム研究所は、世界史に適用可能な対話式のカリキュラムの素材を出版している。

（15）合衆国教育省。www.ed.gov.

（16）https://www.facinghistory.org

（17）世界史資源センターの「研修会 Workshop」を参照。

（18）同上。

第 22 章

（1）社会史で選んだものは以下である。Kathleen Canning, "Gender and the Politics of Class Formation: Rethinking German Labor History," *American Historical Review* 97 (1992), 736–768; Tamara K. Haraven, "The History of the Family and the Complexity of Social Change," *American Historical Review* 96 (1991), 95–124; Sabean 1984; Quale 1988; and John K. Thornton, "African Dimensions of the Stono Rebellion," *American Historical Review* 96 (1991), 1,101–13.

（2）Liss 1983; Gellner 1983; B. Anderson 1983; Samuel Huntington, *The Third Wave: Democratization in the Late Twentieth Century* (Norman, 1991); Carter V. Findley and John Alexander Murray Rothney, *Twentieth-Century World*, 3rd ed. (Boston, 1994).

（3）最初に読んだのは以下である。Kuper 1988; Morris-Suzuki 1998; R. Williams 1983; Prakash 1995.

（4）文献のうち、学生たちが自身の文献目録のために見つけてきたのは以下のものである。Wolfgang Schivelbusch, *Tastes of Paradise: A Social History of Spices, Stimulants, and Intoxicants*

(New York, 1992); Geoffrey Parrinder, *Sexual Morality in the World's Religions* (Rockport, Mass., 1996); Rex M. Nettleford, *Inward Stretch, Outward Reach* (London, 1963); James Laver, *Costume and Fashion: A Concise History* (New York, 1995).

（５）文献に含まれていたのは以下である。Cohen 1997; Daniel Scott Smith, "Recent Change and the Periodization of American Family History," *Journal of Family History* 20 (1995), 329–46; excerpts from Wrigley and Schofield 1981; Peter Laslett, *Household and Family in Past Time* (Cambridge, 1972).

（６）文献に含まれていたのは以下である。Abernethy 2000;Wong 1997; Gore Vidal, *The Decline and Fall of the American Empire* (Monroe, Maine, 2000); Colin Wells, *The Roman Empire*, 2nd ed. ([1984] Cambridge, Mass., 1992); Huntington 1996.

（７）Spüler [1969]; Jerry H. Bentley and Herbert F. Ziegler, *Traditions and Encounters: A Global Perspective on the Past* (Boston, 1999); Peter N. Stearns, Michael Adas, Stuart B. Schwartz, and Marc Jason Gilbert, *World Civilizations, the Global Experience*, 3rd ed. (New York, 2000); Richard W. Bulliet, Pamela Kyle Crossley, Daniel R. Headrick, Steven W. Hirsch, Lyman L. Johnson, and David Northrup, *The Earth and Its Peoples: A Global History*, 2nd ed. (Boston, 2001); Howard Spodek, *The World's History,* 2nd ed. (Upper Saddle River, N.J., 2001).

（８）Leo de Hartog, *Russia and the Mongol Yoke: The History of the Russian Principalities and the Golden Horde, 1221–1502* (London, 1996).

（９）近年の例としては次がある。S. Michaels, "Masculinity and Imperialism in England: A Patriotic Construct from the Indian Mutiny to the South African War, 1857–1902" (M.A. thesis, Northeastern University, August 2000).

（10）Adam McKeown, "Chinese Migrants among Ghosts: Chicago, Peru, and Hawaii in the Early Twentieth Century" (Ph.D. dissertation, University of Chicago, 1997); McKeown 2001.

（11）Yinghong Cheng, "Creating the New Man—Communist Experiments in China and Cuba: A World History Perspective" (Ph.D. dissertation, Northeastern University, 2001). しかしながら、学位論文を出版するために改訂した際に、チェンは、地球規模の問題を明確に示している。20 世紀の共産主義運動について、単に資本主義への社会的政治的対応ではなく、主要な宗教的問題を対象とする精神的再生への運動だったと再解釈したのである。

（12）Johnston 2003.

（13）World History Databank.

（14）世界史研究者の間の結びつきの例としては、H-WORLD やその他のメーリングリストでの議論や、ノースイースタン大学の世界史セミナーでの報告、そして、デュボイス研究所のデータベースにある、奴隷貿易についてのデータの集成や出版物がある。次を参照。Eltis et al. 1999.

（15）この問題を示すために、私は、ドイツ、フランス、イギリス統治下の、そして独立期のカメルーンの商業と租税のデータを集めた。その結果として、1890 年から 1985 年における近代カメルーン全域の経済の連続性と変化を推計することができた。Manning 1990–1991.

第23章

（1）近年の研究で世界史が重みを増していることは、『アメリカ歴史評論』に掲載された論考の数に現れている。2000年には、16本の論考うち、2本で地球規模を示す用語が使われ、2本は比較である。5本の書評のうち、2本は地球規模のアプローチを用いる本を取り上げたものだった。2001年には、12本の論考のうち、3本が地球規模のもので、2本が比較であり、5本の書評のうち、1本は地球規模を扱う本を、1本は比較の本を取り上げている。10年前には、地球規模を対象とする作品や比較の作品は、もっとずっと珍しいものだった。

（2）世界史をナビゲートするための課題とは、この本の第一部から第五部までの、それぞれの主題である。すなわち、世界史研究の歴史の見直し（第一部）、世界史へのアプローチの探索（第二部）、世界史におけるテーマと議論の焦点（第三部）、世界史の論理を作る試み（第四部）、そして大学院教育に関する議論（第五部）である。

（3）Gibbon 1776–1778; Hegel [1830]; Ranke [1833]; Ranke 1883–1887. 加えて、歴史家がより広い範囲のものを読むにつれて、ヨーロッパ外の著者によって重要な貢献がもたらされたことが、ますます認識されるだろう。

（4）Toynbee 1933–1961; Oncken 1879–1890; Sale et al. 1736–1765.

（5）Lenin [1899]; Lenin [1917]; Freud 1930; Polanyi 1944.

（6）Wallerstein 1974; Brenner 1975; Dobb 1946; Sweezy et al. 1976; Weber [1904]; Marx [1867–1894]; Herder [1784–1791].

（7）Pomeranz 2000; Wrong 1997; Frank 1998; Landes 1998.

（8）B. Anderson 1983; Huntington 1992.

（9）Mallory and Mair 2000; Liu 2001.

（10）ボニー・スミスの編集により、アメリカ歴史学会は、「グローバルな展望における女性史およびジェンダーの歴史」というシリーズを開始した。

（11）このように幅広いアプローチを傘状に配置するからといって、それらを一つの階層構造や競合する複数の階層構造に並べ直すことが妨げられるわけではない。この点に関して、さらに研究が可能であることを示してくれたステイシー・トゥイーディに感謝する。

（12）探索的比較において、分析者は最初に、その内部で比較をおこなう一つの枠組みと、情報の諸カテゴリーに取り組むと考えられる。世界史の枠組みの形式に関する議論と、事例、ネットワーク、比較、結びつきという情報のカテゴリーについては、第16章を参照。

文献目録

以下の文献目録は、世界史文献の発展を示すのに役立つよう、初版の日付を基に分類されている。カテゴリーは、第2章から第5章までの時間枠と一致している。つまり、四つのカテゴリーは、1900年より前に最初に公刊されたもの、1900年から1964年の間、1965年から1989年の間、そして1990年以降に公刊されたものに分けられる。作品は、以上のカテゴリーごとに、著者名のアルファベット順で並べられており、複数の版が出された作品は、初版に従っている。〔訳書のあるものについては、その情報を並記した。複数の翻訳が出された作品は、原則として、新しい方のものを挙げてある。また、部分訳や編訳等で、翻訳が原著と完全には一致していないことがわかっているものについては＊を付した。〕

A. 1900年より前に公刊された作品

Astley, Thomas (Pub.), 1745–1747. *A New General Collection of Voyages and Travels*. 4 vols. London.

Augustine, Saint. [426] 1957. *City of God against the Pagans*. 7 vols. Trans. George E. McCracken. Cambridge, Mass.

アウグスティヌス、金子晴勇［ほか］訳『神の国』上下、教文館、2014

Bancroft, George. 1873–1874. *History of the United States of America from the Discovery of the Continent*. 10 vols. Boston.

Bodin, Jean. [1566] 1960. *Method for the Easy Comprehension of History*. Trans. Beatrice Reynolds. New York.

———. 1577. *De la vicissitude ou variété des choses on l'univers*.

Bossuet, Jacques-Benigne. [1681] 1976. *Discourse on Universal History*. Trans. Elborg Forster, ed. Orest Ranum. Chicago.

Burckhardt, Jacob. [1860] 1958. *The Civilization of the Renaissance in Italy*. Trans. S. Middlemore. New York.

ヤーコプ・ブルクハルト、新井靖一訳『イタリア・ルネサンスの文化』筑摩書房、2007

Carneiro, Robert L., ed., 1967. *The Evolution of Society: Selections from Herbert Spencer's Principles of Sociology*. Chicago.

Comte, Auguste. [1830–1842] 1974. *The Positive Philosophy*. Trans. [1855] Harriet Martineau, introduction by Abraham S. Blumburg. New York.

———. 1830–1842. *Cours de philosophie positive*. 6 vols. Paris.

———. 1851–1854. *Système de philosophie positive*. 4 vols. Paris.

オーギュスト・コント、石川三四郎訳『実証哲学』1–3、春秋社、1933

Condorcet, Marie Jean Antoine Nicolas Carstat, Marquis de. [1795] 1900. *Tableau historique des progrès de l'esprit humain*. Paris.

コンドルセ、渡辺誠訳『人間精神進歩史』1–2、岩波書店、1951–1974（岩波文庫）

Crone, G. R. trans. and ed. 1937. *The Voyages of Cadamosto and other Documents on Western Africa in the Second Half of the Fifteenth Century*. London.

Dapper, Olfert. [1670] 1967. *Beschreibung von Afrika*. New York.

Darwin, Charles. 1856. *The Origin of the Species by means of natural selection*. London.

チャールズ・ダーウィン、堀伸夫、堀大才訳『種の起源』朝倉書店、2009

Diderot, Denis, ed. 1751–1765. *Encyclopédie, ou dictionnaire raisonné des sciences, des arts et des métiers*. 17 vols. Paris.

デニス・ディドロ著、ダランベール編、桑原武夫訳『百科全書』岩波書店、1961

Engels, Friedrich. [1884] 1968. *The Origin of the Family, Private Property, and the State,* in Marx and Engels, *Selected Works*, pp. 455–593.

エンゲルス、土屋保男訳『家族・私有財産・国家の起源』新日本出版社、1999

Eusebius. [325] 1953. *The Ecclesiastical History*. Trans. Kirsopp Lake. Cambridge, Mass.

エウセビオス、秦剛平訳『教会史』上下、講談社、2010（講談社学術文庫）

Gibbon, Edward. 1776–1778. *The Decline and Fall of the Roman Empire*. 6 vols. London.

エドワード・ギボン、中野好夫訳『ローマ帝国衰亡史』1–11、筑摩書房、1976–1993

Hegel, G.W. F. [1830] 1975. *Lectures on the Philosophy of World History*. Trans. H. B. Nisbet. Cambridge.

ヘーゲル、長谷川宏訳『歴史哲学講義』岩波書店、1994（岩波文庫）

Helmolt, H. G., ed. [1899] 1901–1907. *The History of the World*. 8 vols. New York.

Herder, Johann Gottfried von. [1784–1791] 1997. *On World History*. Eds. Hans Adler and Ernest A. Menze, trans. Ernest A. Menze and Michael Palma. Armonk, N.Y.

Herodotus. [ca. 450 B.C.E.] 1987. *History*. Trans. David Grene. Chicago.

ヘロドトス、松平千秋訳『歴史』上中下、岩波書店、2007（岩波文庫）

Khaldun, Ibn. [1377] 1967. *An Introduction to History: The Muqaddimah*. Trans. Franz Rosenthal, ed. N. J. Dawood. London.

イブン＝ハルドゥーン、森本公誠訳『歴史序説』1–3、岩波書店、1979–1987

Labat, J.-P. 1728. *Voyage du Chevalier des Marchais*. 3 vols. Paris.

Las Casas, Bartolomé. [1566] 1986. *História de las Indias*. 3 vols. Caracas.

ラス・カサス、長南実訳、石原保徳編『インディアス史』1–7、岩波書店、2009（岩波文庫）

Lenin, V. I. [1899] 1964. *The Development of Capitalism in Russia*. Lenin, *Collected Works*, Vol. 3 (Moscow).

レーニン、山本敏訳『ロシアにおける資本主義の発達』上中下、岩波書店、1978–1981（岩波文庫）

Lenzer, Gertrud, ed., 1975. *Auguste Comte and Positivism: The Essential Writings*. Chicago.

Leo, Heinrich. 1835–1844. *Lehrbuch der Universalgeschichte*. 6 vols. Halle.

Locke, John. [1690] 1988. *Two Treatises of Government*. Ed. Peter Laslett. Cambridge.

ジョン・ロック、加藤節訳『完訳統治二論』岩波書店、2010

Ma Huan. [1433] 1970. *The Overall Survey of the Ocean's Shore*. Ed. Feng Ch'en Chun, trans. J. V. G. Mills. Cambridge.

[馬歓選]、小川博編『中国人の南方見聞録：瀛涯勝覧』吉川弘文館、1998.9*

Macaulay, Thomas Babington. [1849–1861] 1953. *History of England from the Accession of James II*. 4 vols. London.

マコーリー、中村經一訳『マコーリー英國史』上中下、旺世社、1948*

Maine, Henry. 1861. *Ancient Law: Its Connection with the Early History of Society and its Relation to*

Modern Times. London.

ヘンリー・サムナー・メイン、安西文夫訳『古代法：その初期社會史に對する關聯およびその近代思想に對する關係』史学社、1948

Malthus, Thomas. [1803] 1992. *Essay on the Principle of Population*, 2nd ed. Cambridge.

ロバート・マルサス、高野岩三郎、大内兵衛訳『人口の原理』岩波書店、1962（岩波文庫）

Marees, Pieter de. [1602] 1987. *Description and Historical Account of the Gold Kingdom of Guinea.* Trans. and ed. Albert van Dantzig and Adam Jones. Oxford.

Marx, Karl. [1844] 1964. *Economic and Philosophic Manuscripts of 1844.* Ed. Dirk J. Struik, trans. Martin Milligan. New York.

カール・マルクス、藤野渉訳『経済学・哲学手稿』大月書店、1963（国民文庫）

———. [1852] 1968. *The Eighteenth Brumaire of Louis Napoleon*. Marx and Engels, Selected Works, 95–180.

カール・マルクス、村田陽一訳『ルイ・ボナパルトのブリュメール 18 日』大月書店、1971（国民文庫）

———. [1857] 1973. *Grundrisse: Introduction to the Critique of Political Economy*. Trans. Martin Nicolaus. London.

マルクス、杉本俊朗訳『経済学批判：新訳』大月書店、1966（国民文庫）

———. [1867, 1885, 1894] 1971. *Capital*. 3 vols. Moscow. Vol. 1, trans. Samuel Moore and Edward Aveling, ed. Friedrich Engels (London, 1887; first published 1867); Vol. 2, ed. Friedrich Engels (first published 1885); Vol. 3, ed. Engels (first published 1894).

カール・マルクス、岡崎次郎訳『資本論』1–7、大月書店、1972–1975（国民文庫）

Marx, Karl, and Friedrich Engels. [1848] 1968. *Manifesto of the Communist Party*. Karl Marx and Frederick Engels, Selected Works (New York), 35–63.

マルクス＝エンゲルス、マルクス＝レーニン主義研究所訳『共産党宣言』大月書店、1952（国民文庫）

———. 1968. Selected Works. New York.

Michelet, Jules. [1847–1853] 1967. *History of the French Revolution*. Trans. Charles Cocks, ed. Gordon Wright. Chicago.

ジュール・ミシュレ、桑原武夫、多田道太郎、樋口謹一訳『フランス革命史』上下、中央公論社、2006（中公文庫）

Mill, John Stuart. [1865] 1965. *Auguste Comte and Positivism*. Ann Arbor.

J・S・ミル、村井久二訳『コントと実証主義』木鐸社、1978

Montesquieu, Charles de Secondat, baron de. [ca. 1721] 1946. *Lettres persanes*. Ed. Gonzague Truc. Paris.

モンテスキュー、大岩誠訳『ペルシア人の手紙』岩波書店、1950（岩波文庫）

———. [1748] 1949. *The Spirit of the Laws*. Trans. Thomas Nugent. New York.

モンテスキュー、野田良之［ほか］訳『法の精神』上中下、岩波書店、1987–1988（岩波文庫）

Morgan, Lewis Henry. 1877. *Ancient Society; or, Researches in the Lines of Human Progress from Savagery, through Barbarism to Civilization*. New York.

L・H・モルガン、青山道夫訳『古代社会』岩波書店、1958–1961（岩波文庫）

Oncken, Wilhelm, ed., 1879–1890. *Allgemeine Geschichte in Einzeldarstellungen*. 32 vols. in 4 series.

Berlin.
Pliny. [ca. 70 C.E.] 1949. *Natural History, with an English Translation*. 10 vols. Ed. and trans. H. Rackham. Cambridge, Mass.
プリニウス、中野定雄、中野里美、中野美代訳『プリニウスの博物誌』1–3、雄山閣出版、1986
Ploetz, Carl. 1880. *Auszug aus der alten, mittleren und neueren Geschichte [Epitome of Universal History]*. Berlin.
カール・プレッツ、和田萬吉訳『世界通史　全』冨山房、1898
Ranke, Leopold von. [1833] 1981. "The Great Powers." Ranke, The Secret of World History: *Selected Writings on the Art and Science of History*. Trans. and ed. Roger Wines. New York, 1981.
ランケ、相原信作訳『強國論』岩波書店、195（岩波文庫）
———. 1883–1887. *Weltgeschichte*. 8 vols. Leipzig.
Raynal, Guillaume-Thomas-François. 1781. *Histoire philosophique et politique des établissemens et du commerce des Européens dans les deux Indes*, 3rd ed. Amsterdam.
Ridpath, John Clark. 1894–1897. *History of the World*. 4 vols. New York.
Sale, George, George Psalmanzar, Archivald Bower, and others, publishers. 1736–1765. *Universal History*. 65 vols. London.
Smith, Adam. [1776] 1976. *An Inquiry into the Nature and Causes of the Wealth of Nations*. Eds. R. H. Campbell and A. S. Skinner. Oxford.
アダム・スミス著、水田洋監訳、杉山忠平訳『国富論』1–4、岩波書店、2000–2001（岩波文庫）
Spencer, Herbert. 1876, 1882, 1896. *Principles of Sociology*. 3 vols. London.
ハーバート・スペンサー、乗竹孝太郎訳、外山正一閲『社会学之原理』1–3、経済雑誌社、1885
Ssu-ma Chien [Sima Qian]. [ca. 100 B.C.E.] 1961. *Records of the grand historian of China*. Trans. Burton Watson. 2 vols. Oxford.
司馬遷、野口定男［ほか］訳『史記』上中下、平凡社、1972
Tabari, Abu Ja'far Muhammad b. Jarir al-. [ca. 915] 1987–1998. *History of Prophets and Kings*. 39 vols., Numerous translators. Albany.
Thucydides. [ca. 420 B.C.E.] 1989. *History of the Peloponnesian War*. Trans. Thomas Hobbes. Chicago.
トゥーキュディデース、久保正彰訳『戦史』上下、岩波書店、1966（岩波文庫）
Tönnies, Ferdinand. [1887] 1957. *Community and Society*. Trans. Charles P. Loomis. East Lansing.
テンニエス、杉之原寿一訳『ゲマインシャフトとゲゼルシャフト：純粋社会学の基本概念』岩波書店、1957（岩波文庫）
Vico, Giambattista. [1725] 1984. *The New Science of Giambattista Vico*. Trans. Thomas Goddard Bergin and Max Harold Fisch. Ithaca.
ジャンバッティスタ・ヴィーコ、上村忠男訳『新しい学』1–3、法政大学出版局、2007–2008
Voltaire. [1753–1754] 1969. *La Philosophie de l'histoire*. Ed. J. H. Brumfitt. Toronto.
ヴォルテール、安斎和雄訳『歴史哲学：『諸国民の風俗と精神について』序論』法政大学出版局、1989
———. [1756] 1991. *Candide, or Optimism*. Ed. and trans. Robert M. Adams. New York.
ヴォルテール、植田祐次訳『カンディード：他五篇』岩波書店、2005（岩波文庫）

———. [1754–1757] 1901–1904. *The General History* [Essai sur les Moeurs et l'Esprit des Nations]. Trans. William Fleming. Akron.

B. 1900 から 1964 年の間に公刊された作品

Almond, Gabriel A., and James S. Coleman. 1960. *The Politics of Developing Areas*. Princeton.
Almond, Gabriel A., and Sidney Verba. 1963. *The Civic Culture: Political Attitudes and Democracy in Five Nations*. Princeton.
G・A・アーモンド、S・ヴァーバ、石川一雄［ほか］訳『現代市民の政治文化：五カ国における政治的態度と民主主義』勁草書房、1974
Anstey, Vera. 1929. *The Economic Development of India*. London.
アンステイ、末高信訳『印度経済の研究』有光社、1932
Apter, David E. 1961. *The Political Kingdom in Uganda: A Study in Bureacratic Nationalism*. Princeton.
Baran, Paul. 1957. *The Political Economy of Growth*. New York.
ポール・バラン、浅野栄一、高須賀義博訳『成長の経済学』東洋経済新報社、1960
Barnes, Herry Elmer, ed. 1925. *Ploetz's Manual of Universal History*. Trans. William H. Tillinghast. Boston.
Beard, Charles. 1913. *An Economic Interpretation of the Constitution of the United States*. New York.
チャールズ・A・ビアード、池本幸三訳、斉藤真解説「合衆国憲法の経済的解釈」『チャールズ・A・ビアード』研究社、1974
Bendix, Reinhard. 1960. *Max Weber, an Intellectual Portrait*. New York.
ラインハルト・ベンディクス、折原浩訳『マックス・ウェーバー：その学問の包括的一肖像』三一書房、1987–1988
Berlin, Isaiah. 1939. *Karl Marx: His Life and Environment*, New York.
I・バーリン、倉塚平、小箕俊介訳『カール・マルクス：その生涯と環境』中央公論社、1974
Bloch, Marc. 1953. *The Historian's Craft*. Trans. Peter Putnam. New York.
マルク・ブロック、松村剛訳『歴史のための弁明：歴史家の仕事』岩波書店、2004
Boulding, Kenneth. 1953. *The Organizational Revolution: A Study in the Ethics of Economic Organization*. New York.
ケネス・E・ボウルディング、日本経済新聞社訳『組織体革命』日本経済新聞社、1960
Boxer, Charles R. 1951. *The Christian Century in Japan*. London.
———. 1952. *Salvador de Sá*. London.
———. 1957. *The Dutch in Brazil*. London.
Boxer, Charles R. 1962. *The Golden Age of Brazil*. London.
Braudel, Fernand. [1949] 1995. *The Mediterranean and the Mediterranean World in the Era of Philip II*. 2 vols. Trans. Sian Reynolds. Berkeley.
フェルナン・ブローデル、浜名優美訳『地中海』1–5、藤原書店、1991–1995
Bury, J. B. 1932. *The Idea of Progress: An Inquiry into its Growth and Origin*. New York.
J・B・ビュアリー、高里良恭訳『進歩の観念』創元社、1953（創元文庫）
Butterfield, Herbert, 1951. *The Whig Interpretation of History*. New York.

ハーバート・バターフィールド、越智武臣他訳『ウィッグ史観批判：現代歴史学の反省』未来社、1967
Carr, Edward H. 1961. *What is History?* New York.
E・H・カー、清水幾太郎訳『歴史とは何か』岩波書店、1962（岩波新書）
Childe, V. Gordon. 1925. *The Dawn of European Civilization*. London.
———. 1934. *New Light on the Most Ancient East: The Oriental Prelude to European Prehistory.* London.
G・チャイルド、禰津正志訳『アジヤの古代文明』伊藤書店、1944
———. 1936. *Man Makes Himself*. London.
G・チャイルド、ねずまさし訳『文明の起源』上下、岩波書店、1957（岩波新書）
———. 1942. *What Happened in History*. Harmondsworth.
G・チャイルド、今来陸郎、武藤潔訳『歴史のあけぼの』岩波書店、1981
Coleman, James Smoot, 1958. *Nigeria: Background to Nationalism*. Berkeley.
Collingwood, R. G. [1946] 1993. *The Idea of History*. Ed. Jan van der Duesen, revised ed. Oxford.
R・G・コリングウッド、小松茂夫、三浦修共訳『歴史の観念』紀伊國屋書店、2002
Conrad, Alfred H., and John R. Meyer. 1958. "The Economics of Slavery in the Ante Bellum South." *Journal of Political Economy* 66, 95–130.
Curtin, Philip D. 1955. *Two Jamaicas: The Role of Ideas in a Tropical Colony 1830–1865*. Cambridge, Mass.
———. 1964. *African History*. New York.
———. 1964. *The Image of Africa: British Ideas and Action, 1780–1850*. Madison.
Dawson, Christopher. 1956. *The Dynamics of World History*. Ed. John J. Mulloy. New York.
Delbrück, Hans. 1931. *Weltgeschichte*. 5 vols. Berlin.
Dobb, Maurice. 1946. *Studies in the Development of Capitalism*. Oxford.
M. ドッブ、京大近代史研究會訳『資本主義発展の研究』1–2、岩波書店、1954–1955
Du Bois, W. E. B. [1915] 2002. *The Negro*. Amherst, N.Y.
W・E・バーガート・デュボア、井上英三訳『黒人論』博文館、1944
Elias, Norbert. [1939] 1978–1982. *The Civilizing Process*. 2 vols. Trans. Edmund Jephcott. New York.
ノルベルト・エリアス、赤井慧爾、中村元保、吉田正勝訳『文明化の過程　上　ヨーロッパ上流階層の風俗の変遷』法政大学出版局、2010
ノルベルト・エリアス、波田節夫［ほか］訳『文明化の過程　下　社会の変遷 / 文明化の理論のための見取図』法政大学出版局、2010
Elkins, Stanley M. 1959. *Slavery: A Problem in American Institutional and Intellectual Life*. Chicago.
Emerson, Rupert. 1960. *From Empire to Nation: The Rise of Self-Assertion of Asian and African Peoples*. Cambridge, Mass.
Fairbank, John K. 1953. *Trade and Diplomacy on the China Coast: The Opening of the Treaty Ports, 1842–1854*. Cambridge, Mass.
Fanon, Frantz. [1961] 1968. *The Wretched of the Earth*. Trans. Constance Farrington. New York.
フランツ・ファノン、鈴木直彦、浦野衣子共訳『地に呪われたる者』【新装版】みすず書房、2015
Fogel, Robert William. 1964. *Railroads and American Economic Growth: Essays in Econometric History*. Baltimore.

Freud, Sigmund. [1930] 1961. *Civilization and Its Discontents*. Trans. and ed. James Strachey. New York.

Freyre, Gilberto. [1933] 1946. *The Masters and the Slaves: A Study in the Development of Brazilian Civilization*. Trans. Samuel Putnam. New York.

ジルベルト・フレイレ、鈴木茂訳『大邸宅と奴隷小屋：ブラジルにおける家父長制家族の形成』日本経済評論社、2005

Gerth, H. H., and C. Wright Mills, ed. and trans. 1946. *From Max Weber: Essays in Sociology*. New York.

H・ガース、W・ミルズ共著、山口和男、犬伏宣宏共訳『マックス・ウェーバー：その人と業績』ミネルヴァ書房 1965

Gramsci, Antonio. [1975] 1996. *Prison Notebooks*. 2 vols. Trans. and ed. Joseph A. Buttigieg. New York.

Antonio Gramsci、V・ジェルラターナ編、獄中ノート翻訳委員会訳『グラムシ獄中ノート』大月書店、1981*

Halpern, Manfred. 1963. *The Politics of Social Change in the Middle East and North Africa*. Princeton.

Hancock, W. Keith. 1937–1942. *Survey of British Commonwealth Affairs*. 2 vols. London.

Hartwell, R. M. et al. 1972. *The Long Debate on Poverty: Eight Essays on Industrialization and "the Condition of England."* Old Woking, U.K.

Hitti, Philip K. 1937. *History of the Arabs*. London.

P=K=ヒッティ、岩永博訳『アラブの歴史』上下、講談社、1983–1985（講談社学術文庫）

Hobsbawm, Eric J. 1962. *The Age of Revolution: Europe*, 1789–1848. New York.

E・J・ホブズボーム、安川悦子、水田洋訳『市民革命と産業革命：二重革命の時代』岩波書店、1968

Hobson, J. A. 1902. *Imperialism: A Study*. London.

ジェー・エー・ホブソン、矢内原忠雄訳『帝国主義論』上下、岩波書店、1951–1952

Jahn, Janheinz. [1958] 1961. *Muntu, The New African Culture*. Trans. Marjorie Grene. New York.

Jaspers, Karl. [1947] 1953. *The Origin and Goal of History*. Trans. Michael Bullock. New Haven.

カール・ヤスパース、重田英世訳『歴史の起源と目標』理想社、1964（ヤスパース選集 9）

Johnston, H. H. 1900. *The Discovery and Colonization of Africa by Alien Races*. Cambridge.

Johnston, H. H. 1910. *The Negro in the New World*. London.

Kedourie, Elie. 1960. *Nationalism*. Oxford.

E・ケドゥーリー、小林正之、栄田卓弘、奥村大作訳『ナショナリズム』学文社、2000

Kliuchevskii, Vasilii. [1904–1922] 1911–1931. *A History of Russia*. 5 vols. Trans. C. J. Hogarth. London.

ヴェ・オ・クリュチュフスキー、八重樫喬任訳『ロシア史講話』1–5、恒文社、1979–1983

Knowles, Lilian C. A. 1924. *The Economic Development of the British Overseas Empire*. London.

L・C・A・ノールス、岡倉古志郎、前橋正二訳『英国植民地経済史』有明書房、1997

Kohn, Hans. 1944. *The Idea of Nationalism: A Study in its Origins and Background*. New York.

———. 1962. *The Age of Nationalism: The First Era of Global History*. New York.

ハンス・コーン、佐々木俊郎、浦野起央訳『ナショナリズムの世紀』外交時報社、1968

Kroeber, A. L. 1963. *An Anthropologist Looks at History*. Berkeley.

A・L.・クローバー、松園万亀雄訳『文明の歴史像：人類学者の視点』社会思想社、1971

Kroeber, A. L., and Clyde Kluckhohn. 1952. *Culture: A Critical Review of Concepts and Definitions*. New York.
Kuczynski, Robert Rene. 1948–1949. *The Population of the British Colonial Empire*. 2 vols. London.
Kuhn, Thomas. 1962. *The Structure of Scientific Revolution*. Chicago.
トーマス・クーン、中山茂訳『科学革命の構造』みすず書房、1971
Kuznets, Simon. 1941. *National Income and Its Composition, 1919–1938*. Vol. 1. New York.
Lamprecht, Karl. [1904] 1905. *What is History? Five Lectures on the Modern Science of History*. Trans. E. A. Andrews. New York.
ラムプレヒト、宮島肇訳『近代歴史学』培風館、1952
Langer, William L., ed. 1940. *An Encyclopedia of World History, Ancient, Medieval, and Modern, Chronologically Arranged*. Boston.
Lattimore, Owen. 1940. *Inner Asian Frontier of China*. Boston.
Lenin, V. I. [1917] 1967. *Imperialism, the Highest Stage of Capitalism: A Popular Outline*. Trans. Yuri Sbodnikov, ed. George Hanna. V. I. Lenin, *Selected Works*. Vol. 1 (New York), 673–777.
ヴェ・イ・レーニン、副島種典訳『新訳　帝国主義論』大月書店、1972
Link, Arthur S. 1947. *Wilson*. 5 vols. Princeton.
McNeill, William H. 1963. *The Rise of the West: A History of the Human Community*. Chicago.
Mitchell, B. R., ed. 1962. *Abstract of British Historical Statistics*. Cambridge.
B・R・ミッチェル編、中村壽男訳『イギリス歴史統計』原書房、1995
Morgenthau, Ruth Schachter. 1964. *Political Parties in French-Speaking West Africa*. Oxford.
Mumford, Lewis. 1934. *Technics and Civilization*. New York.
ルイス・マンフォード、生田勉訳『技術と文明』美術出版社、1972［新版（ハービンガー版）］
———. 1938. *The Culture of Cities*. New York.
L・マンフォード、生田勉訳『都市の文化』鹿島研究所出版会、1974
———. 1944. *The Condition of Man*. New York.
ルイス・マンフォード、生田勉訳『人間の条件』上下、鎌倉書房、1971
———. 1961. *The City in History*. New York.
マンフォード、生田勉訳『歴史の都市明日の都市』新潮社、1969
Murdock, George Peter. 1959. *Africa: Its Peoples and Their Culture History*. New York.
Nehru, Jawaharlal. 1934. *Glimpses of World History*. London.
ジャワーハールラル・ネルー、大山聰譯『父が子に語る世界歴史』1–8、みすず書房、2002–2003
Nettleford, Rex M. 1963. *Inward Stretch, Outward Reach*. London.
Niane, D. T. [1960] 1965. *Sundiata, An Epic of Old Mali*. Trans. G. D. Pickett. London.
Ortega y Gasset, José. [1949] 1973. *An Interpretation of Universal History*. Trans. Mildred Adams. New York.
オルテガ、小林一宏訳『世界史の一解釈』白水社、1998（新装復刊 オルテガ著作集 7）
Palmer, Robert R. 1950. *A History of the Modern World*. New York.
Park, Robert Ezra. 1950. *Race and Culture*. New York.
Parsons, Talcott. 1937. *The Structure of Social Action: A Study in Social Theory with Special Reference to a Group of Recent European Writers*. New York.

タルコット・パーソンズ、稲上毅、厚東洋輔共訳『社会的行為の構造』1–5、木鐸社、1974–1989

Parsons, Talcott, and Neil Smelser. 1956. *Economy and Society: A Study in the Integration of Economic and Social Theory*. Glencoe, Ill.

T・パーソンズ、N・J・スメルサー、富永健一訳『経済と社会』1–2、岩波書店、1958–1959

Pipes, Richard. 1954. *The Formation of the Soviet Union: Communism and Nationalism, 1917–1923*. Cambridge, Mass.

Pirenne, Jacques. 1948. *Les Grands Courants de l'Histoire*. Brussels.

———. 1962. *The Tides of History*. 2 vols. Trans. Lovett Edwards. New York.

Polanyi, Karl. 1944. *The Great Transformation: The Political and Economic Origins of Our Time*. New York.

カール・ポラニー、吉沢英成［ほか］訳『大転換：市場社会の形成と崩壊』東洋経済新報社、1975

Polanyi, Karl, Conrad Arensberg, and Harry W. Pearson. 1957. *Trade and Market in the Early Empires*. New York.

カール・ポランニー、玉野井芳郎、平野健一郎編訳『経済の文明史：ポランニー経済学のエッセンス』日本経済新聞社、1975*

Reed, John. [1919] 1967. *Ten Days that Shook the World*. New York.

ジョン・リード、原光雄訳『世界をゆるがした十日間』改版、上下、岩波書店、2011（岩波文庫）

Robinson, James Harvey. 1912. *The New History*. New York.

Rostow, W. W. 1960. *The Stages of Economic Growth: A Non-Communist Manifesto*. Cambridge.

W・W・ロストウ、木村健康［ほか］訳『経済成長の諸段階：一つの非共産主義宣言』ダイヤモンド社、1974

Rudé, George. 1964. *The Crowd in History: A Study of Popular Disturbances in France and England, 1730–1848*. New York.

ジョージ＝リューデ、古賀秀男、志垣嘉夫、西嶋幸右訳『歴史における群衆：英仏民衆運動史 1730 ～ 1848』法律文化社、1982

Seligman, C. G. 1930. *The Races of Africa*. New York.

Skinner, G. William. 1964–1965. *Marketing and Social Structure in Rural China*. Tucson.

G・W・スキナー、今井清一［ほか］訳『中国農村の市場・社会構造』法律文化社、1979

Smith, Huston. 1958. *The Religions of Man*. New York.

Sorokin, Pitirim. 1937. *Social and Cultural Dynamics*. 4 vols. New York.

Spengler, Oswald. [1918–1922] 1926–1928. *The Decline of the West*. 2 vols. Trans. Charles Francis Atkinson. London.

O・シュペングラー、村松正俊訳『西洋の没落』1–2、五月書房、2001

———. 1932. *The Decline of the West*. Abridged by Helmut Werner, English abridged edition prepared by Arthur Helps. Oxford.

Tannenbaum, Frank. 1946. *Slave and Citizen: The Negro in the Americas*. New York.

フランク・タネンバウム、小山起功訳『アメリカ圏の黒人奴隷：比較文化史的試み』彩光社、1980

Tarbell, Ida M., 1925. *The History of the Standard Oil Company*. New York.

Tawney, R. H. [1926] 1962. *Religion and the Rise of Capitalism*. Gloucester, Mass.

トーニー、出口勇蔵、越智武臣訳『宗教と資本主義の興隆：歴史的研究』上下、岩波書店、1956–1959

Teggart, Frederick J. 1939. *Rome and China: A Study of Correlations in Historical Events*. Berkeley.

テッガアト、山崎昇訳、岩村忍校閲『ロオマと支那』山一書房、1944

Teng, Ssu-yu, and John K. Fairbank. 1954. *China's Response to the West: A Documentary Survey, 1839–1923*. Cambridge, Mass.

Thompson, E. P. 1964. *The Making of the English Working Class*. Harmondsworth.

エドワード・P・トムスン、市橋秀夫、芳賀健一訳『イングランド労働者階級の形成』青弓社、2003

Thomas, Brinley. 1954. *Migration and Economic Growth*. Cambridge.

Tilly, Charles. 1964. *The Vendée*. Cambridge, Mass.

Toynbee, Arnold J. 1933–1961. *A Study of History*. 12 vols. Oxford.

A・J・トインビー、「歴史の研究」刊行会訳『歴史の研究』1–25、経済往来社、1969–1972

———. 1946. *A Study of History: Abridgement of Volumes I–VI*, by D. C. Somervell. Oxford.

———. 1957. *A Study of History: Abridgement of Volumes VII–IX,* by D. C. Somervell. Oxford.

———. 1948. *Civilization on Trial*. New York.

A・トインビー、深瀬基寛訳『試練に立つ文明』社会思想社、1975

UNESCO. 1953. *Interrelations of Cultures: Their Contribution to International Understanding*. Paris.

———. 1963. *History of Mankind: Cultural and Scientific Developments. Vol. 1: Prehistory and the Beginnings of Civilization*, by Jacquetta Hawkes and Sir Leonard Woolley. New York.

Van Dalen, Deobold B., Elmer D. Mitchell, and Bruce L. Bennett. 1953. *A World History of Physical Education*. New York

D・B・ヴァンダーレン、E・D・ミッチェル、B・L・ベネット、加藤橘夫訳『体育の世界史：文化的・哲学的・比較研究的』ベースボール・マガジン社、1958

Van Loon, Hendrik Willem. 1921. *The Story of Mankind*. New York.

ヴァン・ローン、日高六郎、日高八郎訳『人間の歴史の物語』改訳、岩波書店、1974–1975（岩波少年文庫）

Vansina, Jan. [1961] 1965. *Oral Tradition: A Study in Historical Methodology*. Trans. H. M. Wright. Chicago.

Von Neumann, John. 1951. "The General and Logical Theory of Automata." L. A. Jeffries, ed., *Cerebral Mechanisms in Behavior* (New York), 1–31.

Wallerstein, Immanuel. 1961. *Africa, the Politics of Independence: An Interpretation of Modern African History*. New York.

Webb, Walter Prescott. 1952. *The Great Frontier*. Boston.

ウォルター・プレスコット・ウェッブ、西沢竜生訳『グレイト・フロンティア：近代史の底流』東海大学出版会、1968

Weber, Max. [1904] 1958. *The Protestant Ethic and the Spirit of Capitalism*. Trans. Talcott Parsons. New York.

マックス・ヴェーバー、大塚久雄訳『プロテスタンティズムの倫理と資本主義の精神』改訳、岩波書店、1989（岩波文庫）

———. [1916] 1968. *The Religion of China. Confucianism and Taoism*. Trans. Hans H. Gerth. New

York.
M・ウェーバー、木全徳雄訳『儒教と道教』創文社、1971
———. [1916–1917] 1958. *The Religion of India. The Sociology of Hinduism and Buddhism*. Trans. Hans H. Gerth and Don Martindale. Glencoe, IL.
マックス・ヴェーバー、古在由重訳『ヒンドゥー教と仏教：宗教社会学論集 II』大月書店、2009
———. [1917–1919] 1952. *Ancient Judaism*. Trans. Hand H. Gerth and Don Martindale. Glencoe. IL.
マックス・ウェーバー、内田芳明訳『古代ユダヤ教』みすず書房、1985
———. 1956. *Wirtschaft und Gesellschaft, Grundriss der verstehenden Soziologie*, 4th ed. Ed. Johan Winckelmann. Tübingen.
———. [1956] 1968. *Economy and Society: An Outline of Interpretive Sociology*. 3 vols. Ed. Guenther Ross and Claus Wittich, trans. E. Fischoff et al. New York.
マックス・ウェーバー『経済と社会』〔以下、部分訳〕*
安藤英治、池宮英才、角倉一朗訳解『音楽社会学』創文社、1967
世良晃志郎訳『支配の社会学』1–2、創文社、1960–1962
世良晃志郎訳『都市の類型学』創文社、1964
世良晃志郎訳『支配の諸類型』創文社、1970
世良晃志郎訳『法社会学』創文社、1974
武藤一雄、薗田宗人、薗田坦訳『宗教社会学』創文社、1976
Wegener, Alfred. 1915. *Die Entstehung der Kontinente und Ozeane*. Braunschweig.
アルフレッド・ウエゲナー、竹内均訳・解説『大陸と海洋の起源』講談社、1990（講談社学術文庫）
Wells, H. G. 1920. *The Outline of History, Being a Plain History of Life and Mankind*. London.
H・G・ウェルズ、北川三郎訳『世界文化史大系』1–7、世界文化史刊行会、清文堂、1951
Williams, Eric. [1944] 1994. *Capitalism and Slavery*. Chapel Hill.
E・ウィリアムズ、中山毅訳『資本主義と奴隷制：ニグロ史とイギリス経済史』理論社、1968

C. 1965 年から 1989 年の間に公刊された作品

Abu-Lughod, Janet 1989. *Before European Hegemony: The World System A.D. 1250–1350*. New York.
J・L・アブー＝ルゴド、佐藤次高［ほか］訳『ヨーロッパ覇権以前：もうひとつの世界システム』岩波書店、2014
Adas, Michael. 1974. *The Burma Delta: Economic Development and Social Change on an Asian Rice Frontier, 1852–1941*. Madison.
Adas, Michael. 1979. *Prophets of Rebellion: Millenarian Protest Movements against the European Colonial Order*. Chapel Hill.
———. 1989. *Machines as the Measure of Men: Science, Technology, and Ideologies of Western Dominance*. Ithaca.
Allardyce, Gilbert. 1982. “The Rise and Fall of the Western Civilization Course.” *American Historical Review* 87, 695–725.

Amin Samir. [1970] 1974. *Accumulation on a World Scale: A Critique of the Theory of Underdevelopment*. Trans. Brian Pearce. New York.

サミール・アミン、野口祐［ほか］訳『世界規模における資本蓄積』1-3、柘植書房、1979-1891

———. [1973] 1976. *Unequal Development: An Essay on the Social Formations of Peripheral Capitalism*. Trans. Brian Pearce. New York.

サミール・アミン、西川潤訳『不均等発展：周辺資本主義の社会構成体に関する試論』東洋経済新報社、1983

———. [1988] 1989. *Eurocentrism*. Trans. Russell Moore. New York.

Anderson, Benedict R. O'G. 1983. *Imagined Communities: Reflections on the Origin and Spread of Nationalism*. London.

ベネディクト・アンダーソン、白石さや、白石隆訳『定本想像の共同体：ナショナリズムの起源と流行』書籍工房早山、2007

Anderson, Michael. 1980. *Approaches to the History of the Western Family, 1500–1914*. London.

M・アンダーソン、北本正章訳『家族の構造・機能・感情：家族史研究の新展開』海鳴社、1988

Anderson, Perry. 1974. *Passages from Antiquity to Feudalism*. London.

ペリ・アンダーソン、青山吉信［ほか］訳『古代から封建へ』刀水書房、1984

———. 1974. *Lineages of the Absolutist State*. London.

Anstey, Roger. 1975. *The Atlantic Slave Trade and British Abolition, 1760–1810*. Atlantic Highlands, N.J.

Apter, David E. 1965. *The Politics of Modernization*. Chicago.

D・E・アプター、内山秀夫訳『近代化の政治学』未来社、1982

Asiwaju, A. I. 1976. *Western Yorubaland Under European Rule, 1889–1945*. London.

Ayandele, E. A. 1966. *The Missionary Impact on Modern Nigeria, 1842–1914*. London.

Bairoch, Paul. 1971. *Le Tiers-monde dans l'impasse*. Paris.

Baldick, Julian. 1989. *Mystical Islam: An Introduction to Sufism*. New York.

Baran, Paul, and Paul Sweezy. 1966. *Monopoly Capital: An Essay on the American Economic and Social Order*. New York.

ポール・バラン、ポール・スウィージー、小原敬士訳『独占資本：アメリカの経済・社会秩序にかんする試論』岩波書店、1967

Barfield, Thomas J. 1989. *The Perilous Frontier: Nomadic Empires and China, 221 B.C. to A.D. 1757*. Cambridge, Mass.

Barth, Fredrik, ed. 1969. *Ethnic Groups and Boundaries: The Social Organization of Culture Difference*. Oslo.

Bayly, Christopher A. 1988. *Indian Society and the Making of the British Empire*. Cambridge.

———. 1989. *Imperial Meridian: The British Empire and the World, 1780–1830*. London.

Beckles, Hilary McD. 1989. *Natural Rebels: A Social History of Enslaved Black Women in Barbados*. London.

Beckwith, Christopher I. 1987. *The Tibetan Empire in Central Asia: A History of the Struggle for Great Power among Tibetans, Turks, Arabs and Chinese during the Early Middle Ages*. Princeton.

Ben-Amos, Paula. 1977. "Pidgin Languages and Tourist Arts." *Studies in the Anthropology of Visual*

Communication 4, 128–39.

Bentley, Jerry H. 1985–1986. “Graduate Education and Research in World History.” *World History Bulletin* 3 (Fall/Winter), 3–7; reprinted in Dunn, *New World History*, 526–33.

Berlin, Isaiah. 1976. *Vico and Herder: Two Studies in the History of Ideas*. London.

アイザィア・バーリン、小池銈訳『ヴィーコとヘルダー：理念の歴史：二つの試論』みすず書房、1981

Bernal, Martin. 1987–1991. *Black Athena: The Afroasiatic Roots of Classical Civilization*, 2 vols. New Brunswick, N.J.

マーティン・バナール、金井和子訳『黒いアテナ：古典文明のアフロ・アジア的ルーツ（考古学と文書にみる証拠)』上下、藤原書店、2004–2005

Blassingame, John. 1972. *The Slave Community*. New York.

Bodnar, John. 1985. *The Transplanted: A History of Immigrants in Urban America*. Bloomington.

Bongaarts, John, Thomas K. Burch, and Kenneth W. Wachter. 1987. *Family Demography: Methods and Their Application*. Oxford.

Boserup, Ester. 1965. *The Conditions of Agricultural Growth*. Chicago.

エスター・ボズラップ、安澤秀一、安澤みね共訳『人口圧と農業：農業成長の諸条件』ミネルヴァ書房、1991

———. 1970. *Woman's Role in Economic Development*. New York.

———. 1981. *Population and Technological Change: A Study of Long-term Trends*. Chicago.

エスター・ボーズラップ、尾崎忠二郎、鈴木敏央訳『人口と技術移転』大明堂、1991

Boxer, Charles R. 1965. *The Dutch Seaborne Empire*. London.

———. 1969. *The Portuguese Seaborne Empire*. London.

Braudel, Fernand. [1967] 1973. *Capitalism and Material Life*. Trans. Miriam Kochan. New York.

———. [1979] 1981. *Civilization and Capitalism, 15th–18th Century*. 3 vols. Trans. Sian Reynolds. New York.

フェルナン・ブローデル、村上光彦、山本淳一訳『物質文明・経済・資本主義 15–18 世紀』1–6、みすず書房、1985–1999

Breisach, Ernst. 1983. *Historiography: Ancient, Medieval, and Modern*. Chicago.

Brenner, Robert. 1976. “Agrarian Class Structure and Economic Development in Pre-Industrial Europe.” *Past and Present* 70, 30–74.

Bridenthal, Renate, and Claudia Koonz, eds. 1977. *Becoming Visible: Women in European History*. Boston.

Buisseret, David, and Steven G. Reinhardt, eds. 2000. *Creolization in the Americas*. College Station, TX.

Burgière, André, Christine Klapisch-Zuber, Martine Segalen, and Françoise Zonabend, eds. [1986] 1996. *A History of the Family*. 2 vols. Trans. Sarah Hanbury Tenison, Rosemary Morris, and Andrew Wilson. Cambridge, Mass.

Burke III, Edmund, ed. 1988. *Global Crises and Social Movements: Artisans, Peasants, Populists, and the World Economy*. Boulder.

Burke, Peter. 1980. *Sociology and History*. London.

ピーター・バーク、森岡敬一郎訳『社会学と歴史学』慶應通信、1986

———. 1985. *Vico*. New York.

ピーター・バーク、岩倉具忠、岩倉翔子訳『ヴィーコ入門』名古屋大学出版会、1992
Butterfield, Herbert. 1981. *The Origins of History*. New York.
Cameron, Rondo. 1989. *A Concise Economic History of the World from Paleolithic Times to the Present*. New York.
ロンド・キャメロン、ラリー・ニール、酒田利夫［ほか］訳『概説世界経済史』1–2、東洋経済新報社、2013
Campbell, Mary B. 1988. *The Witness and the Other World: Exotic European Travel Writing, 400–1600*. Ithaca.
Carr, Lois Green. 1987. *County Government in Maryland, 1689–1709*. New York.
Cell, John. 1982. *The Highest Stage of White Supremacy: The Oreigins of Segregation in South Africa and the American South*. New York.
Chandler, Tertius. 1987. *Four Thousand Years of Urban Growth*. Lewiston, N.Y.
Coale, Ansley J., and Susan Cotts Watkins, eds. 1986. *The Decline of Fertility in Europe*. Princeton.
Cohen, David, and Jack P. Greene, eds. 1972. *Neither Slave nor Free: The Freedmen of African Descent in the Slave Societies of the New World*. Baltimore.
Comaroff, Jean. 1985. *Body of Power, Spirit of Resistance: The Culture and History of a South African People*. Chicago.
Cook, Noble David. 1981. *Demographic Collapse: Indian Peru, 1520–1620*. Cambridge.
Cooper, Frederick. 1980. *From Slaves to Squatters: Plantation Labor and Agriculture in Zanzibar and Coastal Kenya, 1890–1925*. New Haven.
Cordell, Dennis D., and Joel Gregory, eds. 1987. *African Population and Capitalism: Historical Studies*. Boulder.
Crabtree, Charlotte, 1989. *Lessons from History*. Los Angeles.
Craton, Michael. 1978. *Searching for the Invisible Man: Slaves and Plantation Life in Jamaica*. Cambridge, Mass.
Crawford, M., and D. Marsh. 1989. *The Driving Force: Food in Evolution and the Future*. London.
Cronon, William. 1983. *Changes in the Land: Indians, Colonists, and the Ecology of New England*. New York.
ウィリアム・クロノン、佐野敏行、藤田真理子訳『変貌する大地：インディアンと植民者の環境史』勁草書房、1995
Crosby, Alfred W. 1965. *America, Russia, Hemp, and Napoleon: American Trade with Russia and the Baltic, 1783–1812*. Columbus, OH.
———. 1972. *The Columbian Exchange: Biological and Cultural Consequences of 1492*. Wesport.
———. 1976. *Epidemic and Peace*, 1918. Westport. Reissued as *America's Forgotten Pandemic: The Influenza of 1918* (Cambridge, 1989).
アルフレッド・W・クロスビー、西村秀一訳・解説『史上最悪のインフルエンザ：忘れられたパンデミック』みすず書房、2009
———. 1986. *Ecological Imperialism: The Biological Expansion of Europe, 900–1900*. Cambridge.
アルフレッド・W・クロスビー、佐々木昭夫訳『ヨーロッパ帝国主義の謎：エコロジーから見た 10 ～ 20 世紀』岩波書店、1998
Curtin, Philip D. 1968. “Epidemiology and the Slave Trade.” *Political Science Quarterly* 83 (June), 190–216.

———. 1969. *The Atlantic Slave Trade: A Census*. Madison.

———. 1974. *Precolonial African History*. Washington.

———. 1975. *Economic Change in Precolonial Africa: Senegambia in the Era of the Slave Trade*. 1 vol. and supplement. Madison.

———. 1976. "Measuring the Atlantic Slave Trade Once Again." *Journal of African History* 17, 5 95–605.

———. 1981. "Recent Trends in African Historiography and their Contribution to History in General." UNESCO, *General History of Africa*, vol. 1 (London, 1981), 54–71.

———. 1984a. "Depth, Span, and Relevance." *American Historical Review* 89, 1–9.

———. 1984b. *Cross-Cultural Trade in World History*. Cambridge.

フィリップ・カーティン、田村愛理、中堂幸政、山影進訳『異文化間交易の世界史』NTT 出版、2002

———. 1986. "World Historical Studies in a Crowded World." *Perspectives* 24 (January), 19–21.

———. 1989. *Death by Migration: Europe's Encounter with the Tropical World in the Nineteenth Century*. Cambridge.

Curtin, Philip D., ed. 1967. *Africa Remembered: Narratives by West Africans from the Era of the Slave Trade*. Madison.

Daget, Serge, ed., 1988. *De la traite à l'esclavage*. 2 vols. Nantes.

Davis, David Brion. 1975. *The Problem of Slavery in the Age of Revolution, 1770–1823*. Ithaca.

De Vries, Jan. 1976. *Economy of Europe in an Age of Crisis, 1600–1750*. Cambridge.

Degler, Carl. 1971. *Neither Black nor White: Slavery and Race Relations in Brazil and the United States*. New York.

C・N・デグラー、儀部景俊訳『ブラジルと合衆国の人種差別』亜紀書房、1986

Derrida, Jacques. [1967] 1976. *Of Grammatology*. Trans. Gayatri Chakravorty Spivak. Baltimore.

ジャック・デリダ、足立和浩訳『根源の彼方に：グラマトロジーについて』上下、現代思潮社、1972

Dollar, Charles M., and Richard J. Jensen. 1971. *Historian's Guide to Statistics: Quantitative Analysis and Historical Research*. New York.

Dunn, Ross E. 1977. *Resistance in the Desert: Moroccan Responses to French Imperialism 1881–1912*. Madison.

———. 1985. "The Challenge of Hemispheric History." *The History Teacher* 18, 329–38.

———. 1989. *The Adventures of Ibn Battuta: A Muslim Traveler of the Fourteenth Century*. Berkeley.

DuPlessis, Robert S. 1987. "The Partial Transition to World-Systems Analysis in Early Modern European History." *Radical History Review* 39, 11–27.

Eagleton, Terry. 1983. *Literary Theory: An Introduction*. Oxford.

T・イーグルトン、大橋洋一訳『文学とは何か：現代批評理論への招待』岩波書店、1997

Eltis, David. 1987. *Economic Growth and the Ending of the Transatlantic Slave Trade*. New York.

Embree, Ainslie T., ed. 1988. *Sources of Indian Tradition*. 2 vols., 2nd ed. New York.

Emerson, Rupert. 1960. *From Empire to Nation: The Rise to Self-Assertion of Asian and African Peoples*. Boston.

Evans, Peter, Dietrich Rueshemeyer, and Theda Skocpol. 1985. *Bringing the State Back in*. Cambridge.

Fabian, Johannes. 1986. *Language and Colonial Power: The Appropriation of Swahili in the Former*

Belgian Congo 1880–1938. Cambridge.
———. 1983. *Time and the Other: How Anthropology Makes its Object*. New York.
Fairbank, John K., and Edwin O. Reischauer. 1978. *China: Tradition and Transformation*. Boston.
Finley, Moses I. 1980. *Ancient Slavery and Modern Ideology*. New York.
Finney, Ben. 1979. *Hokulea: The Way to Tahiti*. New York.
Firestone, Shulamith. 1970. *The Dialectic of Sex: The Case for Feminist Revolution*. New York.
S・ファイアストーン、林弘子訳『性の弁証法：女性解放革命の場合』評論社、1981
Fishlow, Albert. 1965. *American Railroads and the Transformation of the Antebellum Economy*. Cambridge, Mass.
Flinn, M. 1966. *The Origins of the Industrial Revolution*. New York.
Floud, Roderick. 1973. *An Introduction to Quantitataive Methods for Historians*. Princeton.
Fogel, Robert W., and Stanley L. Engerman. 1974. *Time on the Cross: The Economics of American Negro Slavery*. 1 vol. and supplement. Boston.
R・W・フォーゲル、S・L・エンガマン、田口芳弘、榊原胖夫、渋谷昭彦訳『苦難のとき：アメリカ・ニグロ奴隷制の経済学』創文社、1981
Formisano, Ronald P. 1971. *The Birth of Mass Political Parties, Michigan, 1827–1861*. Princeton.
Foucault, Michel. [1954] 1976. *Mental Illness and Psychology*. Trans. Alan Sheridan. New York.
ミッシェル・フーコー、神谷美恵子訳『精神疾患と心理学』みすず書房、1970
———. [1963] 1973. *The Birth of the Clinic: An Archaeology of Medical Perception*, trans. A. M. Sheridan Smith. New York.
ミシェル・フーコー、神谷美恵子訳『臨床医学の誕生』みすず書房、2011
———. [1966] 1970. *The Order of Things: An Archaeology of the Human Sciences*. Trans. anon. London.
ミシェル・フーコー、渡辺一民、佐々木明訳『言葉と物：人文科学の考古学』新潮社、1974
———. [1976–1984] 1978–1986. *History of Sexuality*. 3 vols. Trans. R. Hurley. Harmondsworth.
ミシェル・フーコー、渡辺守章、田村俶訳『性の歴史』1–3、新潮社、1986–1987
Fox-Genovese, Elizabeth, and Eugene D. Genovese. 1983. *Fruits of Merchant Capital: Slavery and Bourgeois Property in the Rise and Expansion of Capitalism*. New York.
Frank, Andre Gunder. 1966. "The Development of Underdevelopment." *Monthly Review* 18, 17–31.
———. 1967. *Capitalism and Underdevelopment in Latin America*. New York.
———. 1969. *Latin America: Underdevelopment or Revolution*. New York.
———. 1978. *World Accumulation 1492–1789*. London.
———. 1980. *Crisis: In the World Economy*. New York.
Fredrickson, George. 1981. *White Supremacy: A Comparative Study in American and South African History*. New York.
Gans, Herbert J. 1974. *Popular Culture and High Culture: An Analysis and Evaluation of Taste*. New York.
Garraty, John A., and Peter Gay, eds. 1972. *The Columbia History of the World*. New York.
Gaur, Albertine. 1985. *A History of Writing*. New York.
アルベルティーン・ガウアー、矢島文夫、大城光正訳『文字の歴史：起源から現代まで』原書房、1987
Geertz, Clifford. 1973. *The Interpretation of Cultures: Selected Essays*. New York.

C・ギアーツ、吉田禎吾［ほか］訳『文化の解釈学』1–2、岩波書店、1987
Geiss, Imanuel. [1968] 1974. *The Pan-African Movement: A History of Pan-Africanism in America, Europe, and Africa*. Trans. Ann Keep. New York.
Gellner, Ernest. 1983. *Nations and Nationalism*. Ithaca.
アーネスト・ゲルナー、加藤節監訳『民族とナショナリズム』岩波書店、2000
Genovese, Eugene D. 1976. Roll, Jordan, *Roll: The World the Slaves Made*. New York.
———. 1979. *From Rebellion to Revolution: Afro-American Slave Revolts in the Making of the Modern World*. Baton Rouge.
Geyer, Michael, and Charles Bright. 1987. "For a Unified *History of the World* in the Twentieth Century." *Radical History Review*, No. 39, 69–91.
Giddens, Anthony. 1981. *A Contemporary Critique of Historical Materialism*. Berkeley.
———. 1979. *Central Problems in Social Theory*. London
アンソニー・ギデンズ、友枝敏雄、今田高俊、森重雄訳『社会理論の最前線』ハーベスト社、1989
Gordon, David C. 1989. *Images of the West*. New York.
Gordon, Michael, ed. 1973. *The American Family in Social-Historical Perspective*. New York.
Gould, Stephen Jay. 1980. *The Panda's Thumb*. New York.
スティーヴン・ジェイ・グールド、櫻町翠軒訳『パンダの親指：進化論再考』上下、早川書房、1996（ハヤカワ文庫）
———. 1987. *Time's Arrow, Time's Cycle: Myth and Metaphor in the Discovery of Geological Time*. Cambridge.
スティーヴン・J・グールド、渡辺政隆訳『時間の矢・時間の環：地質学的時間をめぐる神話と隠喩』工作舎、1990
Gran, Peter. 1979. *Islamic Roots of Capitalism: Egypt, 1760–1840*. Austin.
Green, Harvey. 1983. *The Light of the Home: An Intimate View of the Lives of Women in Victorian America*. New York.
Greenberg, Joseph H. 1966. *The Languages of Africa*. Bloomington, Ind.
———. 1987. *Language in the Americas*. Stanford.
Guha, Rangit, and Gayatri Chakravorty Spivak, eds. 1988. *Selected Subaltern Studies*. New York.
Guthrie, Malcolm. 1969–1970. *Comparative Bantu*. Farnham, U.K.
Harris, Joseph E., ed. 1982. *Global Dimensions of the African Diaspora.* Washington, D.C.
Harvey, David. 1989. *The Condition of Postmodernity*. Oxford.
デヴィッド・ハーヴェイ、吉原直樹監訳・解説『ポストモダニティの条件』青木書店、1999
Hawking, Stephen W. 1988. *A Brief History of Time: From the Big Bang to Black Holes*. New York.
スティーヴン・W・ホーキング、林一訳『ホーキング、宇宙を語る：ビッグバンからブラックホールまで』早川書房、1989
Headrick, Daniel. 1981. *The Tools of Empire: Technology and European Imperialism in the Nineteenth Century*. New York.
D・R・ヘッドリク、原田勝正、多田博一、老川慶喜訳『帝国の手先：ヨーロッパ膨張と技術』日本経済評論社、1989
———. 1988. *The Tentacles of Progress: Technology Transfer in the Age of Imperialism, 1850–1940.* New York.

D・R・ヘッドリク、原田勝正、多田博一、老川慶喜、濱文章訳『進歩の触手：帝国主義時代の技術移転』日本経済評論社、2005
Helms, Mary. 1988. *Ulysses' Sail: An Ethnographic Odyssey of Power, Knowledge, and Geographical Distance*. Princeton.
Henige, David P. 1982. *Oral Historiography*. London.
Herbert, Eugenia W. 1984. *Red Gold of Africa. Copper in Precolonial History and Culture*. Madison.
Hexter, J. H. 1971. *The History Primer*. New York.
Hicks, John D. 1969. *A Theory of Economic History*. Cambridge.
J・R・ヒックス、新保博、渡辺文夫訳『経済史の理論』講談社、1995（講談社学術文庫）
Hill, Robert A., ed. 1983–1996. *The Marcus Garvey and Universal Negro Improvement Association Papers*. 9 vols. Berkeley.
Hindess, Barry, and Paul Q. Hirst. 1975. *Pre-Capitalist Modes of Production*. London.
Hobsbawm, Eric J. 1969. *Industry and Empire: From 1750 to the Present Day*. Harmondsworth.
E・J・ホブズボーム、浜林正夫、神武庸四郎、和田一夫訳『産業と帝国』未來社、1996
———. 1975. *The Age of Capital, 1848–1875*. New York.
E・J・ホブズボーム、柳父圀近［ほか］共訳『資本の時代：1848–1875』1–2、みすず書房、1981
———. 1987. *The Age of Empire, 1875–1914*. New York.
E・J・ホブズボーム、野口建彦、野口照子共訳『帝国の時代：1875–1914 1』1–2、みすず書房、1993
Hobsbawm, Eric J., and Terence Ranger, eds. 1983. *The Invention of Tradition*. Cambridge.
E・ホブズボウム、T・レンジャー編、前川啓治、梶原景昭他訳『創られた伝統』紀伊國屋書店、1992
Hodgson, Marshall G. S. 1974. *The Venture of Islam: Conscience and History in a World Civilization*. 3 vols. New York.
Hogendorn, Jan, and Marion Johnson. 1986. *The Shell Money of the Slave Trade*. Cambridge.
Holm, John A. 1988–1989. *Pidgins and Creoles*. 2 vols. Cambridge.
Hopkins, A. G. 1973. *An Economic History of West Africa*. London.
Howard, Rhoda E. 1978. *Colonialism and Underdevelopment in Ghana*. New York.
Iliffe, John. 1987. *The African Poor: A History*. Cambridge.
Inikori, J. E. 1976a. "Measuring the Atlantic Slave Trade: An Assessment of Curtin and Anstey." *Journal of African History* 17, 197–233.
———. 1976b. "Measuring the Atlantic Slave Trade." *Journal of African History* 17, 607–27.
Israel, Jonathan I. 1989. *Dutch Primacy in World Trade, 1585–1740*. Oxford.
Jameson, Fredric. 1981. *The Political Unconscious: Narrative as a Socially Symbolic Act*. Ithaca.
フレドリック・ジェイムソン、大橋洋一、木村茂雄、太田耕人訳『政治的無意識：社会的象徴行為としての物語』平凡社、1989
Jewsiewicki, Bogumil. 1987. "The African Prism of Immanuel Wallerstein." *Radical History Review* 38, 50–68.
Johnson, Donald. 1987. "The American Educational Tradition: Hostile to a Humanistic World History?" *The History Teacher* 20, 519–44.
Johnson, W. McAllister, 1988. *Art History, its Use and Abuse*. Toronto.

Jones, E. L. 1981. *The European Miracle: Environments, Economies, and Geopolitics in the History of Europe and Asia*. Cambridge.

E・L・ジョーンズ、安元稔、脇村孝平訳『ヨーロッパの奇跡：環境・経済・地政の比較史』名古屋大学出版会、2000

———. 1988. *Growth Recurring. Economic Change in World History*. Oxford.

E・L・ジョーンズ、天野雅敏、重富公生、小瀬一、北原聡訳『経済成長の世界史』名古屋大学出版会、2007

Kapteijns, Lidwein. 1985. *Mahdist Faith and Sudanic Tradition: The History of the Masalit Sultanate, 1870–1930*. London.

Käsler, Dirk. [1979] 1988. *Max Weber: An Introduction to His Life and Work*. Trans. Philippa Hurd. Chicago.

ディルク・ケスラー、森岡弘通訳『マックス・ウェーバー：その思想と全体像』三一書房、1981

Kearney, Hugh. 1971. *Science and Change 1500–1700*. New York.

H・カーニイ、中山茂、高柳雄一訳『科学革命の時代：コペルニクスからニュートンへ』平凡社、1983

Keddie, Nikki. 1972. *Sayyid Jamal ad-Din "al-Afghani": A Political Biography*. Berkeley.

Kennedy, Paul. 1987. *The Rise and Fall of the Great Powers: Economic Change and Military Conflict from 1500 to 2000*. New York.

ポール・ケネディ、鈴木主税訳『大国の興亡：1500 年から 2000 年までの経済の変遷と軍事闘争』上下、草思社、1993

Kiple, Kenneth F., and Virginia Himmelsteib King. 1981. *Another Dimension to the Black Diaspora: Diet, Disease, and Racism*. Cambridge.

Klein, Herbert S. 1967. *Slavery in the Americas: A Comparative Study of Virginia and Cuba*. Chicago.

Kulikoff, Allan. 1986. *Tobacco and Slaves: The Development of Southern Cultures in the Chesapeake, 1680–1800*. Chapel Hill, 1986.

Kuper, Adam. 1988. *The Invention of Primitive Society: Transformations of an Illusion*. London.

Lacan, Jacques. [1969] 1981. *Language of the Self. Trans. Anthony Wilden*. Baltimore.

Lamar, Howard, and Leonard Thompson, eds. 1981. *The Frontier in History: North America and Southern Africa Compared*. New Haven.

Lamb, H. H. 1982. *Climate, History and the Modern World*. London

Landes, David S. 1969. *The Unbound Prometheus: Technological Change and Industrial Development in Western Europe from 1750 to the Present*. Cambridge.

D・S・ランデス、石坂昭雄、冨岡庄一訳『西ヨーロッパ工業史：産業革命とその後 1750–1968』1–2、みすず書房、1980–1982

Laslett, Peter. 1966. *The World We Have Lost*. New York.

ラスレット、川北稔、指昭博、山本正訳『われら失いし世界：近代イギリス社会史』三嶺書房、1986

———. 1972. *Household and Family in Past Time*. Cambridge.

Latham, A. J. H. 1978. *The International Economy and the Undeveloped World, 1865–1914*. London.

A・J・H・レイサム、川勝平太、菊池紘一訳『アジア・アフリカと国際経済 1865–1914 年』日本評論社、1987

Le Goff, Jacques. 1974. "Les mentalites: une histoire ambiguë." J. Le Goff and P. Nora, eds., *Faire de l'histoire* (Paris), I: 76–94.
Le Goff, Jacques, and P. Nora, eds. 1974. *Faire de l'histoire*. 2 vols. Paris.
Lerner, Gerda. 1986–1993. *Women and History*. 2 vols. New York.
Levenstein, Harvey. 1988. *Revolution at the Table: The Transformation of the American Diet*. New York.
Levtzion, Nehemiah, ed., trans. J. F. P. Hopkins. 1981. *Corpus of Early Arabic Sources for West African History*. Cambridge.
Lewis, Bernard. 1965. *The Emergence of Modern Turkey*. London.
———. 1973. *Islam in History: Ideas, Men and Events in the Middle East*. New York.
———. 1982. *The Muslim Discovery of Europe*. New York.
バーナード＝ルイス、尾高晋己訳『ムスリムのヨーロッパ発見』上下、春風社、2000–2001
Liss, Peggy K. 1983. *Atlantic Empires: The Network of Trade and Revolution, 1713–1826*. Baltimore.
Louis, William Roger. 1967. *Great Britain and Germany's Lost Colonies, 1914–1919*. Oxford.
———. 1978. *Imperialism at Bay: The United States and the Decolonization of the British Empire, 1941–1945*. New York.
Lovejoy, Paul E. 1982. "The Volume of the Atlantic Slave Trade: A Synthesis." *Journal of African History* 23, 473–501.
M'Bokolo, Elikia. 1982. "Peste et société urbaine à Dakar: l'épidémie de 1914." *Cahiers d'Etudes Africaines*, No. 85–86, 13–46.
Mackenzie, John. 1986. *Propaganda and Empire: The Manipulation of British Public Opinion 1880–1960*. Manchester.
Maier, Charles S. 1988. *The Unmasterable Past: History, Holocaust, and German National Identity*. Cambridge, Mass.
Major-Poetzl, Pamela. 1983. *Michel Foucault's Archaeology of Western Culture: Toward a New Science of History*. Chapel Hill.
Mallory, J. P. 1989. *In Search of the Indo-Europeans: Language, Archaeology, and Myth*. London.
Mann, Michael. 1986. *The Origins of Social Power*. 2 vols. Cambridge.
マイケル・マン、森本醇、君塚直隆訳『ソーシャルパワー：社会的な〈力〉の世界歴史』1–2 上下、NTT 出版、2002–2005
Manning, Patrick. 1982. *Slavery, Colonialism and Economic Growth in Dahomey, 1640–1960*. Cambridge.
———. 1988. *Francophone Sub-Saharan Africa 1880–1985*. Cambridge.
Maquet, Jacques. [1962] 1972. *Civilizations of Black Africa*. Trans. Joan Rayfield. New York.
Marchand, Roland. 1985. *Advertising the American Dream: Making Way for Modernity, 1920–1940*. Berkeley.
McLellan, David. 1975. *Karl Marx*. New York.
McNeill, John R. 1985. *Atlantic Empires of France and Spain: Louisbourg and Havana, 1700–1763*. Chapel Hill.
McNeill, William H. 1967; later editions 1971, 1979, 1999. *A World History*. New York.
ウィリアム・H・マクニール、増田義郎、佐々木昭夫訳『世界史』上下、中央公論新社、2008（中公文庫）

———. 1976. *Plagues and Peoples*. New York.
ウィリアム・H・マクニール、佐々木昭夫訳『疫病と世界史』中央公論新社、2007（中公文庫）
———. 1982. *The Pursuit of Power: Technology, Armed Force, and Society since A.D. 1000*. Chicago.
W・マクニール、高橋均訳『戦争の世界史：技術と軍隊と社会』中央公論新社、2014（中公文庫）
———. 1983. *The Great Frontier: Freedom and Hierarchy in Modern Times*. Princeton.
———. 1986. *Mythistory and Other Essays*. Chicago.
McNeill, William H. 1987. *History of the Human Community*. Englewood Cliffs, N.J. Previously *Ecumene: Story of Humanity*.
———. 1989. *Arnold J. Toynbee: A Life*. New York.
Menard, Russell R. 1985. *Economy and Society in Early Colonial Maryland*. New York.
Miller, Joseph C. 1988. *Way of Death: Merchant Capitalism and the Angolan Slave Trade, 1730–1830*. Madison.
Mintz, Sidney W. 1985. *Sweetness and Power: The Place of Sugar in Modern History*. New York.
シドニー・W・ミンツ、川北稔、和田光弘訳『甘さと権力：砂糖が語る近代史』平凡社、1988
Mitchell, B. R., ed. 1975. *European Historical Statistics*. New York.
ブライアン・R・ミッチェル編著、中村宏、中村牧子訳『ヨーロッパ歴史統計：1750～1993』東洋書林、2001
Mokyr, Joel, ed. 1985. *The Economics of the Industrial Revolution*. Totowa, N.J.
Moore, Barrington. 1966. *Social Origins of Dictatorship and Democracy: Lord and Peasant in the Making of the Modern World*. Boston.
バリントン・ムーア Jr、宮崎隆次［ほか］訳『独裁と民主政治の社会的起源：近代世界形成過程における領主と農民』1–2、岩波書店、1986–1987
Mumford, Lewis. 1978. *The Transformations of Man*. Gloucester, Mass.
L・マンフォード、久野収訳『人間：過去・現在・未来』上下、岩波書店、1978–1984
Munz, Peter 1983. “The Idea of ‘New Science’ in Vico and Marx.” G. Tagliacozzo, ed., *Vico and Marx* (Atlantic Highlands, N.J., 1983), 1–19.
Murphy, Marjorie. 1984. “Telling Stories, Telling Tales: Literary theory, Ideology, and Narrative History.” *Radical History Review*, No. 31, 33–38.
National Council for History Education. 1988. *Building a World History Curriculum: Guides for Implementing the History Curriculum Recommended by the Bradley Commission on History in the Schools*.
Ngoh, Victor Julius. 1989. *The World Since 1919: A Short History*. Yaounde.
Nisbet, Robert. 1980. *History of the Idea of Progress*. New York.
North, Douglass C. 1966. *Growth and Welfare in the American Past: A New Economic History*. Englewood Cliffs, N.J.
———. 1981. *Structure and Change in Economic History*. New York.
ダグラス・C・ノース、大野一訳『経済史の構造と変化』日経 BP 社、2013
North, Douglass C., and Robert Paul Thomas. 1973. *The Rise of the Western World: A New Economic History*. Cambridge.

D・C・ノース、R・P・トマス、速水融、穐本洋哉訳『西欧世界の勃興：新しい経済史の試み』ミネルヴァ書房、1994
Novick, Peter. 1988. *That Noble Dream: The "Objectivity Question" and the American Historical Profession.* New York.
Nurse, Derek, and Thomas Spear. 1985. *The Swahili: Reconstructing the History and Language of an African Society, 800–1500*. Philadelphia.
Parker, William N. 1984–1991. *Europe, America, and the Wider World: Essays on the Economic History of Western Capitalism*. 2 vols. Cambridge.
Patterson, Orlando. 1982. *Slavery and Social Death: A Comparative Study*. Cambridge, Mass.
オルランド・パターソン、奥田暁子訳『世界の奴隷制の歴史』明石書店、2001
Perdue, Peter. 1987. *Exhausting the Earth: State and Peasant in Hunan, 1500–1850*. Cambridge, Mass.
Peterson, William. 1979. *Malthus*. Cambridge, Mass.
Phillips, J. R. S. 1988. *The Medieval Expansion of Europe*. Oxford.
Polanyi, Karl. 1966. *Dahomey and the Slave Trade, an Analysis of an Archaic Economy*. Ed. Abraham Rotstein. Seattle.
カール・ポランニー、栗本慎一郎、端信行訳『経済と文明：ダホメの経済人類学的分析』サイマル出版会、1981
Pope-Hennessy, James. 1968. *Sins of the Fathers: A Study of the Atlantic Slave Traders, 1441–1807.* New York.
Preston, William, Edward S. Herman, and Herbert I. Schiller. 1989. *Hope and Folly, the United States and UNESCO 1945–1985*. Minneapolis.
Pryor, Frederic. 1977. *The Origins of the Economy: A Comparative Study of Distribution in Primitive and Peasant Economies*. New York.
Quale, G. Robina. 1988. *A History of Marriage Systems*. Westport, Conn.
Ransom, Roger L., and Richard Sutch. 1977. *One Kind of Freedom: The Economic Consequences of Emancipation*. New York.
Raychaudhuri, Tapan. 1988. *Europe Reconsidered: Perceptions of the West in Nineteenth-Century Bengal*. New York.
Reid, Anthony. 1988–1993. *Southeast Asia in the Age of Commerce, 1450–1680*. 2 vols. New Haven.
アンソニー・リード、平野秀秋、田中優子訳『大航海時代の東南アジア：1450–1680 年』1–2、法政大学出版局、2002
Reilly, Kevin. 1980. *The West and the World: A Topical History of Civilization*. New York.
Reilly, Kevin, ed. 1985. *World History: Selected Reading Lists and Course Outlines from American Colleges and Universities*. New York.
———. 1988. *Readings in World Civilizations*. 2 vols. New York.
Edwin Reischauer, 1970. *Japan: The Story of a Nation*. New York.
エドウィン・O・ライシャワー、國弘正雄訳『ライシャワーの日本史』講談社、2001（講談社学術文庫）
Renfrew, Colin. 1987. *Archaeology and Language: The Puzzle of Indo-European Origins*. London.
コリン・レンフルー、橋本槙矩訳『ことばの考古学』青土社、1993
Roberts, J. M. 1976. *History of the World*. New York.
Rodney, Walter. 1972. *How Europe Underdeveloped Africa*. Kingston, Jamaica.

ウオルター・ロドネー、北沢正雄訳『世界資本主義とアフリカ：ヨーロッパはいかにアフリカを低開発化したか』大村書店、1979

Rodzinski, Witold. 1979. *A History of China*. Oxford.

Rosenberg, Nathan, and L. E. Birdzell. 1986. *How the West Grew Rich*. New York.

Roszak, Theodore. 1969. *The Making of a Counter Culture: Reflections on the Technocratic Society and its Youthful Opposition*. Garden City, N.Y.

シオドア・ローザック、稲見芳勝、風間禎三郎訳『対抗文化（カウンター・カルチャー）の思想：若者は何を創りだすか』ダイヤモンド社、1972

Rowbotham, Sheila. 1972. *Women, Resistance and Revolution: A History of Women and Revolution in the Modern World*. New York.

Rowlands, Michael, Mogens Larsen, and Kristian Kristiansen, eds. 1987. *Centre and Periphery in the Ancient World*. Cambridge.

Roxborough, Ian. 1979. *Theories of Underdevelopment*. London.

Ruete, Emily (Salme Said). 1989. *Memoirs of an Arabian Princess from Zanzibar*. New York.

Sabean, David. 1984. *Power in the Blood: Popular Culture and Village Discourse in Early Modern Germany*. Cambridge.

Sahlins, Marshall. 1981. *Historical Metaphors and Mythical Realities: Structure in the Early History of the Sandwich Islands Kingdom*. Ann Arbor.

———. 1985. *Islands of History*. Chicago.

マーシャル・サーリンズ、山本真鳥訳『歴史の島々』法政大学出版局、1993

Said, Edward. 1978. *Orientalism*. New York.

E.W. サイード、今沢紀子訳『オリエンタリズム』上下、平凡社、1993

Salaman, Redcliffe. 1985. *The History and Social Influence of the Potato*. Cambridge.

Sauer, Carl O. 1969. *Agricultural Origins and Dispersals: The Domestication of Animals and Foodstuffs*. Cambridge, Mass.

C・O・サウアー、竹内常行、斎藤晃吉訳『農業の起原』古今書院、1981

Shaffer, Lynda N. 1982. *Mao and the Workers: The Hunan Labor Movement, 1920–1923*. New York.

Shaw, Stanford. 1976. *History of the Ottoman Empire and Modern Turkey*. 2 vols. Cambridge.

Shorter, Edward. 1971. *The Historian and the Computer*. Englewood Cliffs, N.J.

Sigal, Phillip. 1988. *Judaism, the Evolution of a Faith*. Grand Rapids.

Skocpol, Theda. 1979. *States and Social Revolutions*. New York.

Smith, Joan, Immanuel Wallerstein, and Hans-Dieter Evers, eds. 1984. *Households and the World-Economy*. Beverly Hills.

Spüler, Bertold. [1969] 1972. *History of the Mongols, based on Eastern and Western Accounts of the Thirteenth and Fourteenth Centuries*. Trans. Helga and Stuart Drummond. Berkeley.

Stavrianos, Leften. 1971. *Man's Past and Present: A Global History*. Englewood Cliffs, N.J.

———. 1981. *Global Rift: The Third World Comes of Age*. New York.

———. 1989. *Lifelines from our Past: A New World History*. New York.

L・S・スタヴリアーノス、斎藤元一訳『新・世界の歴史：環境・男女関係・社会・戦争からみた世界史』桐原書店、1991

Stone, Lawrence. 1979. "The Revival of Narrative: Reflections on a New Old History." *Past and Present*, No. 85, 3–24.

Sweezy, Paul M. 1972. *Modern Capitalism and Other Essays*. New York.
P・スウィージー、畠山次郎訳『現代資本主義』岩波書店、1974
Sweezy, Paul et al., introduced by Rodney Hilton. 1976. *The Transition from Feudalism to Capitalism.* London.
ポール・スウィージー［ほか］、大阪経済法科大学経済研究所訳『封建制から資本主義への移行』柘植書房、1982
Tagliacozzo, Giorgio, and Hayden V. White, eds. 1969. *Giambattista Vico: An International Symposium.* Baltimore.
Taylor, John G. 1979. *From Modernization to Modes of Production: A Critique of the Sociologies of Development and Underdevelopment*. London.
Terkel, Studs. 1986. *Hard Times: An Oral History of the Great Depression*. New York.
スタッズ・ターケル、小林等［ほか］訳『大恐慌！』作品社、2010
Thernstrom, Stephan. 1969. *Poverty and Progress: Social Mobility in a Nineteenth Century City*. New York.
———. 1973. *The Other Bostonians: Poverty and Progress in the American Metropolis, 1870–1970.* Cambridge, Mass.
Thomas, Hugh. 1979. *A History of the World.* London.
Thompson, E. P. 1978. *Poverty of Theory and Other Essays*. New York.
Thompson, Robert Farris. 1983. *Flash of the Spirit: African and Afro-American Art and Philosophy.* New York.
Tilly, Charles. 1984. *Big Structures, Large Processes, Huge Comparisons*. New York.
Tilly, Louise, and Joan Scott. 1978. *Women, Work and Family*. New York.
Trigger, Bruce G. 1980. *Gordon Childe: Revolutions in Archaeology*. New York.
Tukey, John Wilder. 1977. *Exploratory Data Analysis*. Reading, Mass.
UNESCO. 1965. *History of Mankind: Cultural and Scientific Development*. Vol. 2. *The Ancient World,* by Luigi Pareti, assisted by Paolo Baezzi and Luciano Petech. New York.
———. 1966. *History of Mankind: Cultural and Scientific Development*. Vol. 6. *The Twentieth Century,* by Caroline F. Ware, K. M. Panikkar, and J. M. Romeen. New York.
———. 1975. *History of Mankind: Cultural and Scientific Development*. Vol. 3. *The Great Medieval Civilizations*, by Gaston Wiet, Vadime Elisseeff, Philippe Wolf, and Jean Nadou, with contributions by Jean Devisse, Betty Meggers, and Roger Green.New York.
United States, Bureau of the Census. 1975. *Historical Statistics of the United States: Colonial Times to 1970*. 2 vols. Washington.
Van Creveld, Martin. 1989. *Technology and War from 2000 B.C. to the Present*. New York.
Van Onselen, Charles. 1982. *New Babylon, New Nineveh: Studies in the Economic and Social History of the Witwatersrand.* 2 vols. London.
Vansina, Jan. 1966. *Kingdoms of the Savanna*. Madison.
———. 1984. *Art History in Africa: An Introduction to Method.* London.
Voll, John O. 1982. *Islam, Continuity and Change in the Modern World.* Boulder.
Von Bertalanffy, Ludwig. 1968. *General System Theory*. New York.
フォン・ベルタランフィ、長野敬、太田邦昌訳『一般システム理論：その基礎・発展・応用』みすず書房、1973

Von Laue, Theodore. 1987. *The World Revolution of Westernization: The Twentieth Century in Global Perspective*. New York.

Wallerstein, Immanuel. 1967. *Africa: The Politics of Unity; An Analysis of a Contemporary Social Movement.* New York.

———. 1974. *The Modern World-System: Capitalist Agriculture and the Origins of the European World-Economy in the Sixteenth Century*. New York.

I・ウォーラーステイン、川北稔訳『農業資本主義と「ヨーロッパ世界経済」の成立』名古屋大学出版会、2013

———. 1979. *The Capitalist World-Economy.* Cambridge.

I・ウォーラーステイン、藤瀬浩司［ほか］訳『資本主義世界経済』1–2、名古屋大学出版会、1987

———. 1980. *The Modern World-System, II: Mercantilism and the Consolidation of the European World-Economy, 1600–1750*. New York.

I・ウォーラーステイン、川北稔訳『重商主義と「ヨーロッパ世界経済」の凝集：1600–1750』名古屋大学出版会、2013

———. 1983. *Historical Capitalism*. London.

I・ウォーラーステイン、川北稔訳『史的システムとしての資本主義』岩波書店、1997

———. 1989. *The Modern World-System, III: The Second Era of Great Expansion of the Capitalist World-Economy, 1730–1840s*. New York.

I・ウォーラーステイン、川北稔訳『「資本主義的世界経済」の再拡大：1730s–1840s』名古屋大学出版会、2013

Wallerstein, Immanuel, and Paul Starr, eds. 1971. *The University Crisis Reader*. New York.

Watts, David. 1989. *The West Indies: Patterns of Development, Culture and Environmental Change since 1492*. New York.

Wells, C. M. 1984. *The Roman Empire*. Stanford.

Wheeler, Douglas L. 1969. " 'Angola is Whose House?' Early Stirrings of Angolan Nationalism and Protest, 1822–1910." *African Historical Studies* 2, 1–22.

White, Hayden. 1973. *Metahistory: The Historical Imagination in Nineteenth-Century Europe*. Baltimore.

———. 1978. *Tropics of Discourse: Essays in Cultural Criticism*. Baltimore.

———. 1984. "The Question of Narrative in History." *History and Theory* 32, 1–33.

Wilks, Ivor. 1975. *Asante in the Nineteenth Century: The Structure and Evolution of a Political Order*. Cambridge.

Williams Raymond. [1976] 1983. *Keywords: A Vocabulary of Culture and Society*. Revised ed. New York.

レイモンド・ウィリアムズ、椎名美智、武田ちあき、越智博美、松井優子訳『完訳キーワード辞典』平凡社、2011

Withey, Lynne. 1989. *Voyages of Discovery: Captain Cook and the Exploration of the Pacific*. Berkeley.

Wolf, Eric R. 1969. *Peasant Wars of the Twentieth Century*. New York.

———. 1982. *Europe and the People without History*. Berkeley.

Wood, Peter H. 1974. *Black Majority: Negroes in Colonial South Carolina from 1670 through the Stono Rebellion*. New York.

Worsley, Peter. 1968. *The Third World*. London.
———. 1984. *The Three Worlds: Culture and World Development*. Chicago.
Wright, Erik Olin. 1985. *Classes*. London
Wright, Gavin. 1978. *The Political Economy of the Cotton South*. New York.
Wrigley, E. A., and Roger S. Schofield. 1981. *Population History of England, 1581–1841*. Cambridge, Mass.

D. 1990年以降に公刊された作品

Abernethy, David. 2000. *The Dynamics of Global Dominance: European Overseas Empires, 1415–1980*. New Haven.
Acar, Feride, and Ayse Gunes-Ayata, eds. 2000. *Gender and Identity Construction: Women of Central Asia, the Caucasus and Turkey*. Leiden.
Adams, Robert M. 1996. *Paths of Fire: An Anthropologist's Inquiry into Western Technology*. Princeton.
Adamson, Lynda G. 1998. *Notable Women in World History: A Guide to Recommended Biographies and Autobiographies*. Westport, Conn.
Adas, Michael. 2001. "From Settler Colony to Global hegemon: Integrating the Exceptionalist Narrative of the American Experience into World History." *American Historical Review* 106, 1692–720.
Adas, Michael, ed. 1993. *Islamic and European Expansion: The Forging of a Global Order*. Philadelphia.
Adelman, Jeremy. 1999. *Republic of Capital: Buenos Aires and the Legal Transformation of the Atlantic World*. Stanford.
Adshead, S. A. M. 1992. *Salt and Civilization*. New York.
———. 1993. *Central Asia in World History*. New York.
———. 1997. *Material Culture in Europe and China, 1400–1800*. New York.
Alden, Dauril. 1992. "Changing Jesuit Perceptions of the Brasis during the Sixteenth Century." *Journal of World History* 3, 205–18.
———. 1996. *The Making of an Enterprise: The Jesuits in Portugal, its Empire and Beyond, 1540–1750*. Stanford.
Alencastro, Luiz Felipe de. 2000. *O Trato dos viventes: formação do Brasil no Atlântico sul*. São Paulo.
Allardyce, Gilbert. 1990. "Toward World History: American Historians and the Coming of the World History Course." *Journal of World History* 1, 23–76.
Altman, Ida. 2000. *Transatlantic Ties in the Spanish Empire: Brihuega, Spain and Puebla, Mexico, 1560–1620*. Stanford.
Amitai-Press, Reuven, and David O. Morgan, eds. 1999. *The Mongol Empire and Its Legacy*. Leiden.
Amsden, Alice. 2001. *The Rise of "The Rest": Challenges to the West from Late-Industrializing Economies*. New York.
Andrea, Alfred J., and James H. Overfield. 1990. *The Human Record: Sources of Global History*. Boston. (Subsequent editions 1994, 1998, 2001.)
Appadurai, Arjun. 1996. *Modernity at Large: Cultural Dimensions of Globalization*. Minneapolis.
アルジュン・アパデュライ、門田健一訳『さまよえる近代：グローバル化の文化研究』平凡

社、2004
Appleby, Joyce, Lynn Hunt, and Margaret Jacobs. 1994. *Telling the Truth about History*. New York.
Armitage, David. 2000. *The Ideological Origins of the British Empire*. Cambridge.
デイヴィッド・アーミテイジ、平田雅博［ほか］訳『帝国の誕生：ブリテン帝国のイデオロギー的起源』日本経済評論社、2005
Arrighi, Giovanni. 1994. *The Long Twentieth Century: Money, Power, and the Origins of Our Times*. London.
ジョヴァンニ・アリギ、柄谷利恵子、境井孝行、永田尚見訳『長い 20 世紀：資本、権力、そして現代の系譜』作品社、2009
Asimov M. S., and C. E. Bosworth, eds. 1998. *History of Civilizations of Central Asia,* Volume IV, *The Age of Achievement: A.D. 750 to the End of the Fifteenth Century*. Part One: *The Historical, Social and Economic Setting*. Paris.
Atwell, William S. 2001. "Volcanism and Short-Term Climatic Change in East Asian and World History, c. 1200–1699." *Journal of World History* 12, 29–98.
Baldick, Julian. 2000. *Animal and Shaman: Ancient Religions of Central Asia*. New York.
Barendse, R. J. 2000. "Trade and State in the Arabian Seas: A Survey from the Fifteenth to the Eighteenth Century." *Journal of World History* 11, 173–226.
———. 2002. *The Arabian Seas: The Indian Ocean World of the Seventeenth Century*. Armonk, N.Y.
Barkan, Elazar, and Marie-Denise Shelton. 1998. *Borders, Exiles, Diasporas*. Stanford.
Barnwell, P. S. 1992. *Emperor, Prefects, and Kings: The Roman West, 395–565*. Chapel Hill.
Barrow, Ian J. 2000. "Agency in the New World History." Neil L. Waters, ed., *Beyond the Area Studies Wars: Toward a New International Studies* (Hanover, NH), 190–212.
Bartholomew, James R. 1993. "Modern Science in Japan: Comparative *Perspectives*." *Journal of World History* 4, 101–16.
Bartlett, Kenneth R. 1995–1996. "Burckhardt's Humanist Myopia: Machiavelli, Guicciardini and the Wider World." *Scripta Mediterranea* 16–17, 17–30.
Bartlett, Robert. 1993. *The Making of Europe: Conquest, Colonization, and Cultural Change, 950–1350*. Princeton.
ロバート・バートレット、伊藤誓、磯山甚一訳『ヨーロッパの形成：950 年 –1350 年における征服、植民、文化変容』法政大学出版局、2003
Basch, Linda, Nina Glick Schiller, and Cristina Szanton Blanc. 1994. *Nations Unbound: Transnational Projects, Postcolonial Predicaments, and Deterritorialized Nation-States*. Amsterdam.
Bates, Robert H., V. Y. Mudimbe, and Jean O'Barr, eds. 1993. *Africa and the Disciplines: The Contributions of Research in Africa to the Social Sciences and Humanities*. Chicago.
Bayly, Christopher A. 1996. *Empire and Information: Intelligence Gathering and Social Communication in India, 1780–1870*. Cambridge.
———. 2002. " 'Archaic' and 'Modern' Globalization in the Eurasian and African Arena, c. 1750–1850." A. G. Hopkins, ed., *Globalization in World History* (London, 2002), 47–73.
Becker, Gary S. 1991. *A Treatise on the Family*. Cambridge, Mass.
Begley, Vimala, and Richard Daniel de Pubma, eds. 1991. *Rome and India: The Ancient Sea Trade*. Madison.
Bellwood, Peter. 1991. "The Austronesian Expansion and the Origin of Languages." *Scientific American*

265 (July 1991), 88–93.
———. 1997. *The Prehistory of the Indo-Malaysian Archipelago*. Revised ed. Honolulu.
Bellwood, Peter, Darrell Tyron, and James J. Fox, eds. 1995. *The Austronesians*. Canberra.
Bendix, Regina. 1997. *In Search of Authenticity: The Formation of Folklore Studies*. Madison.
Bentley, Jerry H. 1993. *Old World Encounters: Cross-Cultural Contacts and Exchanges in Pre-Modern times*. New York.
———. 1995. *Shapes of World History in Twentieth-Century Scholarship*. Washington.
———. 1996. "Cross-Cultural Interaction and Periodization in World History." *American Historical Review* 101, 749–70.
Bentley, Jerry H., and Herbert F. Ziegler. 1999. *Traditions and Encounters: A Global Perspective on the Past*. Boston.
Benton, Lauren. 2002. *Law and Colonial Cultures: Legal Regimes in World History, 1400–1900.* New York.
Berger, Iris, and E. Frances White. 1999. *Women in Sub-Saharan Africa: Restoring Women to History*. Bloomington, Ind.
アイリス・バーガー、E・フランシス・ホワイト、富永智津子訳『アフリカ史再考：女性・ジェンダーの視点から』未來社、2004
Berman, Daniel, and Robert Rittner. 1998. *The Industrial Revolution: A Global Event.* Los Angeles. (Teaching unit.)
Blaut, James M. 1993. *The Colonizer's Model of the World: Geographical Diffusionism and Eurocentric History*. New York.
———. 2000. *Eight Eurocentric Historians*. New York.
Blier, Suzanne Preston. 1993. "Truth and Seeing: Magic, Custom, and Fetish in Art History." Robert H. Bates, V. Y. Mudimbe, and Jean O'Barr, eds., *Africa and the Disciplines: The Contributions of Research in Africa to the Social Sciences and Humanities* (Chicago, 1993), 139–66.
Blum, Stephen, Philip V. Bohlman, and Daniel Neuman, eds. 1991. *Ethnomusicology and Modern Music History*. Urbana.
Bodde, Derek. 1991. *Chinese Thought, Society, and Science: The Intellectual and Social Background of Science and Technology in Pre-Modern China*. Honolulu.
Bogucki, Peter. 1999. *The Origins of Human Society*. Oxford.
Boucher, Philip P. 1992. *Cannibal Encounters: Europeans and Island Caribs, 1492–1763*. Baltimore.
Boyce, Mary. 1992. *Zoroastrianism: Its Antiquity and Constant Vigour*. Costa Mesa, CA.
Brody, Gene H., and Irving E. Siegel, eds. 1990. *Methods of Family Research*. 2 vols. Hillsdale, N.J.
Brooks, George. 1993. *Landlords and Strangers: Ecology, Society, and Trade in Western Africa, 1000–1630.* Boulder.
Brooks, Pamela E. 2000. "Buses, Boycotts and Passes: Black Women's Resistance in Montgomery, Alabama and Johannesburg, South Africa from Colonization to 1960." Ph.D. dissertation, Northeastern University.
Brower, Daniel R., and Edward J. Lazzerini, eds. 1997. *Russia's Orient: Imperial Borderlands and Peoples, 1700–1917*. Bloomington, Ind.
Bulliet, Richard. 1990. *The Camel and the Wheel*. New York.
Bulliet, Richard W., Pamela Kyle Crossley, Daniel R. Headrick, Steven W. Hirsch, Lyman L. Johnson,

and David Northrup. 1998. *The Earth and Its Peoples: A Global History*, 2nd ed. Boston.
Burke, James, and Robert Ornstein. 1995. *The Axemaker's Gift: A Double-Edged History of Human Culture.* New York.
ジェームズ・バーク、ロバート・オーンスタイン、瀬戸千也子訳『400万年人類の旅：石器からインターネットへ』三田出版会、1997
Burke, Peter. 1992. *History and Social Theory*. Ithaca.
ピーター・バーク、佐藤公彦訳『歴史学と社会理論』慶應義塾大学出版会、2009
Burstein, Stanley. 1995. *Graeco-Africana: Studies in the History of Greek Relations with Egypt and Nubia*. New Rochelle, N.Y.
Burstein, Stanley, ed. 1998. *Ancient African Civilizations: Kush and Axum*. Princeton.
Burton, Antoinette. 1994. *Burdens of History: British Feminists, Indian Women and Imperial Culture, 1865–1915*. Chapel Hill.
Bush, Barbara. 1990. *Slave Women in Caribbean Society, 1650–1838*. Bloomington, Ind.
Buzan, Barry. 1991. *People, States, and Fear*. New York.
Cain, P. J., and A. G. Hopkins. 1993. *British Imperialism, 1688–1914*. 2 vols. London.
P・J・ケイン、A・G・ホプキンズ、竹内幸雄、秋田茂、木畑洋一、旦祐介訳『ジェントルマン資本主義の帝国』1-2, 名古屋大学出版会、1997
Calder, Alex, Jonathan Lamb, and Bridget Orr, eds. 1999. *Voyages and Beaches: Pacific Encounters, 1769–1840*. Honolulu.
Calloway, Colin G. 1997. *New Worlds for All: Indians, Europeans, and the Remaking of Early America.* Baltimore.
Campbell, I. C. 1995. "The Lateen Sail in World History." *Journal of World History* 6, 1–24.
———. 1997. "Culture Contact and Polynesian Identity in the European Age." *Journal of World History* 8, 29–56.
Cañizares-Esguerra, Jorge. 1999. "New World, New Stars: Patriotic Astrology and the Invention of Indian and Creole Bodies in Colonial Spanish America, 1600–1650." *American Historical Review* 104, 33–68.
———. 2001. *How to Write the History of the New World: Historiographies, Epistemologies, and Identities in the Eighteenth-Century Atlantic World.* Stanford, 2001.
Canning, Kathleen. 1992. "Gender and the Politics of Class Formation: Rethinking German Labor History." *American Historical Review* 97, 736–768.
Canny, Nicholas. 1994. *Europeans on the Move: Studies on European Migration, 1500–1800*. Oxford.
Caras, Roger A. 1996. *A Perfect Harmony: The Intertwining Lives of Animals and Humans throughout History*. New York.
Carney, Judith. 2001. *Black Rice: The African Origins of Rice Cultivation in the Americas*. Cambridge.
Carpenter, Kenneth J. 1994. *Protein and Energy: A Study of Changing Ideas in Nutrition*. Cambridge.
Catanach, I. J. 2001. "The 'Globalization' of Disease? India and the Plague." *Journal of World History* 12, 131–54.
Çelik, Zeynep. 1992. *Displaying the Orient: Architecture of Islam at Nineteenth-Century World's Fairs*. Berkeley.
Chakrabarty, Dipesh. 2000. *Provincializing Europe*. Princeton.
Chaplin, Joyce E. 2001. *Subject Matter: Technology, the Body, and Science on the Anglo-American*

Frontier, 1500–1676. Cambridge, Mass.
Chappell, David A. 1993a. "Ethnogenesis and Frontiers." *Journal of World History* 4, 267–276.
———. 1993b. "Frontier Ethnogenesis: The Case of New Caledonia." *Journal of World History* 4, 307–24.
———. 1997. *Double Ghosts: Oceanian Voyagers on Euroamerican Ships*. Armonk, N.Y.
Chase-Dunn, Christopher. 1998. *Global Formation: Structures of the World-Economy*. 2nd ed. Oxford.
Chase-Dunn, Christopher, and Thomas D. Hall. 1997. *Rise and Demise: Comparing World Systems*. Boulder.
Chase-Dunn, Christopher, and Thomas D. Hall, eds. 1991. *Core/Periphery Relations in Precapitalist Worlds*. Boulder.
Chase-Dunn, Christopher, E. Susan Manning, and Thomas D. Hall. 2000. "Rise and Fall, East-West Synchronicity and Indic Exceptionalism Revisited." *Social Science History* 24, 727–54.
Chaudhuri, K. N. 1990. *Asia before Europe: Economy and Civilisation of the Indian Ocean from the Rise of Islam to 1750*. Cambridge.
Chaudhuri, Nupur, and Margaret Strobel, eds. 1992. *Western Women and Imperialism: Complicity and Resistance*. Bloomington, Ind.
Cheng, Yinghong. 2001. "Creating the New Man—Communist Experiments in China and Cuba: A World History Perspective." Ph.D. dissertation, Northeastern University.
Chomsky, Noam. 1994. *World Orders Old and New*. New York.
Christian, David. 1991. "The Case for 'Big History'." *Journal of World History* 2, 223–38.
———. 1998. *Inner Eurasia from Prehistory to the Mongol Empire*. Vol. 1 of A *History of Russia, Central Asia and Mongolia*. Oxford, 1998.
———. 2000. "Silk Roads or Steppe Roads? The Silk Roads in World History." *Journal of World History* 11, 1–26.
Clancy-Smith, Julia. 1994. *Rebel and Saint: Muslim Notables, Populist Protest, Colonial Encounters* (Algeria and Tunisia, 1800–1904). Berkeley.
Clancy-Smith, Julia, and Frances Gouda, eds. 1998. *Domesticating the Empire: Race, Gender, and Family Life in French and Dutch Colonialism*. Charlottesville.
Clark, Hugh R. 1995."Muslims and Hindus in the Culture and Morphology of Quanzhou from the Tenth to the Thirteenth Century." *Journal of World History* 6, 49–74.
Clark, Robert P. 1997. *The Global Imperative: An Interpretive History of the Spread of Humankind*. Boulder.
Coclanis, Peter. 2002. "Drang Nach Osten: Bernard Bailyn, the World-Island, and the Idea of Atlantic History." *Journal of World History* 13, 169–82.
Cohen, Robin. 1997. *Global Diasporas: An Introduction*. London.
ロビン・コーエン、駒井洋訳『グローバル・ディアスポラ』明石書店、2012
Cohen, Robin, ed. 1995. *The Cambridge Survey of World Migration*. Cambridge.
Cohen, Robin, and Steven Vertovec, eds. 1999. *Migration, Diasporas and Transnationalism*. Cheltenham, U.K.
Comaroff, John and Jean. 1992. *Ethnography and the Historical Imagination*. Boulder.
Comaroff, Jean and John, eds. 1993. *Modernity and Its Malcontents: Ritual and Power in Postcolonial Africa*. Chicago.

Coope, Jessica A. 1993. "Religious and Cultural Conversion to Islam in Ninth-Century Umayyad Córdoba." *Journal of World History* 4, 47–68.

Cooper, Frederick. 1996. *Decolonization and African Society: The Labor Question in French and British Africa*. Cambridge.

Cooper, Frederick, Thomas C. Holt, and Rebecca J. Scott. 2000. *Beyond Slavery: Explorations of Race, Labor, and Citizenship in Postemancipation Societies*. Chapel Hill.

Cooper, Frederick, Florencia E. Mallon, Steve J. Stern, Allen F. Isaacman, and William Roseberry. 1993. *Confronting Historical Paradigms: Peasants, Labor, and the Capitalist World System in Africa and Latin America*. Madison.

Cooper, Frederick, and Ann Laura Stoler, eds. 1997. *Tensions of Empire: Colonial Cultures in a Bourgeois World*. Berkeley.

Costello, Paul. 1993. *World Historians and their Goals: Twentieth-Century Answers to Modernism*. DeKalb, IL.

Croizier, Ralph. 1990. "World History in the People's Republic of China." *Journal of World History* 1, 151–69.

Crosby, Alfred W. 1991. "Infectuous Disease and the Demography of the Atlantic Peoples." *Journal of World History* 2, 119–34.

———. 1994. *Germs, Seeds, and Animals: Studies in Ecological History*. Armonk, N.Y.

———. 1995. "The Past and Present in Environmental History." *American Historical Review* 100, 1, 177–89.

———. 1997. *The Measure of Reality: Quantification and Western Society, 1250–1600*. Cambridge.

Crosby, Alfred W. 2000. *Throwing Fire: Projectile Technology Through History*. New York.

アルフレッド・W・クロスビー、小沢千重子訳『飛び道具の人類史：火を投げるサルが宇宙を飛ぶまで』紀伊國屋書店、2006

Curtin, Philip D. 1990a. *The Rise and Fall of the Plantation Complex: Essays in Atlantic History*. Cambridge.

———. 1990b. "The Environment beyond Europe and the European Theory of Empire." *Journal of World History* 1, 131–50.

———. 1991. "Graduate Teaching in World History." *Journal of World History* 2, 81–89. Reprinted in Dunn, *New World History*, 534–40.

———. 1998. *Disease and Empire: The Health of European Troops in the Conquest of Africa*. Cambridge.

———. 2000. *The World and the West: The European Challenge and the Overseas Response in the Age of Empire*. New York.

Curtin, Philip D., ed. 2001. *Migration and Mortality in Africa and the Atlantic World, 1700–1900*. London.

Cwiertka, Katarzyna. 1999. *The Making of Modern Culinary Tradition in Japan*. Leiden.

Dathorne, O. R. 1996. *Asian Voyages: Two Thousand Years of Constructing the Other.* Westport, Conn.

Davis, Mike. 1990. *City of Quartz*. London.

マイク・デイヴィス、村山敏勝、日比野啓訳『要塞都市 LA』青土社、2008

———. 2001. *Late Victorian Holocausts: El Niño Famines and the Making of the Third World*. London.

De Pauw, Linda Grant. 1998. *Battle Cries and Lullabies: Women in War from Prehistory to the Present.*

Norman.
De Vries, Jan. 1994. "The Industrious Revolution and the Industrial Revolution." *Journal of Economic History* 54, 249–70.
De Vries, Jan, and Ad van der Woude. 1997. *The First Modern Economy: Success, Failure, and Perseverance of the Dutch Economy, 1500–1815*. Cambridge.
J・ド・フリース、A・ファン・デァ・ワウデ、大西吉之、杉浦未樹訳『最初の近代経済：オランダ経済の成功・失敗と持続力 1500–1815』名古屋大学出版会、2009
Devens, Carol. 1992a. *Countering, Colonization: Native American Women and Great Lakes Missions, 1630–1900*. Berkeley.
———. 1992b. " 'If We Get the Girls, We Get the Race': Missionary Education of Native American Girls." *Journal of World History* 3, 219–38.
Diamond, Jared. 1993. *The Third Chimpanzee: The Evolution and Future of the Human Animal*. New York.
J・ダイアモンド、長谷川真理子、長谷川寿一訳『人間はどこまでチンパンジーか？：人類進化の栄光と翳り』新曜社、1993
———. 1997. *Guns, Germs, and Steel: The Fates of Human Societies*. New York.
ジャレド・ダイアモンド、倉骨彰訳『銃・病原菌・鉄：一万三〇〇〇年にわたる人類史の謎』上下、草思社、2000
Diamond, Larry, ed. 1992. *The Democratic Revolution: Struggles for Freedom and Pluralism in the Developing World*. New York.
Diène, Doudou, ed. 2001. *From Chains to Bonds: The Slave Trade Revisited*. Paris.
Dirlik, Arif, ed. 1993. *What is a Rim? Critical Perspectives on the Pacific Region Idea*. Boulder.
Douglass, Susan L. 2000. *Teaching About Religion in National and State Social Studies Standards*. Fountain Valley, CA.
Drayton, Richard. 2000. *Nature's Government: Science, Imperial Britain, and the "Improvement" of the World*. New Haven.
Duncan, David Ewing. 1998. *Calendar: Humanity's Epic Struggle to Determine a True and Accurate Year*. New York.
デイヴィッド・E・ダンカン、松浦俊輔訳『暦をつくった人々：人類は正確な一年をどう決めてきたか』河出書房新社、1998
Dunn, John. 1992. *Democracy: The Unfinished Journey, 508 B.C. to A.D. 1993*. Oxford.
Dunn, Ross E. 1990. *Links Across Time and Place: A World History*. New York.
Dunn, Ross E., ed. 2000. *The New World History*. New York.
Dunn, Ross, and David Vigilante, eds. 1996. *Bring History Alive! A Sourcebook for Teaching World History*. Los Angeles.
Durham, William. 1991. *Coevolution: Genes, Culture, and Human Diversity*. Stanford.
Earle, Timothy. 1997. *How Chiefs Came to Power: The Political Economy in Prehistory*. Stanford.
Eaton, Richard. 1993. *The Rise of Islam and the Bengal Frontier, 1204–1760*. Berkeley.
———. 2000. *Essays on Islam and Indian History*. New Delhi.
Eckhardt, William. 1992. *Civilizations, Empires, and Wars: A Quantitative History of War*. Jefferson, NC.
Ehret, Christopher. 1998. *An African Classical Age: Eastern and Southern Africa in World History, 1000*

B.C. to 400 A.D. Charlottesville.

———. 2002. *The Civilizations of Africa: A History to 1800*. Charlottesville.

Ehrlich, Paul R., and A. H. Ehrlich. 1990. *The Population Explosion*. New York.

ポール・エーリック、アン・エーリック、水谷美穂訳『人口が爆発する！：環境・資源・経済の視点から』新曜社、1994

Eickelman, Dale F., and James Piscatori, eds. 1990. *Muslim Travellers: Pilgrimage, Migration, and the Religious Imagination*. Berkeley.

Eliade, Mircea, and Ioan P. Couliano. 1991. *The Eliade Guide to World Religions*. New York.

Eltis, David, Stephen D. Behrendt, David Richardson, and Herbert S. Klein. 1999. *The Trans-Atlantic Slave Trade: A Database on CD-ROM*. New York.

Embree, Ainslie T., and Carol Gluck, eds. 1997. *Asia in Western and World History: A Guide for Teaching*. Armonk, N.Y.

Enloe, Cynthia. 1990. *Bananas, Beaches, and Basis: Making Feminist Sense of International Politics*. Berkeley.

Erturk, Korkut A., ed. 1999. *Rethinking Central Asia: Non-Eurocentric Studies in History, Social Structure and Identity*. Ithaca.

Fagan, Brian M. 1998. *From Black Land to Fifth Sun: The Science of Sacred Sites*. Reading, Mass.

———. 2000a. *Floods, Famines, and Emperors: El Nino and the Fate of Civilizations*. New York.

———. 2000b. *The Little Ice Age: How Climate Made History 1300–1850*. New York.

B・フェイガン、東郷えりか、桃井緑美子訳『歴史を変えた気候大変動』河出書房新社、2009

Fernández-Armesto, Felipe. 1995. *Millennium: A History of the Last Thousand Years*. New York.

フェリペ・フェルナンデス＝アルメスト『ミレニアム：文明の興亡この 1000 年の世界』日本放送出版協会、1996

———. 2001. *Civilizations: Culture, Ambition, and the Transformation of Nature*. New York.

Fetter, Bruce, ed. 1990. *Demography from Scanty Evidence: Central Africa in the Colonial Era*. Boulder.

Findley, Carter, and John Rothney, 1994. *Twentieth-Century World*. 3rd ed. Boston.

Finlay, Robert. 1998. “The Pilgrim Art: The Culture of Porcelain in World History.” *Journal of World History* 9, 141–88.

———. 2000. “China, the West, and World History in Joseph Needham’s Science and Civilisation in China.” *Journal of World History* 11, 265–304.

Finney Ben, with Marlene Among. 1994. *Voyage of Rediscovery: A Cultural Odyssey through Polynesia*. Berkeley.

Fisher, Gayle V. 1992. *Journal of Women’s History Guide to Periodical Literature*. Bloomington, Ind.

Fletcher, Joseph. 1995. *Studies on Chinese and Islamic Inner Asia*. Ed. Beatrice Forbes Manz. Aldershot, U.K.

Fletcher, Richard. 1998. *The Barbarian Conversion: From Paganism to Christianity*. New York.

Flint, Valerie I. J. 1991. *The Rise of Magic in Early Medieval Europe*. Princeton.

Flynn, Dennis O., and Arturo Giráldez. 1995. “Born with a ‘Silver Spoon’: The Origin of World Trade in 1571.” *Journal of World History* 6, 201–21.

———. 2002. “Cycles of Silver: Global Economic Unity through the Mid-Eighteenth Century.” *Journal*

of World History 13, 391–427.
Foltz, Richard C. 1998. *Mughal India and Central Asia*. Karachi.
———. 1999. *Religions of the Silk Road: Overland Trade and Cultural Exchange from Antiquity to the Fifteenth Century*. New York.
Forbes, Jack D. 1993. *Africans and Native Americans: The Language of Race and the Evolution of Red-Black Peoples*. Urbana.
Francis, Mark. 1998. "The 'Civilizing' of Indigenous People in Nineteenth-Century Canada." *Journal of World History* 9, 51–88.
Frank, Andre Gunder. 1991. "A Plea for World System History." *Journal of World History* 2, 1–28.
———. 1992. *The Centrality of Central Asia*. Amsterdam
———. 1998a. *ReOrient: Global Economy in the Asian Age*. Berkeley.
アンドレ・グンダー・フランク、山下範久訳『リオリエント：アジア時代のグローバル・エコノミー』藤原書店、2000
———. 1998b. "Materialistically Yours: The Dynamic Society of Graeme Snooks." *Journal of World History* 9, 107–16.
Frank, Andre Gunder, and Barry K. Gills, eds. 1993. *The World System: Five Hundred Years or Five Thousand?* New York.
Friedman, Jonathan. 1994. *Cultural Identity and Global Process*. New York.
Fromkin, David. 1998. *The Way of the World: From the Dawn of Civilizations to the Eve of the Twenty-first Century*. New York.
Frye, Richard N. 1996. *The Heritage of Central Asia: From Antiquity to the Turkish Expansion*. Princeton.
Furbank, P. N. 1992. *Diderot: A Critical Biography*. New York.
Gandy, Matthew, and Alimuddin Zumla, eds. 2001. *Return of the White Plague: Global Poverty and the New Tuberculosis*. London.
Garbutt, Nick. 1999. *Mammals of Madagascar*. New Haven.
Geriffi, Gary, and Miguel Korzeniewicz, eds. 1994. *Commodity Chains and Global Capitalism*. Westport, Conn.
Geyer, Michael and Charles Bright. 1995. "World History in a Global Age." *American Historical Review* 100, 1, 034–60.
Gillis, John R., ed. 1994. *Commemorations: The Politics of National Identity*. Princeton.
Gilroy, Paul. 1993. *The Black Atlantic: Modernity and Double Consciousness*. Cambridge, Mass.
ポール・ギルロイ、上野俊哉、利嘉孝、鈴木慎一郎訳『ブラック・アトランティック：近代性と二重意識』月曜社、2006
Goldstone, Jack A. 1991. *Revolution and Rebellion in the Early Modern World*. Berkeley.
Gomez, Michael A. 1998. *Exchanging our Country Marks: The Transformation of African Identities in the Colonial and Antebellum South*. Chapel Hill.
Goonan, Jessica. 1999. *Africa: Cultural and Geographic Diversity*. Boston. (Teaching unit.)
Goudsblom, Johan. 1992a. Fire and Civilization. London.
ヨハン・ハウツブロム、大平章訳『火と文明化』法政大学出版局 , 1999
———. 1992b. "The Civilizing Process and the Domestication of Fire." *Journal of World History* 3, 1–12.

Goudsblom, Johan, Eric Jones, and Stephen Mennell, eds. 1996. *The Course of Human History: Economic Growth, Social Process, and Civilization*. Armonk, N.Y.

Gran, Peter. 1996. *Beyond Eurocentrism: A New View of Modern World History*. Syracuse.

Green, William A. 1992. "Periodization in European and World History." *Journal of World History* 3, 13–54.

Greene, K. 1999. "V. Gordon Childe and the Vocabulary of Revolutionary Change." *Antiquity* 73, 97–109.

Greenberg, Joseph H. *Indo-European and its Closest Relatives: The Eurasiatic Language Family*. Vol. 1, *Grammar*. Stanford.

Greenberg, Joseph, and Merritt Ruhlen. 1992. "Linguistic Origins of Native Americans." *Scientific American* 267 (November 1992), 94–99.

Greenstein, Daniel I. 1994. *A Historian's Guide to Computing*. Oxford.

Gress, David. 1998. *From Plato to NATO: The Idea of the West and its Opponents*. New York.

Guarneri, Carl J. 1997. *America Compared: American History in International Perspective*. 2 vols. Boston.

Guha, Ranajit. 1998. *Dominance without Hegemony: History and Power in Colonial India*. Cambridge, Mass.

Hall, Gwendolyn Midlo. 1992. *Africans in Colonial Louisiana: The Development of Afro-Creole Culture in the Eighteenth Century*. Baton Rouge.

Haraven, Tamara K. 1991. "The History of the Family and the Complexity of Social Change." *American Historical Review* 96, 95–124.

Hardt, Michael, and Antonio Negri. 2000. *Empire*. Cambridge, Mass.

アントニオ・ネグリ、マイケル・ハート、水嶋一憲［ほか］訳『帝国：グローバル化の世界秩序とマルチチュードの可能性』以文社、2003

Harris, Sheldon H. 1994. *Factories of Death: Japanese Biological Warfare, 1932–1945*. London.

シェルダン・H・ハリス、近藤昭二訳『死の工場：隠蔽された 731 部隊』柏書房、1999

Hartog, Leo de. 1996. *Russia and the Mongol Yoke: The History of the Russian Principalities and the Golden Horde, 1221–1502*. London.

Harvey, Charles, and Jon Press. 1996. *Databases in Historical Research: Theory, Methods and Applications*. New York.

Hatton, Timothy J., and Jeffrey G. Williamson, eds. 1994. *Migration and the International Labor Market 1850–1939*. London.

Headley, John M. 1997. "The Sixteenth-Century Venetian Celebration of the Earth's Total Habitability: The Issue of the Fully Habitable World for Renaissance Europe." *Journal of World History* 8, 1–28.

Headrick, Daniel R. 1991. *The Invisible Weapon: Telecommunications and International Politics, 1851–1945*. New York.

D・R・ヘッドリク、横井勝彦、渡辺昭一監訳『インヴィジブル・ウェポン：電信と情報の世界史 1851–1945』日本経済評論社、2013

———. 1996. "Botany, Chemistry, and Tropical Development." *Journal of World History* 7, 1–20.

———. 2000. *When Information Came of Age: Technologies of Knowledge in the Age of Reason and Revolution, 1700–1850*. New York.

ダニエル・R・ヘッドリク、塚原東吾、隠岐さや香訳『情報時代の到来：「理性と革命の時

代」における知識のテクノロジー』法政大学出版局、2011
Heine Bernd, and Derek Nurse, eds. 2000. *African Languages: An Introduction*. Cambridge.
Hillman, David, and Carla Mazzio. 1997. *The Body in Parts: Fantasies of Corporeality in Early-Modern Europe*. New York.
Hobsbawm, Eric J. 1990. *Nations and Nationalism since 1780: Programme, Myth, Reality*. Cambridge.
E・J・ホブズボーム、浜林正夫、嶋田耕也、庄司信訳『ナショナリズムの歴史と現在』大月書店、2001
———. 1994. *The Age of Extremes: A History of the World, 1914–1991*. New York.
エリック・ホブズボーム、河合秀和訳『20 世紀の歴史：極端な時代』三省堂、1996
Hodgson, Marshall G. S. 1993. *Rethinking World History: Essays on Europe, Islam, and World History.* Edmund Burke III, ed. Cambridge.
Holt, Thomas C. 1992. *The Problem of Freedom: Race, Labor, and Politics in Jamaica and Britain, 1832–1938*. Baltimore.
Hopkins, A. G. 2002a. "Introduction: Globalization—An Agenda for Historians" Hopkins, ed., *Globalization in World History*, 1–10. London.
———. 2002b. "Globalization with and without Empires: From Bali to Labrador." Hopkins, ed., *Globalization in World History* (London), 220–42.
Hopkins, A. G., ed. 2002. *Globalization in World History*. London.
Hourani, Albert. 1991. *A History of the Arab Peoples*. Cambridge, Mass.
アルバート・ホーラーニー、阿久津正幸編訳『アラブの人々の歴史』第三書館、2003
Hovannisian, Richard G. 1997. *The Armenian People from Ancient to Modern Times*. 2 vols. New York.
Hubel, Teresa. 1996. *Whose India? The Independence Struggle in British and Indian Fictionand History*. Durham.
Hudson, Mark J. 1999. *The Ruins of Identity: Ethnogenesis in the Japanese Islands*. Honolulu.
Huff, Toby E. 1993. *The Rise of Early Modern Science: Islam, China, and the West*. Cambridge.
Hughes, J. Donald, ed. 1999. *The Face of the Earth: Environment and World History*. Armonk, N.Y.
Hung, Ho-fung. 2001. "Imperial China and Capitalist Europe in the Eighteenth-Century Global Economy." *Review* 24, 473–513.
Huntington, Samuel P. 1992. *The Third Wave: Democratization in the Late Twentieth Century*. Norman.
S・P・ハンチントン、坪郷實、中道寿一、藪野祐三訳『第三の波：20 世紀後半の民主化』三嶺書房、1995
———. 1996. *The Clash of Civilizations and the Remaking of World Order*. New York.
サミュエル・ハンチントン、鈴木主税訳『文明の衝突』集英社、1998
Hutchinson, John F. 1996. *Champions of Charity: War and the Rise of the Red Cross*. Boulder, 1996.
Iggers, Georg. G. 1997. *Historiography in the Twentieth Century: From Scientific Objectivity to the Postmodern Challenge*. Hanover, NH.
ゲオルク・G・イッガース、早島瑛訳『20 世紀の歴史学』晃洋書房、1996
Iriye, Akira. 1992. *China and Japan in the Global Setting*. Cambridge, Mass.
入江昭、興梠一郎訳『日中関係この百年：世界史的展望』岩波書店、1995
———. 1997. *Cultural Internationalism and World Order*. Baltimore.
入江昭、篠原初枝訳『権力政治を超えて：文化国際主義と世界秩序』岩波書店、1998
Isaacman, Allen, and Richard Roberts. 1995. *Cotton, Colonialism, and Social History in Sub-Saharan*

Africa. Portsmouth, NH.

Israel, Jonathan I. 2001. *Radical Enlightenment: Philosophy and the Making of Modernity, 1650–1750*. Oxford.

James, H. Parker. 2001."Up on Stilts: The Stilt House in World History." Ph.D. dissertation, Tufts University.

Johnson, Jean Elliott, and Donald James Johnson. 1999. *Emperor Ashoka of India: What Makes a Ruler Legitimate?* Los Angeles. (Teaching unit.)

Johnston, Deborah Smith. 2002. "Rethinking World History: Conceptual Frameworks for the World History Survey." Ph.D. dissertation, Northeastern University.

Jolly, Karen Louise, ed. 1997. *Tradition and Diversity: Christianity in a World Context to 1500*. Armonk, N.Y.

Jones, Eric, Lionel Frost, and Colin White. 1993. *Coming Full Circle: An Economic History of the Pacific Rim*. Boulder.

Kalivas, David M. 2000. "A World History Worldview: Owen Lattimore, a Life Lived in Interesting Times, 1900–1950." Ph.D. dissertation, Northeastern University.

Karttunen, Frances. 1992. "After the Conquest: The Survival of Indigenous Patterns of Life and Belief." *Journal of World History* 3, 239–56.

———. 1994. *Between Worlds: Interpreters, Guides, and Survivors*. New Brunswick, N.J.

Karttunen, Frances, and Alfred W. Crosby. 1995. "Language Death, Language Genesis, and World History." *Journal of World History* 6, 157–74.

Keddie, Nikki R. 1990. "The Past and Present of Women in the Muslim World." *Journal of World History* 1, 77–108.

Keita, Maghan. 2000. *Race and the Writing of History: Riddling the Sphinx*. New York.

Kelley, Donald R., ed. 1997. *History and the Disciplines: The Reclassification of Knowledge in Early Modern Times*. Rochester.

Keylor, William. 1995. *The Twentieth Century World*. Oxford.

Keys, David. 1999. *Catastrophe: An Investigation into the Origins of the Modern World*. New York.

デイヴィッド・キーズ、畔上司訳『西暦 535 年の大噴火：人類滅亡の危機をどう切り抜けたか』文藝春秋、2000

King, Anthony, ed. 1991. *Culture, Globalization and the World-System: Contemporary Conditions for the Representation of Identity*. Minneapolis.

A・D・キング編、山中弘、安藤充、保呂篤彦訳『文化とグローバル化：現代社会とアイデンティティ表現』玉川大学出版部、1999

Kiple, Kenneth, and Krlemhild Conee Ornelas, eds. 2000. *The Cambridge World History of Food*. Cambridge.

Kiple, Kenneth F、石毛直道［ほか］シリーズ監訳『ケンブリッジ世界の食物史大百科事典』1–5、朝倉書店、2004–2005

Kirch, Patrick Vinton. 1997. *The Lapita Peoples: Ancestors of the Oceanic World*. Cambridge, Mass.

Knutsen, Torbjorn. 1999. *The Rise and Fall of World Orders*. Manchester.

Knysh, Alexander. 2000. *Islamic Mysticism: A Short History*. Leiden.

Kuklick, Henrika. 1991. *The Savage Within: The Social History of British Anthropology, 1885–1945*. Cambridge.

Kumar, Deepak. 1995. *Science and the Raj, 1857–1905*. New York.
Kuper, Adam. 1994. *The Chosen Primate: Human Nature and Cultural Diversity*. Cambridge, Mass.
———. 1999. *Culture: The Anthropologists' Account*. Cambridge, Mass.
Kupperman, Karen Ordahl. 2000. *Indians and English: Facing Off in Early America*. Ithaca.
Kurlansky, Mark. 1997. *Cod: A Biography of the Fish that Changed the World*. New York.
マーク・カーランスキー、池央耿訳『鱈：世界を変えた魚の歴史』飛鳥新社、1999
———. 2002. *Salt: A World History*. New York.
マーク・カーランスキー、山本光伸訳『「塩」の世界史：歴史を動かした、小さな粒』扶桑社、2005
Lance, James, and Richard Roberts. 1991. " 'The World Outside the West' Course Sequence at Stanford University." *Perspectives* (March) 18, 22–24.
Landes, David S. 1998. *The Wealth and Poverty of Nations: Why Some Are So Rich and Others So Poor*. New York.
D・S・ランデス、竹中平蔵訳『「強国」論』三笠書房、[2000]
Laver, James. 1995. *Costume and Fashion: A Concise History*. New York.
ジェームズ・レーヴァー、中川晃訳『西洋服装史』洋販出版、1979
Lazreg, Marnia. 1994. *The Eloquence of Silence: Algerian Women in Question*. London.
Lee, James Z., and Wang Feng. 1999. *One Quarter of Humanity: Malthusian Mythology and Chinese Realities, 1700–2000*. Cambridge, Mass.
Lemarchand, René. 1994. *Burundi: Ethnocide as Discourse and Practice*. New York.
Levene, Mark. 2000. "Why is the Twentieth Century the Century of Genocide?" *Journal of World History* 11, 305–36.
Lewis, Bernard. 2002. *What Went Wrong? Western Impact and Middle Eastern Response*. New York.
バーナード・ルイス、今松泰、福田義昭訳『イスラム世界はなぜ没落したか？：西洋近代と中東』日本評論社、2003
Lewis, Martin W., and Karen E. Wigen. 1997. *The Myth of Continents: A Critique of Metageography*. Berkeley.
Lieberman, Victor, ed. 1999. *Beyond Binary Histories: Re-imagining Eurasia to c. 1830*. Ann Arbor.
Linebaugh, Peter, and Marcus Rediker. 2000. *The Many-Headed Hydra: Sailors, Slaves, Commoners, and the Hidden History of the Revolutionary Atlantic*. Boston.
Lipman, Jonathan. 1997. *Familiar Strangers: A History of Muslims in Northwest China*. Seattle.
Liu Xinru. 1995a. *Ancient India and Ancient China: Trade and Religious Exchanges AD 1–600*. Oxford.
劉欣如、左久梓訳『古代インドと古代中国：西暦1～6世紀の交易と仏教』心交社、1995
———. 1995b. "Silks and Religions in Eurasia, c. A.D. 600–1200." *Journal of World History* 6, 25–48.
———. 1998. *The Silk Road: Overland Trade and Cultural Interactions in Eurasia*. Washington.
———. 2001. "Migration and Settlement of the Yuezhi-Kushan: Interaction and Interdependence of Nomadic and Sedentary Societies." *Journal of World History* 12, 261–92.
Lockard, Craig A. 1994. "The Contribution of Philip Curtin and the 'Wisconsin School' to the Study and Promotion of Comparative World History." *Journal of Third World Studies* 11, 180–82, 199–211, 219–23.
Louis, William Roger, ed. 1998–1999. *The Oxford History of the British Empire*. 5 vols. Oxford.
Lovejoy, Paul E., and Jan S. Hogendorn. 1993. *Slow Death for Slavery: The Course of Abolition in*

Northern Nigeria, 1897–1936. Cambridge.

Lovell, W. George, and Christopher H. Lutz. 1995. *Demography and Empire: A Guide to the Population History of Spanish Central America, 1500–1821*. Boulder, Colo.

Ludden, David. 2002. "Modern Inequality and Early Modernity: A Comment on the AHR Articles by R. Bin Wong and Kenneth Pomeranz." *American Historical Review* 107, 470–80.

Mackenzie, John, ed. 1992. *Imperialism and Popular Culture*. Manchester.

MacLeod, Roy. 1993. "Passages in Imperial Science: From Empire to Commonwealth" *Journal of World History* 4, 117–50.

Maddison, Angus. 2001. *The World Economy: A Millennial Perspective*. Paris.

アンガス・マディソン、政治経済研究所訳『経済統計で見る世界経済 2000 年史』柏書房、2004

Maier, Charles S. 1997. *Dissolution: The Crisis of Communism and the End of East Germany*. Princeton.

Mair, Victor, ed. 1998. *The Bronze Age and Early Iron Age Peoples of Eastern Central Asia*. 2 vols. Philadelphia.

Mallory, J. P., and Victor Mair. 2000. *The Tarim Mummies: Ancient China and the Mystery of the Earliest Peoples from the West*. London.

Mani, Lata. 1998. *Contentious Traditions: The Debate on Sati in Colonial India*. Berkeley.

Manning, Patrick. 1990. *Slavery and African Life: Occidental, Oriental and African Slave Trades*. Cambridge.

———. 1990–1991. "African Economic Growth and the Public Sector: Lessons from Historical Statistics of Cameroon." *African Economic History* 19, 135–70.

———. 1992. "Methodology and World History in a Ph.D. Program." *Perspectives* (April) 23, 25.

———. 1994. "Cultural History: Paths in Academic Forests." Robert W. Harms, Joseph C. Miller, David S. Newbury, and Michele D. Wagner, eds., *Paths Toward the Past: African Historical Essays in Honor of Jan Vansina* (Madison), 439–54.

———. 1996a. "Introduction." Manning, *Slave Trades, 1500–1800*, xv–xxxiv.

———. 1996b. "The Problem of Interactions in World History." *American Historical Review* 101, 771–82.

———. 1999a. "The Monograph in World History: Philip Curtin's Comparative Approach." *World History Bulletin* 15 (Spring), 12–17.

———. 1999b. "Doctoral Training in World History: The Northeastern University Experience." *Perspectives* 37 (March), 35–38. Reprinted in Dunn, *New World History*, 541–47.

———. 2002. "Asia and Europe in the World Economy: Introduction." *American Historical Review* 107, 419–24.

Manning, Patrick, ed. 1996. *Slave Trades, 1500–1800: Globalization of Forced Labour*. Aldershot, U.K.

Manning, Patrick, et al. 2000. *Migration in Modern World History, 1500–2000*. Belmont, Calif. CD-ROM.

Markovits, Claude. 2000. *The Global World of Indian Merchants, 1750–1947: Traders of Sind from Bukhara to Panama*. Cambridge.

Marks, Robert. 1998. *Tigers, Rice, Silk, and Silt: Environment and Economy in Late Imperial South China*. Cambridge.

Marks, Steven G. 1991. *Road to Power: The Trans-Siberian Railroad and the Colonization of Asian Russia, 1850–1917*. Ithaca.

Martin, Dorothea A. L. 1991. *The Making of a Sino-Marxist World View: Perceptions and Interpretations of World History in the People's Republic of China*. Armonk, N.Y.

Martin, Eric L. 2001. "Anti-colonial Worldviews: An Intellectual World History of the Twentieth Century." Ph.D. dissertation, Northeastern University.

Martin, William G., ed. 1990. *Semiperipheral States in the World-Economy*. New York.

Martin, William G., and Michael O. West, eds. 1999. *Out of One, Many Africas: Reconstructing the Study and Meaning of Africa*. Urbana.

Marwick, Arthur. 1998. *The Sixties: Cultural Revolution in Britain, France, Italy and the United States, c. 1958–c. 1974*. Oxford.

Mazlish, Bruce. 1993. "An Introduction to Global History," in Mazlish and Buultjens, *Conceptualizing Global History*, 1–24.

———. 1998a. *The Uncertain Sciences*. New Haven.

———. 1998b. "Comparing Global to World History." *Journal of Interdisciplinary History* 28, 385–95.

Mazlish, Bruce, and Ralph Buultjens, eds. 1993. *Conceptualizing Global History*. Boulder.

Mazrui Ali A., and Alamin M. Mazrui. 1998. *The Power of Babel: Language and Governance in the African Experience*. London.

Mazumdar, Sucheta. 1998. *Sugar and Society in China: Peasants, Technology and the World Market*. Cambridge, Mass.

McBrearty, Sally, and Alison S. Brooks. 2000. "The Revolution that Wasn't: A New Interpretation of the Origin of Modern Human Behavior." *Journal of Human Evolution* 39, 453–563.

McCann, James. 1999. *Green Land, Brown Land, Black Land: An Environmental History of Africa, 1800–1990*. Portsmouth, NH.

McCarthy, Justin. 1996. *Death and Exile: The Ethnic Cleansing of Ottoman Muslims, 1821–1922*. Princeton.

McClellan James E., III, and Harold Dorn. 1999. *Science and Technology in world History: An Introduction*. Baltimore.

McKay, John P., Bennett D. Hill, and John Buckler. 1992. *A History of World Societies*. 3rd ed. Boston.

McKeown, Adam. 1997. "Chinese Migrants among Ghosts: Chicago, Peru, and Hawaii in the Early Twentieth Century." Ph.D. dissertation, University of Chicago.

———. 2001. *Chinese Migrant Networks and Cultural Change: Peru, Chicago, Hawaii, 1900–1936*. Chicago.

McNay, Lois. 1994. *Foucault, A Critical Introduction*. New York.

McNeill, John R. 1992. *The Mountains of the Mediterranean World: An Environmental History*. Cambridge.

———. 1994. "Of Rats and Men: A Synoptic Environmental History of the Island Pacific," *Journal of World History* 5, 299–350.

———. 2000. *Something New Under the Sun: An Environmental History of the Twentieth-Century World*. New York.

J・R・マクニール、海津正倫、溝口常俊監訳『20 世紀環境史』名古屋大学出版会、2011

McNeill, John R., ed. 2001. *Environmental History in the Pacific*. Aldershot, U.K.

McNeill, William H. 1990a. "The Rise of the West after Twenty-Five Years." *Journal of World History* 1, 1–21.

———. 1990b. *Keeping Together in Time: Dance and Drill in Human History*. Cambridge, Mass.

———. 1990c. *The Age of Gunpowder Empires, 1450–1800*. Washington.

Mernissi, Fatima. 1993. *The Forgotten Queens of Islam*. Trans. Mary Jo Lakeland. Minneapolis.

Meyer, Howard N. 2001. *The World Court in Action: Judging among the Nations*. Lanham, MD.

Michaels, Athanasios S. 2000. "Masculinity and Imperialism in England: A Patriotic Construct from the Indian Mutiny to the South African War, 1857–1902." M.A. thesis, Northeastern University.

Mih, Walter C. 2000. *The Fascinating Life and Theory of Albert Einstein*. Commack, N.Y.

Miller, Joseph C. 1993. *Slavery and Slaving in World History: A Bibliography, 1900–1991*. Millwood, NH.

Miller, Susan Gilson, ed. and trans. 1992. *Disorienting Encounters: Travels of a Moroccan Scholar in France in 1845–1846*. Berkeley.

Mitchell, B. R., ed. 1992. *International Historical Statistics: Europe, 1750–1988*. New York.

ブライアン・R・ミッチェル、中村宏、中村牧子訳『ヨーロッパ歴史統計：1750 〜 1993』東洋書林、2001*

———. 1993. *International Historical Statistics: The Americas 1750–1988*. New York.

ブライアン・R・ミッチェル、中野勝郎訳『南北アメリカ歴史統計：1750 〜 1993』東洋書林、2001*

Mitchell, B. R. 1995. *International Historical Statistics: Africa, Asia and Oceania, 1750–1988*. New York.

ブライアン・R・ミッチェル、北村甫監訳『アジア・アフリカ・大洋州歴史統計：1750 〜 1993』東洋書林、2002*

Mokyr, Joel. 1990a. *The Lever of Riches, Technological Creativity and Economic Progress*. New York.

———. 1990b. *Twenty-five Centuries of Technological Change: An Historical Survey*. New York.

Morris-Suzuki, Tessa. 1998. *Re-inventing Japan: Time, Space, Nation*. Armonk, N.Y.

テッサ・モーリス＝スズキ、伊藤茂訳『日本を再発明する：時間、空間、ネーション』以文社、2014

Muldoon, James. 1991. "Solórzano's De indiarum iure: Applying a Medieval Theory of World Order in the Seventeenth Century." *Journal of World History* 2, 29–46.

Murphy, Craig N. 1994. *International Organization and Industrial Change: Global Governance since 1850*. Cambridge.

Murphy, Marjorie. 1991. *Blackboard Unions: The AFT and the NEA, 1900–1980*. Ithaca.

Nash, Gary B., Charlotte Crabtree, and Ross E. Dunn. 1997. *History on Trial: Culture Wars and the Teaching of the Past*. New York.

National Center for History in the Schools. 1994. *National Standards for World History: Exploring Paths to the Present*. Grades 5–12, expanded edition. Los Angeles.

National Council for Social Studies. 1994. *Expectations of Excellence: Curriculum Standards for Social Studies*.

Navarro, Marysa, and Virginia Sánchez Korrol, with Kecia Ali. 1999. *Women in Latin America and the Caribbean*. Bloomington, Ind.

Needham, Joseph, Robin D. S. Yates, Krzysztof Gawlikowsky, Edward McEwen, and Wang Ling. 1994.

Science and Civilisation in China. Volume 5, part 6, section 30. *Military Technology: Missiles and Sieges*. Cambridge.

Nicholson, Philip Yale. 1999. *Who Do We Think We Are? Race and Nation in the Modern World*. Armonk, N.Y.

Nizza da Silva, Maria Beatriz, ed. 1998. *Families in the Expansion of Europe*. Aldershot, U.K.

North, Douglass C. 1990. *Institutions, Institutional Change and Economic Performance*. Cambridge.

ダグラス・C・ノース、竹下公視訳『制度・制度変化・経済成果』晃洋書房、1994

Northrup, David. 1995. *Indentured Labor in the Age of Imperialism, 1831–1922*. New York.

———. 2002. *Africa's Discovery of Europe, 1450 to 1850*. New York.

Nordquist, Joan, compiler. 1992. *The Multicultural Education Debate in the University: A Bibliography*. Contemporary Social Issues: A Bibliographical Series, No. 25. Santa Cruz.

Norton, Mary Beth, and Pamela Gerardi, eds. 1995. *The American Historical Association's Guide to the Historical Literature*. 2 vols. New York.

Nugent, Walter. 1992. *Crossings: The Great Transatlantic Migrations, 1870–1914*. Bloomington, Ind.

O'Connor, James. 1998. *Natural Causes: Essays in Ecological Marxism*. New York.

Obeyesekere, Gananath. 1992. *The Apotheosis of Captain Cook: European Mythmaking in the Pacific*. Princeton.

Ohnuki-Tierney, Emiko. 1993. *Rice as Self: Japanese Identities Through Time*. Princeton.

O'Rourke, Kevin H., and Jeffrey G. Williamson. 2000. *Globalization and History: The Evolution of a Nineteenth-Century Atlantic Economy.* Cambridge, Mass.

Pacey, Arnold. 1990. *Technology in World Civilization: A Thousand-Year History*. Cambridge, Mass.

アーノルド・パーシー、東玲子訳『世界文明における技術の千年史：「生存の技術」との対話に向けて』新評論、2001

Pagden, Anthony. 1995. *Lords of All the World: Ideologies of Empire in Spain, Britain and France, c. 1500–c. 1800*. New Haven.

Palat, Ravi Arvind. 2000. "Fragmented Visions: Excavating the Future of Area Studies in a Post-American World." Waters, *Beyond the Area Studies Wars*, 64–108.

Palmer, Colin A. 1995. "From Africa to the Americas: Ethnicity in the Early Black Communities of the Americas." *Journal of World History* 6, 223–36.

Palmer, Kristin. 1999. *Mecca: Islam's Mosque*. Boston. (Teaching unit.)

Pan, Lyn. 1990. *Sons of the Yellow Emperor: A History of the Chinese Diaspora*. Boston.

Parrinder, Geoffrey. 1996. *Sexual Morality in the World's Religions*. Rockport, Mass.

Parthasarathi, Prasannan. 1998. "Rethinking Wages and Competitiveness in the Eighteenth Century: Britain and South Asia." *Past and Present*, No. 158, 79–109.

———. 2001. *The Transition to a Colonial Economy: Weavers, Merchants and Kings in South India, 1720–1800*. New York.

Partner, Peter. 1998. *God of Battles: Holy Wars of Christianity and Islam*. Princeton.

Pearson, Michael. N. 1998. *Port Cities and Intruders: The Swahili Coast, India, and Portugal in the Early Modern Era*. Baltimore.

Pearson, Michael. N., ed. 1996. *Spices in the Indian Ocean World*. London.

Pederson, Gorm, and Ida Nicolaisen. 1995. *Afghan Nomads in Transition: A Century of Change Among the Zala Khan Khel.* New York.

Pérez-Malláina, Pablo. 1998. *Spain's Men of the Sea: Daily Life on the Indies Fleets in the Sixteenth Century*. Trans. Carla Rahn Phillips. Baltimore.

Pickering, Mary. 1993. *Auguste Comte: An Intellectual Biography*. Vol. 1. Cambridge.

Pierson, Ruth Roach, and Nupur Chaudhuri, eds. 1998. *Nation, Empire, Colony: Historicizing Gender and Race*. Bloomington, Ind.

Pipes, Richard. 1999. *Property and Freedom*. New York.

———. 2001. *Communism: A History*. New York.

リチャード・パイプス、飯嶋貴子訳『共産主義が見た夢』ランダムハウス講談社、2007

Pomeranz, Kenneth. 2000. *The Great Divergence: China, Europe, and the Making of the Modern World Economy*. Princeton.

K・ポメランツ、川北稔監訳『大分岐：中国、ヨーロッパ、そして近代世界経済の形成』名古屋大学出版会、2015

———. 2002. "Political Economy and Ecology on the Eve of Industrialization: Europe, China, and the Global Conjuncture." *American Historical Review* 107, 425–46.

Pomeranz, Kenneth, and Steven Topik. 1999. *The World that Trade Created: Society, Culture, and the World Economy, 1400–the Present*. Armonk, N.Y.

ケネス・ポメランツ、スティーヴン・トピック、福田邦夫、吉田敦訳『グローバル経済の誕生：貿易が作り変えたこの世界』筑摩書房、2013

Pomper, Philip, Richard H. Elphick and Richard T. Vann, eds. 1998. *World History: Ideologies, Structures, and Identities*. Oxford. Based on "World Historians and Their Critics," theme issue 34, *History & Theory* (1995).

Ponting, Clive. 1991. *A Green History of the World: The Environment and the Collapse of Great Civilizations*. New York.

クライブ・ポンティング、石弘之、京都大学環境史研究会訳『緑の世界史』上下、朝日新聞社、1994

Powell, Richard J. 1997. *Black Art and Culture in the 20th Century*. New York.

Power, Daniel, and Naomi Standen, eds. 2000. *Frontiers in Question: Eurasian Borderlands, 700–1700*. New York.

Prakash, Gyan, ed. 1995. *After Colonialism: Imperial Histories and Postcolonial Displacements*. Princeton.

Pratt, Mary Louise. 1992. *Imperial Eyes: Studies in Travel Writing and Transculturation*. New York.

Prazniak, Roxann. 1996. *Dialogues across Civilizations: Sketches in World History from the Chinese and European Experiences*. Boulder.

Quale, G. Robina. 1992. *Families in Context: A World History of Population*. New York.

Ralston, David B. 1990. *Importing the European Army: The Introduction of European Military Techniques and Institutions into the Extra-European World, 1600–1914*. Chicago.

Ramusack, Barbara, and Sharon L. Sievers. 1999. *Women in Asia: Restoring Women to History*. Bloomington, Ind.

Ranger, Terence. 1998. "Europeans in Black Africa." *Journal of World History* 9, 255–68.

Rehbock, Philip F. 2001. "Globalizing the History of Science." *Journal of World History* 12, 183–92.

Reid, Anthony, ed. 1993. *Southeast Asia in the Early Modern Era: Trade, Power, and Belief*. New York.

Reiff, Janice L. 1991. *Structuring the Past: The Use of Computers in History*. Washington.

Reynolds, Clark G. 1998. *Navies in History*. Annapolis.

Ricklefs, Merle C. 1998. *The Seen and Unseen Worlds in Java, 1726–1749: History, Literature and Islam in the Court of Pakubuwana II*. Honolulu.

Risso, Patricia. 1995. *Merchants and Faith: Muslim Commerce and Culture in the Indian Ocean*. Boulder.

———. 2001. "Cross-Cultural Perceptions of Piracy: Maritime Violence in the Western Indian Ocean and Persian Gulf Region during a Long Eighteenth Century." *Journal of World History* 12, 292–320.

Roberts, J. M. 1999. *Twentieth Century: The History of the World, 1901 to 2000*. New York.

Robertson, Roland. 1992. *Globalization: Social Theory and Global Culture*. London.

R・ロバートソン、阿部美哉訳『グローバリゼーション：地球文化の社会理論』東京大学出版会、1997

Roediger, David. 1999. *Wages of Whiteness: Race and the Making of the American Working Class*. London.

デイヴィッド・R・ローディガー、小原豊志［ほか］訳『アメリカにおける白人意識の構築：労働者階級の形成と人種』明石書店、2006

Root, Deborah. 1996. *Cannibal Culture: Art Appropriation, and the Commodification of Difference*. Boulder.

Ross, Dorothy. 1991. *The Origins of American Social Science*. Cambridge.

Roupp, Heidi, ed. 2000. *Jump Start Manual for Teaching World History*. Aspen, Colo.

Russell, James C. 1994. *The Germanization of Early Medieval Christianity: A Sociohistorical Approach to Religious Transformation*. New York.

Russell-Wood, A. J. R. 1993. *A World on the Move: The Portuguese in Africa, Asia, and America, 1415–1808*. New York.

Russell-Wood, A. J. R., general editor. 1995–2000. *An Expanding World: The European Impact on World History, 1450–1800*. 31 vols. Aldershot, U.K.

Said, Edward. 1993. *Culture and Imperialism*. New York.

エドワード・W・サイード、大橋洋一訳『文化と帝国主義』1–2、みすず書房、1998–2001

Samman, Khaldoun. 2001. "The Limits of the Classical Comparative Method." *Review* 24, 533–73.

Sanderson, Stephen K., ed. 1995. *Civilizations and World Systems: Studying World-Historical Change*. Walnut Creek.

Schieffelin Edward L., and Robert Crittenden. 1991. *Like People You See in a Dream: First Contact in Six Papuan Societies*. Stanford.

Schivelbusch, Wolfgang. 1992. *Tastes of Paradise: A Social History of Spices, Stimulants, and Intoxicants*. New York.

ヴォルフガング・シヴェルブシュ、福本義憲訳『楽園・味覚・理性：嗜好品の歴史』法政大学出版局、1988

Schmidt, Peter R., and Roderick J. McIntosh, eds. 1996. *Plundering Africa's Past. Bloomington*, Ind.

Scott, Joan Wallach, ed. 1996. *Feminism and History*. New York.

Seccombe, Wally. 1992. *A Millennium of Family Change: Feudalism to Capitalism in Northwestern Europe*. London.

———. 1993. *Weathering the Storm: Working-Class Families from the Industrial Revolution to the*

Fertility Decline. London.

Seed, Patricia. 1995. *Ceremonies of Possession in Europe's Conquest of the New World, 1492–1640*. New York.

———. 2001. *American Pentimento: The Invention of Indians and the Pursuit of Riches*. Minneapolis.

Segal, Daniel. 2000. " 'Western Civ' and the Staging of History in American Higher Education." *American Historical Review* 105, 770–805.

Shaffer, Lynda N. 1992. *Native Americans before 1492: The Moundbuilding Centers of the Eastern Woodlands*. Armonk, N.Y.

———. 1994. "Southernization." *Journal of World History* 5, 1–22. Reprinted in Ross E. Dunn, *The New World History: A Teacher's Companion* (Boston, 2000), 175–91.

———. 1996. *Maritime Southeast Asia to 1500*. Armonk, N.Y.

Sheffer, Gabriel, ed. 1986. *Modern Diasporas and International Politics*. New York.

Shlomowitz, Ralph, and Lance Brennan. 1994. "Epidemiology and Indian Labor Migration at Home and Abroad." *Journal of World History* 5, 47–70.

Shoemaker, Robert, and Mary Vincent, eds. 1998. *Gender and History in Western Europe*. London.

Simmons, Aan G., and Ian G. Simmons. 1996. *Changing the Face of the Earth: Culture, Environment, History*. Oxford.

Sinha, Mrinalini. 1995. *Colonial Masculinity: the "Manly" Englishman and "Effeminate" Bengali in Nineteenth Century India*. New York.

Sinn, Elizabeth, ed. 1998. *The Last Half Century of the Chinese Overseas*. Hong Kong.

Smith, Alan K. 1991. *Creating a World Economy: Merchant Capital, Colonialism, and World Trade, 1400–1825*. Boulder.

Smith, Bonnie G. 1998. *The Gender of History: Men, Women, and Historical Practice*. Cambridge, Mass.

Smith, Daniel Scott. 1995. "Recent Change and the Periodization of American Family History," *Journal of Family History* 20, 329–46.

Smith, Page. 1990. *Killing the Spirit: Higher Education in America*. New York.

Smith, Roger C. 1993. *Vanguard of Empire: Ships of Exploration in the Age of Columbus*. New York.

Snooks, Graeme. 1996. *The Dynamic Society: Exploring the Sources of Global Change*. London.

———. 1998a. *The Laws of History*. London.

———. 1998b. *The Ephemeral Civilization*. London.

———. 1998c. *Longrun Dynamics: A General Economic and Political Theory*. London.

———. 1999. *Global Transition: A General Theory of Economic Development*. London.

Sommers, Jeffrey W. 2001. "The Entropy of Order: Democracy and Governability in the Age of Liberalism." Ph.D. dissertation, Northeastern University.

Southall, Aidan. 1998. *The City in Time and Space: From Birth to Apocalypse*. Cambridge.

Sowell, Thomas. 1996. *Migrations and Cultures: A Worldview*. New York.

Spier, Fred. 1996. *The Structure of Big History: From the Big Bang until Today*. Amsterdam.

Spodek, Howard. 2001. *The World's History*. 2nd ed. Upper Saddle River, N.J.

Stearns, Peter. 1993a. *Meaning Over Memory: Recasting the Teaching of History and Culture*. Chapel Hill.

———. 1993b. *The Industrial Revolution in World History*. Boulder.

———. 2000. *Gender in World History*. New York.
Stearns, Peter N., Michael Adas, Stuart B. Schwartz, and Marc Jason Gilbert. 2000. *World Civilizations, the Global Experience*. 3rd ed. New York.
Stearns, Peter, ed., William L. Langer, compiler. 2001. *The Encyclopedia of World History*. 6th edition. Boston.
Stein, Gil J. 1999. *Rethinking World-Systems: Diasporas, Colonies, and Interaction in Uruk* Mesopotamia. Tucson.
Stokes, Gale. 2001. "The Fates of Human Societies: A Review of Recent Macrohistories." *American Historical Review* 106, 508–25.
Stoler, Ann Laura. 1995. *Race and the Education of Desire: Foucault's History of Sexuality and the Colonial Order of Things*. Durham.
Storey, William K. 1991. "Big Cats and Imperialism: Lion and Tiger Hunting in Kenya and Northern India, 1898–1930." *Journal of World History* 2, 135–74.
———. 1999. *Writing History: A Guide for Students*. New York.
Storey, William K., ed. 1996. *Scientific Aspects of European Expansion*. Aldershot, U.K.
Strayer, Robert. 1998. *Why Did the Soviet Union Collapse? Understanding Historical Change*. Armonk, N.Y.
Strobel, Margaret. 1991. *European Women and the Second British Empire*. Bloomington, Ind.
マーガレット・シュトローベル、井野瀬久美惠訳『女たちは帝国を破壊したのか：ヨーロッパ女性とイギリス植民地』知泉書館、2003
Subrahmanyam, Sanjay. 1990. *The Political Economy of Commerce. Southern India 1500–1650*. Cambridge.
———. 1997. *The Career and Legend of Vasco Da Gama*. Cambridge.
———. 2001. *Penumbral Visions: Making Polities in Early Modern South India*. Ann Arbor.
Swedberg, Sarah. 1999. "The Cranch Family, Communication, and Identity Formation in the Early Republic." Ph.D. dissertation, Northeastern University.
Tapper, Perry M. 1991. "Who Are We? Tales of National Identity." M.A. thesis, Northeastern University.
Thomas, Hugh. 1997. *The Slave Trade. The Story of the Atlantic Slave Trade: 1440–1870*. New York.
Thompson, Jason. 1994. "Osman Effendi: A Scottish Convert to Islam in Early Nineteenth-Century Egypt." *Journal of World History* 5, 99–124.
Thompson, William R. 2000. *The Emergence of the Global Political Economy*. London.
Thongchai Winichakul. 1994. *Siam Mapped: A History of the Geo-Body of a Nation*. Honolulu.
トンチャイ・ウィニッチャクン、石井米雄訳『地図がつくったタイ：国民国家誕生の歴史』明石書店、2003
Thornton, John K. 1991. "African Dimensions of the Stono Rebellion," *American Historical Review* 96, 1, 101–13.
Thornton, John. 1992. *Africa and Africans in the Making of the Atlantic World, 1400–1680*. New York.
Tilly, Charles. 1990. *Coercion, Capital, and European States, AD 990–1990*. Oxford.
———. 1998. *Durable Inequality*. Berkeley.
Tracy, James D., ed. 1990. *The Rise of Merchant Empires: Long-Distance Trade in the Early Modern World, 1350–1750*. Cambridge.
———. 1991. *The Political Economy of Merchant Empires: State Power and World Trade, 1350–1750*.

Cambridge.
Trigger, Bruce G. 1993. *Early Civilizations: Ancient Egypt in Context*. Cairo.
B・G・トリッガー、川西宏幸訳『初期文明の比較考古学』同成社、2001
Turner, Mary, ed. 1995. *From Chattel Slaves to Wage Slaves: The Dynamics of Labour Bargaining in the Americas*. Bloomington, Ind.
Tyrrell, Ian. 1999. *True Gardens of the Gods: Californian–Australian Environmental Reform, 1860–1930*. Berkeley.
Van Krieken, Robert. 1998. *Norbert Elias*. London.
Vansina, Jan. 1994. *Living with Africa*. Madison.
———. 1990. *Paths in the Rainforest: Toward a History of Political Tradition in Equatorial Africa*. Madison.
Vasey, Daniel E. 1992. *An Ecological History of Agriculture, 10,000 B.C.–A.D. 10,000*. Ames.
Vidal, Gore. 2000. *The Decline and Fall of the American Empire*. Monroe, Maine.
Viola, Herman, and Carolyn Margolis, eds. 1990. *Seeds of Change*. Washington, D.C.
Vivante, Bella. 1999. *Women's Roles in Ancient Civilizations: A Reference Guide*. Westport, Conn.
Vlastos, Stephen. 1997. *Mirror of Modernity: Invented Traditions of Modern Japan*. Berkeley.
Voll, John. 1994. "Islam as a Special World System." *Journal of World History* 5, 213–26.
Von Glahn, Richard. 1996. *Fountain of Fortune: Money and Monetary Policy in China, 1000–1700*. Berkeley.
Wallerstein, Immanuel. 1990. "Culture as the Ideological Battleground of the Modern World-System." Theory, *Culture and Society* 7, 31–55.
———. 2001. *The End of the World as We Know it: Social Science for the Twenty-first Century*. Minneapolis.
イマニュエル・ウォーラーステイン、山下範久訳『新しい学：21 世紀の脱＝社会科学』藤原書店、2001
Wallerstein, Immanuel et al. 1996. *Open the Social Sciences: Report of the Gulbenkian Commission on the Restructuring of the Social Sciences*. Stanford.
イマニュエル・ウォーラーステイン、グルベンキアン委員会［編]、山田鋭夫訳『社会科学をひらく』藤原書店、1996
Wang Gungwu, ed. 1997. *Global History and Migrations*. Boulder.
Warner, R. Stephen, and Judith G. Wittner. 1998. *Gatherings in Diaspora: Religious Communities and the New Immigration.* Philadelphia.
Wasserstrom, Jeffrey N., Lynn Hunt, and Marilyn B. Young, eds. 2000. *Human Rights and Revolutions*. Boston.
Waters, Neil L., ed. 2000. *Beyond the Area Studies Wars: Toward a New International Studies*. Hanover, NH.
Watts, Sheldon. 1999. *Epidemics and History: Disease, Power and Imperialism*. New Haven.
———. 2001. "From Rapid Change to Stasis: Official Responses to Cholera in British-Ruled India and Egypt, 1860 to c. 1921." *Journal of World History* 12, 321–74.
Wells, Peter. 1999. *The Barbarians Speak: How the Conquered Peoples Shaped Roman Europe*. Princeton.
Wheatley, Helen. 1992. "From Traveler to Notable: Lady Duff Gordon in Upper Egypt, 1862–1869."

Journal of World History 3, 81–104.
White, Donald Wallace. 1996. *The American Century: The Rise and Decline of the United States as a World Power*. New Haven.
White, Philip L., ed. "Doctoral Training in World History: What Changes in Ph.D. Programs Will it Require?" *World History Bulletin* 17 (Spring 2002), 8–17.
Wildenthal, Lora Joyce. 1994. *Colonizers and Citizens: Bourgeois Women and the Woman Question in the German Colonial Movement, 1886–1914*. Ann Arbor.
Wills, John E., Jr. 2001. *1688: A Global History*. New York.
ジョン・ウィルズ、片柳佐智子［ほか］訳『1688年：バロックの世界史像』原書房、2004
Wilson, Samuel M. 1999. *The Emperor's Giraffe, and Other Stories of Cultures in Contact*. Boulder.
Wong, R. Bin. 1997. *China Transformed: Historical Change and the Limits of European Experience*. Ithaca.
———. 2002. "The Search for European Differences and Domination in the Early Modern World: A View from Asia." *American Historical Review* 107 (2002), 447–69.
Worster, Donald. 1993. *The Wealth of Nature: Environmental History and the Ecological Imagination*. New York.
ドナルド・ウォスター、小倉武一訳『自然の富：環境の歴史とエコロジーの構想』食料・農業政策研究センター、農山漁村文化協会（発売）、1997
Wriggins, Sally Hovey. 1996. *Xuanzang: A Buddhist Pilgrim on the Silk Road*. Boulder.
Wright, Donald R. 1997. *The World and a Very Small Place in Africa*. Armonk, N.Y.
Wright, Tim, ed. 1997. *Migration and Ethnicity in Chinese History: Hakkas, Pengmin, and Their Neighbors*. Stanford.
Zamoyski, Adam. 2001. *Holy Madness: Romantics, Patriots, and Revolutionaries, 1776–1871*. New York.
Znamenski, Andre. 1999. *Shamanism and Christianity—Native Encounters with Russian Orthodox Missions, 1820–1917*. Westport, Conn.
Zohary, Daniel, and Maria Hopf. 1993. *Domestication of Plants in the Old World*. Oxford.
Zuckerman, Larry. 1998. *The Potato: How the Humble Spud Rescued the Western World*. Boston.
ラリー・ザッカーマン、関口篤訳『じゃがいもが世界を救った：ポテトの文化史』青土社、2003